本书是中国高等教育学会教育科研"十二五"规划补充选题重点立项课题"地方本科院校向应用型本科转型研究"(编号：2014CBZ004)与山东省高等学校教学改革立项项目"基于实践的新建本科院校核心竞争力培育研究"（编号：2012513）的结题成果，得到山东青年政治学院博士科研基金和学术著作出版基金的资助。

转型、竞争与新型大学发展

贾东荣 / 著

知识产权出版社

全国百佳图书出版单位

图书在版编目（CIP）数据

转型、竞争与新型大学发展／贾东荣著．—北京：知识产权出版社，2018.7

ISBN 978 - 7 - 5130 - 5666 - 3

Ⅰ.①转⋯ Ⅱ.①贾⋯ Ⅲ.①高等学校—发展—研究—中国 Ⅳ.①G649.21

中国版本图书馆 CIP 数据核字（2018）第 148931 号

责任编辑：彭小华　　　　　　　　责任校对：潘凤越

封面设计：SUN 工作室　　　　　　责任印制：孙婷婷

转型、竞争与新型大学发展

贾东荣　著

出版发行：	知识产权出版社 有限责任公司	网　　址：	http://www.ipph.cn
社　　址：	北京市海淀区气象路 50 号院	邮　　编：	100081
责编电话：	010 - 82000860 转 8115	责编邮箱：	huapxh@sina.com
发行电话：	010 - 82000860 转 8101/8102	发行传真：	010 - 82000893/82005070/82000270
印　　刷：	北京虎彩文化传播有限公司	经　　销：	各大网上书店、新华书店及相关专业书店
开　　本：	720mm×1000mm　1/16	印　　张：	33.5
版　　次：	2018 年 7 月第 1 版	印　　次：	2018 年 7 月第 1 次印刷
字　　数：	626 千字	定　　价：	138.00 元

ISBN 978 - 7 - 5130 - 5666 - 3

目 录 //

第一章 研究缘起

本研究是针对中国新型大学（新建本科院校）面临的发展环境进行的，目的是为新型大学指明未来的发展思路和可供使用的战略思维，为新型大学的长期可持续发展、建设百年名校提供支持。它面对的是正在进行中的高等教育综合改革和中国社会转型这个大背景，寻求的是作为个体的新型大学的发展之路。

第一节 选题的背景与意义

本选题具有鲜明的时代背景，属于问题导向的应用型研究。该研究将借鉴国内外学者的已有研究成果，针对我国新型大学的特定情况展开，理论研究与实践研究并行。

一、选题的背景

随着高等教育体制改革的深入，高校获得了越来越多的办学自主权，同时被更多地纳入竞争中，这种竞争是全方位的，既包括资源竞争、生源竞争、知识创新（主要是应用型知识和技术）竞争和社会服务竞争等学校层面的竞争，也包括学校内部院系与院系、专业与专业、人与人之间的竞争。2010 年颁布的《国家中长期教育改革和发展规划纲要（2010—2020）》明确把体制改革作为提高高等教育质量、建设高等教育强国的保障措施，提出要改革管理体制和办学体制，落实和扩大高校办学自主权，保障高校依法自主行使办学自主权，完善中国特色的现代大学制度。2011 年颁布的《中共中央、国务院关于分类推进事业单位改革的指导意见》将高等教育列为可部分由市场配置资源的公益服务，改革取向是政事开、管办分离、建立健全法人治理结构。《中共中央关于全面深化改革若干重大问题的决定》进一步提出："深入推进管办评分离，扩大省级政府教育统筹权和学校办学自主权，完善学校内部治理结构。"2016年《民办教育促进法修正案》的通过，允许社会组织和个人举办营利性民办高等学校。这些改革措施的落实，将使高校获得更多的办学自主权，也将使高等教育的资源配置和产出更多地纳入竞争机制，高校分层和多样化，从而加剧高校之间的竞争。

从高等教育发展的事实来看，我国自1999年开始实施高等教育大众化战略，高等教育机构和在校生数量快速增加。到2015年，普通高等学校达到2560所（含独立学院），其中本科高校1219所（含独立学院）；普通高等教育本专科招生737.85万人，在校生2625.30万人。分别比1998年增加了149.03%（1532所）、103.17%（619所）、580.92%（629.49万人）、670.19%（2284.43万人）。① 在高等教育快速发展、实现大众化战略的旗帜下，超过600所本科院校和更多的高职院校加入了高等教育阵营。这些高校在此前缺乏本科教育或高等教育的经验，与老牌本科院校存在着明显的差距，自然形成院校分类和分层。同时，随着全球一体化进程的推进，国际交流的深入，国际社会高等教育交流快速扩张，国际生源大量涌现，导致高校之间的跨国竞争加剧。高等教育的大众化、国际化和需求的多样化进一步加剧了高校竞争。高校的核心竞争力培育和战略发展问题因此引起了较多的关注。

表1-1 2000~2016年普通高等教育机构发展情况一览② 单位：所

年份	新型大学（独立学院）	本科院校	高职高专院校	院校总数
1998	—	600	428	1028
1999	10	596	475	1071
2000	52	619	415	1034
2001	62	593	488	1081
2002	95	629	634	1263
2003	115	639	812	1451
2004	154	645	962	1607
2005	173	700	1078	1778
2006	191	720	1147	1867

① 根据教育部公布的2015年度统计数据和1998年度统计数据计算，分别见教育部网站"1998年度全国教育事业发展统计公报""2015年度全国教育事业发展统计公报"。
② 据教育部每年公布的"全国教育事业发展统计公报"编制。

续表

年份	新型大学（独立学院）	本科院校	高职高专院校	院校总数
2007	212	740	1168	1908
2008	550（315）	1079	1184	2263
2009	556（318）	1090	1215	2305
2010	581（323）	1112	1246	2358
2011	597（309）	1129	1280	2409
2012	614（303）	1145	1297	2442
2013	636（292）	1170	1321	2491
2014	662（283）	1202	1327	2529
2015	675（275）	1219	1341	2560
2016	684（266）	1237	1359	2596

说明：（1）数据来源于国家教育部公布的1998~2016年全国教育事业发展统计公报，并参照了教育部规划司公布的每年院校设置材料和具有高等学历教育招生资格的高校名单，新型大学的数据是综合各方面资料计算获得。（2）曾经的新型大学包头师范学院、荆州师范学院、南通师范学院、上海立信会计学院、上海金融学院已经分别与其他高校二次合并，且建制撤销，故在总数中未予统计。（3）2000年涉及全国范围内的院校合并，故2001年普通本科院校净减少26所。（4）2008年开始，独立学院开始作为独立设置的机构纳入教育事业统计，故2008年一年增加353所本科院校。

表1-2 1997~2016年普通高等教育规模发展情况一览 单位：万人

年份	本科招生数	本专科招生总数	本科在校生数	本专科在校生总数
1990	—	60.89	—	206.27
1991	—	61.99	—	204.4
1992	34.98	75.42	132.95	218.44
1993	38.66	92.4	—	253.55
1994	40.96	89.98	151.7	279.86
1995	44.73	92.59	—	290.64
1996	50.53	96.58	179.46	302.11
1997	57.97	100.04	198.62	317.44
1998	65.31	108.36	223.46	340.87
1999	93.67	159.68	272.44	413.42
2000	116.02	220.61	340.02	556.09

续表

年份	本科招生数	本专科招生总数	本科在校生数	本专科在校生总数
2001	138. 18	268. 28	424. 37	719. 07
2002	158. 79	320. 50	527. 08	903. 36
2003	182. 53	382. 17	629. 21	1108. 56
2004	209. 91	447. 34	737. 85	1333. 50
2005	236. 36	504. 46	848. 82	1561. 78
2006	268. 64	546. 05	943. 34	1738. 84
2007	282. 10	565. 92	1024. 30	1884. 90
2008	307. 47	607. 66	1104. 22	2021. 02
2009	326. 11	639. 49	1179. 85	2144. 66
2010	351. 26	661. 76	1265. 61	2231. 79
2011	356. 64	681. 50	1349. 66	2308. 51
2012	374. 06	688. 83	1427. 09	2391. 32
2013	381. 43	699. 83	1494. 43	2468. 07
2014	383. 42	721. 40	1541. 06	2547. 70
2015	389. 42	737. 85	1576. 68	2625. 30
2016	405. 40	748. 61	1612. 95	2695. 84

数据来源：（1）每年的本专科招生数和在校生数来自教育部每年公布的每年全国教育事业发展统计公报；（2）本科生每年的招生数和在校生数来自教育部网站的"统计信息"频道的 1997~2016 年"统计数据"。

2013 年 11 月 12 日，中国共产党第十八届中央委员会第三次全体会议通过《中共中央关于全面深化改革若干重大问题的决定》，把完善和发展中国特色社会主义制度、推进国家治理体系和治理能力现代化作为全面深化改革的总目标。明确提出，"紧紧围绕使市场在资源配置中起决定性作用深化经济体制改革，坚持和完善基本经济制度，加快完善现代市场体系、宏观调控体系、开放型经济体系，加快转变经济发展方式，加快建设创新型国家，推动经济更有效率、更加公平、更可持续发展。""建设统一开放、竞争有序的市场体系，是使市场在资源配置中起决定性作用的基础。必须加快形成企业自主经营、公平竞争、消费者自由选择、自主消费，商品和要素自由流动、平等交换的现代市场体系，着力清除市场壁垒，提高资源配置效率和公平性。""凡是能由市场形成价格的都交给市场，政府不进行不当干预。……政府定价范围主要限定在重要公共事业、公益性服务、网络型自然垄断环节,提高透明度,接受社会监督。""加快事业单位分类改革,加大政府购买公共服务力度,推动国办事业单位与主管部门理顺关系和去行政化,创造条件,逐步取消学校、科研院所、医院等单位的行政级别。建立事业单位法人治理结构,推进有条件的事业单位转为企业或社会组织。""深化教育领域综合改革","深入推进管办评分离,扩大省级政府教育统筹权和学校办学自主权,完善学校内部治理结构。"① 高等学校是典型的资源依赖型组织,落实高校自主权和使市场在资源配置中起决定性作用无疑将加大高校与高校之间、高校与其他社会组织之间对办学资源的竞争。而劳动力市场的完善将使生源和毕业生就业等进一步市场化,也将加剧高校之间的竞争。

2017 年 1 月,国务院《国家教育事业发展"十三五"规划纲要》(以下简称《"十三五"规划》)将"基本实现管办评分离,形成政府依法管理、学校依法自主办学、社会各界依法参与和监督的格局,教育治理体系和治理能力现代化水平明显提升"列为教育发展的主要目标;把"激发学校办学活力"列为驱动教育发展的主要措施,其中对高校提出的要求包括:加快现代大学制度和各类学校管理制度建设","全面落实'一校一章程'";"落实学校办学自主权。建立健全各部门统筹推进落实学校办学自主权的会商机制。统筹推进高校综合改革,改革学位授权审核机制,落实高校学科专业设置自主权;改革高校编制及岗位管理制度,积极探索实行高校人员总量管理,落实高校岗位管理自主权;自主制定招聘条件和标准,自主公开招聘人才,根据岗位设置方案和管理办法自主做好人员聘后管理,落实高校用人自主权;下放教师职称评审权,改进教师职称评审办法,落实高校教师职称评审自主权;健全符合现代大学特点的薪酬分配制度,扩大高校薪酬分配自主权;精简对高校经费使用的考核评估,扩大项目资金统筹使用权,落实高校经费使用管理自主权;简化高校建设项目审批程序,扩大基本建设项目自主权;改进高校政府采购管理,优化进口仪器采购服务,落实高校科研仪器设备采购自主权;根据学术交流、教育教学和参与国际合作的需要,改进相关管理制度,为高校教师因公出国、参会提供便利。推动高等学校进一步向院系放权。"② 高校办学自主权的范围进一步扩大。在"统筹推进世界一流大学和一流学科建设"中明确提出"以支撑

---

① 中共中央. 关于全面深化改革若干重大问题的决定 [EB/OL]. 人民网(http://politics. people. com. cn/n/2013/1115/c1001-23559207. html).

② 国务院. 国家教育事业发展"十三五"规划纲要 [EB/OL]. 中华人民共和国中央人民政府网(http://www. gov. cn/zhengce/content/2017-01/19/content_ 5161341. htm).

创新驱动发展战略、服务经济社会发展为导向，坚持建设与改革并重，以学科为基础，以绩效为杠杆，统筹高校整体建设和学科建设"；"创新建设机制，鼓励公平竞争，强化目标管理，增强建设实效"；"建立退出机制，打破身份固化，形成激励约束机制，激发高校的建设活力"。①《"十三五"规划》提出高等教育毛入学率到2020年进入高等教育普及化阶段。如果仍按原来的方式发展，每年近两百万的招生名额增加，将对高等学校的机构数量提出更多的要求，这意味着可能有更多的本科院校和高职院校出现，高等教育机构扩容，高校之间的竞争和分层将进一步加剧。

2016年11月，全国人大通过《民办教育促进法修正案》，明确对民办学校进行分类管理。教育部和人力资源和社会保障部等部门随即公布《民办学校分类登记管理实施办法》和《营利性民办学校监督管理实施细则》，明确社会组织或者个人可以举办营利性的民办高等学校和其他高等教育机构、高中阶段教育学校和幼儿园。这意味着法律许可高等教育以纯粹市场主体的方式出现，高等教育的市场化将进一步深化。在一个国家范围内不可能形成两个截然分开的高等教育体系，尤其是在生源市场和劳动力市场上，非营利法人和营利法人面对的是同样的生源和社会需求。作为非营利法人的国办高校和民办高校必然受到作为营利法人的民办高校的冲击。

2016年4月，中共山东省委办公厅、省政府办公厅签发《关于推进高等教育综合改革的意见》，将推进现代大学制度建设、扩大高校办学自主权、提高办学质量和办学水平、深化教育教学改革、加强教师队伍建设，拓展丰富教育资源、完善综合保障机制作为改革的重点。核心是通过系列重点建设，提升山东省高等教育和山东省高等学校的核心竞争力，在未来的国内和国际竞争中提供智力支持。总思路是集中使用资源，推动特色发展，建设高水平专业、一流学科和一流学校，提高人才培养质量，提升智力支撑能力，服务省域经济社会发展。这预示着高校之间特别是省域高校之间的竞争将进一步加剧。在省域高校的竞争中，国办高校是作为某一省高等教育体系的一个部分出现的，民办高校亦然，但无论是民办高校还是国办高校，其自身也是竞争主体之一。

《中共中央关于全面深化改革若干重大问题的决定》虽然强调让市场在经济领域起决定性作用，政府不进行不当干预，要"着力解决市场体系不完善、政府干预过多和监管不到位问题"，但并不意味着政府不进行干预，只是对政府干预的范畴和方式进行了明确规定，"政府的职责和作用主要是保持宏观经

---

① 国务院.国家教育事业发展"十三五"规划纲要［EB/OL］.中华人民共和国中央人民政府网（http://www.gov.cn/zhengce/content/2017-01/19/content_5161341.htm）.

济稳定，加强和优化公共服务，保障公平竞争，加强市场监管，维护市场秩序，推动可持续发展，促进共同富裕，弥补市场失灵"，"政府要加强发展战略、规划、政策、标准等制定和实施，加强市场活动监管，加强各类公共服务提供。加强中央政府宏观调控职能和能力，加强地方政府公共服务、市场监管、社会管理、环境保护等职责"①。即政府仍要进行干预，且要承担提供公共服务、社会管理、环境保护、规划、标准等职责，这意味着未来要确立的市场经济体制是现代市场经济体制，即政府合理干预的市场经济体制，不是完全自由的市场经济。考虑到高等教育在国家经济社会发展中的重要地位，政府对高等教育领域的干预将高于经济领域，高等教育即使市场化，也不会完全市场化，而是政府主导的准市场，高校之间的竞争不会是单纯的市场竞争，这种高校竞争将是政府干预下的不完全市场竞争。对于不同类型的高校来说，由于其在国家社会经济发展中的地位不同，其所在领域受政府干预的程度不同，高校竞争的方式和呈现的剧烈程度也会有所差异。

　　高等教育领域的改革不是孤立的，它是整体社会改革和转型的一部分。如果说改革开放前的社会是行政力量主导的高度统一的社会的话，随着经济体制改革的深入和全面深化改革的展开，行政力量在各个微观领域逐步退出，各类经济主体、社会主体自主性的增强和市场化，多元化、碎片化开始成为社会的明显特征，各类经济主体和社会主体开始按照新的理念和方式重构彼此之间的关系。从理论上讲，市场化改革会促使各类经济主体和社会主体按照利益最大化的理性原则重构自己的地位和社会关系，但所有的经济主体和社会主体都是由特定的人组成的，这些特定的人在考虑问题时不仅考虑组织的利益，更会考虑自己的利益，追求个人利益最大化。因此，在旧的社会关系被打破、新的社会关系形成的过程中，由于各个领域的改革和转型不同步，各类经济主体和社会主体的行为很容易出现异化现象。高等教育的趋同化就是一种典型的异化现象。高等教育趋同化是现行教育投入和管理体制的产物，是政府主导型高等教育体制的必然结果。治理高等教育的趋同化，关键在于落实高校的独立地位，让高校在竞争中寻找自己的定位和未来发展路径。如果不是着眼于高校独立办学地位的落实，无论政府采取什么样的政策，都会导致高校的蜂拥而上，形成新的趋同。即使政府按照不同的分类对高校进行指导和引导，也会形成新的趋同，只是趋同的范围大小不一而异。因此，落实高校的办学自主权，不仅是消除现有高等教育体制弊端的有效路径，更是高等教育健康发展、增强学校核心

---

　　① 中共中央. 关于全面深化改革若干重大问题的决定 ［EB/OL］. 人民网（http：//politics. people. com. cn/n/2013/1115/c1001-23559207. html）.

竞争力的必要途径。但在现实社会中，对于落实高校特别是省属高校的办学自主权还存在着争议和观望。

在各类高校中，新型大学是一个特殊的群体。新型大学指 1999 年以来批准设置的本科院校，虽然举办本科的时间短，但总量较大，超过本科高校的一半。新型大学的具体情况见表 1-3、表 1-4 和附录 1。新型大学具有如下特点：一是举办本科教育时间短，最长的不到 20 年，最短的刚刚开始，缺乏本科教育的积累（假定专科教育积累不等于本科教育），办学资源和办学经验均有明显短板。二是兴起于高等教育从精英阶段向大众化阶段"跃进"的时代，新型大学以承担本科教育增量部分为主。如果原来从事精英教育的院校在大众化阶段维持其固有的精英特征的话，那么新型大学从事的将是面向大众的教育。三是内部差异明显。可依举办方式分为市属专科高校改建（多为师范专科学校联合其他市属院校或中等专业技术学校改建），省属成人或专科院校改建，民办高校改建，以及独立学院共四种，这种举办方式的差异影响到学校的组织和运营。四是规模庞大。加上独立学院，新型大学在机构数和生源方面超过老牌本科院校[①]。五是办学定位多为培养应用型人才，人才培养与劳动力市场的结合更为紧密，知识创新和社会服务的市场性更强，因而表现出更强的市场竞争性。与老牌本科院校相比，新型大学面临的发展问题更多，培育核心竞争力的问题更为突出。截至 2015 年年底，山东省有新型大学 39 所，其中独立设置的新型大学 28 所，独立学院 11 所，新型大学培育核心竞争力和持续发展的任务繁重。而随着营利性民办高校的许可，部分新型大学有可能成为营利性民办高校，成为典型的市场竞争主体。因此，对新型大学的核心竞争力及其培育途径进行研究，为新型大学的持续发展提供借鉴是极为必要的。

表 1-3　山东省独立设置的新型大学设置情况一览

序号	学校名称	时间	改建前名称	性质	备注
1	临沂大学	1999	临沂师范专科学校，临沂教育学院等	国办	市属
2	德州学院	2000	德州高等专科学校	国办	市属
3	潍坊学院	2000	潍坊高等专科学校	国办	市属
4	泰山学院	2002	泰山师范专科学校、泰安教育学院等	国办	市属
5	山东交通学院	2002	济南交通专科学校	国办	省属
6	枣庄学院	2004	枣庄师范专科学校、枣庄教育学院等	国办	市属

① 本文所称老牌本科高（院）校指 1998 年及此前经国家教育行政部门和省级人民政府批准设立的本科高校，使用"老牌本科高（院）校"主要是为了与新型大学区别，并无别的含义。

续表

序号	学校名称	时间	改建前名称	性质	备注
7	滨州学院	2004	滨州师范专科学校、滨州教育学院等	国办	市属
8	菏泽学院	2004	菏泽师范专科学校、菏泽教育学院等	国办	市属
9	山东警察学院	2004	山东公安专科学校	国办	省属
10	烟台南山学院	2005	山东南山职业技术学院	民办	
11	青岛滨海学院	2005	青岛滨海学院	民办	
12	济宁学院	2007	济宁师范专科学校、济宁教育学院等	国办	市属
13	山东政法学院	2007	山东省政法管理干部学院	国办	省属
14	齐鲁医药学院（山东万杰医学院）	2008	山东万杰医学专科学校	民办	省商业集团总公司购买
15	山东英才学院	2008	山东英才职业技术学院	民办	
16	潍坊科技学院	2008	潍坊科技职业学院	民办	县级财政举办
17	齐鲁师范学院	2010	山东省教育学院	国办	省属
18	山东青年政治学院	2010	山东省青年管理干部学院	国办	省属
19	山东女子学院	2010	中华女子学院山东分院	国办	省属
20	山东协和学院	2011	山东协和职业技术学院	民办	
21	青岛黄海学院	2011	青岛黄海职业学院	民办	
22	青岛工学院	2011	中国海洋大学青岛学院	民办	独立学院转设
23	山东管理学院	2013	山东省工会管理干部学院	国办	省属
24	山东农业工程学院	2013	山东省农业管理干部学院	国办	省属
25	山东华宇工学院	2014	山东华宇职业技术学院	民办	
26	青岛恒星科技学院	2014	青岛恒星科技职业学院	民办	
27	齐鲁理工学院	2014	曲阜师范大学杏坛学院	民办	独立学院转设
28	山东现代学院	2015	山东现代职业学院	民办	

数据来源：山东省各高校官网，查阅日期为 2015 年 10 月 15 日，第二次查阅日期为 2016 年 12 月 11 日。

表1-4 山东省独立学院情况一览

序号	学校名称	时间①	举办方	地点
1	烟台大学文经学院	2003	烟台大学	烟台
2	聊城大学东昌学院	2002	聊城大学，山东泉林纸业有限责任公司	聊城
3	青岛理工大学琴岛学院	2003	青岛理工大学，青岛盛世华侨教育公司	青岛
4	山东师范大学历山学院	2005	山东师范大学，潍坊教育学院	青州
5	山东财经大学燕山学院	2005	山东财经大学，山东黄金集团有限公司	章丘
6	中国石油大学胜利学院②	2003	中国石油大学、胜利石油管理局	东营
7	山东科技大学泰山科技学院	2005	山东科技大学、山东临沂飞龙企业集团	泰安
8	青岛农业大学海都学院	2005	青岛农业大学	莱阳
9	山东财经大学东方学院	2005	山东财经大学、山东黄金集团有限公司	泰安
10	济南大学泉城学院	2005	济南大学，大众报业集团	蓬莱
11	北京电影学院现代创意媒体学院	2010	北京电影学院、青岛满天下文化投资有限公司	青岛

数据来源：各学校的官方网站，第一次查阅日期为2015年10月12日，第二次查阅日期为2016年12月12日。

　　我国高等教育发展的现状使新型大学面临着办学定位和发展问题。新型大学基本定位于应用型本科，但"由于缺少相关的办学经验和指导，学校基本上处于向研究型大学/学院学习的阶段"③，导致其具体的办学行为是借鉴已有高校的办学模式和延续原有办学模式的产物，因此面临着转型问题。我国应用型本科的发展与欧美发达国家不同，不是专科层次的技术教育自然升级的结果，而是在已设普通本科院校的基础上转型。转型的核心目的是提高人才培养质量和人才培养的适应性，作为一个开放的社会系统，高校转型是综合的，不仅涉及办学定位调整，涉及学校的结构、技术和人的系列变革，而且涉及学校与社会特别是劳动力市场的关系调整。这种转型既可能是组织的整体转型，也可能是组织的部分转型。据分析，我国可列入转型的院校有三类：一是部分应用技术特色鲜明、具有行业办学背景或历史的院校，包括新型大学和传统高

---

　　① 除北京电影学院现代创意媒体学院外，其他学院都是2005年经教育行政部门统一确认为独立学院的。

　　② 中国石油大学胜利学院的办学资源是原来的胜利油田师范专科学校。

　　③ 史秋衡．国家高校分类体系及其设置标准实证研究［M］．北京：科学出版社，2017：12.

校，其转型模式是在市场机制下的重新定位和发展；二是部分无行业办学背景或历史的新型大学。转型模式是从普通高等教育向应用型本科转型；三是部分在某特定学科有明显优势的院校，包括少数新型大学和大部分传统高校，转型模式是适应社会需求举办应用型课程（专业）。

组织转型是个系统问题，它既涉及转型院校内部各个子系统之间的关系重组，也涉及转型院校与社会之间的关系重组，是学校核心竞争力培育的重要环节。普通本科院校向应用型本科院校的转型将包括五个方面的内容：（1）组织结构、师资队伍、教学条件的适应性调整；（2）学科建设以及协同创新机制构建；（3）教学与科研协同以及协同育人机制构建；（4）学校与社会特别是劳动力市场的适应与协调；（5）组织结构、师资队伍调整带来的利益冲突以及调适。这五个方面都是非常重要的，其中任何一个方面的滞后和处理不当，都会影响转型的进程和效果。从院校的已有转型过程来看，多数院校对上述五个方面没有给予充分的重视，只将精力放在组织任务即人才培养的模式构建和教学计划的修改与落实上，从而导致它们的转型普遍存在偏差，难以实现真正的应用本科教育。正在转型的院校存在的偏差和不足主要表现为：重专业轻学科和单纯的专业思维；重教学轻科研；强调专业计划忽视学生选择权；强调行政命令忽视疏导；孤立转型；片面转型等。同时转型打破了学校原有的关系模式和利益格局，引起了部分人的焦虑、不安、观望和抵触。如何对待这些转型中出现的问题和情绪，不仅关系着学校的稳定，更影响着学校的长远发展和核心竞争力的培育。

二、研究的意义

新型大学是我国高等教育领域中崛起的新兴力量，现阶段主要承担为社会培养人才特别是应用型本科人才的重任，承担部分科技创新、为地方经济社会发展服务以及其他职能。新型大学的发展对我国高等教育的发展具有极为重要的意义。与老牌本科院校相比，新型大学面临的社会环境不同，资源配置方式不完全一致，而且面临着激烈的竞争，这种竞争不仅来自同类高校，不同层次和类型的其他本科高校和高职院校，还有国外高校。这种竞争不仅是办学经费和教师资源的竞争，还有生源特别是优质生源、社会服务等各方面的竞争。这种竞争呈现出极为明显的市场特征，但并非完全的市场竞争，而是行政干预与市场竞争的结合，是一种政府干预下的市场竞争。从某种意义上说，新型大学的核心竞争力培育争取的既是一种未来可持续发展的优势，也是目前站稳脚跟获得发展基础的优势，是一种基于初步发展和长期可持续发展融合的比较优势。本科院校的转型发展是基于特定定位即应用型本科而进行的适应性改变，可以视作新型大学培育核心竞争力的一个路径。因此，本书的研究具有很强的理论意义和实践意义。

本书的研究在理论方面具有如下意义：首先，新型大学核心竞争力的理论体系建构可丰富现有的高校核心竞争力理论，扩大高校核心竞争力理论的研究领域；其次，基于实践经验的总结和研究可在很大程度上弥补单纯的理论研究存在的不足。再次，基于我国目前特有的转型社会和特定的不完善的高等教育市场的研究，特别是对于特定高等教育市场的研究，将在很大程度上丰富我国的高等教育理论。而这种特定不完善市场状况下的组织核心竞争力的研究，也可在一定程度上丰富非营利组织和政府机构的核心竞争力理论。复次，基于组织变革理论的新型大学转型研究，可望推进我国的高校组织行为学研究和内部劳动力市场研究，丰富组织行为学尤其是非营利组织行为学理论。最后，基于特定院校的转型模式分析可望丰富高校转型理论和相关论述。

本书以山东省的新型大学为对象，从新型大学的办学实践入手，以其已有办学优势和未来的发展定位为基础，以未来可以想象的社会环境为生存空间，分别从战略选择、人才培养、科学研究、社会服务、资源配置和组织变革等角度着手构建新型大学的核心竞争力体系及其评价指标体系，为不同类型的新型大学培育和形成核心竞争力提供对策建议，这些研究可直接应用于新型大学的办学实践，推动新型大学根据社会大环境确定自己的发展战略，从而获得可持续发展；同时基于新型大学这一特定高校群所提出的对策建议，可为教育行政部门的决策提供借鉴。就此而言，从社会大环境入手构建新型大学的核心竞争力及其评价指标体系，归纳院校转型和专业转型的路径，有着极为重要的实践应用和推广意义，可为新型大学的可持续发展和整个高等教育事业的发展提供有益的指导和借鉴。

三、研究的重点难点与创新之处

本书的研究重点是转型社会背景下的高等教育市场认知，知识社会背景和中国特色社会主义市场经济体制下地方应用型高校核心竞争力的内涵和可能的培育路径，以及新型大学基于自身资源和能力面向特定市场实现转型发展、培育核心竞争力的路径和工具选择。难点是对高等教育市场和国办高校市场主体性的认知，以及新型大学如何从自身资源和能力出发选择合适的发展路径、工具。

本书的创新之处有三点：（1）对我国高等教育市场和国办高校市场主体性的认知；（2）新型大学核心竞争力的评价指标体系、竞争战略的认知和定位；（3）市场经济体制下应用型本科转型发展和建设的路径选择。

第二节 研究的问题与概念界定

一、研究的主要问题

本书主要研究和回答如下几个问题：

（一）高校竞争、竞争逻辑与高等教育市场

研究高校核心竞争力的基本假设是高校之间存在着竞争，高等教育市场、高校竞争的实质分析和竞争逻辑分析因此成为研究的基础。具体包括如下内容：高校竞争的实质是什么？高校在争什么？争资源、争生源还是争声誉，还是争知识创新和知识整合？高校竞争的形式和途径有哪些？高校竞争的逻辑是什么？是政治竞争、市场竞争还是知识竞争？还是三者并存？知识社会的高校竞争有什么特点？如果存在高等教育市场，这个高等教育市场的实质是什么、结构是什么？在高等教育市场中，新型大学处于什么层次和地位？关键是厘清新型大学所处的竞争环境和竞争对手，明晰新型大学在整个高等教育体系和整体社会环境中的定位，实质是高等教育市场的结构和分层。

（二）新型大学核心竞争力的认知、评价、培育与战略选择

在明晰新型大学在整个高等教育市场所处的市场和层次后，我们要分析和回答的是如下问题：什么是核心竞争力？高校的核心竞争力是什么？新型大学的核心竞争力是什么？如何评价高校的核心竞争力？新型大学核心竞争力的评价指标体系是怎样的？新型大学核心竞争力的培育途径、培育方法有哪些？如何培育新型大学的核心竞争力？在培育核心竞争力的过程中如何选择合适的发展战略？关键是明晰新型大学与普通高校特别是老牌高校的差异，明确新型大学的核心竞争力之所在并选择合适的培育路径和方法。实质是明晰新型大学的细分市场并立足这个细分市场完善自己。

（三）新型大学向应用型本科转型

受各种因素的影响，新型大学并没有准确定位或定位不准，价值定位是核心竞争力培育的起点。多数新型大学面临着重新定位并向新的定位转型的问题。新型大学向应用型本科转型主要分析和回答如下问题：什么是应用型本科？如何认知应用型本科？新型大学向应用型本科转型的必要性和可行性分析？新型大学向应用型本科转型的实质是什么？新型大学向应用型本科转型只是单纯的人才培养还是学校的整体转型？新型大学向应用型本科转型的路径是

什么？新型大学向应用型本科转型存在的问题和困难是什么？新型大学向应用型本科转型的路径选择。关键是明晰新型大学向应用型本科转型的实质和路径选择，实质是新型大学先行进入确定的细分市场并为之奠基。

（四）新型大学培育核心竞争力的行动研究

以山东青年政治学院为例，分析和探讨新型大学在培育核心竞争力的实际行动中遇到的问题和困难，可行的策略选择以及它们之间的相关性，验证前面所提评价指标体系、培育路径和方法、战略选择和路径选择的可行性。实质是对前面的探索和选择进行验证，并在验证的基础上进行修正。

总之，本书主要是从新型大学的实际出发，探讨新型大学的长期可持续发展之路。其中核心竞争力培育是为新型大学的长期可持续发展提供永远充满生机和活力的"心脏"，提供高校长期存续发展的核心力量。向应用型本科转型是目前阶段的主要任务，是基于已有办学基础的务实选择，也是价值定位、培育和形成核心竞争力的奠基之策，是实现学校长期可持续发展的基石。

二、主要概念

本书涉及的主要概念有如下几个：

（一）新型大学

新型大学也称新建本科院校，指 1999 年以来经政府批准设立的本科院校。这些本科院校的共同特点是 1999 年以后获得本科教育资格。之所以将这些院校称为新建本科院校或新型大学，并将其作为一个类型，与此前成立的本科院校相区分，主要是因为全国人民代表大会常务委员会于 1998 年 8 月 29 日通过《中华人民共和国高等教育法》，该法于同日以国家主席令的形式公布，明确自 1999 年 1 月 1 日起实行。1999 年以后设立的本科高校都是根据《中华人民共和国高等教育法》的授权依法设立的。但具体的办学内容并不一致，有的院校已经以本科教育为主，既从事本科教育，也从事高职（专科）教育，个别的从事研究生教育。多数新型大学正处于从高职（专科）教育向本科教育转变但未完成、本科教育与高职（专科）教育并行的阶段。这些院校既有政府举办的国办院校，也有私人或私有资本举办的民办高校，以及中外合作举办的高校。值得注意的是，近年来，在新型大学的行列中，出现了中国科学院大学、中国社会科学院大学、上海科技大学、南方科技大学等拥有较大投入和人力资本积累、直接从事本科、硕士、博士一体化培养的新型大学和中外合作举办的大学，这些大学的出现丰富了新型大学的类型。这些"另类"的新型大学一开始就定位为高水平的研究型大学，利用政府和社会的巨大投资在开设之初就凝聚了一批高水平的人才，具备了冲击"双一流"的能力，这一目标是绝大多数新型大学数十年甚至上百年努力的方向，是短时间内可望而不可即的。本书思考和面对的是以高职高专或成人教育资源为基础设立的新型大学，它们获得的政府和社会投入一般，难以短期在高端人才和办学条件上实现质的飞跃，定位主要是为社会培养应用型人才的地方性的新型大学，这是本书要探讨和研究的对象，其中尤以政府举办的新型大学为主。在书中，我们主要使用新型大学的称谓，有特别需要时将新型大学与新建本科院校并用。

（二）高等教育市场

市场的本意指买卖双方进行交易的场所，现有两种含义：一是交易的市场；二是交易行为的总称，所有产权发生转移和交换的关系都可以称为市场。经济学认为，市场是资源配置的工具，市场机制是通过市场竞争配置资源的方式，即资源在市场上通过自由竞争与自由交换来实现配置的机制，也是价值规律的实现形式。具体来说，市场是指市场机制内的供求、价格、竞争、风险等要素之间互相联系及作用的机理。经济学家认为，完全竞争市场是最优化的资源配置方式。完全竞争市场必须满足四个基本条件，才能保证一个由"供－求"或"成本－收益"力量决定资源配置的自由、客观的市场：① 一是每个经济代理者相对于整个市场足够小，以至于他不能以任何方式来影响市场价格；二是任何销售者所提供的产品必须与其他销售者的商品完全相同而没有差异，以保证购买者不会因此而特殊对待某产品的提供者，否则会导致该提供者改变价格而对市场产生控制；三是所有资源必须是完全可流动的，即"自由进入与退出"的假设②；四是生产者、顾客和资源所有者必须对替代者、价格和相关市场数据保持完全的知情。上述特点还必须遵从价格接受行为。事实上这种完全竞争的市场只存在于经济学家的论述中，用于分析经济现象，在现实世界中是不存在的或难以达到的。我们所说的高等教育市场既指高等教育领域中的市场机制及其机制建设，也指高等教育领域中存在的各种市场行为。但高等教育市场不是普通意义上的市场，正如大卫·科伯所言，高等教育是一个"市场"，但"这一体系看起来与任何一本经济学概论教材所描述的市场都没有相似之处。在商业领域中，当市场供不应求时，公司便应该扩大规模，否则便会抬高商品的价格，这是一种鼓励新参与者的现象。但高等教育的运行却完全不

---

① Ferguson C. E. *Microeconomic Theory*, Homewood, Illinois: Richard D. Irwin, Inc. 1966, pp. 192 – 195.

② Baumol W J. *Economic Theory and Operations Analysis* (2nd ed.), Englewood Cliffs, New Jersey: Prentice Hall, 1977, p. 313.

是这样。""这一特殊市场的'销售者'——即大学——寻求的是最出色的'购买者',即学生。""在大学的生产过程中,消费者是最重要的投入,这与提供传统的私人货物和服务的生产商不同……(精英学校)需要拔尖的学生,就像拔尖的学生需要它们一样。"① "如果对高等教育市场最恰当的理解是将它视为一种比喻而不是一种精确的经济模式,那么这种比喻便具有强烈的效果。"② "那些校长们都在没完没了地忙于筹集资金。消费者、资金保管者、适当的市场、创造品牌、赢者通吃这些新名词代表了高等教育'产业'中的这一变化。""每一个系科都是一个'收入中心',每一位教授都是一个企业家,每一个单元都是一个'资金保管者',每一所学校都在追求利润,无论是以金钱资本的方式抑或智力资本的方式。""在一流的研究型大学和文理学院中,声望就是金钱。"③ "学校的声望越高,就越能吸引拔尖的学生和著名的教授,也更能获得最大限度的资助,来自政府和基金会的最大型的研究资助,常常还能获得最能盈利的行业合同。这样的成功可以稳固一所学校在强弱顺序中的地位。""高等教育是一个'成功带来成功,失败带来失败'的产业。"④ 即高等教育市场是一个特殊的市场,它具备市场的一般特征,又有自己的特点,其本质是准市场。或者说,不同类型与层次的高等教育机构形成了一个基于价格而竞争学生和销售入学机会的高等教育市场。⑤

(三)高校竞争

竞争原本是生物学名词,指一种生物之间的关系,后转用于经济学,指个体或群体间力图胜过或压倒对方的心理需要和行为活动。即竞争是一种社会互动方式,是人与人之间、群体与群体之间对于一个共同目标的追求。高校竞争指特定高校之间的竞争,高校竞争的目的是寻求在高等教育领域的优势地位,即在要素市场包括资本市场、人力资源市场、知识市场等寻求输入资源的优势

① [美]大卫·科伯.晚征译.高等教育市场化的底线[M].北京:北京大学出版社,2008:2-3.

② Robert Frank, "Higher Education: The Ultimate Winner-Take-All Market?" in Maureen Devlin and Joci Meyerson, eds., Forum futures: Exploring the Future of Higher Education, 2000 papers San Francisco: Jossy-Bass, 2001, pp.4-5.

③ Derek Bok. Universities in the Makertplace: The Commercialization of Higher Education, Princeton: Princeton University Press, 2003, p.9.

④ Robert Frank, "Higher Education: The Ultimate Winner-Take-All Market?" in Maureen Devlin and Joci Meyerson, eds., Forum futures: Exploring the Future of Higher Education, 2000 papers San Francisco: Jossy-Bass, 2001, p.5.

⑤ 韩梦洁.美国高等教育结构变迁:市场机制、公共选择与学术逻辑[M].北京:科学出版社,2016:105.

地位和输出即产出在知识产品市场、人力资源市场的优势地位。高校竞争的是某一特定高校在高等教育市场及相关市场上的优势地位。高校竞争具有非营利组织竞争的一般特征，与企业竞争有相同的地方，也有自己的特点，不是单纯的市场竞争。

（四）政府干预

政府干预也称宏观调控。作为经济学名词，本义是指国家或政府在经济运行中，为了促进市场发育、规范市场运行，对社会经济总体实施的调节与控制。琼布罗德认为，高等教育市场的政府干预包括四种类型：调控（即关于质量和数量方面）；拨款（如通过补贴、税收、收费、贷款、教育券、收入转移）；公共供给（如国办高校）；信息/交流（如改进决策）。本书中的政府干预是指政府在高等教育运行中，为了促进高等教育市场发育、规范高等教育运行，对高等教育市场进行的调节与控制。考虑到我国的实际，国办高校不仅是政府干预高等教育市场的工具，也是高等教育市场的主体，只是其市场主体地位不像民办高校那样完全。考虑到"公""公共""公办""公立"等名词在现实语境中的复杂含义，本书中由政府或政府部门、事业单位、国有企业利用财政资金或国有资产举办的高校一律称为"国办高校""国办院校"。在引用学者们的相关论述时，沿用学者们的原有称谓，不做调整。

（五）应用型本科

应用型人才是近年来我国高等教育界提出的一种人才培养规格或类型。与普通本科对应，应用型本科突出强调人才培养的应用性。应用型本科是与知识社会、高等教育大众化相适应的，是以培养某一专门领域的专门技术人才为主，是以应用为目的的专业性教育；应用型本科以应用工程师和职业工程师为培养目标，是学历教育与职业素能养成的科学统一与有机结合，应以高新技术研发与成果转化为主攻方向和主要特征。[①] "应用型人才培养，着重于评价毕业生在行业企业中的表现，就业率、就业质量、行业评价，以及毕业生在行业、产业、企业中的声誉、学生的实践能力训练效果或学习效果。"[②] 应用型本科具有如下特点：以培养应用型的人才为主，以培养本科生为主，应该以教学为主，应该以面向地方为主。[③] 即应用型人才是一种人才培养规格或类型，

---

① 陈小虎. 应用型本科教育：内涵解析及其人才培养体系建构 [J]. 江苏高教，2008（1）：86－88.

② 史秋衡. 国家高校分类体系及其设置标准实证研究 [M]. 北京：科学出版社，2017：216.

③ 潘懋元. 什么是应用性本科 [J]. 高教探索，2010（1）：10－11.

指从事某一专门领域的技术开发和技术应用的专门人才,应用型本科是培养本科层次的应用型人才的,在人才培养规格上突出实际问题解决能力的养成。培养应用型人才的专业(学科)是应用型专业(学科),主要从事应用型本科教育的高校是应用型本科高校。

第三节 研究现状评述

关于组织核心竞争力的研究兴自 20 世纪 90 年代初的企业界,很快延伸到包括高校在内的众多的社会组织。

一、核心竞争力的概念

"核心竞争力"(core competence)也译作"核心能力"或"核心特长"。这一概念由美国学者普拉哈拉德(C. K. Prahalad)和英国学者哈默(Gary Hamei)在《哈佛商业评论》1989 年第 1 期的《与竞争者合作》一文中提出,并在该刊 1990 年第 3 期《企业核心竞争力》(*The Core Competence of the Corporation*)中进行了论述。他们认为核心竞争力在企业的长期运营中起决定作用,是一种孕育新一代产品的独特技巧,是指"组织中的积累性学识,特别是关于如何协调不同的生产技能和有机结合多种技术的学识";它通过战略决策、生产制造、市场营销等组合,使企业获得持续竞争优势,是企业所特殊拥有的,可以使企业长期在某一个市场上强于竞争对手的一种独特优势和能力,并能为消费者带来独特效用,外显为满足顾客的核心价值。① 随后,"核心竞争力"和企业能力理论在企业发展和企业战略研究方面迅速占据了主导地位,成为指导企业经营和管理的重要理论之一,并且衍生出对核心竞争力的多种定义、解释和理论体系。"核心竞争力"理论还越出企业领域,被应用到其他社会组织、区域和个人等领域,成为分析、研究其能力和战略发展的重要方法和理论体系。

二、国外高校核心竞争力研究现状述评

"核心竞争力"的立论基础是竞争者主体,是作为市场主体的企业应具备的一种能实现企业可持续发展的能力或优势。一般认为,核心竞争力至少具备

---

① Cary Hamel and C. K. Prahalad. The Core Competence of the Corporation, *Harvard Business Review*, 1990, 68 (3).

三个特征：特别有助于实现顾客所看重的价值；竞争对手难以模仿和替代；具有持久性（可持续性）。在较长的历史时期内，法、德等欧陆国家将高校列为政府机构，教师作为政府公务员，高校本身缺乏独立性和相应的竞争环境，仅有的竞争体现在对政治（行政）资源的竞争上。英、美等国虽将高校视作独立的法人主体，在资源配置中较多地引入了市场机制，但高等教育市场被认为是政府控制的非完全市场，包括私立高校在内的高校是公益组织。因此，在20世纪70年代前，西方社会缺乏把高校作为竞争主体的社会氛围，除部分高校领导者提到学校的竞争能力外，对高校竞争和高校竞争能力进行探讨的学术成果不多。

自20世纪70年代末开始，随着全球性的治理改革，政府对高等教育的投入和投入方式改变了，以竞争为特点的市场化趋势明显，高校间的竞争加剧；高等教育大众化的实现和随之而来的生源问题也加剧了高校间的竞争。对高等教育的市场化以及由此带来的高校竞争和分化，学者们予以了关注。联合国教科文组织等国际组织也注意到了高等教育竞争加剧的现状，1998年，联合国教科文组织发布《21世纪的高等教育世界宣言：展望与行动》（*World Declaration on Higher Education for the Twenty-First Century*：*Vision and Action*），其中提出："所有有远见的高等教育体制和机构应该在确定自己的使命时牢记这样一种远景，即建立最好称为'进取性大学'（Proactive University）的新型大学。"[①]

对高等教育的市场化，欧陆学者和美国学者的认识并不一致，这与其对高等教育的传统认识和高校的现实地位密切相关。欧陆学者更多的是探讨高校如何适应治理改革和以独立的法人地位发展。美国学者则对已有的市场竞争现象进行了解析。如埃里克·古尔德（Eric Gould，2003）对美国高等教育中越来越有力的公司化伦理即一种竞争学生、教职员和资金的体制进行了解析，他着重探讨了大学的经济、政治以及庞杂的架构怎样影响了知识的本质，市场经济究竟对教学中有价值的东西产生了怎样不同寻常的影响，即"大学如何变成了一个'学习的公司'"。[②] 罗伯特·弗兰克则对高校竞争的特点进行了归纳，指出"在一个也许只有流行夜总会竞争的市场中，高等教育是一个'成功带

---

① UNESCO. *World Declaration on Higher Education for the Twenty-First Century*：*Vision and Action*，1998.

② ［美］埃里克·古尔德. 吕博等译. 公司文化中的大学：大学如何应对市场化压力［M］. 北京：北京大学出版社，2015.

来成功，失败带来失败'的产业"。① 约翰·达利等人对学术界的竞争与生存法则进行了描述。②

对于高校竞争和竞争中的各种现象，伯顿·克拉克（Burton Clark，1998）提出了"创业型大学"（Entrepreneurial Universities）的概念，并对欧洲创业型大学进行了解析。伯顿·克拉克发现，欧洲大学的创业型变革是在应对困境和挑战中实现的，主要是原来的二三流高校；成功的创业型大学具备五个方面的特征：强有力的领导核心、大学与外界加强合作、多样化的资金基础、富于激励的学术中心和自主创业的文化氛围。克拉克将高校作为一个能动的组织主体，关注的是高校这一组织如何像企业那样进行创业、革新，以应对外界环境的变化。克拉克将创业型大学描述为"凭它自己的力量，积极地探索在如何干好它的事业中创新。它寻求在组织的特性上作出实质性的转变，以便为将来取得更有前途的态势。"③ 亨利·埃兹科维茨将创业型大学定义为"经常得到政府政策鼓励的大学及其组成人员对从知识中收获资金的日益增强的兴趣正在使学术机构在精神实质上更接近于公司，公司这种组织对知识的兴趣总是与经济应用紧密相连的。"④ 斯拉特认为，创业型大学是指高校在变化的形势下采取一些企业的运作方式，展示出市场化的行为，特别是对外部资金的竞争。斯米伦等则把创业型大学的创业定义为大学直接参与研究商业化的行为。总之，在美国学者看来，创业型大学具有强烈的创业精神和丰富的创新研究成果，与传统大学相比具有更强的科研实力、团队合作精神、应对外界环境变化和资源获取的能力、教学与研究更注重面向实际问题和更为有效的知识转移运作机制；它们与政府和企业联系紧密，直接参与成果的商业化活动，是推动经济与社会发展的不竭动力。⑤ 澳大利亚学者西蒙·马金森（Simon Marginson，2000）提出了"企业型大学"（Enterprise University）的概念，并对澳大利亚企业型

---

① Robert Frank. "Higher Education：the Ultimate Winner-Take-All Market?" in Maureen Devlin and Joel Meyerson，eds.，*Forum Futures：Exploring the Future of higher Education*，2000 papers，San Francisco：Jossy-Bass，2001，p. 5.

② ［美］约翰·达利、［加］马克·扎纳. 卢素珍译. 学术界的生存智慧 ［M］. 北京：北京大学出版社，2013.

③ ［美］伯顿·R. 克拉克. 王承绪译. 建立创业型大学：组织上转型的途径 ［M］. 北京：人民教育出版社，2003；大学的持续变革：创业型大学新案例和新概念 ［M］. 北京：人民教育出版社，2008.

④ ［美］亨利·埃兹科维茨. 王孙禹译. 麻省理工学院与创业科学的兴起 ［M］. 北京：清华大学出版社，2007.

⑤ 刘军仪. 创业型大学：美国研究型大学发展的新动向 ［J］. 全球教育展望，2008（12）：42－45；51.

大学的权力结构、管理模式和再创造方式进行了分析。[①] 上述学者的研究暗含了对高校核心竞争力的探讨。希拉·斯劳特和拉里·莱斯利（Sheila Slaughter, Larry L. Leslie, 1997）从知识的资本化和拥有知识的大学教师"资本家化"入手，提出和分析了"学术资本主义"这一概念，并从政治、政策等角度对"创业型大学"的形成进行了解析。[②]

与主要追求公益服务的公、私立高校不同，营利性大学是完全的市场主体。自20世纪80年代以来，营利性大学在美国等部分国家获得了快速发展，占据了较多的生源市场份额。理查德·鲁克（Richard Ruch, 2006）对营利性大学进行了解析，指出非营利性大学应在四个方面向营利性大学学习：适应市场力、适应的组织结构、重新界定共同管理、发展强大的顾客服务型体系。[③] 莱文（Hengry M. Levin）、卡诺伊（Martin Carnoy）、杰勒德·德兰迪（Gerard Delanty）[④]、大卫·科伯（David L. Kirp）[⑤] 等从不同角度论述了高等教育资源配置的市场机制和市场选择，涉及高校能力与核心竞争力培育。

总体来看，西方学者更多地从社会变迁与高校组织结构调整的角度来分析高校的能力，直接论述高校核心竞争力或对其展开系统解构的不多，这与西方社会传统上对高校的定位和认识有关。但随着创业型（企业型）大学、营利性大学的兴起，高校的核心竞争力和战略发展问题开始受到重视。

三、国内高校核心竞争力研究现状述评

我国学术界在1998～1999年引入"核心竞争力"（核心能力）的概念，2000年开始将其应用到高等教育领域。这与我国正处于由计划经济向市场经济转型的社会环境有关。由于我国的改革是一场以经济为主、涉及社会各个层面和各个领域的社会转型，学术界和实践界在论述不同领域的改革和发展时，往往直接借用经济领域的概念和分析方法。对高校核心竞争力的探讨并不意味着我国的高校已经成为完全的竞争主体（市场主体），多数论者在论及高校的

---

① ［澳］西蒙·马金森. 周心红译. 澳大利亚企业型大学的权力结构、管理模式与再创造模式 [M]. 杭州：浙江大学出版社，2007.

② ［美］斯劳特、［美］莱斯利. 黎丽译. 学术资本主义：政治、政策和创业型大学 [M]. 北京：北京大学出版社，2008.

③ ［美］理查德·鲁克. 于培文译. 高等教育公司：营利性大学的崛起 [M]. 北京：北京大学出版社，2015.

④ ［英］杰勒德·德兰迪. 黄建如译. 知识社会中的大学 [M]. 北京：北京大学出版社，2010.

⑤ ［美］大卫·科伯. 晓征译. 高等教育市场化的底线 [M]. 北京：北京大学出版社，2008.

核心竞争力时也没有暗含高校是市场主体的认知，对高校核心竞争力的探讨只是反映了高等教育市场化的趋势和人们的期待。

最早对大学（高校）核心竞争力进行系统研究的是赖德胜和武向荣，其成果《论大学的核心竞争力》发表在《教育研究》2002 年第 7 期。随后，"核心竞争力"这一概念和理论被高等教育界广泛使用，出现了一批有影响的研究成果，包括别敦荣、毛亚庆、田建国、郑家成、张卓、刘向兵等学者的论述，同时部分高校领导在讲话、报告或其他场合提到要构建或培育学校的核心竞争力。截至 2011 年年底，以"大学（高校）""核心竞争力"为关键词在中国知网检索，获得学术论文 500 余条，其中博士论文 6 篇，分别是成长春的《高校核心竞争力分析模型研究》（河海大学 2005 年）、张卫良的《大学核心竞争力理论与实践研究》（中南大学 2005 年）、夏桂华的《基于层次定位的我国高校核心竞争力研究》（哈尔滨工程大学 2006 年）、戴开富的《高等学校核心竞争力研究》（武汉理工大学 2007 年）、杨树兵的《关于提升民办高校核心竞争力的战略和政策研究》（苏州大学 2007 年）、韩锦标《基于知识管理的大学核心竞争力研究》（中国矿业大学 2011 年）；硕士论文 27 篇，分别涉及地方高校、民办高校、不同类型专业高校以及高校内部不同学科、专业和院系的核心竞争力，研究内容包括核心竞争力的重要性、构成要素及其影响因素、各构成要素之间的关系以及高校核心竞争力的构建、培育、评价等。2012～2016 年，相关记录增加 1500 余条，其中博士论文 6 篇，分别是党传升的《高水平行业特色型大学核心竞争力评价与培育研究》（北京邮电大学 2012 年）、孙岩利的《基于学科建设模式的航海类高校核心竞争力研究》（大连海事大学 2013 年）、闫俊凤的《我国行业特色型高校发展战略研究》（中国矿业大学 2011 年）、张允蚌的《我国研究型大学优势学科培育机制研究》（中国矿业大学（北京）2013 年）、吴明华的《现代大学的治理逻辑及其在中国大学实现路径》（上海交通大学 2013 年），硕士论文 300 多篇。但除前述的博士论文外，真正研究高校核心竞争力并有创新性看法的论文不多。

我国学术界对高校核心竞争力的分析路径和认识有明显的分歧，主要有五种代表性观点：赖德胜和武向荣（2002）以能力为分析维度，认为核心竞争力是以技术能力为核心，通过对战略决策、科学研究以及成果产业化、课程设置与讲授、人力资源开发、组织管理等的整合或通过其中某一要素的效用凸显而使学校获得持续竞争优势的能力，[①] 该认识接近普拉哈拉德和哈默提出核心竞争力概念的原意。毛亚庆和夏仕武（2005）以资源为分析维度，认为高校

---

① 赖德胜、武向荣. 论大学的核心竞争力 [J]. 教育研究，2002 (7)：42－46.

核心竞争力是大学的优势资源，是主体对大学资源有效运作而产生的，表现为"深植于竞争主体的各种资源之中，以自身独有的核心竞争力为支撑点在履行教学、科研、社会服务三大职能中运作自身资源所形成的整体"，"大学间的竞争实际就是优质资源的竞争"。① 后来毛亚庆和吴合文（2010）提出：知识是大学竞争优势的来源，知识体系是大学竞争的最终决定力量，独特的知识体系是大学难以移植的竞争要素，大学价值性在知识发展中得以凸显，知识机制成为综合大学竞争战略的枢纽。在知识发展的逻辑下，大学的战略是一个以知识为中心，其他战略要素相互配合的盘根交错的网络体系。知识的操作机制处于大学战略的中心，学科、师资、实验设备、图书是支持大学知识战略的要素。大学的知识战略成为促使其他战略要素协同发展的核心。这一网络体系的竞争力强度取决于其稀缺性、难以模仿、可持续性和组织问题。大学核心竞争力是大学在知识生产和操作中形成的系统能力。② 林莉和刘元芳（2003）以知识为分析维度，认为高校竞争力是"识别和提供优势的知识体系"，它"以大学基础设施为依托，以大学精神为共同愿景"，在"办学理念、组织管理、学术梯队、校园文化以及外部资源等竞争力诸要素协同作用"下形成，"是大学内部一系列互补的知识和技能的组合，它具有使大学达到国内甚至世界一流水平的能力"。③ 田建国（2003）以文化为分析维度，认为"文化决定大学的品牌，是大学核心竞争力的体现"。④ 郭传杰（2003）以制度为分析维度，强调"制度建设和管理创新在形成大学核心竞争力的各因素中带有根本性作用"⑤。陈传鸿和刘一平以学科为分析维度，陈传鸿（2003）认为："一流大学必须有强大的整体竞争力，而构成整体竞争力的核心部分就是学科建设水平，所以，可以将学科建设水平称为高校的核心竞争力。"⑥ 刘一平（2001）认为学科建设是高校的核心竞争力，其核心要素包括学科研究方向、学科带头人和骨干，学科关键实验设备和学科运行机制。⑦ 在前述概念界定的基础上，武向荣对高校核心竞争力的特征进行了探讨。她先后提出了四特征说（2002，与赖德胜合

---

① 毛亚庆、夏仕武. 何谓大学核心竞争力 [J]. 北京大学教育评论, 2005 (2): 108 – 112.

② 毛亚庆、吴合文. 基于知识观的大学核心竞争力研究 [M]. 北京: 教育科学出版社, 2010: 97 – 99.

③ 林莉、刘元芳. 知识管理与大学核心竞争力 [N]. 科技日报, 2003 – 05 – 20.

④ 田建国. 实施大学跨越式发展战略 [J]. 中国高等教育, 2003 (9): 10 – 11.

⑤ 郭传杰. 大学: 先进文化建设的一支生力军 [J]. 学校党建与思想教育, 2003 (12): 9 – 11.

⑥ 陈传鸿、陈甬军. 切实加强学科建设构筑高校核心竞争力 [J]. 学位与研究生教育, 2003 (3): 4 – 7.

⑦ 刘一平. 努力把地方大学办成地方文化中心 [J]. 中国党政干部论坛, 2001 (6).

作）和五特征说（2008）。其中四特征说包括技能独特性、用户价值性、资产专用性和价值可变性；① 五特征说包括整合性、价值性、延展性、异质性和动态性。五特征说实际是四特征说的扩展和完善，进一步强调了高校核心竞争力的整合性和异质性。②

对高校核心竞争力的要素构成，学者们也存在较大分歧。别敦荣、田恩舜（2004）认为高校核心竞争力是大学发展演变过程中长期培育、积淀而成的，它孕育于大学文化，并深深地融合在大学的内质之中，是一个由制度体系、能力体系和文化体系有机组合而成的系统。③ 张卓（2002）认为它包括学术核心和管理外壳两个部分，前者由学科和专业组成，其职责是科学研究与教书育人；后者由组织结构和管理体系组成，其职责是制订战略、分配资源和支持学术核心。④ 罗红（2003）认为它由三个要素组成，其中技术（教育能力、管理能力与科研能力）是关键，文化是基础，制度是保证。⑤ 宋东霞（2003）认为它由四个要素组成，分别是学生素质（生源质量、学生的科学素养和人文素养、专业素养）、师资队伍（学位、知识、年龄结构）、科研活动（科研项目、经费、成果）和学科建设（重点学科、实验室、人文研究基地）。其中学生素质和科研活动是最终产出，师资队伍是重要资源，学科建设是发展核心。⑥ 李景勃（2002）认为高校核心竞争力由五个要素组成，其中人是基础，技术是关键，科学的管理体制能发挥整体优势，完善的信息系统是重要保证，创新是保持长久竞争优势的动力。⑦ 顾海良（2005）认为高校的核心竞争力一方面涉及学校的综合实力，如学校的财力和物力；另一方面涉及学校的"五学"，即学者、学科、学术、学风和学生。⑧ 马士斌（2000）认为高校核心竞争力由七个要素组成，办学资金、知名度和美誉度、科研成果和毕业生、办学方向和办学能力、人的因素、内部管理体制与人力资源管理运行机制、高校主要负责人的素质；在既定的外部管理体制下，人的因素是高校竞争力的核心，人的数

---

① 赖德胜、武向荣. 论大学的核心竞争力 [J]. 教育研究, 2002 (7): 42 – 46.

② 武向荣. 大学核心竞争力的识别和培育 [J]. 大学（研究与评价）, 2008 (10): 11 – 16.

③ 别敦荣、田恩舜. 论大学核心竞争力及其提升路径 [J]. 复旦教育论坛, 2004 (1): 55 – 60.

④ 张卓. 研究型大学的基本特征和评价体系 [J]. 南京航空航天大学学报（社会科学版）2002 (6): 44 – 49.

⑤ 罗红. 高等教育的质量困境及其应对策略 [J]. 湖南社会科学, 2005 (7): 150 – 152.

⑥ 宋东霞、赵彦云. 中国高等学校竞争力发展分析 [J]. 教育发展研究, 2003 (12): 41 – 44.

⑦ 李景勃. 从核心竞争力的视角看我国西部地区高校如何发挥地域特色 [J]. 贵州师范大学学报（社会科学报）, 2002 (4): 111 – 114.

⑧ 顾海良. 增强高校的核心竞争力 [N]. 人民日报海外版, 2005 – 03 – 14.

量、素质、结构、配置、积极性、合作与竞争等因素影响核心竞争力的形成，其中教师是核心力量。[①] 孟丽菊从硬件和软件来表征大学竞争力，其中，硬件包括师资力量、资本存量、科学研究与开发能力、区位力、结构优化程度、凝聚力；软件由文化要素、制度要素、管理要素、开放要素、秩序要素构成。[②]

高校核心竞争力评价指标体系是一套能全面反映高校核心竞争力，具有一定的内在联系、互为补充的指标体系。当前高等教育界学者对高校核心竞争力的判断缺乏统一的指标。前述关于核心竞争力要素构成的论述，在某种程度上构成高校核心竞争力的评价指标体系。有的学者具体到学科来表达核心竞争力的判断指标。毛亚庆和吴合文将大学核心竞争力的分析归纳为定位、核心知识、知识操作、知识规范和价值观四个层面。其中定位层面的指标包括：（1）大学是否有明确的主打领域；（2）该主打领域在国内（国际）或行业内的地位；（3）该主打领域吸引资源的状况；（4）在地理空间或者行业位置上是否有从事类似领域的大学；（5）大学在该领域是否有稳固的市场地位和声誉。核心知识层面的指标包括：（1）大学是否围绕主打领域建立了核心知识体系；（2）大学对该核心知识体系是否有明确的战略选择（传播方式、培养方式、研究方式等一种或几种）；（3）大学核心知识体系的载体之一人力资源的情况（数量、质量、结构）及其和大学战略定位的切合性；（4）大学核心知识体系的载体之二学科组合（含学科数量、品质、结构）；（5）大学核心知识体系的载体之三知识的组织结构（包括学术组织的设置合理性、行政组织的设置合理性、学术组织与行政组织的沟通联结状况）；（6）核心知识体系与从事同样领域的大学的知识体系比较是否有很强的差异性；（7）核心知识体系的市场占有情况（吸引学生、政府资助、社会捐赠的能力）；该核心知识体系是否可以给高校提供进入多种业务的机会和能力。知识操作层面包括如下指标：（1）高校对核心知识体系是否有主要的操作技术（是致力于教学、研究还是职业培训等）；（2）操作技术是否激发了高校生产知识的能力；（3）操作技术是否激发了高校创新知识的能力；（4）操作技术是否激发了高校运用转化知识的能力；（5）以上三种能力是否具有较大的难度和先进性；（6）这三种能力是否是一个一体化的协同过程；（7）高校的知识操作技术利用组织资源；（8）高校的知识操作技术在同类竞争者之间的独特性；（9）高校的知识操作技术持续发展的能力；（10）知识操作的成果。知识规范和价值观层面包括如下指标：（1）高校是否形成一种关于知识生产和操作的流程；（2）该知

---

① 马士斌．"战国时代"：高校核心竞争力的提升 [J]．学海，2000（5）：163－166．
② 孟丽菊．大学核心竞争力的含义及概念塑型 [J]．教育科学，2002（3）：59－60．

识流程的制度化状况；（3）知识流程在高校内部成员之间的认同度；（4）高校是否形成一种关于知识生产和操作的价值观；（5）知识价值观的认同度、拓展性；（6）知识价值观的激励价值；（7）知识价值观的更新能力。他们将上述指标分为可以直接测量的显示性指标和难以计量的分析性指标两类，前者可利用一些数据来计量汇总，后者可用调查问卷的形式来实现。①

我国学术界对高校核心竞争力的研究呈现出如下特点：一是立足于市场竞争这一基本假设，但缺乏对高等教育市场的深入探讨。有的学者明言，有的学者回避，但当其借用核心竞争力这一概念时，其明显的或潜在的意识是将高校作为市场（竞争）主体看待的。但在高等教育市场问题上，论述的重点是高等教育或教育能否市场化或如何市场化，并没有对高等教育市场的现状、进程和特点进行深入系统的分析。二是已有研究以研究型、研究教学型大学或笼统地以大学（高校）为对象，强调较多的是学校的创新开发能力和知识管理能力，也有从与国际高校竞争的角度来论述高校核心竞争力的，但缺乏针对不同类型高校特别是新建高校（包括新型大学和新建高职院校）的实际情况进行的专门研究。三是已有研究以理论探讨为主，侧重于对概念、理论的阐释或借助教育学理论重建核心竞争力的理论分析体系、调整不同构成要素之间的关系或在解释已有理论的基础上提出自己的见解，极少从具体高校或高校群出发的基于实践的经验分析和总结。四是已有成果缺乏基本的数据分析和逻辑推理，多以定性分析为主，定量分析极少。五是所提对策多空乏苍白，缺乏针对性和可操作性。这些特点使得已有研究多停留在表层，所提对策建议缺乏立足之本，难以应用和推广。

四、国内外应用型本科及院校转型研究现状

应用型本科是应用型人才培养的一种类型，它是高等教育适应后工业化时代或知识经济时代社会对高层次应用型人才的需求而产生的一种人才培养方式，与高等教育大众化密切相关。欧美发达国家的应用型本科出现较早，已经形成完整的培养体系，研究水平也高。我国对应用型本科的关注较晚，还处于初期阶段。

（一）国外发展经验与研究概况

高等教育体制深受政治体制的影响，欧陆诸国在政治体制上多奉行大陆体制，政府在教育供给中起主导作用，尤以德、法、意最为突出。欧陆诸国的应

---

① 毛亚庆、吴合文．基于知识观的大学核心竞争力研究［M］．北京：教育科学出版社，2010：137－141．

用型本科多在 20 世纪 60 年代或稍后出现，基本上是在原有中等职业学校合并新建或改造的基础上建立独立的职业院校或应用型院校，形成了与普通教育并行的高等职业教育体系，这种教育体制一般称为"双元"制。由于历史传统和政治制度不完全相同，欧陆诸国的教育体制亦不一致。德国是最早形成双元制的国家，最初是在中等职业教育领域。1967 年，德国部分州出现以工程技术为特色的高等专业学校。1968 年各州协议确立高等专业学校的地位后，高等专业学校作为大学之外的、定位于应用性人才培养的新型高等教育机构快速发展，从事本科教育的职业技术学院也很快出现。1976 年，德国颁布《高等教育法》，正式确立应用技术院校的地位，高等教育双元制形成。其他国家的双元制多由德国移植或借鉴而来。

在奉行英美体制的国家中，英国高等教育经历了从一元到双元再到一元的过程。1966 年，英国政府推出《应用技术学院和其他学院发展计划》白皮书，强调根据英国 31 类技艺发展非综合性大学的高等教育。1992 年，英国政府颁布《继续教育和高等教育法案》，赋予应用技术学院在命名和集资项目方面与大学同等的地位，符合条件的应用技术学院全部升格为大学，确立了统一的高等教育体制。在统一体制下，高校之间的差异体现在课程或学科的设置与人才培养上，而非学校差异。美国的应用型本科教育早于欧洲，但没有形成独立的体系，区分应用型教育和普通教育的标准是课程类型。19 世纪后半期，赠地学院借助政府的资助政策兴起，许多大学为满足社会需求举办应用型本科。20 世纪初，威斯康星理念提出，高校的社会服务功能日显重要，高校开始成为社会的服务站，应用型本科成为多数高校的选择，学术研究以应用研究为主，教学也带有明显的"重术轻学"特征。加上其他因素的影响，美国在高等教育领域实行的是一元制，应用型本科与普通本科的分类主要是课程（专业）分类。

无论是欧陆诸国的大陆体制，还是英美的海洋体制，欧美国家尽管在政治体制上存在差异，但在经济上长期处于市场经济体制下，高校与劳动力市场之间形成了紧密联系，高校、政府和社会都重视应用型人才的培养，并通过国家立法和学生的自主选择（学分制）确立了应用型本科教育及相应学校的地位，应用型本科的发展是利用高等教育的增量部分完成的。区别在于：大陆国家以及英国直接通过国家立法和政府投资建立应用型高校的方式发展应用型本科，美国等国家通过立法和政策引导学校的方式确立应用型本科的地位。

受实践的影响，学者们特别是英美两国的学者对应用型本科教育的探讨更多地集中于学校及其学科设置如何适应经济社会发展的需要，集中于课程体系的建设和具体的人才培养过程，以及政府的政策引导，很少涉及院校或专业的转型问题。在转型问题上，学者们着力较多的是学术资本主义现象和创业型大学。如克拉克等人对创业型大学及高校向创业型大学转型问题的探索，斯特劳等人对学术资本主义及相关问题的探讨，马金森等人对教育市场化和创业型大学内部管理模式的调适等的探讨。学术资本主义和创业型大学是高校或其部门利用学术或知识优势，通过市场竞争方式获取资源的一种转型方式，它们用以参与市场竞争的主要是适应社会需求的应用性知识或技术，以知识创新和知识的重新条理为特征，而非院校的整体转型。总的来看，在全球化日益深入和高校竞争激烈的未来，向应用型本科倾斜将是绝大多数高校的选择。在这一过程中，课程（专业）分类将是主流，院校分类或院校之间的差异将趋于弱化。

（二）国内应用型本科探索的轨迹

对严格意义上的"应用型本科"的探索，我国只有十几年的时间，始自世纪之交。应用型本科受到学术界广泛关注是 2005 年后的事。与发达国家不同，我国应用型本科的提出是高等教育结构优化和高等教育比较研究结合的产物，具有显著的问题导向的特征。与应用型本科教育相联系的应用型大学则是类型学范式下的先验性概念。

我国对严格"应用型本科"教育的探索始自世纪之交，并不意味着应用型人才的培养始自此时。实际上，我国对应用型人才的培养自现代高等教育引入的 19 世纪六七十年代的洋务运动开始，只是对这类人才的称呼在不同历史时期有所不同，这类人才的层次和培养重点也不一致。20 世纪 50 年代初，适应国内政治、经济和社会发展的需要，我国在高等教育领域通过院系调整的方式建立了一批专业学院，用以培养专门人才。这次调整由政府强力主导，从西方现代大学制度向苏联式的大学制度转化，实质是高教系统在计划体制下的重建。经过调整的高校绝大多数面向特定的行业领域，实行条块分割的定向式人才培养。这种办学制度后来延伸到中职和中小学，成为计划体制在教育领域的表现形式。在这种计划体制下，高校面向特定的行业领域培养精英型应用技术人才，以工程师和技术员为代表，连接高校与用人单位的工具或途径是主管的行业部委及其代表的行政力量，高校办学的依据是上级行政部门即实行行业管理的部委下达的计划，行业管理、部委办学是这一体制的主要特征。这一高等教育体制持续到 20 世纪 90 年代中后期高校划归教育行政部门直接管理。20 世纪 80 年代开始的高等教育体制改革，实质是通过各种结构调整和关系调适，使高等教育适应经济体制改革和逐步确立的基于市场的经济和社会发展的需要。但由于改革的不同步，高等教育在消除条块分割的计划管理模式、形成统一的管理体系时没有形成与日益多元化的市场需求相适应的发展模式，出现了高校办学同质化和人才培养同质化的趋向。应用型本科的提出和探索意在实现本科教育的多元化，避免办学同质化和人才培养同质化。对政府来说，发展应用型本科还有推进就业，提高高等教育毕业生就业率的意蕴。

高校向应用本科转型最初由少数从事工程技术教育的新型大学自发提出，出现于 2000 年左右，是这些高校基于竞争需要而自行选择错位竞争战略的结果。2001 年 5 月，教育部组织部分院校在长春开会研讨"应用型本科人才培养模式"。同年，教育部在学科专业建设文件中提出要大力发展与地方经济建设紧密结合的应用型专业。2002 年，教育部在南京召开"应用型本科人才培养模式研讨会"，首次提出新型大学应定位为应用型院校。2005 年后，应用型本科受到社会和政府的较多关注，寻求应用型定位的高校从工程技术类院校扩展到各种类型的新型大学和部分传统高校，一些院校开始以应用型院校为办学目标并开展实践活动。2007 年，全国高等学校教学研究会成立"应用型本科院校专门委员会"。2008 年，安徽省 14 所本科院校成立应用型本科高校联盟，自发探索转型；黑龙江、安徽两省教育厅分别选择 2 所、5 所院校试点建设。2012 年，山东省遴选确定应用型名校建设单位并展开建设。2013 年，全国性的应用技术大学（学院）联盟成立。2014 年，引导部分院校向应用技术本科转型成为全国性政策。"十三五"规划开始，教育部和部分省份开展"高水平应用型大学"和"高水平应用型专业"重点建设，运用专项建设的形式推动高校向应用型本科转型。

关于应用型本科及应用型本科教育的研究与实践探索同时展开。2006 年，第一部系统研究应用型大学的专著《建设应用型大学之路》出版。[①] 2007 年，教育部批准两个以"应用型人才培养模式"为研究对象的课题立项，在中国知网以"应用型本科"为题名查阅到的词条超过 120 条。2008 年，潘懋元主持的"高等教育应用型创新人才培养研究"被批准为国家级重点课题。2009 年，"全国高等学校教学研究会应用型本科院校专门委员会"开会讨论筹建"中国高等教育学会地方应用型本科院校分会"，在中国知网以"应用型本科"为题名查阅到的词条超过 300 条。2010 年，在中国知网以"应用型本科"为题名查阅到的词条超过 500 条。2011 年，教育部本科教学工作合格评估文件要求学校能主动服务区域（行业）经济社会发展；1 项关于高职教育与应用型本科衔接的课题获教育部立项。2012 年和 2013 年，分别有 3 项和 4 项与应用型本科有关的课题经教育部立项。2012 年，中国知网以"应用型本科"为题名的词条超过 800 条，应用技术大学（学院）联盟、地方高校转型发展研究中心成立。进入"十三五"规划以后，地方院校向应用型本科转型和应用型本科研究普遍化，出版的成果更多。

---

① 孔繁敏等. 建设应用型大学之路 [M]. 北京大学出版社，2006.

我国学术界对应用型本科的认识起初并不统一，有的强调应用型本科，有的强调应用型本科院校，有的将应用型本科和应用型本科院校混为一谈。已有研究成果集中在五个方面：

一是对举办应用型本科的必要性和可行性进行分析。这类成果较多，虽然论者的视角各异，论述问题的方法不同，但都从经济社会发展的需要和高等教育结构优化的视角对发展应用型本科的必要性做了肯定回答，并对举办应用型本科或向应用型本科转化的可行性进行了分析。

二是应用型本科或应用型本科高校的概念构建。学者们在这方面着力较多，从不同的视角出发进行了研究。主要是围绕着"应用"这个关键词、在与普通教育比较的基础上展开。如陈小虎认为，应用型教育与强调学理的科学教育不同，属于强调应用的工程技术教育体系；应用型本科是与知识经济时代相适应的，是以培养某一专门技术领域的专门技术人才为主，是以应用为目的的专业性通才教育；应用型本科教育以应用工程师和职业工程师为培养目标，是学历教育与职业素能养成的科学统一与有机结合，应以高新技术研发与成果转化为主攻方向和主要特征。① 更多的学者根据应用型本科所应具有的特征或特点来构建应用型本科教育的概念。潘懋元先生连续发表《我看应用型本科院校定位问题》《略论应用型本科院校的定位》《从高校分类的视角看应用型本科课程建设》《应用型人才培养的历史探源》《什么是应用型本科》《新建本科院校的办学定位与特色发展》等文章，用"以培养应用型的人才为主""以培养本科生为主""应该以教学为主""应该以面向地方为主"概括了应用型本科的特点。在探索应用型本科或应用型本科高校的概念的过程中，学者们还提出了技术本科②、高职本科③、教学服务型大学④、亲产业大学⑤等概念，并

---

① 陈小虎. 应用性本科教育：内涵解析及其人才培养体系建构 [J]. 江苏高教，2008 (1)：86-88.

② 夏建国是技术本科教育的主要倡导者，先后发表了《技术本科教育：高等教育与职业技术教育的"跨界"生成》[高等工程教育研究，2013 (5)：108-112] 等论文，对技术本科教育进行阐述。

③ 如程忠国等《高职本科：一个亟待探索与创新的教育层次》[教育与职业 2007 (24)：36-37]，王明伦等《高职本科发展定位研究》[高教探索 2015 (11)：94-98]、《高职本科定位的价值逻辑》(中国教育报 2015-07-09)。

④ 刘献君是教学服务型大学的主要倡导者。刘献君先后发表《建设教学服务型大学——兼论高等学校分类》[教育研究 2007 (7)：31-35]、《经济社会发展转型与教学服务型大学建设》[高等教育研究 2013 (8)：1-9]。浙江树人大学亦是教学服务型大学的集中倡导地。

⑤ 黄红武是亲产业大学的倡导者，曾发表《应用型本科高校人才培养的特色化研究——以厦门理工学院"亲产业"大学办学实践为例》[大学(学术版)2012 (4)：56-61, 50]、《亲产业重应用：地方本科高校特色发展的探索》[中国高等教育 2011 (20)：48-50, 4]。

围绕这些概念展开讨论。

三是基于应用型本科的学校内部建设探索，包括人才培养模式构建、专业人才培养方案设计、实践教学环节设计、师资队伍建设、基本办学条件建设，等等。这方面的成果比较多，涉及面也广。

四是应用型本科院校与政府、社会的关系解析。主要是基于应用型本科教育的"应用"特质，围绕着如何保证应用型本科的质量、如何落实应用型特质、如何与社会合作育人、如何实现产学研合作等问题展开，这方面的成果也比较多。

五是向应用型本科转型问题。这方面的成果主要集中于新建本科院校，包括新建本科院校的定位与转型、新建本科院校如何向应用型本科转型、新建本科院校转型的可行性分析、新建本科院校如何建设应用型本科等。也有学者提出了应用型本科向高职本科转型，以及高职院校向应用型本科转型等问题。受各方面条件的制约，真正探讨普通本科向应用型本科转型的成果不多，特别是关于传统本科院校向应用型本科转型的研究基本没有。已有的关于新建本科院校向应用型本科转型的研究成果，其关注点也不在普通本科向应用型本科转型上，更多的是关于新建本科院校（新型大学）的定位和发展。

总体来看，我国的应用型本科实践尚处于初级阶段，已有的实践探索多是高校的自发选择和政府的引导，将两者有机结合的实践尚不多，实践内容和实践结果均有限。已有学术探讨和成果多集中于应然层面，即解释和构建应用型本科是什么、要不要建设应用型本科，以及如何建设应用型本科等问题，很少进入实然阶段。就是这些问题，迄今也没有形成较为统一的意见，如应用型大学或应用技术大学迄今仍然是一个模糊概念：有人认为应用型大学是一种新型综合性大学；有人认为应用型大学是一种研究型与高职型的中间形态；有人认为应用型大学与高职院校为同一类型的大学，在培养类型上与高职院校部分重合；有人认为它是一种对普通高校教育模式的修正。还有学者强调应用型本科要依托行业办学，主张对高校按计划经济时代的院校类型分类并实施分类管理。在这种情况下，学术界对地方本科院校向应用型本科转型的问题不可能给出完整清晰的认识。实践探索的滞后限制了学术界的探索。已有的应然性探索多站在人才培养的视角，运用教育学的范式思考问题。上述现状影响了地方院校向应用型本科转型问题的研究深度和研究广度。其中从组织转型的视角对本科院校向应用型本科转型以及与转型相关的结构调整和关系调适进行专门研究的极少，对其中的某个方面如学校与社会关系等的研究成果也不多，即使这极少数的研究也多停留在表面。

（三）国内外研究的发展趋势

国外学术界特别是发达国家对应用型本科的认识已经非常深入，无论是实行双元制的国家，还是实行一元制的国家，都很重视应用型本科教育，通过立法、学生选择或其他手段确立了应用型本科在整个教育体系中的地位。这些国家对应用型本科的研究朝着如何提高人才培养质量、如何使培养的人才更好地适应社会的需求、教育与劳动力市场的关系等方向发展，关于高校转型的研究成果因缺乏实践而极少。在应用型本科与普通本科的分类上，欧美发达国家正向着课程（专业）分类发展，院校分类呈现弱化态势。

在国内，随着应用型本科教育的实践和普通本科向应用型本科转型实践的深入，学术界对应用型本科的关注探讨将从应然层面转向实然层面或应然与实然两个层面并举，实质转型过程中面临的问题和难题如各种类型的普通本科高校如何顺利转型、如何处理转型过程中的校内关系、校政（府）关系、校企关系、校社关系等将成为学术界关注的核心问题。学术界对应用型本科以及转型问题的探讨将向更深、更广的领域发展。

五、国内新型大学核心竞争力及培育研究

新型大学自 2005 年开始受到学术界关注，研究主体是新型大学的管理者和教职工，但对新型大学进行系统的专题研究的人极少。专著有顾永安的《新建本科院校转型发展论》，研究的重点放在"转型"上。博士论文只有王玉丰的《常规突破与转型跃迁》（华中科技大学 2008 年）、夏建国的《技术本科教育的理论与实践》（华东师范大学 2007 年）、吴美华的《技术本科院校教师专业发展和研究》（华东师范大学 2013 年）、陈飞的《应用型本科教育课程调整与改革研究》（华东师范大学 2014 年）、王鑫的《H 省新建本科院校教学质量改进研究》（哈尔滨师范大学 2016 年）。王玉丰和顾永安把探究重点放在了新型大学的转型发展，即其从层次转型向内涵转型的本质问题上；夏建国对技术本科教育的理论和实践问题进行了探讨；王鑫的探究重点是教学质量改进，与核心竞争力密切相关；吴美华和陈飞的研究与新型大学间接相关。相关硕士论文 60 余篇，涉及新型大学发展的多数问题如人才培养定位、技术应用型人才、教师队伍、校园文化、教学管理、图书馆建设等，对新型大学核心竞争力的直接研究不多，较为直接的研究有朱俐虹的《广西新建本科院校核心竞争力提升研究》（广西大学 2013 年）、陈艳娜的《高等专科学校升本后的发展策略研究》（华南理工大学 2014 年）。在中国知网以"新建（升）本科院校""核心竞争力"为关键词检索，可获得 100 余条记录，基本上是泛泛而论，缺乏与实践结合的系统论述。专题论文只有黄明秀的《新建本科院校核心竞争力培育研究》、钟国华的《新建本科院校核心竞争力研究》、刘晓冬的《广西新建本科院校核心竞争力培育研究》，董婷的《新建本科院校核心竞争

力的打造》、宋发平的《地方新建本科院校大学生就业核心竞争力体系的构建》，也以理论探讨为主。独立学院和民办本科院校核心竞争力的培育问题也缺乏系统研究。即在新型大学问题上，多数人的目光放在了学校转型过程中急需解决的现实问题上，长期发展和竞争问题还没有提上日程。

在课题研究方面，国家教育部近年来批准的与新型大学有关的项目不足10个，主要集中在学校转型、特色发展、教学质量体系构建和专业竞争力方面，除刘莉莉的《民办本科院校竞争优势及其形成机制研究》（EIA060219）涉及核心竞争力外，基本没有直接或间接研究新型大学的核心竞争力及其培育问题的。江苏、湖南、上海、安徽等地教育行政部门或学会以地方高校的核心竞争力为主题批准了若干立项项目，但多数以理论研究为主，重点是地方高校核心竞争力的理论体系和要素构成，对核心竞争力的培育及其实践着力不多，专门立足于新型大学的核心竞争力及其培育研究的没有。毛亚庆和吴合文在论及核心竞争力评价时指出：对高校核心竞争力的评价必须在一个相对应的平台上展开才具备合理性；目前在大学排行榜指标体系设计上取得的共识是"分类评价"，即赞成对高校进行分类，对高校核心竞争力的评估建立在一定的分类基础之上。[①] 山东省基本没有对新型大学展开专门立项研究。

具体操作方面，中国科学评价研究中心将高校分为"重点大学"和"一般大学"两个层次类型，分别对高校进行了较为全面、系统的综合评价，开发了"中国高校综合竞争力评价报告"和面向民办高校的"中国民办普通高等学校竞争力评价报告"，还针对高校科研开发了"中国高校科研竞争力评价报告"。中国科学评价研究中心的评价报告是国内首家就竞争力而专门开发的评价报告，但其中对新型大学没有单独对待。

总之，学术界在新型大学核心竞争力培育方面的研究还不充分，特别是定量分析较少，缺乏能够用于实践指导的切实可行的研究成果。

第四节 研究的技术路线和研究方法

一、研究的技术路线

本书从高校竞争需要面对的基本问题即为什么竞争？同谁竞争？竞争的核

---

① 毛亚庆、吴合文. 基于知识观的大学核心竞争力研究［M］. 北京：教育科学出版社，2010：144.

心是什么？在什么样的环境下竞争、转型发展与竞争的关系等问题入手，逐一分析高校竞争的基本内涵，然后从新型大学的现状出发，以高校竞争的实际为据，以高校技术（职能）为经，逐层剖析，深入分析新型大学培育核心竞争力的路径和战略选择，以及转型发展在新型大学核心竞争力培育过程中的作用和地位。并将相关研究成果与实践结合，进行验证。

本书的技术路线是：明确高等教育市场的内涵与特点→明晰高校竞争的基本内涵→知识社会的高校竞争→新型大学的竞争→新型大学的核心竞争力培育→新型大学的转型发展与核心竞争力培育→新型大学的核心竞争力评估→新型大学培育核心竞争力的对策建议→山东青年政治学院的实践与效果→新型大学转型发展和核心竞争力培育的路径和方法。

二、主要研究方法

本书主要使用文献研究、观察、统计分析、比较分析和行动研究等研究方法。

其中，文献研究法主要用于国内外研究现状的收集、整理和分析，党和政府有关高等教育和新型大学发展的相关文件研究，以及部分院校的文件资料研究。

观察法主要适用于新型大学发展和培育核心竞争力的现状与发展经过。

统计分析主要对新型大学的发展概况、个别院校的发展指标等进行统计和分析。

比较分析主要对不同类型院校或同一类型的不同学校进行。

行动研究主要是针对新型大学和相关院校在培育核心竞争力过程的现实问题进行研究并解决。

新型大学核心竞争力的培育是个综合性工程，它涉及新型大学面临的外部环境和内部环境，涉及新型大学对内外部资源的整合，涉及新型大学内部的产品、结构和功能的调整，涉及新型大学的转型发展。因此，在本书的研究中将使用一切可能的方法和技术，不限于上述列举的方法。

第二章　新型大学转型与竞争发展的理论基础

讨论高校核心竞争力，暗含一个基本假设，即高校之间存在着竞争，为了获得竞争的优势需要培育竞争力，而竞争是市场的主要特征。所有的竞争都是在特定的个体或群体之间进行，发生在特定的经济社会环境中。新型大学的竞争既在新型大学之间进行，也在新型大学与老牌本科院校之间展开，面临的社会经济环境是全面深化改革背景下正在完善中国特色社会主义的特定中国社会。本书研究的理论基础主要包括三部分：混合经济理论、组织理论、组织竞争理论。

第一节　混合经济理论

混合经济理论与现代市场经济密切相关，是在自由市场经济理论的基础上，适应现代市场经济的发展，为弥补自由市场经济理论的不足而产生的一种理论。混合经济是私人经济和公共经济的混合体，是一种由国家机构和私人企业共同控制的公私混合经济，既非单一的市场经济，也非纯粹的国有经济。

一、市场经济

市场和计划是人类社会两种最基本的资源配置方式。依据资源配置的主要方式，学者们将经济运行模式分为市场经济、计划经济和混合经济。

（一）市场与市场经济

从原始意义上来说，市场是买、卖物品的场所。但场所并非市场的本质，市场的本质是把买者和卖者带到一起，以确定价格和质量。市场是一种通过把买者和卖者汇集在一起交换物品的机制，是一种物品的买者和卖者的相互作用以决定价格和产量的机制。在市场上，价格负责协调生产者和消费者的决策。较高的价格趋于减少消费者的购买量，同时刺激生产。较低的价格刺激消费，抑制生产。价格在市场机制中起到了平衡的作用。市场的供给和需求是均衡的。市场均衡代表了所有不同的买者和卖者之间的一种平衡。个人和企业愿意购买或出售的数量取决于价格，市场找到了正好平衡买者和卖者愿望的均衡价格。在某一价格下，买者愿意购买的数量正好等于卖者愿意出售的数量，这一价格产生了供给和需求的平衡。①

市场经济又称自由市场经济或自由企业经济，是一种经济制度或经济运行模式。市场经济是一种个人和私有企业制定关于生产和消费的主要决策的经济。价格、市场、盈利与亏损、刺激与奖励的一套制度解决了生产什么、如何生产和为谁生产的问题。企业使用成本最低的生产技术（如何生产），生产哪些利润最高的商品（生产什么）。消费则取决于个人如何花费从劳动和财产所有权中获得的工资收入和财产收入的决策（为谁生产）。② 在市场经济中，任何个人或组织都不负责解决社会生产的三个基本问题，即生产什么，如何生产和为谁生产。相反，千百万个企业和消费者自愿地从事交易，它们的活动与目的通过价格和市场体系无形地取得协调。③ 千百万人在没有统一指挥和统一计划的情况下自愿地生产了千百万种商品。市场经济是一部精巧的机器，通过价格和市场体系，无意识地协调着生产者、消费者及其活动。④ 即在市场经济体系下，产品和服务的生产及销售完全由市场的自由价格机制所引导。

（二）市场经济运行机制

通过使市场上的卖者和买者（供给和需求）相等，市场经济同时解决了生产什么、如何生产和为谁生产三个基本问题。具体而言，（1）生产什么东西取决于消费者的货币选票，是消费者每天做出的购买决策。消费者支付给企业的货币最终构成了工资、租金和红利，这些项目又是消费者作为雇员获得的收入。而企业受到追求利润最大化愿望的驱使，去生产具有较高需求的物品，离开亏损的行业。其中，负责决策的是价格体系。通过观察各种要素的价格信号，企业、其他生产者和消费者能够选择最合适的物品来生产、交换和消费。

---

① ［美］保罗·A. 萨缪尔森、威廉·D. 诺德豪斯. 胡代光等译. 经济学（第十四版）
［M］. 北京：北京经济学院出版社，1996：66－67.

② 同上书，第37页。

③ 同上书，第63页。

④ 同上书，第64页。

（2）如何生产取决于不同生产者之间的竞争。为了对付价格竞争和取得最大利润，生产者的最佳方法是采用效率最高的生产方法，以便把成本降到最低。生产者在利润刺激下，会用便宜的生产方法取代费用较高的生产方法。

（3）为谁生产取决于生产要素市场上的供给与需求。要素市场决定了工资率、地租、利息率和利润，这些价格统称要素价格。收入在居民之间的分配取决于他们拥有的要素的数量和价格。需要注意的是，人们的收入在很大程度上还取决于财产所有权、先天或后天的个人能力、运气以及种族与性别的歧视政策。[①] 市场体系用利润和亏损来引导企业有效率地生产出合意的物品，市场因此具有了中间人的作用，它把消费者的偏好和技术约束协调起来。即企业的成本和供给决策，以及消费者的需求，共同决定了生产什么。

市场经济支持者特别是古典经济学者认为，人们追求的私利是一个社会最好的利益，亚当·斯密曾指出，"借由追求他个人的利益，往往也使他更为有效地促进了这个社会的利益，而超出他原先的意料之外。我从来没有听说过有多少好事是由那些佯装增进公共利益而干预贸易的人所达成的"。新古典主义经济学者用人类的偏好或效用函数来分析市场的动力机制，认为人类的偏好或效用函数是不变的或稳定的因素。他们将市场作为解决人类社会资源"稀缺性"问题的最主要的手段，主要有两种途径：第一，通过完善市场机制，使得市场上不同分工个体的欲望得到更好的满足；第二，通过对个体产权的界定、保护来刺激个体去生产或者提供更多的产品或服务，进而满足社会的欲望与需求。话说回来，还是通过市场手段来满足个体乃至社会的欲望与需求。[②]

经济学家认为，自由市场经济是完全由市场力量自发调节的经济，政府不干预经济生活，整个经济在一只"看不见的手"的支配下自由运作，社会经济运行呈现出一种无组织、无计划的自然运行状态。自由市场经济推动了资本主义经济的快速发展。在完全竞争和不存在市场失灵的情况下，市场将会使用其可利用的资源尽可能多地生产出有用的物品与劳务。但是，在现实中，自由市场并不总是达到理想的状况。特别是在存在着垄断、污染或相似的市场失灵的地方，"看不见的手"的显著效率特征可能受到破坏。自由市场经济会周期性地出现生产过剩或经济萧条，马克思主义经典作家认为这种生产过剩的危机是资本主义体制的必然结果。

---

① ［美］保罗·A. 萨缪尔森、威廉·D. 诺德豪斯. 胡代光等译. 经济学（第十四版）［M］. 北京：北京经济学院出版社，1996：67 – 68.

② 吴水澎等. 论以个体欲望为动力的市场经济之有效性与有限性［J］. 现代财经，2011（4）：7.

二、计划经济

(一) 计划经济的概念

计划经济又称指令性经济、命令经济 (command economy), 是政府做出所有关于生产和分配决策的经济, 是对生产、资源分配和产品消费事先进行计划的一种体制。在计划经济中, 政府拥有相当大部分的生产资料 (土地和资本), 也拥有大多数行业企业, 并指导其生产经营; 政府成为大多数工人的雇主, 告诉他们如何工作; 计划经济中的政府决定社会的产出如何在不同的物品与劳务之间进行分配。即在计划经济体制下, 解决三个经济基本问题, 生产什么、怎样生产和为谁生产的是政府, 政府通过它的资源所有权和实施经济决策的权力, 回答了经济基本问题。[①] 计划经济的本质是, 政府的指令性计划是社会资源配置的决定性手段, 市场是残缺的, 价格不反映商品供求, 只是单纯作为核算手段。企业根据政府的指令性计划获得资源、组织生产, 并将生产的产品交给政府 (统收统支), 由政府负责分配。

(二) 计划经济的实质与逻辑

计划经济曾被认为是社会主义制度的本质特征, 被所有的社会主义国家奉为圭臬。通过斯大林等社会主义经典作家的阐述, 生产资料公有制成为社会主义制度的核心, 建立在生产资料公有制基础上的计划经济是社会主义经济的组织方式。这一认识被纳入意识形态中, 成为意识形态斗争的核心内容之一。计划经济在社会主义国家成立初期曾起到积极作用, 确立了"集中力量干大事"的理念, 帮助众多的社会主义国家快速实现了经济复苏和经济发展, 并曾使苏联在短时期内成长为世界头号国家。以苏联实践为代表的高度中央集权的斯大林模式曾是所有社会主义国家学习的榜样, 并受到部分资本主义国家和亚非拉国家的追捧。但计划经济体制的理想成分太多, 其本身存在着无法解决的弊端。

高度集中的计划经济体制对资源的配置是建立在这样两个前提之上的: 一是中央计划部门对社会的一切经济活动拥有全部信息; 二是全社会利益一体化, 不存在相互分离的利益主体。但在现实中, 随着科学技术进步和经济的发展, 这两个前提越来越难以成立。从信息方面来说, 人们的需求极其复杂, 变化极快, 由此产生的信息量巨大, 政府不可能完全掌握。而由于地方、部门、企业利益的相对独立性, 即使拥有相关领域的全部信息, 在传递信息中也会出

---

① [美] 保罗·A. 萨缪尔森、威廉·D. 诺德豪斯. 胡代光等译. 经济学 (第十四版) [M]. 北京: 北京经济学院出版社, 1996: 37.

现失真，何况无论是地方、部门，还是企业，不可能实时拥有相关领域的全部信息。退一步来看，中央计划部门能够收集到全部信息，处理庞大的信息并做出决策也需要时间，更何况还要将计划分解为各个地方、部门、企业的执行计划，也需要较长的时间。因此，要求中央计划部门准确收集到庞大的信息量，并迅速做出反应，编织成一个统一的、各部分相互衔接的计划，并层层下达到基层单位去执行，是有极大难度的。从利益方面来看，要求社会的一切经济组织和个体没有自己的任何特殊利益和要求，并去执行政府的指令也是不可能的空中楼阁。因此，完全的中央指令性计划只存在理想中，在现实中难以落实。苏联和其他社会主义国家的计划经济也不是纯粹的中央指令性计划，而是不同程度地夹杂有市场的成分，特别是在改革阶段，将更多的竞争性成分引入了计划经济中。

三、混合经济及相关理论

在学术界，存在着两种混合经济理论。一种是西方学者的混合经济理论，是以市场经济为基础的混合经济。另一种是原社会主义国家的混合经济理论，是建立在经济体制改革基础上的混合经济，也有学者突出后者经济模式转型的性质，称后者为转型经济。

（一）西方学者的混合经济理论

西方学者的混合经济理论是在反思市场经济机制的弊端的基础上产生的。部分西方经济学家认为，现实世界中不存在"纯粹"的市场经济，世界上任何时候也没有过这种经济体制。西方经济是国家经济成分和私人经济成分相互作用的混合经济。它实际上既不是国营经济，也不是私营经济，而是这两种经济成分的组合。从历史发展的角度看，主要发达国家在 19 世纪末进入混合经济即现代市场经济阶段。

西方学者认为，市场机制的缺陷主要是无效率、不平等和不稳定。萨缪尔森指出：市场经济在垄断、污染以及失业和通货膨胀中遭受损失，而且在完全自由放任的社会中，收入分配也被认为是不平等的。[①] 他研究了市场机制的不完善问题，指出：市场存在着两种实质性的缺陷：其一，竞争不完备；其二，外在因素。他认为，市场机制作用的结果是，价格不能反映真实的边际费用和边际效用。如果某一公司是药品市场、电力供应市场或饮料市场的垄断者，该公司就可以将药品、电力或饮料提价，使价格高于边际费用水平。消费者在这

---

① ［美］保罗·A. 萨缪尔森、威廉·D. 诺德豪斯. 胡代光等译. 经济学（第十四版）[M]. 北京：北京经济学院出版社，1996：72.

种情况下购买的上述商品，就会少于他们在现代竞争条件下购买的同类商品。由于市场无效率和不完备的竞争，导致市场不完备的外在因素，出现于不顾及生产或消费产生连带后果的情况之下。例如企业污染空气和环境，会给予其相邻的住宅造成危害，那里的居民就会得病，而该企业对所造成的损害却不承担物质责任。利谢德和多兰提出了政府与市场失败理论，作为与市场失败做斗争的基础。该理论认为，政府的主要经济作用是对市场不能有效和公正地配置资源的情况予以干预。每一种类型的市场失败都要求有一定形式的政府干预。①也有经济学家认为市场没有失败，不需要政府来进行干预。②

对于混合经济的论述，最早来自古典经济学的主要代表、英国经济学家庇古。庇古首先分析了市场经济的缺陷，主张通过政府来纠正市场经济的缺陷以使社会财富得到尽可能有效的使用。多数学者将混合经济理论的贡献归功于凯恩斯。主要是凯恩斯在其名著《就业、利息与货币通论》第十二章提到，挽救资本主义制度的"唯一办法"，就是扩大政府的职能，"让国家之权威与私人之策动力量互相合作"。美国经济学家汉森在 1941 年《财政政策和经济周期》中较为系统地解释了"混合经济"的含义。他指出：从 19 世纪末期以后，世界上大多数资本主义国家的经济，已经不再是单一的纯粹的私人资本主义经济，而是同时存在着"社会化"的公共经济，从而形成了"公私混合经济"（mixed economy）或称"双重经济"（dual economy）。③

作为新古典经济学派的代表人物，萨缪尔森继承和发展了凯恩斯和汉森的观点，他曾在《经济学》教材中专门阐述"混合经济"。他认为两种主要的经济模式即市场机制和命令经济都是极端的，现代社会的经济制度，没有一个是其中的一种纯粹制度。相反，所有的社会都是带有市场和命令成分的混合经济。从来没有一个百分之百的市场经济（尽管 19 世纪的英国很接近于此）。在今天的美国，大多数经济决策是在市场上做出的，但是，政府在修正市场的功能方面起到了重要作用。政府制定管制经济生活的法律和规则，提供教育和安全服务，管制污染和企业。④ 即所有的社会都是计划经济与市场经济的不同组合，所有的经济运行模式都是混合经济。

萨缪尔森认为：在混合经济中，市场决定大多数物品的价格与数量，而政

---

① 参见郭连成. 西方市场机制缺陷论及混合经济理论 [J]. 国外社会科学，1999（5）.

② 参见 [美] 布里安·辛普森. 齐安儒译. 市场没有失败 [M]. 北京：中央编译出版社，2012.

③ Alvin H. Hansen. *Fiscal Policy and Business Cycles*, New York：Routledge，2003.

④ [美] 保罗·A. 萨缪尔森、威廉·D. 诺德豪斯. 胡代光等译. 经济学（第十四版）[M]. 北京：北京经济学院出版社，1996：38.

府运用税收、开支和货币管理计划来调控总体经济。政府的经济作用，近一个世纪以来已经有了极其广泛的增长。现代福利国家执行四种经济职能：它确立经济活动的法律框架——法律、宪法和经济游戏规则；当市场机制不稳时，它通过税收、支出和管制为公共物品配置资源；它通过社会福利转移支付，重新分配资源；它建立客观经济的稳定政策，以便缓和失业的包袱，遏制通货膨胀并促进经济的长期增长。公共选择理论分析在一个复杂而相互依赖的现代社会，政府实际上怎样行事。相对霍布斯的蒙昧的自然状态，政府行动能起到增加社会实际收入的作用。公共选择把个人偏好的总和包含到集体选择之中。在一致同意的原则下，所有决定必须得到一致同意。这一原则有如下的理想性质，所有决定都是帕累托改善（没有人受到伤害）。但劝说每一个人都同意的代价如此之高，以致实际中没有决策会在一致同意的原则下做出。因此，大多数委员会和立法机关使用多数同意规则。这种手段保证：多数同意的决定会改善至少一半选民的福利。但多数规则可能导致"多数人的暴政"，以及出现循环投票的可能性，即面对众多的偏好，没有一个计划能获得多数人的同意。正像"看不见的手"会失灵一样，政府也存在失灵。①

阿瑟·林德贝克（Assar Lindbeck）是第二次世界大战后瑞典学派的集大成者，他根据瑞典是小国、开放型经济和社会民主主义传统的特点，在瑞典学派的基础上形成了特色鲜明的小国开放型社会民主主义混合经济理论。林德贝克将经济制度分为无政府主义、自由放任、社会民主主义、市场社会主义和中央集权五种，认为当代世界实际存在三种：以瑞典为代表的西方混合经济制度、以南斯拉夫为代表的市场社会主义经济制度、以苏联为代表的中央集权经济制度。他论述了分权和集权、市场经济和中央计划经济、公有制和私有制、经济刺激和行政命令、竞争和垄断的关系，提倡瑞典式混合经济。他指出，"二战"后的瑞典混合经济既不属于传统的资本主义制度，也不属于社会主义制度，实际上是国家垄断资本主义的一种形式，即社会民主主义经济制度。瑞典的经济政策有两种趋势：一是自由化趋势，即一般经济政策逐渐取代直接的经济管制；二是社会化趋势，表现为服务部门和国民收入的逐步国有化。在所有制方面，瑞典实行在私有制经济占统治地位的基础上的部分国有化。林德贝克认为，私有制是刺激企业主动性、创造性和克服官僚主义所必不可少的。部分国有化包括两个方面：一是对某些生产公共品和公共劳务的基础设施如铁路、邮电等实行国有化；二是收入和消费国有化，即通过累进税制将一部分国民收入纳入国家预算，作为社会保险和供应集体消

---

① 参见郭连成，西方市场机制缺陷论及混合经济理论 [J]. 国外社会科学，1999（5）.

费的基金。① 具体而言，林德贝克的混合经济理论包括五个方面：（1）保持权力分散化和集中化两者平衡的决策结构；（2）保持市场调节与中央计划结合的资源配置机制；（3）坚持以私有制为主体，实行部分国有化；（4）强调经济刺激与行政命令相结合的激励机制；（5）各个不同决策单位应保持竞争与垄断同时并存的关系。

（二）社会主义国家体制改革与混合经济理论

社会主义国家的计划经济体制在实际执行中很快露出了不足，引起了人们的关注。计划经济体制的弊端，表现为如下几点：一是政企不分，条块分割，政府对企业统得过死，企业的经营活动与真正的社会需求隔离；二是政府依靠自上而下的指令性计划，借助行政手段来组织和管理经济，容易造成经济计划与经济运行实际的脱离乃至背离；三是分配中平均主义严重。国家对企业实行统收统支，企业不承担经营盈亏的责任，企业职工的收入不能与企业的经济效益挂钩，企业与企业之间、职工与职工之间失去了竞争的动力，严重压抑了企业和职工的积极性、主动性创造性；四是经济形式和经营方式单一化，缺乏基本的竞争，使经济生活单调和呆板。因此，社会主义国家自 20 世纪 50 年代斯大林去世即开始改革。

前期的社会主义改革，无论是赫鲁晓夫改革，还是东欧国家的改革，都是立足于计划经济的基础，企图通过计划经济体制的自我完善来化解斯大林模式的弊端，完善计划经济体制，因为无法解决计划经济的根本问题，大多以失败告终。南斯拉夫在借鉴西方经验的基础上，将市场（商品经济）引入了社会主义，建设所谓的市场社会主义。实质是在社会主义公有制的基础上建设混合经济。但受各种因素的影响，南斯拉夫的探索以失败而告结束。

真正将市场引入社会主义，探索建立社会主义市场经济的是中国共产党。中国的社会主义计划经济是在国家掌握主要工业金融企业的基础上对农业、手工业、工商业的私有成分进行社会主义改造的过程中形成的，单纯的中央集权的指令性计划存于 20 世纪 50 年代中期到 70 年代末，仅二十余年。但中国由计划经济向市场与计划并存的混合经济的改革和发展经历了一个漫长的过程。

1978 年开始，中共中央就开始考虑计划与市场相结合的改革思路。1979年，陈云、李先念、邓小平等先后就"计划经济与市场经济相结合"的观点发表了看法，其中邓小平明确提出：社会主义也可以搞市场经济，我们是计划

---

① 参见中国知网知识元"瑞典学派"，中国知网（http：//elib. cnki. net/grid2008/Detailchkd/XSearch. aspx？KeyWord＝瑞典学派）。

经济为主，也结合市场经济，但这是社会主义的市场经济。中国的改革首先在城市启动，即 1979 年开始的扩大企业自主权的试点改革；在农村先获得突破，即包产到户等各种联产承包责任制的出现和农村社队工副业的发展，农村自由市场的兴起。大批知青返城带来的就业压力为新的集体企业和个体、私营经济的发展创造了契机，并在 1982 年通过的《中华人民共和国宪法》中获得了合法地位，私营经济因此再次以合法的面目出现在中国大地上。随后，外资企业、民营企业、乡镇企业迅速发展，在计划体制之外形成了适应市场经济要求的微观经济主体，不断冲击着旧的计划经济体制。[①]

1984 年 10 月，中共十二届三中全会做出《关于经济体制改革的决定》，首次提出，社会主义经济是有计划的商品经济，强调"要突破把计划经济同商品经济对立起来的传统观念"，标志着开始对计划经济体制进行改革。最初的体制改革确定了指令性计划、指导性计划和市场调节三种管理形式，确定了"大的方面管住管好，小的方面放开放活"的原则，逐步缩小了指令性计划的范围，扩大了指导性计划和市场调节，双轨制经济形成。1987 年 10 月，中共"十三大"进一步明确了经济体制改革的方向，指出"计划和市场的作用范围都是覆盖全社会的"，要"加快建立和培育社会主义市场体系"，"逐步健全以间接管理为主的宏观经济调节体系"，"在公有制为主体的前提下继续发展多种所有制经济"。1990 年 12 月，深圳证券交易所和上海证券交易所相继建立，标志着我国资本市场正式建立。到 20 世纪 80 年代末 90 年代初，我国在计划经济之外形成了新型的市场经济体系，我国已经是典型的混合经济。只是这时的市场经济还很不健全，还缺少一个名分，缺乏适宜的生存和发展环境，计划经济在整个经济体系中还占据主导地位。[②]

1992 年邓小平南巡讲话发表，提出计划和市场是资源配置的基本方式，计划不是社会主义，市场也不是资本主义的专利。并尖锐地提出："改革开放迈不开步子，不敢闯，说来说去就是怕资本主义的东西多了，走了资本主义道路。要害是姓'资'还是姓'社'的问题。判断的标准应该主要看是否有利于发展社会主义社会的生产力，是否有利于增强社会主义国家的综合国力，是否有利于提高人民的生活水平。"1992 年 10 月，中共"十四大"正式宣布"经济体制改革的目标是建立社会主义市场经济体制"。从此，中国共产党领导人民走上了建立中国社会主义市场经济的道路。

---

① 参见章百家、朱丹．中国经济体制两次转型的历史比较［J］．中共党史研究，2009（7）：6-23.

② 同上。

中国社会主义市场经济的本质是发展混合经济，使政府和市场在经济运行中共同起作用。中共"十四大"提出建立社会主义市场经济体制的目标，指出"社会主义市场经济体制，就是要使市场在社会主义国家宏观调控下对资源配置起基础性作用"。中共十八届四中全会进一步提出，经济体制的"核心问题是处理好政府和市场的关系，使市场在资源配置中起决定性作用和更好发挥政府作用"。

中国社会主义市场经济的基本经济制度是混合所有制经济。中共"十五大"提出"公有制为主体，多种所有制共同发展"的基本经济制度。中共"十六大"提出"两个毫不动摇"方针。中共十八届三中全会进一步论述：一是明确指出社会主义基本经济制度是"中国特色社会主义制度的重要支柱，也是社会主义市场经济体制的根基"。二是更加明确地强调了公有制经济和非公有制经济的同等重要性，指出"公有制经济和非公有制经济都是社会主义市场经济的重要组成部分，都是我国经济社会发展的重要基础"，并重申了"两个毫不动摇"的方针，即"毫不动摇巩固和发展公有制经济"，"毫不动摇鼓励、支持、引导非公有制经济发展"。三是提出"完善产权保护制度"，特别提出"赋予农民更多财产权利"，"推进城乡要素平等交换"和"健全自然资源资产产权制度"。各种类型的财产获得有效而同等的法律保护，是市场经济顺利运转的制度基础，也是各种所有制经济平等竞争的前提条件。四是提出"积极发展混合所有制经济"。混合所有制经济是国有资产、集体资产、非公有资产相互持股、交叉融合形成的。中共"十五大"提出"混合所有制"的概念，中共"十六大"提出发展混合所有制经济，中共十八届三中全会提出积极发展混合所有制经济，体现了中国共产党关于公有制理论的与时俱进。混合所有制经济的优势是它能够充分利用公有制经济和非公有制经济两种产权形式、计划和市场两种经济调节方式各自的长处，获得多种产权形式协同配合的正效应。①

中国学者对混合经济的看法，王善迈先生的观点具有代表性。他指出：市场经济制度本质上是一种混合经济制度。市场经济的有效运转离不开政府作用。市场与政府存在各自的比较优势和相对缺陷，要判断哪一个在资源配置中效率更高显然是不明智的。二者通常是相互补充而发挥作用的，需要同时借助市场和政府两种力量才能有效改进经济状况。如何在市场与政府之间进行选择，是一个程度上的选择问题，需要在既定的制度环

---

① 胡家勇. 社会主义市场经济理论的新贡献［DB/OL］. 新华理论"中国发展观察"频道，2013 – 12 – 03.

境中，权衡二者各自起作用的范围和限度，根据条件的变化寻找二者之间的最佳结合点。①

对于中国的现行经济制度，王善迈先生指出：中国正处在从计划经济走向市场经济的深刻制度变革中，即处于经济转型期。处于经济转型中的国家，政府与市场作用的边界及其相互关系，不同于成熟的、典型的市场经济国家，政府应管什么，不应管什么，面临选择。同时，又面临着政府作用范围和职能的转变。经济转型中，政府职能的界定，政府职能的转变，是一个从理论到制度需要探讨的问题，这一问题的解决关系着社会主义市场经济体制模式的设计和实施，关系着在制度变革中，宏观经济能否稳定持续地增长。② 我国经济体制改革的实质是在计划经济基础上重建市场经济并形成以市场为基础的准市场机制的过程。多数学者承认中国的现有经济制度是混合经济，也有学者称为政府主导的市场经济。

四、混合经济理论对本研究的意义

混合经济或混合所有制经济是我国当前和未来相当长时间的经济运行模式，基于混合经济或混合所有制经济的特色社会主义是我国社会的主要特征。即使真如某些西方学者所说的，市场没有失灵现象，受历史传统的影响，中国社会在未来较长时期内将是混合经济体制，而非像西方社会那样的市场经济。在这个社会中，国（公）有经济和私有经济并存，市场的决定性作用和政府的宏观干预并存，无论是企业，还是其他社会组织，都要面临着来自市场和政府的双重约束，并在这种双重约束下寻求存续发展的机会和空间。

对于新型大学的存续发展来说，混合经济理论具有如下意义：

（1）明晰新型大学生存发展的社会环境。社会系统理论认为，所有组织都是大的社会系统的有机组成部分，是与大的社会系统相互作用的"开放"系统，需要从大的社会系统输入社会中的知识、价值观念、期望目标和资金等，并在组织内部通过结构、技术、任务等发生系列演变过程后以被改变了的个体的人力资本的形式向社会输出，如图2-1所示。这个大的社会系统是组织存在的社会环境，它在很大程度上影响到组织的生存和发展。我国目前由计划经济向市场经济转型并在此基础上形成的基于混合经济或混合所有制经济的转型社会是新型大学生存和发展的社会环境，这是我们在研究新型大学的竞争

① 王善迈. 市场经济中的政府与市场 [M]. 北京：北京师范大学出版社，2002：115.
② 王善迈. 市场经济中的政府与市场 [M]. 北京：北京师范大学出版社，2002：前言1-2.

和竞争力培育时必须注意的，也是研究和探索新型大学核心竞争力及其培育必须考虑的影响因素之一。

来自社会的输入	→	教育过程	→	向社会输出

| 知识
价值
目标
资金 | 结构［如年级、班级、学校等级、部门、组织等次（等级）］；
人（如教师、公共汽车司机、顾问、教练、监管人员、学监、营养学家、行政人员、护士）；
技术（如建筑、课程表、课程安排、实验室、图书馆、黑板、书、视听设备、公共汽车）；
任务（如教课、生活服务、开车、实施测验、计划开支、伙食财务管理、个别指导、组织课外活动） | 个人因在下列各方面有了提高，能够更好地服务于社会：
●智能和体能
●推理和分析能力
●价值、态度和动机
●创造力和发明能力
●交往技巧
●文化鉴赏力
●对世界的理解力
●对世界的责任感 |

图 2-1　学校与社会的输入输出关系①

　　（2）明晰新型大学的竞争对手和竞争方式。新型大学作为独立的子系统，需要从大的社会系统输入知识、价值、目标、资金和人力资本，向大的社会系统输出人力资本。在这个过程中，新型大学既面临着新型大学之间、新型大学与老牌本科院校、新型大学与高职院校之间的同业竞争，也面临着新型大学与企业、新型大学与其他事业单位、新型大学与其他社会组织之间对资源的竞争，新型大学内部还存在着国办高校与非营利性民办高校、营利性高校的竞争。在混合经济状态下，这些竞争的方式呈现多样化，既有市场竞争，也有政治竞争，有知识竞争，还有其他方式的非市场竞争。院校的分类和竞争的多样化导致了质量评价的多样化，具体到每一所院校，需要从自己的历史和办学定位出发明确自己的类型和追求的质量标准。

　　（3）明晰新型大学竞争策略的取向。在混合经济状态下，政府和市场在资源配置方面同时起作用，各种类型的新型大学要同时面临着多种形态的竞争：针对政府控制资源的竞争，面向市场的竞争（资源、职位、声誉等），面向社会的非市场竞争，等等。这种多形态的竞争既不同于单纯市场条件下的竞争，也不同于单纯计划经济条件下的竞争。新型大学既要确立面向政府控制资

---

　　① ［美］罗伯特 G. 欧文斯. 窦卫霖等译. 教育组织行为学（第 7 版）［M］. 上海：华东师范大学出版社，2001：126.

源的竞争策略，也要确立面向市场资源的竞争策略，还要确立面向社会的非市场竞争策略，同时还要注意三者之间的关系，平衡这三种竞争策略，以确保在均衡处理三者关系的基础上确立符合自身特点的竞争策略。同时还要注意到，在进行着三个方面的竞争时，如何从实际出发，避免老牌本科院校和其他新型大学的比较优势，形成和发挥自己的比较优势。

上述三个方面，肯定影响到新型大学的竞争策略选择和核心竞争力的构成，进一步影响到核心竞争力的培育。

第二节　组织理论

高等学校是一种以知识为载体的特定的社会组织，具有社会组织的一般特征。

一、一般组织理论

（一）一般组织理论概述

组织理论是以组织为对象的学问。1937 年，美国学者厄威克（Lyndall Urwick）和古利克（Luther Gulick）正式提出"组织理论"的概念，组织理论正式成为独立的学科。对于组织的概念，尽管不同学术流派的定义不完全相同，但有基本的共识，即组织是为实现特定的目标以某种方式（结构）和行为结合在一起的人群。[1] 对组织理论或组织研究，学术界的认识也不完全相同。"组织学是研究、解释组织现象的一门学科。"[2] "关于组织如何形成、如何发挥其功能和如何生存下去的解释，这种解释便被称为组织理论。"[3] 当代组织理论是在多学科背景下研究和解释组织现象的一门边缘学科"，即组织研究是一门跨学科的领域，涉及社会学、经济学、心理学、政治学、人类学等诸多学科的研究工作。[4]

组织理论在当前已发展成为体系庞大、内容庞杂的领域。组织理论有两个研究方向：组织理论和组织行为学。前者也称宏观组织理论，将整个组织作为

---

① 姚启和．办大学的若干理论与实践问题［M］．武汉：华中科技大学出版社，2003：15 – 16.

② 周雪光．组织社会学十讲［M］．北京：社会科学文献出版社，2003：6.

③ 姚启和．办大学的若干理论与实践问题［M］．武汉：华中科技大学出版社，2003：6.

④ 周雪光．组织社会学十讲［M］．北京：社会科学文献出版社，2003：6.

分析单元，考察人们是如何集合部门和组织的，可称为关于组织的社会学；后者将组织中的个人作为分析单元，关注组织中的个人认知和情感差异，探讨激励、领导风格、个性与管理等问题，可称为组织理论的心理学。①

组织理论有一个发展的过程，以时间为标准，可划分为古典组织理论、近代组织理论和现代组织理论三个阶段。② 按内容和时间两个维度，可将组织理论分为科学管理、行为科学、科学决策、系统科学、文化管理五个时期。③ 按研究的视角或范式，可将组织理论划分为理性系统的组织理论、自然系统的组织理论、开放系统的组织理论三类。其中，理性系统的组织理论包括科学管理理论、行政管理理论、科层制理论和管理行为理论等学派；自然系统的组织理论包括人际关系学派、协作体系学派、制度学派和组织模式理论。开放系统的组织理论包括系统设计方法、权变理论和组织社会心理模型等。④

（二）主要的组织理论流派及其观点

威廉姆（Evan M. William, 1993）认为主要的组织理论有六种，分别是：韦伯的官僚体制理论、开放系统理论、资源依赖理论、制度组织理论、交易费用理论、组织生态学理论。

1. 韦伯的官僚体制理论

马克思·韦伯在《社会组织和经济组织理论》中提出了"理想的行政组织模式"。他描述的官僚体制的典型特征是：立法领域由规则和法律控制，层级式的管理机构，在一般原则、知识控制下的基于专家和书面文件的管理。韦伯的官僚体制理论是经典的组织理论，其把组织看作一个经过理性设计的科层结构，强调专业分工、等级制、制度化管理等。"组织部门遵循等级原则，即每一个低层级部门都受到一个高一层级的部门的控制与监督。""组织的工作环境是非人格化的，服从只是对法律和规章制度的服从，是服从一个人的职位，而不是服从某一个人。"⑤ 因为这种组织中存在一系列的规则和程序，组织中的成员按此来行使职责，组织活动具有非人格化的特征。因此，它在精确

<hr>

① 季诚钧. 大学属性与结构的组织学分析 [M]. 北京：人民教育出版社，2006：7–8.

② Wayne Hoy & Cecil Miskel, *Education Administration*: *Theory, Research and Practice*, Random House, 1987, p. 3

③ 朱国云. 组织理论历史与流派 [M]. 南京：南京大学出版社，1997：8.

④ [美] 理查德. 斯格特. 黄洋等译. 组织理论 [M]. 北京：华夏出版社，2002：29–95.

⑤ Max Weber, *The Theory of Social and Economic Organization*, The Free Press, 1949, pp. 330–331.

化、稳定性、纪律的严格性和可靠性等方面都优于其他任何形式。[①]

　　韦伯的官僚体制理论属于古典组织理论的范畴。从泰勒、法约尔到韦伯的古典组织理论，其本质是一种封闭系统的理论，强调的是组织内部的适应性，是一种让人适应组织的组织理论；它强调用组织的严格的层级分工和制度进行有效的控制，以对人的控制为中心，谋求建立一个等级分明的职权系统；它把组织视为一个理性系统，认为组织是一个寻求特定目标的、高度形式化的集合体；其组织结构是为了有效达成目标，使组织成员有序地工作而专门设计的，强调的是结构的特征而非人的特征，因此被有的学者称为"没有人的组织"。美国学者马克·汉森分析了古典组织理论在教育领域中的适应性问题，认为学校组织也能像工业组织那样，设计一个合理的组织结构，编制完善的规章制度，建立劳动分工，实现最佳的管理目标。[②] 事实上，古典组织理论在教育上的应用有其局限性，教育提供的产品是服务，每个教师提供的具体产品和每个学生接收到的服务都是不一样的，这种服务难以标准化与统一，单纯依赖外部控制难以调动教师的主观能动性。[③]

　　2. 开放系统理论和资源依赖理论

　　开放系统理论将组织看作一个开放的系统，与环境在进行物质或能量的交换。组织从环境中获得输入，通过组织内子系统及其过程转化为对环境的输出，环境再以信息、利润等方式反馈组织，以使组织得到必要的调节并达到动态平衡。开放系统理论有助于人们更好地理解高校与社会环境的关系，特别是高校与各类要素市场的关系。高校需要从社会中获取资金、技术、设备和合适的人力资本，向社会主要是劳动力市场输送具备了相应知识、素质和能力的合格的劳动力，或者说是人才。只有这种与社会之间的输入输出关系维持正常的动态平衡，高校才能正常维持和运转。无论是输入出现问题还是输出出现问题，高校与环境的关系都会出现变动、不正常，乃至均衡破裂。从这个意义上说，无论是在市场社会，还是计划经济社会，高校都必须面向劳动力市场，为社会输送符合社会需要的合格人才。否则，高校与社会的动态均衡关系就会断裂，高校的组织维持将会成为问题。新型大学定位为应用型本科既是对劳动力市场的回应，也是对政府号召的回应，更是为其获得信息、利润乃至资源输入准备条件，其根本是维持自己与环境交换的动态均衡关系。无疑，作为培养人

---

　　① W. Richard Scott, *Organizations: Rational, Natural, and Open System*, 3rd ed., Prentice-Hall, Inc., 1992, pp. 38 – 39.

　　② ［美］马克·汉森. 冯大鸣等译. 教育管理与组织行为 ［M］. 上海：上海教育出版社，1993：30.

　　③ 季诚钧. 大学属性与结构的组织学分析 ［M］. 北京：人民教育出版社，2006：15.

的高尚行业，教育应该"有独立于劳动力市场的价值，但教育的发展在很大程度上受劳动力市场状况影响。培养什么人，以及怎样培养人，需要及时、准确地聆听劳动力市场的声音。"①

无论是与环境相互作用的开放的系统，还是不与环境相互作用的开放的系统，系统理论的本质是系统由相互影响、相互依赖的子系统组成。② 子系统概念和多种诱因概念是系统理论的核心。③ 社会技术系统理论认为，组织内部存在着任务、结构、技术和人四个变量，这四个变量会因时间和组织的不同而发生变化。在特定组织中，这四个因素之间会有极强的相互影响，每个因素常常决定或影响其他因素。因此，如果要对组织进行结构调整，必须考虑可能涉及的人及其对变化的反映。同理，四个变量的每一个发生变化，必须考虑其他因素及其反映。

资源依赖理论的基本前提是组织是一个开放系统，组织无法孤立运转，组织内部无法产生需要的所有资源，组织为了生存必须从环境中其他组织获取必要的资源。高校是典型的资源依赖型组织，既需要从社会输入资金、技术和设备，更需要向外界输出教育服务的核心资源即掌握知识、知识创新、知识整合和知识传播能力的合格的人才。资源依赖理论有助于我们理解新型大学和其他不同种类的高校在资源市场获取资源的能力以及这种获取资源的能力对高校自维持和未来发展的关键意义。

3. 制度组织理论

美国社会学家梅耶（John W. Meyer）和罗文（Brian Rowan）开创了现代组织制度理论，斯科特（W. R. Scott）等进一步完善和发展。制度组织理论的主要假设是：所有组织都镶嵌在制度的环境中，制度环境影响组织的结构、实践和运动。其关键的命题是：组织的合法化和得到社会环境支持将使组织更容易生存，在与制度环境的适应和结合过程中组织结构得到优化。梅耶和罗文强调社会性建构的观念体系和规范制度对组织结构与运作产生控制性影响；后期制度学派强调是制度和理性环境而不是技术环境对组织产生重大影响。④ 制度学派的分析框架属于结构功能主义观点，认为组织的功能决定组织的结构，只

---

① 赖德胜．教育应倾听劳动力市场发出的声音［N］．中国教育报，2017－06－01．
② ［美］罗伯特 G. 欧文斯．窦卫霖等译．教育组织行为学（第 7 版）［M］．上海：华东师范大学出版社，2001：127．
③ 同上书，第 109 页。
④ ［美］理查德·斯格特，黄洋等译．组织理论（第 4 版）［M］．北京：华夏出版社，2002：109．

要分析功能就可以了解其结构。① 我国社会转型的特点，在某种意义上使制度创新成为发展的动力，这是高等教育系统和高校需要面对的问题。特别是目前的全面深化改革，是彻底打破旧有的计划经济体制的藩篱，完善市场经济体制的制度体系。从计划经济体制到市场经济体制，是一种制度体系的质的跨越，高校必须适应这种制度变迁。高校综合改革是政府适应这种变迁在高等教育领域推进变迁的行动。新型大学和部分地方本科院校定位于应用型本科，是对社会"市场化"的回应，但这种回应不能仅仅停留在口号和理论层面，而是应该根据新的功能定位调整组织结构，建立适应新的功能定位的组织结构，这种结构调整既体现为高等教育体系的调整，也体现为高校内部组织结构的调整，即高校自身要适应应用型本科建设并为之建立合适的组织结构。

4. 交易费用理论

交易费用理论认为企业组织的出现是减少市场交易费用的结果，市场的使用不是免费的，需要市场信息、询价报价、验货收款等环节，这些都要发生费用，这样的费用称作交易费用。为了减少交易费用，就要把交易转移到企业内部，将交易内化，交易内化后需要监督管理，监督管理也要发生费用，是内化的交易费用。企业组织的规模是由企业组织的边际交易费用来决定的。企业组织的规模将发展到市场交易费用正好等于企业组织的内部监督管理费用为止。在高校的发展过程中，也存在着交易费用，存在着交易费用内化的问题。具体到新型大学，其交易费用有哪些、结构如何、怎样进行内化，是办学者需要考虑的问题，也牵涉学校的核心竞争力和竞争优势。

5. 组织生态学理论

组织生态学试图解释在很长的时间范围内是什么力量形成了组织的结构。它着眼于宏观层次，分析单元不是组织个体，而是组织群体。组织生态学的主要假设是：组织形式符合契机和条件就容易生存，其关键的命题是：组织的生存是环境选择的结果，环境选择那些合适的组织形式来扩充和维持组织种群。应用到新型大学，组织生态学可以解释新型大学产生和发展的宏观环境，并解释社会环境对新型大学组织结构的影响。

二、自组织理论

所谓自组织，是指客观事物自身的结构化、有机化、有序化和系统化的过程，即不存在外部的作用力或指令，系统内部不同要素或子系统按照某种特定的规则和条件形成一定的结构，协调地运行。自组织理论是 20 世纪 60 年代在

---

① 季诚钧. 大学属性与结构的组织学分析 [M]. 北京：人民教育出版社，2006：24.

自然科学基础上发展起来的，它是阐释一般自组织系统产生的环境和条件、发展过程及演化形式的科学理论。

自组织理论是耗散结构理论和协同学原理的核心内容，其基本含义是一个系统只有在开放、远离平衡和内部不同要素或子系统之间存在非线性相互作用的条件下，通过涨落放大才以自组织的形式，从混沌到有序，或者从低级有序到高级有序。开放性是系统产生自组织现象的必要条件，系统的开放程度不仅取决于系统自身的条件，也与客观环境有关。系统的开放程度，必须突破某个特定的阈值，才能实现自组织。协同是指系统中许多子系统间相互作用，使整个系统处在和谐发展状态的机制。对自组织系统来说，由于诸多要素间存在着非线性的相互作用，系统若要自组织地演化而形成相对独立的有序结构，没有各要素之间、各子系统之间的协同动作是不可能的。协同产生秩序，是系统整体性、相关性的内在根据，是使系统由较低有序走向较高级有序的新结构的必要条件之一。自组织理论可用于解释新型大学和地方本科院校的"转型"问题。

三、学习型组织理论

学习型组织是适应信息社会与知识经济时代而产生的一种组织理论。传统组织理论受技术理性与追求效率的影响，强调权力等级结构、规章制度、非人格化，鼓励下级服从，排除个人行为，并且试图在最大限度上减少不确定性。随着信息时代和知识经济时代的来临，传统组织理论越来越不适应组织发展的需要，学习型组织应运而生。

学习型组织的理论源头是美国麻省理工学院佛瑞斯特教授提出的系统动力学。佛瑞斯特 1965 年发表《企业的新设计》，运用系统动力学具体构想了未来企业组织的理想形态：层次扁平化、组织信息化、结构开放化，逐渐由原来的从属关系转向为工作伙伴关系，不断学习，不断重新调整结构关系。这被认为是学习型企业的最初构想。圣吉继承了佛瑞斯特的思想，于 1990 年发表《第五项修炼——学习型组织的艺术与实务》，后来又出版《第五项修炼：实践篇》和《变革之舞》，形成了学习型组织的理论框架。

圣吉认为学习型组织就是"能够设法使各阶层人员全心投入并有能力不断学习的组织"，"在其中，大家得以不断突破自己的能力上限，创造真心向往的结果，培养全新、前瞻而开阔的思考方式，全力实现共同的抱负，以及学会如何共同学习。"[1] 圣吉提出，学习型组织的方法是发现、纠错和成长，核

---

① Peter M. Senge, *The Fifth Discipline: the Art and Practice of the Lrarning Organization*, Currency Doubleday (a division of bantam Doubleday Dell Publishing Group, Inc.), 1990, p. 2.

心是在组织内部建立"组织思维能力"，精神是学习、思考和创新，关键特征是系统思考，组织学习的基础是团队学习。他提出了建立学习型组织的五项修炼策略：建立共同愿景，团队学习，改善心智，自我超越，系统思考。学习型组织理论的提出是组织理论领域的一场革命，正如圣吉所认为的，实践并成功运用这样一种理论，将改变组织生活的全景，使组织中不协调的人际关系得以改善，再造组织的无限生机，挖掘出组织中每个成员的无限潜能，改变人的生活，使人活出生命的真正意义。

学习型组织有助于提升组织的竞争力。传统的企业竞争力强调的是人才的竞争，学习型组织理论突出的是企业的学习力。在知识经济时代，获取知识和应用知识的能力将成为竞争能力高低的关键。一个组织只有通过不断学习，拓展与外界信息交流的深度和广度，才能在市场竞争中立于不败之地。

学习型理论对我国国办高校的发展具有深刻意义。高校被认为是最具典型意义的学习型组织。但我国现行的国办高校管理体制和高校内部组织架构是在计划经济时代确立的，打上了"行政管理"的深刻烙印，国办高校并不是真正独立的法人组织，能否体现学习型组织的特征值得怀疑。三十多年的改革开放和全面深化改革虽然在社会层面特别是经济生活层面改革极大，但对高等教育领域的冲击有待加强，倡导学习型组织可激发教职员工对高校组织的向心力、影响教职员工对组织利益的关心程度，推动高校的法人治理体系和现代大学制度的建设，深化高校改革和面向市场办学机制。

四、组织理论对本研究的意义

(一) 教育组织研究

欧文斯认为，在教育组织的研究中，存在着两种主要的观点：一种是传统的"科层观点"，被教育界称为组织的"工厂模式"。"不论采用什么名称，科层组织是腓特烈大帝的 18 世纪军队的缩影，它具有机械化军团自上而下的管理统治、'照章办事'等特征。"[①] 另一种被称为人力资源开发。人力资源开发的观点是随着世界变革的不断深化和日益加速、世界范围内对民主、个人自由、自尊和尊严以及自我实现机会的更高渴求，僵化的科层体制难以适应而产生的一种观点。

科层制在处理有关控制和协调组织成员行为之类的事情过程中往往强调五种机制：坚持等级式的管理和对底层人员的监管（行政人员的检查者和评估

---

① ［美］罗伯特 G. 欧文斯. 窦卫霖等译. 教育组织行为学 ［M］. 上海：华东师范大学出版社，2001：94.

者的角色因此得到重视）；确定和保持适当的垂直交流；制定明确的书面规章和程序以确定标准和指导行为（具体规章包括课程指导、章程手册、操作指南、标准格式、值班花名册、规章制度、标准操作程序等）；颁布明确的计划和日程以供参与人员遵守；在组织等级体系中增加监管人员和行政人员，因为有必要这样来解决组织在不断变化的条件下所面临的问题。①

人力资源开发的观点重视个人对眼下所做事情有意识的思考，以此作为引导他们在实现组织目标过程中积极奉献、发挥才能和潜力的措施。即通过参与者适应组织的价值观和目标，认同组织的价值和目标，乐意把组织目标和需要同他（她）的个人目标联系在一起。该观点强调组织文化的建设。

（二）组织理论对本研究的意义

本书是对新型大学这个特定社会组织的核心竞争力的研究，深入了解和剖析新型大学的组织特征和组织内在的东西是我们研究的基础。

组织理论可为我们认识新型大学这个特定组织提供强大的理论支持。组织理论具有很强的解释功能，"如果一个组织理论或研究不能帮助我们分析、解释我们在日常生活中观察到的现象，那么我们有理由怀疑它的价值。从这个意义上说，鉴别一个组织学理论的优劣，首先要看它能否真正解释现实的组织现象。"② 新型大学是社会组织的一种，组织的一般原理如组织形成、求得生存和发展等原理适用于新型大学。

组织理论的跨学科、综合性特点为新型大学的多学科研究提供了有利条件。组织理论不仅来源于管理实践中获得的经验，而且还植根于自然科学和社会科学的基础知识。组织活动的多样性、复杂性决定了组织理论内容的综合性。组织理论针对管理实践中所遇到的各种问题、所从事的各种具体活动，在人类知识宝库中广泛收集对自己有用的理论方法，并加以集成、创新、扩展，以便更好地指导人们的实践。组织理论集成化（综合化）的趋势不仅是自然科学和社会科学即数学、系统科学、工程技术学、计算机科学、运筹学、生理学、统计学、心理学、人类学、经济学、社会学、政治学、伦理学、教育学、法学等有关理论知识的集成，而且还是硬系统方法与软系统方法的集成，人与自然的集成。③ 当代组织理论是在多学科背景下对组织进行研究，能满足多学科研究方法在高等教育领域中应用的需要。组织理论为高校组织研究提供了广

---

① ［美］罗伯特 G. 欧文斯. 窦卫霖等译. 教育组织行为学 ［M］. 上海：华东师范大学出版社，2001：97 - 98.

② 周雪光. 组织社会学十讲 ［M］. 北京：社会科学文献出版社，2003：6.

③ 张文泉、吴春卿. 论组织理论 ［J］. 华北电力大学学报，1998（2）：40 - 45.

阔的研究视角和研究范式。①

自组织理论对高校运营、变革与发展研究具有很强的解释力。高校组织作为社会环境中的"有机体"，是在人的因素影响下自我构建起来的。高校的生存和发展具有自组织结构的主要特征，即与外部环境进行持续的物质能量交换，有自我调节以适应外部环境变化的能力。即高校通过取得科技创新成就、培养高素质人才、提供直接服务等不断向社会输出各种产品，而社会在获得这些资源的同时也向高校输入相应水平的人力、物力、财力等资源。社会对高校的需求是高校与外部环境进行持续物质、能量、信息交换的产物。而从协同理论来看，高校要取得政府与社会的充分信赖，还在于高校自身的实力及各种职能发挥的质量是否得到了政府与社会的认可。提高实力因此成为高校发展的关键，而实力的提高离不开高校内部诸要素之间的默契协作。根据自组织理论，高校特别是作为独立法人的高校的运营和发展是一种自组织现象，即无需外接特定的指令而能自行组织、自行衍生、自行演化，能够自主地从无序走向有序以形成有序结构的系统现象。②

从自组织理论的视角出发，新型大学向应用型本科转型发展应该是高校自身在社会环境中自我选择的结果，即社会对新型大学的需求是新型大学与外部环境进行持续的物质、能力、信息交换的产物，也是新型大学在与外部环境交换的过程中自然调整和定位的产物，不应该是政府强行推进的产物。"高校分类是一个学校逐渐形成的过程，它有自己的办学基础和办学历史，怎样去适应社会的发展和需求，是在渐进的过程中形成的，这不能够强制。"③办学"是一个积淀的过程，是一个在试错中成长的过程。"借用企业运营的语言，高校向应用型的定位和转型发展应是高校基于自身实力适应社会需求不断调整细分市场定位的结果，是高校自我调整和自我发展的产物。政府在这个过程中主要是起引导性作用。如果考虑到未来社会是未知的，政府在新型大学的转型发展中更应该尽量少干预或不干预，以免因自己的干预而影响高校的决策和发展。新型大学向应用型本科转型发展应是一个自然的适应性过程。

---

① 荣光宗. 大学自我维持研究 [M]. 长沙：湖南师范大学出版社，2006：28.

② 同上书，第51页。

③ 史秋衡. 国家高校分类体系及其设置标准实证研究 [M]. 北京：科学出版社，2017：45.

第三节　组织生命周期与组织竞争理论

学术界关于组织生命周期和组织竞争的理论主要集中在企业领域。除营利性高校外，大多数已存高校不是典型的企业，而是民法意义上的非营利法人，运行逻辑不同于企业。但高校和企业一样，具有一定的生命周期，高校之间的竞争与企业竞争有相似之处，可资借鉴。

一、企业生命周期理论

管理界认为，企业像任何有机体一样，存在生命周期。学者对企业生命周期理论的系统研究始自 20 世纪 60 年代。戈德纳（J. W. Gardner，1965）指出，企业和人及其他生物一样，也有生命周期。企业的生命周期有自己的特性：一是企业的发展具有不可预期性；二是企业在其发展过程中可能会出现一个既不明显上升也不明显下降的停滞阶段；三是企业可以通过变革实现再生，开始一个新的生命周期。

（一）企业生命周期理论的主要模型

斯坦梅茨（Steinmetz L. L, 1969）经过研究发现企业的成长过程呈"S"形曲线，一般可划分为直接控制、指挥管理、间接控制和部门化组织等阶段。自 20 世纪 70 年代开始，学者们提出多个企业成长模型，用企业成长模型来研究企业的生命周期。

1. 邱吉尔和刘易斯模型

邱吉尔（Churchill N. C）和刘易斯（Lewis V. L）在 1983 年从企业规模和管理因素两个维度出发，认为企业生命周期包括创立、生存、发展、起飞和成熟五个阶段，每个阶段呈现出不同的特征。企业整体发展一般会呈现"暂时或永久维持""持续增长""战略性转变""出售或破产歇业"等典型特征。

2. 格林纳的企业成长和发展模型

美国学者格林纳（L. E. Greiner）最初于 1972 年提出五阶段论，后在 1985 年补充为六阶段论。他认为：企业通过演变和变革不断交替发展，企业的历史比外界力量更能决定企业的未来；企业的年龄、规模、演变的阶段、变革的阶段和工业的成长率是影响企业成长的五个关键因素。一个企业的成长大致可以分为创业、指导、分（授）权、协调与监督、协作、外部组织解决方案六个阶段；每个阶段的组织结构、领导方式、管理体制、员工心态都有其特点；每一阶段最后都面临某种危机和管理问题，都要采用一定的管理策略解决这些危机以达到成长的目的，这些管理策略能否顺利进行直接关系到企业的持续成长问题。

3. 爱迪思的企业生命周期理论

系由美国当代最具影响力的管理学家伊查克·爱迪思（Ichak Adizes）于1985年创立。他著有《企业生命周期》，把企业生命周期分为10个阶段，即孕育期、婴儿期、学步期、青春期、壮年期、稳定期、贵族期、官僚初期、官僚期、死亡期。他准确生动地概括了企业生命不同阶段的特征，认为企业成长的每个阶段都可以通过灵活性和可控性两个指标来体现：当企业初建或年轻时，充满灵活性，作出变革相对容易，但可控性差。当企业进入老化期，控制力较强，但缺乏灵活性。

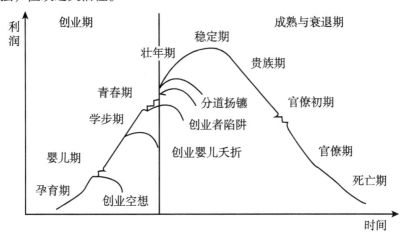

图2-2 企业生命周期的10个阶段

4. 中国学者的模型

主要有陈佳贵和李业的研究。陈佳贵（1995）依据企业规模将企业生命周期分为孕育期、求生存期、高度发展期、成熟期、衰退期和蜕变期，他认为蜕变期对企业可持续发展具有重要意义。李业以销售量为变量，以销售额为纵坐标，将企业的生命周期依次分为孕育期、初生期、发展期、成熟期和衰退期。

（二）对组织不同发展阶段的认识

结合格林纳和爱迪思的理论，一般认为，组织在不同的发展阶段呈现出不同的特征。

创业阶段属于企业的幼年期，特点是企业家精神培育、信息收集、艰苦创业和低回报。该阶段企业组织规模小，人心齐，关系简单，一切由创业者决策指挥。因创业者一般是"业务型"，不擅管理，阶段后期容易发生领导力危机，引发第一次组织变革。

指导阶段属于企业的青年时期，企业进入持续成长期。阶段之初，为了整顿正陷入混乱状态的组织，必须确立发展目标，以铁腕作风与集权管理方式来指挥各级管理者，从而形成"成长经由命令"模式。随着组织结构功能化、会计制度建立，以及资本管理、激励机制、预算制度、标准化管理的出现，组织变得多样化和复杂化。企业在市场上获得成功，人员迅速增多，组织不断扩大，职工情绪饱满，对组织有较强的归属感。进而，随着企业的发展，中下层管理者会因为事事听命于上级而感到不满，要求获得自主决定权，引发第二次组织变革。

表2-1 企业生命周期不同阶段比较

	创业阶段	指导阶段	授权阶段	协调阶段	协作阶段
管理重点	生产和销售	生产效率	扩大市场	加强组织	管理革新
组织结构	非正式组织	职能制	地区性事业部制	直线管理及生产集团、超事业部制	矩阵式结构、任务小组
高层领导风格	个人业主式	指导式	授权式	监察者	参与者
控制系统	市场结果	标准规格及成本中心	汇报制度及利润中心	计划及投资中心	相互间的目标管理
阶段特点	为组织诞生初期，企业家精神培育、信息收集、艰苦创业、低回报	为持续成长期，组织结构功能化、会计制度建立、资本管理、积极机制、预算制度、标准化管理出现，组织多样化和复杂化	分散的组织结构、运营及市场层面的本位责任、各自的利益中心、盛行的财务激励机制、基于阶段性回顾的决策机制	建立起各种正式的管理系统，如正式的规划评估、中心化的支持系统、企业资本支出、产品组层面上的投资回报责任、组织底层的利益均享促进，等等	跨功能区的任务团队、去中心化的支持团队、矩阵式组织结构、简化的控制机制、团队行为教育计划、高级信息系统、团队激励等

授权阶段属于企业的中年时期，分散的组织结构、运营及市场层面的本位责任、各自的利益中心、盛行的财务激励机制、基于阶段性回顾的决策机制是

明显的特点。这时企业已有相当大的规模，增加了许多生产经营单位，甚至形成了跨地区经营和多元化发展，形成了"成长经由授权"模式。但随着授权的日久，高层主管感到由于采取过分分权与自主管理，认为企业陷入了控制危机。当管理层试图重新控制整个公司时，新的剧变又开始了。

协调与监督阶段属于企业的成熟期。针对阶段初的"失控危机"，高层主管加强监督，强化各部门之间的协调、配合，加强整体规划，建立管理信息系统，成立委员会组织或实行矩阵式组织，形成"成长经由监督、协调"模式。各种正式的管理系统在该阶段被一一建立起来，如正式的产品组群、正式的规划评估、中心化的支持系统、企业人员的海外协调，以及企业资本支出、产品组层面上的投资回报责任、组织低层的利益均享促进，等等，以此来协调和监督组织管理。但随着时间的延长，许多规章制度、工作程序和手续变成官样文章，文牍主义盛行，产生了"官僚主义危机"或"硬化危机"，新的变革开始。

协作阶段强调通过团队协作来解决各项问题，克服官僚危机，其特点是跨功能区的任务团队、去中心化的支持团队、矩阵式组织结构、简化的控制机制、团队行为教育计划、高级信息系统、团队激励，等等。在该阶段，组织的发展前景既可以通过组织变革与创新重新获得再发展，也可以更趋向成熟、稳定，也可能由于不适应环境的变化而走向衰退。为了避免过分依赖正式规章制度和刻板手续所形成的文牍主义，必须培养管理者和各部门之间的合作精神，通过团队合作与自我控制以达到协调配合的目的。另外，要进一步增加组织弹性，采取新的变革措施，如精简机构，划出核算单位，开拓新的经营项目，更换高级管理人员等。

外部组织解决方案阶段，即通过并购、持股及组织网络等外部手段实现组织成长。

（三）对企业生命周期理论的认识

对企业生命周期的认识有两种：一种是传统的、机械地看待市场发展的观点，称作产品生命周期或行业生命周期；一种是富有挑战性、观察顾客需求是怎样随着时间演变而由不同的产品或技术来满足的需求生命周期。前者能够帮助企业根据行业是否处于成长、成熟、衰退或其他状态来制定适当的战略。它假定企业在生命周期中（发展、成长、成熟、衰退）每一个阶段的竞争状况是不同的。如发展阶段，企业的产品/服务由"早期采纳者"购买，这些人对价格不敏感，因此利润会很高；同时因需要大量投资用于开发具有更好质量和大众化价格的产品，又会侵蚀利润。后者假定，顾客（个人、私有或公有企业）有某种特定的需求（娱乐、教育、运输、社交、交流信息等）希望能够得到满足。在不同的时候会有不同的产品来满足这些需求。企业可以根据不同阶段制定不同的竞争策略。

企业生命周期是企业发展与成长的动态轨迹。企业生命周期理论的目的在于试图为处于不同生命周期阶段的企业找到能够与其特点相适应、并能不断促进其发展延续的特定组织结构形式，使得企业可以从内部管理方面找到一个相对较优的模式来保持企业的发展能力，在生命周期的每个阶段内都能充分发挥特色优势，进而延长企业的生命周期，帮助企业实现自身的可持续发展。

企业生命周期的曲线是理想的。在现实中，很多企业在发展过程中会因种种原因与生命周期曲线分离。即企业在发展过程中会面临着战略转折点。当企业面临战略转折点时，需要对企业的管理方式、管理制度、组织结构等进行调整，否则企业就容易偏离生命周期曲线。

企业生命周期会出现波动，波动的原因既有内因，也有外因。外因决定理论隐含的前提是企业生命周期应该是稳定的，只有在受到外力冲击时才会发生波动。内因决定理论认为，企业的劳动生产率会极大地影响企业经营周期，企业经营周期反映企业经济行为在扩张与收缩、繁荣与萧条之间的循环或替代选择。而经营周期与企业生命周期的变化方向是一致的。当扩张与收缩、繁荣与萧条之间的循环圈越大或增长繁荣期越长时，企业生命周期就越长。

其他社会组织和企业一样，也有自己的生命周期。社会组织的生命周期曲线和阶段特征与企业基本类似。

二、企业竞争理论

竞争是市场经济的基本特征，市场经济中的企业时刻处在竞争中，企业的所有活动都可以视作竞争行为。

经济学家认为竞争是推动市场经济发展的动力。人类社会存在着各种各样的竞争，包括以直接竞赛形式表现的竞争和不以直接竞赛形式体现的竞争。有两个或两个以上人存在的地方就有竞争。一般认为，竞争具有六个方面的特点：竞争是人们对于一个相同目标的追求，目标不同就不会形成竞争；竞争者追求的目标是较少的和比较难得的，对于数量很多、轻而易举即可得到的目标的追求不能构成竞争；竞争的目的在于获取目标，而非反对其他竞争者，即竞争是一种间接反对关系而非直接反对关系；竞争按照一定的社会规范进行，涉及政治、经济领域的一些大规模竞争，需要法律、制度来维持，否则容易导致社会内乱；竞争必须发生在两个或两个以上的企业之间，如果在特定的市场里只有一个企业想参与则不构成竞争；竞争发生在同类或同类群体内部，在同一个特定的市场进行。

（一）企业竞争理论的发展轨迹

企业竞争理论是专门研究市场经济条件下企业如何竞争的理论，流派众多，不同学术流派强调的重点不同。自 20 世纪 60 年代至今，企业竞争理论的发展可大致分为四个阶段：战略管理竞争、市场结构竞争、企业素质竞争、动态竞争。其中，战略管理竞争理论重在通过对企业所处的内外部环境的综合分析来为企业制定战略提供依据，主要流派有安索夫的产品市场矩阵、波士顿咨询公司的 BCG 矩阵、通用电气的 GE 九方图、拉伊斯的业界地位竞争理论、SWOT 分析、PEST 分析等。市场结构竞争理论将竞争分析的注意力放在企业外界环境上，认为行业的吸引力是盈利水平的决定性因素，市场结构分析是企业制定竞争战略的主要依据。市场结构竞争理论的代表是波特的五种影响力模型和一般战略理论。企业素质竞争理论强调企业竞争力分析的注意力应集中到企业自身，以培育企业核心竞争能力为主方向，以创造可持续竞争力优势为战略目标，不断提高企业自身素质，以确保企业在激烈的竞争环境中长盛不衰。动态竞争理论是进入 21 世纪后适应竞争环境快速变化和难以预测的现实而产生的一种新理论。

市场结构竞争理论的基础是产业组织（Industrial Organization，I/O）理论。该理论认为，对于实现竞争优势而言，外部（产业）因素比公司内部因素更加重要，竞争优势在很大程度上取决于企业在产业中的竞争地位。以产业组织理论的观点进行战略管理使企业能够在兴旺的产业中进行竞争，回避衰落和处于困境的产业，并全面理解兴旺产业与外部影响因素的关系。产业组织理论认为，企业所选择进入的产业，比企业管理者在市场营销、财务等方面的内部经营决策对于企业的绩效有更大的影响。企业的绩效更多的是基于产业的性质，如经济规模、市场进入壁垒、产品差异化以及竞争程度，而不是基于内部资源、能力、结构和运作。[①]

企业素质竞争理论的基础是资源基础理论（The Resource-Based View，RBV）。该理论认为，对于企业获取和维持竞争优势而言，内部资源比外部因素更为重要。组织绩效主要取决于三类内部资源：物质资源、人力资源以及组织资源。物质资源包括所有厂房和设备、地产、技术、原材料、机器；人力资源包括全体雇员、培训能力、经验、情报、技能、能力；组织资源包括公司组

---

① Fred R. David. *Strategic Management Concepts*, 10th edition, Pearson Education , Inc., 2005，p. 76.

织结构、规划过程、信息系统、专利、商标、版权、数据库等。正是各种资源决定了企业如何利用机会，消除威胁。资源基础理论的基本前提是，为获取永久竞争优势而制定企业战略时，首先要考虑企业内部资源的构成、类型数量和特性。具有价值的条件是：稀有、难以复制、难以替代。企业拥有的资源越稀有，越不易复制，越不易被替代，企业的竞争优势便越强越久。①

动态竞争理论（Competition Dynamics/Dynamic Competition Theory）的源泉是熊彼特的创造性破坏理论和奥地利学派的动态市场论。奥地利学派认为，竞争是一个动态的市场过程，而不是静态的市场结果；由于为获取利润的行动总会打破稳定的现状，因此市场永远不会均衡；当市场机会涌现时，企业能够成功引导并配置资源，以满足顾客需求的行动。动态竞争理论在研究中使用的基本变量主要是企业的行为，研究的重点是企业竞争行为之间的内在规律及其缘由。从行动视角来探讨企业战略可以看作对企业战略做基于行动的量化，企业竞争行动的数量和质量是获得竞争优势的基础。② 动态竞争理论的基本研究方法是田野研究和内容分析法。

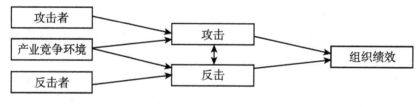

图 2 - 3　动态竞争模式

（二）主要的企业竞争理论

1. 战略管理理论

战略管理是指企业确定其使命，根据组织外部环境和内部条件设定企业的战略目标，为保证目标的正确落实和实现进度谋划，并依靠企业内部能力将这种谋划和决策付诸实施，以及在实施过程中进行控制的一个动态管理过程。企业战略设计围绕着企业在哪里？企业去哪里？我们何时竞争（行动）？三个核心问题展开，其要义在于获取和维持竞争优势。③

战略管理有狭义和广义之别，广义的战略管理以安索夫为代表，指运用战

---

① Fred R. David. *Strategic Management Concepts*, 10th edition, Pearson Education , Inc. , 2005, p. 117.

② 谢洪明等. 动态竞争理论的研究述评 [J]. 科研管理，2003 (6)：8 - 28.

③ Fred R. David. *Strategic Management Concepts*, 10th edition, Pearson Education , Inc. , 2005, p. 8.

略对整个企业进行管理；狭义以斯坦纳为代表，指对战略管理的制定、实施、控制和修正进行的管理。

首开企业战略问题研究的是钱德勒的《战略与结构：工业企业史的考证》，该书分析了环境、战略和组织之间的相互关系，提出了"结构追随战略"的论点，认为企业经营战略应当适应环境——满足市场需求，组织结构必须适应企业战略，随着战略的变化而变化。首先提出"企业战略"概念的是安索夫，标志是1965年出版的《企业战略》。20世纪60年代中期到70年代中期，战略规划被广泛应用，产生了安德鲁斯代表的设计学派、安索夫代表的计划学派、波特为代表的定位学派，以及创意学派、认知学派、学习学派、权力学派、文化学派、环境学派和结构学派等众多学派。

设计学派强调，在制订战略的过程中要分析企业的优势和劣势、环境所带来的机会与造成的威胁；高层经理人是战略设计师，并负责督导战略的实施；战略构造模式应是简单而非正式的，关键在于指导原则；优秀的战略应该具有创造性和灵活性。

计划学派主张，战略构造应是一个有控制、有意识的正式计划过程；企业的高层管理者负责计划的全过程，具体制订和实施计划的人员应对高层负责；通过目标、项目和预算的分解来实施所制定的战略计划。战略计划的本质是企业的作战计划。战略管理的主要任务在于思考企业的总体任务是什么："这就是说，要回答这样的问题，'我们的业务是什么？'这是建立企业目标、制定企业战略和为明天的前景作出今日决策的基础。显然这一任务要由企业中可以通观业务全局的人来承担，这样才能在各种目标之间及今日需要和未来需要之间作出权衡，也才能够合理地配置人力和财力资源，使其在关键之处发挥作用。"①

战略管理过程包括战略制定、战略实施、战略评价三个阶段，其关键词汇有竞争优势、战略制定者、愿景与任务陈述、外部机会与威胁、内部优势与弱点、长期目标、战略、年度目标与政策等。20世纪80年代以后，企业战略理论的研究重点逐渐转移到以市场结构学派、企业能力学派等为代表的竞争战略理论阶段。

---

① Peter Drucker. *Management：Tasks，Responsibilities，and Practices*，New York：Harper & Row，1974：611.

2. 波特的竞争分析模型和一般战略理论

迈克尔·波特的五种影响力模型（Five-Forces Model）竞争分析方法被广泛应用于很多产业的战略制定。波特的五种影响力具体包括企业间竞争、潜在新竞争者的进入、潜在替代产品的开发、供应商议价力量和购买者议价力量。根据波特的理论，特定产业的竞争性质由这五种力量决定。（1）企业间竞争。企业间竞争是五种竞争力量中最重要的一种。只有那些比竞争对手的战略更能够带来竞争优势的战略，才是成功的战略。企业间竞争在竞争者数量增加、竞争者在规模和能力方面更为均衡、对产业产品的需求下降、削价策略更为普遍地被采用、用户可容易地更换品牌、市场退出壁垒较高、固定成本较高、产品易变质、竞争公司间在战略、起源和文化上有很大不同、合并与收购在产业中很普遍等情况下会变得更为激烈。（2）潜在新竞争者的进入。每当新竞争者可以容易地进入某特定产业时，该产业内的竞争程度将提高。但迅速获得技术和专有知识的困难、经验的缺乏、用户对原有产品的较高的忠诚度、用户较强的品牌偏好、对大量资金的需求、缺乏足够的销售渠道、政府的管制政策、关税、缺乏原材料来源、专利的拥有、不尽如人意的地理位置、原有公司的对抗行动、潜在的市场饱和等因素都可以构成进入壁垒。尽管存在诸多可能的壁垒，新公司往往还能够以更高的产品质量、更低的价格和强大的营销力量进入产业领域。因此，公司战略制定者应善于识别潜在的可进入市场的公司，监视这些公司的战略。（3）潜在替代产品的开发。在很多产业，企业会与其他产业生产替代产品的公司开展直接的竞争。当替代产品价格下降或改用替代产品使成本下降时，替代产品带来的竞争压力将会增大。（4）供应商议价力量。供应商议价力量会影响产业的竞争程度，当存在大量的供应商，好的替代原料少，或者改用其他原料的转换成本很高时更是如此。为获得供应商的所有权和控制供应商，公司可采用后向一体化战略。（5）购买者议价力量。当用户分布集中、规模较大或大批量购货时，他们的议价力量将成为影响产业竞争程度的一个主要因素。当用户有相当大的讨价还价优势时，竞争公司可以延长保修期或提供特殊服务等方式得到用户的忠诚。① 波特认为，上述五种力量都受到诸多经济技术因素的影响。

---

① Fred R. David. *Strategic Management Concepts*, 10th edition, Pearson Education , Inc. , 2005, pp. 92 – 95.

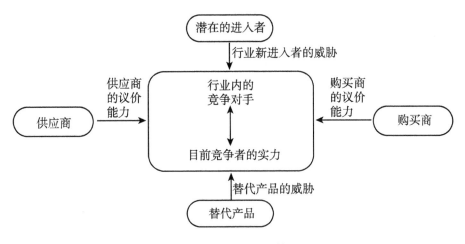

图 2 - 4 波特的五力模型

波特的一般竞争战略。迈克尔·波特在其著作《竞争战略》《竞争优势》《国家竞争优势》中提出了三种一般竞争战略:成本领先战略(overall cost leadership)、差异化战略(differentiation)、专一经营战略(focus)。成本领先战略强调以很低的单位成本价格为价格敏感用户生产标准化的产品;差异化战略旨在为对价格相对不敏感的用户提供某产业中独特的产品与服务。专一经营战略指专门提供满足小用户群体需求的产品和服务。波特的一般竞争战略意味着不同的企业应采取不同的组织安排、控制程序和激励制度。其中可得到更多资源的大公司一般以成本领先或差异化为基点进行竞争,小公司往往以专一经营为基点进行竞争。(1)成本领先战略。企业前向、后向和横向一体化的主要目的是获取成本领先的效益。成本领先的战略一般须与差异化战略结合使用。企业的规模经济状况、生产能力使用率、与供应商和销售商的关系及学习和经验曲线效应等因素影响着一般战略的相对吸引力。可以考虑的其他成本因素还有:在企业内分摊成本和分享知识的潜力、与新产品开发或现有产品调整相关的研究与开发成本、劳动成本、税率、能源成本及货运成本。在市场中有很多对价格敏感的用户、实现产品差别化的途径很少、购买者不太在意品牌间的差异、存在大量讨价还价的购买者的情况下可以力求做产业中的低成本生产者。(2)差异化战略。战略核心是取得某种对顾客有价值的独特性。企业要突出自己产品与竞争对手之间的差异性,主要有产品、服务、人事与形象四种基本途径。成功的差异化意味着更大的产品灵活性、更大的兼容性、更低的成本、更高水平的服务、更少的维护需求、更大的方便性或更多的特性。采取差异化战略的风险有二:用户对特殊产品价值的认同与偏好不足以使其接受该产品的高价格;竞争者可能会设法迅速模仿产品的差异化特征。企业必须长久地保持产品的独特性，使其难以被竞争者迅速而廉价地模仿。实施差异化战略需要具备一定的条件和组织要求，包括对研究开发和市场营销功能的强有力的协调，以及提供能够吸引科学家和创造性人才的宜人的工作环境。（3）专一经营战略。也称为聚焦战略、集中经营战略。采取专一经营战略的企业将经营目标集中于特定消费者群体、特定地域市场或特定规格的产品，从而能够比服务于更广泛市场的竞争者更好地为特定的细分市场服务。专一经营战略的成功，要求所经营的产业部门有足够的规模，有良好的增长潜力，而且对其他主要竞争者的成功并不是至关重要的。当用户有独特的偏好或需求，以及当竞争企业不想专业化于同一目标市场时，专一经营战略最为有效。①

3. 生命周期战略

企业生命周期论者认为，针对所处周期选择适当战略，可使企业的总体战略更具前瞻性、目标性和可操作性。依照企业偏离战略起点的程度，可将企业的总体战略划分为如下三种：发展型、稳定型和紧缩型。具体为：（1）发展型战略。又称进攻型战略，使企业在战略基础水平上向更高一级的目标发展，该战略宜选择在企业生命周期变化阶段的上升期和高峰期。（2）稳定型战略。又称防御型战略，使企业在战略期内所期望达到的经营状况基本保持在战略起点的范围和水平，宜选择在企业生命周期变化阶段的平稳期实施。（3）紧缩型战略。又称退却型战略，指企业从战略基础水平往后收缩和撤退，且偏离战略起点较大的战略，宜选择在企业生命周期变化阶段的低潮期。

4. 企业能力理论和企业知识理论

企业能力理论强调从企业内部因素和条件出发理解竞争优势，倾向于将企业看成是一个能力体系。"企业能力"概念的提出者菲利普·萨尔尼科（1957）认为：能够使一个组织比其他组织做得更好的特殊物质就是企业的能力或特殊能力。② 哈默、贺尼等人提出了企业能力基础竞争论，认为企业获得、配置和保护资源的能力、企业家能力等是企业竞争力的源泉。③ 普拉哈德和哈默把企业能力归结为企业的核心竞争能力。并指出：组织中的积累性知识，特别是关于如何协调不同的生产技能和有机结合多种技术流派的知识是核

---

① Fred R. David. *Strategic Management Concepts*, 10th edition, Pearson Education , Inc. , 2005, pp. 177 –178.

② 参见李正中、韩志勇. 企业核心竞争力：理论的起源及内涵 [J]. 经济理论与经济管理, 2001（7）：54 –56.

③ Hamel, Gray and A. Heene. *Competence-based Competition*, New York：John Wiley & Sons Ltd. 1994.

心竞争力的主要来源。① 斯托克、伊万斯和舒尔曼等学者提出了"整体核心能力"概念，并认为正是企业的整体核心能力产生了竞争优势。② 潘汉尔德和哈默进一步提出了判断核心竞争力的三个标准：核心竞争力必须为市场所认可，即能够提供进入相关潜在市场的机会；核心竞争力必须给客户带来特别利益；核心竞争力必须是竞争对手难以模仿的。李正中和韩志勇认为应从如下几个方面认识核心竞争力的逻辑程序：企业在本质上是一个能力体系，能够为顾客创造价值的能力表现为企业的竞争能力；独特竞争力为企业提供竞争优势；核心竞争力是企业持续竞争优势的源泉；企业战略的制定应建立在核心竞争力发挥与发展的基础之上。③

企业知识论认为，企业的核心是知识，企业的异质性决定于企业知识的差异。企业知识可以分为显性知识和隐性知识。隐性知识是企业的竞争对手无法模仿的。这种不可模仿性突出表现在过程性、完整性和不明确性上。（1）过程性。指企业的隐性知识往往是伴随着某个过程的知识，是体现在"干"中或实践中的知识，如果竞争对手没有参与这个过程，是很难体验到这种知识的存在，更不用说模仿了。（2）完整性。指企业中的显性知识是和隐性知识结合在一起发挥作用的，竞争对手只能模仿他们了解的显性知识，隐性知识既然没有认识到也就根本谈不上模仿。（3）不明确性。竞争对手希望发现并模仿核心因素，但某一结果是由多种原因共同发生作用的一个函数，某一方面的隐性知识往往就是起关键作用的要素，但它常常被忽略，从而导致模仿失败。企业知识论认为，企业竞争力源于企业的知识，是内生性的，由于知识是流动变化的，企业竞争力是动态的。企业获得竞争力的方法就必须在企业内部构建一个能够有效地吸收、保持、共享和转移知识活动的微观机理。④

5. 企业资源理论（战略资源学派）

杰恩·巴尼（Jay B. Barney）1991 年在《管理科学》发表《企业资源与可持续竞争优势》一文，提出了企业资源理论（RBV）。他认为，企业战略的主要内容是如何培育企业独特的战略资源，以及最大限度地优化配置这种战略资源的能力。每个企业的资源和能力是不相同的，同一行业中的企业也不一定

① 参见李正中、韩志勇. 企业核心竞争力：理论的起源及内涵 [J]. 经济理论与经济管理，2001（7）：54 – 56.

② Stalk, G. Evans, P. and Schulman, L. E. Competing on Capabilities: The New Rules of Corporate Strategy, *Havard Business Review*, 1992, March-April: 57 – 69.

③ 参见李正中、韩志勇. 企业核心竞争力：理论的起源及内涵 [J]. 经济理论与经济管理，2001（7）：54 – 56.

④ 徐全军. 企业竞争力理论基础述评 [J]. 经济体制改革，2004（3）：135 – 139.

拥有相同的资源和能力，企业战略资源和运用这种资源的能力的差异因此成为企业竞争优势的源泉。企业竞争战略的选择必须最大限度地有利于培植和发展企业的战略资源，战略管理的主要工作是培植和发展企业对自身拥有的独特资源的运用能力，即核心能力。这种能力的形成需要企业不断地积累战略制定所需的各种资源，需要企业不断学习，不断创新，不断超越。只有在核心能力达到一定水平后，企业才能通过一系列组合和整合形成自己独特的、不易被人模仿、替代和占有的战略资源，才能获得和保持持续的竞争优势。他的企业资源是"企业所控制的，并能够使企业构思和实施设计好的战略效果和效率来提高企业的特性，包括了全部的财产、能力、竞争力、组织程序、企业特性、信息、知识等"。他将企业资源分为金融资本、实物资本、人力资本和组织资本四种。后来他将自己的理论调整成 VRIO 模型，即价值问题、稀缺性问题、可模仿性问题和组织问题。①

6. 动态竞争理论

动态竞争理论是针对 21 世纪竞争环境更容易变化和难以预测的环境提出的。动态竞争理论主要针对基于创新的竞争、价格/行为竞争、增加回报以及打破现有的竞争等领域的竞争，它强调了两个方面：第一，当市场的效应和速度成为关键、技术变化的速度加快，未来竞争和市场的实质难以确定时，需要企业有特定的、对创新的反应。第二，战略管理在适当地使用、整合和再造企业内外部的资源和能力以满足环境变化需要。竞争动力学方法是在竞争力模式理论、企业能力理论和企业资源理论的基础上，通过对企业的内外部影响企业绩效的主要因素——企业之间的相互作用，参与竞争的企业质量、企业的竞争速度和灵活性分析，来回答在动态的竞争环境条件下，企业应怎样制定和实施战略管理决策，才能获得超过平均水平的收益和维持的竞争优势。动态竞争具有如下特点：动态竞争是高强度和高速度的竞争，竞争对手都在不断地建立自己的竞争优势和削弱对手的竞争优势，竞争对手之间的战略互动明显加快。任何一个抢先战略都有可能被竞争对手的反击行动击败。任何竞争优势都是暂时的，在静态竞争条件下竞争战略的主要目的是建立、保持和发挥优势，主要对成本与质量、时间和专有技术、建立进入障碍、规模优势四个领域的竞争有直接贡献，但在动态竞争条件下，上述四个领域所建立起来的优势都是可以打破的。

7. 合作竞争理论

一种源于对竞争对抗性本身固有的缺点的认识和适应当今复杂的经营环境

① 参见陆园园. 杰恩巴尼：现代企业资源观之父 [N]. 学习时报，2013 – 8 – 12（6）.

的理论，其代表人物是美国学者拜瑞·内勒巴夫（Barry J. Nalebuff）和亚当·布兰登勃格（Adam M. Brandenburger），他们在 1996 年出版合著《合作竞争》。他们认为，企业经营活动是一种特殊的博弈，是一种可以实现双赢的非零和博弈。企业的经营活动必须进行竞争，也有合作。合作竞争理论的核心逻辑是共赢性，其逻辑思维是：绘制价值链→确定所有商业博弈参与者的竞争合作关系→实施 PARTS 战略来改变博弈→分析和比较各种商业博弈结果→确定合作竞争战略→扩大商业机会；基于合作竞争理论的战略起点，是分析商业博弈活动参与者之间的互动关系，战略目标是建立和保持与所有参与者的一种动态合作竞争关系，战略是一种着眼于未来的动态战略。决定合作竞争成功的要素有三个，分别是贡献——合作竞争能够增加的实际生产力和价值，亲密——合作竞争者之间的关系程度，愿景——合作企业要共同达到的目标和达成目标的方法。合作竞争可带来规模、成本、协同、创新等效应。

三、企业生命周期理论与企业竞争理论对本研究的意义

与企业一样，高校作为社会组织，也有一个生命周期。在其生命周期中，也会经历发展、成长、成熟、衰退等阶段。生命周期理论的引入可为高校的战略管理提供一个新的视角。新型大学的本质是通过新增本科教育这一方式，将学校的人才培养调整到另一个层次。就学校自身而言，似乎没有多大的变化，在成为本科院校的初期基本仍是原来的组织结构和人员，但就本科教育来说，是一个新的开始。学校的生命周期和产品的生命周期结合在一起，呈现出新的特点。新型大学的这一新特点需要我们深入思考，从组织发展的阶段性出发，选择合适的发展战略。

作为市场主体，无论高等教育市场是完整的市场，还是准市场，都得按照市场规则进行竞争。竞争的本质是赢得竞争优势。在参与市场竞争方面，高等学校与企业没有本质的区别，两者在很多方面是相似的，企业竞争与企业竞争理论的探讨可为高校竞争提供借鉴。从战略管理到产业组织理论，再到企业素质理论和动态竞争理论；从波特的五力模型，到企业资源理论、企业动力能力理论、企业知识理论，再到企业核心竞争力理论，这些理论和学术流派从不同的视角探讨了企业的竞争问题，有的强调外部环境，有的强调内部因素，有的综合内外部因素，目的只有一个，试图寻找决定企业获得竞争优势的关键因素。这些理论从不同的视角为我们理解和分析高校的竞争与竞争优势的获得提供了支撑，有助于我们展开思维的翅膀，从更广阔的视角和范围来展开我们的探讨。

组织是一个能力体系，能够为顾客创造价值的能力是组织的竞争能力，独

特的竞争力可为组织带来持续的竞争优势，核心竞争力是组织持续竞争优势的源泉，蕴含在组织的能力体系中，是能够为组织带来持续竞争优势的能力和能力组合。但社会是不断变化发展的，竞争是相互的。在动态的竞争环境中，任何竞争优势都是暂时的。这就需要组织不断地学习，在不断学习中形成、夯实、稳固自己的难以被对手模仿的核心能力。在核心竞争力的培育和发挥作用方面，高校和企业没有区别，区别只是基于自身行业特质的东西，是核心竞争力中能体现行业特性的东西。

新型大学是高校中的一个特殊群体，就本科教育而言，尚处于组织发展的幼年期，与已有数十年甚至百年发展历史的老牌本科高校不处在一个起跑线上，无论是在知识创新、知识整合还是知识传播、知识应用方面，能力都无法相比，但这只是就大多数初期投入不足的新型大学而言，中国科学院大学、中国社会科学院大学、上海科技大学、南方科技大学等"另类"新建本科院校在知识创新、知识整合和知识传播方面的能力不仅能和大部分老牌高校相比，而且超越了绝大多数省属老牌本科院校，直接比肩甚至超越了部分部属老牌本科院校。香港科技大学的发展也是个典型的例子，英国的新型大学、澳大利亚等国的企业大学和世界各国的创业型大学的发展也说明了后发优势的重要性，关键还在于学校本身。对于大多数初期投入不足的新型大学来说，关键是定位和培育核心竞争力，立足于历史、现状和社会需求明晰自己的定位。国家教育部高等教育司张大良司长在 2016 年 10 月的讲话中提到新建本科院校要建设新型大学，为新型大学的发展提供了另一个思路。从另一个角度说，新型大学也是一个群体，其中的发展有快有慢，市场表现差异不等。某所特定的新型大学应立足自己的能力和能力体系，善于探索和发展具有独特性的竞争能力，形成核心竞争力。企业核心竞争力的培育和竞争优势的形成可为新型大学提供借鉴。

第三章　体制改革、社会转型与高等教育市场

竞争都发生在特定的社会环境中，受到社会环境的制约和影响。新型大学产生和发展的特定环境是今天的中国社会和即将来临的未来。新型大学将在今天和未来的中国社会中与对手展开竞争。今天中国社会最突出的特征是体制改革、社会转型和市场化。

第一节　体制改革与我国社会转型

我国目前正处在从计划经济向市场经济转型、建设社会主义市场经济的过程中。

中华人民共和国成立后，通过 20 世纪 50 年代初期的系列政治运动和 50 年代中期的社会主义改造运动，建立了斯大林式的高度集中的计划经济体制。但这一体制的弊端很快显现。以 1978 年中共十一届三中全会召开为标志，中国踏上了改革开放的征程，开始了缓慢但坚定的由计划经济体制向中国特色社会主义市场经济体制转变的转型之路。这个转型是全方位的，包括了经济、社会、政治、文化、科技等各个方面，是一种全方位的社会转型。当然，受各方面因素的影响，各个领域的改革是不同步的，有快有缓，有先有后，并相互影响和制约。

一、我国的计划经济体制和经济体制改革

马克思主义者认为，经济是社会的基础，经济基础决定上层建筑，上层建筑反过来也影响上层建筑。生产力决定生产关系。当生产关系影响到生产力的发展时，就需要对生产关系进行调整，以解放生产力，适应生产力的发展。因此，当中国进行体制改革时，选择了与人民群众日常生活最密切、也是人民群

众最关心的经济领域作为改革的突破口。

（一）计划经济体制在我国的建立

自斯大林开始，计划经济被认为是社会主义的本质特征。中华人民共和国成立后，在恢复被战争破坏的国民经济的同时，向苏联学习实施计划经济。1951 年春，中共中央决定开始编制第一个五年计划，派李富春带队赴苏联学习国民经济发展计划的编制。原计划自 1953 年开始实施第一个五年计划，但由于涉及的问题太多，难以在短时间内完成编制五年计划的任务，后决定边编制边实施。新中国的第一个五年计划实际是在 1955 年 7 月的全国人大第二次会议上通过的，这时第一个五年计划已经实施两年多了。1956 年，中国政府宣布 "一五" 计划提前完成。1958 年开始实施第二个五年计划。第一个 "五年计划" 实际不是完整的计划，而是在即将完成时才行定稿，其制订和实施本身是一个试验。第二个 "五年计划" 才是真正的计划。从那时到今天，虽有短暂的调整，中国政府一直定期制订和实施五年计划。

第一个五年计划实施初期，我国的经济形态仍然是国有经济和私人经济并存的混合经济，但政府的主导作用明显加强。在第一个五年计划的后期和第二个五年计划初期，通过实施农业、手工业和工商业的社会主义改造运动，基本消灭了私有经济成分，建立了以国有经济（全民所有制经济）为主导、国有经济（全民所有制经济）与集体经济相结合的公有制经济，经济和社会运行的权力归诸政府，斯大林式的计划经济体制在中国得以形成。

（二）计划经济体制的缺点与反思

计划经济又称指令性经济，是对生产、资源分配和产品消费事先进行计划的一种体制。在计划经济体制下，解决三个经济基本问题——生产什么、怎样生产和为谁生产——的是政府，政府拥有大部分资源，并且由政府指令分配资源，不受市场影响。计划经济的本质是，政府的指令性计划是社会资源配置的决定性手段，市场是残缺的，价格不反映商品供求，只是单纯作为核算手段。企业根据政府的指令性计划获得资源、组织生产，并将生产的产品交给政府（统收统支），由政府负责分配。政府的统收统支政策将企业排除在了配置领域即竞争的正常场所之外。在计划经济中，企业是政府的一个车间或部门，缺乏生产和分配的自主权，因而失去了竞争的动力。即在计划经济体制下，缺乏竞争或竞争严重不足。

计划经济曾被认为是社会主义制度的本质特征，被所有的社会主义国家奉为圭臬。但计划经济的理想成分太多，其本身存在着自身无法解决的弊端。高度集中的计划经济体制对资源的配置是建立在这样两个前提之上的：一是中央计划部门对社会的一切经济活动拥有全部信息；二是全社会利益一体化，不存在相互分离的利益主体。但在现实中，随着科学技术进步和经济的发展，这两个前提越来越难以成立。从信息方面来说，人们的需求极其复杂，变化极快，由此产生的信息量巨大，政府不可能完全掌握。而由于地方、部门、企业利益的相对独立性，即使拥有相关领域的全部信息，在传递信息中也有失真的地方，何况无论是地方、部门，还是企业，不可能实时拥有相关领域的全部信息。退一步来看，中央计划部门能够收集到全部的信息，处理庞大的信息并作出决策也需要时间，更何况还要将其分解为各个地方、部门、企业的执行计划，也需要较长的时间。因此，要求中央计划部门准确收集到这样巨大的信息量，并迅速作出反应，编织成一个统一的、各部分相互衔接的计划，并层层下达到基层单位去执行，是有极大难度的。从利益方面来看，要求社会的一切经济组织和个体没有自己的任何特殊利益和要求，并去执行政府的指令也是不可能的。因此，完全的中央指令性计划只能存在理想的想象中，在现实中难以完全落实。

　　我国的计划经济体制自 20 世纪 50 年代开始实施，很快就在实际执行中露出了不足，引起了人们的关注。计划经济体制的弊端，在形式上表现为如下四点：一是政企不分，条块分割，政府对企业统得过死，企业的经营活动与真正的社会需求隔离；二是政府依靠自上而下的指令性计划，借助行政手段来组织和管理经济，容易造成经济计划与经济运行实际的脱离乃至悖离；三是分配中平均主义严重。国家对企业实行统收统支，企业不承担经营盈亏的责任，企业职工的收入不能与企业的经济效益挂钩，企业与企业之间、职工与职工失去了竞争的动力，严重抑止了企业和职工的积极性、主动性和创造性。四是经济形式和经营方式单一化，缺乏基本的竞争，使经济生活单调和呆板。究其根本，计划经济体制将经济社会运行的权力收归政府，用单一的行政手段管理社会和经济，忽略、限制、抑止了作为经济社会主体的企业和个人的自主性和积极性，实际取消了企业与企业之间、个人与个人之间、个人与企业之间的平等竞争。企业与企业之间、个人与个人之间、个人与企业之间的竞争只剩下了对政治（行政）资源的竞争，其他的资源都依附在政治（行政）资源上。惟上级计划是从和跑关系成为中基层官员和企业领导的必然追求，自己不用认真思考、刻苦创新，不用对市场负责，不管盈利不盈利、亏损不亏损，只要完成上级安排的计划和任务，就可以获得相应的待遇和政治（行政）资源。计划经济培养的是政府官员和企业领导惟上是从的惰性和官僚主义，迷失的是对社会现实的认知、应变和创新能力，亦即迷失了基本的竞争能力。同时，在计划经济体制下，普通劳动者成为国家、企业或某个集体的依附，"单位人"的标签使劳动者成为只能被动地执行上级"输入"的"指令性程序"的机器人（会说话的工具或机器），基本失去了独立性，劳动者的积极性、主动性和创造性也就不复存在。计划经济下的企业领导，不对社会需求和企业盈亏负责，只对上级和计划负责，一旦离开了政府的计划和扶持，就会寸步难行，其身份更多的是党和政府的官员，不是真正的企业家。事业单位亦然。

中国对计划经济的反思先是以个人的形式表现出来。1956 年，中国社会科学院经济研究所的顾准就指出：缺乏价格和市场机制将阻碍计划经济取得良好的经济效益，这种情况特别反映在农业方面。① 部分学者也对计划经济体制进行了思考。20 世纪 60 年代初针对经济困难而采取的对国民经济的调整实际是政府层面对计划经济体制的反思。在这次调整中，部分国有企业解散，私有成分有一定程度的恢复。因此，第三个五年计划是从 1966 年而非"二五"计划结束的 1963 年开始的。"文革"十年执行的仍然是五年计划，但计划体制实际遭到了破坏。"文革"结束后，中国继续实行计划经济体制。但与"文革"前相比，计划体制的弊端更加明显了。1978 年十一届三中全会的召开，标志着中国正式开始改革。中国改革针对的主要是斯大林式的高度集权的计划经济体制，改革的内容包括经济体制、政治体制、科技体制、文化体制、教育体制等，涉及社会生活的各个方面，在不同的时段有不同的侧重点，其中以经济体制改革为中心。

（三）经济体制改革的轨迹

我国的经济体制改革，经历了从体制内调整到建立市场经济体制再到全面深化的轨迹演变。

1. 体制内调整

我国的改革，先在农村获得突破，以各种形式的联产承包责任制为表现，主要是解放农村生产力，激发农民的生产积极性。1984 年改革在农村和城市同时展开，重点是城市，在政治、经济、科技、教育等各个领域展开。在微观领域，主要是以简政放权、减税让利为标志的政策性调整，同时放开价格控制，由市场决定价格，建立包括农产品市场、工业消费品市场、生产资料市场的商品市场体系。在宏观领域，主要是减少指令性计划，减少国家的直接控制。从 20 世纪 70 年代末到 80 年代末，改革的形式以单项改革为主，目的主要是在计划经济体制内最大限度地解放生产力，释放劳动者的工作热情。

---

① 顾准. 试论社会主义制度下商品生产和价值规律 [EB/OL]. 爱思想网（Http：//m. aisixiang. com），2016 - 03 - 04.

2. 建设社会主义市场经济

1992 年之前，中国的改革限于计划经济体制内部，企图通过修补和完善来优化计划经济体制，延续和发展计划经济体制。1992 年邓小平"南巡讲话"发表后，计划不再是社会主义的专利，市场也不再是资本主义制度的代表，计划和市场被认为是资源配置的两种基本方式。中共中央提出了建设社会主义市场经济体制的口号，开始打破计划的藩篱，建设市场秩序和市场体制。

在 20 多年的时间里，在中共中央和国务院的主导下，我国先是建设社会主义市场经济体制（以中共十四大召开和十四届三中全会通过《中共中央关于建立社会主义市场经济体制若干重大问题的决定》为标志），接着是完善社会主义市场经济体制（以中共十六大召开和中共十六届三中全会通过《中共中央关于完善社会主义市场经济体制若干问题的决定》为标志），继而是全面深化改革（以中共十八大召开和中共十八届三中全会通过《中共中央关于全面深化改革若干重大问题的决定》为标志），对市场的认识，也经历了从"在国家宏观调控下起基础性作用"到"使市场在资源配置中起决定性作用"的转变，其实质是对政府和市场在经济发展中的地位及其相互关系的认知的变化。

3. 全面深化改革

以中共"十八大"的召开和中共十八届三中全会通过《中共中央关于全面深化改革若干重大问题的决定》为标志，我国的体制改革进入了全面深化改革阶段。其特点是从原来的单项改革或部分改革迈入了系统改革、整体改革、协同改革阶段。

在改革过程中，中共中央选择经济领域作为突破口，先是突破计划体制在经济领域的统治，建立市场经济体制。在经济体制改革取得一定成就后再向文化、社会、行政和政治等领域转移。《中共中央关于全面深化改革若干重大问题的决定》明确指出：全面深化改革的总目标是完善和发展中国特色社会主义制度，推进国家治理体系和治理能力现代化。提出必须更加注重改革的系统性、整体性、协同性，加快发展社会主义市场经济、民主政治、先进文化、和谐社会、生态文明，让一切劳动、知识、技术、管理、资本的活力竞相迸发，让一切创造社会财富的源泉充分涌流，让发展成果更多更公平惠及全体人民。《决定》认为，经济体制改革仍"是全面深化改革的重点"，立足于我国长期处于社会主义初级阶段这个最大实际，坚持发展仍是解决我国所有问题的关键这个重大战略判断，以经济建设为中心，发挥经济体制改革牵引作用，推动生产关系同生产力、上层建筑同经济基础相适应，推动经济持续健康发展。即在全面推进经济改革的同时，加快推进政府职能转变、社会主义民主政治建设、法治中国建设、文化体制创新、社会事业创新、社会治理机制创新、生态文明制度建设，从而"让一切劳动、知识、技术、管理、资本的活力竞相迸发，让一切创造社会财富的源泉充分涌流，让发展成果更多更公平惠及全体人民"，为经济体制改革、生产力发展提供健康的环境保障。可以预见，随着全面深化改革的进行，改革将在所有领域内全面推进，中国社会的转型是全方位的。

（四）新的经济体制

根据中共中央、国务院的政策文件论述，新的经济体制是中国特色社会主义市场经济体制。新的经济体制体现为：公有制为主体、多种所有制经济共同发展的基本经济制度；统一开放、竞争有序的市场体系；科学的宏观调控和有效的政府治理；城乡一体化发展；面向国际开放。

基本经济制度包括归属清晰、权责明确、保护严格、流转顺畅的现代产权制度；国家保护各种所有制经济产权和合法权益，保证各种所有制经济依法平等使用生产要素、公开公平公正参与市场竞争，同等受到法律保护，依法监管各种所有制经济；国有资产、集体资本、非公有资本等交叉持股、相互融合的混合所有制，允许更多国有经济和其他所有制经济发展成为混合所有制经济，国有资本投资项目允许非国有资本参股，允许混合所有制经济实行员工持股；拥有完善的现代企业制度的国有企业；国有资本继续控股经营的自然垄断行业实施特许经营，公共资源配置市场化；非公有制经济与公有经济权利平等、机会平等、规则平等；非公有成分可以参与特许经营，可以控股混合所有制企业。

统一开放、竞争有序的市场体系，是企业自主经营、公平竞争、消费者自由选择、自主消费、商品和要素自由流动、平等交换的现代市场体系；实行统一的市场准入制度，统一的市场监管，市场规则公平、开放、透明；价格由市场决定，政府不进行不当干预；全国市场统一，没有地方保护、垄断和不正当竞争；金融业对内对外有高度的开放性；形成鼓励原始创新、集成创新、引进消化吸收再创新的体制机制，发挥市场对技术研发方向、路线选择、要素价格、各类创新要素配置的导向作用；知识产权受到充分保护；技术市场成熟，创新项目和经费分配、成果评价由市场进行。

城乡一体化发展可以看作统一市场的有机组成部分。具体体现为：城乡建设用地统一，允许农村集体经营性建设用地与国有土地同等入市、同权同价；城乡生产要素平等交换；城乡公共资源均衡配置，城乡基本公共服务均等化，城镇基本公共服务常住人口全覆盖；建立农村产权流转交易市场，农村产权流转交易公开、公正、规范运行。

政府和市场的关系是市场经济的有机组成部分。建成法治政府和服务型政府，对社会进行有效治理，对经济进行科学的宏观调控。宏观调控以国家发展战略和规划为导向，以财政政策和货币政策为手段；除关系国家安全和生态安全、涉及全国重大生产力布局、战略性资源开发和重大公共利益等项目外，企业依法依规自主决定投资事宜，政府不再审批；建立国家统一的经济核算制度，编制全国和地方资产负债表，建立全社会房产、信用等基础数据统一平台，各部门信息共享；中央政府管理微观事务最小化，市场机制能有效调节的经济活动一律取消审批；直接面向基层、量大面广、地方管理更方便有效的经济社会事项一律由地方基层政府管理；强化发展战略、规划、政策和标准等的制定和实施，加强市场监管，提供公共服务；凡属事务性管理服务，均引进竞争机制，由政府向社会购买；建立事业法人治理结构，理顺政府与事业单位的关系；实施全面规范、公开透明的预算制度，建立规范合理的中央和地方政府债务管理及风险预警机制；完善一般性转移支付增长机制，取消竞争性领域专项和地方资金配套，严格控制引导类、救济类、应急类专项；完善地方税体系，提高直接税比率；建立综合与分类相结合的个人所得税制；税收优惠统一由法律法规规定，规范税收优惠政策。

上述内容，有的已经实现，有的正在实现，有的准备实现。新经济体制的核心是确保市场在资源配置中起决定性作用和政府更好地发挥作用，完善社会主义市场经济体制。由于社会主义市场经济体制的探索性，我国是在计划经济体制的基础上，坚持公有制为主体，由政府主导进行改革和社会转型，上述内容能否顺利实现，上述内容实现是否意味着真正的社会主义市场经济体制，还有许多可供探索的空间和调整的可能，社会主义市场经济体制的建设还有很长的路要走，与之相应的政府转型、民主政治建设、法治中国建设、社会治理需要适时推进和配合。其中，无论哪个环节出现问题或失衡，都会带来不可避免的冲击和停滞，我国社会转型的道路任重而道远。

二、事业单位改革

在目前及此前的话语体系中，学校与医院、科研院所、新闻媒体等一样，是事业单位的一种。高等教育改革既是单独的高等教育领域内的改革，也是整个事业单位改革的一部分。

（一）事业单位

事业单位是我国国情下的特殊产物。自 1963 年至今，在不同时期对事业单位有过四次定义。① 根据《事业单位登记管理暂行条例》的规定，事业单位是指国家为了社会公益目的，由国家机关举办或者其他组织利用国有资产举办的，从事教育、科技、文化、卫生等活动的社会服务组织。我国的事业单位制度是在计划经济体制中发展起来的，与计划经济体制相适应的一种社会服务生产与供给制度。

在计划经济时代，事业单位与企业组织区别不大，都是按照政府的计划进行生产和运转，且事业单位与企业组织混杂，没有明显的划分。改革开放后，随着企业组织作为市场主体的定位的日益明确，事业单位的定位和性质也逐渐为人们所关注，事业单位的管理体制和运行机制也开始进行改革。但相对于企业，事业单位的改革滞后。

虽然《事业单位登记管理暂行条例》规定事业单位是从事教育、科技、文化、卫生等活动的社会服务组织，但现实中事业单位的情况比较复杂。《事业单位登记管理暂行条例实施细则》对事业单位范畴的调整反映了这一点。《事业单位登记管理暂行条例》规定事业单位是从事教育、科研、文化、卫生、体育等活动的社会服务组织。《事业单位登记管理暂行条例实施细则》则在"教育、科研、文化、卫生、体育等活动"的基础上增加了"新闻出版、广播电视、社会福利、救助减灾、统计调查、技术推广与实验、公用设施管理、物资仓储、监测、勘探与勘查、测绘、检验检测与鉴定、法律服务、资源管理事务、质量技术监督事务、经济监督事务、知识产权事务、公证与认证、信息与咨询、人才交流、就业服务、机关后勤"等活动。根据这一调整，事业单位可从事的业务范围急剧扩大，许多生产纯粹私人产品的组织如酒店、宾馆、后勤事务等也以各种名义纳入了事业单位的行列。也就是说，事业单位涉及的领域既有公认的公共服务领域，也有纯粹的经营性服务甚至私人产品生产领域。确定事业单位的根据是是否由党政机关或国有企业举办，而非所提供的产品或服务的性质，这在很大程度上增加了事业单位管理和事业单位改革的难度。

（二）事业单位改革

事业单位改革是行政管理体制改革的组成部分，和行政管理体制改革密切相关。

1. 事业单位改革的原因和缘起

事业单位改革的主要原因是政事关系错乱。即事业单位采取政府直接组织

① 宋大涵、李建、王岩. 事业单位改革与发展 [M]. 北京：中国法制出版社，2003：2-3.

和管理的方式，大到机构设立、目标确定、经费供给，小到人员管理、具体业务活动组织等，几乎全部都要依靠政府。这种事业单位管理体制有明显的弊端。具体表现为：（1）政事组织不分。政府部门与事业单位之间缺乏严格的组织界限，事业单位依附于政府部门，甚至有"一个机构两块牌子"的行政事业混编机构。事业单位套用行政级别，建立科层制组织形式，按行政机关的形式运行，形成行政化、官僚化组织模式和运行方式，如副部级高校、正厅级高校、副厅级高校、部级报社、厅级报社、部级医院、厅级医院、处级医院、科级医院等。（2）政事人事管理不分。虽然21世纪以来实行了公务员制度和事业单位全面聘用制，但行政事业人员一体化问题依然突出。现实中的"全员聘用"基本是"全部聘用"，事业单位人员的"事业身份""国家干部身份"并未根本取消，能上不能下、能进不能出的问题未能解决，体现事业单位特点的领导干部选拔任用机制尚未形成。（3）政事产权不分。政府为事业单位无偿提供建设资金和运营资金，事业单位的日常运营和基本建设高度依赖政府财政；行政机关与事业单位实行资产一体化管理，按照一种体制进行管理。事业单位缺乏独立的财产权，主管部门调用事业单位财产情况经常发生。有的事业单位依托行政权力创收。（4）缺乏科学、严格的激励与约束机制。受惯性因素的影响，事业单位的内部事务仍要接受严格的计划管理，机构及个人都缺乏积极性，运行效率低下。（5）体制僵化、忽视市场作用。人们形成了一整套与计划经济体制适应的观念，认为科学、教育、文化、体育、卫生等活动都属于"事业"，凡是"事业"都应该由政府举办，并应由财政供给经费，"事业"不应进入市场等，这些观念影响了事业单位的改革。（6）法制不健全。缺乏公共事业组织单行法，现行的《社会团体登记管理条例》和《事业单位登记管理暂行条例》都属于程序性法规，以行政法规的形式出现，层次较低，立法的权威性不足，约束力不强。此外，还存在政府监管体制不健全，公共事业运行机制效率低下和财务管理不严，资金严重浪费等不良现象。事业单位被认为是计划经济的最后堡垒。

2. 社会主义市场经济体制建设与事业单位改革

事业单位的改革始于1984年的城市经济体制改革。事业单位的改革是分行业进行的，科技体制、教育体制、卫生体制、文化体制等各项改革决定陆续出台。其中文化事业单位采取了"事业单位，企业化管理"的思路，允许文化事业单位向工商行政部门申领营业执照，合法开展企业化经营活动。1989年1月，财政部发文，根据事业单位是否有"稳定的经常性业务收入"，将国家预算内事业单位区分为"全额预算管理""差额预算管理"和"自收自支管理"三种类型，这标志着"预算内事业单位"在性质不变的情况下被区分为

"公益性""准公益性"和"经营性"三种不同的类别。

1993 年，中共中央在《关于党政机构改革的方案》和《关于党政机构改革方案的实施意见》中明确提出，事业单位改革的方向是实行政事分开，推进事业单位的社会化；并按照经费来源不同将事业单位划分为自收自支、差额补贴、全额拨款三种类型。1996 年进一步明确：行政职责原则上交归行政机关，事业单位的设置按照"区域覆盖"和就近服务的原则统筹规划；主要从事生产经营活动但作为事业单位管理的事业单位原则上改为企业；试行企业化管理可以主要由市场引导资源配置的应用技术开发单位可并入企业或改办为科技先导型企业。随后，大批中央和省市所属事业单位转交给地方管理。

2000 年 10 月，《中共中央关于"十五"规划的建议》提出了"推动文化产业发展"的口号，文化体制改革成为事业单位改革的亮点，中共中央宣传部、国家广电总局、新闻出版总署出台《关于深化新闻出版广播影视业改革若干意见》，提出"以资产为纽带，业务为主线创建新型的、跨行业的、跨地区的传媒和出版集团"。2003 年 6 月，全国文化体制改革试点工作会议召开，事业与产业分类改革的思路定型，"公益性文化事业"和"经营性文化产业"的区分从经济上明确了文化单位的"营利"和"非营利"性质。这次改革，先是试点，后是整体推进。初期试点于 2005 年年底基本结束。试点期间的改革主要涉及四个方面：宏观方面重建政府和文化事业单位的关系，实施"政企分离""政事分离"；微观方面将事业单位建成不同的市场主体，分为"公益性文化事业单位""实行事业体制企业化运行单位"和"确定为企业的单位"三种类型；建立"综合执法"部门，整合文化、工商、税务等部门执法机构；逐步开放市场，鼓励非公经济成分进入文化产业领域。2005 年年底，中共中央、国务院下发《关于深化文化体制改革的若干意见》，开始全面推进。到 2010 年，全国注销经营性文化事业单位 4000 多家，出版发行、影视制作等领域改革任务基本完成，国有文艺院团和非时政类报刊改革进展积极。2014 年国务院办公厅印发《文化体制改革中经营性文化事业单位转制为企业的规定》，对转制过程中出现的资产管理、资产和土地处置、收入分配、社会保障、人员分流、财政税收、法人登记、党建等问题作出了明确规定，对促进和完善文化事业单位转企改制起到了积极作用。同时中共中央办公厅、国务院办公厅于 2015 年年初印发《关于加快构建现代公共文化服务体系的意见》，对现代公共文化服务体系建设进行顶层设计，推动基本公共文化服务建设加快发展，推进"文化民生"。

2008 年 2 月，中共中央通过《关于深化行政管理体制改革的意见》，明确"行政管理体制改革是政治体制改革的重要内容，是上层建筑适应经济基础客观规律的必然要求，贯穿我国改革开放和社会主义现代化建设的全过程。"深化行政体制改革要"按照建设服务政府、责任政府、法治政府和廉洁政府的要求，着力转变职能、理顺关系、优化结构、提高效能，做到权责一致、分工合理、决策科学、执行顺畅、监督有力，为全面建设小康社会提供体制保障。""深化行政管理体制改革要以政府职能转变为核心。加快推进政企分开、政资分开、政事分开、政府与市场中介组织分开，把不该由政府管理的事项转移出去，把该由政府管理的事项切实管好。"并对深化事业单位改革提出了具体要求，明确"按照政事分开、事企分开和管办分离的原则，对现有事业单位分三类进行改革。主要承担行政职能的，逐步转为行政机构或将行政职能划归行政机构；主要从事生产经营活动的，逐步转为企业；主要从事公益服务的，强化公益属性，整合资源，完善法人治理结构，加强政府监管。推进事业单位养老保险制度和人事制度改革，完善相关财政政策"。2011 年 4 月，中共中央确定了事业单位分类改革时间表。

3. 事业单位改革提速

2012 年 4 月 16 日，《中共中央国务院关于分类推进事业单位改革的指导意见》发布，其中对从事公益服务的事业单位的改革意见是：改革的原则是坚持着眼发展，充分发挥政府主导、社会力量参与和市场机制的作用，实现公益服务提供主体多元化和提供方式多元化。改革的目标是到 2020 年，从事公益服务事业单位在人事管理、收入分配、社会保险、财税政策和机构编制等方面改革取得明显进展，管办分离、完善治理结构等改革取得较大突破。改革的措施包括：根据职责任务、服务对象和资源配置方式等情况细分从事公益服务的事业单位，可部分由市场配置资源的事业单位为公益二类；进一步落实事业单位法人自主权；对面向社会提供公益服务的事业单位，探索管办分离的有效实现形式；对面向社会提供公益服务的单位探索建立理事会、董事会、管委会等多种形式的治理结构，健全决策、执行和监督机制；建立权责清晰、分类科学、机制灵活、监管有力的事业单位人事管理制度；健全符合事业单位特点、体现岗位绩效和分级分类管理要求的工作人员收入分配制度；完善事业单位及其工作人员参加基本养老、基本医疗、失业、工伤等社会保险政策，逐步建立起独立于单位之外、资金来源多渠道、保障方式多层次、管理服务社会化的社会保险体系；建立事业单位绩效考评制度，考评结果作为确定预算、负责人奖惩与收入分配等的重要依据。并明确提出：完善扶持政策，充分发挥市场在公益事业领域资源配置中的积极作用，为社会资本投资创造良好环境，推动相关产业加快发展，满足人民群众多层次、多样化服务需求。

《中共中央关于全面深化改革若干重大问题的决定》（2013）再次明确提

出：加快事业单位分类改革，加大政府购买公共服务力度，推动国办事业单位与主管部门理顺关系和去行政化，创造条件，逐步取消学校、科研院所、医院等单位的行政级别。建立事业单位法人治理结构，推进有条件的事业单位转为企业或社会组织。建立各类事业单位统一登记管理制度。对于教育，提出深入推进管办评分离，扩大省级政府教育统筹权和学校办学自主权，完善学校内部治理结构。强化国家教育督导，委托社会组织开展教育评估监测。

2017年3月，全国人民代表大会通过《中华人民共和国民法总则》。《中华人民共和国民法总则》明确规定法人分为营利法人和非营利法人两类，同时将机关法人、农村集体经济组织法人、合作经济组织法人、基层群众性自治组织法人单列为特别法人。"以取得利润并分配给其股东等出资人为目的成立的法人，为营利法人。""为公益目的或者其他非营利目的成立，不向其出资人或者设立人分配所取得利润的法人，为非营利法人。非营利法人包括事业范围、社会团体、基金会、社会服务机构等。"《中华人民共和国民法总则》同时规定："民法调整平等主体的自然人、法人和非法人组织之间的人身关系和财产关系。""民事主体在民事活动中的法律地位一律平等。""民事主体的人身、财产权利及其他合法权益受法律保护，任何组织或者个人不得侵犯。民事主体行使权利的同时，应当履行法律规定的或者当事人约定的义务。"《中华人民共和国民法总则》为事业单位改革及改革后的事业单位定位提供了法律基础。

截至2015年年底，全国已经完成对事业单位的分类。经过分类改革，全国事业单位总数从126万个减少到111万个，人事、工资、养老保险等制度改革方案已经出台，事业单位改革的上半场基本结束。自2016年开始，事业单位改革的企业转制、编外人员安置、高校医院等改革相继开始推进，目标是：到2020年建立起功能明确、治理完善、运行高效、监管有力的事业单位管理体制和运行机制。

从我国事业单位改革的轨迹看，事业单位改革的目的是明晰事业单位的范畴，保留公益性的基本服务，让经营性事业单位转为企业；建立事业单位法人治理结构；在保障基本公共服务的基础上部分引进市场机制（购买服务），在微观领域引入竞争，让竞争和市场机制在事业单位的资源配置中发挥作用，即市场机制和行政机制共有的混合机制是公益二类事业单位的资源配置方式。2016年，人力资源和社会保障部提出取消高校和公立医院的事业单位编制，标志着事业单位改革进一步深入。

三、科技体制改革

科学研究是高校的主要职能之一。科技体制及其改革对高校发展影响深远。

我国科技体制改革的基础和对象是计划经济体制下形成的科技管理体制。与其他领域一样，在中华人民共和国成立的前30年中，我国形成了与计划经济体制相适应的科技体制，该体制的特点是政府拥有独立研究机构的技术和资源，优势是国家可以在短时间内有计划地集中人力、物力、财力等资源，进行大规模的创新活动，并取得重大的突破，突出成就是"两弹一星"。缺点是科研机构游离于企业之外，科技与经济脱节，存在着"两张皮"现象；条块分割导致科研机构设置的重复与交叉，在科研院所内普遍存在"大锅饭"现象，难以调动科技人员的积极性与创造性。改革的目的是科技与经济融合，用科技推动经济发展，同时激发科研机构和科研人员的活力。

（一）30年的改革与成就

科技体制改革的首要任务是理顺科技与经济、科技与社会的关系，激发内部活力。

1. 改革的酝酿

以1978年3月全国科学大会召开为标志，科技界开始进行改革。在这次大会上，邓小平提出"科学技术是生产力""知识分子是工人阶级的一部分"的科学论断，论述了科学技术对推动经济社会发展的重要作用和科学技术现代化在实现四个现代化中的关键地位，肯定了知识分子的政治地位。同时决定科学研究机构建立技术责任制，实行党委领导下的所长分工负责制，从而开启了科研管理体制改革的进程。

1982年10月24日，全国科学技术奖励大会发表《经济振兴的一个战略问题》，明确阐述了"经济建设要依靠科学技术，科学技术工作要面向经济建设"的战略指导方针。随之进行的科研机构管理制度和职称制度改革，促使部分科技工作者走出院所和高校围墙，出现了民营科技企业的雏形。

1984年4月，国家科委、国家体改委发布《关于开发研究单位由事业费开支改为有偿合同制的改革试点意见》，把有偿合同制推向全国，为1985年后全面进行的科技拨款制度重大改革提供了实践基础。

2. 改革的过程、主要举措和成绩

1985年3月7日，邓小平在全国科技工作会议上发表题为《改革科技体制是为了解放生产力》的讲话，提出"经济体制，科技体制，这两方面的改革都是为了解放生产力，新的经济体制，应该是有利于技术进步的体制。新的科技体制，应该是有利于经济发展的体制，双管齐下，长期存在的科技与经济脱节的问题，有可能得到比较好的解决。"中共中央同时颁布《中共中央关于改革科学技术体制的决定》，该决定指出："科学技术体制改革的根本目的，是使科学技术成果迅速地广泛地应用于生产，使科学技术人员的作用得到充分发挥。大大解放科学技术生产力，促进经济和社会的发展。"我国科技体制改革正式驱动。

从 1985 年到 2015 年，科技体制改革走过了 30 年，在这 30 年里，中共中央、国务院根据改革实践不断调整思路和工作重点，推进科技体制改革，取得了系列成就。一般认为，这 30 年的科技体制改革可分为四个阶段。

第一个阶段为 1985 年至 1992 年。该阶段科技体制改革全面启动，指导思想是科学技术面向经济建设，经济建设依靠科学技术，政策方向是"堵死一头，网开一面"，政策措施包括改革拨款制度、开拓技术市场、调整组织结构、改革人事制度、建立高新技术产业开发实验区。拨款制度改革和技术市场建设是全局性的工作，一直延续至今。拨款制度改革主要是改原本固定事业费为项目经费。1986 年 2 月正式设立国家自然科学基金，后来又设立了国家社会科学基金和国家艺术基金。先后提出的重点项目有 863 计划项目、星火计划项目、火炬计划项目、国家重点新产品计划、国家知识创新工程试点、985 工程计划、2011 计划等。拨款制度改革的目的是引进竞争机制，通过竞争提升科研质量和科研水平，同时鼓励科研机构多渠道筹措经费。建设技术市场是将原来的行政配置资源改为市场配置资源，是激活科技活力的必要路径，它与拨款制度改革相互配合。中共中央和国务院通过一系列政策和法律如《专利法》《技术合同法》及相应的实施条例等，承认技术成果也是商品，为技术开发、技术转让、技术咨询、技术服务等各种技术交易制定了基本规则，建立了按照价值规律有偿转让的机制。到 2006 年，各类科技中介机构达到 7 万个，其中常设技术市场 330 余个，技术贸易机构 32935 家，各类高新技术创业服务中心 534 家，生产力促进中心 133 家，国家大学科技园 42 个。①

第二阶段为 1992 年至 1998 年，以 1995 年中共中央、国务院发布《关于加快科学技术进步的决定》为标志。科技工作的基本方针调整为：坚持科学技术是第一生产力的思想，经济建设必须依靠科学技术，科学技术工作必须面向经济发展，努力攀登科学技术高峰。在这个文件中，中共中央、国务院明确提出了"科教兴国"战略，政策走向是"稳住一头，放开一片"，政策措施是

---

① 编辑部．三十年来科技体制改革的主要阶段与成效［J］．中国科技产业，2008（12）：85．

增加对科技活动的财政投入、优化科技投入的结构，推进研究所的制度改革，鼓励各科研机构变为企业，与企业结合，实施技术创新工程等。"稳住一头"是稳定支持少部分的基础性研究和基础性技术工作，主要体现是 1992 年开始组织的"攀登计划"。"放开一片"是大量放开放活技术开发机构、社会公益机构、科技服务机构。大力支持研究开发机构以各种形式进入经济领域，给予其相当程度的研究开发、生产经营、经费使用、机构设置、人员聘用自主权和发展、经营方式的选择权，以及一定的优惠政策，使其尽早地与经济建设结合起来。

1998 年至 2004 年为第三阶段，以 1999 年中共中央、国务院发布《关于加强技术创新发展高科技实现产业化的决定》为标志，加强国家创新体系建设、加速科技成果产业化为主要政策走向，政策供给集中在促进科研机构转制、提高企业和产业创新能力等方面，对科研院所的布局和结构进行了系统调整。以 10 个国家局所属 242 个科研机构向企业化转制为突破口推动竞争性科研机构转制；同时对社会公益类科研机构实施分类改革。社会公益类科研机构分类改革的思路是：从事应用基础研究或提供公共服务、无法得到相应经济回报、确需国家支持的科研机构仍作为事业单位，按非营利性机构原则管理；有面向市场能力的向企业化转制；与政府职能支撑关系密切的转为业务类事业单位。到 2004 年年底，纳入分类改革的 265 家公益类科研机构的改革方案批复，其中拟按非营利机构管理和运行的 101 家，转为科技型企业的 56 家，转为其他事业单位或属地化管理的 95 家，5 家合并入大学。

2005 年至 2015 年为第四阶段，本阶段以《国家中长期科学和技术发展规划纲要（2006—2020）》公布为标志，进一步明确了我国科技体制改革与建设创新型国家的要求，明确提出：在今后一段时期内，科技体制改革的主要任务是：支持鼓励企业成为技术创新主体；深化科研机构改革，建立现代科研院所制度；推进科技管理体制改革；全面推进中国特色国家创新体系建设。国务院随后发布《实施〈国家中长期科学和技术发展规划纲要〉的若干配套政策》，从财税、金融、产业、政府采购、引进消化吸收、知识产权等 10 方面提出 60 条政策措施。科技部发布《关于国家科技计划管理改革的若干意见》，明确了计划管理改革的总体思路和指导思想。2008 年 7 月 1 日修订后的《科技进步法》正式实施。6 月 5 日，国务院颁布《国家知识产权战略纲要》，决定实施国家知识产权战略。

经过多年的努力，我国科技体制改革取得了重要的进展和初步的成效，主要表现在如下五个方面：一是优化了科技力量结构和布局。从原来的集中在独立科研机构变为科研院所、高校、企业和科技中介机构等各具优势和特色的创新模式，企业技术创新的主导地位明显增强。2014 年，企业研究与试验发展经费占到全社会研究与试验发展经费总数的 77%，企业研究与试验发展人员占到全社会研发人员总数的 78%，企业发明专利占国内有效发明专利总量的比例超过 36%，国家科技进步奖获奖项目中企业作为第一完成单位的数量超过了高校位居第一。① 二是科技与经济的结合程度更加紧密。通过技术开发类院所的企业化改制，解决了应用技术开发类院所游离于企业之外的问题，科技人员的市场意识和技术创新能力明显增强，在诸多技术领域取得了重大突破，攻克了一批产业关键核心技术，为社会经济发展提供了强大支撑。2014 年，全国各类科技企业孵化器超过 1700 家，国家技术转移示范机构 453 家，技术市场 30 家，创新驿站站点 8391 家，区域性技术转移联盟 2031 个，全国技术合同交易规模达到 8577 亿元。② 三是公益类科研机构改革取得重要进展，科技创新和服务能力增强。公益类科研院所的学科结构优化，人员水平有明显提高，科技产出大幅增加，为农业和社会福利服务的发展提供了有力的支撑和服务。四是我国科技水平和实力大幅提升。2014 年，国际科技论文数量稳居世界第 2 位，被引次数上升到第 4 位，SCI 收录论文连续六年排世界第 2 位，EI 收录论文排世界第 1 位，CPCI-S 收录论文排世界第 2 位；专利申请总量 236.1 万件，其中发明专利 92.8 万件，专利质量明显提升；全国研发人员 371 万人，位居世界前列。③ 五是科技管理和运行机制明显改进。行政手段在科技资源配置中明显减弱，市场机制在科技资源配置中的作用明显增强，科技项目实施的竞争机制不断改进和完善。科技法规体系逐步完善，有力地促进了"开放、流动、竞争、协作"的科技新机制的建立。

（二）全面深化科技体制改革

30 多年的改革开放，虽然在很大程度上激发了科研机构和科研人员的积极性，市场机制在资源配置中的作用明显提升，但政府仍然是科学技术研究的主导力量，科技研究与经济建设、社会发展的融合仍未达到，科技与经济"两张皮"的现象仍在，科技体制改革仍然任重道远。已有的改革，基本是在政府的强力推动下进行的。

中共中央认识到了科技体制进一步改革的重要性和迫切性，在《中共中央关于全面深化改革若干重大问题的决定》中，将"深化科技体制改革"作

---

① 科技部 . 2014 年中国科学技术发展报告 [EB/OL]. 科技部网站 (http：//www. most. gov. cn /kjfz/kjxz/2014/201612/p020161226506910152292)，概述 p. 13.

② 同上。

③ 同上。

为"加快完善现代市场体系"的重要组成部分，提出要"建立健全鼓励原始创新、集成创新、引进消化吸收再创新的体制机制，健全技术创新市场导向机制，发挥市场对技术研发方向、路线选择、要素价格、各类创新要素配置的导向作用。建立产学研协同创新机制，强化企业在技术创新中的主体地位，发挥大型企业创新骨干作用，激发中小企业创新活力，推进应用型技术研发机构市场化、企业化改革，建设国家创新体系。""加强知识产权运用和保护，健全技术创新激励机制。""打破行政主导和部门分割，建立主要由市场决定技术创新项目和经费分配、评价成果的机制。""发展技术市场，健全技术转移机制。""整合科技规划和资源，完善政府对基础性、战略性、前沿性科学研究和共性技术研究的支持机制。"从这些规定可以看出，技术开发的市场导向和市场配置资源的政策取向非常明显，同时强调政府对基础研究和共性技术研究的投入。

自2014年开始，中共中央、国务院和相关部门先后出台多个政策文件，推进科技体制全面深化改革。标志性文件是2015年9月中共中央办公厅和国务院办公厅联合印发的《深化科技体制改革实施方案》，该文件明确指导思想是：按照"四个全面"战略布局总要求，坚持走中国特色自主创新道路，聚焦实施创新驱动发展战略，以构建中国特色国家创新体系为目标，全面深化科技体制改革，推动以科技创新为核心的全面创新，推进科技治理体系和治理能力现代化，促进军民融合深度发展，营造有利于创新驱动发展的市场和社会环境，激发大众创业、万众创新的热情与潜力，主动适应和引领经济发展新常态，加快创新型国家建设步伐，为实现发展驱动力的根本转换奠定体制基础。明确提出"建立技术创新市场导向机制"，"解决科技与经济结合不紧问题的关键是增强企业创新能力和协同创新的合力，要健全技术创新的市场导向机制和政府引导机制。"

《深化科技体制改革实施方案》以问题为导向，针对科技创新和驱动发展存在的体制机制和政策制度障碍，提出了10个方面32项政策措施，包括143项政策点和具体措施。具体内容如下：

建立技术创新市场导向机制，包括重点实施建立企业主导的产业技术创新机制、完善对中小微企业的支持方式、健全产学研协同创新机制3项举措，以促进企业成为技术创新主体，使创新转化为实实在在的产业活动。

构建更加高效的科研体系，包括加快科研院所分类改革、完善高等学校科研体系、推动新型研发机构发展3项举措，目的是进一步提高科研院所和高校的源头创新和服务经济社会发展的能力。其中高等学校科研体系完善，改革人才培养、评价和激励机制，包括改进创新型人才培养模式、实行科技人员分类评价、深化科技奖励制度改革、改进完善院士制度4项举措，以充分调动科技人员的积极性和创造性。其中，对人才培养明确提出：开展启发式、探究式、研究式教学方法改革试点，弘扬科学精神，营造鼓励创新、宽容失败的创新文化；加快部分普通本科高等学校向应用技术型高等学校转型，开展校企联合招生、联合培养试点，拓展校企合作育人的途径与方式；分类改革研究生培养模式，探索科教结合的学术学位研究生培养新模式，建立以科学与工程技术研究为主导的导师责任制和导师项目资助制，推行产学研联合培养研究生的"双导师制"；制定关于深化高等学校创新创业教育改革的实施意见，加大创新创业人才的培养力度。对科技人员分类评价明确提出要建立以能力和贡献为导向的评价和激励机制：建立健全各类人才培养、使用、吸引、激励机制，制定关于深化人才发展体制机制改革的意见；改进人才评价方式，制定关于分类推进人才评价机制改革的指导意见，对从事基础和前沿技术研究、应用研究、成果转化等不同活动的人员建立分类评价制度；完善科技人才职称评价标准和方式，促进职称评价结果和科技人才岗位聘用有效衔接；研究制定事业单位高层次人才收入分配激励机制的政策意见，健全鼓励创新创造的分配激励机制，优化工资结构，实施绩效工资，完善内部分配机制，重点向关键岗位、业务骨干和作出突出贡献的人员倾斜。

健全促进科技成果转化机制，包括实施深入推进科技成果使用、处置收益管理改革，完善技术转移机制两项举措，以有效打通科技成果转化的通道。

建立健全科技和金融结合机制，包括重点实施壮大创业投资规模、强化资本市场对技术创新的支持、拓宽技术创新间接融资渠道三项举措，以加快构建支持创新的多层次投融资体系。

此外，在创新治理机制、开放创新、区域创新和营造激励创新的良好生态等方面，《深化科技体制改革实施方案》也提出了针对性很强的改革举措。

《深化科技体制改革实施方案》的核心是打通科技创新与经济社会发展融合的通道，重点是强化企业的技术创新主体地位，同时突出激励科研院所和高等学校科技人员的活力，目的是在科技领域形成市场导向和为经济社会发展服务的良好环境。其中，如推进成果使用、处置和收益管理改革政策，推广实施股权和分红激励政策，完善职务发明奖励报酬和工资总额管理制度，探索事业单位无形资产管理制度，制定技术类国有股转持豁免政策，健全高校和科研院所技术转移工作体系，构建全国技术交易市场体系，乃至深化职称制度改革、深化科技奖励制度改革、制定事业单位高层次人才收入分配激励机制，推进事业单位实行绩效工资，对机构和人员实行分类管理等，都是为了激发机构和人员的活力，提高科研的质量，为科研成果转化打通体制和机制通道，解决

"最后一公里"的问题，最终目标是解决科研与经济社会发展"两层皮"的问题，实现科研与经济社会发展的高度融合。

四、体制改革与中国社会转型

我国体制改革的实质是通过改革，用和平的手段将整个社会从行政导向的计划体制转到作为市场主体的个人和私法人的理性与偏好导向的市场经济体制，是社会的整体转型，而非某一方面或领域的单方面改革。在改革的过程中，不同社会领域之间相互影响，使整个社会的转型呈现出复杂多样的特点。

（一）中国社会转型的实质

从1979年至今，我国的改革开放持续了近四十年，近几年迈入了深水区，开始进行全面深化改革。我国的改革是在坚持社会主义制度的基础上，尽可能地引入世界各国在科学技术、经济、社会、文化等各个领域取得的成就和经验，发展社会主义制度。这场改革从经济入手，逐渐扩及政治、社会、文化等各个领域，是一场涉及社会各个层面、各个领域的深刻的革命。只不过这场革命是在党和政府的主导下，自上而下和自下而上两种途径相互结合的渐进的和平革命，而非"暴风骤雨"式的突进式暴力革命。虽然是政府主导，但在改革的过程中，政府逐步放弃了自己在经济、社会、文化等领域的垄断地位，将经济、社会、文化等领域的主导权特别是微观管理权交给了市场和市场主体、社会和社会主体，逐步建立起了政经分开、政事分开、政社分开、政府宏观调控与市场主体自主发展相结合的市场社会，由行政高度集中领导一切变成了党和政府进行宏观领导、市场主体和社会主体自主运营的体制。从变迁和革命的视角看，我国过去近四十年的改革是一场较为彻底的社会转型，虽然这种转型还没有最后完成，有西方学者认为中国仍是政府主导型经济，仅就目前的成就来看，其转型的性质也是极为明确的。

我国社会转型的目标是完善中国特色社会主义制度。中国特色社会主义制度是马克思主义中国化的产物，是马克思主义基本原理与中国国情密切相结合的产物，是一个不断发展的过程。从邓小平、江泽民、胡锦涛到习近平，对中国特色社会主义进行了系列理论阐释，形成了中国特色社会主义理论体系。中国特色社会主义理论体系的精髓是解放思想、实事求是、与时俱进、求真务实。中国特色社会主义理论体系的理论基础和假设是中国处于社会主义的初级阶段，社会主义的本质是解放生产力，发展生产力，消灭剥削，消除两极分化，最终达到共同富裕。中国特色社会主义的发展目标，是建设富强、民主、文明、和谐的社会主义现代化国家。改革开放是中国特色社会主义的发展动力，改革是社会主义制度的自我完善和发展，改革是经济、政治、文化、社会全方位的改革，最终的目的是建立适应生产力发展的社会主义，即邓小平所说的"三个有利于"：有利于提高生产力，有利于提高综合国力，有利于提高人民生活水平。改革基本是按照邓小平的思路进行的，即符合"三个有利于"的就是合理的，即使是资本主义的东西，也可以参照、学习、引进；不符合"三个有利于"的就是不合理的，即使被称作社会主义的，也要改掉。即社会主义不是教条和单纯的理论，而是具体的社会发展。中国改革即转型的目的是适应社会发展的要求，最大限度地解放社会生产力，最大限度地发展生产力，最大限度地提高全体人民的生活水平。转型的过程就是改革、重建社会秩序和社会制度，使社会秩序和社会制度适应这三个"有利于"。

（二）市场意识的渗透

我国社会转型的一大成就是市场意识的引入。计划经济体制并没有完全消灭竞争，而是将竞争置于政府的控制之下，以政府和政府官员确定的标准为判断竞争的标准，使得竞争的标准日益片面化和单一化。市场化竞争的特点就是竞争标准多元化，不以政府和政府官员的标准为唯一标准，使置身竞争的法人或个人具备选择的可能。

首先，我国的社会转型是典型的政府主导型，是在党委和政府的主导下进行的。除少数地方为积累经验先行先试外，大多数地区是在党中央和国务院的统一部署下进行的，这其中包括对市场的认识和市场意识的培育。在中共中央的全力号召下，经过三十多年的讨论、呼吁和实践，市场意识渗入社会各个领域，包括政府部门。典型表现是经营城市意识的形成。经营城市的概念始自20世纪90年代中期，现在几乎已经成为所有行政管理的核心工作，区域经济发展成为所有领导关心的核心问题，因此在20世纪90年代出现了"GDP出干部""数字出干部"的极端现象。虽然现在强调科学发展观和五大发展理念，经济发展仍然是评价地方政府和官员的主要指标，招商引资和发展经济仍然被列为政府的主要工作。

其次，官员"下海"引领市场经济发展。自1992年以来，主要有三次大规模的官员"下海"潮，集中在沿海城市。第一波是"92派企业家"，根据《中华工商时报》的统计，从这一年开始全国至少有10万名党政干部"下海"经商，著名的如泰康人寿的创办人陈东升、万通地产的董事长冯仑等。2002～2003年前后出现第二波官员"下海"潮，主要是县处级和厅局级官员"下海"，江浙等沿海地区尤为突出。浙江省从2000年到2003年3月，共有125名县处级以上党政干部辞职或提前退休，其中厅级官员9名。2013年开始，官员"下海"再次增多，在创新创业的支持下形成了新的干部下海潮。"纵观此前两次官员下海潮，都发生在体制内的空间被压减，而民营经济蓬勃发展，变得越来越重的时候。""现在的情况是，体制内的吸引力减少。"① 无论其具体原因如何，官员"下海"潮说明了市场意识的深入和社会的开放与自信，行政官员的身份不再是人们的唯一追求。

最后，市场意识对公共服务部门的渗透。市场意识对公共服务部门的渗透早已开始，基本是随着市场在经济领域的渗透开始的。形成的途径有二：一是政府对竞争和效益、成本意识的有意引入；二是其他部门的渗透和影响。中共"十六大"对社会公平正义的倡导说明市场意识对公共服务部门的渗透已经引起了社会的广泛关注。基本公共服务和高层次服务的划分则说明了市场意识对公共服务部门渗透之深，需要在公共服务部门中划分市场和非市场两个部门了。市场意识对公共服务部门的渗透包括教育领域。

我们注意到，市场意识和相关的竞争性行为在带来经济和社会发展的同时，也带来了一定的社会问题，如发展成果的共享问题、公共服务部门的过度市场化、政府官员的腐败与寻租等，引起了人们的广泛关注，激化了原本就存在的"左"的和"右"的争论，甚至个别人对邓小平倡导的改革产生了怀疑和争论。

在现代社会发展的图谱中，英、美、法、德等发达国家可以称为自然发展的典型，它们的市场经济是在自然经济的基础上自然发展起来的，属于内生性发展。其他国家包括苏联、日本和广大的发展中国家基本是在发达国家的诱导下，自主或不自主地走上现代发展道路的，或称被动的现代化或外生性发展。在后发展的这些国家中，对如何处理政府与市场、政府与社会、发展与公平等关系，面临着与发达国家不同的国内外环境，发展的道路也不一致。多数国家选择了政府主导型发展的道路，并在一定时间内取得了成功。但当经济和社会发展到一定程度，已经不能依靠借鉴发达国家经验，而开始面临或进入自然发展阶段，需要重构政府与市场、政府与社会、发展与公平的关系，并自主探索发展之路时，国家发展便面临着探索的艰难和陷阱，需要予以充分、足够的重视。当然，从各个方面来看，虽然我们在很多方面已经迈入内生性发展的阶段，但并不意味着我们的外生性发展已经结束。现阶段，我们正处于内生性发展与外生性发展并重并开始由内生性发展主导的阶段。在这种特殊的阶段，科学地理解市场意识，既要重视市场和竞争意识对经济社会发展的积极影响，也要重视市场和竞争意识对经济社会稳定的消极影响。

---

① 吴玮婷. 中国第三波官员下海潮：一个处级干部的辞官记 [N]. 经济观察报，2014 – 07 – 19.

（三）思想意识的发展与社会意识的多元化

中国共产党的诞生是中国革命发展的客观需要，是马克思主义与中国工人运动结合的产物。中国共产党领导的革命是国际共产主义运动的有机组成部分，在早期得到了俄国共产党和共产国际的帮助，一度作为共产国际的支部存在和发展。在中国革命的过程中，中国共产党人将马克思列宁主义的普遍原理与中国的实际相结合，形成了毛泽东思想。毛泽东思想是中国革命成功的基础，是马克思主义列宁主义的普遍真理与中国社会状况结合的产物，也是马克思主义列宁主义发展的结果。

中国革命成功后，受国际国内形势的影响，"以俄为师"建立了人民民主专政的国家制度，确立了马克思主义哲学和无产阶级专政哲学的领导地位，坚持用马克思列宁主义、毛泽东思想指导一切工作。为保持革命和党的纯洁性，在确立马克思主义哲学和无产阶级专政哲学的领导地位的同时，对其他非马克思主义的思想和学说包括欧美资产阶级的思想学说和中国本土的儒家思想哲学等进行了批判和清除，实际上用单一、封闭的哲学体系取代了开放、多元的哲学体系，用统一的意识形态取代了多元并存的社会意识，实质是对马克思主义和毛泽东思想的绝对化和神化，放弃了发展马克思主义的选择。"一方面，哲学上的一元和统一，有利于思想和意识形态的统一，有利于维护政权的稳定和效力；但另一方面，这种一元论的哲学思想，极易导致思想的僵化和权力的过度集中，缺乏包容性和弹性，极易导致专制和'左倾'思想的产生。"① 从这个意义上说，改革开放的精髓是"解放思想，实事求是"，就是调动各种积极因素，解放和发展生产力。改革开放体现在哲学上就是哲学重建，"是在坚持和发展马克思主义哲学的基础上，重建一套以马克思主义哲学为核心的多元、开放和兼容的哲学体系"②。

我国改革开放的过程在思想意识领域表现为思想解放、将马克思主义的普遍原理与我国社会主义建设的实际相结合不断发展马克思列宁主义的过程，也是中国特色社会主义理论形成和不断发展的过程。中国特色社会主义理论的核心内涵就是在坚持马克思列宁主义指导的基础上，结合中国社会主义建设的实际，重建一套符合中国社会主义现代化建设需要的具体指导思想。"马克思主义哲学是一种伟大的哲学，但它也不是绝对真理，也需要随着时代的发展而不断创新。改革开放，就是要在尊重事实的基础上，大胆解放思想，吸纳各种哲

---

① 王英杰、刘宝存等. 中国教育改革 30 年：高等教育卷 [M]. 北京：北京师范大学出版社，2009：34.

② 同上。

学理论，构建开放的哲学体系。这种哲学体系既不盲目排外，也不崇洋媚外；既不自我贬低，也不狂妄自大。它谨慎地吸纳人类一切合理的哲学思想，善意地表达自己的意见和建议。"①

改革开放以来，我国意识形态领域的最大变化是对各种思想学说和价值观的包容。除了少数极端的反社会、反社会主义的学说受到批判外，欧美资产阶级社会的各种学说思想、我国传统社会的各种学说思想在改革开放后都得到了一定程度的传播和发展，它们的合理成分不断被发现、被融合，成为中国特色社会主义理论体系的有机组成部分。同时，在坚持马列主义、毛泽东思想和中国特色社会主义理论的指导的基础上，党和政府对社会中出现的各种文化和价值观采取了尊重和包容的态度，承认社会意识和价值观多元化的现实。

社会价值观的多元是一种社会现实，是对物质生活多样化的现实反映。客观世界是多元的，世界上的万事万物都有自己的特点。人也如此，成长于不同地域、人文环境、风俗习惯、历史传统中的人，他们的价值观念、思维方式和行为模式也会存在差异。我国社会在过去几十年经历了快速的发展和急剧的变化，很多发展和变化是西方国家上百年甚至数百年内发生的，这种社会发展的"时空压缩"导致不同时期、不同类型的价值模式在我们这一代人中集中呈现，表现为价值的多元化。不同性质、特点和背景的价值观和思维方式处于同一个领域中，彼此之间产生冲突也是正常和必然的。正视多元价值观和多元社会意识的存在以及它们之间的冲突，并以积极的态度接受它，允许多元价值观和思维方式共存，不仅是社会、文化和谐发展的必然要求，也是世界发展的客观现实。我们要充分认识多元价值出现的社会背景和多元价值观存在的客观现实，适应这种社会现实。

第二节　高等教育体制改革

前面已经提及，我国事业单位体制的改革既有共同的面向所有事业单位的政策设计和行动，同时也实行分领域改革，由科技、教育、卫生、文化等领域分别展开。高等教育领域的体制改革既是整个事业单位改革的有机组成部分，也有自己的独立性。

---

① 王英杰、刘宝存等. 中国教育改革 30 年：高等教育卷 [M]. 北京：北京师范大学出版社，2009：35.

93

一、20 世纪 50 年代的院系调整

中华人民共和国成立后，通过 20 世纪 50 年代的高校院系调整，确立了与计划经济体制适应的高等教育管理体制。高校作为事业单位，确立了其在计划经济体制中的地位及与相关行政部门的关系。

20 世纪 50 年代的高校院系调整，是在"向苏联学习"的大旗下进行的，重在引进苏联的高等教育模式，以适应经济建设和建立社会主义计划经济体制的需要。院系调整的重点是发展工科和师范类院校，为社会培养适用的人才，实质是培养应用型技术人才。调整的重点前后有所区别。1952 年，教育部明确提出"以培养工业建设人才和师资为重点，发展专门学院，整顿和加强综合性大学"的调整方针，实际按大学、专门学院、专科学校三类进行调整，重点是发展专门学院。1953 年重点改组旧大学、加强和增设工业高等学校并适当增加师范学校，对政法、财经等院系采取适当集中、大力整顿及加强培养与改造师资的办法。1955～1957 年重点根据国民经济布局的调整调整高校的院系、专业设置和分布，加强内地高校的力量。到 1957 年年底，高等院校院系调整基本结束，全国有 229 所高校，323 种专业，其中工科专业 183 个。[①]

对 20 世纪 50 年代的院系调整，肯定与批评兼有。批评者如李刚，他认为由于"照搬了苏联培养技术干部的办学模式，大量肢解人文学科，使大学蜕变为技术培训学校。完整意义上的大学，自此从中国历史上基本消失"。"世人所谓大学，实质上不过职业培训、技术培训学校而异。"[②] 肯定者普遍认为，这次调整增设了一些旧中国大学没有的重工业专业，根据国家工业建设的需要和各院校的基础，作了通盘调整，明确规定了各院系的任务、分工和发展方向，并开始设置和培养目标比较明确的专业，基本建成了机械、电机、土木、化工等主要工科专业比较齐全的体系，从根本上改变了旧中国不能培养配套的工程技术人才的落后状况。同时认为这次调整奠定了我国高等教育的基本格局，在当时的历史条件下有力地促进了我国高等教育的发展。更重要的是，"此次院系调整对中国高等教育乃至对整个中国社会的深层影响，在于它动摇了中国文化重人伦事理、轻实用技艺这一传统的根基，从制度上为实用技艺在

① 周华虎、蒋辅义、李体文. 中华人民共和国大事纪事本末 [M]. 成都：四川辞书出版社，1993：80.

② 李刚. 大学的终结——1950 年代初期的"院系调整"[J]. 中国改革，2003（8）：36－37.

教育中的生长提供了有力的保障。"①

中国历来重视政治教化，重视道德化、伦理化和政治化的人格养成教育，主张"内圣""外王"。自孔子提倡"学而优则仕"，教以"文、行、忠、信"，以明理为主开始，经过长期的历史积淀，在整个社会中形成了突出人伦事理、轻视乃至排斥实用技艺的现象。在长达两千年的王朝社会中，科技和实用技艺在教育中始终没有取得应有的地位。鸦片战争以来，国人开始倡导学习西方的实用技艺，以京师同文馆的设立为标志，开始"打破了过去偏重伦理说教，脱离社会实际的封建教育格局"。20世纪50年代的院系调整则动摇了过去偏重伦理说教这一传统的根本，在制度上保证了实用技艺在教育中的地位，"是院系调整确定了中国高等教育的基本格局并保证了实学和科技在高等教育中的地位"②。从这个意义上来说，20世纪50年代院系调整对今天应用型人才的培养有着特殊的意义。但这次调整是利用行政命令进行的，确立的是与行政命令办学、调配资源相适应的计划经济体制，且是以培养精英型人才为主的计划体制。

在计划经济体制下，高等学校的办学主体是国家及相关部委，高等学校隶属于政府，高等学校的建立、经费来源、专业设置、招生计划、教学过程、科学研究、毕业分配、基本建设、后勤服务等，都根据国家及教育行政部门的指令行事。国家及相关部委集举办者、管理者、办学者于一身，高等学校完全成为政府的附属物。由于缺乏自主选择的权利，就使得高校缺乏自我发展、自我约束的发展机制，这也意味着在这种集中控制的制度下不存在不同效率水平高等学校之间的竞争以及与这种竞争相联系的筛选机制。③ 能存在的只有面向政府的政治竞争。

由于缺乏竞争或竞争不足，高等学校办学逐渐远离了劳动力市场和经济社会发展的实境，失去了对经济社会尤其是劳动力市场需求的回应，无论是人才培养，还是知识创新，都逐渐与经济社会发展拉开了距离，高校回归"象牙塔"成为单纯的事业单位。改革开放打破了高校的自闭困境，随着经济体制改革的深入，高等教育体制也开始了改革。自20世纪90年代开始，高等教育界开始讨论教育市场化问题，开始探讨在教育领域中引入市场手段或竞争工具。在政府的引导和改革环境的影响下，从中央到地方，从教育行

① 曲铁华、梁清. 我国50年代院系调整及其反思 [J]. 邢台职业技术学院学报，2002 (3)：28 –31.

② 同上.

③ 毛亚庆、吴合文. 基于知识观的大学核心竞争力研究 [M]. 北京：教育科学出版社，2010：序.

政部门到高校，开始改革探索。

二、鼓励社会力量办学和民办高校的发展

高等教育体制改革基本沿着两条路径展开：一是面向存量高校简政放权，逐步建立现代学校制度；二是吸引社会力量办学，增加高校数量。民办高校发展是我国高等教育体制改革的主要取向，也是主要的成绩体现领域。

（一）民办高校的发展轨迹

民办高校自20世纪80年代开始兴起，但除少数民办公助高校如北京海淀走读大学（即现在的北京城市学院）、西安培华女子学院等外，绝大多数民办学校没有学历学位授予资格，只能进行高等教育自学考试助学。这与当时的国家政策密切相关。1985年中共中央发布《关于教育体制改革的决定》，提出"地方要鼓励和指导国有企业、社会团体和个人办学，并在自愿的基础上，鼓励单位、集体和个人捐资助学，但不得强迫摊派。""鼓励集体、个人和其他社会力量办学。要动员和教育全党、全社会和全国人民关心和支持教育体制改革，发展教育事业。鼓励各民主党派、人民团体、社会组织、离退休干部和知识分子、集体经济单位和个人，遵照党和政府的方针政策，采取多种形式和办法，积极自愿地为发展教育贡献力量。"1987年国家教委下发的《关于改革和发展成人教育的决定》指出"应当鼓励和支持社会力量办学。社会力量主要举办社会需要的各种辅导班、进修班和职业技术培训班。"

1992年邓小平"南巡讲话"发表后，随着建设中国特色社会主义市场经济战略目标的提出和推进，国家教委于1993年发布《民办高等学校设置暂行条例》，明确提出"国家鼓励设置专科层次的民办高等学校。设置本科层次的民办高等学校，其标准需参照《普通高等学校设置暂行条例》的规定执行。""民办高等学校及其教师和学生享有国家举办的高等学校及其教师和学生平等的法律地位。民办高等学校招收接受学历教育的学生，纳入高等教育招生计划。学生毕业后自主择业，国家承认学历。"随后颁行的《中华人民共和国教师法》《中华人民共和国教育法》《中华人民共和国职业教育法》和《中华人民共和国高等教育法》，进一步明确了政府鼓励和支持民办高等教育发展的政策方向。

但真正促使民办高等教育快速发展的是1999年的全国教育工作会议。在这次会议上，朱镕基总理在表述凡符合国家有关法律法规的办学形式都可以试验后，明确指出："在发展民办教育方面可以迈出更大的步伐"，"鼓励社会力量以各种形式举办高中阶段和高等职业教育，有条件的也可以举办民办普通高等学校"，并指出"发展民间办学，吸引社会各方面力量共同办教育，才能实现大国办大教育。我们是穷国办大教育，不走多种形式办学的路子，别无选择。"同时

发布的《中共中央国务院关于深化教育改革全面推进素质教育的决定》明确提出："进一步解放思想、转变观念、积极鼓励，大力支持社会力量以多种形式办学，在发展民办教育上迈出更大的步伐，满足人民群众日益增长的教育需求，形成以政府办学为主体、国办学校和民办学校共同发展的格局。"2002 年 12 月 28 日，全国人大通过《中华人民共和国民办教育促进法》，以法律的形式明确了民办教育的地位和作用。同一时期，政府提出了高等教育大众化的目标，在很大程度上推动了政府和民间发展民办高等教育的热情和积极性。

独立学院是民办高等教育的一种特殊形式，是具有较强办学实力的老牌本科高校与国家机构以外的社会组织或个人合作，利用非国家财政性经费举办的实施本科学历教育的高等学校。起初作为老牌本科院校的二级学院出现，没有独立颁发学历学位证书的资格。一般以 1999 年浙江大学城市学院的成立为标志，称"二级学院""民办二级学院"或"新制二级学院"。2003 年 4 月教育部发布《关于规范并加强普通高校以新的机制和模式试办独立学院管理的若干意见》（教发〔2003〕8 号，简称"'教育部'8 号文件"）后统称"独立学院"。独立学院的高收益刺激了老牌本科院校，仅 1999~2002 年，全国高校就举办独立学院 300 多所，其中部分独立学院是老牌本科院校自行成立的假"独立学院"，母体高校不仅是独立学院的申办者，也是管理者和实际的拥有者。且多数由省级教育行政部门批准，没有获得国家教育行政部门的批准，缺乏必要的法律程序。"'教育部'8 号文件"明确了"独立学院"的名称、定义和特征。教育部据此于 2003 年下半年开始对原有的 360 多所所谓的"二级学院"进行清理整顿和重新登记。经过逐个审查，取消了其中 100 多所"二级学院"的办学资格，并对其中 249 所进行了重新登记。2008 年教育部颁布《独立学院设置与管理办法》（教育部令 26 号，简称"'教育部'26 号令"）。该令明确规定了独立学院的"举办者"（即实施本科以上学历教育的普通高等学校与国家机构以外的社会组织或者个人合作）、"经费来源"（非国家财政性经费）；明晰了独立学院和申办高校、举办者的权益；为独立学院的未来发展明确了方向，给出了五种发展选择：以独立学院的形式继续办学，回归申办普通高校，转设为民办普通高校，并入其他民办院校，终止办学资格。自 2003 年开始，独立学院招收的新生发放独立学院的毕业证书和校本部的学士学位证书，实施双轨制。2008 年开始独立学院招收的新生在毕业时统一授予独立学院的毕业证书和学士学位证书，转为单轨制。截至 2016 年年初，约有 60 所独立学院转设为民办普通高校，不到 2008 年独立学院总数的五分之一，绝大多数独立学院仍在独立运营或以各种方式"漂白"。

截至 2015 年年底，民办高校（含独立学院）发展到 734 所，招生 177.97 万人，在校生 610.9 万人，其中本科生 383.33 万人。分别占到普通高校机构数、招生数（不含硕士生）、在校生数（不含研究生在校生数）的 28.67%、24.12%、23.27%。① 其中本科民办高校（含独立学院、中外合作办学）424 所，占普通本科高校的 34.3%。② 民办高校是 1998 年以来高等教育大众化的主力军之一。

表 2-1　民办高校发展情况一览

年份	机构情况		招生情况		在校生情况	
	机构数（所）	占比（%）	招生数（万人）	占比（%）	在校生（万人）	占比（%）
1999	37	3.45	—	—	4.00	0.97
2000	43	4.13	—	—	6.80	1.22
2001	89	7.26	—	—	14.00	1.95
2002	131	9.38	—	—	32.00	3.54
2003	173	11.15	—	—	81.00	7.31
2004	475（249）	23.99	—	—	139.50	10.46
2005	547（295）	26.21	—	—	212.63	13.61
2006	556（318）	25.45	—	—	280.49	16.13
2007	615（318）	27.58	—	—	349.69	18.55
2008	640（322）	28.28	—	—	401.30	19.86
2009	658（322）	28.55	—	—	446.14	20.80
2010	676（323）	28.67	146.74	22.17	476.68	21.36
2011	698（309）	28.97	153.73	22.56	505.07	21.88
2012	707（303）	28.95	160.28	23.27	533.18	22.30
2013	718（292）	28.82	160.19	22.89	557.52	22.59
2014	728（283）	28.79	172.96	23.97	587.15	23.05
2015	734（275）	28.67	177.97	24.12	610.90	23.27
2016	742（266）	28.58	181.83	24.29	633.99	23.52

数据来源：教育部每年公布的全国教育事业发展统计公报或根据其计算。此处的民办高校指经国家教育行政部门批准设立的民办普通高等学校和独立学院，不含其他民办高等教育机构；机构数栏中的"（）"即为独立学院数字。

---

① 教育部. 2015 年全国教育事业发展统计公报 [EB/OL]. 教育部网站（http://www.moe.edu.cn/srcsite/A03/moe_633/201607/t20160706_270976.html），2016-07-06.

② 教育部. 全国普通高等学校名单 [EB/OL]. 教育部网站（http://www.moe.edu.cn/srcsite/A03/moe_634/201706/t20170614_306900.html），2016-06-03.

2. 民办高校的市场主体性

民办高校是由自然人或非政府法人利用非财政资金举办的教育机构，是民办非企业单位法人。根据2017年通过的《民法总则》，属于社会服务机构型的非营利法人。民办高校在资产、用人、内部机构设置、决策机构构建等方面依法自主行使权力。除普通高等教育招生纳入政府计划、专业设置需要教育行政部门审批、接受教育行政部门业务管理和民政部门登记管理外，民办高校拥有独立法人能够拥有的一切自主权。当然，在学费标准的拟定、教育质量标准、学科专业设置、课程设置、教材建设等方面，民办高校不可避免地会受到国办高校的影响和制约，受到教育行政部门的业务管理和指导。因此，民办高校是受到一定环境制约（政府干预）的市场主体，在资源配置上以市场配置为主、政府的行政配置为辅，具有较为典型的市场主体的特性。

民办高校的市场特性在民办高校的运营过程中表现得极为突出，具体表现为以招生和内部控制为主导的运营管理模式。民办高校自开始创建至今，在30多年的发展中，基本是失败与成功并存，少数民办高校的成功是建立在众多民办高校探索失败的基础上的。特别是在民办高校创立初期没有获得普通高等教育招生权的时期，大量的机构因运营不善而流于亏损和倒闭，充分展示了市场竞争的无情。成功的民办高校都具备一个特点，即将市场规则和政府扶持政策有机地糅合在一起。在市场规则方面，民办高校主要侧重三点：一是突出招生，将招生放在最高位置，由董事长或校长亲自挂帅，充分发挥广告战和人盯人组织战术的优势，确保招生数量。二是重视财务运营。民办高校自负盈亏，财务控制极为重要，一旦资金链断裂就会危及性命。因此在做好内部计划和控制的同时，成功的民办高校多组建精干的财务运营队伍，实现良好的财务运作，确保资金链。三是企业化的运营方式。成功的民办高校多引入了完全的企业运营模式，突出激励。在总结成功的经验时，有民办高校的举办者私下自豪地说自己的成功得益于三支队伍：招生队伍、招财（跑银行贷款）队伍和管理队伍。虽然民办高校的招生和企业化运营经常受到社会的诟病，并多次受到媒体的指责和批判，但从总的趋势来看，正是这种市场性，确保了民办高校的生存和发展。对此，邬大光先生曾有明确的判定：我国改革开放后早期起步的民办教育，几乎都是在"一无资金，二无校舍，三无教师队伍"的背景下起步的，民办学校的举办者几乎没有一个是声名显赫的企业家。这种"白手起家"的办学模式，更多的是根据旺盛的教育需求与国有教育资源不足留出的市场空间，利用市场机制介入民办教育领域的，由此导致当时进入民办教育领域的办学者只能采取"以学养学"——靠学费维系发展的模式。在巨大的教育需求和市场经济改革的推动下，重新复归的民办教育从其诞生之日起就留下了浓厚的投资办学的痕迹。不论是曾经受到质疑或已经消失的，还是仍然存在的各种民办教育制度，几乎都与融投资制度有关，都隐含着市场机制，都体现了民办教育投资办学的基本特征，只不过投资的主体和形式在不同时期发生了变化。①

2016 年 11 月，全国人大通过了《民办教育促进法修正案》，明确对民办学校实行分类管理，将民办学校分为非营利性和营利性两类。2017 年年初，教育部等部门颁布《民办学校分类登记管理实施细则》《营利性民办学校监督管理实施细则》，明确社会力量和个人可以举办营利性民办高校。营利性民办高校与企业一样在工商行政管理部门登记。可以预见，营利性民办高校将拥有更为完全的市场主体性，面向市场进行竞争。但考虑到高等教育的特性，现存国办高校和非营利性民办高校的制约，营利性民办高校的市场主体性会受到一定的限制，不可能像生产私人产品的工商企业那样完全放开。由于实践的滞后，营利性民办高校是否和非营利民办高校一样可以接受政府的资助，一样可以实施计划内招生和颁发学历学位证书还不完全明晰，营利与非营利的区分是否会影响营利性民办高校的招生和社会影响，还不十分清楚。即民办高校的市场主体是否会影响民办高校的发展，还需要静观今后的发展作出判断。但就目前可以预见的趋势而言，投资办学仍将是民办高校的基本特征，市场主体仍将是民办高校的本质属性。

三、办学自主权的探索与国办高校改革

国办高校是事业单位，是政府或政府委托的组织利用财政资金举办的教育机构，在计划经济体制下完全是政府的附属物，从微观到宏观的所有事务都受到政府的约束。国办高校办学自主权的探索落实是逐步扩大、逐步深化的。在这个过程中，逐步形成了完善和落实办学自主权的举措，主要包括法律确权、简政放权、章程赋权和依法维权。② 国办高校办学自主权的探索可分为两个阶段：第一阶段主要是确权和放权，大致时间截至 2009 年；第二阶段是建立现代大学制度，表现是章程赋权和依法维权。建立现代大学制度是国办高校改革的最终目标。

计划经济时期，国家对高校的管理采用计划模式。高校是政府的下属事业单位，国家负责学校的专业设置、招生、教学、科研、人事、财务、后勤和毕

---

① 邬大光. 我国民办教育的特殊性与基本特征 [J]. 教育研究, 2007 (1)：3-8.
② 孙霄兵. 我国高等学校办学自主权的发展及其运行 [J]. 中国高教研究, 2014 (9)：9-15.

业分配。政府集举办者、管理者、办学者三者为一体，权力过于集中、统得过多、管得过严，高校办学自主权无从谈起。

（一）高校办学自主权的探索

高校办学自主权的讨论和改革始自 1979 年。该年年底，复旦大学校长苏步青、同济大学校长李国豪、上海师范大学校长刘佛年、上海交通大学党委书记邓旭初等在《人民日报》发表《给高等学校一点自主权》的呼吁。以此为肇始，以扩大高校办学自主权为重点的高等教育体制改革开始。1985 年全国第一次教育工作会议召开，发布《中共中央关于教育体制改革的决定》，提出"在国家统一的教育方针和计划的指导下，扩大高等学校的办学自主权，加强高等学校同生产、科研和社会其他各方面的联系，使高等学校具有主动适应经济和社会发展需要的积极性和能力。""要扩大高等学校的办学自主权。在执行国家的政策、法令、计划的前提下，高等学校有权在计划外接受委托培养学生和招收自费生；有权调整专业的服务方向，制订教学计划和教学大纲，编写和选用教材；有权接受委托或与外单位合作，进行科学研究和技术开发，建立教学、科研、生产联合体；有权提名任免副校长和任免其他各级干部；有权具体安排国家拨发的基建投资和经费；有权利用自筹资金，开展国际的教育和学术交流；等等。对不同的高校，国家还可以根据情况，赋予其他的权力。"实际涉及高校决策和运营的各种权力。

1992 年，原国家教委印发《关于国家教委直属高校深化改革扩大办学自主权的若干意见》（"16 条"），在专业设置、招生计划、科研、编制、基本建设、经费使用、岗位设置、干部任免、国际交流等方面给予学校更多自主权。1994 年 6 月，中共中央、国务院在北京召开改革开放以来的第二次全国教育工作会议，主要目的是贯彻落实 1993 年 2 月中共中央、国务院颁布的《中国教育改革和发展纲要》。该纲要又一次强调高校办学自主权问题，提出"要在招生、专业调整、机构设置、干部任免、经费使用、职称评定、工资分配和国际合作交流等方面，分别不同情况，进一步扩大高等学校的办学自主权。学校要善于行使自己的权力，承担应负的责任，建立起主动适应经济建设和社会发展需要的自我发展、自我约束的运行机制。"按照这些文件的要求，很多高等学校进行了落实办学自主权的探索。

1998 年，《中华人民共和国高等教育法》（以下简称《高等教育法》）颁行。该法明确规定："高等学校自批准之日起取得法人资格。高等学校的校长是高等学校的法定代表人。""高等学校在民事活动中依法享有民事权利，承担民事责任。"包括国办高校在内的中国高等学校由此获得了与其他社会组织同等的独立法人地位。《高等教育法》同时明确规定高校有 7 项自主权："高等学校根据社会需求、办学条件和国家核定的办学规模，制订招生方案，自主调节系科招生比例。"（第 32 条）"高等学校依法自主设置和调整学科、专业。"（第 33 条）"高等学校根据教学需要，自主制订教学计划、选编教材、组织实施教学活动。"（第 34 条）"高等学校根据自身条件，自主开展科学研究、技术开发和社会服务。国家鼓励高等学校同企业事业组织、社会团体及其他社会组织在科学研究、技术开发和推广等方面进行多种形式的合作。国家支持具备条件的高等学校成为国家科学研究基地。"（第 35 条）"高等学校按照国家有关规定，自主开展与境外高等学校之间的科学技术文化交流与合作。"（第 36 条）"高等学校根据实际需要和精简、效能的原则，自主确定教学、科学研究、行政职能部门等内部组织机构的设置和人员配备；按照国家有关规定，评聘教师和其他专业技术人员的职务，调整津贴及工资分配。"（第 37 条）"高等学校对举办者提供的财产、国家财政性资助、受捐赠财产依法自主管理和使用。高等学校不得将用于教学和科学研究活动的财产挪作他用。"（第 38 条）从此，高校办学自主权成为法定权利，并逐步得到落实。1999 年第四次教育工作会议公布的《中共中央国务院关于深化教育改革全面推进素质教育的决定》，要求"按照《中华人民共和国高等教育法》的规定，切实落实和扩大高等学校的办学自主权，增强学校适应当地经济社会发展的活力。加强对高等学校的监督和办学质量检查，逐步形成对学校办学行为和教育质量的社会监督机制以及评价体系，完善高等学校自我约束、自我管理机制。进一步扩大高等学校招生、专业设置等自主权，高等学校可以到外地合作办学"。

从 1979 年到 2009 年的 30 年中，虽然有过反复和停滞，党和政府在推进和落实高校办学自主权方面做了大量的工作。高校也确实获得了较多的办学自主权，但与前述文件和法律法规规定的相比，许多办学自主权是不完整的，现实与法律法规和政策文件存在着差距。特别是地方高校，受各种因素的影响，办学自主权仍然受到很大的限制。在办学自主权的落实方面，地方院校与央（部）属高校存在着较大的差距，在中央政府下放高等教育管理权的同时，地方政府获得了较多的高等教育决策和管理权并借机加强了对地方高校的控制，同时地方高校也获得了一定的办学自主权，虽然这种办学自主权少于央属高校（部属高校）。

岳经纶认为，市场化趋势给 2002 年之前的中国高等教育带来了重大的变化，"这些变化体现在教育行政、办学体制、教育融资、招生分配、课程发展等方面"。他用权力下放、非政治化、多样化、商品化、竞争和合作的"3D"（Decentralization，Depoliticization，Diversification）"3C"（Commercialization，Competition，Cooperation）来归纳这些变化。认为权力下放是中国高等教育领域中出现的最显著变化。改革方向是扩大和加强地方政府对教育的决策和管理权限，尤其是扩大省级政府对基础教育的管理权及对本地区高等教育的统筹权和决策权。即实行中央统一领导和地方政府分级管理相结合的管理体制。[①]"权力下放"指的是教育行政权力的逐步下放，政府减少对高等院校的直接干预，高等院校自主权不断增大；同时，高等教育管理体制由垂直的条条体制向块块体制转变，省级政府的教育权力和责任加大。在院校内部，改革的基本思路是：理顺学校内部的管理体制，实施党委领导下的校长负责制；实行教育目标责任制，定编、定岗、定职责，建立考核评估制度；教师、干部聘任制，调整学校队伍的整体结构，实行人员的合理分流，提高工作效率；工资总额包干和校内结构工资制。[②]

（二）现代大学制度建设

现代学校制度的概念系由现代企业制度借鉴而来，这一概念早就在学者们的论述中出现，但这一目标在政府文件中的明确是 2010 年以来的事情。

2010 年 7 月，中共中央、国务院召开第四次全国教育工作会议，发布《国家中长期教育改革和发展规划纲要（2010—2020 年）》，该文件在强调落实和扩大高等学校办学自主权的同时，第一次以中共中央、国务院文件的形式提出建设中国特色现代大学制度的要求，将高等学校办学自主权和高校内部治理推进到一个新的阶段。2014 年，教育部下发《关于落实和扩大高校办学自主权完善内部治理结构的意见》，提出要探索多种放权方式，根据赋权与能力相匹配原则，对有能力用好、有良好的权力运行和规范机制的高校，以协议、试点等方式赋予更多的办学自主权。

《国家中长期教育改革和发展规划纲要（2010—2020）》对建设现代学校制度提出了明确要求和实施路径。即"建设依法办学、自主管理、民主监督、社会参与的现代学校制度，构建政府、学校、社会之间新型关系"。"高等学校按照国家法律法规和宏观政策，自主开展教学活动、科学研究、技术开发和社会服务，自主设置和调整学科、专业，自主制定学校规划并组织实施，自主设置教学、科研、行政管理机构，自主确定内部收入分配，自主管理和使用人才，自主管理和使用学校财产和经费。""完善治理结构。国办高等学校要坚持和完善党委领导下的校长负责制。健全议事规则与决策程序，依法落实党委、校长职权。完善大学校长选拔任用办法。充分发挥学术委员会在学科建

---

① 岳经纶. 教育市场化趋势下大陆高等教育领域的新变化 [A]. 戴晓霞等主编. 高等教育市场化 [M]. 北京：北京大学出版社，2004：208 - 209.

② 参见郝克明主编. 中国教育体制改革 20 年 [M]. 郑州：中州古籍出版社，1998.

设、学术评价、学术发展中的重要作用。探索教授治学的有效途径，充分发挥教授在教学、学术研究和学校管理中的作用。加强教职工代表大会、学生代表大会建设，发挥群众团体的作用。""加强章程建设。各类高校应依法制定章程，依照章程规定管理学校。尊重学术自由，营造宽松的学术环境。全面实行聘任制度和岗位管理制度。确立科学的考核评价和激励机制。""扩大社会合作。探索建立高等学校理事会或董事会，健全社会支持和监督学校发展的长效机制。探索高等学校与行业、企业密切合作共建的模式，推进高等学校与科研院所、社会团体的资源共享，形成协调合作的有效机制，提高服务经济建设和社会发展的能力。推进高校后勤社会化改革。""推进专业评价。鼓励专门机构和社会中介机构对高等学校学科、专业、课程等水平和质量进行评估。建立科学、规范的评估制度。探索与国际高水平教育评价机构合作，形成中国特色学校评价模式。建立高等学校质量年度报告发布制度。"这些规定明确了国办高校今后发展的目标，即建立与市场经济体制相适应、依法自主发展和自我监督、真正独立的办学主体。这意味着国办高校将成为市场主体，参与市场竞争。

章程是高校自身的立法，是学校成为独立法人的内在必需，也是现代大学制度建设的核心工作。民办高校多在成立之初就制定了章程，并依据章程运行。国办高校重视章程制定是进入21世纪的事。2003年7月，教育部发布《关于加强依法治校工作的若干意见》，其中提出"学校要依据法律法规制定和完善学校章程，经主管教育行政部门审核后，作为学校办学活动的重要依据"。吉林大学、中国政法大学等部属高校首先在国办高校中制定了章程和章程草案。《教育改革和发展中长期规划纲要（2010—2020）》颁布后，教育部于2011年11月发布《高等学校章程制定暂行办法》（教育部令第31号），从实体和程序两个方面，对高校章程制定的原则、内容、程序以及核准和监督中所涉及的主要问题、主要环节进行了全面规范。其中第8条规定章程应当按照《高等教育法》的规定健全学校办学自主权的行使与监督机制。根据政府的统一安排，中央政府所属高校在2014年年底之前完成章程制定，地方高校在2015年年底之前完成章程制定。截至2016年10月，国办高校完成了章程制定和教育行政部门的审核。国办高校的现代大学制度建设进入了新的阶段。多数高校的章程明确了学校的办学自主权，有的高校还拓展了办学自主权的范围，提出学校自主设立、调整变更或者撤销学士、硕士和博士学位的学科专业的门类和名称，制定学位标准，决定学位授予并颁发证书等。①

现代大学制度的核心是高校内部治理，即按照学校章程和办学目标形成、完善内部自我治理结构。2010 年颁布的《教育改革和发展中长期规划纲要（2010—2020）》提出，要完善中国特色现代大学制度，完善治理结构。此后，教育部和相关部门颁布了多部规章：《普通高等学校章程制定暂行办法》（2011）、《学校教职工代表大会规定》（2011）、《高等学校学术委员会规程》（2014）、《高等学校理事会规程（试行）》（2014）、《关于在高等学校落实党委领导下的校长负责制的意见》（2015）等。通过上述规章，明确了高校的领导决策权、行政管理权、学术事务权、民主管理权、社会合作和参与权以及这些权力的拥有者，在制度层面上形成了相对完善的内部治理结构架构，即党委决策、校长执行、教授治学、民主管理、社会参与的治理结构架构。从各高校已经公布的章程看，这些治理结构的架构原则已经充分体现在高校章程中。但受各方面因素的影响，这一结构要真正起作用，各高校要真正形成现代大学制度，还有很长的路要走。目前，各高校只是在短时间内搭起了现代大学治理的制度框架，各项权力的运行及其相互关系的理顺乃至正常关系的形成和制衡，现代大学制度的权力运行机制的形成还需要细致的工作和长期的调整。虽然如此，现代大学制度基本机制的形成和内部治理结构的建设对于高校办学自主权的良性运用起到了制度保障的作用。在高校制定章程和政府审核的基础上，山东省教育厅自 2016 年年底开始进行高校章程执行情况的检查，督促高校严格按章程办事，清理与现代大学制度不相符合的校内规章制度，在一定程度上推进了现代大学制度的建立和形成。我们认为，现代大学制度建设的核心是高校内部权力关系的重构与权力的制衡运作，不是单纯起草一部章程那么简单，需要重新理顺高校内部的各种权力：党的政治决策权、校长们的行政管理权（执行权）、教授的学术管理权、教职工和学生的民主参与权、社会的参与权等，并通过实践形成上述权力的制衡关系。从基于计划体制的行政权主导的大学治理体系到基于独立法人主体的政治权、行政权、学术权和民主参与权、自主权等多种权力主体共同参与的现代大学制度，需要高校内部的权力主体明晰自己在新的权力体系中的地位、作用和权力边界，通过权力主体之间的关系调适形成权力主体之间的制衡关系，形成各权力主体责、权、利明晰并自觉遵循权力运行规则、将行动控制在权力边界之内的运作体系。这种体系不经过各权力主体之间的竞争和斗争是不可能形成的，即使暂时形成也是不稳定的。这种

---

① 孙霄兵. 我国高等学校办学自主权的发展及其运行 [J]. 中国高教研究，2014（9）：9 – 15.

权力体系的形成需要较长的时间磨合和惯例的形成，既需要对原有治理体系的解冻和破坏，也需要对新体系的强化性认同。在这个过程中，各权力主体对新的权力及其运行规则的认知并遵守是极为关键的。就此而言，现代大学制度的建设是个任重而道远的事情，需要高校、政府和社会的长时期的共同努力。对新型大学而言，政府特别是地方政府的态度和作为至关重要，因为学术权力在地方高校中的地位远比不上央属高校，比行政权力弱得多，加上改革相对滞后，要打破行政权力在内部治理中的垄断甚至绝对地位要比央属高校付出更大的努力，更需要政府的自持与自觉。

（三）政府简政放权与引进竞争机制

与高校办学自主权探索和落实同时进行的是政府的简政放权，高校办学自主权的落实是在和政府的行政管理权相互协调的过程中形成、运行的。

简政放权是落实高校办学自主权的基本路径。在高等教育体制改革的过程中，简政放权一直是政府使用的主要手段，其思路是中央政府将微观管理的管理权力转让给省级政府和部属高校，省级政府逐渐将微观管理的权力转给地方高校，政府主要承担宏观管理的权力。政府简政放权和高校办学自主权的落实是并行的，政府行政权的协调和高校办学自主权的落实是同一行动过程的两个方面。

改革以来特别是近年教育行政部门持续大力推动简政放权，不断减少对高校行政审批的项目。2000年高职院校的审批权下放到省级政府。2012年本科专业改为备案制。中共"十八大"以来，教育部先是分三批取消或下放了11项行政审批权，包括中外合作办学机构以及内地与港澳台地区合作办学机构聘任校长或者主要行政负责人核准、民办学校聘任校长核准、省级人民政府自行审批调整的高等职业学校使用超出规定的命名范围的学校名称审批、利用互联网实施远程高等学历教育的教育网校审批、国家重点学科审批、高等教育自学考试专科专业审批等。宣布修改和废止行政规章制度数百项。后又根据中共中央和国务院的统一安排实施权力清单和责任清单制度，明确了国务院教育行政部门的权力和责任，明晰了地方教育行政部门的权力和责任。从而明确了教育行政部门和高校之间的权力的边界。

2014年3月，国务院60个部门集体"晒"权力清单，其中教育部共有行政审批事项24项，包括行政审批许可11项，非行政审批许可13项。行政审批许可11项中，包括实施本科及以上教育的高等学校（含独立学院、民办高校）的设立、分立、合并、变更和终止审批；中央部属高等学校章程核准；硕士、博士学位授予单位及其可以授予硕士、博士学位的学科名单审核；学位授予单位授予国内外人士名誉博士学位审批；实施本科以上高等学历教育的中外合作办学机构（含内地与港澳台地区合作办学机构）设立、分立、合并、变更和终止审批；实施本科以上高等学历教育的中外合作办学项目以及内地与香港特别行政区、澳门特别行政区和台湾地区合作办学项目的审批；高等学校设置、调整管理权限范围外的本科专业和国家控制的其他专业审批；实施本科及以上教育的民办高等学校章程修改备案审批，高等学校教授评审权审批。

2016年9月，教育部办公厅发布《关于优化教育行政审批服务的通知》（教政法厅函〔2016〕39号），决定实行一个"窗口"受理，设立独立对外的行政审批窗口负责受理审批服务，同时设立网上行政审批专栏，推进行政审批服务改革。在提高服务质量的同时简化了办事手续。

与高校有关的简政放权还体现在相关部门，如中共组织部门、中共宣传部门、中共统战部门、政府发展规划部门、政府机构编制部门、政府人力资源与社会保障部门、政府财政部门、政府审计部门、政府民政部门等，这些部门分别在自己的工作范围，如干部调配、高校人员编制、高校职称评审和社会保险制度建立、财政拨款和资金管理改革、预算资金管理等，进行了系列改革和调整，厘清政府的职责和高校的权力，明晰了政府和高校之间的边界。

2014年7月，国家教育体制改革领导小组发布《关于进一步落实和扩大高校办学自主权完善高校内部治理结构的意见》（教改办〔2014〕2号），明确了政府落实和扩大高校办学自主权的范围：招生，学科专业设置，教育教学（人才培养），用人和分配，科学研究、技术开发和社会服务，财产经费使用，国际交流合作。对高校内部治理结构的建构提出了要求：坚持和完善党委领导下的校长负责制，保障学术组织相对独立行使职权，完善校内民主管理和监督机制，健全社会参与监督机制，健全以章程为统领规范行使办学自主权的制度体系。该文件还对今后政府和高校的关系进行了规定："在加大放权力度的同时，要改进和加强宏观管理，综合运用法律、政策、规划、公共财政、标准、信息服务和必要的行政措施，把该放的放开，把该管的管住，针对每一个放权事项建立监管办法，避免'一放就乱、一乱就收、一收就死'。"明确的措施包括健全质量评估监测制度、完善依法监管机制、建立动态调整机制。

2015年5月，教育部发布《关于深入推进教育管评办分离促进政府职能转变的若干意见》（教政法〔2015〕2号）。明确推进管评办分离的目标是到2020年基本形成政府依法管理、学校依法自主办学、社会各界依法参与和监督的教育公共治理新格局。提到的措施有：推进依法行政，形成政事分开、权责明确、统筹协调、规范有序的教育管理体制；推进政校分开，建设依法办学、自主管理、民主监督、社会参与的现代学校制度；推进依法评价，建立科学、规范、公正的教育评价制度。其中明确的依法行政的具体措施包括：加大政府简政放权力度，推行清单管理方式，加快国家教育基本标准建设，健全依法、科学、民主决策机制，建立健全教育行政执法机制，加强和完善政府服务机制，加大行政监督和问责力度。

就已经公布的高等教育体制改革措施来说，国办高校的未来是建立与市场经济体制相适应、依法独立办学的公益组织法人（二类）。其基本定位是政府出资举办的，既承担公益服务供给，又面向社会提供有偿服务，政府机制和市场机制并存的独立法人。高校与高校之间将在微观领域引入市场竞争。同时，政府也在一定程度上引导国办高校改制，转变成为混合所有制高校，这种改制将在一定程度上提升高校的市场主体性。

（四）高等教育领域引进竞争机制

引进竞争机制激发组织活力是我国体制改革的主要手段之一。农村联产承包责任制和城市工商企业的承包经营制度是其典型代表。竞争性项目的设立和获取则是高等教育体制改革的主要工具。

高等教育领域竞争机制的引进，在前期表现为鼓励高校利用自有资源开发新的社会服务项目，如增设学科专业、扩招新生、开办第三产业等。后期主要表现为竞争性的重点项目建设。自 2003 年开始，为了引导高校重视教育教学，提高人才培养质量，教育部推行本科教学质量工程，以重点建设的方式给予高校专项资金。省级教育行政部门相继跟进。先后开展的主要建设项目，相对综合的有：211 工程、985 工程、2011 工程、"双一流"工程，以及省级政府开展的应用型名校工程、高水平应用型大学建设等；学科建设方面有重点学科、重点培育学科、特色优势学科、一流学科建设等；专业建设方面有改革试点专业、特色专业、人才培养模式创新实验区，以及地方政府开展的重点建设专业、应用型人才培养支持专业、高水平应用型重点建设专业和培育专业等；教师队伍建设方面有教学名师、长江学者特聘教授和讲座教授、教学团队建设等；实践教学方面有重点实验室、实验教学示范中心、仿真实验教学示范中心、技术中心、校外实践教学基地等；课程建设方面有精品课程、开放课程、视频课程、网络课程等；近年又设置了大学生创新创业训练项目，加上以前就有的学生学科竞赛和各种比赛，政府将竞争引进了教育教学的每个环节。每个项目都给予数万、数十万、数百万、数千万乃至数亿、数十亿元人民币不等的资金支持，引导着高校在教育教学、学科专业建设等方面进行投入，以争夺重点建设项目。竞争性项目特别是综合性竞争项目的引进在一定程度上对高等学校进行了分割，是高等教育"地位"商品形成的助推器。一所高校提供的"地位"商品处在什么位置上，与学校获得的综合性建设项目有关，如 985 高校、211 工程学校、双一流高校和应用型名校等，使获得高校在一定程度上拉开了与其他高校的距离。而获得竞争性项目的多少在一定程度上也成为衡量学校办学水平和竞争地位的标准之一，也是高校分类分层的标准。

竞争性科研项目和社会服务项目的引进，成为衡量学校学术水平和服务水平的重要标准。竞争性的重点项目建设在科学研究领域与国家科技体制改革密切相关，表现为各类项目均向社会和各类高校开放，鼓励高校结合自己的学术资源组建科研团队，集体申报科研项目，同时实行同行评审制度。一些高校特别是地方高校因此获得了较多的项目立项和资金，学校的声誉和办学实力均有明显提高。在社会服务领域则通过制定政策和规章制度，鼓励高校利用自己的学术和技术优势，通过科技园区建设、举办和联办企业，提供技术支持和咨询服务等方面，为企业和其他社会群体提供服务，使高校在为企业和社会带来便利的同时获得了资金回报。

竞争机制的引进还体现在招生制度的改革和整个社会的人事制度改革上。高校招生制度逐渐改变了原来的先报志愿后考试和按区域划分录取线的做法，实行先考试，根据成绩选拔志愿的做法，原来每市一条录取线改为全省统一的录取线，更多强调学生的志愿。人事制度改革主要改革"单位人"机制，实行"社会人"制度，实行双向选择和社会保障制度，建设全国统一的劳动力市场。全国统一的劳动力市场的建设便利了人员的流动，为人员在全国范围内各行各业之间的流动提供了便利。对于高校来说，全国统一劳动力市场建设的影响体现在两个方面：一是教职工队伍的建设，需要面向市场双向选择，某所高校能否吸引到特定的人才，取决于学校的办学实力和社会对学校的认知。二是毕业生，需要面向社会双向选择获取就业岗位，高校的教育教学质量和办学实力就此接受社会的检验。因此，统一劳动力市场的建设对高校发展的影响是巨大的，它一方面要求高校为寻找合适的教职工到市场上与其他高校、企业、社会组织竞争，另一方面要求毕业生利用在学校所学的知识到市场上与其他高校的毕业生以及潜在替代者竞争。作为高校生产的主要要素和主要产出品的集中地，统一的劳动力市场的建设在很大程度上激化了高校之间的竞争。

办学经费多渠道和经费自主使用，是国办高校成为市场主体的核心环节。"公立院校不仅被期望着自行筹集自己的部分经费，而且被期望着彼此竞争学生、政府和企业的支持。支配性的范式不再是作为普通公共事业的教育的范式。它变成了一个教育市场，由政府在背后操纵；学生和家长是这一市场的消费者，教师和学术人员是生产者，而教育管理人员则成为经理和企业家。"[①]

竞争机制的引进是高等教育市场化的路径和主要表现。随着竞争机制在高

---

① ［澳］西蒙·马金森. 杨婷匀译. 教育市场论［M］. 杭州：浙江大学出版社，2008：5.

等教育领域各个层面的引进和布局基本完成，高等教育市场形成。而随着现代大学制度建设的深入和高校治理结构的完善，高校之间的竞争将是全方位的。

在竞争机制引进的同时，高校之间、高校与政府、高校与社会之间的合作重新兴起。2000 年前后的高校合并是一种特殊的合作形式。为了获得更好的竞争优势，在政府的推动下，部分高校合并以组建新的高校。同时以中央部委和地方共建的形式将大部分部委所属高校转给省级政府管理。其时共建的实质不是合作，而是转移隶属关系，是作为行政体制改革的一部分进行的。自2004 年开始，教育部对部分省属高校实施省部共建和地方对央属院校实施共建同时展开，这次共建的目的有两个：一是中央部委拉动地方政府配套支持央属大学的发展规划，让直属高校得到更多的地方资助。二是省级政府支持高校依靠自身特色争取相关国家部委的资金和资源支持，以最大限度地破解省属高校发展受限的不利局面。共建的类型有四种：一是教育部与地方政府对原985高校进行共建；二是教育部、各行业部门对部分高水平的行业特色型院校主要是原211工程院校进行共建；三是地方政府与教育部以及其他部委共建部分实力较强的省属高校；四是教育部以外的国家部委与地方政府共建省属重点高校。共建的模式是相关方面签署共建协议，明确双方的责任、权利和义务。本轮省部共建院校，直接列入教育部与地方政府共建的地方院校不到百所，但地方政府与其他部委签署共建协议的高校较多，据不完全统计，接近200 所。

本轮省部共建的目的是发挥地方政府和国家部委的各自优势，推动重点高校特别是央属重点高校和省属重点高校发展，对提高我国高等教育的整体水平是有很大作用的，尤其是后两种共建类型，不仅为共建高校带来了经费支持，更重要的是改革、发展、建设等方面的指导与扶持。但这种共建面向的全部是重点院校，基本不涉及新型大学和普通本科院校，这意味着共建支持的力度越大，重点院校与普通院校之间的距离越远，进一步加快了高校的分层。

第三节　高等教育市场的结构与特征

通过逐步的改革，我国形成了高等教育市场。但这个高等教育市场不是完全意义上的市场，而是一种政府主导下的准市场，是在政府的推动和调控下、国办高校和社会力量共同响应形成的。高等教育市场也不是单一的市场，而是多个亚市场的组合。

一、高等教育市场化

20 世纪 70 年代以来，高等教育市场化的趋势在全球涌动。这种市场化以国内市场化和国际市场扩大为特点。在部分国家特别是发展中国家，高等教育国际市场的竞争催生或引导了国内的市场化。世界贸易组织将教育尤其是高等教育作为第三产业（服务业）看待。"入世"和高等教育体制改革促进了我国高等教育的市场化。

（一）高等教育市场化的内涵

"市场化"是个舶来语。按照西方学者的解释，"市场化"是指运用"私有领域"或市场的概念、原则和做法，来营运公共事业和公营部门，其目标是要使公共服务变得更能适应市场（顾客）的需要。（Aucion，1990；Flynn，1997）[1] 在高等教育领域，"市场化"指的是"一个过程，通过这一过程，教育成为由相互竞争的供应者提供的商品，教育服务按质论价，能否取得这种服务取决于消费者的精打细算和支付能力"（Yin，White）。[2] 中国学者认为"市场化"的目的是要改变高校由于严重依赖政府规制而不能灵活适应社会的各种需求，并期望在一个竞争的环境下驱使高校面向社会办学。[3]

高等教育市场化的表现是高等学校"广泛地卷入各个特定领域的竞争——包括院校的类型、名望的等级，甚至是地理上的分野"。"以不断减少市场割据为标志，更依赖于市场调节而非管理规则。传统教育机构，即非营利性公立院校和私立院校之间，对生源和科研经费，募集的资金和体育竞赛的名次，尤其是对于学校名望的竞争，都在不断加剧。各高校运用多种策略参与竞争，有些非常具有原创性，带来了良性发展。而另一些则因其强度令人震惊。"[4]

美国学者纽曼列举了美国高校竞争的表现形式：（1）奖助学金的竞争。即以助学的名义在价格即学费上争相打折以吸引生源，特别是优质生源——那些能给学校带来更好的声誉、名望的学生，或是那些可以负担得起折扣学费的学生。部分资源短缺的院校则希望通过降低学费能增加生源。（2）面向学生的市场营销，主要是广告和提前录取等。（3）便利设施招生法。以提供各种

① 戴晓霞等. 高等教育市场化 [M]. 北京：北京大学出版社，2004：34.
② 同上书，第42页。
③ 同上。
④ [美] 弗兰克·纽曼等. 李沁译. 高等教育的未来：浮言、现实与市场风险 [M]. 北京：北京大学出版社，2012：9-10.

便利设施的方法参与竞争。如设施齐全的健身中心、豪华的学生会，以及其他一些耗资巨大的改建设施，目的是务求使学生生活更加舒适自在、引人入胜。（4）攀越名望的阶梯。主要指各种排行榜上的更高位次和以某些蕴含名誉意味的方法被归类为大学、专业学院或研究院。之所以展开这些竞争，是因为"不断加剧的竞争，尤其是身居塔尖的部分，已经在学生和学校中形成了一个被称为'赢者通吃'的市场局面"。还有学校通过增设优等生荣修学院的方式吸引那些在测验及总平均成绩上都获高分的学生。（5）追逐新财源。从传统的公司培训到在线课程、成人和在职学生的特设课程等，不断尝试各种生财之道，使"高校信用卡成为一个跨越教育机构和提供全面服务的银行间清晰分野的突出范例。高校依据学生和校友们的日常开销，借此种工具向他们收费"。（6）作为消费者的学生越来越善于与学校讨价还价。即将进入高校的学生及其家人越来越呈现出消费者的姿态，有些学生和家长因此寻求顾问的帮助，特别是那些处于富裕阶层的人们，通过寻求顾问的帮助而更好地掌控整个录取进程；录取后的学生及其家庭则与学校就学校提出的助学金套餐方案讨价还价；就读的学生在发现教室授课质量乏善可陈或略增不便时选择就近或上线搜索到替代品。纽曼等人认为导致这种不断上升的脱离高等教育传统的竞争态势的原因，既不是源于生源的缺乏，也不是源于资金缺乏。[1] 戈登·温斯顿将高校之间的这种竞争称为"军备竞赛"：高校被裹挟其中，陷入一场对更好的学生、更好的师资、常胜的运动队、更多的研究课题、更高的学术名望，以及更重要的，让这一切变为可能的——更多的收入的——永无止境的疯狂追逐之中。[2] 近年来，随着高等教育体制改革的深入和办学自主权的落实，我国高等教育领域内也在发生着类似的变化。

高校之间的竞争还体现在如下方面：（1）新供应商，包括营利性高校、在线课程（虚拟校园）、提供证书培训类课程的信息技术类公司、对其雇员提供内部培训的企业大学、博物馆、出版社乃至设置课程的某些政府机构。（2）课堂里的新技术。（3）高等教育全球化。主要指全球化院校。包括教师的交流、学生的交流，学校在多个国家设立分校或学习中心，联合组建新的学校。

随着竞争的不断加剧，传统高校面临着一系列的压力，特别是营利性高校

---

① ［美］弗兰克·纽曼等. 李沁译. 高等教育的未来：浮言、现实与市场风险 ［M］. 北京：北京大学出版社，2012：10-20.

② Winston, G. "Why Can't a College Be More Like A Film?" In J. Meyerson (ed.), *New Thinking on Higher Education: Creating a Context for Change*. Bolton, MA: Anker, 1997, p. 4.

和在线课程的挤压，国办高校领导层对办学自主权的要求越发迫切。"为了竞争，我们需要更多的自主权。"竞争压力还导致大部分院校投入追求新财源的滚滚洪流中：高额学费，借"入学管理"名义将学费收入最大化，在线课程，基金筹集，公司协议，科研赞助。"市场说真是甚嚣尘上，而且早已不再停留于口头——从外围开始，正不断移向核心。从某种程度来说，圈钱已经变成一个目标。"追求新收入的驱动力不断增强，追求摆脱政府控制的更多自主权的压力也在不断增大。①

（二）我国高等教育的市场化

我国高等教育市场化的两大推手是改革开放和"入世"。

之所以说"入世"是我国高等教育市场化的推手，是因为在世界贸易组织规则中，教育属于服务贸易领域第 5 类，受到《服务贸易总协定》的约束。中国在加入世界贸易组织的过程中承诺放开包括高等教育在内的服务市场，即在高等教育领域内放开市场，高等教育市场化由此得到推动和落实。

我国政府对世界贸易组织教育服务方面的承诺包括三个方面：一是 12 个服务贸易部门都要遵守的共同承诺，即水平承诺。二是教育部门的具体承诺。除义务教育和军事、警察、政治和党校教育等特殊教育服务之外的各级各类教育均为承诺的范畴，即普通高等教育为我国承诺对外开放的领域；允许中外合作办学，并允许外方拥有多数股权，但不承诺国民待遇；允许境外消费；允许自然人流动，有条件地承诺国民待遇；对初等、中等和高等教育服务实行政府定价。三是《服务贸易总协定》规定的基本原则和中国承诺的义务。其中权利有：世界贸易组织所有成员提供的最惠国待遇；世界贸易组织所有成员提供的国民待遇；直接参与国际多边贸易新规则的制定；获得稳定、透明、可预见性的多边贸易体制的保障。义务有：遵守非歧视原则，对进口货物给予国民待遇和最惠国待遇，对服务和与贸易有关的投资履行入世的承诺；将关税逐步降低到发展中国家的水平；逐步放开服务贸易，有步骤地允许外商进入我国电信、银行、保险、证券及分销等服务领域。②

对"入世"带给我国高等教育的影响，原教育部副部长章新胜曾指出："入世将在教育领域内引入新的竞争机制，大学生的就业将越来越受到就业市场供求关系的影响。人才的价值与其就业层次、岗位、薪酬挂钩越来越紧，价值也会较多地通过价格来体现，人才的薪酬水准越来越向国际市场水准靠近。

---

① ［美］弗兰克·纽曼等. 李沁译. 高等教育的未来：浮言、现实与市场风险［M］. 北京：北京大学出版社，2012：36 - 37.

② 章新胜. 加入世贸组织与我国高等教育［J］. 中国高等教育，2002（2）：11 - 17.

高校毕业生在就业市场的表现，将逐步成为评估大学水准和质量的重要标准。这将强化高校的竞争意识、质量和效益的意识，促进高校教育质量和效益的提高。""市场经济的原则将会直接影响高教的评估标准，使我国教育的标准与国际教育标准逐步接近。""入世有利于促进高校根据产业结构调整与人才需求结构的变化，形成主动适应社会需求并为之服务的机制，促进继续教育、成人培训和远程教育的发展，加快终身教育体系的形成。""教育服务市场的国际竞争将加剧。""教育市场的竞争，集中在优秀和有经济价值（如 IT、EMBA 专业）的生源的竞争上。一方面，优势生源的流失将直接影响我国大学的办学水平，没有一流的生源，就没有一流大学。对优秀生源的争夺将更加激烈。另一方面，教育服务贸易逆差的格局在短期内难以改变，并有扩大的趋势。发达国家把介入发展中国家教育市场作为一项重要的服务贸易和产业。'入世'后，中国教育这块巨大的市场将会在更大的程度上吸引跨国公司和外国教育机构来抢占。""对高校优秀人才的竞争加剧。入世后国际竞争的加剧不单单表现在产品市场上，更多地表现在人力资源的竞争上。一是人才竞争国际化，人才流动全球化，国际竞争国内化。由于中外合资或外资企业实行人才本土化战略，他们将会利用高工资和优厚的工作条件争夺我们的优秀人才、优秀教师。二是互联网的出现，使人才市场开始从有形向无形转化，使人才竞争成为'零距离竞争'。三是竞争的焦点可能集中在高新科技研发人才、高级教师和高级经营管理人才、年轻人才。""经济结构、产业结构和城乡结构的快速大变动使高校调整学科专业结构、转变人才培养模式的任务更加紧迫。'入世'将加速推动经济结构、产业结构和城乡结构的变革。特别是'入世'后我国部分产业将可能跨越式发展进入后工业化、信息化时代，对与之相关的传统的人才培养模式提出严峻的挑战。对国际化人才的需求，对复合型人才的需求，对某些短缺人才如金融、软件、法律等的需求将高速增长。传统的教育与人才培养模式重知识轻能力、重传承轻创新、重守业轻创业、重单一型轻复合型的培养模式，很难适应当今社会发展的需要。"① 概括而言，"入世"将使我国的高等教育深深地卷入市场中，不仅在国内加速形成高等教育市场，而且将成为全球高等教育市场化的有机组成部分。

对我国高等教育的市场化来说，"入世"只是催化剂，真正的"市场化"进程实际早已随着改革、竞争机制的引进、办学自主权的落实而开始了。但如果说此前竞争机制引入的目的是为了激发高等教育的活力、适应经济社会发展的需要的话，那么"入世"及此后的高等教育改革和市场化建设，就是为了

---

① 章新胜. 加入世贸组织与我国高等教育 [J]. 中国高等教育，2002 (2)：11－17.

适应"入世"的需要和提高国内高等教育的市场竞争力了，即市场建设成为目的之一，高等教育体制改革更多是适应市场建设和社会市场化的需求。

对具体的高校来说，高等教育市场化意味着两个方面：生产要素的市场化和产品的市场化，具体表现为生产要素和产品的商品化。

生产要素是在生产经营活动中利用的各种经济资源的统称，一般包括土地、劳动力、资本、技术和信息等。在市场经济中，生产要素以商品的形式在市场上通过市场交易实现流动和配置，形成生产要素市场。我国的生产要素市场是作为统一的大市场建设的，主要由金融市场（资金市场）、劳动力市场、房地产市场、技术市场、信息市场、生产资料市场等组成，它也是国际大市场的有机组成部分。高校生产要素的商品化是指高校运营所需要的生产要素通过市场交易实现流动和配置。生产要素的商品化是一个渐进的过程，这种渐进既指不同要素的商品化程度，也指同一要素在特定历史阶段的商品化程度。

受我国改革时序表的影响，高等教育生产要素的市场化落后于普通商品和企业生产要素，但作为整个社会的有机统一体，高等教育的部分生产要素是随着社会大环境一起市场化的，受到统一的金融市场、技术市场、劳动力市场、信息市场、房地产市场及其发展的影响。总的来看，高校生产要素的市场化程度受到高校举办者身份的影响而不完全一致。以房地产为例，呈现出多种供给方式并存的现象。在土地供给方面，政府对行政事业单位一直采用划拨制，即政府根据需要无偿地将土地划拨给行政事业单位，同时允许土地交易，视土地的用途采取不同的交易方式。截至目前，在教育土地供给方面，行政划拨与市场交易并存。其中行政划拨主要适用于政府或国有单位举办的院校，个别情况下也适用于民办高校（含独立学院）；市场购买适用于民办高校（含独立学院），政府或国有单位举办的院校不面向市场购买教育用地。建筑材料基本上是市场供给，即高校从市场上购买或通过招标的方式从市场上购买建筑材料。建设服务方面，无论是设计还是施工，基本是市场供给且是无差别的市场供给。教学仪器设备，在计划经济时期以行政划拨为主，现在主要是市场供给。

教师是高校最主要的资源，也是高校运营最大的投入。经过二十多年的改革，全国性的劳动力市场形成。无论是博士、硕士，还是本科生和专科生，都已走向市场，在劳动力市场中寻找适合自己的职位。以博士、硕士为主的高校教师队伍，以高端人才的身份出现在劳动力市场上，它们不仅受到高校的青睐，也受到政府、事业单位、企业等所有以知识生产和知识应用为基础的社会组织的青睐，求职者与用人单位双向选择。与劳动力市场配套，20 世纪 90 年代取消了毕业生包分配制度，实行毕业生与用人单位双向选择制度；推行教育成本分担制度，学生以学费的形式承担部分培养成本，实行学生助学贷款、学生信用贷款和教育储蓄制度，教育服务事实上成为学生花钱购买的服务，尽管这种购买不是按成本全额购买；2014 年以来将全部在职人员纳入社会保险，结束了公务员和事业单位不用缴纳保险、享受与其他社会成员不同待遇的历史，将全体有劳动能力的社会成员纳入了统一的劳动力市场。尽管公务员、事业单位的在职人员仍然受到编制的身份限制和保护，但社会保险的统一实行为公务员、事业单位人员的离职和转换岗位准备了条件，劳动力成为商品，劳动力不仅可以在政府机关、事业单位之间进行流转，也可以在政府机关、事业单位、企业与其他社会组织之间进行流转，并根据自己的人力资本与用人单位进行交易。报到证、编制等计划经济的事物仍然残留，事业单位与企业、事业单位与政府、政府与企业之间仍然存在着劳动力市场的制度性分割，但统一的劳动力市场的形成已经是大势所趋。

稳定的资金收入是高校运营的主要支撑，高校运营的资金包括日常运营支出和建设支出。计划经济时代，政府投入是作为事业单位的高校的唯一收入来源。政府不仅负责高校的办学经费包括日常运营费用和建设费用，而且承担学生的住宿费、生活费和学习用品费用，即政府承担高等教育的一切直接和间接费用。高校最初的改革动议是给高校一点自主权，其中就有增加收入的考虑。后续的改革很多和增加高校收入密切相关。作为生产要素的资金的市场化具体表现为办学资金来源的多元化。高校先是举办各种成人教育（成人教育的学生要缴纳学费），利用后勤设施面向社会提供服务增加了经费来源，以弥补政府投入不足的名义跨出了经费筹措市场化或准市场化的步伐。其中举办函授和各种成人教育是准市场化的行为，表现为某所高校的面向区域是划定的，每所院校只能在行政划定的区域内招生和培养。但有时某一区域内并非只有一所院校，因而形成市场竞争。利用后勤面向社会提供服务是市场行为。同时出现的是定向培养和委托培养，即某一地方政府或国有企业与特定高校签订定向培养协议或委托培养协议，由高校为该地区或企业定向招收和培养特定人才或委托培养某类人才。在某种意义上，这种定向培养和委托培养也是一种市场行为，市场交换的主体是高校和特定用人单位。面向学校驻地的走读班是另一种形式的委托培养。其次是确立学费制度。先是 1986 年以国务院批转报告的形式，将计划经济时代的人民助学金制度改为奖学金和学生贷款制度，奖学金分优秀学生奖学金、专业奖学金和定向奖学金，学生贷款制度主要是帮助学生解决生活费用。随之出现学生交纳学费接受高等教育的自费生现象。1989 年 8 月，国家教育行政部门与物价局、财政部发布《关于普通高等学校收取学杂费和住宿费的规定》，决定向学生收取学杂费和住宿费。1992 年 6 月，《关于进一步改革和完善普通高等学校收费制度的通知》发布，将确定学杂费、住宿费、委托培养费等收费标准的制定权和审批权交给了高校和高校所在地的省级政府。1994 年,《关于调整普通高等院校学杂费问题的通知》,决定对经批准的37 所高校进行招生、收费制度试点,实行"公费"和"自费"招生并轨,"并轨"后的学杂费按主管部门批准的标准执行。学费并轨很快推行到所有高校,"缴费上大学"取代了"免费上大学"。再次是高校进入金融市场融资。高校进入金融市场融资包括两种形式,一种是通过校办企业或投资入股举办企业的形式进入证券市场,这种形式是高校间接进入金融市场;一种是高校直接进入资金市场,通过信用贷款或委托贷款获得资金,或将资金以委托贷款的形式放给其他法人使用。无论是获得资金,还是放出贷款,委托贷款的方式仅限于个别情况下的使用。高校利用信用贷款发展是 2000 年前后乃至今天我国高校发展的一大特点。在政府的支持下,高校主要是国办高校获得了数亿乃至数十亿元人民币的质押贷款,用于新校区建设。其中仅山东省高校在高峰时沉积的贷款余额就超过了 200 亿元。信用贷款成为我国高校快速发展、实现高等教育大众化的主要工具。复次是竞争性专项资金的设立与获取。竞争性专项资金是我国高等教育领域的政策性工具之一。政府通过科学研究、人才培养、社会服务、师资队伍建设等方面的项目评选和资金配套,引导高校加快发展。经过二十多年的改革,我国高校特别是国办高校已经实现了办学经费来源的多元化,已经涉足了金融市场。虽然政府在国办高校的资金来源中仍起主导作用,市场化已经开始。至于民办高校,办学伊始就面向市场,以学费收入、非主流业务经营收入和借贷资金满足日产运营和发展需要的资金,是金融市场的常客。

至于服务于学校人才培养、科学研究等的教学科研用仪器设备,除少数特殊仪器外,早已纳入了统一的市场,需要高校到市场上去购买。其中国办高校需要通过政府采购系统去购买,民办高校直接参与统一的市场交易。

从要素资源的视角来看,我国高等教育已经市场化,但不是完全的市场化,而是夹杂有大量行政干预的市场化。具体到特定的高校,情况有明显差异,国办高校的要素投入仍以行政手段为主,以市场获得为辅;民办高校以市场获得为主,行政手段为辅。即高等教育的要素投入呈现出行政投入与市场获得并重的特点。从这个意义上说,体制改革和社会转型带动了高等教育的市场化。

二、高等学校的产品与商品

(一) 高等学校的产品

高等学校生产的产品与高校的功能密切相关。一般认为人才培养、科学研究、社会服务是高校的三大主要职能。我国近年将文化传承、国际交流作为高校的职能。不同的高校在各个职能上呈现出不同的投入和产出。在衡量高校的生产能力时，共识性较大的是人才培养、科学研究、社会服务三个领域，这三个领域也是国际社会认知度较高的领域。

就人才培养的职能而言，高校主要向社会特别是劳动力市场提供适合需要的人才，因此有人将毕业生视为高校的产品，这个认识有一定的道理，因为毕业生是高校向社会输出的主要形式，也是人才培养的主要体现。但严格来说，毕业生是具有独立人格的人，在进入高校接受教育之前，这个人就已经存在。接受高等教育只是其社会化和积累人力资本的一个过程，在这个过程中，学生是被加工的对象，也是高校提供的教育教学的消费者。高校人才培养的实质是向学生提供教育教学服务，其产品是教育教学服务。只不过教育教学服务的生产过程和消费过程是结合在一起的。

就科学研究而言，高校主要向社会提供新知识，这种新知识有两种表现形式：一种新知识是通过创新性探究获得的新知识，考虑到创新性探究主要是通过科学的过程发现新知识，发现自然界和社会中的规律性知识，这种新知识的体现更多的是以发现的形式出现的，而不是主观臆造。另一种新知识是在已有知识的基础上，通过整合形成新的知识，即将原有的知识点通过重新构造和整合，形成一种新的知识。在这个意义上，高校科学研究的产出是探究和形成新知识。

社会服务是高校利用自己掌握的知识和知识组合为社会提供特定服务的过程。社会服务的产品是社会需要的知识和知识组合服务。

无论是人才培养、科学研究，还是社会服务，高校的生产都是以知识为基础的，以知识创新、知识生产、知识整合、知识传播、知识应用为路径和特征。即高校生产的产品是知识和以知识为基础的服务，高校的产品属性更多地体现为无形的服务，服务的特性限定了高校的生产方式和组织方式。

（二）高等学校的商品

商品是可用以交换的产品，包括物品和服务。高校供给的商品是可以交换的服务。高校生产的产品并不必然是商品，其产品是否是商品决定于特定的制度安排。在计划经济时代，高校生产的产品只是产品，不能变成商品，或者被限制变为商品。在市场经济时代，高校生产的产品有可能变成商品，具体哪些产品变成商品和商品化的程度，同样受到制度安排的影响。

高等教育的市场化既是高等教育领域的市场化，也是整个社会市场化的组成部分，是以国民经济各个部门（第一、第二、第三部门）的市场化以及政治、社会、法律、文化等部门进行适应性变革的整体社会转型的一部分。市场化的主要特点是高校的产品成为可以在市场上交换的商品。高校及其生产者与消费者之间成为商品交换关系。在高等教育市场上，"学生和家长是这一市场的消费者，教师和学术人员是生产者，而教育管理人员则成为经理和企业家。"①

对于高等教育提供的商品，学术界认知不一。澳大利亚学者马金森认为，高等教育市场中的商品主要有两种：学生商品和知识商品。

1. 学生商品

学生商品是高等学校面向社会生产的主要商品，"学生商品由学生在学习课程期间和（或者）在毕业期间获得。"学生商品有两种：自我完善的商品和培训性商品。培训性商品与自我完善的商品在内容上没有区别，区别在于两者的购买者。自我完善的商品的购买者是学生或其家长，而培训性商品的购买者是雇主，以在职培训的形式表现出来。同样的课程，因为交换关系的差异而可能是两种商品：一种是学生购买的自我完善的商品；另一种是学生的雇主购买的培训性商品。即市场交换关系决定某种商品（课程或课程组合）是自我完善的商品还是培训性商品。自我完善的商品可进一步分为地位商品和自我完善的其他商品。培训性商品也具有地位商品的性质，但由于购买者是雇主而非学生，培训性商品的这种"地位"无法在劳动力市场上为学生带来价值。

地位商品就是教育中的座位，为学生在将来的工作、收入、社会地位和特权的竞争中提供相关利益。精英学校和一流大学学院的"地位"是需求最大的地位商品形式，其他形式的教育与比较适中的竞争利益相连。大多数地位商品都是投资性商品。并非所有教育证书都赋予毕业生地位优势，但地位商品的获得常常通过证书来表示，用于向劳动力市场和后续教育的过渡。② 虽然无法把学校对学生成就的影响与家庭背景的影响分开，精英学校的地位之类的地位商品构成相对的优势是被社会普遍认可的。③ 即高等教育提供的地位商品与高校是密切相关的，地位商品在性质上是分层的，一些高校的地位比其他高校的地位更有价值。那些处在高等教育体系的塔尖的高校提供的地位商品的价值较高。当所有经济商品稀缺时，地位商品是绝对意义上的稀缺。地位商品具有零和性质，"地位竞争，在博弈论的语言中，是一种零和博弈：胜者所得乃败者所失"④。在商品供应中存在某种"社会极限"，当有一定资格水平的受过良好

---

① ［澳］西蒙·马金森. 杨婷匀译. 教育市场论［M］. 杭州：浙江大学出版社，2008：3.

② 同上书，第28页。

③ 同上。

④ 同上。

训练的人口数量增加时，那种资格的价格必定下降，"作为通向最吃香的工作的手段的特定水平教育的支出，其效用将随着较多的人达到那种教育水平而下降。"因此，教育可以向每个人提供知识或技能或社会经验，以无限扩充的形式生产训练有素的生产者，但不能用以生产地位商品。地位商品绝对应该是稀缺的。在普遍性工作资格证书的趋向与资格证书价值下滑导致的位置机会的绝对稀缺之间，资格证书之间的趋异日益加强。即高校之间的差异带来学生所拥有的地位商品的高低之别，在高等教育大众化乃至普及化的今天，部分高校毕业生的地位商品价值上升与大部分高校毕业生的地位商品的价值下降是并存的，且两者之间的差别会越来越大。具体到每所高校的地位商品，与该高校在整个高等教育体系中的位置以及社会的认知密切相关，并受到教育机会的稀缺性的影响。可以说，某所高校在高等教育体系中的位置越高，其所提供的地位商品越少，它的地位商品的价值越高。相反亦然。即地位商品与高校在整个高等教育体系中的位置成正比，与高校提供的教育证书的数量成反比。从高校来讲，这应该是高校竞争，在高等教育体系中追求更高的位阶乃至整个高等教育体系中的塔尖的初衷，即通过自身的竞争追求为社会提供价值最高的地位商品，从而换取社会对高校的同等的投入。

自我完善的商品主要指用来建立知识、自信和关系，获得鉴赏力、感觉能力、语言和行为方式的教育。它扎根于塑造"心灵"和培养鉴别能力的自由教育观念，扎根于扩展到生活每个角落的广告业、商品满意度、理想自我形象（产品模式、名声），扎根于通过治疗获得的个人改造。自我完善的商品在很多时候与地位商品是相同的，两者是难以区分的，但高校生产的自我完善的商品的数量没有限制，即自我完善的商品并不必然具有稀缺性和竞争性，既可以通过市场化的方式生产，也可以通过非市场化的方式生产。

具体而言，某所高校提供的地位商品是以毕业证书为表征的，以自我完善的商品和培训性商品作为实质性内容，并在劳动力市场上以人力资本的形式外显。需要注意的是，所有的地位商品都是投资性商品，自我完善的商品和培训性商品也具有投资性，举凡投资，就存在着风险。人们在探讨人力资本的投资与收益时，往往是在确定性条件下进行的，或者隐含以"完全确定"这一假设为基础，忽视了不确定因素对人力资本投资成本收益的影响。[1] 学生及其家长购买地位商品和自我完善的商品，实际是在进行人力资本投资。人力作为一种资本，与实物资本一样，其固有的特征不只是报酬，还有风险。生产过程中

---

① 赵宏斌，人力资本投资风险 [M]，上海：上海交通大学出版社，2007。参见北京师范大学劳动力市场研究中心公众号对该书的简介。

投入的各种资源、劳动和一定量的物质资本相结合所产生的产品，必须在实现其私有化劳动向社会劳动转化的过程中，才能获得超出成本的利润。即学生及其家长购买的地位商品和自我完善的商品，只有真正演变成学生的人力资本，并在随后的劳动力市场上发挥作用，才能获得超出其购买地位商品和自我完善的商品时所付出的成本，获得投资利润。从学生购买地位商品和自我完善的商品，到在劳动力市场上获得收益，其间存在着大量的不确定性。同时在技术进步和产业结构调整的过程中，这种依附于人自身的资本存量同样面临着劳动力市场需求的不确定性，且由于人力资本与其所有者无法分离，使得人力资本所有者很难通过进入资本市场转让或分散资本所有权形式来减少人力资本编制过时的风险，人力资本的退出风险很高。[①]

2. 知识商品

"知识商品是可交易的知识财产，如已获专利的科学发现和其他研究资料、有版权的著作和艺术作品。"[②] 知识商品由管理知识产权（版权、专利、商标）的法规来规范，包括著作和期刊、研究资料、艺术作品、计算机软件、信息系统和开放式知识联合体或"技术秘诀"。知识产品本身并不具备绝对稀缺性，生产的扩大不一定减少它们的价值，就像它对一定教育水平中地位商品的价值的影响一样。但通过知识产权制度的安排，知识可以成为商品。"知识的特有性质（没有有形实体，容易被复制和传播）意味着它只能在制度化安排赋予其所有者一定程度专利权的领域获得交换价值。"[③] 知识产权制度安排允许这些商品转让、储存和交易。

随着经济社会的快速发展，整个社会的经济化和市场化，科学研究趋向经济化和市场化。"知识将不再是其自身的目的，它失去了自己的使用价值。""科学语言的游戏变成了富人的游戏，谁最富有谁就最有可能是正确的。一个财富、效率与真理之间的等式就这样被建立起来。""专业学生、国家或高等教育机构现在的所问的问题（明显的或暗含的）不再是'那是真的吗'而是'那有什么用'，在知识的重商主义背景下，这个问题往往相当于'它可出售吗'，而在权力增长的背景中，则是'它有效吗'。"[④]

随之而来的是科学研究的重构。商业性研究成为政策和管理的主要目标，终极目标不再是学术论文的有机增长，而是可售知识商品的生产。科学研究重

---

① 赵宏斌. 人力资本投资风险 [M]，上海：上海交通大学出版社，2007。参见北京师范大学劳动力市场研究中心公众号对该书的简介。

② ［澳］西蒙·马金森. 杨婷匀译. 教育市场论 [M]. 杭州：浙江大学出版社，2008：94.

③ 同上。

④ 同上。

构的力量是政府和管理。在现实中，基础研究与应用研究的差别不是取决于事实或研究内容，而是取决于对研究过程的控制。广泛的科学问题研究不同于具体的应用研究，但科学研究与应用研究并不必然在"性质上有差异"，两者都是形成真理和增加知识。①。顾客导向的研究是应用研究，以同行观点为基础通过竞争分配到资助的研究是基础研究。而随着企业科学的发展，基础研究与应用研究之间的差别开始在理论和实践上被打破。OECD认为"缩短科技的生命周期的趋势"使"纯科学"和"应用科学"更紧密地结合在一起。自主的基础研究为一种应用使命所渗透，从而开始关注技术转化，使科学从属于产业。即"纯科学"通过应用使命的渗透而具备了产业性。

高校科学研究的重组使研究工作更加多样化和复杂化，加强了市场性。学术研究的形式取决于研究受研究者本人还是雇主机构决定的程度（自治）和承受市场力量的程度（经济）。根据这两个因素，学术研究可分为由学者决定的非市场研究，由政府部门、大学决定的非市场研究，由研究者和商业客户协商决定的商业研究，由研究者的雇主同商业客户协商决定的商业研究四类。其中，第一类学术研究由同行判断决定，成果在学术期刊上发表，主要的奖励是学术声望和职业生涯的晋级。第二类学术研究由管理者即高校和政府部门管理和判断，主要奖励是政府部门和高校的认可以及由此带来的学术声望和职业生涯晋级。第三、第四类研究均由商业客户管理和判断，主要奖励是商业客户给予的回报。实际的学术研究"是这些不同形式的复杂结合，这些形式的研究常常在同一部门同时出现，也混合在个体的工作量当中"。"还有中介和交叉形式的研究"②，并不完全必然地分开。

从具体的参加者来看，高校科学研究的市场化体现在两类人员身上。一类是市场专业人员，一类是企业专业人员。后者的工作由雇主决定，具有"等级性、中央决策、团队合作、个体与集体利益的计算"③ 等特征。当高校控制学术劳动和科研成果的知识产权时，高校就将学者变成了单位人即企业专业人员。市场专业人员包括那些亲自同他们领域的整个市场相联系的艺术家和作家，也包括企业家学者、私营研究者和咨询者，他们自己界定自己的工作，不过都是"市场产品，就像一个想法能抢占先机一样"。市场专业人员与企业专业人员的差别是研究者本人还是学校拥有知识的产权，如果是双方分别拥有，

① ［美］斯劳特、［美］莱斯利．黎丽译．学术资本主义：政治、政策和创业型大学［M］．北京：北京大学出版社，2008：67-69。

② ［澳］西蒙·马金森．杨婷匀译．教育市场论［M］．杭州：浙江大学出版社，2008：182.

③ 同上。

则可以称为混合所有制人员。

近年来，市场专业主义在学术研究中有明显增长的趋势。学术管理者和专业的官员，尤其是后者"重塑了他们的科学知识论"，"市场中的想法，即该卖什么，是由专家、政府和产业根据社会和经济的考虑来构建的"，它也经常由那些知道"科学知识必须同市场专家意见相结合"的学者所创造。市场专业主义的增长及其声望的扩大使学术劳动力定型为三级结构："最高层的学者以研究中心为基地或在与市场联系紧密的领域生产知识财富，第二层由传统的享有终身职位的学者组成，从事教学和非市场研究。第三层是临时研究员和兼职教员，工作不稳定，常常依赖市场中产生的现钞。""当学术传统体现为地位的竞争时，它促进了商业化，而在向商业研究转变的过程中，竞争变得更加广泛深刻。"在市场中，"人与人之间的社会关系转化为物与物之间的社会关系"①。"科系和单位领导执着于投资者—科学家的概念，从而导致了知识的私有化"，发展了新的营利产业。即高校和高校领导人对科学研究的重视和追求，将学术资本主义引入高校内部的做法加快了知识的私有化和知识产品的商业化。

默顿主张科学研究应该遵循普遍主义或世界主义原则，认为科学提供的是公共产品，与国家利益、集团利益无关，而应服务于人类的共同利益。他也认为科学研究应该遵循知识共有原则，即科学的产品就是科学的知识体系，不是属于创造者私人的，而是属于公共的，是一切想要利用它的人的公共财产。②但在现实社会中，通过专利制度安排，政府和社会使部分知识变成了商品。作为知识产权的知识商品的管理位于市场经济的总体性法律——财政框架之中，它使商品服从于资本的力量，并在知识流动的循环中转让，同时使非市场知识产品作为无稀缺性商品而被贬值。知识的天然市场价格为零。"一种持有资源的稀缺往往会构成该资源专有财产授予权的经济公正性的基础。而至于信息，这种'稀缺'的因素显然是不存在的，因而这种资源的私有产权的建立是'人为地制造稀缺现象，它们并非源于信息自身。'"③

知识产权由法律权利构成，这种法律权利是在知识活动的指定形式（从发现、发明或者创造新思想、设计到对已有知识的加工、整理、修订和呈现）所产生的成果之上协商达成的。知识产权有五种法定的保护体制：版权、专利

---

① 马克思. 刘潇然译. 政治经济学批判大纲（第一分册）[M]. 北京：人民出版社，1975：93.

② ［美］R. K. 默顿. 鲁旭东、林聚任译. 科学社会学 [M]. 北京：商务印书馆，2003：370 – 371.

③ ［澳］西蒙·马金森. 杨婷匀译. 教育市场论 [M]. 杭州：浙江大学出版社，2008：182.

权、商标、注册设计和自成一派的领域。拥有知识产权的所有权在特定期限内就成为唯一使用该财产的人，可转让、放弃、特许及捐赠它，也可当作一种保护的方法，可控制或指导其发展，建立与其相关的合法身份，拥有征税及其他法律、金融的权力和义务。① 在我国，以国家知识产权局为主导，已经建立起营销知识产权的市场体系和相关的制度体系。教育行政部门、科学技术行政部门等部门参与了相关工作，高校则以独立法人的形式参加了这一工作。

知识产权在创造权利和提供保护中具有刺激和鼓励创新的作用，它提供了改进企业运行效率或增加生产线的机会，因而提供了进入新市场或维持已有市场的机会，包括本土市场和国际市场。很多时候，缺少知识产权意味着着手倡导某些新的、独特的事物的机会及其成功率会大大减少。② 即缺少知识产权保护将影响人们的创新冲动和创新效率，导致整个社会的创新萎缩。改革开放以来，我国知识产权保护制度建设的主要考虑就是推动知识创新和技术创新。从计划经济时代的多家企业共用一个商标、强调集体智慧和力量到重建知识产权保护制度，鼓励企业使用和保护自己的商标与知识产权，我国在知识创新和知识管理领域经历了革命性的发展。

现实中，高校的大多数研究者不直接涉足商业活动，但要服从学校的研究管理。随着经济社会的市场化，高校研究者为了筹集经费而承受着越来越大的压力。多数高校设立了科研奖励，当个体成功得到拨款时，他本人也会获得奖金。考虑到职位和晋升，增加筹款的能力变得越来越重要。部门和院系也根据其研究资金和出版物的水平来获得奖励和惩罚。在新的研究框架中，"学者被期望按预定时间完成其研究，为一个可确认的市场提供产品，并在其中为了出售而竞争"，不管那个"市场"是形而上学的还是商业化的。③ 即在高校内部，知识创新的竞争是时刻存在的，这种竞争并不单纯是为了知识商品化带来的收益，而是筹款、职位和晋升等综合因素的影响，即学校内部劳动力市场竞争的需要，这是另一个层面的市场和市场交换，它的竞争激烈程度建立在内部劳动力市场的完善程度上。在这个意义上，高校内部劳动力市场的建设极为重要，它与组织内部市场机制形成密切相关。

（三）我国高校产品的商业化程度

在我国，教育产品的投资性一直存在，典型代表是科举取士和读书人

---

① ［澳］西蒙·马金森. 杨婷匀译. 教育市场论［M］. 杭州：浙江大学出版社，2008：183.

② 同上书，第184页。

③ 同上书，第186～187页。

"朝为田舍郎，暮登天子堂"的理想。宋真宗的《劝学诗》形象地描绘了教育所具有的地位商品可能带来的收益："富家不用买良田，书中自有千钟粟；安居不用架高堂，书中自有黄金屋；出门莫恨无人随，书中车马多如簇；娶妻莫恨无良媒，书中自有颜如玉；男儿若遂平生志，六经勤向窗前读。"自科举制实行以来，读书和从军一样，成为一般人改变自身命运、跻身社会上层的途径。

在科举制盛行的传统社会，读书人通过科举考试获得当官的资格，从而获得远高于一般人的社会地位和经济地位。读书是一种投资行为，是为了与皇帝及其代表的朝廷进行交换，即通过做官将自己的所学为朝廷做贡献，从而为个人赢得地位和收入，所谓"学成文武艺，货卖帝王家"。在当时情况下，读书人（包括文的和武的）和皇帝的交易是通过科举取士的方式实现的，只有经过科举取士，读书人所积累的知识或者说人力资本才有变现的可能。在这个意义上，较高层次的教育作为最接近可变现人力资本的阶段应该是最具有商业化可能的教育，或者说较高层次的教育所提供的产品应该是商品化程度最高的地位商品。但中国传统社会的现实是，这种较高层次的教育基本是由政府举办的，目的是为政府培养人才。即传统社会的官办教育具有很强的目的性，是为皇帝及其代表的朝廷服务的。皇帝及其代表的朝廷之所以举办教育，是为自己培养人才的，是为了招揽和培养"治世之才"，维持自己的长久统治。因此，提倡"忠""孝"的教化性思想成为包括官办教育和私立教育的核心。这一传统一直流传至今，使得道德教育即"德育"和教化功能被置于各类教育的首位，并成为整个社会的共识。

在计划经济时期，高等教育实行精英教育，政府不仅提供高等教育资源，将教师变为政府雇员，而且作为人力资本的使用者为学生提供免费食宿和学习费用。高等学校和中等专业学校作为培养专门人才的学校，其学生在入校之初即获得户口、粮食供给等象征地位的权利。即学生作为高等教育的消费者不仅不用承担相关的费用，反而能获得政府的一切资助。这时的高等学校和中等专业学校的运作形式与古代的太学等官办教育机构基本一致，学生与学校之间表面上不存在交换关系，高等学校和中等专业学校更多承担的是为国家遴选和培养人才的职责。实际上学生被高等学校和中等专业学校录取即意味着学生个人与政府的交换的开始，只要不出意外，这种交换基本等同于完成。在这一交换过程中，学生用于交换的是自己未来可以预期的人力资本。只不过这种交换被计划经济体制下形成的精英人才的教育与就业一体化制度掩盖了。因为高等学校和中等专业学校的学生一经毕业即需接受政府的指派到相应的工作岗位工作，在就业这个问题上毕业生基本没有自主权。政府作为教育的举办者和毕业生的用人单位，将对学生地位商品和自我完善的商品的购买提前了。

改革开放以来，先是成人教育，接着是全日制普通教育，先是民办教育，接着是国办教育，逐步开始实行收费制。1978 年开始招收付费的自费生；1984 年开始招收单位付费的委培生；1983 年将助学金改革为助学金和奖学金；1987 年助学金进一步改革为奖学金、助学金和学生贷款；1989 年对所有学生实行收费并正式建立"双轨制"。1989 年确立的双轨制度，除部分专业仍然实行政府包揽学杂费的旧制度外，大部分专业的学生都要支付学费。在缴学费的学生中，国家任务计划招收的公费生和定向生，仅缴纳较低的学杂费，通过市场调节招收的自费生和委培生，则需要缴纳较高水平的学杂费。1993 年，部分高校试行"招生并轨、学生缴费上学"改革；1997 年，全国高校基本完成"招生并轨、学生缴费上学"改革。[①] 在我国学费制度建立的过程中，社会对人才的需求和学生求学的强烈欲望起到了积极的推动作用。如 1992 年全国普通高等学校招生增加了 12 万人，其中 80% 是自费生，20% 是委培生。[②] 1993 年的本专科招生中，委培生和自费生占到招生总数的 38.99%。比 1992 年增长 12.31 个百分点。学生缴费上学，意味着教育产品用于了交换，即高等教育产品变成了某种程度的商品，马金森所说的学生商品在我国出现。

但我国的高等教育学费制度在很大程度上带有计划经济的痕迹，主要表现是学费标准没有体现各个学校带给学生的地位商品的差异，处于地位商品顶端的学校确定的学费标准与地位商品较差的学校的学费标准差别不大，即因学校办学水平不同带来的学生地位商品的差异不是用学生的学费标准衡量的，这种差别更多地体现在学生入学的分数上，即前述的学校差异更多体现为高等教育的遴选功能，而非交换中的价值体现功能。另外，我国实行的是高等教育成本分担制度，即政府和学生及其家庭各自承担高等教育成本的一部分，学生缴纳的学费并非高等教育成本，而是高等教育成本的一部分。因此，我国高等教育的学费标准偏低。如果以政府确认的高校日常运营成本计算，学生缴纳的学费通常是运营成本的三分之一左右。在具体的运作中，政府允许部分热门专业如经管类专业提高学费标准，也不过比其他专业提高 10%。在这些意义上，我国高等教育的产品虽然已经商品化，但商品化还处于低端水平上，尤其是地位商品，基本还难以通过学费标准体现出来。近年来，随着学分制和按学分收费

---

① Chung. Y. P. and Lu. G. S. *Change in Higher Education in Response to Economic Development in Mainland China.* Paper presented at the Annual Confernce of the Comparative and International Society in Buffalo, New York, 1998. 3. 18 - 22.

② 国家教委. 国家教委关于今年普通高等学校招生计划执行情况的通报（2），教评〔1992〕201 号，1992 - 10 - 05.

制度的实行，作为自我完善的其他商品的学生商品的商品性日益彰显，即修读不同的学分需要缴纳不同的学费。

至于知识的商品化，并不单纯存在于高等学校，而是整个社会商品化特别是知识商品化的一个有机组成部分。

无论是作为学生商品的产品，还是作为知识商品的产品，在我国目前都不是完整的商品，只是带有某些商品性质的产品，这些产品的交易有交换的形式，不是真正的完整的市场交换。

三、高等教育市场的结构、性质及其解释

随着教育资源的市场化和高等教育产品的商品化，围绕着高等教育形成了一个市场体系。

（一）高等教育市场结构

就作为整体的高等教育来说，它在面向市场获取劳动力、办学设施设备、校舍和部分办学资金的同时，从政府获得部分办学资金和土地。从资源输入的角度看，它既面向劳动力市场、工业产品市场（教学仪器设备）、建筑市场和金融市场，也面向政府，其中以面向市场为主。同时，高等教育向社会输出学生商品和知识商品，从而面向劳动力市场和技术市场。

对于具体的高校来说，高等教育市场体系是一个以高校之间竞争为核心，包含多个层次、多个领域竞争的市场体系。高校之间的竞争表现为高等教育的核心竞争。围绕着高等学校的职能，高校之间分别在投入、产出、服务对象等层面展开竞争。其中，在投入层面，主要是对教师、管理人员和教学仪器设备等生产要素的竞争；在产出层面主要是人才培养、科学研究、社会服务等方面展开竞争，竞争的核心载体是知识和知识组合；在服务对象层面主要是生源特别是优质生源的竞争。同时，高校之间还在声誉、名望、政府资源等多个角度展开竞争。

高校是分层的，同一层次的高校之间构成主要的竞争关系。如普通高校与普通高校的竞争，成人高校与成人高校的竞争，老牌本科院校与老牌本科院校之间的竞争，新型大学与新型大学之间的竞争。老牌本科高校内部又有研究型大学与教学型院校的分层。新型大学内部也有明显的分层，不同层次之间的新型大学展开竞争，同时与其他层次的新型大学展开竞争。高校内部还有类型之分，如基于学科和学科组合的高校分类，同一类型的高校之间的竞争更为直接和激烈。从市场的角度看，高校竞争的对手是办学定位相同的高校之间的竞争，即细分市场相同的高校之间才形成竞争关系。

与高校分层密切相关的是教育市场的分割。教育市场是被垂直分割的，首

先是公—私立市场的分割，然后是公立学校中顶层学校与其余学校的市场分割。[①] 在中国的现实中，其余学校之间还存在着老牌本科高校与新型大学的分割。

在高等教育体系内部，学校之间的分化是性质上的，在权力的地图上它们各自的地位有所表现。政府信任成功的公立高校，任由它们管理自己的事务，而且它们所处的地位使它们免于直接的市场压力。弱势的公立学校不仅被用于教育任务，而且被用于一定量的人口管理的任务，它们既要服从市场规律，又要服从比较传统的控制。

高校还与其他社会组织形成竞争关系。如普通高校与成人高校或提供在线课程、课程培训的企业组织之间的竞争；高校与企业和其他研究机构在知识创新和知识整合方面的竞争；高校与企业、政府、社会组织等单位之间针对人才、教学仪器设备、社会服务等方面的竞争；高校与企业、其他社会组织在政府资源方面的竞争；高校与企业、其他社会组织在教师、学生服务方面的竞争；等等。

（二）高等教育市场的性质

我国虽然向世界贸易组织承诺开放高等教育市场，在高等教育领域简政放权、引进竞争机制和落实高等学校的办学自主权，在各个方面推进高等教育市场化，但我国高等教育领域并非完全的自由市场，而是政府干预下的准市场。即使按照《中共中央关于全面深化改革若干重大问题的决定》和《国家中长期教育改革和发展规划纲要（2010—2020）》对未来的设计，我国的高等教育市场也是一种政府管理下的准市场，而非完全的自由市场。从高等教育领域运行的现实来看，我国政府对高等教育市场的作用不仅是干预，而且是主导。

《国家中长期教育改革发展规划纲要》在"体制改革"部分提出要进行"人才培养体制改革""考生招生制度改革""建设现代学校制度""办学体制改革""扩大教育开放"的同时提出"管理体制改革"，明确提出"健全统筹有力、权责明确的教育管理体制"，"形成政事分开、权责明确、统筹协调、规范有序的教育管理体制。中央政府统一领导和管理国家教育事业，制定发展规划、方针政策和基本标准，优化学科专业、类型、层次结构和区域布局。整体部署教育改革试验，统筹区域协调发展。地方政府负责落实国家方针政策，开展教育改革试验，根据职责分工负责区域内教育改革、发展和稳定。""完善以省级政府为主管理高等教育的体制，合理设置和调整高等学校及学科、专

---

① Simon Marginson. *Markets in Education*, Allen & Unwin, Sydney, 1997, p. 141.

业布局，提高管理水平和办学质量。依法审批设立实施专科学历教育的高等学校，审批省级政府管理本科院校学士学位授予单位和已确定为硕士学位授予单位的学位授予点。""改变直接管理学校的单一方式，综合应用立法、拨款、规划、信息服务、政策指导和必要的行政措施，减少不必要的行政干预。"即对政府来说，改革的只是政府对高等学校的管理模式和高等教育的管理体制，并非放弃政府对高等教育的管理。

就国办高校来说，政府是学校设立的审批者，学校举办的投入者，学校日常办学经费的主要提供者，学校办学资格（专科、本科、研究生）的审批者，政府还通过立法、规划、信息服务、人员控制、治理结构控制等对学校进行干预。国办高校不具备成为独立市场主体的条件。在这种情况下建立的高等教育市场不可能是真正的市场，只能是引进竞争机制的政府主导的准市场。

即使是民办高校，也不可能是完全独立的市场主体。民办高校的独立性远高于国办高校。在政府与民办高校的关系中，政府是学校设立的审批者，学校办学资格的审批者，政府通过立法、资助性拨款、规划、信息等方式对学校进行干预。民办高校的独立性表现在投入、经费、人员和治理结构的选择上，自负盈亏，自我承担法律责任。

高等教育市场是政府主导的准市场，这一观点是国际社会的主流观点。纽曼指出：竞争在不断增强，收入来源更加多元，决策者们有意利用市场力量达成高校在一定范围内的责任义务——在这样的情况下，如何组织市场力量成为关键问题。竞争并不会自动形成更好的大学。这些力量必须强大有力到足以促动改革。同时，它们又必须受到应有的引导或限制以防止损害。所有有效运行的市场都会受到某种程度的规范和引导，而那是政府战略性干预的结果。[1]"无论是决策者还是学界的高层，都要克服传统的怠于参与的消极心理，就高等教育的本质属性与对方进行实质性的讨论，如果没有这样的讨论和有意识的规划，高等教育体制极有可能陷入某种市场导向的新格局而缺乏足够的约束，且其基本功用将持续不断遭到侵蚀。这种新格局一旦建立，势难改变。结果或许是高等教育某些属性的丧失，而这些属性对于一个自由而又高效运转的社会来说是十分必要的。"[2]"在当今的政治讨论中存在着这样一种倾向，就是将市场的培育视为通过政府的管控的缺席（或取消）来实现，然而，为求公平而高效地运转，每个实际的市场都需要政府战略性的干预。缺少这样的干预或是

---

① ［美］弗兰克·纽曼等．李沁译．高等教育的未来：浮言、现实与市场风险［M］．北京：北京大学出版社，2012：47.

② 同上书，第49页。

干预的力度不足，出现混乱与灾难的后果将不足为奇。""即使在市场的各部分都已取消了管制的时候，某些规则仍然是必要的。"①"引入竞争机制并不会导致管理的减少，而是在管理上有所不同。这个市场并非自发产生，它是被塑造出来的。"②

纽曼提出要"打造成熟、审慎的市场"，其中，需要政府的战略性干预、明确应达成的公共目标、作为市场动力的信息、明晰高等教育市场的风险、创建成功的市场、确定塑造市场的新政策是必备的环节。对于政府的战略性干预，纽曼指出："政府工作的一部分，是对市场加以组织，或对竞争的影响力及高校的利己主义予以引导，而不是简单地废除规则。""立法者及高校领导人双方共同面临的任务并非仅仅让高等教育市场运转起来即可，还要让它满足当高等教育体制不断发展时随时间推进而形成的各种公共目标，既创造条件帮助学生进行明智的选择，也产生压力鞭策高校不断改进。"政府对学术市场进行干预的途径包括：规则、信息或补助津贴，"典型的干预措施可能包括：防范欺诈，对必要而无利可图的服务给予政府补贴，制定基本规则以确保正当的（或防止不正当的）竞争，或建立质量最低标准。"③提供市场公平高效运转所必需的信息是政府的重要干预手段。

高等教育市场存在着风险（缺乏满足公众需求的动力），"在决策者们强调更取决于市场力量的其他很多社会部门，正如经验所明白显示的那样，这些力量很难轻松驾驭令其达成公共目标。正如目前所显示的那样，高等教育市场几乎没有任何动力达致这里所提及的公共目标。"纽曼指出，高等教育市场要健康运行，就必须克服几种倾向：一是现行的注重名誉声望的竞争模式，该模式并没有满足公众对学生的学习质量方面的要求。二是市场倾向于关注那些掌握着资源以及入驻校园后将对学校在名望之战中的胜出有所助益的学生，价格战更有利于优势学生群体和优势学院。三是市场竞争有可能带来高校的同质化。"除非受到有意识的引导，市场本身并不能激发对于质量较于名望的重视。市场对名望的兴趣常常在质量之上，而且名声常常带来相当不菲的附加值。"更为复杂的是，高等教育系统的本质在很多方面与通常的市场化部门的本质并不尽相同。高等教育与市场化部门的本质差异表现在四个方面：学生既

① ［美］弗兰克·纽曼等.李沁译.高等教育的未来：浮言、现实与市场风险［M］.北京：北京大学出版社，2012：86.

② Pearlstein, S. "On Califonia Stage, a Cautionary Tale", *Washington Post*, Aug. 21, 2001, p. A01.

③ ［美］弗兰克·纽曼等.李沁译.高等教育的未来：浮言、现实与市场风险［M］.北京：北京大学出版社，2012：88.

是投入也是产出；各种不平等资助总有办法使自己永续不废，而且经常是一个好学生上好学校可以比一个普通学生上普通学校时付费更少；存在着被名望不断加剧的"价格和质量上泛滥成灾的多重标准"；制造的是以各种定性和量化的组合"互相依存的产品"如学位、毕业文凭、研究、服务。有用信息的缺乏进一步妨碍了有效市场的产生。因此，"除非在运用公共政策监管市场时足够谨慎小心，否则很可能出现的一个后果是，许多高校将不得不损害其公共取向。与更专注的营利性高校相竞争所产生的不断上升的压力，将迫使高校将其时间、智慧和资源都倾注到受威胁的项目上（比如人气居高不下的商科类专业的学生教育），而不是那些虽然对公众十分重要却不得不通过跨科赞助的方式维持存续的科目（低选修专业如比较文学，费用昂贵专业如制药专业，不仅在促进经济发展上提供了帮助，还有力地支持了向公众开放的文化活动）"。①

　　因此，要创建成功有效的市场，"关键在于一个设计巧妙的体制"。"当一个州向着市场化体制改革的时候，一个精心设计的方案是十分必要的。此外，它还需要一套能克服各种阻碍的政治策略。高校负责人则应大步前进，并推动制定一个确保慎重而必要的干预，同时又避免遁入旧式的管理窠臼的规划方案，以免高等教育以两败俱伤告终。""创立针对学习的多少及质量的优劣的衡量模式变得前所未有地重要起来。""在确保市场有效运行的努力中，有关学习质量的资料信息可能是最核心的需求。"②

　　从我国的现实出发，国办高校拥有的办学自主权，不一定是越多越好、全部下放最好，政府应该保留国办高校的设置权、保障权、监督权、统筹权等。设置权就是政府对于高等学校设置、变更的权力。保障权包括资源分配、经费保障划拨的权力。统筹权包括宏观调控、合理安排的权力。如果所有的管理权都给国办高校，国办高校就有可能变成纯粹的自负盈亏的机构，也有可能产生消极竞争。这对国办高等学校的发展是不利的，也不符合法律的规定。高校办学自主权具有权利和权力的双重属性。一方面，在政府和学校的关系中，相对于政府的行政管理权，高校办学自主权是一种权利；另一方面，高校办学自主权在行使的过程中，相对于学校内部和外部的有关主体，又可以转化为一种权力。如高校招生自主权，对于考生来说具有权力的性质，对考生具有一定的支配性。与政府权力的行使一样，高校如果没有自我规范，可能会越界；权力的行使，如果没有自我约束，可能导致专横。因此，高校办学自主权行使过程

　　① ［美］弗兰克·纽曼等．李沁译．高等教育的未来：浮言、现实与市场风险［M］．北京：北京大学出版社，2012：96.
　　② 同上书，第7页。

中，要完善权利和权力的运行机制。政府的战略性干预会对权利和权力运行机制的完善起到积极的促进作用。①

章新胜认为，长期以来，我国政府和学校的关系是一种控制和反控制的关系，而不是良性的、有机协调的关系，由此导致在高校自主权的问题上存在着"一放就乱，一乱就收，一收就死"的怪圈。在这样的体制机制中，高等学校不能简单地要权，随意地用权；政府也不能简单地放权，随意地收权。高等学校作为社会组织，其成长和发育有一个螺旋式上升的过程。高校获得自主权的时候，要进行自我规范，要坚持公共取向，担当公共责任；当高校自主权的行使出现偏差的时候，政府应该进行纠偏，而不是简单的收权，更不能因为一个人的问题、一所学校的问题而全面的收权。在放权的同时要形成对高校办学自主权行使的监督机制。监督的渠道有多重，包括党的监督、行政监督、教职工的民主监督和社会监督。②

（三）高等教育市场属性的解释

高等教育市场之所以是政府管理下的准市场，而非完全纯粹的市场，主要是受到以下因素的影响。

一是真正纯粹的市场是不存在的。在人类社会的历史上，从来就没有存在过纯粹形态的市场经济，也不存在纯粹形态的计划经济。纯粹的市场经济，或纯粹的计划经济只是理论抽象。实行市场经济的国家，政府都在不同范围、不同程度上干预经济。实行计划经济的国家，也都在不同范围、不同程度上利用市场机制。③

二是与高等教育的准公共产品特性密切相关。高等教育生产的特性，是基于高等教育的产品的属性而言的。一般认为，高等教育属于准公共产品，具有很强的正的外部性。美国经济学家劳埃德·雷诺兹指出：一个物品可能在某些方面是私人物品，而在另一些方面是准公共物品。高等教育就是一个明显的例子。一个人学完了大学，他获得高收入、乐意的工作，能增加满足的广泛的兴趣，他得到这些私人的好处。但是，人们普遍地认为，在人口中有更多的大学毕业生，除了对他们本身有好处而外，对别人也有好处。乔·史蒂文斯指出：几乎没有人会否认，通过教育会产生确定的正向外部性，社会应该鼓励它们的供给。不仅接受高等教育的人可以从中得到很大的收益，而且会使整个社会因

---

① 章新胜. 加入世贸组织与我国高等教育［J］. 中国高等教育，2002（2）：11–17.
② 同上。
③ 王善迈. 市场经济中的政府与市场［M］. 北京：北京师范大学出版社，2002：前言1.

受教育者的文化程度的提高而收益。①

高等教育的正的外部性体现在如下几个方面：（1）教育水平的提高有利于政府政策的顺利贯彻。主要表现在优生优育和经济政策两个方面。在优生优育方面，人们文化程度的提高，收入水平的相应增加，为子女的教育提供了资金保证；受教育程度高的人，对其子女的受教育要求也会相应地提高；文化素质提高带来的个人收入水平的提高，增加了他们养育子女的机会成本，相应地降低了人口数量的需求；教育水平的提高，提高了受教育者的初婚年龄，也有助于控制人口。在经济政策方面，实践证明，居民受教育程度越高，拥有良好的经济学素质，越能更好地理解宏观调控政策背后隐藏的政府意图，政府的宏观经济政策的收效会增大，甚至会收到事半功倍的效果。（2）教育水平的提高有利于社会稳定。其一，社会成员受教育水平的提高会增加犯罪成本；其二，教育尤其是德育教育有可能帮助公民树立正确的道德观；其三，教育能使公民获得赖以谋生的一技之长，免于堕入无业游民的队伍。高等教育在后者的表现最为突出。（3）教育水平的提高有利于政治水平的提高。教育为灌输政治思想提供了理想的途径，使得公民更容易接受他们的政府和政府政策，有助于维持政治稳定。在民主社会，教育为投票者提供了观点和背景，帮助他们作出选择。（4）教育对提高人们的健康水平有积极作用。教育水平的提高，使受教育者的卫生保健知识更为丰富，对其本人及其亲属、朋友的卫生保健都有益。② 此外，国家竞争的需要在一定程度上增加了教育特别是高等教育的外部性。

当然，相对于基础教育来说，高等教育的外部效益是低的，即外部效益占高等教育总收益的比重偏小。据一般估计，一个大学生的个人收益可能是他所受教育带来的全部收益的80%，另外20%是作为外部收益造福社会的。③ 但在一个已经实现高等教育大众化甚至普及化的国家或地区，如果一个人没有受过高等教育，他对社会的负的外部效应就很明显。这应该是政府鼓励人们接受高等教育从而对高等教育进行干预的考虑之一。

高等教育产品的准公共产品特性，特别是它的弱外部性，决定了高等教育的资源配置可以引入市场机制；但完全的市场机制不可能完全满足供给，需要在市场供给的同时由政府供给，国办高校由此产生，或需要政府进行干预。

---

① 杨明. 政府与市场：高等教育财政政策研究 [M]. 杭州：浙江教育出版社，2007：32 - 33.

② 刘华. 财政政策与人力资本研究 [M]. 武汉：华中科技大学出版社，2007：75 - 76.

③ 袁义才. 公共经济学新论 [M]. 北京：经济科学出版社，2007：153.

三是与高等教育战略资源要素的属性密切相关。高等教育的主要职能人才培养（教育教学）、科学研究、社会服务和文化传承，都以知识为依托，以知识为载体。伯顿·R. 克拉克曾指出：知识就是材料，研究和教学是主要的技术。① 其中，科学研究的主要产品是新知识和知识的重新条理，人才培养和社会服务的路径是知识的整合、传播和应用。在整合、传播和应用的过程中，人们对知识不断进行分类、条理、重新条理和创新。

从经济学的视角来看，知识具有公共产品的特性。人们常说的基础知识具有公共产品的一般特性，不可分割性、消费的非竞争性和非排他性。应用知识具有准公共产品的性质，其消费的非排他性是不健全的。虽然政府通过专利保护给予专利发明者在一定时期内的权利保护，一旦保护期失效，应用知识的公共性又成为主要的。知识的公共性得到了经济学界最多的共识。当然，自由主义者认为知识的公共性受限于现有的技术水平。一旦技术水平发展到相应的高度，知识的私人性就会显现出来。但在目前的技术条件和知识体系中，绝大多数知识一旦产生就具备了公共性。即使应用知识获得了专利保护，不能成为共享的知识，但在特定范围内也是公共的。

从国家竞争的角度看，某些国家和地区会在短时间内对新技术及相关知识提供保护，以获得垄断利益。但从长远看，知识的公共性仍然是知识的主要特性，私人性是第二位的。受知识的产品属性影响，高等教育很难实现完全的市场供给，需要政府供给或干预。

四是高等教育生产和供给的现实经验所致。现代大学从产生至今，除初期阶段外，一直处于政府和私人的双重控制中。1810 年德国洪堡大学的建立是政府控制大学的标志。自那以后，政府直接出资举办大学或强力干预大学是大学运行与管理的主要特点。美国是市场控制大学的主要代表，但美国同时也存在着州立大学、社区学院和非营利私人大学。在世界绝大多数国家，公私合作供给是高等教育的现状。即使在现代大学产生的初期，大学也面临着宗教、国王和城镇居民的控制权之争。只不过那时的许多大学控制在教会而非国王手中，教会是作为公共利益的代表者出现的。从世界各国的经验来看，公私合作的准市场供给是高等教育的现状，单纯的政府控制和单纯的市场供给都是不存在的。基于公私合作的高等教育市场不可能是完整的市场，只能是准市场。高校的竞争需要立足这个现实环境。

五是竞争因素在教育中的统治性影响。在漫长的帝制时代，科举制和

---

① ［美］伯顿·R. 克拉克. 王承绪译. 高等教育系统——学术组织的跨国研究［M］. 杭州：杭州大学出版社，1994：12.

"学而优则仕"的观念深入人心。在中国的传统文化中，到处充斥着读书人科举中第，"一举成名天下知"，娇妻、美妾、钱财纷至而来的励志故事和寓言传说。中华人民共和国成立后，除了"文革"期间的"推荐入学"外，一直采取按成绩录取的制度，1979 年的恢复高考实际是恢复依靠高考成绩录取新生的制度。考试、等级排列、限额招生和择优录取等技术使得学生整体能以位次排列，而每所学校的工作也能被衡量。中学的衡量标准是其获得大学入学席位的能力，大学的衡量标准是其最低录取分数线和拥有高分中学生的人数。借此，教育被作为个体间的一种系统竞争来管理。① 改革开放以后，在学生间竞争普遍存在的情况下，赋予学生相对优势的地位产品开始以个人商品的形式出现，这种地位商品的出现是劳动力市场发育的结果，即当教育成为劳动力市场、职业和事业的敲门砖时，不同高校赋予学生（毕业生）不同的地位商品。在改革开放初期，这种地位产品的商品化是随着中共中央、国务院对科学技术和人才的重视而必然产生的。而在市场经济占据主导地位、劳动力市场日益完善的今天，学生在不同高校获得的地位商品的价值是以雇用者的认知为主导的，即雇用者在劳动力市场上对某一高校毕业生的偏爱程度和付酬水平为标志的。换个角度，高校在生源市场和资源要素市场上的竞争力是以它能给学生提供的地位商品为基础的。为了获得更好的生源和更多的办学资源，高校不得不通过各种途径展开竞争。学生商品和知识商品的难以准确衡量的特性使得政府的干预成为必要。

第四节　高等学校的市场主体性建构

高等学校的市场主体性与高校之间的竞争密切相关。

一、教育竞争及其本质

教育竞争最初是在学生之间产生的。如果将教育界定为教与学，竞争对教育而言不是必然的。但竞争对教育的社会筛选是不可或缺的。反过来，等级排列与社会筛选这些可怕而又强大的功能赋予教育竞争以强制性力量以及其对目标的显著控制。② 社会竞争与教育竞争通过等级排列和社会筛选，构成一个坚实的循环过程。

---

① ［澳］西蒙·马金森. 杨婷匀译. 教育市场论［M］. 杭州：浙江大学出版社，2008：93.
② 同上书，第94页。

在当代社会中，教育是社会竞争的中心媒介。教育机构给学生颁发文凭（学历证书和或学位证书）以提供学生们接受继续教育或进入劳动力市场的通道。而文凭通过长期的考试、评分以及对学生人口的名次排列来颁发，这个过程让学生们相互排斥和竞争，并使得个人价值可以精确衡量，学生因此被个别化，并根据每个人所拥有的文化素质和个体的教育"缺陷"被排名。①

如果没有对向上升迁和获得相对优势的渴望，教育竞争就不会存在。但竞争着的学生本身也是教育竞争的产物。在教育竞争中，考试、等级排列和筛选等制度不仅具有促进教育发展的功能，而且具有复制专业性职业、维护社会利益和作为统治制度的功能。

在现代学校中，竞争几乎无处不在。学生、教师、学校以及学校系统要不断地接受正式的和非正式的等级排列，范围从体育比赛、学科竞赛到资金募集，还要接受种类繁多的学业考试和奖励。竞争被看作有益于生活的"良好训练"。教育竞争的结果，是使那些在模拟竞争中推动获得成功（竞争能力）的教育属性在其他教育属性中脱颖而出。② 竞争因此成为每个学龄儿童奋斗的准则。

正是因为处处存在着竞争，作为教育服务的供给者，高校始终处于竞争中，这种竞争既是高校之间的竞争，也是高校与其他社会组织之间的竞争，既有市场性竞争，也有非市场性竞争。

在纷乱复杂的教育竞争中，最基本的是人才培养的竞争。我们知道，人才培养即教育教学是学校的基本职能，是学校区别于其他社会组织的根本。无论是初等教育、中等教育，还是高等教育，教育教学都是学校的基本职能。人才培养的实质是增益学生的人力资本，包括学生的知识、能力和身体素质在内的多种素质。在学校期间，学生获得的人力资本以自我完善的产品的形式得以体现。但作为一种资本或投资，这种增益的人力资本长期为毕业生所拥有，并随着毕业生在未来劳动力市场的表现得以体现。学生接受教育的目的并非是获得好的成绩，而是能在未来的劳动力市场获得更好的经济收入和地位享受的人力资本。即学校之间的竞争最终在劳动力市场得以体现。

与初等教育、中等教育主要培养学生的基本知识、基本能力等通用性人力资本不同，高等教育主要培养学生的专用性人力资本，这些专用性人力资本有的适用于特定行业或专业，有的适用于特定行业或专业的特定岗位或岗位群，是与劳动力市场的某一亚市场或子市场相对应的，高等教育的质量或者说竞争

---

① ［澳］西蒙·马金森. 杨婷匀译. 教育市场论 [M]. 杭州：浙江大学出版社，2008：94
② 同上书，第95页。

力的验证实际是通过其毕业生在劳动力市场上的表现的。就此而言，高等学校之间的竞争，实质是对劳动力市场的竞争，即根据劳动力市场的需求整合知识和传播知识，使毕业生在未来的劳动力市场上获得比较优势。就此而言，教育特别是高等教育竞争的实质是面向劳动力市场的知识整合与知识传播之争。

二、高等学校的市场主体性

从高等教育的现状来看，高等学校有国办高校和民办高校之分。两者的市场主体性是不同的。

国办高校作为政府举办的机构，就其本质而言是为了满足国家的需要，即为国家经济社会发展培养人才或积累人力资本，这是我国国办高等教育的基本思维。与西方学者认为国办高校是政府为弥补教育市场的不完全供给而举办，具有完善、调整和均衡高等教育市场的功能的基本认知不同。

无论是计划经济时期，还是改革开放以来，为经济社会发展培养人才，为国家兴旺发达提供智力支持，一直是我国高等教育发展的基本考虑。"为中华之崛起而读书"和建设高等教育强国的目标是这一战略思考的主要体现。

区别在于，国办高校在计划经济时代作为唯一的高等教育主体存在。作为国家意志的体现，特别是中国共产党领导中国社会主义建设的基础，为我国特色社会主义事业培养合格建设者和接班人的载体，国办高校是在政府的计划指令下强行分类分层，面向不同的行业或产业领域培养人才。改革开放以来，落实高校的办学自主权，政府不再以指令性计划强制高校分类分层，而是放手让学校自行选择类型和层次，高校选择类型和层次的盲目性和冲动性使不同高校之间的目标重合，由此展开竞争，高等教育市场由此形成。但这种竞争在体现高校组织的市场特性或私人组织性的同时，并非消除国办高校的公共性，国办高校作为政府举办组织的公共性仍然存在，也是需要保持和突出的。在高等教育市场的运行中，如何更好地发挥市场机制的作用，并保证国办高校的组织公共性，既是政府考虑的问题，也是国办高校自身要考虑的问题。

民办高校有营利性的，也有非营利性的。在国际社会，非营利性民办高校被认为与国办高校差不多，具有社会组织的"公共性"。但在我国，由于历史的原因，民办高校是否营利没有明确的划分，能够长期存续发展的多是市场手段娴熟的高校，其市场属性极为明显。《中华人民共和国慈善法》的颁行和《中华人民共和国民办教育促进法》的修订为民办高校的分类管理、民办高校营利与非营利的划分准备了条件。但要彻底理顺过去三十年中形成的民办高校的营利与非营利难题绝非短时间内能完成。从另一个方面来看，由于知识的公共性和高等教育产品的公共性的存在，民办高校即使是营利性高校，也难以掩盖其自身组织和所生产产品的公共性，只是这种公共性在政策安排下似乎被掩住了。

三、高等学校市场主体的建构性

从国际社会的视野来看，高等教育市场的兴起是政府建构的结果。政府建构高等教育市场的目的是提高公民接受高等教育的范围，缓解政府财政投入不足的难题，满足社会日益多样化的高等教育需求。

从我国的实践来看，高等教育市场的兴起是政府为了打破计划经济的限制，激发高等学校的办学活力，以满足经济社会发展对高等教育的需要。当然也有缓解政府财政投入不足和满足多样化需求的考虑。

缓解政府财政投入不足和满足多样化需求的政策考虑在新型大学身上表现得最为突出。具体体现在 1999 年召开的全国教育工作会议和这次会议公布的《中共中央国务院关于深化教育改革全面推进素质教育的决定》。朱镕基总理在这次会议上明确指出：加快教育发展主要靠改革，一方面，要通过加快教育体制和结构改革，挖掘现有教育资源潜力，增强学校的活力与效率，充分发挥国办学校的主渠道作用；另一方面，积极鼓励和支持社会力量以多种形式办学，形成以政府办学为主体、国办学校和民办学校共同发展的格局。他进一步指出：发展民间办学，吸引社会各方面力量共同办教育，才能实现大国办大教育。我国是穷国办大教育，不走多种形式办学的路子，别无选择。①

新型大学兴起的具体背景是中共中央、国务院提出了高等教育大众化目标。在 1999 年教育工作会议上，江泽民总书记在讲话中明确指出：国运兴衰，系于教育。在当今世界上，综合国力的竞争，越来越表现为经济实力、国防实力和民族凝聚力的竞争。无论就其中哪一个方面实力的增强来说，教育都具有基础性的地位。中央全面分析国际国内发展的大势，认为必须坚定不移地实施科教兴国的战略。作为科教兴国战略的具体政策之一，高等教育大众化战略提出并实施。原定是到 2010 年实现高等教育毛入学率 15% 的目标。但在中央政策的刺激下，地方政府很快表现了举办高等教育的热情和积极性，高等教育招生数迅速增长，与之相应的是新型大学和职业技术学院的增设。到 2016 年，全国普通本科院校总数达到1237所，其中新型大学 626 所。本科院校的总数超过了此前高等学校的总数，实际等同于将 1998 年的专科院校全部变成了本科院校。

---

① 全国教育工作会议（1999 年 6 月 15～20 日）[DB/OL]. 中国共产党新闻网"党史频道"（http：//dangshi. people. com. cn），2016 - 10 - 31.

无论是国办，还是民办，新型大学都产生在高等教育体制改革和大众化的过程中，新型大学的兴起在很大程度上是中央政府简政放权的结果，是在建设中国特色社会主义市场经济体制的过程中产生的，因此，自诞生开始，新型大学便与市场相适应，无论是国办，还是民办，都自觉或不自觉地引入了众多的市场手段和工具，使其运营呈现出明显的市场性特征，不再是单纯的事业单位。

即便如此，受传统因素和惯性的影响，政府在很大程度上因循了计划经济时代的管控手段，国办新型大学自然不自然地保留了部分计划经济时期的运营方式，落实高校办学自主权在很多时候是"只闻楼梯响，不见人下来"，且有明显的反复现象。给人的感觉是，中央政府在落实高校办学自主权方面更为积极，地方政府则相对滞后。这种现象在一定程度上影响了国办新型大学市场积极性的发挥，国办新型大学更愿在政府的指引下发展，对市场作用存在认识不足或不敢放心深入的心态。这是我们在分析新型大学的核心竞争力时需要注意的问题。

另外，办学资源来自于财政资金、校长们由政府选派、教职工的事业单位职工身份等因素限定了国办高校的市场主体身份，使国办高校与政府的关系更紧密，市场主体相对弱。一个最基本的表现是高校拼命设置专业和增加招生计划，因为增设专业和增加招生计划意味着收入的增加。而从另一个视角看，增设专业和增加招生计划意味着涌入劳动力市场的毕业生增加，直接增加劳动力市场的竞争烈度。即高校在设置专业时丢掉了最基本的办学规律，不是考虑市场需要什么专业，而是考虑已有的专业基础和自己能办什么专业，如果有政府号召就一拥而上。典型例子是物联网专业，2014 年、2015 年两年就布点 110多个，即使每个学校按 40 人的班额招收，每年新增毕业生也在 4500 人以上。这种基于行政指令的专业设置和招生方式直接恶化了高等教育生态，导致了高校与劳动力市场的脱节，影响了高校市场主体性。引导新型大学转型就是针对这种现象的，企图通过新型大学的转型重建高校与劳动力市场的紧密关系，以增强高校对劳动力市场的回应性。

尽管改革滞后，高校的市场主体性还不十分健全，但竞争已经被引入，竞争机制已经成为高校甚至是政府运行的机制之一，不管人们愿意不愿意，喜欢不喜欢，在有竞争的地方，市场的因子自然地确立了自己的地位，并会沿着自己的轨迹持续渗透，最终成为决定资源配置的主要力量。

第四章　知识社会与高校竞争

高校是以知识为载体的社会组织，其组织形式和技术手段受到人类社会生产力发展的限制和约束。人们普遍认为人类社会目前已经进入了知识社会阶段，知识社会是继农业社会、工业社会之后的第三种人类社会形态。这种以生产技术和生产方式为主的社会形态发展势必影响到高校等社会组织的生存与竞争。

第一节　竞争理论

一、对竞争的基本认知

竞争在不同学科有不同的含义。在生物学是指一种生物之间的关系之一（无论是同种或非同种，有时也可能是以族群为单位），在化学是指化学反应中有时具有的一种效应，在社会科学中是指基本关系之一，在经济学被认为是推动市场经济发展的推动力。本书使用的主要是它的经济学含义。

（一）基于经济学的竞争概念认知

早在 1907 年，德国法学家罗伯就做过解释：竞争是各方通过一定的活动来施展自己的能力，为达到各方共同的目的而各自所作的努力，竞争行为仅存在于同类商品的供应之间。此后，更多的学者从不同的视角对竞争的概念进行了解读。

一般认为：竞争是个体或群体间力图胜过或压倒对方的心理需要和行为活动。即每个参与者不惜牺牲他人利益，最大限度地获得个人利益的行为。竞争的目的在于追求富有吸引力的目标。即竞争是个人或群体的各方力求胜过对方的对抗性行为，竞争是一种社会互动形式，指人与人之间、群体与群体之间对于一个共同目标的争夺。

在社会生活中，存在着各种各样的竞争。有些竞争直接以竞赛的形式表现出来，如球赛、卫生评比、数学竞赛等。有些社会现象虽不是以竞赛的形式体现，但其本质仍然是竞争，如政治、经济、军事、教育、文化和卫生等现象。竞争在人类社会生活中随处可见，可以说，有人的地方就有竞争。

作为社会性动物，人与人之间不仅存在竞争，还存在合作。合作是指两人或两人以上为达到共同目的而采取的联合行动。在现实生活中，群体与群体之间、群体中各成员之间，总是处于竞争或合作状态之中，他们之间有竞争，也有合作，往往两者并存，从而使社会生活变得千姿百态。

合作和竞争各有自己的特点。合作能有力地协调人际关系，提高工作效率。但在合作过程中，也存在着内部成员之间的竞争，竞争对提高个人工作效率有显著作用。如篮球对抗赛中，队与队之间是竞争关系，每个队内各成员之间则是合作关系。每个队员都想为全队多作贡献，投篮命中率高的队自然是优胜者，而投篮手则需要其他成员的密切配合。另外，一个群体内部进行合作时，必然与其他成员展开竞争。竞争与合作相互依赖，缺一不可。在某种意义上，合作是竞争的手段。

作为一种社会互动形式，竞争有正式竞争和非正式竞争之分。正式竞争一般指有组织的竞争，如体育比赛等。非正式竞争通常指不是有组织明确宣布的竞争，但实质上可以比出水平高低的某些社会活动，如学生升学考试等。根据竞争主体的性质，竞争还有个体之间的竞争和群体之间的竞争的分类。

一般认为，竞争具有六个方面的特点：

（1）竞争是竞争者对一个相同目标的追求，目标不同就不会形成竞争；

（2）竞争者追求的目标是较少的和比较难得的，对于数量很多、轻而易举即可得到的目标的追求一般不构成竞争；

（3）竞争的目的在于获取目标，而非反对其他竞争者，即竞争是一种间接反对关系而非直接反对关系；

（4）竞争按照一定的社会规范进行，涉及政治、经济领域的一些大规模竞争，需要法律、制度来维持，否则容易导致社会内乱；

（5）竞争发生在两个或两个以上的对手之间，如果在特定的场合只有一个参与者则不构成竞争；

（6）竞争发生在同类或同类群体内部，在同一个特定的场合进行。

（二）对竞争作用的认知

自有人类社会以来，便存在着竞争和合作现象。人们对竞争和合作的作用、功能有着深刻的认识。

1. 经验认知

英国哲学家罗素曾经指出：竞争一直是，甚至从人类起源起就是对大部分激烈活动的刺激物；我们不应试图取消竞争，而只应努力使它采取各种并非过于伤害的形式。[①] 爱因斯坦则指出：好胜心，或者说得婉转点，是期望得到赞许和尊重，它根深蒂固地存在于人的本性中。要是没有这种精神刺激，人类合作就完全不可能；一个人希望得到它的同类赞许的愿望，肯定是社会对他的最大约束力之一。但在这种复杂的感情中，建设性的力量同破坏性的力量密切地交织在一起。想要得到赞扬和表扬的愿望，本来是一种健康的动机，但如果要求别人承认自己比同伴或者同学更高明、更强，或者更有才智；那就容易在心理上产生唯我独尊的态度，这无论对个人和社会都是有害的。[②] 在现实中，有人强调合作，有人强调竞争，有人主张竞争和合作并重，争论不一。但无论哪种，只有和现实环境紧密结合，才能取得成功，才有争论的价值。

2. 关于竞争的科学实验

20 世纪 40 年代以来，社会心理学家进行了一系列的实验，企图运用科学的手段解释竞争和合作的关系，并对竞争和合作的作用进行验证。主要的实验有：

（1）多伊奇大学生实验。1949 年，美国学者多伊奇设计了一个现场实验以比较两种竞争的效果。该实验以大学生为研究对象，从志愿者中选出条件相似的 50 人，分为 10 组，每组 5 人。其中 5 个小组在内部开展个人竞争，5 个小组在组与组之间开展群体竞争。实验结果表明：无论个人之间还是小组之间，只要是在竞争条件下，每个群体中各个成员的工作是相互支持的，共同活动的目的指向性很强，彼此的情况及时交流，相互理解，相互配合，能提高单位时间的效率。问题在于，竞争会催生宗派主义情绪的滋长，不利于建立群体之间的良好关系。

（2）囚徒困境赌博游戏。1957 年，鲁斯等人进行"囚徒困境"实验，探讨的是相互作用的双方在既有利害冲突又有共同利益的混合动机情况中，人们是采取合作还是竞争行为的策略问题。弗里德曼把"囚犯困境"实验改成赌博游戏，由两人进行，彼此互不讲话，只把结果由释放或判刑变为得分或金

---

① ［英］波特兰·罗素.储智勇译.权威与个人［M］.北京：商务印书馆，2010：21.

② ［美］阿尔伯特·爱因斯坦.方在庆等译.爱因斯坦晚年文集［M］.海口：海南出版社，2014.新华社网"科普中国"频道（http：//news.xinhuanet.com/science/2016 – 08/15/c_135591002.htm）.

钱。游戏双方 A 与 B 都面临着合作或竞争两种行为选择。如果规定 A、B 都选 X 则每人得 10 分，如果一人选 X 而另一人选 Y，则选 Y 者得 15 分，选 X 者输 15 分；如果两人都想多赢分而让对方多输分，同时选 Y 则两人都输 5 分。实验结果表明，双方都有强烈的竞争倾向，只有 1/3 的被试者选择合作，另外 2/3 的被试者即使知道合作稳得高分，对双方都有利，但还是选择带有冒险性的竞争。

（3）卡车竞赛实验。1960 年，多伊奇和克劳斯进行"卡车竞赛"实验。实验要求被试者两人一组，分别充当甲、乙两运输公司的经理。两人的任务是使自己的车辆以最快的速度从起点通向终点，速度越快赚钱越多，要求他们尽可能多地赚钱。每人都有两条路线可选，一条个人专用的但是较远的通道；一条近道，是两人共用的，但路很窄，每次只能通行一辆车。道理十分明显，为了多赚钱双方应该合作，轮流走近路。轮流走近路比走远路少费时间，只有合作才是上策。然而实验结果表明：双方都力图抢先通过，结果狭路相逢，谁也不肯让步。

（4）约翰逊群体实验。1981 年，约翰逊控制了四个群体进行比较研究，四个群体指合作的班群体，竞争的班群体，在本群体内合作与外群体进行竞争的群体，以及各成员自己单独活动的群体。学科有阅读、语文、数学、自然科学、社会科学、心理学以及体育。该研究包括了从幼儿园到大学的各个年龄组。结果表明，在班级中与他人合作的人，比彼此竞争的人和自己单独学习的人学得好。各学科、各年龄段都如此。对大学生来说，合作的积极性作用稍弱一些。约翰逊根据实验结果指出：一个学生的成绩若在合作情境下居于中间，那么在竞争或单独学习的情境下，如果按 100 名排列，他大约就要落到第 80 名左右了。也就是说，他的成绩要从中游降到下游。约翰逊强调指出，合作不仅对提高成绩，而且在促进个体社会化，形成互相支持、喜欢和接纳的人际关系能力，提高自尊心，形成对同伴、教师和学校工作人员的积极态度，心理健康等方面都有重要意义。

（5）奥格登警觉性实验。奥格登做过一项警觉性试验。实验材料是用光源在暗室内随机调节发光强度，要求被试者加以判断，实验者记录判断的正确和错误次数。实验将被试者分为三个等组，给以相同的要求和时间。除 A 组外，其他两组分别接受不同的指导，即 A 组是控制组，不作任何激励。B 组是个人竞赛组，实验者告诉该组成员说，实验目的是要比较谁的注意力、观察力最强。C 组是群体竞赛组，实验者告诉他们说，实验目的是进行群体之间的比赛，看哪一组成绩最好。结果表明：在个人竞赛条件下，B 组成绩最好，每人判断错误为 8 次（平均）；A 组最差，即对照组未受任何激励，每人判断错误为24次（平均）；C组成绩居中。在合作条件下，每人判断错误为14次（平均）。实验结果说明合作也能提高工作效率，但次于个人竞争。

（6）米纳斯的"鼓励合作实验"。米纳斯提供的是没有合理理由作为支持竞争策略的实验模式。在这个实验中，选择X即选择合作策略总是较好的，是能得高分的。如果A选X，B选X则A得4分，即使B选Y，A得1分也比选Y好。若A选Y则不是0分就是3分。对于B来说，选X不是得4分就是1分，选Y则得3分或0分。即使合作可以稳得最高分，但大多数被试者还是宁愿竞争而不合作。因为对多数人来说他们不是为多得分，而是要战胜其他人。

上述实验说明，人类社会中既有竞争也有合作，竞争中存在着合作，合作中存在着竞争，竞争和合作都能提高工作效率，但提高的程度不同。在不同的社会环境下，竞争和合作所起的作用不完全一致，有竞争起作用高的案例，也有合作起作用高的案例。

在现实社会中，随着科学技术的进步，社会生产力的发展，社会生活中更多地充满了竞争。但仅有竞争是不够的，还需要合作。只有竞争，没有合作，竞争缺乏潜力。合作是人类生存的必要方式，人们通过合作，取长补短，既可以发挥个人的优势，又弥补了个人的缺陷，这是在竞争中获胜的前提。仅有合作也不可行。只有合作，没有竞争，合作缺乏动力。在合作中竞争，在竞争中合作，是提高个体或群体竞争力的关键。

二、市场经济与竞争

市场经济又称自由市场经济或自由企业经济，是一种经济体系。在市场经济体系下，产品和服务的生产及销售完全由自由市场的自由价格机制所引导。而不是像计划经济那样由政府引导。在理论上，市场会通过产品和服务的供给与需求变化产生复杂的相互作用，进而达成自我组织的效果。市场经济支持者认为，人们追求的私利是一个社会最好的利益。如亚当·斯密在《国富论》中指出："借由他个人的利益，往往也使他更为有效地促进了这个社会的利益，而超出他原先的意料之外。我从来没有听说过有多少好事是由那些佯装增进公共利益而干预贸易的人所达成的。"

市场作为一种交易活动或交换的场所，早已存在。但以市场为主来配置社会资源的市场经济则是与资本主义相伴而生的，迄今仅有数百年的时间。一般认为，市场经济的发展经历了自由市场经济与现代市场经济两个阶段。自由市场经济是完全由市场力量来自发调节的经济，政府不干预经济生活，整个经济在一只"看不见的手"的支配下自由运作，社会经济运行呈现出一种无组织、无计划的自然运行状态。自由市场经济推动了资本主义经济的快速发展。但自由市场经济会周期性地出现生产过剩或经济萧条，为了弥补自由市场经济的弊端，政府开始干预。现代市场经济是政府干预的市场经济。

从理论上说，在市场经济条件下，市场分配是最基本的分配形式，各种社会资源和产品、服务，都通过市场交换来进行分配，实行"各增其值、等价交换"原则，即个人向厂商提供生产要素，每一种生产要素在生产过程中都实现增值，并得到各自的报酬，形成个人收入，个人再以其收入按等价交换的原则向厂商购买各种消费品。但在现实中，等价交换没有具体评估的标准，只能在可选的范围内，按照自己的需求进行"自愿交换"。因此，千千万万的厂商和个人在市场上围绕着有限的市场自愿展开了广泛而激烈的竞争，使每一个人和每一个厂家都随时面临严酷的市场压力，从而推动市场经济不断向前发展。竞争是市场经济的基本特征。

市场竞争是人类社会竞争的一种主要形式。市场竞争是市场经济中同类经济行为主体为着自身利益的考虑，以增强自己的经济实力，排斥同类经济行为主体的相同行为的表现。市场竞争的内在动因在于各个经济行为主体自身的物质利益驱动，以及为丧失自己的物质利益为市场中同类经济行为主体所排挤的担心。

现代市场经济的出现，是政府为了消弭自由市场经济的局限性而进行干预的结果。市场经济是一个由千千万万的厂商和个人自主参与交易的形式，在市场经济中有一只"看不见的手"在指挥。这只"看不见的手"就是市场的价值规律。假定厂商打算做长久的生产经营和销售，商品的价格就会受供求关系影响，沿着自身价值上下波动，在交易过程中，我们常能看到同一种商品在不同时期价格不同。没有打算做长久的生产经营和销售的厂商，虽然很快被淘汰的风险很大，但是他们的获利也非常可观。市场的局限性因此表现为自发性、盲目性、滞后性和欺诈性。在竞争的过程中，人们极力避免严酷的市场压力给自己带来的风险，不可避免地造成自然资源的浪费和自然环境的破坏，犯罪率也会大大提高。更主要的是，市场经济似乎天然地存在宏观失控即生产力过剩的可能性。也就是说，市场调节经济在微观角度（对个体消费者）似乎是有效率的，在宏观角度（对全社会）往往是低效率的，并且必然发生供求失衡与周期性经济危机。政府的"有形之手"因此被设计来对付经济危机。

现代市场经济的本质是混合经济，既包括私人部门，也包括政府等公共部门，从资源配置方式来说，既有市场机制，也有政府行政机制。在现代市场经济中，市场以"无形之手"价格决定资源分配，供需影响价格，市场参与者决定供需，参与者是大多数人，因此自由市场由多数人做决策；政府或垄断企业，作为市场的"有形之手"，是少数人做决策。市场"无形之手"制造公平的不平等，垄断企业制造不公平的不平等，政府要制造公平的平等。因此，政府在市场经济中的职能应该是：打压垄断，保护市场，规范市场，弥补市场的缺陷（鼓励竞争，激励生产）。理想的状态应该是：政府是理性的，社会是民主的，经济是自由的，公平和效率是必须的。即在混合经济体制下，竞争作为基本特征不仅继续存在，而且更为剧烈，政府干预的目的是鼓励竞争和规范竞争。

市场经济的基本特征。一般认为，市场经济具有自主性、平等性、竞争性、开放性和有序性五个基本特征。其中最为关键的，是市场主体的自主性、市场活动的竞争性、市场关系的平等性和市场运行的法制性。

（1）市场主体的自主性。市场主体是指在市场上从事经济活动，享有权利和承担义务的个人和组织。具体来说，就是具有独立经济利益和资产，享有民事权利和承担民事责任，可从事市场交易活动的法人或自然人。任何市场主体参与经济活动都带有明确的目的，以在满足社会需求中追求自身利益最大化为目标。在市场经济条件下，任何企业、社会组织或个人，必须是名副其实的、拥有充分自主权的市场主体，能够自主经营、自负盈亏、自我发展、自我约束。也就是说能够根据市场需求状况，自主决定生产经营项目、范围和方向，从市场购买生产经营所需的商品或要素，又通过市场销售其商品或要素，在市场交易活动中实现商品或要素的价值。自主性的根本标志，是市场主体具有独立产权，包括财产权、知识产权及其他无形产权等。只有拥有独立产权，才能真正确立市场主体的法人实体地位或经济实体地位。没有独立产权的组织不是真正的市场主体。从这个意义上说，国办高校不是完全的市场主体，未来也不会是完全的市场主体；民办高校的市场主体性也受到一定程度的限制。

（2）市场活动的竞争性。是市场经济的固有产物，表现为竞争压力和竞争动力的统一，促使各类市场主体认真研究市场情况，分析市场信息，了解市场需求，化解市场风险，适应市场需求及其变化。当代市场经济条件下，市场经济活动的竞争性内涵丰富，既包括技术水平、经济效益等有形实力的竞争，也包括组织结构、管理技术、知识产权、组织文化等软实力的竞争，是从产品研发到服务和消费领域的全过程竞争，从经营理念到制度文化的全方位竞争。从这个意义上说，高等学校，无论是国办高校，还是民办高校，其运营活动既有竞争性的市场活动，也有政府主导的非市场活动，是市场活动和非市场活动的结合体。

（3）市场关系的平等性。指市场活动的参与者在身份上是平等的，没有等级、特权，即交易双方或多方当事人之间相互平等，表现为市场交换关系。市场关系平等性的典型特点是交易行为的等价性，遵循等价交换原则，交易双方或多方各自所得和所付在价值上大体相等，任何当事人不得利用非法手段占有他人的财产、劳动成果，损害他人的合法权益。市场关系的平等性要求商品或要素获得的市场平等和价值实现的市场平等。同时，还要求为所有市场主体创造平等参与和公平竞争的市场环境，特别是创造平等参与和公平竞争的法制环境，使市场机会均等。在这个意义上，高校与社会环境的关系既有市场关系，也有非市场关系。其中高校尤其是国办高校与政府的关系是举办者和办学者的关系，政府提供了国办高校的主要办学资源，但双方不是平等的市场交换。国办高校与学生之间也非完全的平等的市场交换关系，由此导致了整个高等教育体系中平等性的不足。

（4）市场运行的法制性。法制性是市场经济的根本要求，是建立和完善市场经济活动正常秩序的法律体系，包括市场立法和执法两大方面，其核心是保证市场运行过程的公平交易秩序。市场经济要求多种市场活动行为有法可依，要求市场经济活动过程法制化、规则化、制度化，行政部门依法监督市场活动，规范市场参与者自觉遵法、守法。市场运行的法制性也称市场运行的有序性。我国高等教育已经开始进入法制化时代，但法制化的程度尚显粗疏，很多领域只有宏观的原则性规定，缺乏可操作的详细条款规定，尤其是缺乏适用性强的地方性法规，起作用的多是临时性的政策文件，在很大程度上影响了高等教育的长远发展和高等教育市场的规范。

此外，市场的开放性也是必需的。市场的开放性是指市场向所有的个人或组织开放，没有人为的市场进入门槛，任何组织或个人可以自由地进入市场或退出市场。在这个意义上，中国加入世界贸易组织在很大程度上推动了高等教育的开放性，为高等教育市场的规范运营提供了条件。

第二节　高校竞争逻辑

在高等教育领域中，高校竞争属于生产者之间的竞争。高校作为生产者，为消费者提供的可能有如下几种产品：地位产品、自我改变的产品、培训产品、知识产品。无论是在计划经济体制中，还是在市场经济体制中，高校都可以生产这些产品。区别是：在计划经济体制中，这些产品是作为政府掌握的产品，由政府通过行政命令的方式进行配置的；在市场经济体制中，上述产品可以商品的形式出现，通过交换获得和消费，也可以通过行政路径进行配置。在不同的体制下，高校竞争遵循的逻辑关系是不同的。

一、高等教育领域生产交换关系的界定

西蒙·马金森指出：高等教育中的准市场随着市场政治经济学所讨论的范围而变化，这个范围包括领域界定、产品界定、交换关系、生产者之间的竞争和市场主体性。准市场的普遍模式是这样的：学校在其中为私人的和部分公共的资金竞争，它们的管理是法人化的，部分为企业化，同时学额的构成和（或）学位的特征服从于政府规范和专业团体，学生需求至少部分地由国家来满足。[①]

在目前和可以预期的未来，我国高等教育领域属于政府管理的准市场。在这个准市场中，高等学校所提供的产品的商品性表现得各不相同。

根据马金森的认识，地位产品的商品性最强。但在目前我国的高等教育市场中，维持地位产品的地位的似乎是现行高校招生制度和学生的高考成绩，高校本身的地位并不占主导地位。我国目前实行的高考招生制度，是全国性的统一考试和统一录取，除政府实施的地区差异性照顾外，基本上按照政府制定的规则把高校和专业分为不同的批次，处于不同批次的高校和专业在政府划定的分数线中进行招生。截至 2017 年，全国绝大多数地区按学校—专业的路径进行招生，即先确定高校再确定具体的专业。自 2017 年开始，先是上海，然后是江苏、浙江、山东等沿海地区，将改革录取方法，采取专业—学校的路径录取，即先确定具体的专业再确定高校。无论是先学校再专业还是先专业后学校，确定学生能够上哪所高校和专业的是他们的高考成绩，而非金钱等其他的东西，学费尤其是国办高校的学费差别不大。如北京大学校本部 2016 年本科生的学费标准分别是普通文理生 5000 元/年或 5300 元/年（生命科学、信息科学技术和元培计划），同为 985 高校的山东大学 2015 年本科生的学费标准分别是 4000 元/年（文史类）、4700 元/年（理工类）、5000 元/年（外语类）；列入山东省第一批次招生的山东师范大学 2015 年本科生的学费标准是文史类 3400 元/年、理工类 3600 元/年，山东科技大学 2015 年本科生的学费标准是文史类和理工类 3400 ~ 3960 元/年，外语类专业 4800/年；列入山东省第二批次

---

① ［澳］西蒙·马金森. 杨婷匀译. 教育市场论［M］. 杭州：浙江大学出版社，2008：156.

招生的潍坊学院与山东科技大学基本相同，德州学院基本与山东师范大学相同，其他院校的情况差不多。学校的批次和地位并不和学费挂钩，有时高地位的学校的学费标准甚至低于低地位的学校。而在同一批次上，学生报考哪所学校和哪个专业依据的则是学生和家长的兴趣和认知。即在现行的高考招生制度下，地位产品的商品性一般，没有像西方国家那样明显。高校招生批次（含专业批次）的划分主要是办学历史和成就，依据的主要是政府确定的标准。在这样的招生制度下，历史悠久的、国家部委主管的高校和少数省级政府举办的高水平院校处在优先的地位，被列为优先批次。民办高校和其他新型大学往往被列为较低的录取批次。在历史上，民办高校包括独立学院是作为单独的批次列在同类的国办高校之后的。学生在上述高校获得的借以在劳动力市场竞争的地位商品的价值基本和录取批次相符，但不完全一致。近年来，随着劳动力市场的成熟，企业的用人趋于理性，更愿意选用适合企业需要的人才，对应用型人才的需求上升，各高校的地位商品有重新定价的趋势。

在高等教育中，自我完善的产品和地位产品实际是连在一起的，自我完善的产品的商品性较弱，它既可以通过市场来生产，也可以作为使用价值用非市场的手段来生产。我国目前实行的学分制改革，似乎使自我完善的产品具备较多的商品性。但这种商品性是相对的。大多数高校将学分制改革作为获取经费的一种手段。在这些院校中，高校规定了学生毕业应该获得的最低学分，规定了修读一个学分的收费标准。一般修读最低学分的收费相当于原来的学费标准。如果超出最低学分或修读所谓的第二专业（辅修专业），则需要多缴纳学费。虽然从形式上看，学费没有增加，但通过将部分课程变为通识课程或辅修课程，使这部分自我完善的产品变成特定的商品，这部分自我完善的产品的商品性增强或变成了商品。

地位产品和自我完善的产品由学校生产，供给学生。在这个过程中，学校是生产者，学生或其家长是消费者，双方是交换关系。但在国办高校中，这种交换关系不是完全的市场交换，而是在政府指导和控制下的交换。学生或其家长缴纳的学费，乃至修读超越毕业所需最低学分以外的课程缴纳的费用，都不是成本的完全体现，而只是成本的一部分。特别是地位产品，学生为获得他们所付出的学费只是成本的一部分。即使第一批次高校或专业的学费标准比其他学校或专业略高，其所缴纳的学费也不等同于成本。根据我国现有的国办高校经费拨付情况，学生缴纳的学费只是成本的一部分，在山东省，约相等于额定经费的三分之一。山东省确定的本、专科生生均成本是 12000 元/年，其中超出学生学费以外的部分由财政拨款。

至于培训产品，与上述的自我完善的商品一样，当这些产品作为最低修读学分内的课程产品时，其商品性不彰。当这些课程产品作为培训产品出售时，就变成了培训商品。培训产品在我国目前表现出两种状态：一种是面向雇主的职业培训，主要由雇主或政府付费。由雇主付费的主要是符合企业经营需要的知识。由政府付费的主要是作为社会福利为下岗或转岗职工提供的培训。另一种是面向高校在校生的培训，主要是为考取职业资格或考取研究生提供的各种课程培训。无论是前者，还是后者，都呈现出较强的商品性。这类产品的生产者是高校或其他培训机构，直接消费者是学生或职工，间接消费者是雇主。

至于知识产品，与马金森所说的西方国家一样，当其受到知识产权法规的规范时，成为知识商品，反之则成为公共知识产品。知识商品的消费者是商业购买者。

从产品的交换关系出发，面向社会出售同类产品的机构之间构成竞争关系。就地位产品而言，出售同类或同一层次地位商品的高校之间构成竞争关系。在其他条件相同的情况下，能够体现地位产品的地位的要素就构成高校竞争力的核心。因此，高校的声誉和地位或者名声就成为高校领导者最关心的事情。

随着改革的深入，我国高等教育领域引入了越来越多的竞争。高校经历着越来越多的市场竞争，围绕着生源、师资、资金等的市场竞争在高校运营中的影响日益彰显。同时，政府管制为主导的竞争思维开始转型，但在高校运营中继续起着作用。市场与政府两种力量在高校竞争中呈现出不同的思维和逻辑，对高校竞争提出了不同的规则。在混合经济体制下，高校必须同时适应这两种逻辑，否则就难以发展。但无论是政府逻辑，还是市场逻辑，都应该以高校的核心本质——知识逻辑为基础。

二、高校竞争的政治逻辑

高校竞争的政治逻辑体现的实际是高校与政府的关系。伯顿·R. 克拉克认为，高等教育的发展主要受政府、市场与学术权威三种势力的整合影响；政府、市场与学术权威者三种势力合成一个协调三角形，每个角度代表一种形式的极端和其他两种形式的最低限度，三角形内部的位置代表三个因素的不同程度的结合。各国高等教育的发展各有偏向，因而其在三角协调模式内部所处的位置不同。加雷斯·威廉姆斯根据教育经费分配的相关研究结果，将"三角协调模式"调整为六个细部模式。

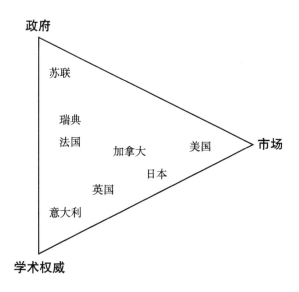

图 4 - 1 伯顿·R. 克拉克的高等教育三角协调模式①

无论是哪一种模式,政府都在影响着高等教育的发展,区别在于不同政府对高等教育产生影响的具体方式和内容不同。根据政府卷入高校事务的程度,可将政府的作用分为"起促进作用的政府"和"起干预作用的政府"两类。"起干预作用的政府"指政府积极地卷入试图影响诸如学生的品质、学校的内部事务、一所高校和它环境之间的关系等方面的工作。②

就目前而言,我国在高等教育领域已经打破了计划经济时期政府统管高校一切事务的垄断状态,政府、市场和学术权威三者的关系逐渐趋向于鼎足,但政府、市场和学术权威在不同类型高校特别是国办高校中的相互关系类型不同。总体来看,我国政府与高校的关系呈现出"起干预作用"的模式,未来可以预期的时间内也将实行该模式。国办高校尤其如此,国办高校实际对政府高度依赖,政府既是国办高校的举办者,也是办学者和管理者。高校对政府的依赖表现在多个方面,如办学资源主要来自政府财政,学科专业和学位的审批权集中于政府,学校领导和校内职能部门、院系的行政化问题,科研经费、基本建设经费以及名目繁多的专项经费都由中央宏观调控拨付,需要接受政府主导的各种评估等。

在现有高等教育体制下,政府是高校的出资者、监督者、评价者和部分消

---

① [美] 伯顿·R. 克拉克. 王承绪等译. 高等教育系统:学术组织的跨国研究 [M]. 杭州:杭州大学出版社,1994:159.

② [荷兰] 弗兰斯·F. 范富格特. 王承绪等译. 国际高等教育政策比较研究 [M]. 杭州:浙江教育出版社,2001:6.

费者，高校竞争的政治逻辑主要是从政府获得经费和支持，特别是那些有代表性的专项工程和经费，以获得发展的动力。

政府主导下的高校竞争会产生如下几种倾向：

（1）追求数字工程。政府设置各种直观的量表，加强对高校的评估，并将评估与拨款以及行政审批挂钩，从而造成高校为应付评估而形成的"数字工程"。教学质量的时效性长，对它的效果评判要等毕业生到劳动力市场上接受几年检验之后才能明确，对高校教学质量的评价因此是一个长期的过程。在我国，政府对教学质量的评估目前采用过程性评估。一般是在行政框架下，在一段时期内对某一高校的各种材料进行核实和评定。如目前针对新型大学的本科教学工作合格评估，要求高校在有3届毕业生之后6届毕业生之前参与评估，设计的一级评估指标有七个，分别是办学思路与领导作用、教师队伍、教学条件与利用、专业与课程建设、质量管理、学风建设与学生指导、教育质量。其中六个指标是学校的办学条件和办学运营，只有一个指标属于教学质量，且其中设计的二级指标突出的还是教育，包括德育、专业知识和能力、体育美育，只有一个半指标涉及教学质量，即校外评价和就业情况。也就是说，这种评估针对的是学校的办学条件和办学过程，至于说教学质量的评价则明显不足。其前提假设是学校尽了力就能有好的教学质量或者说有好的办学条件和好的运营就等同于质量，这无疑是不太可能的。但这样的评估很容易导致高校在数字上做文章，形成数字工程。

现有的高校科研评价，科研项目的审批和经费的拨付，都在政府主导下进行，科研项目的多寡和科研经费的多少，乃至所谓的标志性成果的多少成为衡量高校科研水平的指标。为了获取高评价，各校都花费很大精力去争取科研项目和科研经费，导致科研重投入不重产出，重数量不重质量，重看得见的评价不重真正的质量。

最关键的是行政主导下的领导选拔机制，使校领导的激励机制发生偏差，高校的校领导由上级党政部门指派，必然要对上负责。

在高校的各种工作中，与难以评价的文化建设、价值追求相比，数字工程是很容易辨别的成绩。追求数字工程导致高校之间形成一种不正常的竞争氛围。为了达到某种并不客观、科学的指标，学校不得不将精力放在应付评估和各种看得见、容易评估的事情上，而将教学质量放在第二位或其次。

（2）关系至上。在计划经济体制下，高校在与其他高校竞争以及政府的博弈过程中演化出了一种特殊的"关系竞争"。在这种情况下，争取政府支持，获取大量的政府资金以及政府所赋予的地位成为高校追求的重要目标。

"跑部钱进"、争学科点、争专业、争重点学科和基地、争行政级别、争专项经费等成为高校竞争的一个大舞台。

关系竞争的一个重要表现是高校的隶属关系。那些隶属于部委的高校在资源获取上拥有高于地方院校的优势。这种优势主要体现在那些竞争性的项目上，包括重点学科、研究基地、竞争性拨款以及科研项目等。隶属于部委的高校面向全国招生，其生源是在全国范围内选拔的，所得生源往往在质量上高于那些面向地方招生的地方高校。由于部委属高校在全国的知名度高于地方院校，它们的毕业生在就业市场上也占据优势。学校又形成校友圈，这些校友成为学校发展的又一资源。在地方，高校争夺的是省属院校的地位，因为省属院校由省财政拨款，市属院校由市级财政拨款。近几年，随着省级政府统筹高等教育改革的推进，省域范围内的本科高校均划归省级政府统筹，市属院校取消，这种基于隶属关系产生的地位不平等基本消失，省属本科高校基本处于同等的竞争地位，但少数由县级财政举办的本科院校和职业技术院校仍然存在着关系竞争。即使其他院校，受传统思维的影响，关系竞争也是针对政府的一种手段。

（3）资金配置及其影响。政府对高校的财政拨款采取两种方式：日常经费拨款和竞争性项目拨款。日常性经费拨款主要是基于传统测量方式，如教职工数、生均成本、固定基建拨款等，不是基于产出或结果。竞争性项目拨款是高校竞争的对象，这些拨款的划拨机制对所有高校适用，引导着高校制造数字工程，办学模式趋向同质化和关系至上风盛行。

高校是典型的资源依赖型组织。提供资源者的激励方式必然左右着高校的发展。在这种机制下，来自政府的偏好为高校所推崇，模仿成为一个主要的竞争策略，而不顾及自身的地方需求、传统职能以及内在优势。即政府提倡什么，高校就蜂起追踪什么。对政府的依赖同时使得高校与企业的关系淡漠，高校与政府成为一个封闭的公共领域，外围功能难以有效发挥作用。高校与企业的关系淡漠则使得高校对劳动力市场的变动或信号缺乏敏感，甚至故意视而不见，即使政府祭出就业率的宝典，高校仍以追求数字工程为主。另外，我国普遍存在的部门间的消息封锁，使得政府对高校的考核也存在问题。

从我国高校发展的经历看，高校受到其所置身的行政体制的深刻影响，对政治的依附性造成了高校对社会经济、政治与文化反应的僵化，影响了高校的健康发展。很多激励措施只能表现在上层的设计和规划当中，一旦落实到具体的高校运行中，不是无法实施，就是以扭曲的形式表现出来。高校的政治思维逻辑使高校缺乏动力去修炼内功，而是将注意力集中在上层的检查、评估和政策偏好上，片面追求数量指标，各种发展对策对上不对下，导致高校的办学和学生的学习根本无法适应社会的需求。

我国政府已经注意到政治逻辑给高校竞争带来的弊端，在近期的改革文件中已经明确提出了政府要依法行政、落实和扩大高校办学自主权、实施管评办分离的措施，以削弱乃至消弭政治逻辑的弊端。但受惯性的影响，政府对高校的强力干预以及围绕着高校的政治逻辑短期内将无法完全消弭，在特定时期甚至还有深化的可能。在高校竞争的政治逻辑中，政府是主导者，高校是被动的接受者，只有政府给予高校充分的办学自主权，实行第三方评估，并减少各种专项投入，即政府的偏好不构成高校的主要兴趣的情况下，高校竞争的政治逻辑才有可能减弱。否则，高校竞争的政治逻辑将长期存在，并影响到市场逻辑和知识逻辑。

三、高校竞争的市场逻辑

随着民办高等教育的兴起，国办高校办学自主权的增加，多元化高等教育财政格局的形成，高等教育供给市场和需求市场开始发生作用，高等教育市场化理念和实践逐渐渗入。高校的市场竞争逻辑表现在以下几点：

（1）竞争主体多元化。如前所述，我国目前已经形成了国办高校与民办高校共同发展的局面。具体表现为公有国办、公有民办、民有民办、公民联办、股份合作制办学、国办高校转制、独立学院、中外合作办学等多种形式。办学主体的多元化加强了高等教育的竞争。无论是公立高校，还是民办高校，或其他高等教育机构，都需要为优质生源而竞争，并为无效率和不关心社会需求而承担后果。高校因此有可能提供优质的教育，并在时间和方式上满足学生的需求，而不仅仅是为政府的利益和教师的便利而开办。

（2）生源竞争。高校的生源竞争表现为两个方面：一为生源绝对数量的竞争，新型大学特别是民办本科院校主要为获得足够的生源而竞争，以维持学校的正常运转。二是对优质生源的竞争。所有学校都为优质生源展开竞争，以获得更好的声誉、更好的社会资源和更好的校友资源。在现有招生制度下，后者主要是依据学生的高考成绩确定生源是否优质，竞争表现为对高分生源的争夺。换个角度，在高等教育大众化阶段，高等教育资源仍属稀缺的情况下，对生源绝对数量的竞争体现不明显，本科院校只要有招生计划，基本就能获得足够的生源。因此，高校对生源的竞争主要体现为对优质生源的竞争。随着普通高等教育招生制度改革的深入，即同一批次录取制度的实行，对部分高校的保护性录取制度的取消，高校对优质生源的竞争将进一步加剧，竞争的手段和工具将会多样化。

（3）师资流动的市场化。用人权是体制改革、落实和扩大高校办学自主权的重要环节。随着改革的深入，各个高校都在自身战略发展的基础上强化了人才选拔和淘汰机制，学术资本主义盛行，教师成为一个相对独立的人才市场。高校只有站在学校发展的战略高度上看待人才流动，思考人才为什么会走，怎样才能留住人才，怎样吸引学校需要的人才，在人才市场化的条件下建设好学校的师资队伍，才能提升学校的竞争力。

（4）办学职能的经济化。传统观念将大学使命定位于"服务公众"，国办高校的公共使命由政府确定，实施免费入学，以基础研究为主。民办高校也以非营利为追求，以慈善捐赠为主要费用来源。自20世纪80年代以来，高校从公益性逐渐向经济性（私人性）过渡或转向公益性与经济性并重。其原因有三：一是人力资本理念盛行。多数国家开始向学生收取学费，"论质付费""优质优价"的观念开始流行，教育教学职能逐渐经济化。由于学生在进入学校之前不知道学校教学质量的真实情况，造成学生与学校之间的信息不对称，各种社会评估趁机兴起，发挥了向大众传播学校教学质量的作用。"客户"依据这些评估、排行对学校的教学质量作出判断，进而选择相应的学校。高校质量的社会评价成为市场体制下高校竞争的主要驱动力。二是基础研究和应用研究的界限模糊，研究的服务对象从政府扩及产业界，"产学研"结合和产教融合兴起。有些高校开始投资办公司，依托高校的智力力量将研究成果进行转化并推向市场。高校产业因此成为高校排行的一个重要指标。三是高校本身逐渐成为一个经济体。突出的表现是营利性大学和创业型大学的兴起。在我国，虽然法律规定高校不以营利为目标，但允许民办高校的举办者可以"取得合理回报"。同时，市场的力量也在潜移默化地影响着大学的中心地带——讲台和实验室，教师的价值观念和队伍开始裂变，一些传统上不被看作"高深知识"的专业、课程在社会需求刺激下开始冠冕堂皇地登上高校讲台。生存压力迫使很多高校的传统观念和知识模式开始退化甚至消失，高校的"自我筹资"能力变得尤为突出。

（5）经费筹措资本化。经费是高校竞争的基础之一，在政府财政资金有限的情况下，为了获取高校的跨越式发展，高校开始从资本市场获取办学经费。高校经费筹措资本化的途径有二：一是间接地通过中介作用让金融机构贷款给学生，以学生学费的形式表现出来。二是高校以法人资格直接在金融市场上筹资。高校在金融市场上筹资的方式具体有：①贷款。借贷行为本身是高校走向市场的表现。在过去的十几年中，国办高校以质押贷款的形式获得了大批银行贷款，实现了校舍的更新。中国社会科学院发布的《2006年：中国社会形势分析与预测》蓝皮书称，国办高校贷款为1500亿~2000亿元。经过政府和高校的共同努力，高校贷款多数已经偿还完毕。但山东省高校的贷款还有余额。无论是高校还是企业，借贷是融资的必要渠道，必须和其他渠道结合才能保证组织的良性运转，如果不能拓展其他融资渠道，最终会影响学校的正常运转，乃至倒闭或被兼并。②基金投资。由高级金融管理专家管理学校捐赠资金，将其放到证券市场上获得增值，是英美国家高校的普遍做法。但这一做法在我国还难以推广。由于政策限制，我国的国办高校无法通过基金投资获得经费。部分民办高校可以通过金融市场融资，但目前的情况也不容乐观。③发行债券。美日高校借助发行债券获得部分办学资金，这种方式目前在国内亦难以实行。

四、高校竞争的知识逻辑以及竞争逻辑之间的关系

政治逻辑和市场逻辑实际是政治和市场对高校知识的定义与价值诉求。政治赋予知识的是"政治工具主义"，市场赋予知识的是"市场工具主义"，"都是从外部对大学操作知识作出定义和价值诉求，要求稳定性、可靠性、工具性等，评价的尺度是科学原则。"① 无论是专注于政治逻辑，还是专注于市场逻辑，都会给高校带来致命威胁。只有立足社会现实，从高校自身的内在逻辑出发的竞争思维才是真正有效的高校竞争思维。

（一）高校竞争的知识逻辑

结合现代大学产生和发展的历史，我们可以获得如下信息：大学立足社会资源，在追求自身独特价值的过程中，形成了独特的知识生产、传播和运用体系、组织结构程序以及价值观。这些独特的组织元素植根于特定的环境系统和集体学习模式中，因此很难被其他组织模仿，这正是大学的竞争优势之源。②"知识材料，尤其是高深的知识材料，处于任何高等教育系统的目的和实质的核心。"③ 对知识操作的重新思考和组织不断改变着世界大学竞争的格局。

大学竞争的知识逻辑是一种"内生型"竞争思维逻辑。高校的竞争来源于高校的内在价值——知识的定义，表现为知识的倡导方式。"大学需要有中心区帮助它们解决严重的不平衡问题，重新规定它们的社会用处，它们需要在知识产业的生态学中找到足可支撑的位置。"④

---

① 毛亚庆，吴合文. 基于知识观的大学核心竞争力研究 [M]. 北京：教育科学出版社，2010：41.

② [美]伯顿·R. 克拉克. 王承绪等译. 高等教育新论——多学科的研究 [M]. 杭州：浙江教育出版社，2001：41.

③ [美]伯顿·R. 克拉克. 王承绪等译. 高等教育系统——学术组织的跨国研究 [M]. 杭州：浙江教育出版社，1994：12.

④ [美]伯顿·R. 克拉克. 王承绪等译. 建立创业型大学：组织上转型的途径 [M]. 北京：人民教育出版社，2002：180.

（二）高校竞争逻辑的关系

从现代大学发展的历程来看，政治逻辑、市场逻辑和知识逻辑是不同历史阶段的产物。高校竞争的逻辑大致经历了单一知识逻辑—政治逻辑—市场逻辑的发展轨迹，随着知识社会的到来，又进入了复杂知识逻辑阶段。

现代大学创立初期，知识被教师垄断，学科形式单一，拥有掌握高深知识的教师就是高校发展的命脉，高校竞争因此表现为单一知识逻辑，高校竞争的主要手段是争夺高水平的教师。

以德国洪堡大学的建立为标志，在民族国家兴起、工业革命进入成熟阶段、国家继续用知识来引导民族国家发展的背景下，政治逻辑成为高校竞争的主要逻辑，高校由国际性转向民族性，由宗教性转向世俗性，由独立性转向依附性，高校的地位和实力取决于政府对高校的支持程度，高校的竞争力与国家的发达程度密切相关。这一时期的高等教育是一种极端的精英教育，对政府资源的竞争成为高校竞争的主要手段，当然这一竞争是建立在高校能够提供政府需要的知识的基础上。

市场逻辑的主战场是美国。美国高等教育起源于私立大学，并在法律上享有不受包括州政府在内的各种行政干预的权利。后来政府建立大批面向社会服务的公立高校，高等教育大众化阶段又发展社区学院。美国的市场经济和法律制度为美国营利性大学的发展提供了广阔的空间。在各种因素的综合作用下，美国形成了数量庞大、层次多元、类型丰富的高等教育体系，高校功能在这种体系下逐渐拓展，开始以市场化模式运作。第二次世界大战以后，高等教育的市场化进一步发展，并通过国际市场和国内市场两条途径发展起来。但应该看到，市场在带给高等教育效率的同时，无法完全解决社会赋予高校的公平、责任、质量、探索未知领域等重要使命，市场导向并不符合社会的期望，市场竞争思维并不适合所有的高校和高校内部的所有系科，市场力量也并不总是建设性的。市场满足的是当前的社会需求，却不一定能解决社会的更长远、更大的需求。社会的"短期需求与长远需求、个体（团体）需求与社会需求、经济（政治）需求与文化需求之间存在着不可回避的张力。因此，如果一味地响应市场的需求，大学整体很可能会丧失自己的核心价值"。① 实际上，在现实社会中，无论是美国还是其他国家，市场逻辑都没有完全占据主导地位，市场逻辑只是消弭政治逻辑带来的低效率的工具。

复杂知识逻辑是知识社会高校竞争的逻辑。人类历史进入 21 世纪，全球

---

① 毛亚庆，吴合文. 基于知识观的大学核心竞争力研究 [M]. 北京：教育科学出版社，2010：46.

加快了知识社会发展的步伐。知识社会是建立在彻底颠覆传统知识生产、传播、应用的传统结构的基础上的。在知识社会里，高等教育不仅仅是复杂的知识生产网络的一部分，而且其本身也成为一个复杂的网络体系。高等教育的社会边界正在变化，其中心地位正在变成社会其他机构的伙伴。在复杂的高等教育网络体系中，竞争成为知识生产的主要法则。高校竞争因此成为高校持续变化的动力。在知识社会里，高校不仅生产市场驱动的知识，也生产政治驱动和文化驱动的知识。高校的地位和实力正是基于对知识生产的有效运作和合理分工上。即不同的高校基于自己的历史和办学资源从事某一部分的知识的生产和运用，或者是市场驱动的知识，或者是政治驱动的知识，或者是文化驱动的知识，也有可能是其中两种知识的结合。

高校竞争的复杂知识逻辑呈现出如下特点：（1）高校模式多元化，高校可以灵活选择竞争策略。（2）竞争载体多元化，人才、专利、产业、利润等都可以作为竞争载体。高校竞争既可以在学术要素上竞争，也可以在非学术要素上竞争。（3）知识的包装和营销成为知识传播应用的主要方式，知识社会信息的泛滥使得高校必须学会包装和营销知识。高校必须走向社会展开竞争。（4）高校自身资源的结构化程度，决定着高校的核心竞争力。高校的知识业务单元必须在同一的理念和操作下协同作用，才能发挥最大效益。（5）诸多竞争者使得高校知识生产和操作的不可模仿性、可持续性成为决定大学核心竞争力的基本准则。在知识社会里，高校必须适合复杂知识逻辑的竞争，否则将被历史抛弃。

第三节　知识社会与高校变革

伯顿·R. 克拉克指出：知识就是材料，研究和教学是主要的技术。这一判断是对高校运营的高度提炼，也是对高校本质的描述。在知识社会里，大学的材料和技术都发生了变化，这种变化可视为高校的变革。讨论处于知识社会中的新型大学的核心竞争力及其培育，必须清楚高校材料和技术在知识社会中发生的变化。

一、知识经济与知识社会

知识社会的概念源自知识经济，但知识社会的概念的诞生略早于知识经济。

（一）信息经济与知识经济

知识经济不是一个严格的经济学概念，其概念的缘起与新经济增长理论有关。

新经济增长理论是由美国经济学家罗默（Paul Romer）和卢卡斯（Robert Lucas）在 20 世纪 80 年代提出的。新增长理论的重要内容之一是把新古典增长模型中的"劳动力"的定义扩大为人力资本投资，即人力不仅包括绝对的劳动力数量和该国所处的平均技术水平，还包括劳动力的教育水平、生产技能训练和相互协作能力的培养等。新增长理论模型中的生产函数是一个产出量和资本、劳动、人力资本以及技术进步相关的函数形式，即 $Y = F（K，L，H，t）$，其中 Y 是总产出，K 是物质资本存量，L 是劳动力投入量，H 是人力资本（无形资本）存量，t 表示技术水平。

在新增长理论的形成过程中，卢卡斯将技术进步和知识积累的重点放在人力资本上，认为特殊的、专业化的、表现为劳动者技能的人力资本才是经济增长的真正源泉。罗默在 1990 年提出了技术进步内生增长模型，把经济增长建立在内生技术进步上。技术进步内生增长模型的基础是：技术进步是经济增长的核心；大部分技术进步是出于市场激励而导致的有意识行为的结果；知识商品可反复使用，无需追加成本，成本只是生产开发本身的成本。相关模型有阿罗提出的边干边学模型和罗默提出的收益递增增长模型。阿罗认为，产出比不仅仅是有形要素的投入，而且也是学习和经验积累的结果。体现为资本的贡献要大于传统的贡献，因为增加的资本不仅通过其对生产的直接贡献来提高产量，而且通过其间接推动新思想的发展来提高质量。但阿罗模型中的技术仍然是外生的，随着内生的资本存量的变化而变化。罗默的收益递增增长模型认为，增长的原动力是知识积累，资本的积累不是增长的关键，强调知识的积累、技术的进步对于经济增长具有决定性作用，认为知识或者知识的载体——人力资本具有规模报酬递增的性质，而且存在着投资（即资本的积累）刺激知识的积累，反过来知识的积累又促进投资的良性循环。新经济增长理论鼓励知识的积累以及知识在经济中的广泛运用，促进了高新技术革命的发展和知识经济时代的到来。

1. 信息经济

知识在经济发展中一直起着促进发展的作用。无论是在农业经济阶段，还是在工业经济阶段，知识在经济发展和社会发展中都起着积极的促进作用，尤其是在工业经济阶段，经济和社会发展在很大程度上受到以技术方式体现的知识的支撑和促进。现代工业经济的发展是蒸汽机发明的结果，第一次科技革命带动了以蒸汽机为标志的第一次工业经济的发展，第二次科技革命带动了以电气化为标志的第二次工业经济的发展，第三次科技革命则带来了以信息技术为特征的第三次工业经济的发展。有学者将信息经济与前两次科技革命产生的工业经济相区别，称为信息经济。在传统工业经济中，钢铁、汽车、石油化工、轻纺工业、能源、交通运输、电话通信等部门扮演着重要角色。在信息经济中，居重要地位的是芯片、集成电路、电脑的硬件和软件、光纤光缆、卫星通信和移动通讯、数据传输、信息网络与信息服务、新材料、新能源、生物工程、环境保护、航天与海洋等新兴产业部门，同时，科技、教育、文化、艺术等部门通过产业化变得越来越重要。

信息经济和知识经济密切相连，不可分割。知识经济脱胎于信息经济，信息经济提出在前，知识经济提出在后。信息经济的发展和壮大是知识经济产生与发展的前提条件，知识经济的建立和发展离不开信息科学技术，即离不开以信息技术为基础的信息经济。从信息经济概念的提出与发展看，它也与知识经济密不可分。被认为最早提出"信息经济"概念的是美国学者马克卢普（F. Mahchlup），他出版的被认为是信息经济学的经典论著是《美国的知识生产与分配》，他在该书中提出了"知识产业"，包括教育、科学研究与开发、通讯媒介、信息设施和信息活动五个方面。[①] 1977 年，美国学者马克·波拉特（M. V. Porat）完成《信息经济：定义与测量》，把经济划分为两个范畴：涉及物质与能源从一种形态转化到另一种形态的领域；涉及信息从一种形式转化到另一种形式的领域。[②] 马克卢普、波拉特等人用具体的经济分析与数值计算，说明自 20 世纪 60 年代中后期到 70 年代，美国等发达国家已经由工业经济过渡到信息经济，主要标志是经济活动有一半以上与信息活动有关。美国学者保罗·霍肯在波拉特的范畴划分的基础上进一步提出了"物质经济"和"信息经济"的概念。霍肯指出：每件产品和每次劳务，都包含着物质和信息两种成分。传统的"物质经济"指物质成分大于信息成分的产品和劳务占据主导地位；信息经济是指信息成分大于物质成分的产品和劳务在整个社会中占据主导地位。[③] 后来知识经济的概念是相对"物质为基础的经济"提出的，显示了知识经济和信息经济的关联性。

信息经济与知识经济密切相连还体现在信息经济的基础特征上。一般认为，信息经济具有如下几种特征：（1）信息经济的企业结构是知识和技术密

① ［美］弗里兹·马克卢普. 孙耀君译. 美国的知识生产与分配 [M]. 北京：中国人民大学出版社，2007.

② ［美］马克·波拉特. 李必祥、钟华玉、吴本华、彭一中、傅予行译. 信息经济论 [M]. 长沙：湖南人民出版社，1987.

③ 参见林明. 信息经济三题 [J]. 图书与情报. 1998 (3)：40－41.

集型的；（2）劳动力结构是智力劳动型的，以科学家、工程技术人员、软件编制人员等脑力劳动者为主，传统体力劳动者经过再教育也可以成为新的脑力劳动者；（3）产业结构是低耗高效型的，具有高效率、高增长、高效益和低污染、低能耗和低消耗的新特点；（4）体制结构是小型化和分散化的，呈现为小型分散化的水平网络式结构；（5）消费结构是多样化的，更加符合人们的实际生活需要；（6）能源结构是再生型的，如太阳能、生物能和海洋能等，相对干净高效。① 从这些特征来看，信息经济无疑是知识经济，其发展建立在信息科学技术的高度发展之上。

知识经济虽然建立在信息经济高度发展的基础之上，但信息经济并不等同于知识经济。知识经济和信息经济有明显的区别。首先，信息经济主要是以信息科学技术为基础的经济，而知识经济是以整个科学技术为基础的经济。其次，信息经济和知识经济都是知识密集型经济，但知识经济中的"知识"的内涵更为丰富，不仅包括信息经济所在的信息业，而且包括国民经济涉及的各个行业如现代工业、现代农业、现代服务业等。此外，信息、知识、信息经济、知识经济等概念也有明显的差异。

2. 知识经济

知识经济是"以知识为基础的经济"（Knowledge – based Economy）的简称，该概念是联合国研究机构在 1990 年提出的。1996 年，世界经济合作组织发表《以知识为基础的经济》报告，将"知识经济"定义为建立在知识和信息的生产、分配和使用（消费）之上的经济。其中所述及的知识，包括人类迄今为止所创造的一切知识，最重要的是科学技术、理论及行为科学知识。② 这里所说的"以知识为基础的经济"是相对于此前的"以物质为基础的经济"而言的，此前的农业经济和工业经济，也离不开知识，但经济的增长取决于能源、原材料和劳动力，而非知识。前述的信息经济，其实质仍然是工业经济。

"知识经济"中的"知识"，是一个拓展的概念，包括：是什么的知识（Know – what），指关于事实方面的知识；为什么的知识（Know – why），指原理和规律方面的知识；怎么做的知识（Know – how），指操作的能力，包括技术、技能、技巧和诀窍等；是谁的知识（Know – who），指对社会关系的认识，

---

① 参见百度百科"信息经济"条的"结构特征"，百度百科（https：//baike. baidu. com/item/信息经济/9637488？fr = aladdin）

② OCED. The Knowledge-based Economy. Paris，1996. http：//www. oced. org/sti/sci-tech/1913021. pdf.

以便可能接触有关专家并有效地利用它们的知识，也就是关于管理的知识和能力。①

知识经济与农业经济、工业经济相对应，是一种富有生命力的经济形态。工业化、信息化和知识化是现代化发展的三个阶段，创新是知识经济的动力，教育、文化和研究开发是知识经济的先导产业，教育和研究开发是知识经济时代最主要的部门，知识和高素质的人力资源是最为重要的资源。知识经济具有如下特征：（1）资源利用智力化，即以人才和知识等智力资源为资源配置第一要素的经济，节约并更合理地利用已开发的现有自然资源，通过智力资源去开发富有的、尚待利用的自然资源；（2）资产投入无形化，即以知识、信息等智力成果为基础构成的无形资产投入为主，无形资产在企业资产中所占比例超过50%，无形资产的核心是知识产权；（3）知识利用产业化，知识密集型的软产品即利用知识、信息、智力开发的知识产品所载有的知识财富，将大大超过传统的技术创造的物质财富，成为创造社会物质财富的主要形式；（4）高科技产业支柱化，但不意味着传统产业彻底消失；经济发展可持续化；（5）世界经济全球化，即以知识产权转让、许可为主要形式的无形商品贸易（即服务贸易）大大发展，各国综合国力的竞争在很大程度上转为人才、知识、信息的竞争，集中表现为知识产权的竞争；（6）企业发展虚拟化，主要靠关键技术、品牌和销售渠道，通过许可、转让方式，把生产委托给关联企业或合作企业，充分利用已有的厂房、设备和职工来实现；（7）人均收入差距扩大化，指国家与国家之间、地区与地区之间，乃至行业与行业之间，职工人均收入的差距扩大。②

知识经济的兴起对投资模式、产业结构、增长方式和教育的职能与形式产生了深刻的影响，催生了新的时代。知识经济时代具有如下几种特征：（1）从学历型社会转到学习型社会，学习能力的掌握超过了知识的掌握；（2）从读书型社会转到技能型社会，掌握特定的技能成为人们接受教育的主要目的；（3）从个人型社会转到团队型社会，团队合作替代了原来的个人奋斗；（4）从数量型社会转到质量型社会，即社会从追求数量和规模转向追求质量；（5）从单一型社会转到多样型社会；（6）从实体社会转到虚拟社会；（7）从知识型社会转到管理型社会；（8）从线性社会转到知识网络社会；

---

① OCED. The Knowledge-based Economy. Paris, 1996. http：//www. oced. org/sti/sci-tech/1913021. pdf.

② 同上。

（9）从研究型社会转到开发型社会。① 知识经济的发展使人类社会进入了知识社会。知识经济时代实际是工业社会到知识社会的一个过渡阶段。

（二）知识社会

知识社会的概念来自西方。在英文语境中，知识社会有四种表达：The Knowledgeable Society, The Knowledge Society, The Knowledge Societies, The Knowledge－based Society。据知识社会理论专家尼科·斯特尔的考证②，最早提出"知识社会"概念的社会科学家是美国社会学家罗伯特·莱恩。在 1966 年发表的《知识社会中政治和意识形态的衰落》一文中，莱恩通过说明科学知识的日益增长的社会意义而证实对知识社会概念的使用是正确的③，他当时采用的是第一种表达（The Knowledgeable Society）。1968 年，在《断裂的时代》一书中，为了说明知识是现代社会的中心以及经济和社会行为的基础，彼得·德鲁克使用了知识社会的概念。④ 同年，为了说明知识在创新中的源泉作用和知识领域在国民生产总值及就业中日益增加的分量，社会学家和未来学家丹尼尔·贝尔在《知识和技术的测度》一文中也使用了知识社会的概念，并且认为后工业社会就是一个知识社会。⑤ 德鲁克和贝尔提出"知识社会"时采用的都是第二种表达（The Knowledge Society）。如果说第一种表达强调的是社会的知识化趋势及其意义，第二种表达将关注的焦点直接放在了知识本身，放在了知识资源和知识活动的价值。这种表达方式突出了自主创新的经济价值。1986 年，斯特尔和杰诺特·彪姆主编了第一部《知识社会》文集⑥，书名采用的是第二种表达，但他在 1994 年出版的第一部《知识社会》著作及在 2002 年出版的另一部著作《知识和经济行为》中采用的是第三种表达（The Knowledge Societies）。之所以如此，斯特尔指出："知识社会并非是作为一个简单、单峰展现的结果而发生的，也不是以某种明确的方式出现的。知识社会

---

① OECD. The Knowledge-based Economy. Paris, 1996. http：//www. oecd. org/sti/sci-tech/1913021. pdf.

② Stehr, N. *Knowledge and Economic Conduct*：*The Social Coundations of the Modern Economy*, Toronto：University of Toronto Press, 2002, p. 64.

③ Lane, R. The decline of politics and ideology in a knowledgea blesociety, *American Sociological Review*, 1966, 31 （5）：649 － 670.

④ Drucker, P. *The Age of Discontinuity*：*Guidelines to our Changing Society*, New York：Harper & Row, 1968.

⑤ Bell, D. "The measurement of knowledge and technology", Eleanor B. Sheldon, Wilbert E. Moore. *Indicators of Social Change*：*Conceptsand Measurements*, Hartford, CT：Russell Sage Foundation, 1968. 145 － 246.

⑥ Bohme, G., Stehr, N. *The Knowledge Society*：*The Growing Impact of Scientific Knowledge on Social Relations*, Boston：D. Reidel PublishingCompany, 1986.

并没有变成某种单向度的社会结构。各种知识社会通过保持不变、甚或变得不一样而成为相类似的社会。"① 这意味着，通向知识社会的道路并非是机械决定的单线行程，知识社会也并非只有遵循固定模式的单一类型，而有可能是多元的。在 1996 年经济合作与发展组织（OECD）发表《以知识为基础的经济》（The Knowledge – based Economy）报告以后，越来越多的学者意识到研究知识社会问题的重要性，并且认为知识社会似乎比知识经济的含义更为广泛，同时更富有想象力和吸引力。在这样的背景下，产生了知识社会的第四种表达（The Knowledge – based Society），有关论著大量出版，如荷兰阿姆斯特丹大学劳埃特·雷德斯多夫的专著《沟通的社会理论：知识社会的自组织》② 等。联合国教科文组织也发表了《从信息社会迈向知识社会》的研究报告。与前三种表达相比，第四种表达强调社会结构、社会行动、社会发展的知识基础，要求对社会与知识的演化关系及其机制进行动力学分析。

知识社会是一个以创新为主要驱动力的社会，是一个社会的人民的受教育水平成为经济和社会发展基础的社会，信息技术发展使得更多的大众作为用户也能深深地参与到科技创新的进程进一步带动创新形态、社会形态的嬗变，知识社会是一个以知识、创新为核心的社会。知识社会中的职业在很大程度上要求某些或更高程度的高等教育以及中等以后教育。彼得·F. 德鲁克指出："知识的生产率将日益成为一个国家、一个行业、一家公司竞争的决定因素。"他说，提高体力劳动者的生产率再也不能自行创造财富了，今后重要的是非体力劳动者的生产率，即知识的生产率以及使知识转化为生产力。在知识社会，知识成为社会的核心。然而知识社会又不是一个仅仅崇尚精英的社会，"知识社会的社会形态越来越呈现出复杂多变的流体特性，传统的社会组织及其活动边界正在'融化'。创新也不再是少数被称为科学家的人群独享的专利，每个人都可以是创新的主体，生活、工作在社会中的用户将真正拥有创新的最终发言权和参与权，传统意义的实验室的边界以及创新活动的边界也随之'融化'了。以生产者为中心的创新模式正在向以用户为中心的创新模式转变，创新正在经历从生产范式向服务范式转变的过程，正在经历一个民主化的进程。以技术发展为导向、科研人员为主体、实验室为载体的科技创新活动面临着挑战，

① ［加拿大］尼科·斯特尔. 殷晓蓉译. 知识社会［M］. 上海：上海译文出版社，1998：10.

② Leydes dorff, L. A. *Sociological Theory of Communication*：*The Self Organization of the Knowledge Based Society*, Parkland, FL：Universal Publishers, 2003.

以用户为中心、社会为舞台的面向知识社会、以人为本的下一代创新模式，即创新2.0模式正逐步显现其生命力和潜在价值"①。

　　"知识社会"的词汇虽已风靡社会，为世人所耳熟能详，但学术界迄今仍然没有一个严格界定、获得公认的"知识社会"的概念。在众多的"知识社会"概念中，彼得·德鲁克的界定接受程度最高。德鲁克主要是在《后资本主义社会》一书中阐述他对知识社会的看法的。德鲁克认为，"后资本主义社会"的"主要资源将是知识"，"基本经济资源——用经济学家的话来说，就是'生产资料'——不再是资本、自然资源（经济学家的'土地'）或'劳动力'，它现在是并且将来也是知识。""主要社会团体将是'知识工作者'"，"他们是知道如何把知识用于生产的知识经济人员、知识专业人员、知识雇员"。因此，后资本主义社会面临的"经济挑战将是知识工作和知识工作者的生产力"，即工作效率问题，其所面对的"社会挑战，则将是该社会中的第二阶级的尊严：服务工作者"，因为他们缺乏成为知识工作者的必要教育程度，因而可能成为社会的反抗者。后资本主义社会由于在"知识分子"和"管理人员"之间"将用一种价值观和美学概念的新的两分法来划分"，所以如何调和并"用一种新的综合法来超越这种两分法，将是一次哲学上和教育上对后资本主义社会最主要的挑战。"②。由于知识是后资本主义社会的最主要资源，它根本地改变了整个社会结构，即不仅创造了新的社会动力，创造了新的经济发展动力，而且创造了新的政治模式与动力。因而，德鲁克认为，它也必然引起整个管理方式（management paradigm）的根本性革命，即"知识正被应用于知识"，"提供知识以找出应用现有知识创造效益的最佳方法，事实上就是我们所说的管理"，"管理部门是知识社会的通用机构"③。它不仅存在于经济领域，还将扩展到社会的各个方面。

　　知识社会是建立在对知识价值的深刻认识和充分利用基础上的一种社会形态，其本质是以知识型人力资源为社会主体，通过积极营造学习知识、传递知识、利用知识、创造知识、共享知识的社会取向和运行机制，大力提高社会知识水平，合理配置社会知识资源，充分开发社会知识效能，有力推动社会经济和文化的加快发展。④ 知识社会与其他社会形态的显著区别，在于明确地提出

---

　　① 宋刚、张楠. 创新2.0：知识社会环境下的创新民主化 [J]. 中国软科学，2009（10）：60－66.

　　② [美] 彼得·F. 德鲁克，傅振焜译. 后资本主义社会 [M]. 北京：东方出版社，1998（4）：8－9

　　③ 同上书，第45～46页.

　　④ 庞跃辉. 从哲学角度透视知识社会形态 [J]. 上海师范大学学报（哲学社会科学版），2002（3）：8－13.

了全方位开发利用知识价值的新认识，把知识作为推动经济发展和社会进步的主要源泉，改变了传统社会形态主要依据劳动力、资金、能源、原材料等要素为最重要资源的运行模式，而是越来越依靠知识和信息，知识和信息成为经济增长和社会进步的核心资源及加速力量。[①] 在知识社会中，无论是生产的自动控制还是金融信贷，无论是企业经营还是国家政策法规的制定和监控，无论是重大疾病防治还是生命科学、生物工程的开发利用，无论是地球资源的深度开发还是宇宙空间的资源利用，无论是军事较量还是文化交流，等等，无不强烈显示出知识的巨大能量和效益。人们的生活方式也发生了重大变化，文化消费、远程教育、终生学习等新型生活方式，是人们追求现代生活方式的主流。[②] 因此，知识的学习、传递、利用、创造、共享的程度，是衡量个人、组织、国家进步与发展的重要标准，也是决定其能否积极参与竞争、谋求更大发展的重要潜质。

二、知识社会与高校变革发展

知识社会的一个显著特点是新知识增长得快，更新得快，就业岗位变化得也快，一些传统行业的就业岗位逐渐减少，新兴的知识型岗位逐步增加，人们更加期望自己具有终身就业的能力。加上社会竞争日趋激烈，无论是就业、报酬还是社会地位，竞争的优势必然向知识占有多、创新能力强的人倾斜，从而激励和驱使着人们终身学习。真正成为知识的拥有者就必须不断地学习，学习成为人们谋生的基本需求。因此，伴随着知识社会而来的将是一个终身学习的社会，学习型社会的到来对高等学校的运营和发展提出了新的要求。

联合国教科文组织在《从信息社会迈向知识社会：建设知识共享的二十一世纪》的报告中论述了知识社会给高等教育带来的冲击和变化。该报告从"高等教育走向市场？资金问题""有待发明的大学网络""高等教育的新任务"三个方面论述了知识社会中高等教育的未来。

针对第一个方面，报告指出：高等教育机构应在知识社会中发挥根本性的作用，而知识社会将建立在知识生产、传播和应用的传统结构被彻底颠覆的基础上。在大部分国家，高等教育已经是一个复杂的网络，其中有国有的机构也有私营的机构，有综合技术学校、工程师学校、商业和管理学校、远程教育中心、科研院所、企业分支机构，等等。那些没有大学传统的国家，与知识社会

① 庞跃辉. 知识社会的本质特征、生成环境与创建途径 [J] 河北学刊，2002 (5)：33 - 37.
② 同上。

的兴起相伴而来的常常是名副其实的高等教育市场的出现。[①] 即知识社会对没有大学传统的国家的冲击主要是高等教育市场的产生。换个视角来看，高等教育市场的产生可能是知识社会到来的标志和知识社会的产物。

报告指出：知识的生产和传播是有成本的。在整个人类历史中，人类社会发现并试验了各种不同的方式来投资生产和传播知识。在培训和教育方面，不管系统如何合适，甚至出色，人们都应考虑文化、社会和认识成本——这种成本大部分不能以货币单位计算，而且还应考虑投资系统与明示或暗示的任务和目标相符的成本，以及从一个投资系统向另一个投资系统过渡的成本，不论这些成本是资金成本，还是社会成本或文化成本，都应该考虑在内。[②] 即作为知识传播途径的教育，其运营存在着多种成本：资金成本、社会成本、文化成本和系统转换成本等。作为接受教育的个体人，在接受教育的过程中也面临着各种各样的成本支付。无论是教育机构，还是个人，在选择教育内容和教育方式时肯定要考虑成本问题，尤其是个人，在选择接受教育时要考虑个人的成本支付问题，进而选择合适的教育。这是高等教育商品化和市场化的基础。

各国的高等教育投资系统是在自己的历史过程中形成的，介于以下两者之间：一是公众直接的非集中投资（由大学生及其家庭支付），二是国家或地方政府的集中投资（通过公民纳税）。此外还应考虑到各种补充因素，如奖学金。直接投资可以保证知识需求与供给相符，这样做可以让学生和助学者负起责任来。集中投资在理论上可以保证一定程度上的机会平等。在 19、20 世纪，欧洲模式的大学投资主要是政府的事，私人投资是逐步实现的。在美国，不论是国办大学还是私立大学，大都发展成为具有强烈竞争性的企业型机构。学生就像一个顾客，他要求得到与他付出的金钱相当的教育，而学费通常极高，由学生本人承担。在这个市场上竞争有时是残酷无情的。大学为吸引最有名的学者和教育家，毫不犹豫地竞相提高他们的工资，改善他们的工作环境。这些大学的管理还涉及向私营部门募集经费。通过这种商业组织方式最终形成了丰富多彩的高等教育机构，在美国有约三千家之多，从最有名的大学到基础学院，一应俱全。每个学生都可以根据大学的水平和自己的愿望选择上哪所大学。这种管理方式是借鉴媒体和广告技巧实现学生对

---

① 联合国教科文组织. 从信息社会迈向知识社会：建设知识共享的二十一世纪 [M]. 联合国教科文组织网站（http://www.un.org）"世界报告系列"中文版。

② 同上。

大学的选择。① 即每个国家的高等教育投资模式是历史发展的产物，受到多种因素的影响，政府投资和学生及其家庭的私人投资是最常见的方式，也有两者结合的方式。美国大学无论是国办还是私立，都发展成了具有强烈竞争性的企业型机构，高校之间的竞争涉及学者、教育家、筹资和生源，具体到不同的对象，竞争的手段不同。

以商业组织的形式开办大学和教育服务商业化已经成为一种必需，特别是因为国家对高等教育的普遍投资今天已成问题，这种国家投资被认为不能满足人数增加的需要。没有更多的经费支持，高等教育机构就不能应对知识社会的崛起提出的挑战。必须在教育投资方面作出更多的努力，因为一些基础设施已经陈旧过时，教育和科研方法的更新又增加了成本。企业化大学的首要目的是为了盈利。传统大学的目的是提高学术名气。在企业化大学，知识的应用比生产出新知识更重要得多。② 即企业型大学重在知识的应用，根据市场需求提供可应用的知识和知识组合。

高等教育机构在国际竞争中获得了重大的战略利益，产生了系列调整：资源向竞争力最强的大学或院系集中，甚至以投资回报的名义将科研功能和教学功能分离；促进最尖端的学科特别是在科学技术的关键领域（信息和传播新技术，生物技术、纳米技术）发展，牺牲人文科学；鼓励高校引进更加企业化的管理模式。③ 即竞争迫使高校进行调整，引导资源向少数高校集中，向高校的少数学科集中，进而促使高校采用更加企业化的管理方式。高等教育机构的这种竞争规律与经济界类似。

报告指出：仅仅只有少数国家的少数一流大学可以自认为是"世界级"大学。对于大部分高等教育机构而言，应加强自己的特色，提高自己的吸引力来吸引那些被牢牢盯住的大学生客户群。这些院校应努力满足若干个相互矛盾的要求：恰当地满足高等教育大众化这一要求，同时保证向他人推荐的毕业生具有高质量；建立一些质量检查程序，同时又不要损害教师的学术自由；教学计划多样化，同时又要应对国家投资大幅度减少的情况；既独立自主，同时又要负起责任和履行公民义务；既要在科研上做出成绩又要做好教学工作。④ 即大多数高校在矛盾中运行，需要确立自己的特色，通过特色提高自己对生源的吸引力。

---

① 联合国教科文组织. 从信息社会迈向知识社会：建设知识共享的二十一世纪 ［M］. 联合国教科文组织网站（http://www.un.org）"世界报告系列"中文版。

② 同上。

③ 同上。

④ 同上。

　　针对"有待发展的大学网络"问题，报告指出：欧洲大学具有天生的局限性，因为这种模式的大学集中在某一特定地理范围，作为知识的生产者和系统化知识的传播者，面对的是一群经过挑选的精英，挑选他们的标准既有文化标准，也有社会和政治标准。随着新知识的出现，新知识的学科组织越来越专业，"知识网"越来越复杂，同时又越来越不分等级，使"大学"能否运作和维持下去成为问题。欧洲大学围绕泾渭分明的学科与科学之王的发展如影随形，这种发展是线性的、协调的。高等教育的发展引起了科研和教育规划组织的动荡，这些院校中最灵活的那些院校增加了自己学部的数量，试探着建立一些新的跨学科的或学科间的学部。这些学部有时是根据新的课题组织的，如神经科学、复杂科学，有时又是根据新的科学技术组织的。知识爆炸和知识彼此交错促使许多高等教育机构调整或重新考虑自己的运作和组织形式。即使这些院校依然保留着大学的名称，但其组织、任务和运作已经发生变化，呈现出多样化的态势。① 即知识社会的到来改变了原来的线性、协调式的高校发展道路，高校的发展呈现出多样化，高校的组织、任务和运作发生了变化。

　　高等教育出现了一些新现象：一是学院在成倍增加，同时又在彼此分化。在一些大的院校内部，学部和科研中心的数量在增加。欧洲大学的学科教席可能会消失或改变性质，而在以前已确立的学科发展比较缓慢、在关于这些学科的教学方式上取得共识的情况下这些教席是有意义的。势在必行的思维改革应该质疑将精确科学、自然科学与社会科学、人文科学断然分开的做法，应促进名副其实的跨学科发展。二是20世纪大学的标准化模式正在丧失其在大部分国家高等教育中曾经享有的支配地位。但是相关组织和文化法规方面的惯性阻碍着势在必行的模式多样化。面对这种情形，增加教学的文化多样性势在必行。美国的大部分院校已经着手进行这种变化，在自己内部开始使教学主题和教学方法多样化，部分呈现出未来的发展趋势。三是新的横向学科共同体出现。这些横向学科共同体组织成网络，所围绕的中心是一些国际讨论会和专业研究杂志。与旧的普通杂志相比，这些专业研究杂志数量大增。学术团体正在失去自己的国家特性，融入一些国际组织。在出现新兴学科的情况下从无到有产生了上述新的组织。这些国际组织是由最为强大的国家社团（大部分是美国的）通过组合或兼并形成的。这种呈国际网络状态的组织方式是一种自发和非中央化自行组织起来的例证。四是学术活动正在"非领土化"：这些网络

　　① 联合国教科文组织. 从信息社会迈向知识社会：建设知识共享的二十一世纪 ［M］. 联合国教科文组织网站（http://www.un.org）"世界报告系列"中文版。

组织的活动抛开了校园，在大饭店举行；编辑委员会在举行巡回代表大会之际举行；杂志和会晤的经费越来越独立于院校，最常见的是由一些院校以外的机构出资或签订合同。免费已经没有了，"注册费"直线上升，越来越多的杂志要求作者或杂志隶属的机构捐款。互联网的侵入被认为要改变高等教育的牌局。① "夏季大学"是新兴大学网络成功的例子。"夏季大学"介于教学和科研之间，依靠学者来传播新知识，效率更高，传播更加迅速。这是传统的讨论会和代表大会做不到的。另外，这些地区性的、有国家性的甚至国际性的创举最为常见的是由一些学者发起的，而不是由院校机构自身发起。

大学网的兴起并不是宣告大学和学术机构将要消失。人们仍将需要固定地点的院校、实验室和教育机构，因为它们集合着学者、教师和学生，而且有持久的资金来源即国家资金，有着等级分明的组织机构。但是使固定地点的院校分为不同的结构的职业、知识和学科成倍增长和多样化，这要求通过非中央化的结构来补充完善分为不同等级的组织结构，并根据建立网络这一原则将不同等级的组织结构组合起来。② 即高校的增加带来的是高等教育网络的形成。在高等教育网络中，不同的高校有不同的定位和不同的学科侧重，高校之间出现分层。这些不同定位、拥有不同学科侧重和专业知识的高校彼此间相互支撑、相互补充，构成高等教育的统一网络。

要传播具有创造性的知识或专业知识，最好是仿效"夏季大学"，相关教育采取"非地方化"和巡回的方式，在一周或几周时间内"集中"，这样做可以向相关群体的大学生提供新知识或尖端知识。借助于这样的教育网，可以在网上建立和传播适应各级知识水平的专业知识目录，说明各种课程要求具有什么知识水平。如果这些课程是居住性的，问题可以以非正式的方式提出，答复则因人而异。而来自不同地区或不同学科的大学生们住在一起，可以加强不同学科之间的联系，有利于不同文化之间的对话。这种教育网的成本是高的。成本分为两种：一种是经济和财政成本（学生的旅行和食宿费用，教师的报酬）；二是文化和机构成本（评估和资格认证体系，大学生在注册院校之外参加的教育和培训得到承认的保证）。前者是可以分开的，因为这些成本可以只涉及一次培训，成本涉及的教学是临时的，中止向某次培训提供经费并不一定损害整个网络的运作。后者比较复杂，也比前者高。解决文化和机构成本高的问题取决于评估程序的进步：评估程序既涉及教师，也涉及学生。教师关系到

---

① 联合国教科文组织. 从信息社会迈向知识社会：建设知识共享的二十一世纪 [M]. 联合国教科文组织网站（http://www.un.org）"世界报告系列"中文版。

② 同上。

培训质量，大学生关系到他们在培训期间对所授知识的接受能力。评估还应测定相关培训与社会需要的适应程度。这些程序有时会遇到一些带有文化性质和意识形态性质的障碍，这些障碍比经济障碍和财政障碍更难以克服。那些有名气的院校可能会担心损害自己的名望和信誉。①

专家的数量肯定是有限的。如果院校人力财力拮据，那么教师有可能疲于应付紧急的教学任务，而不得不限制自己的科研活动或降低科研的质量，而科研活动和质量正是吸引大学生和适应社会之处。建立教师网络可以暂时克服上述困难。每年花几个月的时间邀请一些教师和学者与本院校的固定教师和学者合作。这些"来访教授"将自己的部分时间用于纯粹意义上的教学，部分时间用于与本院校的学者或干部进行科研合作。客座教师之间进行交流，客座教师与本院校学者之间进行交流，通过这些交流，可以产生协同作用，而本院校可以通过积极参加这种交流而推动发展。这种与更多的同事进行合作的前景激励着教师—学者在一定的时间内离开自己所在的院校，到其他院校去。许多外来教师—学者的光临，能对东道主院校的教学、科研和名气产生积极的影响，加强东道主院校未来对学生和访问学者的吸引力。教师网络的建设有利于保持和促进大学文化的多样性。②

针对"高等教育的新任务"，报告指出：高等教育有别于初等教育和中等教育，不仅仅只是因为大学生的年龄和水平，而且还因为新知识在社会的文化、社会和经济范围内的产生和增值。高等院校如果失去了科研、发现和创新功能，就会仅仅是初、中等教育的延伸。发展高等教育至关重要的是应优先发展科研，首先从那些不要求耗巨资购建重型设备的学科开始。大学在某种意义上讲是整个社会的"镜子"，每一个国家，不论是何种文化环境，也不论是何种经济发展水平，都应享有科研成果，而不仅仅只是享有第三级教育。③

"大学网"的新模式在所选择的领域既能发挥科研功能，又能发挥增值功能。新技术在高等教育网络的崛起中将发挥根本作用，但新的多媒体工具并不是包治百病的神丹妙药，可以让我们不要教师。为了将信息转变成知识，我们需要越来越多高素质的教师。知识社会的未来在很大程度上要依靠良好的教师培训，因为教师的任务和职责将进一步多样化，以求达到多个目标，特别是达到全民教育的目标。同时，知识在一些领域随时都在变化，高等教育必须促进知识在人的一生中不断地更新。思想自由和表达自由是真正的知识社会崛起和

---

① 联合国教科文组织．从信息社会迈向知识社会：建设知识共享的二十一世纪［M］．联合国教科文组织网站（http：//www.un.org）"世界报告系列"中文版．

② 同上。

③ 同上。

飞跃不可缺少的条件。因此，新的高等教育体系不仅仅只是促进知识的生产、传播和增值，而且还要进行公民资格教育。[①]

教科文组织在论及发展中国家高等教育面临的挑战时指出：发展中国家面临的挑战具有特殊性：现有的基础设施陈旧过时，高等教育质量下降，科研基础设施欠发达，向富国"人才外流"，数字鸿沟，语言和文化障碍，国家投资减少，在某些情况下国家在教育方面没有真正地制定政策。因此，发展中国家迫切需要建立新的大学模式，更好地适应需求，促进各种学科和各个地区之间的协同发展，更好地进行地区合作与国际合作。[②]

联合国教科文组织在报告中还提及了高等教育的直接关联性。高等教育的直接关联性意味着：（1）与政治结合。如果忽视了自己的警觉和唤醒职责，如果不能分析社会的重大问题，高等教育便不能发挥自己的作用。（2）与劳动结合。高等教育必须适应劳动的变化，但不要因此失去自己的特性和重点，这涉及社会的长远需求；与其他级别的教育体系结合，对教师和许多社会工作者的初始培训由高等教育承担，大学的科研重点还应列入分析和评价与劳动和真正的社会计划密切相关的各种不同级别的教育。（3）与文化相结合，特别是与多种文化相结合。（4）与所有的人相结合，应制定适当的战略提高弱势群体对高等教育的参与程度。（5）无处不在和无时不在。促进终身教育要求高等教育必须具有更大的灵活性，培训安排更加多样化。（6）与学生和教授相结合。应将高等教育机构作为教育空间来思考与管理，这要求更好地管理教师这个职业，要求学生积极参与其中，不仅在教学活动中应该这样，在高等教育的管理和生活中也应该这样。[③]

概括而言，目前的知识社会对高等教育机构带来的变革可从三个方面来认识：知识内涵的演变、技术手段的演化和知识操作的资本化。

知识内涵的演变。在目前的知识社会中，传统意义上的高深知识仍然是大学的理想和价值所在，但在社会需求和知识转型的形势下，高校正在逐步改变它对知识的看法，以囊括更多形式的知识来拓展自己的使命和任务。在知识社会中，高校传播的知识既有高深知识，也有不怎么高深但却是社会十分需要的知识，高校传播的知识扩大到了社会所需要的一切知识层面。同时，随着社会的发展，高深知识的界限也在模糊。知识内涵的这些变化对高校提出了新的要求。首先是传统的以学科为基本单元的大学模式不适应新知识的需要。在传统

① 联合国教科文组织．从信息社会迈向知识社会：建设知识共享的二十一世纪［M］．联合国教科文组织网站（http：//www.un.org）"世界报告系列"中文版。
② 同上。
③ 同上。

大学模式中，知识的生产和传播沿着线性的学科模式进行，而新知识以知识网络为存在模式，在促使学科组织越来越专业化的同时，突破了实践和空间的限制，形成了越来越复杂的"知识网络"。此外，知识越来越不分等级。知识内涵的这些变化，使"大学"能否运作和维持下去成为问题①，急需破除原有的线性学科模式、基于该模式的院系设计和学校运行模式，建立与知识网络相适应的院系设计和学校运行模式。

　　高校技术变革发生在两个方面：一是旧有的技术如科研、教学的内涵发生了变革。第二次工业革命以来，随着科学技术对社会影响的加大，高校因提供经济发展所需要的教育而成为现代社会的中心。高校的知识发展与工业界的联系日渐紧密，工业界以增加对高校资助为手段要求工业所需的技能能够反映到课堂和科研中。其中工业界对科研的影响不仅是轻基础研究、重应用研究，而且使效率成为判断知识价值的标准。对知识效率的这种重视，瓦解了现代大学产生初期那种追求"闲情逸致"的教学模式，学生和社会都要求高校能提供与工业社会经济发展直接相关的知识。兼具专业训练（尤其是配合新科技产业的发展）、以实用和就业为导向的新型高等教育机构因此应运而生。② 工业企业将自己的研发放到高校进行，加剧了高校科研的实用化倾向。从事学术研究和精英教育的高等教育机构不再是大学的全部，大量的新型教育机构成为大学的一部分，并成为传统大学的有力竞争对手，如英国的多科学院及其后来的科技大学，我国的新型大学。而在新型高等教育机构的冲击下，许多历史悠久的大学可能发觉他们自己在压力下呈现了"多科技术"的特征。③ 独立学院和老牌本科高校举办高职学院就说明了这点。二是高校的技术也在不断变化，高校在技术方面面临着多元选择。在知识社会，教学和科研仍然是高校的主要技术，但对这些技术的不同运作（运用）导致了当今高等教育机构的组织多样性。高校技术既包括最专业化的科研，也包括最功利化的业余培训和继续教育，不同的高校根据自身的条件和社会的需求选择某项技术或技术组合。社会需求打破了传统的将技术进行等级划分的思维。企业化大学的首要目的是盈利，这有别于传统大学。传统大学的首要目的是提高学术名气，在企业化大学，知识得到应用比生产出新知识要重要得多。④ 技术多元选

---

　　① 联合国教科文组织．从信息社会迈向知识社会：建设知识共享的二十一世纪 [M]．联合国教科文组织网站（http：//www.un.org）"世界报告系列"中文版。

　　② 郭维藩．转变中的大学：传统、议题与前景 [M]．北京：北京大学出版社，2006：31．

　　③ [荷兰] 弗兰斯·F.范富格特．王承绪等译．国际高等教育政策比较研究 [M]．杭州：浙江教育出版社，2001：368．

　　④ 联合国教科文组织．从信息社会迈向知识社会：建设知识共享的二十一世纪 [M]．联合国教科文组织网站（http：//www.un.org）"世界报告系列"中文版。

择正在改变世界高等教育的图谱，也对高校的战略选择和竞争策略提出了新的要求和挑战。

知识操作的资本化。从高校与工业联姻开始，高校的性质发生了变化，从非营利组织转向开始营利。高校开始利用手中的知识资源营利，原因在于这些知识具备了营利的资质。首先，这些知识是社会直接需要的知识。工业企业可以利用这些知识来创造经济价值，个人可以通过获取知识提升自身的经济价值。其次，这些知识是工业化社会所需要的，知识生产与传播的规模效益能够实现，从而使高校萌发了追求利润的动机。再次，"新公共管理"或"管理主义"的兴起，一场追求经济、效率和效益的运动席卷包括高等教育在内的公共部门。在成本难以降低的情况下，高校开始考虑营利性行为。知识的资本化改变了高校的生存法则，部分营利性高校开始直接从技术转让的获利中拨付资金资助内部的研究和教学。①

总之，教学和科研只是一种技术，教师诸多活动的共同之处是知识操作，其区别只是发现、保存、提炼、整合、传授和应用知识的工作组合形式的差异。在知识社会里，教学、科研是知识的操作方式，培训、社会服务等也是知识的操作方式，这些操作方式在知识社会中实现了多元化。高校的知识材料和技术技能已经分裂成一个复杂的系统，它带动高校形成一个全新的高校系统。有远见的高校正在围绕各种类型的知识尝试全新的操作方式，以获得更好的竞争位势。

知识社会是人类社会发展的结果，被认为是继农业社会、工业社会之后的第三个社会类型。在知识社会中，知识成为核心，成为生产的工具和主要手段，也是主要产品，知识成为整个社会发展的基础，也成为一切社会组织竞争的基础。高等学校的材料是知识，教学、研究、社会服务这些高校技术的操作对象是知识，知识社会的到来无疑会加剧高校的竞争，也在一定程度上改变了高校竞争的模式、手段与重点。高校应充分认识知识社会给高等教育带来的变化，积极应对、慎重应对，从实际出发，选择对自己最有利于的竞争手段、竞争重点和竞争模式。对新型大学来说，面对知识社会带来的社会变化和高等教育变化，应从实际出发，在复杂的高校系统中找准自己的定位，选择适宜的技术和技术组合，优化知识操作的方式和方式组合，以便形成自己的核心竞争力，形成比较优势。从目前的形势来看，应用型本科是新型大学最适宜的办学定位，以市场为基础、行政为辅的竞争性企业大学是最适宜的组织形式，面向社会的问题导向型科研和教学是最适宜的技术手段。

---

① 联合国教科文组织. 从信息社会迈向知识社会：建设知识共享的二十一世纪 [M]. 联合国教科文组织网站（http://www.un.org）"世界报告系列"中文版。

第四节　知识生产模式 2 与高校知识操作改革

知识社会对高等学校的影响，更多地体现在知识生产模式的改变上。即知识生产模式的变革直接带动了高校知识操作的变革。

一、知识生产模式 2

随着全球化进程的加快，网络技术的普及，知识形态发生了转变。英国学者吉本斯认为新的时代需要一种新的知识生产模式的出现，他将新的知识生产模式命名为知识生产模式 2，而将传统的知识生产模式称为知识生产模式 1。知识生产模式 2 与知识社会相适应，是知识社会中知识生产的主要表征。

知识生产模式 1 是一种理念、方法、价值及规范的综合体，以单一学科研究为主，并有一套学术规范用来确保其学术权威性。"知识生产模式 2"重视"应用型语境"，重视"跨学科及超学科研究"，重视形式的"敏捷多样"和知识的"社会效用"，在应用发展过程中生产知识，呈现出跨学科性、异质性以及组织多元性、问责和反思性、质量控制的多维性和协作性等。在知识生产模式 1 中，衡量大学竞争优势的主要是该大学学科力量的强盛。相应的学科知识的载体——教师和研究人员个体、获取学科知识的图书资料和相关课程以及以学科为类别进行的科学研究，所有这些质量和数量的叠加决定了一个大学的地位。

表 4 - 1　知识生产模式 1 与知识生产模式 2 属性举要（根据吉本斯等，1994)[1]

知识生产模式 1（传统）	知识生产模式 2（新）
单学科或多学科	跨学科
认知环境	市场环境
等级制、划一、稳定的组织形式	非等级制、多样、变化的组织形式
主要在大学	主要在大学外
基本限于学术	科学的与非科学因素积极互动
要向同仁负责	要向社会负责，对社会作出反应
科学的质量控制	更为广泛的质量控制标准
发现先于应用	发现与应用结合在一起
有限的知识分布	知识广泛的社会分布

---

① ［英］迈克尔·吉本斯．陈洪捷等译．知识生产的新模式：当代社会科学与研究的动力学 [M]．北京：北京大学出版社，2011.

表4-2　模式1和模式2两种知识生产模式特征对比①

	模式1	模式2
知识探究的起点	学术兴趣	应用语境
问题设置的语境	学科语境	跨（超）学科语境
知识生产的主体	大学唯一（传递知识）	社会多元（生产知识）
知识与社会关系	强调相对自治	强调社会责任
知识质量评价标准	同行评价	学习型组织评价
知识的生产范围	大学学科内部	整个社会
知识合法化基础	自我合法化	服务社会
主要培养目标	知识的立法者或守望者	知识的解释者或生产者
知识的主要功能	解释世界	改变世界
知识理念	价值理性（为知识而知识）	工具理性（为生活而知识）

吉本斯等人认为，与传统模式相比，知识生产模式2具有五个方面的重要特征：第一，知识生产的应用情境。传统知识生产是基于单个学科的，并将"基础"与"应用"明确分开，而模式2下的知识生产主要围绕应用的目的，在应用的情境中进行，"基础"与"应用"之间不断交叉，联系得越来越紧密。第二，知识生产的跨学科性。基于应用情境的知识生产会产生一种压力，要求采用多种不同知识来源解决问题，解决问题方案必定要超越单一学科领域，使得模式2下的知识生产在知识议程的形成、调动资源的方式、交流研究结果及评价科研结果上都明显呈现出跨学科的特征。第三，知识生产的"异质性"和组织的多样性，在传统知识生产模式下，生产知识的场所主要是在大学和学院里进行，而在知识生产模式2下，除了大学和学院外，非大学的机构、研究中心、政府的专门部门、企业的实验室、智囊团、咨询机构等都将共同参与到知识生产过程中，不同场所之间通过多种多样的方式相互联系，研究领域在这些场所中将"向越来越细分的专业变异"。第四，社会问责与反思性。由于不断意识到知识发展对于公共利益的影响，越来越多的利益相关者都希望影响知识生产，使得社会问责渗透到知识生产的整个进程，"不仅反映在对于研究结果的阐释和传播中，还体现在对于问题的界定以及对于研究的优先次序的设置上"。问责机制的变化，使得研究者对不同观点变得更加敏感，对

① 王爱萍.知识生产模式转型与大学生就业能力培养[J].高教探索，2011（5）：96-100.

所从事的研究的价值会进行更多的反思。第五，质量控制更加综合、多维度。传统模式下知识质量的评价基本上严格限制在学科同行手中，新模式下知识质量控制过程有着更宽泛的基础，不仅要兼顾不同学术兴趣者，同时要考虑社会、经济或政治等多方面的因素，质量控制的标准更加多样化。①

二、知识生产模式 2 下知识生产的变革

在知识生产模式改变的背景下，高校获取、传播、应用知识的途径和方式发生了巨大变化。

知识生产模式 2 是对传统的认识论哲学观（把以"闲逸的好奇"精神追求作为目标）和政治论哲学观（认为人们探讨深奥的知识不仅出于闲逸的好奇，还因为它对国家有着深远的影响）的融合以及超越。正规的知识被视为关键的个人资源和经济资源。知识是今天唯一有意义的资源。知识之外的传统生产要素都能获得，而且能轻而易举地获得。从这个崭新的意义上说，知识就意味着效用，就意味着获得社会和经济成果的手段，知识正在被应用于知识，这是知识变革的第三阶段，或许也是最后一个阶段。② 高校能否在知识获取和构建上获得满足社会需求的途径，并且通过满足社会需要来获取资源在很大程度上决定了自己的竞争力。

知识生产与制度结构、社会资源等要素相关，高校的竞争优势也源于这些要素的禀赋。

（一）制度结构

高校的制度结构是一系列高校内部正式的和非正式的制度安排的总和。高校知识生产是嵌入这些制度结构中的，制度结构决定了高校知识生产的效率。正式的制度安排包括：学术结构（院、系、所、研究中心）、行政结构、知识转化结构等。非正式的制度安排包括学科文化、院校文化、专业文化、系统文化、师生文化以及潜规则等。

制度结构合理的高校，能够最大限度地释放组织生产知识的能量。如何使制度结构能够激励知识产品，是高校具备竞争优势的重要来源。知识生产模式 2 时代，知识生产的基本前提是"科学走向市场"和"知识本身成为买卖的商品"，各种新型的制度安排就成为激发知识产出的重要因素。"等级制、划一、

---

①　［英］迈克尔·吉本斯. 陈洪捷等译. 知识生产的新模式：当代社会科学与研究的动力学［M］. 北京：北京大学出版社，2011.

②　［美］彼得·F. 德鲁克. 沈国华译. 个人的管理［M］. 上海：上海财经大学出版社，2003：40.

稳定的组织形式"转向"非等级制、多样、变化的组织形式",要求大学必须在组织制度结构上予以创新,由僵化的组织结构转化为最大限度激发组织知识生产的灵活的组织结构。如沃里克大学将外围并入核心、各院系广泛建立科研中心、创办研究生院,引进一个遍及整个校区的富有想象力的和高度吸引人的研究员计划,成功地激活了学术心脏地带,最后将创业精神融入所有学术领域。

在应用发展中生产知识,改变了高校传统的学科资源和结构。从"单学科或多学科"到"跨学科"的知识生产模式,使得综合性高校竞争优势加大,单科性或多学科院校的竞争优势萎缩。但要成功实现转型,还需要进行相应的制度安排,打破学科界限,建立问题导向的学术单位,这些学术单位表现出超越传统学系单位的知识产出。跨学科使高校有走向综合性的趋势,因为在知识生产模式 2 下,单科性的高校很难获得竞争优势。单科性高校或学院可采取与科研院所、其他大学建立战略联盟或者合并的方式,在保护自己核心知识的同时拓宽知识生产的渠道。

(二)社会资源

随着知识生产由大学内部扩展到大学外部,学校内部已经不能提供一个知识生产的坚实构架。高校不得不通过提供外在的合作平台强大自己来取代内部的自我强大。知识生产按照合作的模式,由形形色色的科学非合伙人搭伙进行。[①] 知识生产的组织多元性促使高校发展外围,与研究中心、政府、工业试验室、企业等结成联盟,把许多社会、经济、政治发展的现实问题带入高校内部进行研究,并结合课程培养学生的实用技能。创业型大学或职业技术院校的兴起是由于这些院校很好地将知识生产与整个社会结合在一起。

高校的知识生产不再是象牙塔内的孤芳自赏,而是要求接受来自社会的质量监督,问责和反思因此成为知识发展过程的必要程序。尤其是在大众化高等教育阶段,高校只有在关心解决社会现实问题的过程中才能获得更多的资源和认可。一方面高校从事的活动要符合社会价值规范,特别是在知识生产和传播方面要符合社会价值规范;另一方面大学要关心社会的现实问题。在高等教育大众化阶段乃至高等教育普及化阶段,面向社会现实问题生产知识是绝大多数高校的选择。当然,仍有一些大学有实力保护那些追求闲情逸致的求知方式,即传统的基础研究。

---

① 安超. 知识生产模式的转型与大学的发展 [J]. 评价与管理,2015(4):30-34.

三、知识生产模式 2 下高校知识的转化

高校的知识转化包括两个方面：一是将系列投入高校的人、财、物等资源转化为人才和科研成果等知识产出；二是知识成果应用于社会，包括技术转让、咨询服务、培训教育等。前者主要指教育教学和科学研究，后者主要指社会服务。

（一）知识的资源转化能力

高校是资源的集合体，高校活动的开展都是建立在一系列资源的基础上，办学的场地、仪器设备、校舍建筑、办学经费、学生与教职员工都是大学活动必需的有形资源。这些有形资源可以看作是高校从社会输入的资源。这些资源的输入状况制约着高校办学的效果，制约着高校与同类高校竞争的效果。

学校的品牌、声誉以及大学文化这些无形资源实际上是大学输入资源并经过内部的组合和实用而形成的结果。无形资源包括市场资产和基础结构资产。声誉是一个在非货币市场上运作的通货，声誉是通过良好的绩效产生的，而且可以变为真正的资源，因为正是那些具有良好声誉的院校，能获得最多的资源和最好的职业。[①]

高校吸引高质量的学生、优秀的教师和研究人员、科研项目以及捐助资金等，在很大程度上受到学校声誉和品牌的影响。而如果高校能在上述要素的竞争中获胜，又决定了高校未来的地位和声誉，这是一种"滚雪球"效应。[②]

在高校的资源获取过程中，知识的重要载体——人力资源，是学校获取竞争优势的关键所在。[③] 高校的人力资源包括教师、研究人员、管理人员以及学生。贯穿有形资源和无形资源转化的知识操作过程是高校对人力资源的管理。在当前知识的跨学科、网络化以及大型科研项目的团体合作中，单一的人力资源只能在它所赖以存在的网络中才能显示出价值存在。这些人员的质量和结构一方面决定了学校获取有形资源的能力，另一方面又决定了学校将这些资源进行组合、配置和转化的能力。[④] 教授和研究人员在学术上的地位以及在与其他社会机构联系中的地位，将为学校带来科研资源，这些科研资源既可以吸引到高质量的学生，其出版结果及社会声誉又将决定学校整体的声誉和品

①　［荷兰］弗兰斯·F. 范富格特. 王承绪等译. 国际高等教育政策比较研究［M］. 杭州：浙江教育出版社，2001：8.

②　毛亚庆，吴合文. 基于知识观的大学核心竞争力［M］. 北京：教育科学出版社，2010：89.

③　同上。

④　同上。

牌。学校的领导团队将决定学校的办学方向，这在某种程度上影响了学校的人力资源结构。管理人员对人力资源的配置、激励以及评估机制，是高校人力资源转化为现实资源的重要因素。在这个意义上，高校内部劳动力市场的建设至关重要。

资源尤其是人力资源是高校竞争的结果。只有这些资源协同发挥效应，高校才能获取竞争优势。如果这些资源杂乱，没有一个核心的力量，或者找不出这些资源竞争的背后因素，高校将很难把握学校的竞争优势。因此，需要从这些资源的背后寻找能使学校获取竞争优势的最根本的资源。作为这些资源的根本载体——知识，将担当这一责任。高校的竞争优势取决于高校在适应知识生产模式改变的基础上，如何获取资源并将这些资源转化为高质量产出的能力。[①]

学科、实验室、研究中心是高校的基础资源，这些资源是高校目前静态实力的标志，是学校在市场上潜在的静态资源。这些资源要转换成高校的可持续竞争优势，需要高校将这些资源激活。对待这些基础资源的不同处理方式决定了这些资源的内部效益和社会效益。衡量大学竞争优势的是高校的产出，它表现为表示知识结果的出版物、论文、报告、科研结果、学生质量等。能高效地将基础资源转换为产出的能力是高校的知识操作，这是资源转化第一层面的知识操作，传统的教学和科研履行了这一功能。但在知识生产模式2下，这一功能需要转换。教学与科研的结合曾被认为是一种互补的功能，高校只有致力于教学和科研的相互协作才能取得竞争优势是传统的观念，在高校功能分裂以及研究资金的不断增长之下，这种传统认识受到了挑战。

从科研的角度来看，今天已经很少有高校会希望在多个领域都处在国际领先水平，多数高校将研究实力侧重在一些个别领域，才能在这些领域中拥有并保持竞争优势。[②] 即某所高校应选择某个或某几个领域进行重点配置，有所为有所不为，不能全面出击。从知识生产模式1到知识生产模式2是现代科学研究的重要转型。首先，从知识生产模式1到知识生产模式2，反映了当前对知识生产的新模式的需求。科学与社会之间的关系也发生了变化，即布鲁诺·拉图尔描述的"科学"的文化向"研究"的文化的转变。科学与社会之间的辩证关系已经转变成共谋关系。其次，知识生产模式2宣告了一个新的科研模式的出现。知识生成于"应用的语境"和各种各样的组织中，跨学科性越来越

---

① 毛亚庆，吴合文. 基于知识观的大学核心竞争力研究 [M]. 北京：教育科学出版社，2010：90.

② 同上。

显著，传统的以学科为基础的同行评议体系为一些经济的、政治的等额外标准所代替。

尽管吉本斯等人的知识生产模式理论对理解和指导当前高校的科研组织形式及科研活动提供了创新的视角，也较为准确地把握了现代知识生产方式的变迁特征，但并不能够说，知识生产模式 2 就可以完全取代知识生产模式 1，如果完全从知识生产模式 2 出发去描述概括当前及未来知识生产的全部形式和特征，就未免失之笼统与偏颇。没有知识生产模式 1 也就没有知识生产模式 2。传统的以学科为中心的知识生产方式（模式 1）是知识生产模式 2 的基础和内在动力。现代知识生产方式呈现出多样化的特征，尤其是高校的知识生产方式，模式 1 更为重要，在模式 1 基础上开展模式 2 的知识生产是现代知识生产方式的必然趋势。如果忽视模式 1，过分强调模式 2，现代知识生产将不可持续，也就很难更好地服务国家和市场的需要。[①] 吉本斯也指出：知识生产模式 2 并不是代替知识生产模式 1，而是对其的补充，事实上，知识生产模式 2 是知识生产模式 1 的一种发展形式。[②]

（二）知识的经济获益功能

收入是高校的生存根基。如果没有充足的办学经费，将很难保证学校在各种资源的竞争中获胜。

传统的高校资金来源是政府拨付的公共资金和研究资金，资金数量和结构相对固定。当高校从"两重作用模式（主要是教学和科研）"向"三重作用模式（教学、科研和社会服务）"转化，高校的第三种责任主要是与社会的直接关系。高校第三作用的真正新特征，是消除了产品和最终用户之间的中介，以前在学术界以外应用的竞争规则也成了高校各系的准则。[③] 高校开始架构一个不断拓展和加深的第三收入来源的渠道，这些渠道从工厂企业、地方政府和慈善基金会，到来自知识财产的版税收入、校园服务的收入、学费以及校友集资。第三渠道代表着真正的财政多元化。[④] 由于第三渠道获得的资金取决于高校的社会能力，高校有很大的自主权和主动权，且这部分资金可以灵活处置，使得高校在学术战略方面可以有更多的选择权。第三种渠道的资金在高校办学

① 李志峰等. 知识生产模式的现代转型与大学科学研究的模式创新 [J]. 教育研究，2014（3）：55 – 63.

② 同上。

③ 朱迪恩·苏兹. 大学在生产部门的新任务 [A]. 亨利·埃兹科维茨等主编. 夏道源等译. 大学与全球知识经济 [M]. 南昌：江西教育出版社，1999：17.

④ [美] 伯顿·R. 克拉克. 王承绪译. 建立创业型大学：组织上转型的途径 [M]. 北京：人民教育出版社，2003：5.

资金来源中的比重越大，高校在运营决策中就会拥有更多的自主权，在竞争中的差异化优势就会越明显。

知识资本化加剧了高校的经济动力。随着知识被专门用来生产收益，科学本身就被从一个消耗社会的盈余的文化过程转变为一种从文化的某一方面产生新收益的生产力。[①] 即高校的竞争优势不仅取决于高校的知识存量，还取决于知识的转化应用能力。知识的转化应用能力将知识变成能够在市场上买卖的知识，即知识商品化，知识变成资本和产品。

新的知识操作模式的产生也是高校资金来源的渠道。知识不仅需要被生产、被传播，而且也需要用来产生经济效益。高校挖掘自身价值链上的经济效益，在知识经济时代是高校获取竞争优势的主要来源之一。在不违背高校核心价值的前提下，这是一种正当合理的高校财政战略选择。知识着眼于应用，学校的产出要投入社会，为社会直接作出贡献。这是问责和反思的知识生产模式的属性所要求的。

知识转化不仅是指科研成果的转化，它包含了整个知识价值链的转化。知识转化的价值不仅有经济价值，还有社会价值以及文化价值等。所有这些转化的价值选择都有可能为高校提供竞争力，成为高校核心竞争力的一个有机构成部分。

四、知识的学习机制

高校内部的知识交流、联合研究、与企业或政府部门等联合解决问题的过程也是高校学习获取知识的过程，出席研讨会、开办国际会议、做新项目、进入新的网络、加盟工业部门等都会不断增加高校的知识。在竞争越来越激烈的高等教育领域，高校不仅要确立和形成竞争优势，还要设法确保其竞争优势保持可持续性和难以移植性。高校在知识操作上形成的竞争优势，在某种程度上是别的高校经过努力仍然可以模仿的。因此，考察高校竞争优势的关键问题在于具备价值性和异质性的知识操作体系是难以模仿的并能促使大学不断突破创新。

知识的载体和知识操作的结果是表征高校实力的指标，多数大学排行榜是以这些指标为依据来进行排序的，这是可见层面的知识体系。真正造就高校竞争优势的是知识竞争力形成过程中高校内部形成的意会性知识。意会性知识包括价值观和规范，这是高校知识体系学习机制的产物。

---

① ［美］亨利·埃兹科维茨等. 夏道源等译. 大学与全球知识经济［M］. 南京：江西教育出版社，1999：230.

　　知识的创新总是来源于个体，然后由个体的创新知识传播给组织的其他成员，就形成了个体与他人的知识共享，当这种创新知识为组织所共有，便会使这种知识内化为组织成员的自身知识，成为进一步创新的基础。同时，知识共享所形成的隐藏于高校组织成员的知识还必须显性化，使其成为高校知识积累的组成部分。这样，通过个体知识创新、个体知识的组织共享、组织知识积累的过程，就使高校的知识积累不断扩大，这个扩大的过程就是大学核心竞争力不断增强和更新的过程。①

　　根据知识能否清晰地表述和有效的转移，英国学者迈克尔·波兰尼把知识分为显性知识（explicit knowledge）和隐性知识（tacit knowledge）。波兰尼认为："人类的知识有两种。通常被描述为知识的，即以书面文字、图表和数学公式加以表述的，只是一种类型的知识。而未被表述的知识，像我们在做某事的行动中所拥有的知识，是另一种知识。"波兰尼将前者称为显性知识，后者称为隐性知识。隐性知识也被翻译成缄默知识、意会知识，包括技能知识、人为知识，是高度个人化的难以言传的知识，具有默会性、个体性、非理性、情境性、文化性、偶然性与随意性、相对性、稳定性和整体性等特点，很难通过正常的途径进行共享。这种知识是一种程序化的知识，它与行动有着密切的关系，而且在一个组织的日常生活中，人们达成目标的价值越高，这种知识支持获取的目标越直接，这种知识就越有用。因为"隐性知识（缄默知识）是高度个人化的知识，有其自身的特殊含义，因此很难规范化也不易传递给他人。它不仅隐含在个人经验中，同时也涉及个人信念、世界观、价值体系等因素。"②

　　教师拥有的隐性知识体现出高度个体化、不易言传和模仿的特点，它深置于教师个人行动和经验之中，包括融于教育教学中非正式的、难以明确表达的技能、技巧、经验和诀窍，这些是与教师个人经验、行为和工作内容紧密相关的，是教师在长期的教育教学中积累和创造的结果。教师个体拥有的这种缄默知识体现为教师在教学和研究中的直觉、灵感、洞察力、信念、价值观和心智模式等，它与教师的性格、个人经历、修养等因素有着密切的关系。学校组织中的隐性知识不仅表现在教师个体之中，而且也表现在学校中的群体、职能部门以及学校总体层面上，包括群体掌握的技艺以及群体、部门之间合作过程中的默契和协调能力以及学校的文化、价值体系和共同的组织愿景等。

---

　　①　毛亚庆，吴合文. 基于知识观的大学核心竞争力研究［M］. 北京：教育科学出版社，2010：93.
　　②　日本学者野中次郎的观点，参见唐京，冯明. 知识类型与知识管理［J］. 外国经济和管理，2000（2）：20－25。

人才资源、学科建设、硬件设施等这些硬性资源都容易模仿，基于人力资源、学科建设、知识营运程序以及管理技能等在高校组织内形成的组织程序和组织文化则非常难以模仿。这种能力并不单一存在于某一学科、某个或某些人力资源、某个管理技术、某种社会网络或某种研究水平上，而是分散于高校组织内外各个相关单位并融合起来的集合。从这个意义上说，高校内部的协调与学习的整体模式是高校竞争优势的根本。

高校知识生产与操作过程形成的学习机制包括操作规程、知识获取、发展及转化路径、嵌入组织内外各个"行动者"的价值观等。体现于多项个体基础之上形成的知识流程最终转化为组织的模式和价值观。高校竞争力的基石——集体学习是以高校知识生产和操作为中心，在组织内外沟通和共享的，它不仅是组织内部成员集体学习的能力，也是组织内部和环境"协同演进"的能力。

高校作为一个知识型组织，它的知识创新也遵循着这样的过程，通过个体知识创新、个体知识的组织共享、组织知识积累、组织知识的个体化的过程，使得学校的知识积累不断扩大，这个知识扩大和积累的过程也就是学校自身实力不断增强、更新和提升的过程。[①] 在这个过程中，不仅是知识创新形成的显性知识，更主要的是形成的隐性知识，对高校的发展起着至关重要的作用。高校领导者不仅要重视作为学校成果标志的显性知识，更要重视隐含在学校内部随时起作用的隐性知识。惟其如此，高校才能获得真正的竞争优势，实现长期可持续发展。

第五节　知识社会与新型大学的发展取向

新型大学出现在知识社会这个大背景下，面临着激烈的竞争。虽然国办新型大学由于政府的支持暂时没有倒闭之虞，但发展的任务艰巨。民办新型大学独立办学，如果不能形成自己的核心竞争力，不能适应社会的需要，随时就有倒闭破产的风险。民办教育发展以来，大量院校破产倒闭的事实已经以血腥的数字说明了这点。因此，新型大学普遍面临着生存和发展的双重任务。在生存和发展的双重任务中，生存是第一位的，两者又是同时进行的。

---

① 毛亚庆，吴合文. 基于知识观的大学核心竞争力研究 [M]. 北京：教育科学出版社，2010：95.

　　所有的竞争都是在特定的社会环境下进行的。新型大学要主动适应知识社会这个大背景。必须面向"应用型环境"，以创新、整合、传播和利用应用性知识为主；同时适应知识创新、整合、传播和利用知识的具体操作方式和组织形式的变革，以网络的形式即以问题导向或者说是社会需求导向组织课程或课程组合，而非原来的单纯的线性学科方式。需要注意的是，当整个高等教育系统适应知识社会的到来转向"应用型环境"，突出生产、整合、传播和利用应用性知识时，如北京大学、清华大学等国内一流高校纷纷将应用性知识的生产、整合和传播作为主要目标之一，省属高校基本将培养应用型人才作为办学方向，新型大学不仅要面向"应用型环境"，以生产、整合、传播应用性知识为主，还要进一步细化市场，选择有比较优势的细分市场作为自己的主攻方向即定位。

　　考虑到新型大学资源力量有限，在不同的阶段可以选择不同的战略组合。可以应用性知识传播、知识整合和应用性知识创新为主，或在传播应用性知识的同时，通过对应用层面的理论和实际经验的探索形成新的知识，从而形成比较优势。在技术层面，根据学校的实际情况，可选择以教学为主，也可以选择科学研究或社会服务为主，或者通过特定的形式建立以教学为主，教学、科研与社会服务高度一体化的技术组合，抑或建立以教学为主、教学与社会服务一体化的技术组合。选择什么样的高校技术或技术组合，关键是看学校的知识认知和拥有的资源，能够支撑什么样的技术组合。至于知识操作层面，在社会大趋势下，可以追求知识操作的资本化，也应该追求知识操作的资本化，特别是引入"新管理主义"，降低办学成本，提升办学的效率和效益，是包括国办高校在内的所有高校的追求，但也应该注意到，国办高校承担着政府赋予的职责，知识操作的资本化是在满足其公共性的基础上的追求，不能顾此失彼。至于民办高校，知识操作的资本化也不是唯一选择，也要考虑到社会效益。

　　高校的材料是知识，竞争的优势也来自知识。目前人类社会已经进入知识生产模式 2 阶段，但这不意味着旧有的知识生产模式 1 就完全退出了历史舞台，知识生产模式 1 和知识生产模式 2 在知识的发展中共同起作用。新型大学应充分认识到这点，在知识操作过程中，既要重视跨学科的思维，在跨学科的背景下考虑问题和解决问题，也要重视传统的学科建设。在知识生产领域，要以问题为导向，以问题为纽带连接社会需求和个人兴趣；在组织制度建设上，既要以学科为基础，也要形成灵活的跨学科的机制，可考虑通过与其他高校、企业、科研院所等建立战略联盟、协作关系以弥补因学科单一而出现的知识生产劣势；要走出校园，与政府、企业、社会组织、其他高校合作，将知识生产与社会密切结合，在为社会服务的同时获得更多的资源。在知识转化领域，要高度重视人力资源的配备，既要通过灵活的机制引进和培养学科带头人和学术骨干，又要高度重视学术团队建设，更要高度重视职能管理团队的建设，以提升资源的协同优势，从而提升高校的知识产出能力；学科专业、实验室、研究机构等是高校的基础资源，要激活这些资源，将这些资源转化为产出能力；要充分利用知识优势，善于挖掘知识价值链上的经济效益，向社会获取资源，向社会要效益。在知识学习领域，要善于将个体的创新在组织内部共享，形成组织的知识积累；要在组织程序和组织文化上下功夫，形成独特的有利于知识生产、知识转化和知识学习的内部制度基础，在此基础上形成学校的隐性知识。这点对新型大学尤为重要。

如果说知识生产和知识转化需要较好的资源支撑的话，知识学习机制的形成更多地依赖于组织成员的认知、学习和行动，新型大学在这方面没有历史的包袱，或包袱更少，更容易成功。学校内部基于学术资本主义的内部劳动力市场的建构和完善是激活员工积极性的重要途径，需要予以充分重视。

从企业的经验来看，组织隐性知识的形成与组织的决策执行层密切相关，在这方面，民办高校比国办高校有着得天独厚的条件。民办高校作为决策和执行层的董事会成员、校长层相对稳定，更容易形成隐性知识。国办院校作为决策和执行层的校长们，由政府任命，多由其他院校转来或政府机构、事业单位转来，每当新一任领导到来，就可能对学校的隐性知识形成新的冲击和改变，国办高校的隐性知识的稳定性相对较弱。当然决策和执行层对高校隐性知识的形成的影响还要看学校中层的力量和对传统的坚持情况。

一个值得注意的情况是：国办高校的党委书记和校长由上级党委和政府部门任免，他们必然要对上级党委和政府部门负责。当上级党委和政府部门对高校的要求与高校自身的发展相符合时，就能推动高校的发展，包括高校独有的隐性知识的形成，起到积极的推动作用。当上级党委和政府部门对高校的要求与高校自身的发展目标、发展道路不相符合时，就会对高校的发展起消极的影响作用。目前我国高校同质化的趋势就与教育行政部门对高校的单一要求密切相关，这涉及高校与政府的关系问题。

引导高校同质化、在狭窄的空间里竞争还是引导高校异质多元化、在宽阔的多维空间里竞争，是高校与政府关系的核心之一。政府对高校的集权化管理容易导致高校的同质化，落实高校办学自主权、减少政府对高校的干预有助于高校自身立足社会需求追求适当定位，形成高校自己的隐性知识，也有助于高校自动分层分类和高等教育体系向网络化转化，形成真正的大学网，提高高校的资源利用效率和对市场的反应速度。从这个意义上说，深化高等教育领域改革，完善和落实高校办学自主权，鼓励高校引进企业化管理方法和商业组织方法，同时保留政府的有限度的干预，完善高等教育市场，是推动高校合理竞争、构建高校核心竞争力的必备条件。从另一个角度说，尽力减少高校面向政府的竞争，大力推动高校面向市场的竞争，使高校及其组织成员形成基于知识的市场竞争思维，既是高校培育核心竞争力的必然要求，也是高校合理竞争、实现可持续发展，从而全面提高我国高等教育质量、建设高等教育强国的必不可少的条件。在某种意义上，高等教育基于市场竞争的网络化程度和水平代表着一个国家高等教育资源的利用效率和对市场的反应速度，代表着这个国家高等教育的国际竞争力。

第五章　学院制与新型大学竞争

学院制是高等学校内部组织的主要形式之一，以学院为基础的校、院两级管理体制是目前我国本科院校的主要运行方式。在校、院两级管理体制下，学院是教育教学、学生管理、科学研究和社会服务的主要组织者和实施者，是高校具体职能的承担者，学院设置与运营是现代大学制度建设的核心环节。在某种意义上，高校之间的竞争就是不同院校的学院、学科、专业之间的竞争，因此，合理设计学院、给予学院足够的运营权限就成为新型大学竞争的必然选择。

第一节　学科、专业与学科建设

在我国目前的话语体系中，存在着学科和专业的分离，无论是老牌本科院校，还是新型大学，在学科、专业以及学科与专业的关系中都存在着不同的认知，且存在着争论。教育行政部门的认知也不完全统一。

一、学科与专业

西方国家使用学科的称谓，苏联使用专业的称谓，我国将学科与专业两个名词并用，但在不同时期对两者的强调和认知不同。

（一）对学科、专业的认知

我国高校对学科、专业及其建设的认识存在着两种取向：

一种取向是多数人甚至是教育行政部门，常将学科与专业并称或合称，误认为两者是一回事。如国家学位委员会和教育部1997年公布的《授予博士、硕士学位和培养研究生的学科、专业目录》，同时使用了学科和专业两个词，但对学科、专业的定义和它们之间的关系没有做任何说明，仅在说明编码时作出如下表述："本目录中学科门类、一级学科和二级学科（学科、专业）的代码分别为二位、四位和六位阿拉伯数字。"

另一种取向是认为学科、专业适用于不同类型的学校或教育模式。这种认识取向有三种表现：（1）认为本科生教育按专业分类、研究生教育按学科分类。2011年，国家学位委员会和教育部联合公布了新的《学位授予和人才培养学科目录》，将研究生和本科生的人才培养和学位授予全部以学科分类，而非此前的以专业分类或以学科、专业并称分类。但在本科教育阶段，国家教育部2012年公布的仍然是《普通高等学校本科专业目录》，而非学科目录，因而容易给人造成"本科生教育按专业分类，研究生教育按学科分类"的不正确认识。（2）认为研究型大学做学科、非研究型院校做专业。在日常工作中，传统高校特别是那些定位为研究型大学的高校更强调学科建设。首先，研究型大学都重视科学研究，把科学研究放在了学校工作的中心地位，对科学研究的重视无形中强化了对学科建设的重视。其次，研究型大学在思想和基层学术组织架构上都重视学科，既重视学科的本质属性，也重视人才培养和社会服务的职能。再次，研究型大学倡导和推行学院制、试行学分制。而包括新型大学在内的科研开发实力弱的非研究型院校以人才培养为中心，对科学研究的重视不够，因此给人们造成了研究型大学做学科、非研究型院校做专业的虚假认识。（3）认为精英教育做学科、大众化教育做专业。这与教育行政部门、媒体对大众化阶段高等教育的认识和叙述有关。高校基层学术组织的构架强化了人们对学科和学科建设的模糊认识或假象。目前我国的普通本科高校，在基层学术组织建设上实行学院制或院系并行制，部分高校特别是新型大学在实行学院制的同时保留了教研室，在学院内形成了学院—系—教研室或学院—教研室的模式，成为苏联模式和西方模式的混合，这种架构模式使人们把学科与专业之间的差异误等于学校之间的差异。

（二）影响学科认识的因素分析

我国社会和学术界目前在学科、专业及其关系上之所以形成上述的现象，与学科这个词的多义有关，更与我国现代大学制度的变迁有关，主要是后者造成的。

1. 现有学科认识的多义因素

"学科"一词源于西方，对应的英文单词为discipline。Discipline的基本含义是纪律，后来延伸出自律、教谕、学科、训练等意。当discipline指"学科"时特指大学的学科，在汉译时有时也被译作科、科类。对于学科（discipline）的定义与分类，无论是政府，还是学术界，迄今未形成一个公认的准确论述。学术界对学科定义共识较大的是一种知识体系。我国目前流行的两种学科分类，中国标准化研究院研制的《中华人民共和国学科分类与代码标准》（GB/T13745-2009，以下简称"学科分类与代码标准"）和国务院学位委员会与教育部联合发布的《学位授予和人才培养学科目录》（以下简称"人才培养学科目录"），对学科的定义，既有知识体系的共识，也有明显差异。

"学科分类与代码标准"规定"学科"是"相对独立的知识体系""相对""独立""知识体系"三个概念是"定义学科的基础"。"相对"强调了学科分类具有不同的角度和侧面，"独立"使某个具体学科不可为其他学科所替代，"知识体系"使"学科"区别于具体的"业务体系"或"产品"。并明确指出：学科"具备其理论体系和专门方法的形成，有关科学家群体的出现，有关研究机构和教学单位以及学术团体的建立并开展有效的活动，有关专注和出版物的问世等条件"。①"人才培养学科目录"对学科的规定并不明确，但在其基础性文件《学位授予和人才培养学科目录设置与管理办法》中，指出学科门类是"对具有一定关联学科的归类"；一级学科是"具有共同理论基础或研究领域相对一致的学科集合"。结合其他的相关论述，"人才培养学科目录"中的"学科"是高校的学科，是用于人才培养的知识体系。

从学科分类更能看出学术界和社会对学科认识的差异或多义。"学科分类与代码标准"确定的学科分类依据是"学科的研究对象，学科的本质属性或特征，学科的研究方法，学科的派生来源，学科研究的目的与目标等五方面"；"一级学科下的分支学科，根据确定学科位置的不同特征进行划分，原则上取一个特征，考虑学科特点及使用需要，对有些学科用两种或两种以上特征划分。"②《学位授予和人才培养目录设置与管理办法》规定：一级学科原则上按学科属性进行设置，并须符合下列基本条件：具有明确的研究对象，形成了相对独立、自成体系、知识基础和研究方法；一般应有若干可归属的二级学科；已得到学术界的普遍认同；社会对该学科人才有较稳定和一定规模的需求。二级学科是一级学科的基本单元，其设置应符合以下基本条件：与所属一级学科下的其他二级学科有相近的理论基础，或是所属一级学科研究对象的不同方面；具有相对独立的专业知识体系，已形成若干明确的研究方向；社会对该学科人才有一定规模的需求。

在具体的分类上，"学科分类与代码标准"中的一级学科如"哲学""经

---

① 中国标准化研究院. 中华人民共和国国家标准 GB/T 13745-2009〔EB/OL〕. 中文百科在线（http://www.zwbk.org/MyLemmaShow.aspx? lid=117222）.

② 同上。

济学""法学"等与"人才培养学科目录"中的学科"门类"完全相同；"学科分类与代码标准"中的二级学科与"人才培养学科目录"中的一级学科基本相同，其三级学科与"人才培养学科目录"中的二级学科大致相同，也有明显差异。如经济学的分类，"学科分类与代码标准"在其下设有政治经济学、宏观经济学、微观经济学、比较经济学、经济地理学、发展经济学、生产力经济学、经济思想史、经济史、世界经济学（也称国际经济学）、国民经济学、管理经济学、数量经济学、会计学、审计学、技术经济学、生态经济学、劳动经济学、城市经济学、资源经济学、环境经济学、物资经济学、工业经济学、农村经济学、农业经济学、交通运输经济学、商业经济学、价格学、旅游经济学、信息经济学、财政学、货币银行学（金融学）、保险学、国民经济学、经济学其他学科合计 35 个二级学科。"人才培养学科目录"在经济学门类下仅设有理论经济学和应用经济学两个一级学科。《授予博士、硕士学位和培养研究生的学科、专业目录（1997 年版）》在理论经济学一级学科下设政治经济学、经济思想史、经济史、西方经济学、世界经济、人口资源与环境学 6 个二级学科，应用经济学学科中下设国民经济学、区域经济学、财政学、金融学、产业经济学、国际贸易学、劳动经济学、统计学、数量经济学、国防经济 10 个二级学科；这些学科基本包含了前述的二级学科中除面向特定行业领域者之外的学科。

2. 现有学科认识的历史因素

清朝末年，西方现代大学制度传入我国，学科或科类以及建立在其上的科系为人们所接受或熟知。自清末以至于 20 世纪 50 年代初，建立在学科基础上的科系一直是中国大学基层学术组织的主流，学科或科类及其分类是中国大学中的主流话语。当时的高校，通常以学科门类设立学院，在学院内部以一级或二级学科设系或学系；独立设置的学院多为单科学院，直接设系或学系，不设学院。如山东大学在 20 世纪 40 年代末设有文、理、工、农、医 5 个学院，共设有 14 个学系；同期的山东农学院设 3 个系。这一学术组织体系及相关的话语体系与西方发达国家的大学制度是基本一致的。与这一制度相适应，高校在人才培养方面实行基于选课制和导师制的学分制。

"专业"一词也是舶来品，是 20 世纪 50 年代初我国在高等教育领域全面学习苏联的产物。"专业是苏联高校特有名词，与高校中的系科相比其范围较为狭窄。具体来讲，专业是培养规格的一种表现形式，它决定了培养人才的业务范围和方向。"① 经过 20 世纪 50 年代初的向苏联学习和院系调整，我国完

---

① 栾开政. 山东高等教育发展史（1840—2000）[M]. 济南：山东教育出版社，2003：259.

全采用了苏联式的专业目录，确立了专业在高校的地位，高校基层学术组织一般不再设学院，而是直接设系，每个系设一个或若干个专业，同时在系里设若干个教学研究室作为教学科研的基层组织。如山东大学经调整后设 9 系 10 个专业，除生物系外，其他系均只有 1 个专业。这种学术组织模式一直延续到改革开放初期，其间虽有专业和系的调整，学术组织架构模式基本维持不变。与之相适应，学分制被取消，代之以基于统一课程设置和教学计划的学年制。

在高等教育制度向苏联学习的同时，"学科"之名以学术研究的实质被保留下来。1953 年 5 月，中央高教部要求高校以国家建设需要、现有师资力量与设备条件、取得当地研究部门的密切配合等 3 个方面为依据，研究并确定本校的重点学科和发展方向。重点学科建设的基础是专业，即选择某个专业作为重点学科建设，但这里的"学科"强调的是科学研究，而非人才培养或其他延伸职能。借此，学科与专业合体，区别在于强调的重点不同，即专业建设强调人才培养，学科建设强调科学研究。如经济学，当人们谈论经济学的学科建设时，主要指经济学方面的学术研究及围绕着经济学研究开展的相关活动，而谈论经济学的专业建设时，主要指围绕着经济学类人才的培养而开展的活动。

改革开放以来，适应国际竞争与交流的需要，我国高校自 20 世纪 80 年代始重新探索并实行学院制和学分制，强调学科的地位。经过近 30 年的探索和调整，在大部分高校特别是老牌本科高校基本确立了学科的地位，主要标志是学院制和学部制的实行、学分制的试行和《学位授予和人才培养学科目录》的颁行。如前所述，学分制和学院（部）制与学科紧密相连，是西方发达国家大学制度的核心，它建立在以学科而非专业为基本单元的基础之上。《学位授予和人才培养学科目录》第一次丢掉了专业。但受传统的惯性力量的影响，学科与专业之间的关系，在很多院校特别是新型大学仍未明晰。这种改革的不同步与历史传统的遗留并存，在很大程度上是我国目前学科、专业并存且导致高校办学实践中关于学科、专业争论的主要原因。

二、学科发展与学科建设

从上面的分析可以知道，学科与专业是一回事，两者的差异在于强调的重点不同，教育领域的学科更强调人才培养的知识本性，强调学生所学知识的体系性，专业则突出人才培养对行业、专业和领域的适应性，强调人才培养的规格，偏指社会职业的领域。无论是学科，还是专业，在高校这个社会组织中，都以知识为载体，承担着人才培养、科学研究、社会服务、文化传承等职能，两者是同一事物的两个表象。学科与专业在我国高校中并存是历史的产物，并在特定的历史环境中形成了相互补充、相互支撑的关系。随着高等教育体制改革的进一步深化和中国特色高等教育模式的形成，学科与专业并存的现象可能消失或形成学科实体化、专业虚化的现象，最终形成学校组织学科、学生自主选择形成专业的局面。如叶飞帆等人提出要以学科为体，专业为用。① 无论未来走向何方，在学科与专业的关系中，学科是基础，学科建设是高校一切工作的基石。

（一）学科发展

作为一种"相对独立的知识体系"，学科时刻处于发展中。随着社会的进步，科学技术的发展，人们对社会和自然的认识越来越深入，人类的知识越来越丰富。同时，社会发展的需求推动已有知识被不断整合和重新条理化，形成新的相对独立的知识体系。正如《中华人民共和国学科分类与代码标准》所指出的："人类的活动产生经验，经验的积累和消化形成认识，认识通过思考、归纳、理解、抽象而上升为知识，知识在经过运用并得到验证后进一步发展到科学层面上形成知识体系，处于不断发展和演进的知识体系根据某些共性特征进行划分而成学科。"② 在知识创新和知识发展的过程中，一系列新的学科产生，同时有些学科走向消亡。

学科发展的实质是知识创新和知识的重新条理化。在新学科的发展中，重大科学问题和社会需求起着重要作用。一方面，重大科学问题吸引着科学家的学术兴趣，学科前沿不断拓展，催生了一些新兴学科；另一方面，重大社会需求引导着应用型学科的发展，使新的应用型学科应运而生。我们现在熟知的多数学科是随着近代资本主义的发展而逐渐发展起来的或从其他学科中分化出来的。如经济学"在很长一段时间内，经济学科曾经认为是伦理学的一个分支"③。最近几十年，经济学的基本理论和研究范式被引入不同的社会领域，产生了技术经济学、生态经济学、劳动经济学、资源经济学、环境经济学、物资经济学、交通运输经济学、商业经济学、旅游经济学、信息经济学等新的经济学学科。公共财政学在我国的形成和发展，则是经济社会发展和人们观念变化的产物。在西方发达国家，国家财政就是公共财政，两者没有区别。而在我国财政学界，自20世纪50年代起占据主流的是国家分配论，国家分配论立足于马克思主义国家观谈财政，其理论基础是马克思主义的国家学说，即"国家是阶级矛盾不可调和的产物"，"是一个阶级压迫另一个阶级的工具"。而公

① 叶飞帆. 学科为体专业为用构建敏捷高等教育 [A]. 张宗荫、范笑仙主编. 质量提升与建设高等教育强国 [M]. 重庆：西南师范大学出版社，2012：60-65.

② 中国标准化研究院. 中华人民共和国国家标准 GB/T 13745-2009〔EB/OL〕. 中文百科在线（http：//www. zwbk. org/MyLemmaShow. aspx? lid=117222）.

③ 〔印度〕阿马蒂亚·森. 王宇等译. 伦理学与经济学〔M〕. 北京：商务印书馆，2000：8.

共财政学是建立在社会契约论的基础之上的，它强调国家是在经全体社会成员同意的基础上建立，国家权力是接受公民所让渡的自然权利的总和，人民保持有评价、更换，甚至推翻不合意政府的最后权利，在这样的前提下讨论的国家"必定是人民的国家，是主权在民的国家，政府不过是一个受托者，其服务的对象是全体人民。这样的国家，当然可以说是一个公共的国家，这样的国家下的政府财政收支活动，当然也是公共性的财政"。① 因此，在市场经济体制逐步建立的 20 世纪 90 年代中后期，我国学术界围绕着财政的本质和名称展开了激烈的争论。经过数年的争论，最终确立了公共财政学的学科体系。公共行政学等学科的演变经历了与公共财政学相同的轨迹。在西方国家，相关学科则经历了从财政学到公共经济学的发展和转变。

（二）学科建设

高校是依托知识而存在的社会组织，其基本职能是人才培养（教学），性质是传播知识并帮助学生形成知识、素质和能力，延伸职能是科学研究、社会服务、文化传承等。无论是人才培养，还是科学研究、社会服务、文化传承等，都以知识为依托、以知识为载体。其中，科学研究的主要产品是新知识和知识的重新条理，人才培养和社会服务的主要路径是知识的整合、传播和应用。在整合、传播和应用的过程中，人们对知识不断进行分类、条理和重新条理，形成新的学科。就学科产生、发展、消亡的规律而言，高校的学科建设既体现在科学研究上，以知识创新为主要标志，也体现在整合、传播和应用知识的人才培养与社会服务等职能上。从高等学校的组织特性看，人才培养是高校区别于其他社会组织的根本特征，即人才培养是高校的根本特征，因此高校的学科建设既要强调人才培养，也要强调科学研究、服务社会等职能。

学科建设水平构成一所高校核心竞争力的外显力量，它是一所高校知识发展水平的体现，也是这所高校的人才培养质量和社会服务水平的体现，学科特色和学科性质还影响着高校的文化建设与组织特色。即使将学科框定在改革开放前的话语系统中，学科建设既意味着知识创新，也意味着建立在知识创新基础之上的人才培养、社会服务等，即学科建设既是科学研究的核心，也为人才培养和社会服务等职能提供基础和支撑。对于大多数新型大学来说，受资源限制，人才培养和社会服务在学校工作中的权重更高。因此，学科建设是高等学校的全局性工作，也是综合性工作，是高校内涵建设的关键路径。

一般认为，学科建设包含三个要素：一是构成科学学术体系的各个分支，即亚学科或学科网络的建设；二是在一定研究领域生成的专门知识，即知识体

---

① 冯俏彬. 私人产权与公共财政〔M〕. 北京：中国财政经济出版社，2005：28 - 29.

系的建构；三是具有从事科学研究工作的专门人员队伍和设施。从高校的视角来看，学科建设包括如下内容：知识创新；知识的条理和重新条理即知识的整合；知识的传播；知识的应用。它们外显为高校的基本职能：人才培养、科学研究、社会服务和文化传承；围绕着上述职能展开的还有基层学术组织建设、学术队伍建设、学术平台建设、学术制度建设等。基于操作的角度，高校学科建设主要包括六个方面的建设：学科定位（学科方向、学科层次选择）、学科团队、学科平台、学术研究、人才培养、学科成果。这六个方面的关系不是对等均衡的。其中，学科团队是联结其他五个方面的纽带，学科成果是前述五个方面建设的结果，学科定位、学科团队是基础性工作，学科平台、学术研究、人才培养是学科建设的载体。

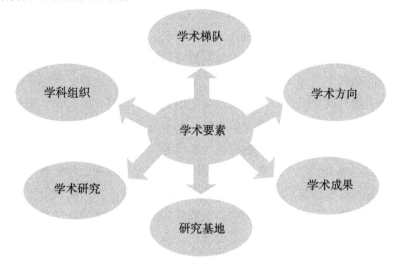

图 5 –1　学科建设框架

（三）应用型人才培养与学科建设

新型大学多被定位为应用技术类高校，系指其面向社会培养应用型人才。应用型人才特指一种规格的人才，即人才的一种，它与研究型人才或学术人才相对。

百度百科认为：研究型人才（Research personnel）是指具有硕士学位以上的教育水平，具有坚实的基础知识、系统的研究方法、高水平的研究能力和创新能力，在社会各个领域从事研究工作和创新工作的人才。研究型人才对知识进行系统的整理分析和再传播，独立从事科学研究实践活动并取得有价值的科学研究成果，在这个过程中起到知识创新和创造的作用。研究型人才要面向科学技术发展前沿，满足人类不断认识和进入新的未知领域的要求，要预测科学技术发展趋势与后果，在基础性、战略性、前瞻性的科学技术问题的发现和创新上取得突破。研究型人才需具有如下几种特质：要有良好的智力因素，具备敏锐的观察力、较好的记忆力、高度的注意力、丰富的想象力和严谨的思维能力，以及在这些能力之上形成的个人创造力，具备能够主动发现并解决问题的能力；要具备必要的非智力因素，包括强烈的求知欲和创造欲，好奇和敢于怀疑的精神，必须勤奋好学，有恒心和坚强的毅力，不畏艰险，追求真理；必须具备深厚和宽泛的基础知识，掌握科学的研究方法和不断创新的能力，具备宽广的科学视野，具有高尚的情操和较高的科学精神、人文精神。

应用型人才则是把成熟的技术和理论应用到实际的生产、生活中的技术技能型人才，强调的是对成熟技术和理论的应用。从严格意义上来说，所有的人才都是应用型人才，人才培养的目的都是应用，只不过应用的范畴和方式不同。这点在我国表现得尤为突出。

与欧洲国家不同，我国现代大学制度自创设以来，高等教育机构一直带有极为明显的功利主义和实用主义色彩。从国内政治的角度看，无论是清末的高校，民国时期的高校，中国共产党执政初期的高校和当代的高校，无论是政府设立的高校，还是社会力量设立的高校，都表现出明显的功利性和实用性，无一例外地把为社会培养人才、为经济社会服务以及适应政治发展的需要作为主要目的，虽然也提到学生的兴趣、先天因素、个性发展和因材施教，但往往将其置于次要地位而被忽视或轻视。发展中国家的现实，使历届政府把发展科学技术、培养富国强兵或经济、文化、民族复兴的精英人才作为高等教育的主要目标，在政府的有意或无意的强力灌输下，成为民族复兴或社会发展需要的人才也成为绝大多数学生的追求。当然，学生的追求中也内含着改善自己经济与社会地位的流动性要求。特殊的社会环境和发展历程，导致了学术自由这一在西方社会为传统大学所尊崇的原则在我国高校中明显低落或基本没有地位，教学或科学研究在很大程度上局限于政府和社会发展的需要，学者自主兴趣的研究氛围很淡，同时以社会批评为主的氛围在我国高校中缺乏，我国高校包括科研机构的工作者更多地属于国际社会所称的"知识工作者"，而非普世意义的知识分子。

对于人才培养的基本内涵，学术界有较多的争论，主要是知识、素质和能力孰轻孰重的争论，当然也有其他方面的争论。国际社会对高校传授的知识有象征性知识和实用性的商业知识之分。我国高校一般不做如此划分，但从我国高校的投入、运行机制、学科专业开设和课程内容设置等多个方面而言，我国高校的知识传授以实用性的商业知识为主，人才培养以社会适用的人才和为社会服务的能力为主，虽然近年学术界有对通识教育的呼吁，但对以象征性知识传授和启发心智为主的通识教育的重视主要还停留在学术探讨阶段和初期的试验阶段，还没有进入全面的落实阶段，特别是对在高校整体中占最大比例的新型大学和高等职业院校来说，还停留在对是否进行通识教育和如何进行通识教育的初期争论上，更谈不上落实。我国目前的高等学校仍以为经济社会发展培养适用人才为主。至于我国高校课程构成中的公共课设置，基本上也是从培养学生能力的角度出发选择的具有明显应用性的知识，以形成能力和教化为主的政治忠诚养成为主，并非严格意义上的通识教育。

应用型人才培养的定位要求相应的学科建设面向行业或产业领域进行，围绕着应用性知识的创新、应用性知识的整合、应用性知识和相关知识的传播展开，在学科定位、学科团队建设、学科平台建设、科学研究、学术成果等各方面均应突出应用导向和问题导向，面向行业或产业领域，而不是基于所谓的传统学科。这样的学科可称为应用学科，也就是我们日常所称的专业。

从生产的视角看，基于行业或产业领域的人才培养属于产品，是基于劳动力市场的细分市场即行业或产业领域的需求，通过知识整合的方式形成的专用性的知识组合产品，它通过传播在毕业生身上形成专用性人力资本。应用学科（专业）之所以存在和发展，关键是通过知识的整合形成了符合某一特定市场需要的知识体系。与传统学科基于学理的知识体系不同，应用学科（专业）的知识体系之所以形成，是基于劳动力市场的需要，是基于人才培养的需要。引导传统学科发展的是学科领域内未知的知识和规律，是人们对这些未知领域的探索兴趣，而引导应用学科发展的是行业或专业领域内现实问题的需要，如果说传统学科发展的主要模式是兴趣驱动的话，应用学科发展的主要模式是市场驱动、问题导向。就此而言，应用型人才的培养必须面向劳动力市场，面向特定的行业或产业领域。至于应用学科（专业），则是面向特定细分市场的定制产品，必须与特定行业或产业领域融合，符合特定行业或产业领域的要求和偏好。需要注意的是，特定行业或产业领域的偏好并非经济学所说的个人偏好，而是基于行业或产业岗位或岗位群的特别需要。

对于生产者来说，培养专用性人力资本或者面向特定行业或产业领域的专门人才意味着他们要根据特定行业或产业领域岗位或岗位群的需求组织、整合知识和传播知识，要求他们必须掌握相关岗位或岗位群需要的知识，这些知识不仅指理论知识，还包括具体的实际操作知识和隐性知识。即只有掌握这些知识的人才能承担人才培养的重任。这就要求作为生产者的教师应该掌握相关行业或产业领域的知识创新并能生产相关知识，或者通过引进掌握相关行业或产业领域知识的教师以达到要求。这就要求培养应用型人才的高校要与行业或产业领域密切配合，让教师了解行业或产业并掌握行业或产业知识，或者直接让行业或产业领域的技术人员承担专业知识的传播。从这个意义上，培养应用型人才的师资队伍与培养研究型人才的师资队伍的规格和要求是不一样的。

需要注意的是，面向市场培养专用性人力资本，意味着毕业生的定向就业，即毕业生在设定好的行业或产业领域内就业。如果要保证毕业生的完全就业，就必须在学生入学之初或稍前就了解行业或产业领域的基本市场需求，按需求决定某应用学科（专业）招收培养人才的规模和质量，而且招收的学生是希望进入该行业或产业领域并愿意在毕业后从事相关岗位或岗位群工作的。另外不得不注意的前提就是未来社会是已知的，人们能够了解未来社会对人才的需求及其变化规律。事实上，上述假定是难以成立的。首先，人才培养往往滞后于市场的需求，很难超前于市场需求。人们了解到的需求只能是当前的需求，未来是否变化和按照什么规律变化只能靠预测，不可能完全准确。其次，学生的就业愿望是随时变化的，即使不发生变化，在入学前就选择就业岗位且要求完全稳定是不可能的。再次，无论人们的智力水平多高，认识世界的能力多强，都不可能对未来发展完全掌握，认为未来世界已知或能准确预测未来世界发展的设想都是不现实的。因此，培养专用性人力资本是相对的，不能将人才培养完全限定在特定行业或产业领域内。合适的选择应该是：既能养成学生的专用性人力资本，又能培育学生宽厚的知识基础，为其向其他行业或产业领域转移奠定基础。

第二节　学院制与学院建设

现代大学制度产生于欧洲，并从欧洲传播到世界各地。我国现代大学制度是在借鉴西方的基础上，结合自己的国情建立起来的，其间经历了多次变革和调整。

一、我国现代大学制度变迁与学院兴废

对当前我国大学制度影响最大的两次变革是 20 世纪 50 年代初的院系调整和 80 年代以来的院系改革，学院建设在这两次院系调整中经历了冰火两重天的命运变迁。

（一）20 世纪 50 年代前的大学制度和学院

中华人民共和国成立前，我国先后借鉴过法、日、德、美等国的大学制度，基本以德国和美国为主要借鉴对象。1928 年国民政府颁布《大学组织法》，实行英美式大学制度，规定大学可以设置文、理、法、教育、农、工、

商、医 8 类学院，设有三类学院以上的可称为"大学"，组织结构类型一般为三级的"校—学院—系、所"模式。

从 1928 年到 20 世纪 40 年代末，我国的高校分三类：大学、独立学院和专科学校。其中大学以学科为标准在内部设立学院，一般由三个或三个以上的学院组成，即大学必须拥有三个或三个以上的学科；学院以下设系或学系；学院在教育教学、人事聘用等方面拥有很大的自主权；人才培养突出科学教育，以培养通才为主。如山东大学设有文、理、工、农、医五个学院，同时在学院内设有 14 个学系。独立学院拥有一个或两个基于学科的学院，开办的学科多数是应用性较强的学科，如医学、农学、工学等；在学院下设系或学系，以培养应用性较强的学科人才为主。如山东农学院设有 3 个系。

无论是大学，还是独立学院，系或学系是教育教学的基本单位，以次级学科为标准设置；每个学院设几个系由学校自主决定；高校按系或学系招生，以系或学系为基本单位展开教学活动，教师根据自己的学术特长自行选择教学内容。在当时的话语体系中，学科特指大学进行人才培养的相对独立的知识体系。与学院制相联系的是基于选课制和导师制的学分制。当时的学分制既有学年学分制，也有普通学分制。

（二）20 世纪 50 年代院系调整与校内学院的消失

20 世纪 50 年代的院系调整，是适应政治改革和社会主义建设的需要，为在短时期内培养大量的适应社会需要的专门人才特别是工程技术人才而进行的。院系调整的大背景是整个社会向苏联学习。这次院系调整不仅涉及大学体制，而且涉及教学组织和教学内容，是一次全面彻底的高等教育体制重建。

院系调整主要包括六个方面①：

一是减少综合大学数量，将包罗众多学科的综合大学改建为文理科大学，同时大量设立单科的专门院校，形成由单科的专门院校与文理科大学构成、且以单科的专门院校为主的大学体制。经过调整，我国的综合大学（即文理科大学）由 1947 年占大学、学院总数的 41.4% 下降到 1953 年的 8.5%，单科（本科）院校发展到 140 所。后来，多数单科（本科）院校和新设单科院校划归行业管理的中央部委管理，教育部主要负责文理科大学和师范院校的管理。地方也是这样。

二是取消学院制，建立"校—系"两级组织结构。同时在系内设立专业和教学研究组（室）。专业是苏联独有的，按照当时的理解，专业是大学里设

① 参见胡建华. 关于建国头 17 年高等教育改革的若干理论分析 [J]. 南京师大学报（社会科学版），2000（4）：55-62.

立的与社会上的专门职业相对应的领域。政府根据国家建设需要的专门人才种类制定专业目录，大学设置专业必须经过政府教育行政部门的批准。一个系一般设一个专业，个别的系有两个专业。教学研究组（室）基于课程设置，一个专业设多个教研组，具体负责教学内容的选择、教学方法的确定。无论是学校，还是系或学系，都被纳入上级单位的统一指挥中，自身缺乏独立性。

三是建立以专业为中心、按照统一的教学计划开展教学活动的教学制度。即由政府出面，统一制订专业目录、专业教学计划、课程教学大纲，统一组织编写教材；高校按专业招生，以专业为基本单位、按政府的统一要求开展教学活动，教研室集体组织教师备课和教学活动。由此，专业取代学科成为大学教学制度的核心，教学由个人基于学术专长的活动改为政府统一标准下的集体活动，这意味着没有学术专长的人通过掌握政府规定的教学内容和教学方法也可以承担起教学任务，以启智成才为主的大学教育变为单纯的知识传授和能力养成，基于人文和科学的素质教育为定型于特定规格的专门人才教育取代，富有个人色彩的素质教育为标准化的现代工厂式教育所取代。

四是以政府研究主管部门为主的科研体系形成和学科—专业话语体系形成。各级政府设立了主管科学研究的部门，独立于高校的科研机构大量设立。而根据1953年高教部的文件规定，高校以国家建设需要、现有师资与设备条件、取得当地研究部门的密切配合为依据，研究并确定本校的重点学科和发展方向。[①] 学科以科学研究之名在高校内部保留下来，但不再是基于个人兴趣的独立活动或学校组织的学术活动，而是接受研究主管部门指导的有组织活动。学科之名虽然保留下来，但内涵发生了变化。学科建设的基础是专业，但这里的"学科"强调的是科学研究，而非人才培养或高校其他职能的延伸，高校内部学科与专业并存、学科强调科学研究、专业强调教学的格局形成。与之相联系的是，基于专业的新的学科体系形成，取代了原来由英美引进的学科名称与学科体系。

五是学历代替学位。高校不再向毕业生发放学位证书，而是发放毕业证。发放学历证书的标准是学生完成课程学习并获得相应的成绩。加上严格的高校入学考试，高等教育由原来的宽进严出变为变相的严进宽出，高校的遴选功能由原来基于在校期间学术水平的遴选前提为对学生中学阶段基础知识掌握程度的遴选。即高校本身基本失去了遴选的主要职能。

六是高校成为行政的附庸。在院系调整的过程中，私立高校退出历史的舞

---

① 栾开政. 山东高等教育发展史（1840—2000）［M］. 济南：山东教育出版社，2003：259.

台，政府成为高等教育的唯一举办者。在新的体制下，政府不仅是高校的举办者、投资者、管理者，也是高校培养的人才和提供的一切服务的接受者和使用者，高校教师和辅助人员成为政府的雇员，学校的管理者由政府部门任用，高校的院系主任和职能部门主管人员经政府部门同意后聘用，行政权力渗透到高校运行的每个环节，行政权力成为高校运营和内部管理的主要权力，学术权力退居其次或被忽视。高校成为政府的一个部门。

经过 20 世纪 50 年代初的院系调整，我国确立了上承法国、以苏联为主的高等教育体制，该体制以培养专才为主，以国家行政管理为特征；大学组织采用校—系两级制，实施学校集权和最终的政府集权，具有较大自主权的学院和学院制消失；人才培养以专业为中心，实施统一的专业目录、教学计划、教学大纲和教材；教学与科研分开，表征为专业建设与学科建设的矛盾；学生成绩考核强调过程考核、知识掌握和能力养成，体现个人思考和探索的学术水平退居其次；教学从教师个人为主转向教研室的集体活动。在这一体制下，无论是高校，教师还是学生，个人的选择和主动性让位于政府和集体的集中性选择，个人特长和优势让位于标准化，独立性下降甚至消失。这一高等教育体制与同时建立的高度集权的计划经济体制相适应，行政权力及其影响浸润于高等教育的各个角落，高等教育行政化由此奠定。此后，我国高等教育体制经历过几次变革，但基本保留了 50 年代初院系调整形成的大学制度的核心部分。

（三）大学制度改革与学院再兴

改革开放以来，适应经济社会发展的需要，高等教育领域开始改革。自 20 世纪 80 年代开始的大学制度改革，以美国的大学制度体系为蓝本，以建立现代大学制度为目标，重点是重建综合大学和学院制，实行学分制，强调通识教育和专门人才培养并重，扩大高校的办学自主权，提升高校服务社会的能力。移植和学习美国大学制度是 20 世纪后半期全球性潮流之一。这次改革既是敏感于外界的适应性改革，也是高校自我发展的内生性改革。

与 20 世纪 50 年代初政府强力干预下的雷霆万钧式调整不同，这次改革是渐进式的，其指导思想、改革途径和改革方法都是在改革过程中不断探索和逐步完善的，是所谓的"摸着石头过河"，并非是一开始就设计好的有秩序的组织活动。这次改革是在政府干预与高校自主相互作用的形式下，适应社会由计划经济体制向市场经济体制转型的需要逐步进行的。

改革的根本方向是将计划经济体制下的高等教育转变为市场经济体制下的高等教育。在宏观视野上，改计划体制的条块分割为条块结合，结束行业高校自成系统、小而全、封闭僵化、与地方经济社会发展脱节的局面，建立中央和省两级管理、以省级管理为主的管理体制，增强高校面向社会和市场自主办学的积极性与服务地方经济社会发展的能力。在中观视野上，在政府干预下，通过院校合并和重点工程建设，建设学科门类比较齐全、专业涵盖面比较广的综合性大学，承担在主要学科领域培育和发展国家综合竞争力的主要任务；新型大学和高职院校，为经济社会发展提供应用型人才；对学科专业进行综合，将性质相近、口径较小的一些专业合并组成口径较宽的大专业，淡化专业之间的界限，打破专业之间的壁垒，促进学科之间的交叉和渗透，表现是政府定期公布新的专业目录；通过研究生教育和学科建设，强化高校的知识创新能力。在微观视野上，鼓励高校探索和优化人才培养模式，提升人才培养质量；改革内部组织结构，强化学校的自主决策能力，提升运行效率；加强科学研究，提高学术水平；重建学院制，以学院为基本单位进行招生和人才培养。

受大环境和历史惯性的影响，这次改革在成果展示上表现出步伐不一、历史与现实并存、多种体制杂糅、异彩纷呈的现象，特别是在微观层面的高校内部，这种现象更为明显。最典型的就是学院制的建设。

二、学院制与学院设置的理论探讨

学院在我国高校内部重新设置肇始于 20 世纪 80 年代末的重点大学，发展于 20 世纪 90 年代，兴盛于新世纪。目前，几乎所有的本科院校和部分高职院校，都在内部设立了学院，在形式上建立了学院制。

自学院制改革开始以来，关于学院的设置问题一直是教育界关注的热点。学者们对此进行了较多的讨论。讨论的热点集中在以下几个方面：

（一）对学院制的认识

学者们从两个方面对学院制进行了探索：一是对国外特别是欧美各国的大学制度和学院制进行了分析、比较、归纳和介绍，如顾建新对与"学院"相关的各个对应的英语词汇及其内涵的分析，[1] 戚业国[2]、刘宝存[3]等人对学院制发展历程、改革和现状的分析等。学者的认识并不一致，共识较大的有以下几点：一是现在的学院制已经不是传统意义上的学院制，而是自 20 世纪 60 年代以来适应科学发展、学科交叉与融合、边缘学科大量涌现的现实而进行了改革的新的学院制；新的学院制以美国大学制度和学院制为代表，以实用主义思想为指导；突出的改革有法国的大学教学与研究单位改革、德国大学的学域制改革、日本筑波大学的学群制改革等。二是对学院制的认识。多数学者认为，学

① 顾建新. 学院考辨及翻译 [J]. 比较教育研究, 2004（11）：46 – 51.
② 戚业国. 论大学学院制度的形成、发展与改革 [J]. 高等教育研究, 1996（5）：17 – 22.
③ 刘宝存. 国外大学学科组织的改革与发展趋势 [J]. 教育科学, 2006（2）：73 – 76.

院制从诞生之日起就是集教学、科研、行政管理等权力于一体的实体性机构，它不仅仅是一种管理制度、管理方式，而且体现了一种大学学术管理的思想。学院制是大学以学院为实体性主体和管理中心、凸显培养人才和发展学科等职能目标的内部组织结构形式与管理模式。

　　基于上述认识，学者们认为，我国新一轮的院系改革和学院建制并不是一个简单地撤系建院的过程，而是一个制度构建的过程。从学院制的内涵来看，它是大学在进行人才培养、科学研究、社会服务等活动的过程中所采取的一种组织形式及其运行规则。实施学院制，不仅要构建学院这种组织，还必须理顺学院与其下属的系或学系等基层学术组织以及学院与学校的责权利关系，在人事、财务、管理权限等方面进行制度化的界定。"学院制"改革是高校将现有的教学、科研机构按照学科群、大学科门类或一级学科进行重组，建立校—院—系三级管理、以院级管理为主的独立核算的新的教学科研体系。同时高校下放教学管理权、科学研究管理权、人事权、财务权，使重组的学院成为拥有一定权力和职责的办学实体。实行"学院制"改革后，学校成为"决策中心"，学院成为"管理中心"，学系成为"质量中心"。高校进行学院制改革，是高校学科整合和建设的重要举措，是高等学校实现第二次跨越式发展、在校内引入市场机制、适应高等教育国际化、大众化、市场化、产业化需要的重要一步。如何进行教学科研机构重组，是搞好学院制改革的重要问题，也是学院制改革的难点所在。

　　有学者对学院的职能进行了探索，认为作为管理中心的学院具有如下几个职能：（1）协助校长管理校务（行政、教学、科研、学科建设4个方面）；（2）平衡院属各系、所的发展；（3）帮助各系争取资源，协调各系、所之间的相关业务；（4）根据决策中心的总体规划、奋斗目标和各项工作部署，制定本学院短、中、长期的发展方向和奋斗目标；（5）规划、协调下属各系、所、中心的学科建设；（6）组织多学科的联合，交叉开展重大科研项目的攻关工作；（7）统筹调配全院的人、财、物，使各种资源得以综合利用；（8）负责学院和属下系、所、中心的主要行政管理工作，使系、所、中心的负责人集中精力抓好教学、科研、学科建设和人才培养工作。[①]

　　基层学术组织的建设和管理是学院制的核心内容之一。有学者认为基层学术组织是大学的基本操作单位，在学术生产和学术管理上具有极其重要的地位。作为大学目的性活动的承担者，基层学术组织必须以学科建设为中心，把

---

　　① 曾令初. 大学实行学院制后校院系基本职能探讨 [J]. 高等教育研究，1997（3）：44 - 47.

促进学科发展、培养学生成才、扶植教师成长、提供社会服务作为职能；基层学术组织呈现出组织形式复杂而独特、技术高度专业化、结构松散联合、成员角色多重而冲突、受学术权力单一控制等特性。基层学术组织在现实中表现为两种：一是校—系—室结构中的教研室和研究室，这种结构在学院制改革以前普遍存在，目前在部分高校中仍然存在；二是校—院—系结构中某些纯学术性的系，是学院制改革后大学的主要基层组织。现实中对大学基层学术组织促进学科发展职能存在着两种认识：一是不承认学科发展职能，很少为了发展学科而开展科学研究。二是过分重视科学研究，不惜以牺牲教学为代价。随着科技的进步、社会的发展，知识经济的日益显现，大学已经成为社会的轴心机构，是人类社会发展的"动力站"。但大学基层学术组织存在功能弱化的现象，主要原因在于教学研究不受重视，缺少压力、动力和活力，科学研究活动不多，实力不强，科研项目少。没有了教学研究和科学研究，基层学术组织就功能丧尽、有名无实了。在基层学术组织的职能定位上，既要克服不进行科学研究的倾向，又要克服过分抬高科研压低教学的倾向。不进行科学研究，大学基层学术组织最多只能求得生存，却难以取得突出的成就，过分追求科研而忽视教学，则违背了大学的本意，学生不会满意，学校也不能取得全面、整体的发展。①

学院的定位和运营是学院制的另一核心内容。有学者认为：学院在自己的权限范围内有教学、科研、行政管理的自主权，学校只对学院进行领导和监控，接受教师的申诉，监督学院的工作，加强保障机能。学院内部实行系、所、中心制度，系、所、中心是实施学院任务的组织机构，"系"以教学为主、兼顾开展科研活动，"所"以研究为主、辅以教学工作；一些综合研究部门可设置"中心"。由于系所的权限范围缩小，合理配置更显必要。学院实行院长负责制，院长由学院教职工民主选举，成立教授会，院长向教授会和职代会负责，重大问题实行民主决策。由于院长的工作直接关系到学院的学术、教学的发展，关系到每个人的切身利益，因此，这种完整监督机制下的院长负责制可收到较好的效果。② 有学者认为，我国大学的学院设置应考虑下列因素：学校办学的指导思想；学校传统与发展特色；学科性质与特点；国家和社会需求；学术发展的方向和潮流；国家未来的需要。在设计和划分学院时，应充分考虑学科发展目标、学科发展方向，还应考虑规模因素和办学效率，一般应有4～8个系、所为宜，最少应不少于3个系、所。对于没有学生的基础课部等

① 陈彬等. 浅论大学基层学术组织的四大职能 [J]. 现代教育科学, 2003 (9)：26 - 28.
② 戚业国. 论大学学院制度的形成、发展与改革 [J]. 高等教育研究, 1996 (5)：17 - 22.

公共课教学机构可参照日、法等国的做法成立特别学院。由于各高校的情况不同，教学科研机构按学科重组的规模、方式也不同，不应要求各个高校按照一种模式建立学院。①

学院制是现代大学制度的有机组成部分，高校的办学定位不同，关于学院设置的基本内涵也不一致。有学者归纳了高等学校组织结构改革的五个趋势：一是组织结构的扁平化，低层次的基层学术组织（学系或研究所）更加灵活和富有创造性，便于建立跨系、跨学科的研究机构；二是组织结构的弹性化；三是组织结构的多元化；四是组织结构的网络化，新出现的板块组织、环型组织、虚拟组织、学习型组织等都可以借鉴；五是重视非正式组织的建设。② 马陆亭等人根据高校的办学定位分析了研究型大学、教学研究型大学和教学型大学的基本管理模式。他们认为，研究型大学的基本管理模式是学院制，实行学院制的大学应具备学校规模较大、学科数目多和学术水平三个条件。大学学院建制的结构设计应体现科学发展的规律。在学院设置上应该比较灵活，注重学科关系间的协同与耦合；在管理权限上学院应当有较大的自主权，成为集教学、科研、人事、财务等权力于一身的实体性机构；应当充分尊重教授的学术权力，坚持教授治院；在发展上则应当维护大学的整体利益，促进学院间的协商与交流。教学研究型大学的基本管理模式是矩阵制，基本框架是：在原组织结构上设置可跨专业、跨学科的学术研究中心；学校设学术协调机构，负责协调各研究中心的工作。各研究中心以完成任务为目标，实行项目负责制；学术协调机构超越各系，具有评审各研究中心成员职称晋升等系级职能，目的是承认其在研究中心的工作成绩，尽可能回避与纵向机构不必要的矛盾，提高教师活动与选择的自由度。教学型院校的基本管理模式是职能制。③

有学者从学科视角探讨了大学的基本管理模式和学院制的内涵。如有人认为学科是大学组织的核心和基础，大学的基本管理模式是学科—学院—大学，其中学科是最基层的学术和行政管理组织，不仅具有围绕学科开展学科建设、专业建设等的学术活动，而且具有学科内自主教学、科研、资金使用、收入分配、资源配置的权力。学院负责制定学院学科建设的总体规划、学术资源配置的有关原则，协助和处理各学科在教学、科研和社会服务等方面的关系和问题。学校负责制定学校发展战略和各项政策、规章制度，对各学院、学科的负

① 戚业国. 论大学学院制度的形成、发展与改革 [J]. 高等教育研究，1996 (5)：17 - 22.

② 龙献忠. 高等学校组织结构分析及改革研究 [J]. 湖南师范大学教育科学学报，2004 (1)：47 - 51.

③ 马陆亭等. 简析高等学校的三种基本管理模式 [J]. 高等教育研究，1998 (2)：83 - 84.

责人的任命和评聘，对办学经费的预决算，同时对各学院工作进行协调、监督和提供服务。这种大学管理模式适合于从教学型向教学研究型转变的大学，或学校整体实力不强、学科比较弱的教学研究型大学。①宣勇则认为，学校—学院—学科三级管理的模式是现代大学特别是研究型和教学研究型大学的最佳选择。该模式具有如下四个优势：（1）减少了行政管理层次，有助于促进学院制实体化运作。以学科这个非行政性的学术管理组织代替了系、所这一类的行政机构，把原来由行政支配的权力回归于学术权力，根本上可以解决"虚院实系"或"虚系实院"所带来的体制弊病，打破了在大学内部管理体制改革中，由于行政权力的调整而在系级行政中所产生的行政壁垒，提高了管理的效率，更好地体现了大学的本质和大学的组织特性。（2）将三大职能从原有模式在基层的相互分离，集约于学科为一体，有利于学科资源的整体优化，发挥出学科的综合效益；有利于学科的横向融合与交流，为学科交叉和创生新兴学科提供了良好的体制条件；有助于实现科技成果从随机转向稳定的系统输出，实现大学的可持续发展。（3）能较好地调和大学中教学与科研的基本矛盾。教学科研任务在学科中的整合，为每一位教师处理好教学与科研的关系提供了便利。（4）使得行政权力与学术权力在学科层面得到了较好的结合，使得以教授为代表的学术权力通过学科而发挥作用，增强了学科带头人在学校管理事务中的参与，有助于大学的管理更为合乎于学术和大学自身发展的规律。②

廖世平从管理的视角探讨了学院制。指出：推行学院制要充分考虑学校管理重心和学院管理权限。推行学院制，一是要客观地分析、科学地解决学科专业调整以后的建设问题。特别是由多学科组合而成的学院，要充分考虑它们的相融性、综合性、交叉性、渗透性，防止生拉硬拽，因为学术上的"磨合"需要很长一段时间，弄不好会丧失各学科自身发展的机遇。二是在学院制这个更多属于学术管理范畴的问题上要特别尊重教授们的意见，既慎重考虑，又当机立断，一些学科有了发展所需要的内、外部条件，学校领导就要果断决策，打破原有的格局，使某一个或某几个学科把握机遇、迅速发展。在确立学院的领导体制时，要考虑到以下六个方面：（1）学院内部的领导体制分为行政管理和学术管理两大类，院长及院行政机构负责组织实施学院的教学、科研、行政事务的领导和管理工作。教授、专家在教学、科研、学科建设中发挥集体学术权威作用。（2）学院的行政和组织活动主要由行政领导和行政机构来控制和管理，其主要职责是领导管理、行政组织、保障执行，处理各种事务性工

① 郭石明. 基于学科的大学组织管理 [J]. 中国高教研究，2004 (6)：30-32.
② 宣勇等. 自主理财：学院制实体化运作的权力基础 [J]. 江苏高教，2001 (5)：33-36.

作，支持教授们的学术管理。（3）学院的学科和专业发展、教学改革、科学研究、师资培养等学术性活动，主要由教授、专家组织和管理，在院学术委员会、学位委员会、教学指导委员会等组织中充分发挥教授、专家的集体权威，尊重他们在学术问题上作出的决定。（4）学院院长由学术带头人担任，经教职工民主推荐，学校组织考核、校长任命；副院长由院长提名，学校组织考核、任命。学院可配备院长助理若干名，科长及其以下行政人员由院长决定任免。（5）系主任由具有高级职称的教师担任，经学院组织考核，由学院院长任命。副系主任由系主任提名、院长批准。系根据实际情况，配备系主任秘书，协助处理有关事务。（6）学院的党组织和行政管理机构的设置，对推进学院制有着十分重要的意义。规模较大的学院由于其所辖的系亦较大，应该成立学院分党委、系党总支，以加强党的基层组织建设和思想政治工作。学院内部行政管理机构则应本着"合理、高效、精干、服务"的原则来设置。[①]

无论是明言还是笼统论及，学术界关于学院制的认知更多地集中在研究型大学和传统高校身上，部分学者的探索涉及了教学研究型高校。无论是前者，还是后者，在我国的社会现实中都体现出规模大、学科多的特点，如果考虑到20世纪末以来的高校综合化趋势，已经实行学院制并据以展开讨论的基本是已有较大规模、学科多元化的老牌本科院校，即科学研究已有一定水平、人才培养和社会服务基本成型的高校，即从组织生命周期的视角看，是相对成熟的高校。已有探索所涉及的问题多是学院制运行中遇到的现实问题。对于新型大学来说，正处于本科教育的幼稚期，面临的是学科、专业、课程的建立和成型问题，绝大多数院校面临的是从借鉴到形成自己特色的过程中面临的问题，是如何新增学科、专业并使其站稳脚跟的问题，而不是各学科、专业协调发展的问题。对于我们来说，需要强调和关注的是，学校在增设学科、专业并保障新增学科、专业健康发展中面临的问题，首要的是学科、专业的发展而非规范。

（二）学院设置的原则

在学院制改革中，学院设置就是对已有教学科研机构的重组，即按照什么样的原则将原有的教学科研机构重组的事宜。别敦荣、戚业国、严燕、何小江等学者对学院设置的原则进行了探索。有的学者将设置原则和设置标准合并或并列认识。

有学者从校—院—系三级管理体系中学院的定位探讨了学院设置的原则。指出：在校—院—系三级管理中，系是根据一定的学科专业建立的基层学术机

---

① 廖世平. 部分重点高校实行学院制的调查分析 [J]. 高等教育研究, 1998（6）: 38-41.

构，是大学学术活动的基础。教学、科研等学术活动主要由汇聚在各系的教师承担，系在学术管理中拥有充分的自主权，教学、科研等学术活动主要由系这一级来决定。学院是大学内部学术管理结构的中观层次，发挥着承上启下的作用。学院的学术管理权能范围包括三个部分：一是学生管理；二是在全院和院校之间协调教学、科研等学术活动；三是与系共同负责教师管理。学校是大学内部学术管理的宏观层次，权能范围主要包括：一是大学学术发展规划和学术管理规章制度的制订；二是各学院之间和学校与外界之间在学术上的协调；三是大学重大学术发展改革战略的实施。①

有学者认为，大学学院的设置，总的原则应考虑学科性质与特点；学校传统与发展特色；社会需求；学术发展的方向和潮流；国家未来的需要；学校的办学思想。在具体的学院划分上应以当今新的学科划分方法为基础，先确定学校的学科发展目标，以其为原则确立学院，然后议定相应系、所的归属；学院划分应充分考虑管理体制改革的需要，与机构改革结合，学院规模不宜过小；可参照日、法等国成立综合性的特别学院，如基础课、公共课等，以及一些与其他学科相关性不大的系所；学院名称由大学自行掌握。②

有学者在分析学院应具有的目的性、实体性、发展性、特色性、包容性等特点基础上，提出了学院设置的五个原则：战略目标、学科发展、精干高效、权责对等、动态适应。其中战略目标原则指学院的设置要服务于大学目标定位的实现，以世界一流大学为建设目标的高校应以建设若干个世界一流的学科为目标进行校内学科布局调整、设置和建设学院；以综合性大学为建设目标的高校应按照综合性大学的要求调整、设置和建设学院；具有行业背景的高校应按照行业未来发展的需要设置和建设相应的学院；地方性大学应该按服务面向地方经济社会发展的需要设置和建设相应的学院。同时要避免没有目的性的学院设置，以及与学校的办学地位和战略目标相违背的学院的设置。学科发展的原则指学院设置要有利于大学内部学科的发展，以世界一流大学为建设目标的大学在设置学院时要考虑其战略性学科的发展；以综合性大学为建设目标的大学在设置学院时要考虑对其劣势学科的扶持；具有行业背景的大学在设置学院时要注重其具有行业优势学科的加强；地方性大学在设置学院时更要注重地方需要的特色学科的建设。精干高效原则指的是在保证履行学院职能和实现学院目标的前提下，学院的设置要求机构精简、人员干练、管理效率高。权责对等原则指的是大学在设置学院时要赋予学院与其目标、任务和责任相应的权力。动

---

① 别敦荣. 我国大学学术管理改革探析 [J]. 清华大学教育研究，1999 (3)：74 - 80.
② 戚业国. 论大学学院制度的形成、发展与改革 [J]. 高等教育研究，1996 (5)：17 - 22.

态适应原则指的是学院的设置要立足长远发展、适应动态变化、满足未来需求。动态适应要盯准三个需要：一是大学目标定位调整；二是高等教育市场竞争需要，要求学院在规模、层次、结构上进行调整和变化；三是学科专业发展需要，如建设新专业、发展新学科等，要求学院在组织机构、人才储备、岗位编制，甚至学院文化等方面能够适应和满足这种需要。①

我们注意到，上述学者的认知更多地立足学校的视角，即将学校作为一个整体、学院是学校的一个组成部分的视角来探讨的，其目的是学校的发展，是一种集中于学校的思考，没有从学科、专业或学院自身来思考问题。下面几位学者的探索是基于学科、专业或学院的发展来思考的。但他们的探索也有一定的缺陷。如有学者从学院的实体性出发，认为在考虑学院设置时应遵循管理幅度、学科发展和情境性三个原则。从管理幅度出发，应有效控制学院的数量和规模；从学科发展的原则出发，应规范设置学科性主体学院，可以学科知识为标准，按学科群或学科门类设置学院，其中学科群包括从同一个学科逐渐发展衍生出来的线性学科群、彼此间能互相支持的相邻或相近的学科群、在不同学科的交叉地带产生的交叉学科群如物理科学与技术学院以及相关性不强的两个一级学科形成的学科群如经济管理学科群；从情境性原则出发，可根据国情、校情以及实际情况直接在优势学科设立特色学院，如哈佛大学的政府学院、耶鲁大学的戏剧学院、加州理工学院的地球科学学院等。② 即该学者的探索实际还是基于学校管理的视角。有学者认为学院的设置应坚持四个有利于原则：有利于组织学科力量和发展学科；有利于校级领导摆脱管理事务；有利于分解目标责任；有利于简政放权和配置资源。另有学者认为，学员设置应坚持职能、责任、权力、利益相一致，有利于加强教学工作，前瞻性原则以及分级管理原则。③ 有学者认为，任何管理机构都应当保持适度的管理幅度，学院制可使学校管理重点下移，使学院在财务、人事、学位评定、教学、科研等方面享有较大自主权。从知识管理的视角看，学院的设置应当注意学科发展的规律和学科的规范，以学科知识为主要标准，拓宽学科口径，加强不同学科专业的交叉与融合，在不同专业、学科间建立起信息流动和知识共享的模式，实现跨学科、跨专业的知识范畴的合作以及不同学科知识的交流与共享。从知识创新的视角，学院制为学科提供了知识产生与发展的空间，适应了学科综合化的要求，有利于促

① 林健. 大学校院两级管理模式中的学院设置 [J]. 国家教育行政学院学报，2010 (10)：17-24，16.
② 严燕. 学院制的内涵与学院的设置 [J]. 教育研究，2005 (10)：76-79.
③ 何小江等. 南昌大学校院系三级管理的尝试及体会 [J]. 扬州大学学报（高教研究版），1997 (2)：14-15、52.

进新的横向、交叉和综合学科的产生和发展。① 即绝大多数的探索和设计都是基于学校本位的视角进行的，没有从学科、专业或学院发展的视角来展开。

总起来看，高校内学院的设置，要坚持符合学校定位、有利于学科发展、按学科规范与实际权变、考虑管理的有效性（幅度、规模与数量）等原则。考虑到已有探索是从综合性大学的视角对高校内部的学院设置进行探讨，我国高等教育法律对高校的定位是培养专门人才而非通用人才，在本科层次开展的仍然是专业教育而非学科教育，对占高校大多数的地方本科院校特别是新型大学来说，在设置学院时不仅应符合学校定位，更要符合社会或劳动力市场的需求，坚持既有利于学科与学科群发展、又有利于专业和专业群发展、考虑管理的有效性、有利于提高人才培养质量、提升对社会的回应性和问责等原则。

（三）学院设置的标准

学院设置的标准是具体操作层面上的事务，如果说学院设置的原则还比较中观的话，设置标准则是具体而微观的，学者们在这方面的争议比较大。有的学者建议以"学科群""大学科门类"为标准设立学院，有的建议以"学科类型和方向""一级学科"为标准设立学院，有的建议以"美国模式"等标准划分"学院"。也有学者认为规模、数量是学院设置应考虑的因素。

史秋衡（1995）认为：学院设置的标准应考虑四个方面：（1）学科范围和学术影响的问题（学科太窄不利于学科建设和学院设置的稳定，太宽不利于管理，传统学科仍以一级学科或跨学科建院较好。短线专业、系或有联合办学机遇的领域，学院设置可以灵活些，但应有利于学科建设的稳定和未来的调整，并要有一些较强的支柱性专业和系作为核心；（2）学院的独立性和稳定性问题；（3）联合办学的机遇问题；（4）学院机构的设置问题（突出小机构大决策原则）。②

邓岚、吴琼秀（1996）指出我国高校一般是按照学科方向设立系的，其中综合性大学以中文、历史、政治、外语、数学、物理、化学、地理、生物等系为基本框架。这种框架实际上给学院的重组提供了两种选择，其一是按学科类型设置学院，以系为单元进行学科类型的组合（爱丁堡模式）；其二是将条件成熟的系升格（东安吉利亚模式），对各系所辖专业进行重组，按学科方向设立学院。③

---

① 俞梅芳. 我国高校学院设置的理论分析与实践探索 [J]. 重庆科技学院学报（社会科学版），2008（2）：95-96.

② 史秋衡. 大学学院制的设置标准 [J]. 有色金属高教研究，1995（1）：64-65.

③ 邓岚，吴琼秀. 英国综合性大学的学院制模式分析 [J]. 湖北大学学报（哲学社会科学版），1996（5）：105-108.

　　郭桂英（1996）认为，按学科群组建学院将成为我国大学学院制发展的主流。她所说的"学科群"是针对教育行政部门公布的专业目录而言的，实际指的是专业群。她提出大学可按学科门类设学院，按一级学科设系，按二级学科设专业，按三级学科设专业方向。在现代大学中，学科群特别是交叉学科群的建设是教学、科研的基础，也是实施学院制的基础。按线性学科群建院可组建专门学院、单科性学院；按相关学科群建院可形成小型综合性学院；按交叉学科群建院则可建立跨学科的学院。现代工程教育可视为多学科的综合体，按文、理、工相关学科群组建工程类学院，其教育性要优于单科性的工程类学院。为了满足社会多方面的需要，可依托学科群的力量组建产业性、行业性学院。在教育投资主体多元化的情况下，学院建制的性质或国办，或民办，或联办；有的学院可办成虚体，有的可办成实体；虚体与实体在一定的条件下可以互相转化。学院建制也具有柔性。①

　　周川（1998）认为，按照校—院—系教育组织形式的改革思路，学院应该建在现在通用的学科专业"门类"上，即建在文、理、工、农、医、师范、财经、法政、管理这一层次上，而系建在次级学科专业层次上，如文科门类中的哲学、历史、中国语言文学等，下面一般不再分更细的专业（教研室）。②周川所指的学科专业门类是教育行政部门对院校定位的简单划分，并非是严格意义上的学科专业门类。

　　俞建伟（2001）认为应按大学科门类或一级学科群设立学院，按一级学科设学系，按二级学科设专业，三级学科只能是专业方向。与原来的按一级学科甚至二级学科设系、三级学科设专业的体系相比较，学科级次大大提高。研究所一般参照研究生教育专业目录的学科分类体系进行设置，按照二级学科或二级以下的学科方向建立，主要目的是博士、硕士点的建设。研究中心的学科面一般更宽。目前教育部门推行的试点学院计划实际是按一级学科设立的，并实行一级学科范围内的统一招生和分类培养。③

　　张晓鹏（2001）认为，"美国模式"更值得我们借鉴，因为这种有合有分的模式使两大类学院（文理学院和专业学院）或三大类学院（本科文理学院、研究生文理学院、专业学院）都有自由发展的空间，相互支撑，相得益彰。"美国模式"是以传统的多学科综合的文理学院为主体（其中一些大学将本科生院和研究生院分设），辅以专业学院（其学生一般为研究生层次）的组织结

　　① 郭桂英. 学科群与学院制 [J]. 高等教育研究，1996（6）：42 – 46.
　　② 周川. 新一轮院系调整的特征与问题 [J]. 高等教育研究，1998（2）：25 – 28.
　　③ 俞建伟. 学院制改革与高校内部权力结构调整 [J]. 现代大学教育，2001（6）：66 – 68.

构。文理学院可包含语言学、文学、历史学、政治学、数学、物理学、化学、生物学等专业，可使从事基础理论教学的专业人员专心教学和学术研究。另外设立一些专业学院如医学院、农学院、财经学院、机电学院、建筑学院等，使从事专业技术工作的人员直接为经济建设和社会发展服务。①

李泽彧、陈昊（2002）认为，当前学科的发展呈现出高度分化与高度综合并存的特点，这种特点对学院制提出了新的要求，即大学不能再仅仅根据单个学科来划分学院，而应该以学科群来划分学院。按照这一思路，学院应建立在通用学科"门类"上，即在文、理、工、农、医、师范、财经、政法、管理这一层次上，而系则应该建立在次级学科层次上。就现在大学学院制的科学内涵来说，学科群（特别是交叉学科）建设是实施学院制的基础。② 如前所述，他们所谓的学科专业"门类"不是严格意义上的学科门类，而是目前我国教育行政部门对高校办学定位的一种划分方法。

黄祥林（2004）介绍了各国划分学院的具体做法，指出英国高校按学生住所、教学住所、学科住所和学科方向为依据划分学院；美国绝大多数高校按文理学院和专业学院划分学院；日本名牌大学的"学部"（学院）划分更具严密的学科规范性，更多地强调学科发展的内在逻辑。③

贾莉莉（2009）针对研究型大学的学院设置提出：（1）规范大学内部的学院设置，按照学科门类设置学院，以"群"的形式进行人才培养和科学研究，同时可依据自身的优势学科组建特色学院；（2）建立弹性化的基层学术组织。为确保研究型大学组织运行机制的畅通，必须始终保持着一定数量的动态的灵活的以项目为基础的科研组织，必须适时审慎地对无法获取研究项目、经费支持的学术组织进行合作或重组；（3）建立超文本组织，打破学科制度化壁垒，推动学科交叉与融合。同时打破人事壁垒，改革教师的聘任制度，实现同一个教师可以受聘于不同的学术组织系统内。④

林健（2010）从学院的数量、规模、学科发展等角度探索了学院的设置问题。在学院的数量方面，他认为大学组织结构的设计主要确定管理幅度，即最多可设置的学院的数目。影响大学管理幅度的主要因素有学院的实体化程度

① 张晓鹏. 学院建制与管理分权——从国外名牌大学经验得到的启示 [J]. 全球教育展望，2001（2）：67-70.

② 李泽彧，陈昊. 关于我国大学学院制的若干思考 [J]. 江苏高教，2002（2）：20-23.

③ 黄祥林. 高等学校的"学院制"与学院制改革问题 [J]. 汉中师范学院学报（社会科学），2004（3）：36-39.

④ 贾莉莉. 学科视角下的中美研究型大学学院设置比较研究 [J]. 中国高教研究，2009（7）：51-54.

和大学的内部管理水平，其他有学校的办学层次、科类结构、隶属关系等。学院的设置一般以 10 个为宜，最多不超过 15 个。在学院的规模即在校生人数上，可考虑最优规模，即生均培养成本最低时学院最多可以培养的学生数，这是一个多变量的函数，受到多个因素的影响，可根据规模经济和范围经济的原理，结合学科层次和类别、教育教学资源配置情况和本校的具体实际确定。在学科发展方面，有发展现有学科、整合学科资源、发展新兴学科、发展特色学科五种考虑。发展现有学科主要利用比较优势理论，通过将本校的学科与竞争地区内相同类型和层次其他学校的学科进行比较分析，找出在师资队伍、教学资源、社会需求、地区地域及发展潜力等具有相对比较优势的学科，通过设置学院的方式加强该学科的发展，一般按学科门类来设置。拟发展的学科单独设系，其他按一级学科设系。整合学科资源重在发挥系统集成效应，强调学科之间的互补性，有两种情况：一是随着经济社会的发展调整学科结构。二是为若干学科的发展提供更大的发展平台。鉴于被整合的学科多属于发展规模较小的学科，可以按照组合学科门类设置学院，如理工类大学或行业高校的哲学、文学、教育学、历史学等，可组建人文学院或人文社科学院。发展新兴学科也有两种情况：一是分化学科，二是交叉学科。由于新兴学科是不同门类学科交叉和渗透的产物，基于发展新兴学科的学院往往设置在由不同学科构成的学科群上，一般由不少于三个学科门类组成，其中至少两个门类的学科是骨干学科，还要考虑学科队伍的年龄结构，以满足创设学科时对新兴人才的需要。特色学科一是得益于大学传统的学科优势；二是源于某一行业对学科的专门需要；三是学科包容量大；四是学科具有独有的、难以模仿的、为同行所公认的优势。设置特色学院首先要考虑办学的社会针对性，一般按需求大的行业或产业设置学院，其次以与选定行业或产业密切相关的优势学科为带头学科，以不属于同一学科门类的若干相关学科为辅助学科。特色学科在高校只能是少数。[①]

我们注意到，除林健的研究外，前述的研究多基于传统的学科或对研究型大学的学科设置进行探索的，其中 20 世纪 90 年代的探索多基于传统的学科认知，21 世纪的学者认识到了学科的发展及其趋势，但多数研究仍然集中在学科基础上，即以学科为基础来设置学院。而且这些探索多是基于理论的论述，很少有从学院设置与运行的现实来分析其合理性的，因此其探索的合理性和解释性受到限制。

---

① 林健. 大学校院两级管理模式中的学院设置 [J]. 国家教育行政学院学报，2010 (10)：17 – 24，16.

三、对学院设置实践的认识与评价

受实践和研究方法的限制，学术界对我国高校学院改制和学院制运行情况的分析明显偏少，且多为宏观和中观层面的认识，缺乏微观层面的深入分析和探究。已有的研究多集中在研究型大学，对地方性高校特别是新型大学的探索更少。主要成果有：

郭桂英（1996）对我国高校学院设立的形式进行了总结，将其归纳为五种：（1）由系直接升格的"系级院"，是校级派出的行政管理机构，因缺乏相对独立的办学实权而成为虚体性学院；（2）以学科群组建学院，主要是利用大学内部多学科的优势，按照某种原则将相同或相关的学科有机地组配成学院；（3）按照产业或行业的集合设置学院，依靠学科支撑，更多考虑办学的社会针对性，如中国地质大学"珠宝学院"、南开大学"信息技术学院"等；（4）大学与地方政府或企业联合共建新学院，如湖南大学"岳阳理工学院"、东南大学"汽车工程学院"等；（5）不同性质的大学联合组建民办二级学院。①

周川（1998）在对比 20 世纪 50 年代初的院系调整的基础上，对新一轮的院系调整进行了分析，指出与 50 年代初调整定向于计划经济、专业化、苏联模式、自上而下的特点相比，90 年代以来进行的新一轮院系调整的特征是：定向于市场经济、综合化、欧美模式、上下结合。他对新一轮院系调整可能带来的三个问题进行了探讨。一是高校合并能不能直接提高办学效益。认为并校能够扩大校均规模、难以直接降低生均成本，但可为降低生均成本提高生师比提供条件。二是对综合大学的认识。认为综合大学是中苏话语，在英语国家中没有专门的综合大学词语，"大学"本身含有"综合"之义。真正意义上的综合大学，不仅仅是学科门类比较齐全，同时还必须拥有坚实的文理基础及学术大师。三是学院建在什么层次上。认为在新型的校院系三级建制中，学院应该建在学科门类层次上才能体现综合化的需要。许多高校将"校—系—教研室"三级建制改为"校—院—系"三级建制，取消了原先与狭窄的传统专业对应的教研室，在系科之上组建了大口径的学院，实质是合并小专业为系，合并系为学院。据此，学院应建在学科门类上，系应建在次级学科专业层次上，下面一般不再分更细的专业或教研室。但少数改行学院制的高校南辕北辙，不是通过系的合并组建学院，而是简单地把原先的系升格为学院，出现了诸如"数学学院""物理学院""（中）文学院""哲学学院"之类的招牌。牌头虽然变

---

① 郭桂英. 学科群与学院制 [J]. 高等教育研究，1996（6）：42－46.

大了，专业口径实质上是被进一步细化了，这与新一轮院系调整综合化的初衷完全背道而驰，其结果必然是专业的进一步细化，以学院为单位形成新的小而全。这种所谓的学院制，与国际惯例是严重脱轨的。①

胡成功等人于 2002 年就高等学校学术组织现状问题进行问卷调查。他们在问卷中罗列了 9 种具体的模式：学院（学校）—学系—专业教研室；学院（学校）—学系—教研所—教学小组；学校（学院）—学院—学系—学科组；学校（学院）—学院—学系；学校（学院）—学系/研究所—研究室（所）；学校（学院）—学院—学系—专业教研室；学校（学院）—学院/学系/研究所—研究室/ 专业教研室；学校（学院）—学院/学系—中心；学校（学院）—学系—研究所（室）。发现：除学校（学院）—学系—研究所（室）外，其他类型均有存在；其中部委属大学和地方大学中，实行学校（学院）—学院—学系—专业教研室和学校（学院）—学院/学系/研究所—研究室/ 专业教研室的分别为 46.8 %、54.4 % 和 42.5 %、17.5 %，实行学校（学院）—学院—学系—学科组 和学校（学院）—学院—学系 的为 12.8 %、8.8 % 和 12.8 %、21.1 %；实行第一、第五种类型的仅 1 例，第八种类型仅 3 例。他们指出，在学术组织的机构类型上，部属大学有一定的多样化趋势，高职高专呈明显的单一性，按部属大学、地方大学、学院、高专、高职的排列顺序，其结构类型种数一次为 6、5、3、3、1；在学术组织的结构层级上，部委属大学和地方大学分别有 59.6% 和 63.2% 为四级结构，学院、高职高专基本为三级结构，比率依次为 94.7% 和 100% 。他们将上述 9 中类型归结为"学院（学校）— 学系—教研室""学校（学院）— 学院— 学系— 教研室"" 学校（学院）— 学院/学系/ 研究所— 研究室/教研室"3 种基本类型，指出我国高校的学术组织结构存在缺乏适应性、多样性、合理性、灵活性、宽松性、发展性等问题。②

胡成功等人指出我国高校划分和组合学术活动的基本方式，一是根据学科进行划分和组合；二是根据院校进行划分和组合，它是事业单位这一性质在高校的反映。目前的高校学术组织及其结构是学科和院校两种划分和组合方式结合的结果，这样的结构形式缺乏适应性。其中专业教研室（学科组）不适应日益膨胀的学科建设，也无法担当和行使日渐增多的社会服务、文化创新等职能，还容易导致院校系统不堪重负和分裂，因此，必须"朝建立比较宽广的操作单位的方向进行改革，以此作为规模日益扩大、复杂性程度日益增加的学科领域的支撑机构"。在组织结构的层次上，他们认为以三层为佳，首先是国

①　周川 . 新一轮院系调整的特征与问题 [J]. 高等教育研究，1998（2）：22 – 28.
②　胡成功 . 高等学校基层学术组织现状与问题 [J]. 高等教育研究，2003（6）：38 – 46.

际社会的惯例，无论是欧洲大陆模式，还是美国模式、日本模式和苏联模式，始终都是经典的三层模式，该模式具有管理层次少、上下信息交流速度快、有利于调动基层人员积极性等优点，同时也适应了大学学术组织向扁平化、信息化、灵便化转变的趋势。[①]

贾莉莉（2009）对中美两国综合性大学的学院设置进行了比较研究，指出：从学科发展的角度看，中国研究型大学的学院设置仍存在问题：（1）学院设置数量过多，远多于美国的综合性大学，平均大约是美国的 1.7 倍，导致学校的管理幅度过宽。（2）学院设置标准灵活性有余，规范性不够。中美两国大学学院都以不同的学科层次为圭臬，充分体现了大学学术组织的"学科"特征。但是两国大学学院设置标准的具体情况却存在较大的差异性。中国学院设置口径较窄，按照二级学科组建学院的大学仍占有相当的比例，按照学科门类组建学院的大学数量偏少。学科的本质是知识生产的专业化，专业化程度越深意味着学科之间的分化越明显，差异性越大。我国高校在学院命名上随意性较大，科学规范性不够，部分学院并不能明确地归属于某一学科领域。这也是造成我国学院设置数量偏大的重要原因。（3）在学院类型上，美国研究型大学依据教学和科研任务的不同需要设置了以纯粹知识的创造和生产为基本目的的文理研究生院、以知识传播为主要目的、侧重教学任务需要的本科生院（多以文理学院著称）、以知识的应用和开发为主要目的的专业学院三种类型。而中国研究型大学的学院设置体现出更为明显的系科格局，按照不同学科专业组建的学院彼此相对独立，依存关系薄弱，不利于学生拓宽学习领域和发展空间。专业学院由于对专业学位与学术学位的认识不清，在人才培养目标的制定、教学活动的安排上没有完全体现出专业学院的特点。重在沟通文理的基础学院是中国研究型大学学院设置的一大趋势，但仍在探索中。如北京大学的元培计划、复旦大学的复旦学院等。（4）在学院设置的覆盖率上，部分高校贪大求全，盲目设置学科专业，追求学科门类齐全的现象，不仅不利于学科聚合效应的发挥，造成有限学术资源的拮据，而且有可能导致新设置的学科专业发展受阻，处于"边缘人"的困境之中，最终影响大学整体学科竞争力的提高。而在美国，研究型大学的学科并不齐全，文理学院的设置达到 100%，工、商、法、医、建筑学院的设置率均在 50%，公共卫生学院、管理学院、牙医学院、护理学院的设置频率均在 50% 以下。[②]

---

① 胡成功. 高等学校基层学术组织现状与问题 [J]. 高等教育研究，2003 (6)：38 – 46.
② 贾莉莉. 学科视角下的中美研究型大学学院设置比较研究 [J]. 中国高教研究，2009 (7)：51 – 54.

邹晓东等（2011）对近年研究型大学出现的学部制进行了分析研究。指出研究型大学试行学部制改革的原因有三：一是经济社会和科教发展的推动。二是管理模式转型的内在要求（实体院系数量过大，单纯依靠学校层面管理比较困难，有必要按照大类分类，将学术领域的管理交给学部，行政权力下放给院系）。三是推动学术权力和行政权力关系协调的需要。学部制运行机制可以归为三种：第一种是学部只具有学术权力，不具有行政权力，如北京大学的学部。第二种是学部作为一级管理层级。如武汉大学的六个学部，下设院系，是学校开展教学、科研、学术交流和人才培养等的基本组织形式。大连理工大学明确提出"两级（学校、学部）管理、三级（学校、学部、学院）建设"的管理体制；北京师范大学的教育学部实际也是一个管理层级，统筹人事、财务、学生事务、外事、党务等方面管理。第三种模式以浙江大学为代表，主要职责是协调所辖学院（系）的工作，定位是学术分类管理的平台，教授治学的有力载体。学部的功能定位形态各异，具体有如下几种：学术规划；平台建设；学术评价；人才引进和推进人才培养机制改革。①

周云玲等人（2013）对美国州立大学的学院设置情况进行了研究。指出美国州立大学在学院设置上具有学院数量适中（多在10个以下，平均9.5个）、设置的学科层次高（70%以上按照学科门类设置，按学科群、学科、专业和其他标准设置的学院所占比例较小）、学科覆盖面广（部分学院按照学科交叉来设置，如14.92%按学科门类设置的学院包含有两个或两个以上的学科门类，还有按照不同学科层次交叉设置的，如教育和心理学学院）、既相同又有特色等特点。其中人文、理学、工商、教育、农学、卫生和人类服务学院是多数州立大学设立的学院，哲学学科专业与区域经济社会发展密切相关。还设有特色学院。对照美国，我国地方大学的学院设置呈现出学院数量较多，应当适当减少学院数量；院系设置应以综合性为导向，设置标准向学科门类倾斜；加强理学类、工学类学院内部的综合，以并入或合并为准则。②

四、对学院制和学院设置问题的认识

总起来看，学者们对学院制和学院设置问题的探索呈现出如下特点：

一是已有研究集中在综合性大学特别是研究型大学。除个别作者外，学术

---

① 邹晓东、吕旭峰. 研究型大学学部制改革的动因、运行机制及发展走向 [J]. 浙江大学学报（人文社会科学版），2011（3）：5－11.

② 周云玲，刘恩允. 美国州立大学学院设置研究及启示 [J]. 世界教育信息，2013（16）：25－31.

界对学院制和学院设置问题的探索主要集中于综合性大学或研究型大学，其他类型高校如教学研究型高校、教学型高校的学院设置问题基本上没有涉及或涉及不深。对新型大学学院设置问题的探讨基本没有。

二是忽视了中外现代大学制度和话语体系的区别。多数学者把中外高校的话语体系混为一谈，最为明显的是学科与专业的混用。在我国的话语体系中，体现本科人才培养的是专业，学科特指研究生培养的知识体系或科学研究，除非特指，学科很少指本科人才培养。许多学者把国外特别是美国的学科或系科与我国的学科或专业并列，导致了对相关问题认识的偏差。

三是对学院设置的实践探索还不深入，特别是学院的规模如何掌握、学院设置的具体原则、学院运行管理中出现问题的分析等，均缺乏深入的探索，而这些问题是学院设置和学院运行中面临的核心问题，牵涉到学院制改革的成败。

从已有的探索看，我国学者对学院制的认知共识较大的有：

（1）学院制的内涵。学院制是一种现实存在的管理制度和管理方式、一种学术管理的思想，是高校进行人才培养、科学研究、社会服务、文化传承与创新活动的组织形式和运行规则。学院制本身是不断发展的。现在世界各国大学通行的学院制是 20 世纪 60 年代以来适应科学发展、学科交叉与融合、边缘学科大量涌现的现实而进行了改革的学院制；新的学院制以美国大学制度和学院制为代表，以实用主义思想为指导。

（2）学院制是现代大学治理制度的核心组成部分，学院制的强化是高校组织结构扁平化的体现。在校—院—系管理体系中，学校是"决策中心"，学院是"管理中心"，学系是"质量中心"。学院在自己的权限范围内有教学、科研、学生管理、行政管理的自主权，学校对学院进行领导和监控，接受教师的申诉，监督学院的工作，加强保障机能。权能范围主要包括：学术发展规划和学术管理规章制度的制订；学院之间和学校与外界之间的学术协调；重大学术发展改革战略的实施。学院内部实行系、所、中心制度，系、所、中心是实施学院任务的组织机构，"系"以教学为主、兼顾开展科研活动；"所"以研究为主、辅以教学工作；一些综合研究部门可设置"中心"，也可以直接设系。系是根据已定的学科专业建立的基层学术机构，是大学学术活动的基础，在学术管理中拥有充分的自主权。学院实行院长负责制，院长由学院教职工民主选举。学院成立教授会，院长向教授会和职代会负责，重大问题实行民主决策。

（3）高校的办学定位不同，学院制的内涵也不一致。研究型大学学院的结构设计体现科学发展的规律，注重学科关系的协同与耦合；学院有较大的自主权，拥有教学、科研、学生、人事、财务等权力，充分尊重教授的学术权力，坚持教授治院。教学型院校的基本管理模式是职能制，也实行学院制，但学院的自主权明显比研究型大学的权力小，学院的结构设计既体现科学发展的规律，也体现社会行业领域或产业的发展现状，注重学科、专业之间的关系协同与耦合。

（4）学院的职能构成。一般认为，高校学院作为管理机构，主要具有如下 7 个职能：①管理学院的行政、教学、科研、学科建设事务；②规划、协调和平衡院属各系、所、中心的发展；③帮助院属各系、所、中心争取资源，协调各系、所、中心之间的业务；④根据学校（决策中心）的总体规划、奋斗目标和各项工作部署，制定本学院短、中、长期的发展方向和奋斗目标，安排各项具体工作；⑤规划、协调下属各系、所、中心的学科建设、专业建设和课程建设；⑥统筹调配全院的人、财、物，使各种资源得以综合利用；负责学院和属下系、所、中心的主要行政管理工作，使系、所、中心的负责人集中精力抓好人才培养、科学研究和社会服务工作。⑦推荐或聘任各学科、系、所、中心的负责人。

（5）在确立学院领导体制时，应考虑 6 个方面：①学院内部的行政管理体制和学术管理体制应该分设。②学院的行政组织活动主要由行政领导和行政机构来控制和管理，主要职责是领导管理、行政组织、保障执行，处理各种事务性工作，支持教授们的学术管理。③学院的学科和专业发展、教学改革、科学研究、师资培养等学术性活动，主要由教授、专家组织和管理，在院学术委员会、学位委员会、教学指导委员会等组织中充分发挥教授、专家的集体权威，尊重他们在学术问题上作出的决定。④学院院长由学术带头人担任，经教职工民主推荐，学校组织考核，校长任命；副院长由院长提名，学校组织考核、任命。院内其他行政人员由院长决定任免。⑤系主任、系副主任由具有高级职称的教师担任，经学院组织考核，学校任命。系根据实际情况配备系主任秘书，协助处理有关事务。⑥学院的党组织和行政管理机构可根据规模确定。学院内部行政管理机构则应本着"合理、高效、精干、服务"的原则来设置。

（6）高校的学院设置应考虑下列因素：学校办学的指导思想；学校传统与发展特色；学科、专业性质与特点；国家和社会需求；学术发展的方向和潮流；社会未来的需要。在设计和划分学院时，应充分考虑学科发展目标、学科发展方向特别是面向行业领域或产业的特殊学科或方向，还应考虑规模因素和办学效率，一般每个学院应有 4～8 个系、所为宜，最少应不少于 3 个系、所。对于没有学生的基础课部等公共课教学机构可参照日、法等国的做法成立特别学院。由于各高校的情况不同，教学科研机构按学科重组的规模、方式也不同，不应要求各个高校按照一种模式建立学院。

（7）高校设立学院应坚持战略目标、学科发展、精干高效（管理幅度）、权责对等、动态适应（情境性）等原则。同时坚持有利于组织学科力量、有利于校级领导摆脱日常管理事务、有利于分解目标责任、有利于简政放权和配置资源的原则。在具体的学院划分上应以新的学科划分方法为基础，先确定学校的学科发展目标，以其为原则确立学院，然后议定相应系、所的归属。从管理幅度出发，应有效控制学院的数量和规模；在学院内部设计上应在保证履行学院职能和实现学院目标的前提下，要求机构精简、人员干练、管理效率高，以实现管理的有效性（管理幅度、规模与数量相适应）。从学科发展的原则出发，应规范设置学科性主体学院，可以学科知识为标准，按学科群或学科门类设置学院，其中学科群包括从同一个学科逐渐发展衍生出来的线性学科群、彼此间能互相支持的相邻或相近的学科群、在不同学科的交叉地带产生的交叉学科群如物理科学与技术学院以及相关性不强的两个一级学科形成的学科群如经济管理学科群；具有行业背景的高校应按照行业未来发展的需要设置和建设相应的学院；地方性高校应该按服务面向地方经济社会发展的需要设置和建设相应的学院；要避免没有目的性的学院设置，以及与学校的办学地位和战略目标相违背的学院的设置。权责对等原则指的是大学在设置学院时要赋予学院与其目标、任务和责任相应的权力。动态适应原则指的是学院的设置要立足长远发展、适应动态变化、满足未来需求。动态适应要盯准三个需要：一是大学目标定位调整；二是高等教育市场竞争需要，要求学院在规模、层次、结构上进行调整和变化；三是学科专业发展需要，如建设新专业、发展新学科等，要求学院在组织机构、人才储备、岗位编制，甚至学院文化等方面能够适应和满足这种需要。从情境性原则出发，可根据国情、校情以及实际情况直接在优势学科设立特色学院。

从知识管理的视角出发，学院的设置应当注意学科发展的规律和学科的规范，以学科知识为主要标准，拓宽学科口径，加强不同学科专业的交叉与融合，在不同专业、学科间建立起信息流动和知识共享的模式，实现跨学科、跨专业的知识范畴的合作以及不同学科知识的交流与共享。从知识创新的视角，学院制为学科提供了知识产生与发展的空间，适应了学科综合化的要求，有利于促进新的横向、交叉和综合学科的产生和发展。

（8）学院设置的标准。在真实世界中，无论是国内，还是国外，没有统一的设置学院的标准。已有的学院设置多是基于设置原则，结合学校的实际情况自行确定的。综合相对成熟的学院设置，学院设置的标准一般有如下几条：①数量标准。基于管理幅度的考虑。影响因素主要有学院的实体化程度和高校的内部管理水平，以及学校的办学层次、科类结构、隶属关系等。一般以10

个左右为宜，最多不超过 15 个。②学院规模标准。应考虑最优规模，即生均培养成本最低时学院最多可以培养的学生数，它受到多个因素的影响，可根据规模经济和范围经济的原理，结合学科层次和类别，教育教学资源配置情况和学校的实际确定。③学科发展标准。分别有五种考虑：发展现有学科、整合学科资源、发展新兴学科、发展特色学科。发展现有学科主要利用比较优势理论，通过将本校的学科与竞争地区内相同类型和层次的其他学校的学科进行比较分析，找出在师资队伍、教学资源、社会需求、地区地域及发展潜力等具有相对比较优势的学科，通过设置学院的方式加强该学科的发展；一般按学科门类来设置；拟发展的学科单独设系，其他按一级学科设置系。整合学科资源重在发挥系统集成效应，强调学科之间的互补性。有两种情况：一是随着经济社会的发展调整学科结构。二是为若干学科的发展提供更大的发展平台。鉴于被整合的学科多属于发展规模较小的学科，可以按照组合学科门类设置学院。

五、新型大学的学院设置

改革开放以来的学院制探索主要是从位于中国高校顶端的研究型大学兴起的，已有学术研究也主要是基于研究型大学的视角进行的，少数研究涉及了地方综合性高校，但学术思维的基石仍是研究型大学。基本没有涉及新型大学。

新型大学批准设立的初期多延续了原有的系的设置，随着发展的深入逐渐实行了学院制。

（一）新型大学学院设置的原则

首先，以有利于应用型人才培养为原则。主要是从新型大学的办学定位出发。

新型大学的定位基本是面向社会培养应用型人才，主要是面向行业领域或产业培养人才，以专业教育为主。在设计学院时应充分考虑新型大学的这一办学定位，以面向行业领域或产业或岗位群为原则，或以问题为导向设计学院。同时，应从新型大学发展的现状和未来发展取向。

在考虑学院设置时还应注意到以下问题：（1）注意专业之间的近似、相关性和互补，即面向同一行业领域或产业设置，或面向不同行业领域或产业的相同岗位群；（2）学院设置应是系部调整和整合，而非单纯的对原有系部的"翻牌"，应有利于学科专业的融合和发展；（3）理顺学院与基层学术组织的关系，是学院与系、所的关系，而非是学院与教研室的关系；（4）特色与学校发展的关系，特色学科或专业只能是少数；（5）学校的特色学科专业建设应是市场条件下适应经济社会发展的需要自然形成的，现有高校的行业背景是计划经济时代条块分割的产物，只能以之为基础凝练特色。行业背景不是高校的必然特色，不应过分追求。

针对上述问题，学院设置应坚持如下原则：（1）面向特定的行业领域或产业，以培养一种或几种相近的行业领域或产业需要的应用型人才为主；（2）坚持既有利于学科与学科群发展、又有利于专业和专业群发展，以有利于专业和专业群发展为主的原则。

其次，有利于管理的原则。主要考虑两个问题：一是学校的管理幅度。影响因素主要有学院的实体化程度和高校的内部管理水平，以及学校的办学层次、科类结构、隶属关系等。一般以 10 个左右为宜，最多不超过 15 个。二是学院的规模。应考虑最优规模，即生均培养成本最低时学院最多可以培养的学生数，它受到多个因素的影响，可根据规模经济和范围经济的原理，结合学科层次和类别，教育教学资源配置情况和学校的实际确定。

再次，有利于优势特色学科专业的形成。如前所述，学科发展有四种考虑：发展现有学科、整合学科资源、发展新兴学科、发展特色学科。特色学科一是得益于大学传统的学科优势；二是源于某一行业对学科的专门需要；三是学科包容量大；四是学科具有独有的、难以模仿的、为同行所公认的优势。设置特色学院首先要考虑办学的社会针对性，一般按需求大的行业或产业设置学院，其次以与选定行业或产业密切相关的优势学科为带头学科，以不属于同一学科门类的若干相关学科为辅助学科。特色学科在高校只能是少数。

我国的新型大学的出现与美国州立大学的起源有相似之处，即都是适应经济社会发展的需要设立的，主要面向社会培养应用型人才。新型大学在设置学院时可以参考学习美国的州立大学。

（二）山东青年政治学院学院设置的探索

山东青年政治学院是在山东省青年管理干部学院的基础上设立的新型大学，学校于 2010 年改建为新型大学，2012 年在原有的系的基础上设立了学院。

到 2014 年，学校已成为拥有政法、管理、信息工程、经济、文化传播、外国语、商学、旅游、设计艺术、舞蹈 10 个学院，思想政治、体育 2 个公共教学部，以及山东省青少年研究所共计 13 个学院层级机构的高校。其时学校有 25 个本科专业，分别属于经济学、法学、文学、工学、管理学和艺术学 6 个学科门类，经济学、经济与贸易、政治学、社会学、中国语言文学、外国语言文学、新闻传播学、计算机科学与技术、电子科学与技术、管理科学与工程、工商管理、公共管理、旅游管理、戏剧与影视学、音乐与舞蹈学、设计学等 17 个专业类。其中，设专业最多的是工商管理和设计学两个专业类，分别有 4 个专业；其次是音乐与舞蹈学类，有 3 个专业；再次是外国语言文学类，有 2 个专业；其他专业类只有 1 个专业。学校还设有法律事务、文秘、商务英语、应用法语、应用德语、应用阿拉伯语、商务日语、应用韩语、金融保险、物业管理、旅游管理、国际商务、计算机应用技术、计算机信息管理等与上述本科专业不同的高职（专科）专业和部分与上述本科专业同名的高职（专科）专业。在不考虑高职（专科）独有的专业类别划分的前提下，这些高职（专科）专业分别属于法学、中国语言文学、外国语言文学、金融学、工商管理、旅游管理等专业类。而根据国家学位办和教育部联合颁发的《学位授予和人才培养学科目录》，结合《授予博士、硕士学位和培养研究生的学科专业目录（1997）》，上述专业分别属于理论经济学（0201）、应用经济学（0202）、法学（0301）、政治学（0302）、社会学（0303）、中国语言文学（0501）、外国语言文学（0502）、新闻传播学（0503）、计算机科学与技术（0812）、管理科学与工程（1201）、工商管理（1202）、公共管理（1204）、音乐与舞蹈学（1302）、戏剧与影视学（1303）、设计学（1305）等 15 个一级学科。另外，学校有思想政治教育重点学科，属于马克思主义理论（0305）一级学科。将本科和高职（专科）合并考虑，学校当时拥有的专业分布在 19 个专业类和 6 个学科门类中，本科专业每个专业类的平均布点仅 1.47 个。本科与高职（专科）专业合并考虑，平均布点也不到 2 个。以对应的一级学科论，平均每个一级学科布点不到 1.4 个。学校专业布点呈现多科开花与明显的碎片化相结合的特征。这样的学院设置和学科专业布点，意味着每个专业平均投入的师资与教学设备要高于平均布点较多的专业类或学科，意味着办学成本的增加，效率和效益的低下，不易实现规模效应，也无法形成学科或专业间的支撑，难以形成优势学科（专业）群，很难在学科建设和学术水平上实现大的突破。

具体到每个学院，政法学院时有社会工作、政治学与行政学 2 个本科专业和法律事务、社会工作 2 个高职（专科）专业，分别属于社会学、政治学、法学 3 个专业类或一级学科，均属于法学学科门类。管理学院时有人力资源管理、公共事业管理 2 个本科专业和物业管理 1 个高职（专科）专业，分别属于工商管理、公共管理 2 个专业类或一级学科，均属于管理学学科门类。信息工程学院时有信息管理与信息系统、计算机科学与技术、电子信息工程 3 个本科专业和计算机信息管理、计算机软件等高职（专科）专业，分别属于管理科学与工程、计算机科学与技术、电子科学与技术等 3 个专业类或一级学科，分别属于管理学和工学学科门类。经济学院时有经济学、国际经济与贸易 2 个本科专业，金融保险 1 个高职（专科）专业，分别属于经济学、经济与贸易、金融学 3 个专业类或理论经济学、应用经济学 2 个一级学科，均属于经济学学科门类。文化传播学院时有汉语言文学、广播电视学、播音与主持艺术 3 个本科专业和文秘等高职（专科）专业，分别属于中国汉语言文学、新闻传播学、影视表演 3 个专业类或一级学科，分属于文学和艺术学 2 个学科门类。外国语学院时有英语、西班牙语 2 个本科专业和应用法语、应用德语、应用阿拉伯语、应用日语、应用韩语等高职（专科）专业，均属于外国语言文学专业类或一级学科，属于文学学科门类。商学院时有市场营销、财务管理、审计学 3 个本科专业和会计、国际商务等高职（专科）专业，均属于工商管理专业类或一级学科，属于管理学学科门类。旅游学院时有酒店管理 1 个本科专业，旅游管理 1 个高职（专科）专业，属于旅游管理专业类、工商管理一级学科和管理学学科门类。设计艺术学院时有视觉传达设计、产品设计、服饰设计与工程等 4 个本科专业和艺术设计 1 个高职（专科）专业，属于设计学专业类、设计学一级学科和艺术学学科门类。舞蹈学院时有舞蹈学、舞蹈编导、舞蹈表演 3 个本科专业和舞蹈 1 个高职（专科）专业，均属于音乐与舞蹈学专业类、音乐与舞蹈学一级学科和艺术学学科门类。

同时，山东青年政治学院的学院设置只是简单的"翻牌"，并非根据学院制的内涵新建。学院与原来计划经济体制下的"校—系"两级管理中的系差不多。具体表现为三点：一是在学校的日常运行中，职能处室的权力较大，学校在很大程度上通过职能处室直接决定学院的教学、行政、用人、学生管理等事务，学院的自主管理权很弱。二是基层学术组织弱化。学院内部没有系、所、中心，只有计划经济体制下向苏联学来的教研室，教研室的职能基本延续原来的做法，无法承担起系的作用，更遑论所和中心的作用。在这样的情况下，学院承担了应该由系、所、中心承担的责任，而学院自身的功能弱化。三是教职工和职能部门对学院制认识不到位，多数仍停留在传统的校—系两级管理的认识上。这导致了前述两个现象，学校、学院和基层学术组织的关系、权力和职责不明晰。

基于学院制的原理和学校的学科专业现状、未来发展趋势、管理幅度和权责对等原则，山东青年政治学院于 2015 年暑假对学院设置进行了调整，取消管理学院的建制，将公共管理专业调整到政法学院，政法学院改名为政治与公共管理学院。将人力资源管理专业、物业管理高职专业与经济学院的经济学专业、国际经济与贸易专业、商学院的市场营销专业合并组建经济管理学院。政治与公共管理学院、经济管理学院面向行业领域、问题导向的特征更为突出。商学院剩余的财务管理专业、审计学专业和会计高职专业组建会计学院，专业性更为突出。但旅游学院专业和学生偏少、物业管理专业面临边缘化、工商管理类专业分布两个学院的问题没有解决。将物业管理、新增的老年服务与管理专业并入旅游学院，组建面向生活服务业的现代服务管理学院可有效解决目前存在的问题。从学科专业发展的视角，以政治与公共管理、经济管理、现代服务管理三大领域为核心，构建包括信息传播、文化传播、设计艺术、舞蹈等学科的应用学科群将是山东青年政治学院的未来发展之路，以此为基础推进学科专业发展是合适的选择。

由于各方面的原因，政治与公共管理学院、经济管理学院、会计学院顺利组建，但旅游管理、物业管理等专业的整合没有成功，物业管理仍留在经济管理学院，旅游学院专业和在校生少的问题没能解决。2017 年夏，学校再次组织力量对现代服务学院的设立问题进行论证，预计将在近期出台措施整合相关学院。

在调整学院设置、理顺学科专业发展思路的同时，学校开始推进学院实体化、扩大学院的权力，以实行真正的校院两级管理体制。目前，校院两级管理的体制机制文件已经起草完毕，且已经征求完意见，即将公布实施。

第三节　基于学院的新型大学竞争

学院是现代大学的基本单位，它承担着学术管理和行政管理职能，是学校的管理中心，无论学院的设立是基于学科或学科群，还是基于专业或专业群，学院都是高校内部一个相对独立的单位和管理中心。从人才培养的视角来看，基于不同学科或专业设立的学院培养的是不同行业领域的人才。面向同一行业领域或产业培养人才的学院之间形成竞争关系，这种竞争关系主要指的是毕业生之间的竞争。面向不同行业领域或产业培养人才的学院之间在毕业生问题上基本不构成竞争，除非它们的毕业生在劳动力市场上具有很强的替代性，但在资源、生源市场和社会服务市场上它们之间有可能形成竞争。可以认为，在某种意义上，高校之间的竞争就是面向同一行业领域或产业的学院之间的竞争，是基于学科群或专业群的竞争。在构建高校的核心竞争力时，一方面是落实学院的权利，将其建设为真正的管理中心，另一方面是将企业内部市场理论引入，将学院建设成为真正的竞争的主体单位。

一、企业内部市场理论概述

企业内部市场理论是 20 世纪 90 年代以来随着互联网经济的兴起而在西方

社会兴起的一种新的组织理论。这种新的组织理论及其实践被标榜为"信息时代的企业革新（Perestroika）"①。

作为一种管理思路和管理方法，企业内部市场理论的思想可以追溯至阿尔弗雷德·斯隆（Alfred Sloan），他认为一个大的组织应该分散成为一些半自主性的部门。20 世纪 60 年代的组织理论研究注意到机械的科层制组织形式的不足，主张采取有机的组织结构，以增加组织对多边的外部环境的适应能力。

首次系统阐述企业内部市场理论的是杰－佛瑞斯特（Jay Forrester），他在《一种新的企业设计》中区分了传统的"权威主义"（authoritarian）和新的自由企业（free enterprise）两种管理范式，提出了自由企业范式即企业内部市场理论。他认为企业内部市场范式应该：消除组织中的上司—下属关系；在组织中建立独立的利润中心（profit centres）；消除组织内部的垄断；客观地按照"投资—回报"的方式进行激励和奖励；将宏观的政策制定工作与具体的决策工作分开，使企业的高层管理专注于宏观管理方面，扩大下属管理者在具体工作中的决策权；加强组织中决策者个人的权力；组织内各部门之间自由地获取信息。

作为一种以实践为主的组织理论，企业内部市场理论没有固定的理论阐述，学者们共识最大的是它的理论核心，即将市场机制引入企业内部，通过科层制与市场机制的有机结合，在企业内部实现"看得见的手"与"看不见的手"相握，形成既具统一性又有灵活性的企业内部管理机制，以提高企业内部资源配置效率和竞争能力，提升企业对外部环境的反应能力和速度。

可从三个方面理解企业内部市场理论的内涵：首先，企业内部市场是企业内部资源的配置机制。从权威决定生产什么、由谁生产、如何生产等决策转向市场或顾客决定，以弥补科层制的缺点，改善企业对顾客需求变化的响应速度和创新能力，协助企业实现战略目标，并最终实现企业内部计划经济向内部市场经济（internal market economy）的转变。其次，企业内部市场是协调内部生产活动的组织手段。科层制以投入或过程导向为主，市场以结果导向为主，内部市场要求企业内部组织的构成要素从投入导向或过程导向向结果导向转变，使企业实现层级扁平化、组织咨询化、系统开放化（管理结构不断适应环境和任务、内部激励高能化、绩效考核标准更加客观、激励手段更加有效）。最后，企业内部市场具有内部顾客（internal customers）的含义。内部市场的出现增强了内部顾客导向内部营销的实践意义，它将企业的业务流程转变为顾客链，有利于增强企业的柔性和提高外部顾客的满意度，从总体上提升企业绩

① Halal W E. Corporate Perestroika, *Christian Science Moniter*, 1991（06）.

效。需要注意的是，在企业内部市场上，相互交易的只是控制权，而不是所有权；内部交易所形成的利润也是虚拟的，并不直接归属于特定的内部市场主体，都是企业法人财产的组成部分。

企业内部市场理论适用于生产多种产品的企业。其在具体实施中应遵循三个原则：一是将组织建成由大量的"内部企业"构成的机构，"内部企业"拥有对内部的自主控制权，企业的所有部门包括直线部门和职能部门都是利润中心或成本中心。二是组织的高层管理者不再通过直接命令管理组织，而是通过制定金融政策、财务规划、政治方针、激励方案、沟通渠道、教育手段等来管理整个组织，即集中管理组织的超结构（infrastructure）。三是管理者重视鼓励集体的合作精神。"内部市场"不是一个放任自流的市场，而是一个"企业家社团"，通过鼓励和促进各"内部企业"间的合资或联合，形成集体协作，更好地利用组织资源。

内部市场理论应用的结果是组织的结构革命，具体表现为虚拟组织的出现、全球性市场网络的形成、对网络与信息的高度依赖。"内部市场"运行机制将迫使一些企业放弃对"小而全""大而全"的追求，对于那些无法在内部市场中生存的职能部门，企业将予以取消，转而依靠其他企业相应部门的力量，这些原有的职能部门成为虚拟的，具体表现形式是服务外包。而随着区域一体化和全球一体化的进行，比较优势原则的作用，"内部市场"以企业部门为主体的经济关系将在追求这些相对优势的过程中表现出前所未有的全球化倾向，即基于某种产品或某几种产品的全球化，而非整个组织的全球化。

二、企业内部市场理论在高校的应用

从生产的视角看，高校是面向社会生产多种产品的组织。人才培养、科学研究、社会服务都是基于学科专业进行的，是以知识为基础的。相对于其他的学科、专业，某个特定的学科专业有自己独立的知识体系。从这个视角看，企业内部市场理论适用于高校。

高校满足内部市场理论实施的原则要求。一是组织由许多相对独立的内部机构组成。学系是以产品品种即人才培养的专业或学科为基础设立的，院部以几个相近的学系为基础，均具有相对的独立性，可以责任中心、利润中心的形式出现；职能部门是为各院部提供服务的，不同的职能部门提供不同的服务，也具有相对的独立性，可以责任中心或成本中心的形式出现。二是管理模式具有宏观管理的特点。学科与学科、专业与专业之间在内涵上差异很大，特别是多学科高校和综合性大学，都开办有几十个甚至上百个专业，涉及几百个甚至数百个学科，每个学科有自己独特的研究方法和理论体系，任何一个人都不可能全部掌握。因此，高校自产生以来，其领导者在内部实行的就是宏观管理，即通过制定金融政策、财务规划、政治方针、激励方案、沟通渠道、教育手段等来管理整个组织，很少通过直接下命令的方式来管理。这种集中管理组织的超结构，符合高校组织管理的原则和未来发展趋势。三是通过校园文化的建设来鼓励内部的合作精神。

从高校发展的现实和趋势来看，基于内部市场机制的组织结构革命已经出现。联合国报告明确指出，世界上没有任何一所高校能举办所有的专业，高校只能在几个学科形成自己的独特优势。世界多数国家对学科或专业进行评价或排名，很少对学校进行评价排名，关键是每个学校都开办有多个学科或专业，对学校的评价缺乏指标意义。虚拟组织也早已出现，至于说全球化趋势，先出现的是区域化趋势，然后是全国化、跨国化和全球化，这一趋势在高等教育领域表现得非常明显。我国还处在从计划经济向市场经济转型的过程中，计划经济体制在高校还有很大的影响，特别是地方院校，行政化意识很浓，基于学科或专业的一体化趋势虽然出现，但还不明显。企业内部市场理论的引入可在一定程度上冲击行政化意识，推动高校内部治理结构和治理体系的现代化。

三、企业内部市场组织模式的演化及其在高校的适用

随着实践的深入，内部市场组织模式在现实中出现了一些新的变化，具体表现为：内部市场外部化，内部市场交易主体的角色变化，内部市场模块化，跨组织内部市场出现。这些变革的出现没有削弱内部市场理论对高校的适用性，在某种情况下还有推动高校改革的可能性。

内部市场的外部化是指随着组织的发展，组织的一些利益相关者如供货商、客户等被纳入内部市场，内部市场各个主体之间的资源流动从资源扩大到人才、信息，内部市场呈现出无疆界世界的特征，组织与环境的界限越来越模糊，组织的核心生产活动虚拟化，内部市场不再是组织的内部市场，而变成了战略联盟的内部市场。由此，构建市场的基础从原有的内部价值链转向组织之间的价值星系或价值网络，内部市场不再只是商品的供应者与购买者、双方讨价还价进行价值交换的场所、产品创造与产品市场交易的场所，还是市场交易主体之间进行多元交流，实现知识互换与价值增值的对话论坛。同时，内部市场交易主体的角色发生变化，既是市场参与者和交易者，也是价值整合者。由此，企业内部市场重构，改以模块化的经营单位为主体；跨企业的流程重组，跨企业的内部市场形成。

对于高校来说，与用人单位、学生及其家长、校友等利益相关者形成战略联盟，以及多所高校形成战略联盟，共同推进高校的发展，在现实中已经较为

普遍。当然，就中国高校的事实来说，不一定是在高校内部市场的基础上演化而成的，很多时候是以高校本身为主导形成的战略联盟，是校际联盟。至于将高校的院系建设成为模块化单位，则是高校的传统，即现代大学自产生之日起就存在着模块化运营的因子。模块化组织是一个具有自律性的自组织经营实体，模块化理论突出的是以业务模块和核心竞争能力来重组企业内部的组织结构，由此确立内部市场的交易主体。对高校来说，模块化组织意味着核心竞争力的培育建立在学科、专业基础上或建立在二级院系的基础上，核心竞争力的培育以院部为基础。以比较优势重构内部市场意味着重点发展在区域或全国有比较优势的学科或专业，改造或放弃优势不明显或没有优势的学科或专业，新增学科或专业更多地突出社会发展急需且存量不多、能形成比较优势的学科或专业。跨学校的内部市场的形成则意味着专业或专业群之间的市场的出现。跨学校业务流程整合，是指把不同学校间相互独立的流程连接和结合在一起，并且像一个独立的专业或专业群的单一流程那样运作。

四、以学院为基础的新型大学竞争

内部市场理论对高校有很强的适用性，市场经济国家的高校管理基本上采用了内部市场理论的原则。对于我们来说，是否适用内部市场理论，面临着一个基本问题，即高等教育是事业还是产业的争论。国际社会将高等教育列入服务产业即第三产业的范畴，我国关于高等教育综合改革和事业单位改革的政策文件将高校列为可部分引入市场机制的公益二类单位，在一定程度上解决了这个问题。即将进行的高校混合产权改革将为内部市场理论在高校的应用扫清道路。

对于我们来说，内部市场理论是一种管理思路、一种管理理念和方法。最现实的做法是将内部市场的理念引入我们的日常管理和运作，而非真正在学校内部建立完整的市场机制。我们应该将责任中心的概念和市场交换的理念融合，在内部强化院部和职能部门的责任意识，在引入市场机制理念的基础上，强化二级学院的管理中心地位和责任，面向院（系）部和职能部门建立职责—回应—问责的闭环系统，从而形成校院二级管理体制。

在现实运行中，为了提高学校的办学水平和办学实力，新型大学多采取重行政的做法，即选择管理能力较强的人员进入职能部门，建立强有力的职能管理班子，通过抓顶层设计、抓管理落实督促教师和院（系）部加快改革，提高专业或学科的竞争力。在这种管理模式中，教师、专业、学科是被管理的对象，学院（系）主要承担执行职能，它们在专业发展中往往缺乏主动性。这种重行政管理的运行模式把学校作为一个整体，专业和学院（系）只是学校的有机组成部分。在这种管理模式下，教师、专业、学科和学院（系）部的发展寄托于学校的重视程度和投入程度，教师和学院（系）部的精力局限于校内竞争，不是真正的学院制。

真正的学院制，其基础应与组织内部市场理论相符合，即以教师和学院（系）为主，根据劳动力市场和社会需求决定培养什么样的人才、培养什么专业的人才，开展什么样的科学研究和技术研发，如何培养人才和开展科学研究、技术研发，即由市场或顾客决定学院（系）的人才培养和科学研究，确立学院（系）的"管理中心"地位，以提高培养人才培养、科学研究、社会服务的市场回应性，切实提升专业、学科和学院（系）在同行业领域或产业的竞争力，从而提升高校的竞争力。

落实组织内部市场理论，建设真正的学院制，具体可以从如下几点着手：

（1）深入研究学科、专业以及相关学科、专业之间的关系，以学科群或问题导向的专业群为主设立学院，学院所属学科、专业之间真正形成相互支撑关系。具体到新型大学，应以问题导向的专业群为主设立专业学院。学院要建立与市场的密切合作关系，深入研究劳动力市场的变化和社会的具体需求，根据市场需求及时调整人才培养规格和课程，以回应市场变化和要求。

（2）明晰学院的权力和职责，形成正式的权力清单和职责清单，确立学院的利润中心或责任中心地位。

（3）逐步做实学院在教学、科研、社会服务、用人、资金等事务上的管理主体地位，逐步弱化职能部门的微观管理职能。

（4）在学校日常运营中引入成本、利润和责任意识，引导广大教职工、学院和职能部门在从事工作特别是内部的配合时要考虑到成本和效益，提高经营意识和服务意识。

（5）明晰公共教学部门、职能部门与学院的服务关系，建立双方的职责或利益交换关系，依据学院的需要决定公共教学部门和职能部门的规模。

（6）在借鉴的基础上研究职能部门和公共教学部门的职责，细化职能部门的服务责任和权限，形成正式的权力清单和职责清单，确立职能部门的责任中心或成本中心地位。

（7）根据业务流程和服务内容整合职能部门，明定服务标准。明确公共教学部门、职能部门与学院的服务与被服务关系，形成虚拟交换关系。

（8）引入竞争机制。允许学院等面向顾客部门在职能部门服务不及时或服务质量低劣时选用校外机构，用顾客部门的反逼迫使职能部门提高服务质量、服务水平和服务效率。当然，学院等面向顾客部门使用校外机构服务的成本要从职能部门的办公经费中扣除。

（9）实施目标管理制。依据内部市场理论修订现有管理制度，强化激励措施，形成鼓励内部竞争、服务和问责的管理制度。

（10）逐步落实学院和职能部门的用人权。学院和职能部门有权将不适任者送到人事部门，经人事部门培训后再上岗。在用人上考虑采纳"非升即走"的制度。鼓励学院、学系与同行业联合，形成资源共享关系。

（11）在分配上打破按职务和职称计算的制度，采取按贡献进行分配的制度，将个人所得与其在人才培养、科学研究、社会服务、内部服务等各个领域做出的贡献挂钩。

（12）职能部门要改变目前的传统思维，职能部门存在的根本不是管理，而是服务。职能部门要强化研究能力，拓展服务领域，为学院提供更多更好的服务。

组织内部市场理论作为一种管理思路和方法，主要是强调业务部门即学院的主体地位，将以学科或专业为基础的学院建设为具有较多自主权的经营主体，与同一学科或专业的其他主体进行竞争。职能部门存在的基础是为学院提供服务，逐步弱化职能部门的管理职责，主要是协助校领导进行宏观思考，在提供服务的同时起到指导作用。高校生存和竞争的主体是学科和专业，无论是人才培养、科学研究、社会服务，还是文化传承，都以学科和专业为基础，只有做实做强学科专业，才是高校的长久之计。也只有培育和夯实学科、专业和学院的核心竞争力，才能实现学校的长期可持续发展。

新型大学定位于应用型人才培养，是基于自身发展水平、生命周期及其在整个高等教育体系中的地位所决定的，不是必然选择。如中国社会科学院大学、中国科学院大学、上海科技大学、南方科技大学、香港科技大学等，依托雄厚的投入和人力资本积累，直接获得学士、硕士和博士培养权，不仅可以培养应用型人才，也可以培养研究型人才和复合型人才，其拥有的人才资源和物质资源既可以从事应用研究，也可以从事基础研究。但绝大多数新型大学受限于物质资源和人才资源，需要学生缴纳或带来的学费维持运营，不足以在知识创新和知识方面支撑更大的雄心。只有在专业（学科）和学院层面进行坚韧不拔的努力，不断提升专业（学科）和学院的竞争能力、竞争水平，为未来发展奠定良好的基础，才有可能实现学校的长期健康发展。基于此，新型大学的核心竞争力培育应从专业（学科）和学院的竞争力培育做起。

五、新型大学的学科建设

从新型大学的实际出发，可从以下六个方面着手做好学科建设工作。

一是在思想认识上厘清学科与专业的关系。首先，厘清学科与专业的关系，让广大教职工明白什么是学科，什么是专业，学科与专业的关系是什么，在实际工作中建立学科与专业之间关系的良性思维。其次，将学科建设既是科学研究，也包括人才培养和社会服务等的观念灌输到每个人的心中，形成专业建设就是学科建设的观念。再次，将科学研究与人才培养、社会服务、文化传承等职能糅合在一起，树立科学研究是基础，人才培养、社会服务、文化传承是工具和应用的观念，形成大学科概念。复次，教育教职工突破院系本位思想，具备全校视野。如经济学不仅是经济学院或经济学部的经济学，还是全校所有愿意学习经济学的教师和学生的经济学，经济学不仅要承担本院系的科学研究、人才培养和社会服务，还要为其他院系愿意学习和利用经济学知识的教师、职工提供支撑。教职工在学科建设上不应局限于院系内部，而是基于学校发展的需要和学生求知的需要。最后，要形成为人才培养服务的意识。人才培养是学校的基础性职能，是学校区别于其他社会组织的本质职能。我们强调学科建设不是建立在现有的学科分类基础上的，而是基于学科发展和为人才培养服务的视角，是基于行业或产业需要的知识体系发展和创新的需要。

二是在组织建设上理顺基层学术组织及相关组织的关系。很多新型大学并没有搞清学院制与系部制的区别，只是为了跟风或好听就匆忙将系部改为学院，导致基层学术组织架构混乱。由于认识不清，现有的学院只是系的翻版，以专业为基础的教研室依然存在，从而导致学院建立在专业之上的错误认识。新型大学要搞好学科建设，首先，要改革教研室设置，确立在学科基础上的基层学术组织，将基层学术组织建设成为以学科为基础的学术研究和课程建设的基本单元。如经济学院（部）可设经济学系和应用经济学系，或设经济系、财经系、金融系、国际贸易系等。经济系或经济学系以理论经济学为学科基础，承担理论经济学及其相关分支学科的学术研究和相关课程讲授；财政系、金融系、国际贸易系分别以应用经济学的分支学科为基础，以相关领域的具体问题为研究对象，承担本学科学生和对该应用学科感兴趣的学生的课程讲授。其次，调整学院设置。以一级学科或行业为基础设立学院，每个学院的基层学术组织以一级学科或二级学科为限，禁止跨越学科门类。这样的基层学术组织和学院设置有利于集中同一或相关学科的教师，形成强有力的学科聚类，促进彼此的学术争鸣和学科发展。再次，试行学分制和专业导师制，鼓励学生结合自己的兴趣自由选课，教师给予充分指导，将专业体现的主要内涵——培养规格交给学生和导师。即学生在掌握本学科核心课程后，可根据自己兴趣跨越学科（学院）选课。建立在学生兴趣基础上的选课制可保证学生的学习热情，提高人才培养质量。最后，调整职能部门的设置，理顺职能部门之间、职能部门与学院之间、学院之间的关系，形成基于学科或专业的内部治理机制，提升学校内部治理能力，缓解日益严重的行政化倾向。

三是在学科建设上有所为有所不为。在知识爆炸的当今社会，学科分类越来越细，学科融合的程度也越来越高，新学科不断涌现。而一所高校的资源有限，无论是哪所高校，都不可能在所有的学科领域占据主导地位，即使能够动用政府力量实现在一所学校囊括所有学科的梦想，过于庞大的组织也会陷于运转不灵的境地。因此，对某所具体的高校来说，应该从自己的办学历史和现状出发，选择或确定优势学科进行重点投入，以鼓励其尽快形成特色或优势。强调有所为有所不为并不意味着只办选定的一个或若干个学科，而放弃其他学科。在办强优势学科的同时，还应鼓励其他学科的发展。在学科建设中应该注意，学科建设的目的是适应社会需要，即专业建设的需要，而非为了保持原有学科的完整性。如果仅仅以保住原有学科为目的，对知识进行合理分类和学术研究的目的就有可能被异化。从这个意义上说，"任何形式的学术结构都不可能长久地满足我校的梦想与愿望"[1]，高校的学术研究应该跟随时代的发展进行调整。这种调整有两个方面，一个方面是学术前沿的拓宽，另一个方面是适应社会特别是行业或产业的需要。这种调整是学术研究的生命所在。

四是强化学科队伍建设。学科建设的核心是队伍建设。首先，要加强学科带头人的引进和培养。在学科队伍建设中，学科带头人是非常关键的。能否形成一支强有力的学术队伍，关键在学科带头人。学科带头人不仅要有较高的学术水平，能准确把握学术前沿和学术发展的方向，还要有良好的组织能力和管理能力，有足以服众的道德品质和个人特质。其次，要强化学术骨干的培养。学术骨干是学科建设的中坚力量，学科建设的诸多工作如科学研究、课程建设、社会服务等，主要通过学术骨干来完成，配备相应数量的具有较大潜质的学术骨干是队伍建设的重要保证。再次，确立一种核心的学术思想或意识。对高校特别是新型大学来说，在学科建设方面能否形成优势，形成一种核心的学术思想或意识是非常重要的，它是团结和凝聚学科队伍的核心。最后，形成良好的团队更新机制。需要注意的是，针对某一特定的学科，学科带头人不是越多越好，学科带头人和学术骨干应该维持一个合适的比例，这个比例以有助于学科健康发展为宜。

五是完善投入政策。高校是资源依赖型组织，学科建设和学科发展对资源的依赖型很强。高校应该多方筹资，保证学科建设的需要，同时注意投入的科学性，保证资源的投入和使用确实发挥作用。首先，学校要多方筹资，力争获

---

① 杨玉良. 关于学科和学科建设的思考 [N]. 科学时报，2009 - 09 - 08.

得更多的资源。其次，学校要审时度势，积极开拓新财源；再次，完善内部考核机制，确保学科建设的有效性。最后，完善投入政策，确保学校的投入起到最大的作用，提高投入的有效性。

六是注意学科方向的凝练。学科方向的凝练与有所为有所不为的学科建设原则密切相关，与学科队伍的建设也有直接关系。每个学科有若干研究方向，各高校只能择善而从，不可能在所有学科方向上都作出成绩。从实际出发，凝练学科与方向是非常必要的。当然，学科与方向的凝练是建立在教师对学术兴趣的自由选择上的。首先，高校要认真审视自己的学术队伍，寻找学科与方向的最大公约数，选择最有可能做强的学科或方向。其次，围绕着确定的学科和方向优化和组织学术团队。再次，将选定的学科和方向作为投入的重点，适当倾斜。复次，注意新兴学科和方向的发现和培育。最后，照顾有发展潜力或目前潜力不明显的学科或方向。

七是鼓励学科协同。随着社会的发展，无论是人才培养，还是科学研究和社会服务，基本都跨越了传统的学科范畴。跨学科发展既是一种趋势，也是新兴学科产生的契机。首先，各基层学术组织内部和组织之间要加强沟通，定期交流。其次，以问题为导向，组建跨院系跨学科的协同创新团队。这种问题既可以是全国或区域性经济社会发展中面临的问题，也可以是学校人才培养、社会服务、文化传承中面临的问题，还可以是学校运行和发展中面临的问题。再次，以政策和资源投入鼓励跨学科协同。最后，组建跨学科协同的工作机制。

第六章 高校核心竞争力的评价与培育

高校核心竞争力的形成是一个复杂的过程。线性思维的起点是高校自己确定的办学目标——价值定位。然后高校围绕着这一目标整合内部要素，直至在组织内部形成一种对待知识的价值观和处理知识的规范。现实世界的高校核心竞争力培育是比较复杂的，存在各种可能和可逆性。本章主要基于静态的视角，以线性思维为主，分析高校核心竞争力的培育问题。

第一节 高等教育多元质量观

高校是一种以知识为基础面向社会生产并供给产品（知识、教育服务、社会服务）的社会组织。作为一种生产型组织，其竞争的手段和形式是产品，竞争的基础是产品的质量。从产品竞争的视角看，质量是决定核心竞争力的首要因素。质量是产品的生命，也是产品竞争的核心。在其他条件相同的情况下，谁提供的产品质量优良，谁就能在竞争中取胜。有人因此认为：教学质量是学校的生命线，提升地方高校核心竞争力的关键就是大力提高教育教学质量。①

随着知识社会的到来和高等教育进入大众化阶段，我国教育界对高等教育质量的认知倾向多维多元化。有关教育质量观的研究主要在宏观或整体层面进行，强调整个教育体系中各学校的差异，认为随着社会对人才类型、规格、层次需求的多样化，个人需求的多样化，培养目标的多样化，办学主体的多样化，培养方式的多样化，需要树立多元化的教育质量观，其目的是澄清高等教育大众化进程中对质量问题的模糊认识，树立有利于高等教育发展的科学质量

---

① 施鲁莎. 地方高校核心竞争力的提升［J］. 教育理论与实践，2010（4）：12－13.

观，使不同层次、不同类型的高等学校的质量标准更加明确，以确保和提高高等教育质量。①

一、基于利益相关者的多元高等教育质量认知

办人民满意的教育是我国高校的办学宗旨。具体到一所高校，"人民"指与这所高校相关联的所有人，即利益相关者。从理论上说，高校作为非营利性法人，没有严格意义上的股东，没有人能够获得大学的剩余利润，没有人能对大学行使独立控制权，高校只能由利益相关者共同控制。与企业相比，高校是一种典型的利益相关者组织，② 高校的决策必须权衡和兼顾各方利益相关者的利益。

高校的利益相关者具有层次性。其层次结构可以根据利益相关者与高校的关系密切程度来划定。美国学者罗索夫斯基将大学的利益相关者分为四个层次：第一层次是教师、行政主管和学生，他们是学校最重要的利益相关者。第二个层次是董事、校友和捐赠者，他们是学校重要的利益相关者。第三个层次是政府和议会，他们是"部分拥有者"的利益相关者。第四个层次则是大学利益相关者中最边缘的一部分，即市民、社区、媒体，是次要层次的利益相关者③。罗索夫斯基的认知是以美国社会为基础的。

从我国的社会现实出发，结合费孝通先生的"差序格局"理论（认为中国社会是以自我为中心，由"亲人、熟人和生人"构成的一个由亲到疏的蛛网型的关系网），高校的利益相关者是一个由里到外、由亲及疏的差序格局网络。其中，"亲人"层次的利益相关者包括高校的教师、学生、管理人员等，即通常所说的师生员工；"熟人"层次的利益相关者包括与高校存在较多往来联系的财政拨款者（政府）、校友、学生家长、用人单位、办学和科研经费提供者、产学研合作者、贷款提供者等；"生人"层次的利益相关者是与高校联系较少的考生家长、当地市民、媒体、企业界、兄弟院校等。④ 作为利益相关者组织，高校的发展必然与利益相关者产生或多或少，或深或浅的联系，高校的决策必须权衡和兼顾各方利益相关者的利益，其管理活动也受这些利益相关

---

① 李平. 高等教育的多维质量观：利益相关者的视角 [J]. 国家教育行政学院学报，2008 (6)：53 – 57.

② 李福华. 利益相关者视野中大学的责任 [J]. 高等教育研究，2007 (1)：50 – 53.

③ [美] 亨利·罗索夫斯基. 谢宗德等译. 美国校园文化——学生、教授、管理 [M]. 济南：山东人民出版社，1996：54.

④ 李平. 高等教育的多维质量观：利益相关者的视角 [J]. 国家教育行政学院学报，2008 (6)：53 – 57.

者的约束或控制，高校的教育标准、教育理念、教育策略需要因应利益相关者之间控制权的制衡而确定，高校的教育质量观因众多的利益相关者的存在而呈现出多维的特征。

高等教育质量是指高等教育能满足教育需求主体明确的或潜在的需求的程度，它取决于教育需求主体对高等教育服务质量的预期同实际所感知的高等教育教学水平的对比。不同的利益相关者对高校的教育活动具有不同的期待、要求和价值诉求，如果从"满意"的视角去理解高等教育的质量，不同利益相关者对高等教育质量的认知在于高校教育是否能满足不同利益相关者的价值诉求或如何处理这些价值诉求之间的关系，不同的利益相关者因此具有不同的高等教育质量观。

具体到不同的利益相关者，对高等教育质量的认知可能如下。

（1）"亲人"维度。广大师生员工属于高校的"亲人"，他们与学校发展的整体利益息息相关。一方面，教师和管理人员是高校的雇用者，他们的收入、社会地位与高校密切相关，学校发展会给教师和管理人员带来更高的收入和更好的社会地位；学生是教育服务的对象和购买者，学校发展是学生获得高质量的教育、高价值文凭（地位商品）、良好的就业前景和未来收益的重要前提。另一方面，广大师生员工是学校办学的核心依靠力量，没有他们的信任、理解、支持和积极参与，学校即便有再好的办学理念、发展思路、战略规划与工作计划，也难以有序推进和有效实施。由于他们长期生活在大学的氛围中，在大学文化的熏陶下，形成了比较一致的教育价值观，在此基础上演化形成的教育质量观也具有较大的一致性。因此，在该维度上影响高等教育质量观的主要因素是高校的办学思想、教育理念、校园文化、校训、校风、教风、学风等高校的价值观。教师代表了学术立场，他们的质量观体现在知识的探究、学问的增长、理性的获得、科学的进步等方面。学生的教育质量观反映在学习期间个人知识和能力的实际"增量"上，他们关心自身健康成长、未来发展、完满生活、自我实现等需求的满足，他们主要从高等教育是否适合其个体需要出发来评判高等教育的质量，持有较为宽泛的高等教育质量观。管理人员的教育质量观介于教师与学生之间，他们一方面看重学校的学术地位、社会贡献；另一方面重视毕业生的社会影响。即"亲人"维度的高校利益相关者侧重高等学校的学术质量、成才质量、服务质量和声誉质量等。

（2）"熟人"维度。高校的"熟人"包括财政拨款者（政府）、校友、学生家长、用人单位、办学和科研经费提供者、产学研合作者、贷款提供者等。这些利益相关者与高校之间存在较多的联系，要么是高校的主管部门或投资部门，要么是与高校有密切来往的资源的输入者或输出者，要么是与大学具有某种契约关系的群体。与"亲人"相比，他们对高等教育质量的认识更为多元，彼此间也存在着较大的差异。其中，政府作为办学资金的主要提供者，关注高等教育机构的效率、效益、人才和科研产出等方面的质量，着眼于高等教育如何在政治、经济、军事和文化等各领域来推动社会的进步，从优秀人才、优秀科研成果、优秀毕业生率、生均教育成本、师生比以及其他一些财政数据来考察高等教育机构的质量。校友是学校宝贵的资源，也是学校良好声誉形成的重要影响因素，他们与学校血脉相连，希望学校发展得越来越好。学生家长的利益与学生的利益基本是一致的，他们从学生个体的需要（知识、能力、品德、就业）以及家庭声誉和家庭的社会阶层流动的需要出发来判断高等教育的产出质量和人文质量。社会用人单位认为，高等教育的首要任务是培养社会变革和发展中急需的、劳动力市场紧缺的人才。他们对高等教育质量的认知以毕业生在实际工作中的能力表现为标准。契约关系群体在高等教育质量的认知上存在较大差异。经费提供者希望学校具有较高的办学效益和管理水平，产学研合作者希望学校产出高水平的科研成果。即"熟人"侧重高等学校的办学质量、声誉质量、产出质量、人文质量、管理质量、科技质量等。

（3）"生人"维度。考生家长与学校几乎没有发生过直接联系，他们只是高校的潜在的、可能的利益相关者。当地市民、媒体、企业界等对高等教育质量认知主要来源于较宽泛的理解，甚至有些不求甚解。至于兄弟院校，可能是合作者，也可能是竞争对手，也可能不在一个层次、不在一个领域，其对高校教育质量观的影响是不同的。一般来说，具有示范性、高水平的学校会影响一般的较低水平的相似院校。即"生人"评价或价值诉求对高校的影响是较弱的、边缘的、非主流的。"生人"对高等教育质量的认知主要体现为声誉质量、整体质量和特色质量。[①]

不同的利益相关者对高等教育价值诉求的取向不同，对高校的具体影响力有大小之别，高校教育质量观的形成是高校利益相关者对其影响和作用的博弈的结果。一般来说，办学历史较长的高校在办学过程中逐渐形成了独特的大学文化、办学理念，"亲人"维度的利益相关者对学校教育质量观的形成起着重要的作用；办学历史较短的新建院校（包括新型大学和新建高职院校）；尚未形成稳定的校园文化和办学理念，各种利益相关者对其教育质量观形成的影响具有同等重要的程度。办学历史居中的高校，其教育质量观的形成主要受到"亲人"维度的利益相关者的影响，同时"熟人"维度的利益相关者对其影响

---

① 李平. 高等教育的多维质量观：利益相关者的视角 [J]. 国家教育行政学院学报，2008
（6）：53-57.

也很大，如政府主管部门、用人单位等对于这类高校教育质量观形成的影响就非常大，有些高校甚至惟主管部门的命令是从，有些高校则纯以用人单位的需求为准绳。

就我国高等教育的现实而言，政府主管部门对各类高校教育质量观的影响非常大，甚至是决定性的影响。这是因为，我国的高等教育格局基本是在计划经济时代确立的，除北京大学、清华大学、南京大学、复旦大学等少数高校外，大多数高校是适应计划经济的需要在 20 世纪 50 年代通过院系调整重新设立的，以条块分割、行业办学为特色，行政主管部门控制了高校办学的一切环节，高校办学围绕着行政主管部门的指挥棒运转。改革开放以来，适应经济社会发展的需要，行政主管部门对高校的控制放松，高校逐渐拥有一定的办学自主权，其他利益相关者对高校教育质量观的影响扩大。特别是在民办高校，举办者、学生及其家长、用人单位的影响扩大。在许多方面，这些利益相关者对民办高校教育质量观的影响达到甚至超越了政府，这些利益相关者实质是市场因素。但在国办高校，无论是部属院校，还是地方政府举办的省属、市属高校，其受政府的影响仍然很大。特别是 1999 年后以来，教育行政部门引进西方的评估手段时，没有区别高校的实际情况分别确定评估标准，而是全国高校适用一个评估标准，导致了高等教育同质化的趋势。高等教育同质化的典型表现是人才培养方案雷同、课程设置高度一致，甚至校风校训这些体现学校文化的东西也表现出较高的一致性。最近 10 年，党和政府认识到了高等教育同质化的危害，全面深化办学体制改革，落实高校办学自主权。总体来看，政府的影响有所下降，高校办学自主权明显提升，其他利益相关者对高等教育质量观的影响扩大。政府影响的下降、高校办学自主权的提升、其他利益相关者的影响提升，实质是市场因素的影响在扩大。

二、基于顾客需求满足的多元高等教育质量认知

《ISO9000：2015 国际标准》将"质量"定义为"一个关注质量的组织倡导一种文化，其结果导致其行为、态度、活动和过程，它们通过满足顾客和其他有关的相关方的需求和期望创造价值"，"组织的产品和服务质量取决于满足顾客的能力以及对有关的相关方预期或非预期的影响"，"产品和服务的质量不仅包括其预期的功能和性能，而且还涉及顾客对其价值和利益的感知"。[①]即质量的核心是满足顾客的需要。具体到高等教育领域，质量就是学生、家

---

① 国际标准化组织（ISO）. ISO9000：2015 国际标准［EB/OL］. 国际标准化组织网站（http：//www. iso. org/standard/45481. html），p. 1

长、社会等高等教育顾客需要的满足程度。基于顾客需求满足的高等教育质量观是一种市场认识，是基于顾客和学校的市场交换关系的认识。从顾客需求视角看，高等教育质量的评判标准越来越需要用"高等教育的属性是否满足高等教育服务主体的需要及其满足程度"来衡量。[①]

从教育学的视角出发，高等教育质量观可分为三类：一是知识本位观，强调知识的传授而不顾学生的兴趣；二是社会本位观，强调国家和社会的需要，突出教育的工具效应；三是学生本位观，认为教育就是要使人充分成为名副其实的人，而绝不仅仅是为社会提供人力资源，教育要为学生的个性化发展服务。从经济学的视角看，知识本位观反映的是知识拥有者的单向的认知，没有充分考虑到知识传授的接受方即顾客的认知，知识传授的双方即学校和学生之间不是完整的市场交换关系；社会本位观强调的是作为利益相关者的国家和社会的需要，没有充分考虑到高等教育的接受者即学生的认知，或者说忽视了高等教育的接受者即学生的认知和感受，学校和学生之间也不是完整的市场交换关系；学生本位观是一种顾客导向的认知，充分考虑了作为顾客的学生的需求和认知，学生和学校之间是一种完整的市场交换关系。即只有在学生本位观的视野下，学校与学生才形成市场关系。

如果把高等教育的供给和消费视作一种市场交换关系，那么，知识本位观和社会本位观忽视了作为顾客的学生的权益，学生本位观突出的则是学生的权益诉求。单纯的学生本位观只有在学生能够独立承担教育成本且自由决策的情况下才能成为现实。但在真实的世界中，高等教育市场不是单纯的学生与学校之间的市场交换，学生是教育服务的接受者，但其本身不是教育成本的完全承担者或者是直接购买者。目前世界各国的高等教育均实行社会通过政府和个人分担成本制，国与国之间的差异是社会和个人承担教育成本的比例不同，既没有完全的个人承担者，也没有完全的社会承担者。在我国的计划经济时代，个人分担的教育成本降到极低，社会通过政府分担的教育成本达到最高，社会本位观因此成为认知高等教育质量的主流。改革开放特别是建设中国特色社会主义市场经济以来，社会和个人分担高等教育成本，社会本位观和学生本位观结合起来共同起作用就是必然的了。我国目前强调国家的需要与学生的个性需求相结合，具体表现是办人民满意的教育。同时，学生个人承担的成本基本是由家长支付的，家长对高等教育质量的认知和学生本人并不完全一致。

在高校的运营发展中，与高校发生市场交换关系的主体不仅有学生，还有

① 史秋衡，王爱萍. 高等教育质量观：从认识论向价值论转变 [J]. 厦门大学学报（哲学社会科学版），2010（2）：72-78.

教职员工、家长和用人单位、知识产品的社会购买者和社会服务的购买者，他们都是高校这个"市场主体"的顾客。具体而言，学生顾客不仅指在校生，而且包括即将入学者甚至有受教育愿望的人群。这些有受教育愿望的人群是高校产品的未来"采购者"，即潜在顾客。高校的教师、管理人员和职工也是高校的顾客，与学生不同，教职员工是高校的"内部顾客"，"顾客是多种角色组成的阵容"，"要识别顾客，一开始就要列出两个名单：内部顾客和外部顾客"。"内部顾客"并不意味着这个顾客不重要，在实际运行中，只有作为具体生产者和管理者的教职员工满意了，才有可能使其他顾客得到满意。从劳动力市场的关系看，高校是教职员工的顾客，高校通过支付工资薪酬购买了教职员工的时间和精力。当然，也可以说是教职员工购买了高校的工作职位。在我国，学生家长是高等教育的实际购买者，把孩子送到哪一所学校，接受哪一种类型、哪一个层次的高等教育，家长起着非常重要的甚至是决定性的作用，家长因此成为站在学生背后的重要顾客。用人单位是高校教育"产品"的"最终消费者"。知识产品的购买者指购买学校生产的知识产品的专利权的组织和个人。社会服务的购买者指购买学校提供的各类社会服务如培训、技术服务、心理咨询等的组织和个人。作为顾客，上述主体购买的产品和实现的路径是不同的，学生、家长和用人单位购买的是学校提供的教育服务，是地位商品和其他自我完善的商品，学生购买的路径是付出学费和时间成本，家长是实际付出学费，用人单位是雇佣毕业生；教职员工作为雇用者，购买的是学校提供的工作职位，购买路径是付出自己的工作和时间；知识产品的购买者购买的是高校生产的知识产品，购买路径是市场交易；社会服务的购买者购买的是高校提供的社会服务，购买路径是市场交易。多元的顾客主体决定了这些主体对高等教育质量的认知是多元的。

作为顾客，上述主体对高等教育质量的认知是基于以下几个方面的：功能需要、形式需要、外延需要和价格需要。我们以学生为例来进行阐述。功能需要是由高校的社会功能决定的，人才培养即提供教育服务是高校的基本社会功能，也是学校与其他社会组织的区别所在。如果没有了人才培养，高校也就不能称其为高校了。同时，高校生产的"产品"必须为社会所接纳，否则，高校顾客的实质功能需求就无法实现。所谓形式需要，是指高等学校的知名度即所谓的品牌和品牌效应，学生获得的地位商品与形式需要密切相关。外延需要指顾客在接受高校的服务时会考虑到服务是否周到、是否快捷、是否能满足自身的心理需要和文化需要等问题。外延需要反映的问题解决得好坏并不影响顾客对高校功能享受的实现，但这种需要不仅会对顾客产生深远的影响，也会直接影响到顾客对高校教育消费的可持续性。价格需要指的是顾客接受高等教育服务能否承担得起成本的问题，在由顾客独自承担成本的高等教育体制中，价格需要对顾客的选择和满意度影响非常大。高等教育成本分担制会削弱学生对价格需要的影响，但不会消失。就其他顾客如教职员工、用人单位、学生家长、知识产品的购买者、社会服务的购买者而言，其对高等教育质量的认知也受到上述四个方面需要及其满足程度的影响。因顾客个体需求的不同而产生的差异以及对需求满足程度认知的不同产生的差异相互结合，进一步使社会对高等教育质量的认知多元化。

现实社会中，无论是哪种类型的顾客，他们对高等教育质量的认知都是复杂的，多数是对上述几个方面功能需要、形式需要、外延需要和价格需要的综合认知。具体的每个人或组织的认知既受到上述几个方面的影响，也受到顾客自身素质、能力乃至心理的影响。很多时候，作为顾客的组织和个人对高等教育质量的认知会以某个方面或某几个方面需要的满足程度体现出来，并非总是对多个方面的综合认知。这种满足是以顾客"满意"的形式表现出来，是顾客的主观认识，而非客观的科学认识。当然，多数情况是基于客观情况的主观认识，而非单纯的主观认识。即顾客对高等教育质量的认识是建立在客观事实之上的主观认识。

三、对多元高等教育质量观的认识

无论是利益相关者的认知，还是顾客的认知，都说明我国社会对高等教育质量的认知从计划经济时代的单一化趋向了多元化。我国高校目前呈现出如下特点：价值取向的多元化、院校类型的多元化、培养目标的多元化等，即对高等教育质量的认知呈现出多维化或多元化。这种多元化趋势可从多个方面来认识。

从高等教育的发展来看，多维高等教育质量观是历史的产物，是高等教育适应知识社会、适应高等教育大众化的产物。质量本身是一个历史概念，人们对质量的认识处在一个动态的发展变化过程中。高等教育质量观与社会的人才观密切联系。人才观受政治、经济、文化等多种因素的制约，不同的历史时期有不同的人才要求和人才质量标准，不存在一个既定的、永恒的质量标准。随着社会的发展，承担为社会培养人才任务的高校，在适应社会发展需要的过程中，不能预设特定的教育模式和标准，而是应该以高等教育的多样性、适应性和发展性满足社会的动态需求。社会在不断变革，社会在变革中前进，高等教育对应于社会的发展而发展，其质量标准也随之而变化。工业社会的特点是标准化，知识社会的特点是个性化和多元化。在知识社会中，创新、创造、新技术发明和应用不再局限于少数社会精英，而是社会大众广泛参与的结果。社会成员的素质越高，知识群体越庞大，就越能有力地推动社会进步和发展，社会因此实现跨越式发展。知识社会的多元化必然要求有多元化的高等教育和多元化的高等教育质量观与其相适应。从世界各国进入知识社会后的表现看，高等教育及其质量观确实是多元的。这种多元化不仅体现在办学类型、办学层次、办学形式上，还体现在办学定位、人才培养目标、专业设置、课程体系、教学内容、教学手段、教学方法等多个方面。

从高等教育的生产过程来看，人与人之间的差异性和人的非理性、能动性决定了教育的质量标准是多元的。人才不同于一般的工业产品，不可能用一个质量标准进行产品检验。人先天存在智力、潜能、秉性、志趣、爱好等差异。学校教育是开发智力、培养能力以及人性品格成长的引导。由于先天的差异和后天培养过程中内在和主观的发挥不同，将导致不同的人在个性上的差异。有的智力开发得好，表现为学习成绩优秀；有的在潜能上得到充分挖掘，表现为多种能力的提高；有的培养了特殊的兴趣爱好，等等。因此，同一学校、甚至同一专业毕业的学生走向社会后，在社会的游历中扮演着不同的角色，有的成为专家学者，有的走上领导岗位，有的成为艺术家，不一而足。孰优孰劣？不能一把尺子衡量。衡量人才质量的标准只能是相对的，而且是大致的、粗略的甚至是模糊的，因此教育质量也不能用一把尺子来衡量，而应该采用多元化的衡量标准。

从社会学的视角来看，多维高等教育质量观是社会多元化在高等教育领域的体现。多元化是改革开放以来我国经济社会变化的最显著特征之一。所有制形式多元化、利益主体多元化、社会思想文化多元化，已经成为社会的一种常态。① 社会的多元化必然在高等教育领域产生影响，也必然影响人们的高等教育观。正如齐格蒙特·鲍曼所指出的："'为了追求高深学问'的人们集聚在一起，形成了多元的价值观和思想"，"给大学（不管是新的还是古老的大学）提供了成功地迎接挑战、独树一帜的机会。从这方面看，大学是幸运的，因为大学数量如此之多，且各不雷同，在每所大学内部，还有众多的科系、学院、学派、思想流派，对话方式甚至不同流派的'流行观点'"。"只有这样的大学，才能为这个由不同需要、无限可能性和无限选择性组成的世界提供有价值的东西"。②

具体到我国，可从时间维度和结构维度来认知多维高等教育质量观。从时

---

① 张嘉国. 中国社会多元化走势 [J]. 企业文明，2009（12）：38-44.

② [英] 安东尼·史密斯等. 侯定凯等译. 后现代大学来临？[M]. 北京：北京大学出版社，2014：44-45.

间维度来看，我国的高等教育经历了从计划经济向市场经济的转变，精英教育向大众化教育的转变，单一教育模式向多样化教育模式的转变，等等。与这些转变相伴随的是社会对高等教育质量认知的转变。社会对高等教育质量的认知经历了两个转变：从满足某种"质量的原有规定性"到"主体需要程度"的转变，从为"已知的社会"培养人才到为"未知的社会"培养人才的转变，高等教育质量观经历了合规定性质量观、合发展性质量观、合需要性质量观三个阶段。在高等教育大众化阶段，人们对高等教育的需求是丰富多彩的，因而对高等教育质量的认知也是丰富多彩和多元化的。从结构维度来看，进入大众化教育阶段后，我国高等教育呈现出层次性、多样性的特征，表现出较为复杂的网络结构体系。在办学格局上，是国家办学为主和民办高等教育、公有民办、社会办学、中外合作办学并举；在办学形式上，是普通高等教育、成人高等教育、远程高等教育、高等教育自学考试等并存；在办学层次上，有博士、硕士、本科、专科以及"3＋2"专科、"3＋4"本科、专升本等特定层次；在人才培养目标上，理论型、应用型、技能型、复合型、管理型等多类型多规格人才并行。这些不同类型、不同层次、不同办学形式的院校形成了不同的人才培养目标和规格，构成了"大学网"，产生了多维的教育质量观。[①]

总之，人类社会进入知识社会后，经济多元化，文化多元化，社会多样化，高等教育适应社会的需求出现了多元化的趋势，对高等教育质量的认知也呈现多元化或多维化。1998 年在巴黎召开的首届世界高等教育会议通过的《21 世纪高等教育展望和行动宣言》明确提出高等教育质量是一个多层面的概念，要考虑多样性，避免用一个统一的尺度来衡量高等教育质量。即针对各种不同类型、不同定位和不同办学目标的学校，在师资队伍、教学设备、图书资料、课程体系、管理体制上，应代之以多样化的评价标准。

高等教育的多元化要求新型大学从自己的历史和办学实力出发，寻求适合自己的办学定位、人才培养目标和发展战略，围绕着办学定位、人才培养目标和发展战略组织教师队伍、管理队伍和教学辅助队伍，寻求适合的生源和适合的服务购买者，深入研究他们的需求，构建课程体系，探索适合的人才培养模式，并在这一过程中寻求与同类院校的差异，以形成自己的比较优势和核心竞争力，追求发展的可持续性和生源市场的扩大。

高等教育的多元化对我国教育主管部门提出了新的要求，要求教育主管部门打破原有的计划经济时代的管理模式，采用新的适应教育多元化的管理方

---

① 李平. 高等教育的多维质量观：利益相关者的视角 [J]. 国家教育行政学院学报，2008 (6)：53－58.

式：改原来的统一要求为有差别的多样要求；改原来的微观管理为宏观管理，把办学权更多地转给学校；改原来的政府主导型评价为社会的专业性评价；改原来的相对单一的评价为多样化的评价；改原来的单一标准评价为多标准评价。高等教育多元化与高等教育体制改革是相辅相成、相互支撑的，其中最关键的是政府放权，让高校按高等教育规律自行决定办学事务，让教师、学生成为资源配置的力量，形成政府调节和市场调节相结合的质量保证机制。对评价者而言，高等教育的多元化要求评价者设计出科学的、可操作的、多样化的质量评价指标体系，以满足众多不同类型、不同层次"顾客"的需求，为不同类型的高校提供检视和认识自己的参照指标。

无论是利益相关者，还是顾客，他们对高等教育质量的认知都是主观的，都是基于满意的原则进行的。但高校办学不能单纯追求利益相关者或顾客的满意，应该超越满意。根据赫茨伯格的"激励—保健"理论，满意的对立面是没有满意，不满意的对立面是没有不满意。如果高校在办学运营过程中只是消除了给顾客或利益相关者带来不满意的因素，只能给顾客或利益相关者做到"平静"，却起不到激励的作用，就不会产生"满意"。只有消除了顾客"没有满意"的一些因素，才能给顾客带来真正的满意。高校应针对可能引起顾客或利益相关者"没有满意"的因素，针对高校的人际关系、组织结构、组织环境等积极进行组织改革，形成顾客或利益相关者对高校的心理契约，对顾客或利益相关者的需求进行超越，形成特色和高社会声誉，才能真正使顾客或利益相关者满意，也才能真正实现学校的可持续发展。

第二节　高校核心竞争力评价

在知识社会和高等教育大众化阶段，人们的教育质量观是多元的，对教育质量的评价也是多元的，单一的评价指标体系和评价无法满足需求，必须基于不同高校的定位和不同利益相关者的需求进行评价。

评价是人类社会中几乎无处不在、极为重要的认识活动。对一个事物的评价常常涉及多个因素或多个指标，评价是在多因素相互作用下的一种综合判断，不是多个因素的机械叠加。评价的本质是对评价对象进行价值判断，高校核心竞争力评价的本质是对高校的核心竞争力作出价值判断的过程。

高校核心竞争力评价是高校评价的有机组成部分，是高校评价多样化的表现。高校评价与高校的产生与发展相伴随。自高校（大学）产生以来，高校评价经历了三个发展阶段：初期高校评价的主体是权力机关，标准是绝对的，目的是维持高校的设置标准，体现的是行政许可思维；高校评价的第二个阶段始自近代大学的产生，评价的主体是政府，尺度是相对的，目的是强化管理，提升高校的办学效益；20世纪80年代以来，高校评价呈现出评价主体、评价目的和评价指标体系的多样化特征，高校评价进入了第三阶段。[①] 高校核心竞争力评价是高校评价进入第三阶段的产物。

一、评价指标体系构建的原则

相对于其他类型的高校评价，高校核心竞争力评价更多的是高校的自为评价，也有利益相关者的评价和中介组织的评价。

高校的自为评价，主要是确定和衡量高校核心竞争力的状况，找出高校自身的竞争优势，使高校在战略定位和战略管理上立足自身优势，明确发展方向，查明问题，在竞争市场上采取"有所为有所不为"的战略，有针对性地提高高校效益，最终提高高校办学实力。[②] 即高校的自为评价的目的是为未来发展指明道路。

利益相关者的评价主要是为其决策提供一种支撑，不同的利益相关者对高校核心竞争力评价的关注点不同。如举办者和投资者，其目的是确保自己的投入增值保值，将可能的损失降到最小。政府的评价是为政策和政策执行提供支撑，目的是确保高校的发展符合社会利益。学校及其家长的评价更多地强调学校的声誉和人才培养质量，目的是寻求最好的学生商品。企业评价的目的多元化，既有对高校培养的人才的强调，有对高校知识创新的追求，也有对高校单项和综合服务能力的突出，目的是为自己和高校的合作提供支撑。

中介组织的评价是一种委托评价，目的是通过给顾客提供专业的评价获取收入，其评价容易受到委托者的影响。

无论是高校自为的评价，还是利益相关者和中介机构对高校的外在评价，目的取向是一致的，都是对高校的未来发展作出评判。通过评估摸清高校的办学特色，找出比较优势，为高校、政府和社会投资者的决策和管理、为社会各界了解或选择学校提供依据和参考。核心竞争力评价促使高校去建设适合自己战略的知识操作模式，并和社会各级"行动者"建立良好的连接途径。[③] 区别是因各自的利益关注点不同而导致的对高校核心竞争力评价指标的选择和权重认知的差异。

---

① 党传升. 高水平行业特色型大学核心竞争力评价与培育 [D]. 北京邮电大学博士学位论文，2012：87.

② 毛亚庆，吴合文. 基于知识观的大学核心竞争力研究 [M]. 北京：教育科学出版社，2010：132.

③ 同上。

无论是高校的自为评价，还是利益相关者和中介组织的评价，都是将高校放在特定的环境中，与特定的竞争对手相比较而言的。因此，对高校核心竞争力进行评价首先需要确定评价对象是哪一种类型和层次的高校，即明确高校的定位。这种定位是高校的自为行为，是高校的心理预期，也是高校基于自身办学条件认知得出的选择，因此可称为价值选择。高校定位也意味着对竞争对手的选择、竞争场域的选择。然后确定评价目标和评价标准，并根据评价目标和评价标准收集能够全面、准确地反映高校核心竞争力的数据信息，再对收集到的数据信息进行科学分析，对高校核心竞争力作出价值判断。从这个角度看，高校核心竞争力评价属于高校战略管理的有机组成部分。在当前的社会背景下，高校核心竞争力评价的价值取向是平等对待每一种知识存在形式和操作模式，既要突出新的知识模式，也要兼顾传统的知识模式。因此，高校核心竞争力的评价，最基础的是构建评价指标体系。

对于高校核心竞争力评价指标选取的原则，戴开富提出了四条：主观指标与客观指标兼顾、显性指标与隐性指标综合、共性指标与个性指标融合、单向指标与双向指标对等。[①] 王丽君提出了八条：科学性、全面性、相对性、同源可靠性、系统性与层次性统一、"精、简"、可操作性、定量定性结合。[②]

我们认为，构建高校特别是新型大学的核心竞争力评价指标体系应该遵循如下原则：

科学性原则，指细化指标能客观准确地反映核心竞争力的内涵，含义清楚、简练。

系统性原则，即指标的归类和分层要科学反映核心竞争力的结构特征，既要关注某所高校在特定领域即某一个或几个学科（专业）或特定学科方向的竞争力，也要关注某所高校的整体竞争力。

适应性原则，即遴选的指标要契合学校的定位和竞争的实际。所有的竞争都产生于竞争对手之间，产生于同一类型同一层次的高校之间，产生于价值追求相同或类似的高校之间，即具有直接竞争关系的高校之间。用企业语言来说，所有竞争直接发生于细分市场定位相同的企业之间，有可能进入细分市场的企业是潜在竞争者，已经进入细分市场的企业是现实竞争者。无论是潜在的竞争者，还是现实的竞争者，竞争都发生在特定的细分市场，核心竞争力也体现在细分市场中。

成长性原则，即从动态的视角看待高校的核心竞争力。组织有自己的生命

---

① 戴开富. 高等学校核心竞争力培育研究 [D]. 武汉大学博士学位论文，2007：73-74.
② 王丽君. 大学核心竞争力及其评价研究 [D]. 青岛大学硕士学位论文，2008.

周期，发展历史不同的高校处于不同的生命周期，在成长性上表现出明显的不同，在评价其核心竞争力时必须注意它的成长性。

可比性原则，即选择的指标能在不同高校之间进行质或量的比较。既能在同类院校之间比较，也能在不同类型的学校之间比较；既能在同层次院校之间比较，也能在不同层次院校之间比较。其中在同类院校中进行比较是核心。

定量与定性相结合的原则，即在遴选指标时既要考虑到质的水平，也要考虑量的水平。

可操作性原则，指遴选的指标的表述能直接找出其表现形式，并且有利于进行量化分析或定性分析，以便于进行评价，形成认知。

对于新型大学来说，在构建核心竞争力的评价指标时，一定要从其定位即面向区域经济社会发展培养应用型人才的定位出发，突出学科专业建设和人才培养的应用性特征。考虑到新型大学的生命周期和有所为有所不为的战略选择，应突出特定学科（专业）的核心竞争力，同时兼顾学校的整体核心竞争力，这既是新型大学选择细分市场的必然，也是确定和建设核心竞争力的起点。

建立高校核心竞争力评价指标体系，可以从两种角度出发：一是从大学核心竞争力的基本特征出发，即大学核心竞争力的优越性、独特性、拓展性、协同性、模糊性等方面，这种角度可以明确核心竞争力与竞争力，加深对核心竞争力的认识，但由此建立的指标体系不全面、不系统，可能漏掉一些关键要素。二是从大学核心竞争力的构成要素来建立指标体系，优点是体系更加全面，缺点是会包含一些次要的指标。我们的做法是力图将两者整合，以获得更好的指标体系。

二、已有评价指标体系评述

高校核心竞争力评价指标体系的构建，可以参阅已有的评价指标体系，结合新型大学的特点进行。面向高校的评价很多，与高校核心竞争力关系最密切的评价有高校评价和高校核心竞争力评价。高校评价虽然不是直接的核心竞争力评价，但其评价能够揭示某所高校的核心竞争力水平，因此，我们将其纳入高校核心竞争力评价和评价指标体系的考虑范围。

（一）高校评价的指标体系

高校（大学）评价作为高等教育三大研究领域之一，近年已成为国内高等教育领域众多学者竞相涉足的领域。国际社会则早已活跃着众多的大学评价和大学排行榜。

1. 国内大学排行榜及其评价指标体系

自 1987 年至 2007 年，国内有 20 个左右的机构发布了近 400 个有关中国高校（大学）的排名，其中高校（大学）综合排名近 30 个，单项论文排名 140 余个，其余是特色单项排名。在已有的排行榜中，影响力最大的是中国管理科学研究院、中国校友会网和网大的综合大学排行榜。

中国管理科学研究院的大学评价及其指标体系，包括人才培养和科学研究 2 个一级指标，其中人才培养包括研究生培养和本专科生培养 2 个二级指标，前者包括博士生培养、博士生创新环境和硕士生培养 3 个三级指标，后者包括本科生培养、本省生源质量和专科生培养 3 个三级指标。科学研究包括自然科学研究和社会科学研究 2 个二级指标，前者包括 S&N、SCI、CITA、CSCD、CITA、发明专利、其他专利、科技专著、国家级奖、省部级奖、EI 等三级指标，后者包括新华文摘、SSCI、A&HCI、CSSCI、社科专著、国家级奖、省部级奖等三级指标。2001 ~ 2007 年，上述指标基本没有调整，调整的是各项指标的内部分类和权重。该指标体系实际是基于高校的产出现状来对高校（大学）进行评价的，主要是针对高校的人才培养和科学研究两项技术的产出，没有涉及社会服务等产出。

中国校友会网大学评价课题组自 2002 年开始发布研究报告，从高校的人才培养和科学研究两大职能入手，以"衡量高校科学与人才的贡献能力"为评价目标，侧重体现被评价高校的历史成就和现时能力。其中 2008 年中国校友会网大学排行榜的指标体系及其权重分配为：科学研究、人才培养、学校声誉 3 个一级指标；其中科学研究包括科研基地、科研项目、科研成果 3 个二级指标，科研基地主要评价科研创新基地，科研项目主要评价基础性科研项目，科研成果评价重大科研成果；人才培养包括培养基地、师资队伍、学生情况 3 个二级指标，其中培养基地侧重学科水平，师资队伍侧重杰出教师，学生情况侧重杰出校友；学校声誉有综合声誉 1 个指标，包括国家声誉和社会声誉 2 个三级指标。

网大中国大学排行榜 2005 年指标体系选择声誉、学术资源、学术成果、学生情况、教师资源和物资资源 6 个一级指标作为评价标准，其中声誉主要来自两院院士、知名学者、专家、大学校长和中学校长调查结果，属于行业内人士的认知，基本没有涉及用人单位的认知和评价。学术资源设计了博士点、硕士点、重点学科、重点实验室和工程技术研究中心、人文社科重点研究基地 5 个二级指标。学术成果设计了科学引文索引（SCI）、工程索引（EI）、社会科学引文索引（SSCI）、中文社会科学引文索引（CSSCI）4 个二级指标，涉及总量和人均数量。学生情况设计了录取新生质量和研究生在全校学生中的比例 2 个二级指标。教师资源设计了副高以上人员在专任教师中的比例、两院院士人数、长江学者特聘教授人数、师生比 4 个指标，强调的是高水平教师资源及其对学生的比例。物资资源设计了科研经费、图书、校舍建筑面积 3 个二级指标，均涉及总量和人均数量。[①]

相对于中国管理科学研究院的评价指标，网大、中国校友会的评价指标体系既重视了产出，也重视了投入，可以说是两者并重。问题是其对待高校职能的态度，三者均把评价的重心放在科学研究和人才培养上，其中尤以科学研究为主导，这样的指标体系更有利于评价老牌高校和研究型大学，对于新型大学的适用性则有待商榷。如果考虑到相关指标的权重，突出科学研究的逻辑更为明显。我们知道，高校有类型和层次之分，有研究型与教学型之分，教学型大学在科学研究方面的投入和产出明显低于研究型大学，但在人才培养方面所做贡献并不低，过于偏重科学研究将对教学型大学有失公允。特别是对于新型大学来说，在目前状况下办学的核心是人才培养和社会服务，科学研究的中心工作是整合知识，而非创新知识，在创新知识方面积累不足，距离老牌高校有很大差距，过度强调科学研究明显不符合实际。网大中国大学排行榜存在同样的问题，即过分偏重学术研究，不利于教学型大学，更不适合新型大学。至于中国校友会的排行榜，在指标遴选上也有失偏颇，如重大科研成果选取的指标只有 Science、Nature 收录的论文，人才培养指标上过分突出校友。[②] 这些做法无疑是不适合新型大学的。

另外，知识社会和高等教育大众化阶段的高校是分层分类的，各种类型、各种层次的高校，承担的具体社会职能是不完全一致的，具体表现也丰富多彩，或者说是千差万别。试图用一个标准对其进行评价是不可能的，也不会得出准确的结论，应该对高校进行分类，根据类别进行评价。或者以专业或学科进行评价，在专业或学科评价的基础上对高校进行评价。无论是哪种评价，其给出的结论都是不完全的，只能用做参考。

2. 国际社会大学排行榜及其评价指标举例

《美国新闻与世界报道》的大学评价指标体系由学术声誉、新生选择力、教师资源、新生保有率、财政资源、校友赞助和毕业率绩效 7 个一级指标构成。其中，学术声誉包括对校长、院长、教务长和招生主任的调查问卷结果。新生选择力反映学校在学生心目中的地位，包括录取率、报到率、高中班级中前 10% 新生比例、高中班级中前 25% 新生比例、SAT/ACT 成绩 5 个二级指标；教师资源反映了师生交流情况，是学生学习的重要推动力，包括教师平均补助

---

① 戴开富. 高等学校核心竞争力研究 [D]. 武汉理工大学博士论文：2007：63.

② 赵冬梅. 研究型大学国际竞争力评价标准体系研究 [D]. 上海交通大学硕士学位论文，2012.

费用、获得最高学位的教师比例、全职教师比例、生师比、少于 20 人的班级比例、多于 50 人的班级比例等 6 项单项指标；新生保有率指 6 年内入学学生中从该校毕业的百分比，包括毕业率、新生保有率 2 个单项指标；财政资源指生均教育费用；校友捐赠指指校友对母校捐赠百分比，包括校友捐赠率 1 个单项指标；毕业率差指预测的毕业率和实际毕业率的差别，包括毕业率差 1 个单项指标。[①] 上述指标除学术声誉外，反映的是大学教育的投入产出情况，在某种意义上与企业核心竞争力的计算是一致的。

加拿大《麦克林》大学排名的指标体系，共有声誉、新生质量、班级规模、师资水平、办学经费、图书资源 6 个一级指标。其中声誉包括声誉调查和校友资助 2 个单项指标，新生质量包括新生在高中时的平均成绩、高中平均成绩在 75 分以上的比例、新生外省本科生比例、新生外国本科生比例、按期毕业率、学生获得国家学术奖励数 7 个单项指标；班级规模包括一二年级班级人数、三四年级班级人数、终身教授授课数 3 个单项指标；师资水平包括有博士学位的教师比例，获国家奖教师数，社会、人文科学和委员会拨款，自然科学、医学拨款 4 个单项指标；办学经费包括生均经费、学生服务经费占预算比例，学生奖助学金占预算比例 3 个单项指标；图书资源包括总藏书量、生均藏书量、图书馆服务经费占预算比例、购置新书占预算比例 4 个单项指标。[②]

《亚洲新闻周刊》大学排名指标体系。《亚洲新闻周刊》自 1997 年起通过问卷调查法开展最佳大学排名，其确定的指标体系包括学术声誉、学生择校、师资质量、科研成果、财政状况 5 个一级指标。其中学术声誉仅有 1 个单项指标；学生择校包括录取率、报考人数中应届生比例、高中属顶尖学生的比例、应届生高考的平均分数 4 个单项指标；师资状况包括获得研究生学位的教师比例、教师人均年收入、教师人均支出、生师比、班额大小 5 个单项指标；科研成果包括教师论文人均国际学术期刊索引、教师人均在亚洲学术期刊发表论文数、科研经费数、有博士学位的教师数、研究生数 5 个单项指标数，财政状况包括总支出、每个学生总支出、学生人均借阅图书数、互联网通道、E－MAIL通道 5 个单项指标。[③]

① 王战军，瞿斌．美国英国大学排名及特点 [J]．科研管理，2001，22 (5)：49－55.

② 曲绍卫．大学核心竞争力研究——基于新制度经济学分析框架 [M]．北京：教育科学出版社，2008.

③ Http：//www. nerword. com. hk/asiaweek.

3. 国内外大学排行榜的比较

对比上述三个国际大学排行榜和国内三个大学排行榜，可以看出，国内外在大学评价问题上既有相同之处，也有不同之处。相同之处在于都重视高校的学术声誉，其中网大大学排行榜与国外大学排行榜的指标体系相似度最高，都把学术声誉或声誉列为首位，且获取数据的方法一致；区别在于国内更强调高校领导和学者的认知，国外强调招生部门和学生、校友等的认知。国内更注意根据高校的职能特别是科学研究来分别判断，国外更侧重学生的感受或从学生的视角来认知。国内外大学排行榜在指标遴选方面的差异，反映了国内外高等教育思想和对高校认知的不同。

（二）高校核心竞争力评价指标体系

高校核心竞争力评价指标体系是一套能全面反映高校核心竞争力、具有一定的内在联系、互为补充的指标体系。这套指标体系建立在对高校核心竞争力的理解上。

学术界对高校核心竞争力的内涵及其构成的认识是不统一的。别敦荣、田恩舜（2004）认为高校核心竞争力是大学发展演变过程中长期培育、积淀而成的，它孕育于大学文化，并深深地融合在大学的内质之中，是一个由制度体系、能力体系和文化体系有机组合而成的系统。[1] 张卓（2002）认为它包括学术核心和管理外壳两个部分，前者由学科和专业组成，其职责是科学研究与教书育人；后者由组织结构和管理体系组成，其职责是制订战略、分配资源和支持学术核心。[2] 罗红（2003）认为它由三个要素组成，其中技术（教育能力、管理能力与科研能力）是关键，文化是基础，制度是保证。[3] 宋东霞（2003）认为它由四个要素组成，分别是学生素质（生源质量、学生的科学素养和人文素养、专业素养）、师资队伍（学位、知识、年龄结构）、科研活动（科研项目、经费、成果）和学科建设（重点学科、实验室、人文研究基地）。其中学生素质和科研活动是最终产出，师资队伍是重要资源，学科建设是发展核心。[4] 李景勃（2002）认为高校核心竞争力由五个要素组成，其中人是基础，技术是关键，科学的管理体制能发挥整体优势，完善的信息系统是重要保证，

① 别敦荣，田恩舜. 论大学核心竞争力及其提升路径 [J]. 复旦教育论坛，2004（1）：55-60.
② 张卓. 研究型大学的基本特征和评价体系 [J]. 南京航空航天大学学报（社会科学版），2002（6）：44-49.
③ 罗红. 高等教育的质量困境及其应对策略 [J]. 湖南社会科学，2005（7）：150-152.
④ 宋东霞，赵彦云. 中国高等学校竞争力发展分析 [J]. 教育发展研究，2003（12）：41-44.

创新是保持长久竞争优势的动力。① 顾海良（2005）认为高校的核心竞争力一方面涉及学校的综合实力，如学校的财力和物力；另一方面涉及学校的"五学"，即学者、学科、学术、学风和学生。② 马士斌（2000）认为高校核心竞争力由七个要素组成，办学资金、知名度和美誉度、科研成果和毕业生、办学方向和办学能力、人的因素、内部管理体制与人力资源管理运行机制、高校主要负责人的素质。在既定的外部管理体制下，人的因素是高校竞争力的核心，人的数量、素质、结构、配置、积极性、合作与竞争等因素影响核心竞争力的形成，其中教师是核心力量。③ 孟丽菊从硬件和软件来表征大学竞争力，其中，硬件包括师资力量、资本存量、科学研究与开发能力、区位力、结构优化程度、凝聚力；软件由文化要素、制度要素、管理要素、开放要素、秩序要素构成。④

由于学术界对高校核心竞争力的内涵及其构成认知不统一，导致了我国学术界提出的高校核心竞争力评价指标体系较多，且各有不同的侧重。据不完全统计，除上述专家学者外，提出高校核心竞争力评价指标体系的学者还有成长春、戴开富、张卫良、夏桂华、任喜峰、孙美丽、王丽君、钟永泉、霍小军、李晓娟、段勇等人。

（1）指向一般高校的评价指标体系。就评价指标体系的面向而言，任喜峰⑤、钟永泉⑥、李晓娟⑦、罗亚林⑧等人遴选的评价指标体系，明确指向研究型大学；党传升⑨、孙宏利⑩、范佳佳⑪、喻冬⑫等人遴选的指标体系明确指向

① 李景勃. 从核心竞争力的视角看我国西部地区高校如何发挥地域特色 [J]. 贵州师范大学学报（社会科学报），2002（4）：111 – 114.

② 顾海良. 增强高校的核心竞争力 [N]. 人民日报海外版，2005 – 03 – 14.

③ 马士斌. "战国时代"：高校核心竞争力的提升 [J]. 学海，2000（5）：163 – 166.

④ 孟丽菊. 大学核心竞争力的含义及概念塑型 [J]. 教育科学，2002（3）：59 – 60.

⑤ 任喜峰. 我国研究型大学核心竞争力评价与培育研究 [D]. 哈尔滨工程大学博士论文，2007.

⑥ 钟永泉. 我国研究型大学核心竞争力的研究 [D]. 华中农业大学硕士论文，2008.

⑦ 李晓娟等. 我国研究型大学核心竞争力的评价指标究 [J]. 管理评论 2010（3）：44 – 53.

⑧ 罗亚林. 研究型大学核心竞争力及其培育研究 [D]. 西南交通大学硕士学位论文，2007.

⑨ 党传升. 基于行业特色型大学核心竞争力评价与培育研究 [D]. 北京邮电大学博士学位论文，2012.

⑩ 孙宏利. 基于学科建设模式的航海类高校核心竞争力研究 [D]. 大连海事大学博士学位论文，2013.

⑪ 范佳佳. 外语类院校核心竞争力研究——以高校 T 为例 [D]. 天津师范大学硕士学位论文，2009.

⑫ 喻冬. 艺术类高校核心竞争力现状与对策研究 [D]. 吉林大学硕士学位论文，2013.

行业特色型高校（大学）；成长春[1]、戴开富[2]、张卫良[3]、孙美丽[4]、王丽君[5]等人遴选的指标体系没有确指面向哪一类高校，笼统地说面向高校（大学），但就指标体系的具体内涵来看，是指向研究型大学的。夏桂华[6]的指标体系面向层次定位明晰的高校。明确面向地方高校的有施鲁莎[7]；面向民办高校特别是民办本科院校的有段勇的博士论文[8]，郝艳利、彭斌、陈丽平等人的硕士论文也以民办高校的核心竞争力为研究对象。明确指向新型大学的仅有朱俐虹的硕士学位论文[9]。严格来说，民办本科院校属于新型大学的范畴。即面向新型大学专门研究核心竞争力指标体系的成果很少，且创新性不强。

就评价的手段而言，分定性、定量、定性与定量结合三类。其中任喜峰、孙美丽、王丽君、钟卫东、霍小军、李晓娟等人确定的指标均为定性指标，戴开富、夏桂华确定的指标均为定量指标，张卫良、成长春、钟永泉确定的指标为定量指标与定性指标结合。

从评价指标体系设计的一级指标来看，学者们之间的差别较大，但可以看出彼此间的联系。其中，孙美丽的一级指标与成长春相同，均为显性要素和隐性要素2个一级指标；戴开富的指标体系突出资源，包括教学资源、科学研究和基础设施3个一级指标；张卫良强调现状和未来发展，设计竞争实力和竞争潜力2个一级指标；夏桂华设计了4个一级指标：人才培养、科研能力、学科建设、学科队伍；任喜峰确定了3个一级指标：文化力、学习力、创新力，明确指向研究型大学；王丽君确定了2个一级指标：竞争资源和竞争能力；钟永泉确定了4个一级指标：关键资源、人才培养、科研能力和大学声誉；钟卫东确立了4个一级指标：学科竞争力、学生竞争力、科研竞争力、资源竞争力；霍小军确立了4个一级指标：教学能力、科研能力、资源开发能力、管理能力；李晓娟确立了3个一级指标：学科建设能力、战略领导能力和创新能力，明确指向研究型大学。仅从字面理解，我们注意到，孙美丽、成长春、戴开

① 成长春. 高校核心竞争力分析模型研究 [D]. 河海大学博士学位论文，2005.
② 戴开富. 高等学校核心竞争力研究 [D]. 武汉理工大学博士学位论文，2007.
③ 张卫良. 大学核心竞争力理论与实践研究 [D]. 中南大学博士学位论文，2005.
④ 孙美丽. 大学核心竞争力评价研究 [D]. 苏州大学硕士学位论文，2008.
⑤ 王丽君. 大学核心竞争力及其评价研究 [D]. 青岛大学硕士学位论文，2008.
⑥ 夏桂华. 基于层次定位的我国高校核心竞争力研究 [D]. 哈尔滨工程大学博士学位论文，2006.
⑦ 施鲁莎. 地方高校核心竞争力评价指标体系的建构 [J]. 中国成人教育，2010 (10)：5-6.
⑧ 段勇. 引入动态股权制的中国民办高校核心竞争力研究 [D]. 东华大学博士学位论文，2015.
⑨ 朱俐虹. 广西新建本科院校核心竞争力提升研究 [D]. 广西大学硕士学位论文，2013.

富、钟永泉的指标体系偏重于对现状的观察，即对要素或资源的观察，想从要素或资源的观察中判断高校的竞争力。张卫良、任喜峰、钟卫东、霍小军、李晓娟的指标偏重于能力的认知，即将学校的核心竞争力分解为多种能力。其中，钟卫东、霍小军、李晓娟是基于高校的功能将高校的核心竞争力分解为教学能力、科研能力、资源开发能力、管理能力、学科竞争力、学生竞争力、科研竞争力、资源竞争力等，这种划分有利于分析，但容易割裂高校的主要工作。张卫良设计的竞争实力和竞争潜力兼顾了现状和成长性，但在实际分析中难以准确把握尤其是对竞争潜力的分析难以准确把握。任喜峰的 3 个指标从理论上最接近核心竞争力的理念，但文化力、学习力和创新力如何针对高校的实际，则成为问题。当然，这是我们就字面意思进行的分析。如果联系到二级指标和三级指标，则是另外一回事。武汉大学中国科学评价研究中心自 2004 年开始发布中国大学竞争力排行榜，其 2004 年的评价指标体系设计了 4 个一级指标：办学资源、教学水平、科学研究、学校声誉，这一指标体系是面向重点大学即研究型大学的。

从评价指标体系的二级指标来看，学者们之间依然有差距，但差距没有一级指标那么大。孙美丽设计了科学研究、人才培养、管理力、学习力和文化力 5 个二级指标。成长春设计了人才生产能力、学术生产能力、管理力和文化力 4 个二级指标。他们的二级指标实际上等同于张卫良、任喜峰、钟卫东、霍小军、李晓娟等人的一级指标。戴开富设计了重点学科与学位点、高层次人才、教师队伍、重点实验室及基地、人才培养质量、科研队伍、科研课题、科研经费、科研成果、教学科研设施 10 个二级指标，虽然也强调人才培养质量，但以学科建设和科研为主，涉及的资源主要是教师队伍和学科、科研设施。张卫良强调现状和未来发展，设计了人才培养、科学研究、社会服务、文化力、领导力、师资力、学科力、组织力、资源力 9 个二级指标；夏桂华设计了 11 个二级指标；任喜峰确定了 10 个二级指标；王丽君确定了 9 个二级指标：学科资源、师资队伍、财力资源、学术环境、无形资源、大学管理能力等。钟永泉确定了 21 个二级指标：其中 19 个指标为定量指标，2 个指标为定性指标；钟卫东确立了 17 个二级指标，均为定性指标。霍小军确立了 29 个二级指标：均为定性指标；李晓娟确立了 9 个二级指标。党传升设计的二级指标有：在校研究生与本科生比例，本科生毕业就业率，全国百篇优秀博士论文，国家级教学成果；人均科研经费，人均发表论文数，知识产权授权数，近三年国家科技奖励获奖；国家级重点学科数，博士后流动站数，一级学科博士点数，国家重点实验室数；生师比，杰出人才，专任教师中高级职称教师比例，专任教师中博士学位教师比例；生均年教育经费，生均教学科研仪器设备值，生均图书量，学校社会声誉，共计 20 个二级指标，虽然面向的是行业型特色高校，以定量为主，但立足的仍是研究型大学。武汉大学中国科学评价中心的高校核心竞争力评价指标体系设计了 13 个二级指标：属于办学资源的基本条件、教育经费、教师队伍、优势学科，属于教学水平的生源与毕业生、研究生与留学生、教学质量，属于科学研究的科研队伍与基地、科研产出、成果质量、科研项目与经费、效率与效益，以及学校声誉。

至于三级指标，学者们之间的差距相对较小，差别主要体现在对同一三级指标的归类上。具体来看，戴开富设计的三级指标有：国家级重点学科、博士后流动站、一级学科博士点、二级学科博士点、硕士点，院士、跨世纪人才、杰出青年、长江学者岗位数，副高级职称以上教师比例、博士学历教师比例、研究生与本科生人数比例、师生比，国家重点实验室、教育部重点实验室、国家工程研究中心、国家工程技术研究中心、国家人文社科基地、新世纪优秀人才、全国百篇优秀博士论文、本专科学生就业率、科研活动人员、专职科研人员、研究发展课题、科技服务课题、研究发展经费、科技服务经费、专著、论文、专利授权数、成果获奖数、固定资产、公开发行的刊物、教学科研仪器设备、生均印本图书资料等，以定量分析为主，面向的是研究型大学，一般大学很难进入。武汉大学中国科学评价研究中心设计了 51 个三级指标，其中属于基本条件的有校舍面积、生均校舍面积、仪器设备总额、生均仪器设备总额、图书总量、生均图书量 6 个；属于教育经费的有当年教育经费支出总额、当年生均教育经费支出额 2 个；属于教师队伍的有中科院院士与工程院院士数、杰出人才（长江学者、跨世纪人才、教学名师）、博士生导师数、高级职称教师占教师总数比例、生师比 5 个；属于优势学科的有博士点数、硕士点数、国家级重点学科数、特色专业数 4 个；属于生源与毕业生数的有新生入学平均分数、博士毕业生数、硕士毕业生数、本科毕业生数、毕业生一次就业率5 个指标；属于研究生与留学生的有研究生与本科生比例、留学生与本科生比例 2 个指标；属于教学质量的有教育部优秀教学成果奖，教育部精品课程，教育部优秀教材，全国百篇优秀博士论文，各类国际性、全国竞赛获奖数 5 个指标；属于科研队伍与基地的有国家科技创新团队、国家重点实验室研究中心科研基地、R&D 全时人员占教师比重三个指标；属于科研产出的有专利申请与授权数，SCI、SSCI、A&HCI 收录论文数，EI、ISTP、ISSHP 收录论文数，CSTPC、CSSCI 收录论文数，社会科学专著（部）5 个指标；属于成果质量的有获国家最高科学奖，自然、发明、进步奖，教育部人文社科奖，Science、

Nature 论文，ESI 顶尖论文数，标志性精品成果奖，SCI、SSCI、A&HCI 被引次数，CSTPC、CSSCI 被引次数 6 个指标；属于科研项目与经费的有国家自然科学基金项目数，国家社科基金项目数，科研项目总数，当年科研支出经费 4 个指标；属于效率与效益的有人均产出率，万元产出率 2 个指标，属于学校声誉的有学术声誉，社会声誉 2 个指标。从上述的列举可以看出，武汉大学中国科学评价研究中心设计的指标突出的是已经形成的现状和产出，且涉及了人才培养、科学研究和社会服务的全部。

（2）基于知识观的高校核心竞争力评价指标体系。毛亚庆和吴合文以知识为基础，用因素分析法和内涵解析法，根据大学核心竞争力的内涵和构成，将大学核心竞争力归纳为定位、核心知识、知识操作、知识规范和价值观四个层面，构建了由 4 个一级指标、30 个二级指标构成的评价指标体系。

定位层面分析的内容包括高校知识体系的价值性、独特性和卓越性分析。具体包括五个方面的内容：①高校是否有明确的主打领域；②该领域在国内（国际）或行业内的地位如何；③该领域吸引资源的状况；④在地理空间或行业位置上是否有从事相似领域的高校；⑤高校在该领域是否有稳固的市场地位和声誉。①

核心知识层面的分析具体包括八个方面：①高校是否围绕主打领域建立了核心知识体系；②高校对核心知识体系是否有明确的战略选择；③核心知识体系的载体之一人力资源的构成，包括人力资源的数量、质量、结构以及和高校定位的契合性；④核心知识体系的载体之二学科组合，包括学科数量、品质（包括质量、使用指向以及创值能力等）、结构（包括知识的广度、知识的深度、跨学科以及理论实践的结合方式等）；⑤核心知识载体之三知识的组织结构，包括学术组织的设置合理性、行政组织的设置合理性、学术组织和行政组织的沟通联系状况（两者相互支撑还是相互抵触）；⑥该核心知识体系与其他高校的同类知识体系比较是否有很强的差异性；⑦该核心知识体系的市场占有情况（吸引学生、政府资助、社会捐赠的能力）；⑧该核心知识体系能否为高校进入多种业务领域提供机会和能力。②

知识操作层面分析具体包括十个方面：①高校对核心知识体系是否有主要

---

① 毛亚庆，吴合文. 基于知识观的大学核心竞争力研究 [M]. 北京：教育科学出版社，2010：137.

② 同上书，138 页。

的操作技术，是致力于教学、研究还是职业培训等某种操作技术，在实施教学、研究或职业培训等操作技术时采取什么样的策略方式；②该操作技术是否激发了高校生产知识的能力；③该操作技术是否激发了高校创新知识的能力；④该操作技术是否激发了高校运用转化知识的能力；⑤生产知识、创新知识、运用转化知识三种能力是否具有较大的难度和先进性；⑥生产知识、创新知识、运用转化知识三种能力是否是一个一体化的协同过程；⑦知识操作技术利用组织资源（包括人力资源、知识组织载体、教学、实验或实习设施等）的充分性；⑧知识操作技术在同类竞争者之间是否具有明显的独特性；⑨知识操作技术能否不断吸取新的知识、信息、技术以获取持续发展的能力；⑩这些知识操作技术的成果，包括毕业生、课程、论文、专利、出版物、社会声誉等。[1]

知识规范和价值观分析包括七个方面：①是否形成一种关于知识生产和操作的流程；②知识生产和操作流程的制度化情况；③该知识生产和操作流程在组织成员之间的认同度；④是否形成关于知识生产和操作的价值观；⑤该知识价值观的认同度和拓展性（指拓展到边缘学科、新兴学科、新的操作技术和新的领域的程度）；⑥该知识价值观是否以有效的激励机制使组织成员追求知识的生产和操作；⑦该知识价值观吸纳新的理念、价值的能力。[2]

表6-1　高校核心竞争力评价指标体系[3]

一级指标	二级指标	指标类型
定位层面A	A1 高校是否有明确的主打领域	分析指标
	A2 该主打领域的综合实力	显示性指标
	A3 该主打领域吸引资源的状况	潜力性指标
	A4 在地理空间或行业位置上是否有从事相似领域的高校	分析指标
	A5 高校在该领域是否有稳固的市场地位和声誉	分析指标

---

① 毛亚庆，吴合文. 基于知识观的大学核心竞争力研究 [M]. 北京：教育科学出版社，2010：137.

② 同上。

③ 同上书，140-141页。个别文字有调整。

续表

一级指标	二级指标	指标类型
核心知识层面 B	B1 是否围绕主打领域建立了核心知识体系	分析指标
	B2 对核心知识体系是否有明确的战略选择	分析指标
	B3 核心知识体系的载体之一人力资源	显示性指标
	B4 核心知识体系的载体之二学科	显示性指标
	B5 核心知识载体之三知识的组织结构	间接计量指标
	B6 核心知识体系的差异性；	分析指标
	B7 核心知识体系的市场占有情况	显示性指标
	B8 核心知识体系进入多种业务的机会和能力	分析指标
知识操作层面 C	C1 高校对核心知识体系是否有主要的操作技术	分析指标
	C2 该操作技术能否否激发生产知识的能力	分析指标
	C3 该操作技术能否激发高校创新知识的能力	分析指标
	C4 该操作技术能否激发高校运用转化知识的能力	分析指标
	C5 生产知识、创新知识、运用转化知识三种能力的难度和先进性	分析指标
	C6 生产知识、创新知识、运用转化知识三种能力的协同性	分析指标
	C7 知识操作技术利用组织资源的充分性	间接计量指标
	C8 知识操作技术在同类竞争者之间的独特性	分析指标
	C9 知识操作技术持续发展的能力	分析指标
	C10 知识操作的成果	显示性指标
知识规范和价值观层面 D	D1 是否形成一种关于知识生产和操作的流程	分析指标
	D2 知识流程的制度化情况	潜力性指标
	D3 知识流程在组织成员之间的认同度；	间接计量指标
	D4 是否形成关于知识生产和操作的价值观	分析指标
	D5 该知识价值观的认同度和拓展性	间接计量指标
	D6 该知识价值观的激励价值	间接计量指标
	D7 该知识价值观更新能力	分析指标

（3）面向新型大学的评价指标体系。朱俐虹从新型大学的实际出发，构建了新型大学核心竞争力评价指标体系，包括人才培养竞争力、知识创新竞争力、服务社会竞争力、组织与管理能力、社会影响力5个一级指标。其中人才培养竞争力包括优秀教学人力资源、高品质人才培养资源、优秀教学成果资源、优秀学生资源4个二级指标；知识创新竞争力包括高品质学术资源、优秀学术成果2个二级指标，组织与管理竞争力包括组织资源、管理资源2个二级指标。相关的三级指标包括教师中副高级以上职称占专任教师比例，硕博士学位获得者占专任教师比例，新世纪百千万人才工程人数；本科专业数，省级高校实验教学示范中心，国家或省级特色专业数，国家或省级精品课程数，国家及省级教学成果奖获得数，学生获省部级以上各类竞赛奖励数；研究生所占比例，留学生所占比例；国家及省部级重点实验室和工程中心数，国家或省级重点学科数，国际权威索引发表论文数，CSSCI 与中文核心期刊论文刊发数；学科专业与地方经济社会发展的匹配程度，学校、企业、政府紧密结合的程度；组织结构与学校功能的一致性程度，学校的规章制度与学校发展定位的匹配程度，校园文化丰富程度，教风，学风，管理职能系统的完备性，专职管理人员占管理队伍的比例，学校的社会知名度，学校的社会美誉度，毕业生就业率等27项。从指标的遴选情况看，该指标体系照顾到了新型大学的特点，如社会服务竞争力的指标遴选，但绝大多数指标的遴选与研究型大学或重点高校相似。说明该指标体系的创新程度一般。①

民办高校是社会力量利用非财政资金举办的高校，也是举办高等教育的一种主要形式。民办本科院校属于新型大学的范畴。近年来，学术界关于民办高校核心竞争力的研究文献和论著逐年增加。学术界关于民办高校竞争力的研究集中在三个层面：①知识层面。部分学者将知识作为高校最关键的资源，认为较好地获取、整合以及应用和传播知识是维持竞争力长久的保证。民办高校的核心竞争力主要体现在各个要素实体性和过程性相互融合，以知识为前提，形成一个协调的体系。② 民办高校的核心竞争力可划分为高校的知识资源、财务和基础设施体系、管理体系以及价值体系（精神和办学理念）。有学者认为，高校是一种社会知识组织，人力资源密集，人力资源是决定高校竞争力的核心要素。民办高校的核心竞争力在很大程度上取决于教师的核心竞争力。②体制优势。有学者认为，"民办体制本身便是民办高校的核心竞争力，是民办高校

① 朱俐虹. 广西新建本科院校核心竞争力提升研究［D］. 广西大学硕士论文，2013，06.
② 翟玉胜. 民办高职院校增强职业教育吸引力实施路径的思考［J］. 教育与职业，2011（3）：12－14.

在竞争中取胜的法宝"①。也有学者认为民办高校在创业发展的第一阶段所具备的管理和机制灵活的优势，在第二阶段已经没有任何作用了，应该形成自身的特色专业以及优秀品牌，增强办学的能力，培养自身的再生能力。② ③应用层面的分析。有学者以西安培华学院为例，在SWOT分析的基础上，提出从规模发展向内涵建设转型、构建合理的师资服务、以地方社会经济发展为导向优化专业设置、产学研结合提升就业质量等方面构建核心竞争力。③

有学者结合民办高校的特点构建了包括学科建设、办学能力、办学特色、社会声誉和学生质量5个一级指标，学科水平、人才培养、师资水平、基础条件、管理能力、满意度、美誉度、理念特色、学科特色、基本素质、专业素质等11个二级指标和34个三级指标的核心竞争力评价指标体系。利用AHP与专家评判相结合的方法对指标体系进行了评价。④ 与前面的指标体系进行比较，该指标体系并没有体现民办高校的特点。

段勇使用德尔菲法整理了民办高校核心竞争力的关键指标，包括学校规划、人才培养、管理规范、师资队伍、校企合作、教学科研成果、财务状况等7个一级指标，学校发展规划、办学目标和定位、人才培养模式、专业设置、学校治理结构、监督与激励机制、师资队伍规模、师资的学历职称、管理队伍、顶岗实习、校企融合度、毕业生就业率、质量工程成果、论文发表数量、办学者投入15个二级指标，经过主成分分析，得出人才培养、管理规范、师资队伍、校企合作4个一级指标是民办高校核心竞争力的核心指标的结论，指出，"民办高校具有高度的类企业属性，借鉴现代企业管理中的体制机制理论，民办高校核心竞争力的关键因素是其法人治理结构和人力资源管理"。提出要引入动态股权制。⑤ 邹长城认为：民办高校的社会公信力就是其核心竞争力。⑥ 杨树兵则认为，民办高校核心竞争力的构成要素，包括坚实的资源保障机制、科学的管理运行机制、效益至上的经营机制、优质的服务供给机制、严格的质量保障机制、持续的创新机制、敏锐的市场反应机制。

① 贾少华. 民办大学的战略 [M]. 杭州：浙江大学出版社，2005.

② 章跃进. 依托先进管理打造名牌民校——江西大宇职业技术学院的办学实践与探索 [A]，中国国际职业教育论坛组委会. 中国国际职业教育论坛文集 [M]. 2005：211-213.

③ 莫姣姣. 西安民办高校核心竞争力要素构建研究——以西安培华学院为例 [J]. 学园，2014（11）：30，35.

④ 阮家港. 民办高校核心竞争力评价指标体系构建研究 [J]. 成人教育，2013（10）：72-74.

⑤ 段勇. 引入动态股权制的中国民办高校核心竞争力研究 [D]. 东华大学博士论文，2015.

⑥ 邹长城. 社会公信力——中国民办高校的核心竞争力 [J]. 船山学刊，2005（2）：179-182.

（4）基于学科、专业的评价指标体系。我们注意到，前述指标体系都是以学校为对象，没有顾及学科（专业）或学科（专业）群的差异。高校之间的竞争既是学校之间的综合的竞争，更是专业或专业群的竞争。所有的高校，无论办学历史和办学基础如何，都是在某几个或某十几个专业或专业群开展活动，并不是在所有的专业或专业群都展开，这使得高校与高校之间的竞争是错位的，并非完全的直接竞争。但在专业或专业群方面，直接竞争的可能性较大，错位选择的可能性相对要小。换个视角看，即使相同的专业或专业群，受学校组织行为的影响，其学科侧重点和专业服务面向也不完全一致。在某种意义上，无论是高校，还是专业或专业群，它们之间的竞争仍然是错位的竞争，这是复合知识竞争的逻辑。就此而言，高校竞争的实质是专业或专业群的竞争。

汪付官、汪颖建立了适用于地方高校的专业核心竞争力评价指标体系，其中一级指标有人才培养竞争力、专业建设能力、人才培养质量、教学研究与教学改革成果、科学研究竞争力、社会服务竞争力、校园文化影响力、组织管理能力8个；相关的二级指标有师资队伍结构与水平，与产业、区域经济发展相适应的专业，品牌专业与特色专业，专业培养目标，人才培养方案，教学资源的利用；毕业生的市场占有率，市场评价；国家级、省级教学成果奖，教学改革项目，质量控制；科研能力；服务地方能力，产学研合作；校园文化，学风、教风、作风，校园精神，办学特色，规划能力，规章制度、管理者素质等。相关的三级指标有教师队伍的职称结构、学历结构、年龄结构、学缘结构；教学管理制度的建设与执行；国家级省级科研项目及奖励、核心期刊论文数、学术交流与合作；毕业生一次性就业率，科研成果转化率，参与地方政策及企业的咨询与决策；合作的范围与比例；价值观念、行为方式、人文情怀；学风、教风、工作作风；校训校歌；办学理念、办学定位、发展规划；规章制度的建设与执行；管理者素质，工作效率等。①

王颖丽针对某学院的学科建设构建了考核指标体系，其中一级指标包括学科方向、学科团队、学科平台、科学研究和人才培养、学位点与学科点、学科声誉、学科管理7个。其中学科方向包括稳定性和合理性、特色方向2个二级指标；学科团队包括学科带头人和方向队伍2个二级指标；学科平台包括重点实验室、工程中心、基地3个二级指标；科学研究包括科研产出、科研项目、科研经费3个二级指标；人才培养包括教学成果奖、专业教材课程、研究生科

---

① 汪付官、汪颖. 地方高校专业核心竞争力评价指标体系的建构 [J]. 成功（教育），2013（22）: 7.

研情况、研究生实践基地、学位论文质量、研究生就业追踪情况、研究生国际交流情况 7 个二级指标；学位点与学科点包括学位点和重点学科 2 个二级指标；学科声誉包括学科排名与社会服务 2 个二级指标。①

（5）对上述评价指标体系的评述。我们注意到，已有评价指标体系主要是对高校自身进行评价，是将高校作为一个孤立的主体来对待的。通过前面的论述，我们知道，高校是整个社会系统的有机组成部分，其生产特点是通过教育教学增益学生的人力资本、生产新知识，并利用掌握的知识和技术直接向社会提供技术或咨询服务。其中通过教育教学增益学生的人力资本即人才培养是高校的基本生产，也是高校区别于其他社会组织的根本。生产新知识、利用掌握的知识和技术直接为社会提供服务等是其衍生功能或附着功能。研究型大学的兴起，似乎使生产新知识成为高校的主要职能。这种改变即研究型大学的兴起只是提高了生产新知识即科学研究在高校中的地位，改变了人才培养的类型，以研究型人才和应用型人才为培养对象，不再以应用型人才为单一培养对象，但研究型大学的兴起没有改变高校的生产格局和人才培养的根本地位，人才培养仍然是高校的基本职能，是高校区别于其他社会组织的根本。即使终身学习成为社会的必需，包括高校在内的学校体系仍然是增益人力资本的主要途径。因此，高校之间的竞争，其根本是人才培养的竞争，表现是对优质生源的竞争，实质是其培养的毕业生在劳动力市场的竞争，即其增益在毕业生身上的人力资本即人才培养过程的竞争。在构建高校特别新型大学的核心竞争力评价指标体系时，我们必须立足高校竞争的实质，以人才培养为核心。前述的指标体系特别是面向研究型大学的指标体系过度突出科学研究即新知识生产的重要性，将其作为核心竞争力认知的核心，无疑脱离了高校的基本功能，是难以真实反映高校竞争的全貌的。如果以此作为指导高校发展的指南，将会引导高校走上歧路。毛亚庆、吴合文基于知识的核心竞争力指标体系以知识为核心，指标设计照顾到了知识操作的各个方面，似乎适合于知识社会的所有高校。但在高等教育大发展、高校分类分层明显的情况下，不可能有放之四海而皆准的指标体系和评价方法，只有立足于特定类型的评价方法和指标体系才有可行性，才能区分高校的差异性和比较优势。另外，这种貌似全面的指标和方法在某种程度上也忽略了大学的基本功能。这是我们使用该指标体系时需要注意的。

---

① 王颖丽. 地方本科院校学科考核指标体系研究 [J]. 中国集体经济, 2016 (34): 61 - 62.

三、新型大学核心竞争力评价指标体系构建

作为高校，新型大学与其他大学在职能上没有区别，都被赋予了人才培养、科学研究、社会服务、文化传承等职能，并与其他大学展开竞争。区别在于新型大学的组织生命周期与老牌本科院校不同，拥有的资源有明显差异，本科教育经验缺乏。基于上述区别，新型大学在高等教育市场中的位置与老牌本科院校不同，可供选择的类型和层次不同。即对新型大学来说，最关键的是准确的定位，立足自己的历史、资源选择最合适的竞争对手和竞争场域，选择了对手就选择了竞争场域，选择了细分市场。在发展过程中，高校应随时评价自己的核心竞争力，发现新的机遇，选择合适的发展战略，展开新的竞争。高校的竞争，主要是生源、资源和服务市场空间之争。高校核心竞争力指标体系的构建，围绕着高校的运营和可能遇到的竞争展开。

（一）构建指标体系的分析

构建指标体系的分析是从新型大学的现实和未来发展出发，分析新型大学内部各项职能、工作之间的逻辑关系，明晰哪些工作、职能对核心竞争力的培育起到作用、起到什么作用，进而构建核心竞争力评价的指标体系。本书主要基于高校进行人才培养的基本功能，从高校组织运营的视角来分析。

1. 办学定位

办学定位分析的目的是寻找和明确自己的细分市场，即明晰自己在高等教育市场和劳动力市场的具体定位。高校的基本功能是人才培养，其与社会的主要连接点也是人才培养。科学研究、社会服务、文化传承是衍生功能，是附着于人才培养的。从这个意义上说，高校的市场定位主要是面向劳动力市场，面向特定地理空间的特定行业或产业，具体表现是专业（或课程）的设置。因此，市场定位分析包括两部分：一是已有专业的竞争优势；二是可以进入的新专业的潜在竞争优势，通过这两个方面的分析寻找自己的主打市场。无论是已有专业，还是准备进入的新专业，在分析这些专业是否可以作为高校的主打市场时，可从四个方面进行分析：该专业在一定地理空间中的市场规模、市场结构，以及学校的市场份额和变化情况。结合这四个方面，可设计如下评价指标：（1）是否有明确的主打专业？（2）学校主打专业在一定地理空间和行业的绝对地位？（3）学校主打专业在一定地理空间和行业的相对地位？（4）主打专业融集资源的能力。从经营的视角看，单纯一个专业的运营风险太大，必须形成专业群，才能有效分散市场风险和确保运营效率。对一所高校来说，必须有若干个主打专业或专业群，一般认为至少有3~5个专业群，否则容易在市场竞争中陷入不利地位。专业群的基

本体现方式是学院。但专业群太多也不利于高校的运营，当管理幅度足够大时，高校的运营效率和运营利润就会减少。因此，在分析和评价一所高校的核心竞争力时，还应考虑如下指标：（1）是否有适度的主导专业或专业群？即专业或专业群的设置是否最佳。

2. 主打专业的发展性

主打专业的发展性指的是该专业未来发展的能力或潜力。它揭示的是专业通过毕业生在未来劳动力市场的表现。如果办学定位指标展示的是学校拥有的专业和专业的综合实力的话，主打专业的发展性指标体现的是每一个专业或专业群在市场的现实竞争能力和未来竞争能力。

首先要明确的是主打专业或专业群对劳动力市场需求变动的认知和回应能力，表现的是人才培养与劳动力市场的对接，即专业毕业生在劳动力市场的适应性。包括三个方面：一是是否根据劳动力市场需求建立了针对性强的知识体系；二是已经建立的知识体系是否形成了根据劳动力市场变动适时调整的机制；三是对劳动力市场变动的趋势即专业或专业群未来的发展是否有准确的预见和明确的战略选择。可具体化为 3 个指标：（1）是否建立了有针对性的知识体系？（2）是否有行业和行业劳动力市场研究？（3）是否形成了适时调整知识体系的机制？

其次是主打专业的发展能力。这是主打专业核心竞争力形成的基础。专业发展能力建立在教师、学科、组织等资源基础上。具体指标包括：（1）专业人力资源的构成，包括人力资源的数量、质量、结构及其与专业定位的契合性。该指标既强调人力资源的支撑性，也强调人力资源拥有的知识、能力结构与专业定位的契合性，尤其是后者，对专业核心竞争力的形成影响较大。（2）服务于专业的学科或学科组合，包括学科数量、品质、结构及其对专业的支持性。其中学科品质包括学科的质量、学科细分、学科对专业的支撑作用；学科结构指学科知识的广度、深度、跨学科水平，以及理论与实践的结合方向等。（3）服务于专业的组织结构，包括学术组织、行政组织以及它们之间的协调关系。包括学术组织设置的合理性、行政组织设置的合理性，学术组织和行政组织的沟通与支撑情况等。（4）自我筹资能力。在专业建设的初期，需要学校进行初始投入。在专业进入正常运营后，应该形成自我筹资、自我运营能力。在很大程度上，专业的自我筹资能力代表着专业的发展能力，它是前述人力资源、学科组合、组织结构能够成型并不断优化的基础。在现阶段，专业的筹资能力表现为对生源特别是优质生源的吸引能力，也表现为获得研发项目和社会服务项目的能力。

再次是专业的比较优势。它表现为一种现状或潜力。包括专业进入的门槛，专业知识体系与其他高校的同类知识体系相比是否有很强的差异性，该专业的市场占有情况，以及进入相邻或相关专业的可能性。其中专业的市场占有情况包括吸引学生的能力，吸引政府资助的能力，吸引社会捐赠的能力等。进入相邻或相关专业的可能性是指现有专业知识体系的延伸能力，即通过部分知识的调整和增加组成新专业进入相邻或相关劳动力市场的另一亚市场或子市场的能力。可具体化为如下指标：（1）专业进入壁垒；（2）专业知识体系的差异性；（3）专业的市场占有情况；（4）形成相关或相邻专业知识体系的能力。

3. 主打专业发展的基础

从劳动力市场的需求到知识体系构建是一个认知和探索的过程，而从知识体系到人才资本形成是一个知识传播和人的社会化的过程。人才培养的从事者教师、辅导员、班主任乃至教学行政管理人员，都是能动的个人，其行动过程都存在不确定性；人才培养的接受者学生也是能动的个人，其对知识、素质、能力的接受也会因人而异。同样的人才培养过程，不同的学生形成的人力资本是不一样的。因此，人才培养过程应是个性化的，是根据学生的实际情况因材施教，不可能是标准化的，这对学校的教学组织、教师的教学准备与教学实施、学生的心理认知等各方面都提出了要求，从这个视角出发，衡量人才培养过程的可行性可从如下几个方面着手。

首先，对人才培养过程进行分析。具体包括几个方面：一是人才培养的策略方式是小班化的因材施教，还是大班额的工厂化教学。这在很大程度上决定着学生成才的可能性和获得专用性人力资本的可能性。一般，代表专用性人力资本的技能更容易在小班化环境中获得，大班额的工厂化教学不可能帮助学生形成小众的专用技能。二是人才培养过程是单纯的理论讲授，还是将理论讲授、教育活动、实践教学有机地结合在一起，即人才培养是否实现了理论、实践与活动的一体化问题。这决定了毕业生知识、素质和能力的全面化和均衡发展，即理论知识增加和动手应用能力的结合，是应用型人才培养的核心。人才培养的理论讲授、教育活动与实践教学一体化表征为理论课堂教学、实践教学和教育活动的有效融合，即我们日常所说的产教融合。三是课程教学包括理论教学和实践教学是否具有探究性，即能否引导学生发现问题并解决问题的兴趣，实际是对学生创新创业能力的引导。四是人才培养是否容纳了专业领域的最新技术和知识。这意味着人才培养的与时俱进，确保学生获得的知识、素质和能力能与社会发展齐头并进。这四个方面可具体为以下指标：（1）专业教学的策略方式；（2）专业教学的方法；（3）课程教学的探究性；（4）教学内容的与时俱进。

其次，人才培养的衍生职能及其与人才培养关系的分析。主要分析人才培养过程的衍生功能如科学研究、社会服务、文化传承以及它们与人才培养的关系。包括人才培养对教师创新知识、生产知识的带动作用，即教师面向行业或产业领域进行科学研究和发展研究的兴趣是否被激发；人才培养对教师和学校社会服务的引导，即教师和学校在人才培养特别是产学研合作中发现为社会服务的市场空间；人才培养及其相关工作对学校资源利用的充分性，即学校的资源是否得到了充分利用？这三个方面特别是前两个方面与人才培养一起，被认为是高校的基本职能。在这里强调它们是人才培养的延伸作用，主要是强调它们与人才培养的相互支撑作用，突出它们的共通性和相互支撑性。这三个方面可具体为：（1）生产新知识的能力（即科学研究的能力，包括知识创新和知识整合）；（2）社会服务的能力（即运用知识的能力）；（3）知识生产、知识整合、知识传播和知识应用的一体化情况；即我们日常所说的教学、科研、服务一体化；（4）资源的应用能力和水平。

再次，人才培养技术的比较分析。主要是对专业人才培养过程所应用技术在不同高校的同类专业中的比较优势进行分析。可从两个方面进行分析：一是人才培养技术是否具有其他高校同类专业没有的独特性，即人才培养技术是否有特色；二是人才培养技术与其他高校同类专业相比是否具有领先性或先进性；三是人才培养及其衍生职能形成的产品如毕业生、课程①、教材、论文等是否拥有先进性？四是人才培养能否树立学生的专业思想？因为高等教育特别是应用型本科培养的是专用性人力资本，如果学生毕业后不能或不愿进入专业对应的行业或产业领域，他将面临所学非所用的局面，专用性人力资本的养成将是一种浪费。以上内容可具体为如下指标：（1）人才培养技术的独特性；（2）人才培养及其衍生职能的代表性产品；（3）毕业生的对口就业率。

4. 主打专业发展的保障性

主打专业发展的保障性主要是指将要素资源融合在一起并使其真正发挥作用的建设，实际是指学校内部的适宜的生态环境，通常包括工艺流程、制度体系、教职工的认同以及相关的激励等。主要包括如下几个方面：一是人才培养

---

①　这里所说的"课程"与前文中论述的"课程"不同，前文中论述的"课程"是国际通用语言，与我们常用的"专业"表达的意思相同。这里的"课程"是国际通用语言中的"课程单元"，即我们日常所说的每一门课。

包括知识生产、知识整合、知识传播、知识应用的工艺流程。基于科学管理的视角，在确保人的积极性不受损的情况下，尽力追求工艺流程的最佳配置。二是人才培养即知识生产、知识整合、知识传播、知识应用的程序化，即将工艺流程程式化和制度化。从科学管理的视角看，工艺流程的程式化和制度化在于工艺流程的非人格化，是现代化大生产和劳动分工的主要特点，它能最大限度地发挥规模经济的效应。三是教职工对人才培养即知识生产、知识整合、知识传播、知识应用等技术的认同度。主要考察教职工对于工作的积极性。一般认为，对生产工艺认同度高的人，生产积极性就越高，反之亦然。四是是否围绕专业人才培养形成独特的价值观。这属于校园文化的范畴，指围绕着专业或专业群生产形成的价值观，是以专业或专业群为基础的校园文化的核心。现代管理学认为，组织文化是组织的灵魂，是推动组织不断发展进步的灵魂。五是教职工对独特价值观的认同度。每个组织都可能形成自己的文化，但组织文化作用的发挥取决于组织人员的认同。一般认为，组织人员对组织文化的认同度高，就容易形成合力，推动组织的发展；反之，则会阻碍组织的发展。六是独特价值观的拓展性，即向其他专业、新的学科组织、新的技术拓展的可能性和程度，这标志着专业群的拓展可能。七是专业或专业群、学校是否形成了有效的激励机制。作为独立个体的人，教职工是能动的，他们能够全身心地投入工作中，需要完备的激励机制，以刺激他们的需求，激发他们努力工作的动能。这种激励机制可能是专业或专业独有的，也可能是学校独有的。以上可具体为如下指标：（1）人才培养工艺流程；（2）人才培养工艺流程的程序化；（3）教职工对人才培养流程或制度的认同度；（4）是否形成了围绕专业的价值观；（5）教职工对专业价值观的认同度；（6）专业价值观的拓展性；（7）是否形成有效的激励机制。

5. 主打专业发展的动态协调性

以上七个方面是静态的特定环境下的分析，真实的工作过程和学校生态环境是随时变动的，特别是高校的生产技术，需要随着整个社会生产技术的发展不断调整、改革，相应的价值观念也要随之调整和发展，以适应新环境、新技术、新流程。这些适应性调整实质是组织的变革。针对组织生态环境的发展和组织的变革，在评价专业或专业群的核心竞争力时，还应考虑如下问题：一是专业知识体系是否与会俱进，二是专业或专业群的人才培养工艺流程是否与时俱进，三是激励机制能否与时俱进。就此而言，应有如下评价指标：（1）专业知识体系的更新；（2）人才培养技术的更新；（3）人才培养程序或制度的更新；（4）专业价值观的与时更新；（5）激励机制的与时更新；（6）上述更新的协调性。

（二）指标体系的构建

基于上面的分析，我们初步得到如下的指标体系：

1. 办学定位

（1）是否有明确的主打专业？（2）主打专业在一定地理空间和行业的绝对地位。（3）主打专业在一定地理空间和行业的相对地位。（4）主打专业融集资源的能力。（5）学校是否有适度的主打专业或专业群？

2. 主打专业的发展性

（1）是否建立了有针对性的知识体系？（2）是否有行业和行业劳动力市场研究？（3）是否形成了适时调整知识体系的机制？（4）专业发展的人力资源基础；（5）专业发展的学科基础；（6）专业发展的组织基础；（7）专业筹资能力；（8）专业进入壁垒；（9）专业知识体系的差异性；（10）专业的市场占有情况；（11）形成相关或相邻专业知识体系的能力。

3. 主打专业发展的基础

（1）专业教学的策略方式；（2）专业教学的方法；（3）课程教学的探究性；（4）教学内容的与时俱进；（5）生产新知识的能力（即科学研究的能力，包括知识创新和知识整合）；（6）社会服务的能力（即运用知识的能力）；（7）知识生产、知识整合、知识传播和知识应用，即教学、科研和社会服务的一体化情况；（8）资源的应用能力和水平；（9）人才培养技术的独特性；（10）人才培养及其衍生职能的代表性产品；（11）毕业生的对口就业率。

4. 主打专业发展的保障性

（1）人才培养工艺流程；（2）人才培养流程的制度化；（3）教职工对人才培养流程的认同度；（4）是否形成围绕专业的价值观；（5）教职工对专业价值观的认同度；（6）专业价值观的拓展性；（7）是否形成有效的激励机制。

5. 主打专业发展的动态协调性

（1）专业知识体系的更新；（2）人才培养程序或制度的更新；（3）专业价值观的与时更新；（4）激励机制的与时更新；（5）上述更新的协调性。

上述指标中，1-4 与 2-6 是相同的，3-4 与 5-1 是相同的，可以保留一处。"1.2.3.4.5."分别用"A.B.C.D.E."标识，"1."下的（1）（2）（3）（4）分别用 A1、A2、A3、A4 来标识，用"分析指标""显示性指标""潜力性指标"对各类指标予以分类，并对相关指标的表述进行语言修饰，可获得如表 6-2。

表6-2 新型大学核心竞争力评价指标体系

一级指标	二级指标	指标类型
办学定位 A	A1 高校是否有明确的主打专业	显示性指标
	A2 主打专业的绝对地位	显示性指标
	A3 主打专业的相对低位	显示性指标
	A4 主打专业融集资源的能力	分析指标
	A5 学校有适度数量的主打专业	分析指标
主打专业的发展性 B	B1 主打专业是否建立了有针对性的知识体系？	分析指标
	B2 主打专业是否有对行业劳动力市场的持续研究	分析指标
	B3 适时调整更新知识体系的机制	显示性指标
	B4 主打专业的人力资源基础	间接计量指标
	B5 主打专业的学科基础	间接计量指标
	B6 主打专业的组织基础	间接计量指标
	B7 主打专业的进入壁垒	分析指标
	B8 专业知识体系的差异性	分析指标
	B9 主打专业的市场占有情况	显示性指标
	B10 形成相邻或相关专业的能力	分析指标
主打专业发展的基础 C	C1 专业教学的策略方式	显示性指标
	C2 专业教学的方法	显示性指标
	C3 课程教学的探究性	分析指标
	C4 生产新知识的能力	分析指标
	C5 社会服务（运用知识）的能力	分析指标
	C6 教学、科研、社会服务的协同性	分析指标
	C7 资源应用能力（或应用的充分性）	间接计量指标
	C8 人才培养技术（在同类竞争者中）的独特性	分析指标
	C9 人才培养及其衍生职能的代表性产品	间接计量指标
	C10 毕业生对口就业率	显示性指标
主打专业发展的保障性 D	D1 人才培养流程	分析指标
	D2 人才培养流程的制度化	分析指标
	D3 教职工对人才培养流程的认同度	间接计量指标
	D4 是否有围绕专业的价值观	分析指标

续表

一级指标	二级指标	指标类型
主打专业发展的保障性 D	D5 教职工对专业价值观的认同度	间接计量指标
	D6 专业价值观的拓展性	间接计量指标
	D7 是否形成有效的激励机制	分析指标
主打专业发展的动态协调性 E	E1 专业知识体系的更新；	显示性指标
	E2 人才培养技术的更新	显示性指标
	E3 人才培养工艺流程的更新	显示性指标
	E4 专业价值观的与时更新	分析指标
	E5 激励机制的与时更新	分析指标
	E6 更新的协调性	分析指标

以上共五个方面 38 个检测指标，其中分析指标 19 个，显示性指标 11 个，间接计量指标 8 个。这些指标是从不同的视角，直接或间接展示学校的核心竞争力及其发展的。这些指标，彼此之间多数是因果逻辑关系，不是简单相加或加权相加的关系。但他们之间的关系并不是简单的线性关系，而是多方面多角度的相互影响的因果关系。其中 B、C、D 各个指标之间的逻辑关系更为紧密和直接，A、E 与 B、C、D 之间的关系主要是总体和部分的关系。因此，在评价的时候以描述性为主，更多地展现专业发展的现状和学校核心竞争力的现状，不进行加权汇总形成分数。

（三）指标体系的适用性

从理论上说，只有相互竞争的高校才有竞争力比较的实际意义。核心竞争力虽然是基于高校内部的能力开发，但其在市场上的地位是有比较意义的。

目前的高校类型是多样的，就国内而言，有高职院校、没有研究生教育的本科院校、承担研究生教育的本科院校之分，有研究型大学、研究教学型大学、教学研究型大学、教学型大学之分，还有新型大学与老牌本科院校、国办高校与民办高校、营利性高校与非营利性高校的划分。这些不同的划分均点出了高校之间的差别。对高校核心竞争力的评价也应该适应这种情况，针对不同的类型实施"分类评估"。"分类评估"是目前高校评估的基本共识。美国的大学评估就是在分类的基础上进行的。我国国内的部分评价及其指标体系也以分类评价为主。

高校核心竞争力的内涵是建立在知识生产和操作的基础之上的，其评价也以知识的分野为界，主要包括教学、科研、社会服务这三种传统的知识技术活动。实际上，随着知识社会的到来和高等教育大众化乃至普及化的实现，高校的功能超越了传统的教学、科研和社会服务，或者说单纯依靠教学、科研、社会服务已经不能精确地划分高校的类型了，只能称之为知识操作的模式。同时，我们认识到，具体到某所高校，其对社会功能的选择并不是面面俱到，而是有所侧重，尤其是新型大学，目前以人才培养为主，且以应用型人才培养为目标，其科研和社会服务相对较弱。因此，基于知识的高校核心竞争力评价并不是仅仅对高校的评价，而是对知识的生产与传播、知识的利用与转化、知识的效率与效益等方面的分类评价。即核心竞争力的评价主要是评价高校自己的"知识生产和操作方式"的独特竞争力，而将其他非主流领域摒弃在外。但这不是说其他领域与高校核心竞争力无关，而是通过对高校核心竞争力在高校组织内部生产和操作的延展性和渗透性的评价，将其纳入了高校整体竞争力的评价。

毛亚庆和吴合文关于高校核心竞争力的评价指标体系，是立足知识社会这个背景，在对高校竞争进入复合知识竞争的认知的基础上提出来的，具有很强的时代性和针对性，应该适用于包括新型大学在内的所有本科院校。但受组织生命周期规律的影响，新型大学拥有的资源明显不如老牌本科院校丰厚，特别是在人才队伍和资金投入方面。这限制了新型大学选择竞争对手和竞争场域的能力。

在资源投入不足的情况下，新型大学的基本定位是面向区域经济社会发展培养应用型人才，以人才培养和基于人才培养的专业发展为主；科学研究和基于科学研究的学科建设在新型大学没有老的本科院校那样的地位，知识创新和知识生产不是学校的主流，只是作为人才培养的辅助力量出现，当然，这并不排除教师基于兴趣从事基础研究或与专业相关度不强的学术研究。基于知识创新的社会服务也明显滞后。因此，新型大学的竞争对手主要是新型大学，老的本科院校只是新型大学未来的竞争对手，目前还不是新型大学的主要对手。从这个视角考虑，本书提出的评价指标体系对新型大学有很强的适用性，特别是适用于高校自我评价。

需要注意的是，老牌本科院校虽然不是新型大学的主要对手，但确实是对手，并在多个领域与新型大学展开竞争，只不过不是主要竞争对手而已。当然，如果有香港科技大学那样的初始投入，新型大学不仅是老牌本科院校，甚至有可能成为老牌国际知名高校的竞争对手。特别是在人才培养这个层面，新型大学与老牌本科高校甚至老牌国际知名高校是存在竞争关系的。从这个意义上来说，我们这里谈论的新型大学只是目前国内的新型大学，不包括中国科学院大学、中国社会科学院大学、上海科技大学等初始投入极大的新建院校，也不包括未来的新型大学。可以预见，经过一段较长时期的发展，办学历史超过50年的新型大学对细分劳动市场的定位肯定与今天不同。

基于上述的分析，我们所设计的基于专业的高校核心竞争力评价指标体系是适用于新型大学的。

第三节　高校核心竞争力培育和提升

高校的核心竞争力培育是操作层面的工作，是在对学校的核心竞争力现状有明确认知基础上的自觉行动。自核心竞争力的概念提出来后，学术界和实践界从不同的视角提出了大量的关于核心竞争力培育的方法和对策建议。

一、学术界对新型大学核心竞争力培育的认识

对于新型大学来说，虽然核心竞争力评价的指标体系建树不多，但对核心竞争力培育方法的建议和认知不少，多数新型大学的管理者对学校的发展和核心竞争力培育有所论述，并在学校内部进行了实践。部分学者从不同的视角对新型大学的核心竞争力问题进行了论述。相对于老牌本科院校的论述，新型大学核心竞争力培育问题的论述相对少，探索相对滞后。

李永俊认为，新型大学要培育核心竞争力，一是转变办学理念，科学定位；二是整合已有资源，加强学科建设；三是实施人才战略，打造优秀的师资团队；四是引入先进管理理念，建立科学的管理体系；五是优化发展环境，加强政用产学研融合。[①] 在转变办学理念方面，首先，学校各级部门要认识到人才培养的质量始终是高等教育的核心；其次，要遵循"错位发展"的办学理念，即树立不搞重复建设、不走别人的老路的办学理念；再次，要树立为区域经济社会发展服务的理念；最后，规划好办学的规模、办学结构，协调投入产出的比率，走协调可持续发展的道路。在科学定位方面，要根据内外部环境，结合已有的办学经验，遵循"地方性""错位发展"的办学理念，结合所在区域发展的需要，确定自己的办学类型、层次、方向、目标等要素。要坚持教学为先导、应用为根本的办学理念，进行科学定位是培育核心竞争力的先决条件。

朱政针对江苏省的新型大学，利用SWOT分析法对新型大学的核心竞争力

---

① 李文俊，马廷威. 新建本科院校核心竞争力培育研究 [J]. 理论观察，2017（3）：151 - 152.

现状进行了分析。指出地方政府的重视和支持是新型大学的优势。劣势是本科办学经验缺乏；师资队伍与教学规模扩张不相称，体现为师资总量不足、师资结构不合理、教师教学投入不足；学科建设比较薄弱，体现为专业覆盖面太广，涉及学科数目多。面临的挑战主要是自身不足、办学声誉、办学质量。其中自身不足主要是本科经验少，可支配资源少，发展滞后。办学声誉挑战主要是学校在社会上知名度不高，缺乏认可。办学质量挑战主要是学术、教学、科研的发展质量及对社会发展的贡献偏低。①

董婷等人认为，新建本科院校的核心竞争力培育可从以下几个方面入手：一是科学准确定位，为提升核心竞争力指明方向，即确定地方性的办学定位，树立教学为先、应用为本的办学理念。二是加强学科建设，提升学科竞争力。三是加强队伍建设，提升人才竞争力。加强科学研究，提高自主创新竞争力；四是创新体制机制，提升发展环境竞争力；五是抓好文化建设，提高校园文化竞争力。②

上述认知和经验多是基于感性认知，在借鉴的基础上提出来的。多数是泛泛而谈，缺乏针对性，建设性价值不强。

二、新型大学核心竞争力培育和提升的过程③

高校提供的虽然是准私人产品，不是完全的商品，但在人才培养直至劳动力市场上，高校之间是竞争的关系，需要培育核心竞争力，并将高校的竞争优势转移到劳动力市场上体现出来。从这个意义上说，高校核心竞争力的培育和企业组织核心竞争力的培育一样。企业核心竞争力的培育经验适用于高校。高校核心竞争力的形成与其他组织一样，是一个复杂的过程，一般要经历一个由价值定位到要素整合、再到能力内化（规范），最后摆脱路径依赖（能力更新）的过程。新型大学核心竞争力培育的过程与其他高校一致，区别是作为本科教育的初级阶段，新型大学对办学定位的选择要更为慎重，需要付出更多的努力。

（一）高校的价值定位：知识体系定位

高校是以知识为核心的社会组织，其职能集中在知识的创新、生产、整合、传播与应用等领域，知识的创新、生产、整合、传播与应用的方式和具体内容千姿百态，类型和层次多样，一所高校不可能从事所有的知识创新、生

---

① 朱政．江苏省新建本科院校核心竞争力现状的 SWOT 分析与对策研究 [J]．学校管理，2015（4）：221.

② 董婷、李永明．新建本科院校核心竞争力打造 [J]．中国成人教育，2012（21）89－91.

③ 本部分参考了毛亚庆、吴合文《基于知识观的大学核心竞争力研究》的第四章。

产、整合、传播与应用活动，只能根据自身情况选择对特定知识的生产和操作，这种选择是高校构筑核心竞争力的起点，这种选择在某种意义上也是对竞争对手的选择。对于新型大学来说，高校对特定知识或知识领域的生产和操作的选择，就是对人才培养对劳动力细分市场的选择，就是知识体系定位。

高校处理知识的方式经历了三个阶段。第一阶段重视理性、论辩、知识的概念和方法的探寻，社会的相关性和实用性是次要的。第二阶段强调知识、能力、伦理和为社会服务的专业标准，这种专业标准包含在长期的、要求严格的课程之中。第三阶段是各种职业教育和公益教育的产生，把工商业需要提高到首要位置，课程设置和知识传授与劳动力市场的关系非常密切。① 随着社会的发展，高校处理知识的重心发生了变化，但旧有的处理方式并没有消亡，而是几种知识处理方式同时并存，共同发挥作用。正是这些知识处理方式的并存，为高校的多样化定位和基于劳动力市场细分的选择提供了可能，学校的价值定位和办学定位才有了具体的现实的意义。

1. 价值定位的标准

社会组织的价值定位是遵照一定的标准进行的。社会组织的价值定位一般会依照价值性、独创性和效益性三条标准进行。

(1) 价值性。价值性是包括高校在内的社会组织价值定位的首要标准。对企业组织来说，效益和市场价值是价值性的主要体现。对高校来说，体现组织价值性的是高校产品的社会效益和经济效益，是生产的人才和知识对社会的贡献。根据价值的高低，高校获取核心竞争力的途径有两种：一是价值的独创性。高等教育发展的历史告诉我们，高校是在一次次的价值 - 目标体系的更新中获得新生的，那些能首先抓住机遇，创造新的知识、新的知识整合和知识传播途径，成功实现高校模式转型的高校就在抢抓机遇的那一刻为今后的发展奠定了基础，赢得了竞争的优势。人类社会在发展，高校的职能扩张也在继续，那些能够担当社会责任、勇为人先的高校将会赢得独特的竞争优势。价值的独创性是高校最具价值的竞争力。二是价值的增值性。增值性有两种表现方式：做好与创新。做好意味着组织在细分市场里固守自己的品牌，提供更多的价值；创新需要高校对相应环境的价值需求做出判断，并对自身的任务或战略的适用性做出评价，以合适的方式、高效的组织、经济的组合对传统的价值予以转型。在某种意义上，新型大学的产生本身就是一种创新，是价值目标的转型。从专科教育到本科教育，从技能型人才到应用型人才，是一种产品的创

---

① 改编自经济合作与发展组织. 重新定义第三级教育 [M]. 北京：高等教育出版社，2002：56.

新，更是一种价值的独创性的形成。但相对来说，更是一种产品的创新。在价值的独创性上，新型大学是作为劳动力细分市场的一种新进入者出现的，它目前提供的更多的是一种新的产品，至于这种产品与其他本科教育产品的差异，是同一产品市场上细分产品市场的差异，应用型人才的培养和定位就是与其他高校特别是老牌本科高校的区别策略。

当今社会是一个价值多元的社会。在这个价值多元的社会中，高校可以根据形势和环境的要求对自己的目标——价值定位做出多样化的选择，但是资源的限制和众多参与者使得高校不可能企图在所有方面都同举并重，只能有所为有所不为，切取市场蛋糕的一部分，才能更好地消化吸收。

高校在众多目标市场中进行选择时，受到"资源束"的约束。选择就意味着限制，功能及学科的选择是一个基本的策略。美国一些学院如威廉斯文理学院、阿默斯特学院、斯沃斯莫尔学院等选择专注于本科教育，以密切的师生关系、充足的教学资源、高师生比、充分的学科融合、高质量的人文素质教育赢得了较高的社会声誉，它们关注每个学生作为其个体的成长和发展。专用于教学的资源使学生获得高质量的本科教育，也给相应的优秀师资一个宽松的教学环境。在资源有限、参与者众多、组织注意力限制的情况下，"术业有专攻"的竞争战略可以更容易快速赢得市场地位和竞争优势，对环境的反应更加灵敏。在某种意义上，应用型人才的定位以及围绕着应用型人才的专业建设是一种选择，是基于学校的已有资源和可获得资源对行业领域的选择。

（2）独创性。独创性是指某所高校独有的不同于其他高校的价值所在。在竞争激烈的市场中，市场主体必须创新才能具有与众不同的竞争力。简单的模仿可以缩短高校之间的差距，但不会给高校带来核心竞争力。高校目标定位的独创性要求高校具有洞察力和预见力，能准确地判断社会需求，并能把握知识形式的变化。高校的独创性是指高校在资源、目标定位和社会需求上找到适合自己的位置，它要求高校具备分析知识的需求和供给、知识的价值和如何去增加知识的价值的调研能力。即高校要评估自己的知识体系，如办学的层次、核心和特色学科（专业）、毕业生培养规格、知识的应用方式等，明确自己的优势特长和不足，进而发挥优势，避免劣势与不足，形成对手难以企及的核心竞争力。对独特性的追求要求高校对劳动力市场、技术市场和自身加强研究，对学校已有的核心竞争力水平和地位进行研究，明晰今后的发展方向和独创性的源泉，为独创性的形成提供支持。①

---

① 毛亚庆、吴合文. 基于知识观的大学核心竞争力研究 [M]. 北京：教育科学出版社，2010：103－104.

（3）效益性。效益性指高校的定位选择能有利于增强自身吸纳资源的能力，即确定什么样的知识体系对自己是有益的，既能使自己履行正常的教育、研究、培训、转化等功能，也能获得额外的收益来扩展这些功能。这既是对作为独立法人的高校而言的，也是对法人地位不完整的国办高校而言的。无论是前者，还是后者，其运营都需要大量的资源做支撑，通过对知识的利用获得资源是高校发展的现实。高校可根据自己的实际情况，选择不同的知识技术，面向政府、企业或其他社会组织、个人寻求更多的额外资源。新型大学在人才培养的同时，可通过开发新知识新技术，为企业提供技术支持和人员培训等来获得效益。当然，高校运营的效益既指经济效益，也指社会效益，是经济效益和社会效益的结合与均衡。

2. 价值定位的技术

寻求核心竞争力的高校应在一些核心问题上考察自己的知识体系，"了解你所处的环境，明确你所在的环境，或者你想要实现的境况，并且决定对于组织的健康、成长和品质而言，什么是最关键的"。[①] 即对自己的现状和未来可能的现状进行深入了解。

首先，要了解你的知识体系是否卓越，包括现有的知识体系和计划进军的知识体系。高校具备核心竞争力的重要依据是你的核心能力胜过所有的或大部分的竞争对手，包括现有的竞争对手和潜在的竞争对手。[②] 如果已经拥有的知识体系不是卓越的，就需要采取措施拉近与一流水平的差距：从内部开始着手，重建人力资源系统，改变管理模式。如果内部的资源不足以承担使你达到卓越的担子，就要考虑采取适当的策略从外部汲取力量。如果要扩展一个新的领域，就需要考察相邻的竞争对手是否已经在这一领域占据绝对优势，如果经过分析发现难以追赶一流水平，最好的策略是不要花费大量的资源从事一个自己难以获取竞争优势的项目。

对于新型大学来说，追赶（或山寨）是必要的。追赶的立足点是后发优势，新型大学必须发挥后发优势，在形成独特性优势之前使用其他单位已经形成的卓越知识，结合自己的办学定位进行知识的整合，形成具有自己特色的知识体系。追赶或山寨相当于小朋友练书法，必须描摹，通过描摹，再慢慢练，练成熟再创新。换个视角，高等教育不是完全的市场，特别是在我国，无论是国办高校还是民办高校，都不是完全的市场主体，都处在向市场主体转变的过

---

① ［美］乔治．凯勒．别敦荣等译．大学战略与规划：美国高等教育管理革命［M］．青岛：中国海洋大学出版社，2005：102.

② 欧高敦．亦真亦幻的核心竞争力［M］．北京：三联书店，2001：24.

程中。政府投入为国办高校的发展提供了一定的资源保障，加上高校在专科（高职）阶段形成的资源积累，新型大学并不是简单的进入新的细分市场，而是在专科教育这个劳动力市场的基础上伸出的新的分支。从这个意义上来说，新型大学是跨越两个类型（种类）劳动力市场的机构，站在经营的视角，在资源可行的情况下，新型大学应该保留专科教育，并和应用型人才培养形成补充和支撑。

其次，要了解它的知识体系在相关竞争者面前是否独特。核心知识体系带给高校的比较优势是它的个性化。当某所高校遇到模仿者的竞争时，需要思考的是自己的独特性，找出自己的独特性并予以发扬。独特性是建立在知识体系即人才培养的知识体系上的，是知识体系的独特性，是面向劳动力市场并符合市场发展趋势的独特性。这种独特性体现在与已有竞争者的比较上，以满足市场需求为标准。

再次，要了解你的知识体系是否还有价值。这种价值体现在对劳动力市场及其发展的需求的满足上，也体现在学校的知识创新、知识生产和知识应用对市场需求的满足上。

复次，要了解你的知识体系是使你难以满足这些目标还是可以再更进一步拓展你的目标。即明确学校拥有的知识体系与市场需求之间的关系，是完全满足、有差距无法满足，还是有差距但经过拓展能够满足需求。

又次，要明确在市场的压力之下，你的核心知识体系是否已经到了必须淘汰的边缘。这是针对有差距的知识体系而言的。即学校的核心知识体系与市场需求有明显的差距，已经难以满足市场的需求。这时面临着如何处理这些知识体系的问题，是必须淘汰还是经过改造可以重新焕发青春。

最后，在选择自己的价值定位时，要了解和明确自己的核心知识体系在市场竞争中处于什么样的地位？要明确哪些东西对自己组织的健康、成长和品质来说是最关键的。当然知识体系的选择是多种多样的，要明确何种知识体系对自己是有价值的，需要根据每所高校的历史、传统、使命以及竞争环境来选择。这种价值定位技术实际是根据市场需求对已有学科或专业的竞争力进行评价，确定其未来发展趋势。除少数进入壁垒较高的专业外，多数专业都面临着发展与淘汰的问题。高校在确定自己的专业结构和专业体系时一定要立足市场需求，随时进行评价，以确定专业结构调整的方向和调整的具体内容。

3. 内部沟通

高校办学定位的确定是一个缜密谨慎的抉择过程，内部沟通是其中不可缺少的环节。内部沟通的目的在于确保核心竞争力的战略目标能被内部人员清晰地理解、认同和接受，并落实到日常的行动中去。

与企业不同，学校是一个以知识为核心、传播文化的社会组织，提高教育教学质量，培养优秀学生，创造富有学术价值的科研成果，是学校组织生存与发展的根本所在。学校组织的性质决定了教育教学和学术研究等专业化工作在学校各项工作中的核心地位，决定了学校组织中存在学术和行政两个权威系统，学术权威在学校的管理尤其是学术管理中起着决定性的作用。一般学，专业分化越强，难度越大，学术权威的影响力也就越大。学术权威都是一些具体的人，人有非理性的特征。只有在内部经过深入而全面的沟通，获得广大教师的理解、认同和接受，学校确定的办学定位和战略目标才能成为高校全体人的行为，由少数领导人的思想变为组织的行为。从这个意义上说，内部沟通对高校战略目标的确定尤为重要。

我国的国办高校正处在深刻的变革中，事业单位改革、高校办学自主权的落实、高等教育体制改革等，使竞争和市场力量逐步深入高校的日常办学中，迫使高校改革自己的行为方式，以适应转型社会的社会环境和发展需求。在这样的改革过程中，沟通的技巧就是如何平衡传统的学术价值观和新的市场价值观。"由于传统的学术文化不能被忽视，不能被推到一边，因此必须使它起作用，从而得到适应。教授参与校部工作，是避免学术人员可能把太多自上而下的命令看作硬性的管理主义的第一步。"① 对于新型大学来说，内部沟通是让教师认同应用型人才培养的定位，赞成学校面向劳动力市场培养人才的必要途径。只有广大的教职工特别是学术水平较高的教师认同了学校的定位，并愿意为新的定位付出努力，才能确保学校面向社会培养合格适用的应用型人才。

（二）知识战略要素整合

生产要素是经济学的基本范畴，西方经济学家认为生产要素包括劳动力、土地、资本、企业家，后来加上了技术和信息，要素整合的实质是资源配置。

高校是特定的社会组织，其核心是知识和知识操作。在大学的核心知识体系确立以后，围绕核心知识的战略要素整合是高校核心竞争力培育的第二阶段。在该阶段，高校通过对知识的操作获得核心专长，激活、配置内部资源，最终转化为产出。该阶段形成的技巧和操作程序使高校的竞争力具备难以移植性，最终形成核心竞争力。即知识战略要素整合是高校核心竞争力形成的关键阶段，它形成的是高校的实质竞争力。

1. 知识战略要素

所谓战略要素，是指那些直接关系到高校组织的发展前景，关系到高校竞

---

① ［美］伯顿·R·克拉克．王承绪译．建立创业型大学：组织上转型的途径［M］．北京：人民教育出版社，2002：168.

争力的形成与提高，存在于组织内部的、协同发挥作用能确保组织取得核心竞争力的要素。高校的战略要素是高校知识体系的系列载体，具体包括知识的依附载体、知识的表现形式、知识表现形式的组织化、知识操作的管理系统以及知识运用的形式等。其中，知识的依附载体指高校的人力资源系统，知识的表现形式是学科、专业（课程）、课程单元、研究项目等，知识表现形式的组织化是基于学科或专业组建的基层学术组织如系科、学院、研究中心、实验室等，知识操作的管理系统包括管理人员、管理制度、管理组织结构、管理程序等，知识运用的形式有技术转化、咨询、培训等。对这些战略要素的整合，决定了核心竞争力的成形。①

需要注意的是高校的人力资本。在多数人的认知里，高校的人力资本包括两部分：一是从事实质性的知识创新、知识生产、知识整合、知识传播和知识应用的教学与研究人员。二是包括校长层、中层管理人员和院系所、实验室、研究中心负责人等的管理人员。实际上，高校的人力资本还有第三部分，那就是学生。相对于前两者来说，学生既是学校的潜在人力资源，也是现实的人力资源。潜在人力资源是就校友身份和作为校友的捐赠而言，现实人力资源指学生在现实的知识生产与操作过程中所起的具体作用，学生通过各种途径给学校带来的社会声誉等。

2. 知识战略要素的整合

只有当高校的战略要素以价值取向为中心，相互配合、协调，并且能适应外部机遇和挑战时，战略要素才能转化为高校的核心竞争力。战略要素整合的实质是指高校各个战略要素之间的协同。②

知识战略要素的组合通常包括三部分：形成知识组织图、跨学科和人力资源配置。

（1）知识组织图。在知识社会里，对高校地位的评价不再是单纯的学科排名，而是能力的组合，是生产知识的能力。对于新型大学来说，能力组织主要是生产应用性知识包括创新知识、生产知识、整合知识、传播知识和应用知识等的能力，是在知识的流动中实现增值。知识组织图是描述知识在高校组织内部流动情况的一种方法，它以知识的流动、枢纽和网络为主构成，其中包括高校的各种知识战略要素。知识组织图不同于传统的组织架构图，传统的组织架构以功能和职位为准，贯穿其中的是行政权力及其流动，知识组织图体现的

---

① 毛亚庆、吴合文. 基于知识观的大学核心竞争力研究 [M]. 北京：教育科学出版社，2010：112.

② 同上书，113 页。

是知识的流动，它提供的是一张高校知识版图的架构，描述的是高校版图和通过知识战略要素的协作实现知识的增值。如果从知识组织图中发现高校实现了知识的增值，并达到同类竞争者的一流水平，就可以说该高校已经具有核心竞争力了。

知识组织图可以描述在组织的某处知识是如何运作的，描述人力资源、学科、教学和学术单位、经营单位是如何实现互动的。一所高校想要寻找知识增长点，最佳的策略就是描述知识组织图。通过高校知识组织图，高校可以发现自身的知识生产和操作在效率、效益、增加值上所能达到的程度，从而引导组织采取正确的战略来实现高校的战略目标。

知识组织图的关键是突破传统组织结构的束缚。如果信息系统、沟通模式、职业发展道路、管理层报酬和战略制定流程都受制于以学科、权力为基础的组织界限，高校即使有核心竞争力也是支离破碎的。因此，高校领导应重视战略架构并把大量的时间放在战略架构的制定上，进而确定打造核心竞争力的目标。战略架构是描述高校知识流动以及在知识流动中如何增值的路线图，它指明需要培养哪些核心竞争力以及这些核心竞争力是由哪些相关技术组成的。管理结构、人力资源配置以及沟通模式、绩效评估都是为了更好地增加知识的创制和高校核心竞争力的形成，是服务于知识流动及其增值的。

需要注意的是，资源的配置既非赢者通吃，也不应该是平均主义，而是在整个组织架构的基础上，围绕核心战略的利益平衡过程。在这个利益平衡过程中，核心和专长要受到保护。而这需要一种长远的目光。它揭示的是"利益攸关者"对高校功能的要求、潜在技术与核心竞争力三者之间不断发展的关系。

（2）跨学科。跨学科是知识生产模式 2 的一种特色。它是传统的基于学科的知识生产模式之外的一种新趋势。在这种方式中，资源得到利用，研究得以进行，结果得以交流，成果受到评价。① 跨学科产生的知识创新和知识生产是知识社会中高校获取核心竞争力的一种方式。跨学科发展是高校内部组织结构、传统优势与文化互相融合的产物。跨学科发展的注意力集中于问题领域及热门话题，它需要的是合作而非个人行为，是如何将组织内外的资源组合起来，实现知识的创新。在跨学科环境中，理论研究和应用研究之间的学科界限

---

① Michael Gibbons, Camille Limoges, Helga Nowotny, Simon Schwartzman, Peter Scott, Martin Trow. *The New Production of Knowledge: The Dynamics of Science and Research in Contemporary Societies*, London: SAGE publications, 1994: 16.

和差异、高校和企业之间制度上的差异，变得越来越小。跨学科的主要意义是在应用的背景中促进知识的创新，而非多学科知识的简单累加。

跨学科的模式可以归纳为三种：第一种是在高校内部各个学科之间的融合，方式是通过增设新的交叉学科、边缘学科来实现；第二种是通过高校与企业、非营利组织、科研院所、其他高校的合作在组织内外实现跨学科的创新；第三种是在全球化背景下，政府、企业、相关院校在全球重大问题实现学科融合，方式是协同创新。每一种模式需要的组织条件和融合策略都不一样，如何在多元模式下实现跨学科是高校需要研究的重大问题。具体到每所高校，应从实际出发寻找合适的模式。

（3）人力资源配置。在战略协同过程中，人的因素是非常关键的。因为在高校的知识组织图中，知识的载体和连接的环节是由人来完成的。如高校的办学定位是学校领导的集体决策，有时甚至是个别富有魅力的校长决定的；知识操作的各种业务单元主要是教师完成的。相似的人力资源在不同高校中发挥的作用是不同的。

核心人物对高校核心竞争力构建的作用是显著的。一旦最高管理层确认了高校要追求的知识目标和价值体系，它就要求配置能与这些目标和价值体系相符合的关键人才，有序发展重点学科和专业，吸纳资源。关键人才对高校的发展是重要的。如斯坦福大学在 1955 ~ 1975 年的崛起，香港科技大学在短时间内的崛起等。高校拥有发展的关键人物后，校领导应当指导相关部门对代表核心竞争力的人员做一次审核，确定应该提供什么样的资源平台。院系所、研究中心、实验室等机构也要选择那些符合其学术价值取向的人才，并根据要求提供相应的资源平台。对人力资源的评估应根据情况采取多种模式。如在跨学科领域选择人才时，团队精神和知识能力同等重要，而在一个需要发挥个人专长的领域或学科，团队精神就不一定像跨学科那么重要。

高校的评估体系和奖酬体系也与高校核心竞争力的战略类型相适应。其中，对教师的评估体系，既不应该"以人为本"，也不应"以物为本"，而应将评估体系、奖酬体系与知识类型挂钩。如英国每五年对教师采取一次严格评估就很具有象征意义。

另外，在教师队伍中提倡学校的核心价值观，形成一种文化氛围，也有助于核心竞争力的巩固和提升。特别是那些具备核心竞争力的员工，应该定期聚会分享彼此的心得和体会，以增强他们之间的团队归属感和组织归属感。

3. 新型大学的知识战略要素整合

在知识战略要素方面，新型大学与老牌本科院校没有差异，同样需要人力资源、知识的表现形式、知识表现形式的组织化、知识转化的管理系统等。只是与老牌本科院校相比，新型大学处于组织生命周期的初期或者说幼年期，吸纳资源的能力有限，在学校的办学定位上以知识的生产、整合、传播和应用为主，暂时没有将知识创新放在首要位置上，或者说还不足以支持知识创新。新型大学的知识战略要素整合是围绕着应用型人才培养进行，以知识的生产、知识的整合、知识的传播和知识的应用为核心。需要整合的人力资源以从事教学和技术开发的教师、管理人员和学生为主，知识的表现形式以专业（课程）和课程单元为主，知识表现形式的组织化以专业学院、教研室、实验实训室为主，管理系统以促进产教融合、应用型人才培养和应用技术开发为主。

在知识战略要素的整合方面，知识组织图以面向劳动力市场培养应用型人才为导向，以专业（课程）和课程单元为载体，但知识的流动不是单向的，在人才培养的同时，新型大学的教师通过技术开发、社会服务等形式与社会发生关系，并与人才培养相结合。应用型人才以行业领域的需求为导向，以专业或专业群建设为主体，以人才培养为主要目的，本身就是跨学科的。在人才培养和社会服务的过程中，教师之间展开合作，共同进行技术开发和知识整合。人力资源整合既包括校领导对应用型人才的重视和坚持，围绕应用型人才培养选聘和配置专业负责人，围绕应用型本科专业建设学院、教研室和实验室，也包括围绕应用型人才培养建设管理机构、管理制度、评估体系和激励体系，即围绕着学校知识价值定位整合资源，以有利于应用型人才培养为导向。需要注意的是，战略要素资源的整合是一个系统过程，对其的评价也应该基于系统论的观点进行整体整合，不宜将高校工作的各个层面分解开来，分别评价。否则将不利于资源的整合和合力的形成。

（三）核心竞争力的内化与规范

高校在发展过程中形成自己的组织文化，即大学文化。大学文化是高校的组织成员广泛接受的价值观念以及由这种价值观念所决定的行为准则和行为方式，往往隐含在组织成员的内心和思维模式中，被组织成员有意或无意地接受，并自觉或不自觉地在日常行为中表现出来。大学文化与高校的核心竞争力既有联系又有区别，是内涵和外延不同的两个概念，不能等同看待。大学文化包罗万象，既有主流文化，也有多种亚文化同时存在。大学文化中的主导文化是高校核心竞争力的重要组成部分，但从主导文化到核心竞争力，中间存在一个转化机制。这个"转化机制是那些将大学知识生产和操作的规程、模式、范式内化的组织知识规范和价值观。大学核心竞争力的积累蕴藏在由知识规范和价值观构成的大学文化中，并且渗透到了整个大学网络中，而恰恰是大学内部网络达成的共识为大学成员深刻理解并指导行动的大学文化造就了一个综合且不可模仿的核心竞争力"。①

在高校内部，基于学科建立的学术系统导致了高校组织内部的横向机构分裂，使高校成为天然的分裂体。伯顿·R. 克拉克指出，学科是学术系统主要"关切的事"，它有自己经过几代人努力而形成的程序，有自己的知识传统——思想范畴，还有与之相应的行为准则。在每个领域里，都有一种新成员要逐步养成的生活方式，在发达系统中尤其如此。② 约翰·齐曼也指出："学术科学是一种社会建制，它在可能达到的最广泛范围里，致力于观点的合理的一致性。"学科和专业作为知识生产制度化的产物，它是遵循着其内在的逻辑而历史地形成的。③ 为了获得观点的合理一致性，人们在同一学科、专业领域内逐步建立了一套独特的思想范畴和相应的行为准则。这些知识规范在高校知识价值链的每一个节点上引导着成员的行为，渗透到知识生产和操作之中。学科专业的这种分裂性对高校核心竞争力的形成产生了影响。一方面，它有助于单科性或学科文化、功能文化同质性高的高校提升核心竞争力；另一方面，它不利于综合性大学核心竞争力的形成。

当然，知识规范的维度是多方面的，学科文化是一种维度，知识的经营、知识的实用趋向、求知的态度都是在知识生产和操作过程中形成的维度之一，它们的形成有助于综合性院校消弭学科之间的差异，推进核心竞争力的形成。

准确的价值定位，具有号召力使命不仅能提升高校的核心竞争力，而且其本身就构成高校核心竞争力。核心竞争力建设要求行动者的文化异质化，只有文化异质化，高校才能对内产生凝聚力。而且，一个适切的使命也是联结外部世界、疏通资源流动的桥梁。特别是竞争激烈的竞技场中，自我使命强烈的院校，在收集经费和吸引顾客与雇员方面具有某种优越性。④

相对于老牌本科高校，新型大学由于刚开始本科教育，还没有形成独特的基于学科的思维范畴和行为规则。但随着办学时间的增长，会形成基于专业的思维范畴和行为规则，渗透到应用型人才培养的每个环节中，在知识价值链的每个节点上引导着人们的行为。新型大学要立足应用型人才培养，立足自己的历史和资源，提出有价值的共同使命，提出有感召力的口号，建设和形成具有

---

① 毛亚庆，吴合文. 基于知识观的大学核心竞争力研究 [M]. 北京：教育科学出版社，2010：123.

② [美] 伯顿·R. 克拉克. 王承绪译. 高等教育系统——学术组织的跨国研究 [M]. 杭州：杭州大学出版社，1994：87.

③ 阎光才. 识读大学——组织文化的视角 [M]. 北京：教育科学出版社，2002：127.

④ [美] 伯顿·R. 克拉克. 王承绪译. 高等教育系统——学术组织的跨国研究 [M]. 杭州：杭州大学出版社，1994：94.

自己特色的大学文化。新型大学的文化要能形成将各种知识战略要素整合为一体的价值观,使广大教职员工在为共同使命奋斗的过程中,产生同一的价值观和行为规范,加深组织成员之间的网络联系和信任,增强互惠倾向,进而积累高校内部资本。同时,高校还要注意将自己的使命与其他高校相区别,否则,使命的号召功能就显示不出优势。

(四)核心竞争力的更新

路径依赖是新制度经济学的专业术语。路径依赖强调的是在一个具有正反馈机制的系统中,一旦一个制度或规则为系统所采用,便会沿着一定的路径来规范系统的发展与演进,从而导致其不易为其他潜在的、异质的甚至更优的系统所取代。核心竞争力的更新,其实质是突破路径依赖。

在具体的发展过程中,高校常常会面临调整发展战略的情况,发展战略调整通常在三种情况下发生。一是所处环境发生了重大变化,如政治、经济、文化乃至技术的变革,打破了原有的平衡格局。二是高校对环境特点的认识产生了新的变化,或者高校的资源和能力发生了变化。三是上述两者的结合。高校发展战略的调整常常会受到核心竞争力、管理者和组织文化的影响,表现出路径依赖的特征。在某种情况下,新型大学的出现类似于第二种情况,高等教育体制改革、事业单位改革以及同时进行的社会转型带给高校的第一种情况,无论是前者还是后者,都要求高校进行战略调整。

高校核心竞争力的路径依赖集中在三个方面:刚性特征、管理者过去经验、组织记忆特征。这三个方面也是高校核心竞争力更新时需要着意突破的。

高校核心竞争力的刚性特征。这种刚性特征依赖于高校核心竞争力所具备的独特性。这种独特性是其竞争对手难以模仿的,从而形成了该所高校相对于其他高校的竞争优势。这种独特的核心竞争力呈现出自我积累和自我强化的趋势,不仅竞争对手难以模仿,高校自身也难以改变,从而呈现出明显的刚性特点。

路径依赖特征与高校核心竞争力的刚性强度成正比,刚性强度越强,路径依赖的特征就越明显,反之亦然。高校核心竞争力的刚性强度受到核心竞争力形成时间和核心竞争力对高校发展支持范围两个因素的影响。通常,核心竞争力形成的时间越长,这种核心竞争力的刚性强度就越强,就越能体现核心竞争力的效应增进程度,对高校发展产生更大的规范作用。因此,这种增进效应越强,高校改变核心竞争力的难度就越大,核心竞争力的刚性强度就越大,高校发展战略的调整就越大。另外,高校核心竞争力对高校发展支持的环节和范围越广泛,反映这种核心竞争力的专业化程度越高,改变它的难度就越大,路经依赖的程度越高。

超越核心竞争力刚性限制的路径，一是注重高校内部核心知识的不断创新，二是与其他高校和组织建立战略伙伴关系，通过与战略伙伴在知识与产品上的资源共享和优势互补创造新的知识或进行知识与技能的转移，使学校获得新的核心竞争力，促进学校新的发展。

高校管理者的经验背景在高校发展战略的调整中起着非常重要的作用。高校管理者往往依赖自己对环境特征及其变化的认识，根据对高校拥有的内在资源的判定来对高校的战略发展定位，来确定高校发展的战略调整。在很大程度上，高校管理者是自己过去的承继者，摆脱自己的过去是很难的，也是不可能的，过去积累的知识和获得的能力限定了高校管理者今天考虑问题的范围和空间，长期形成的思维方式制约着他们分析问题的角度，基于职能背景和过去经验形成的价值偏好影响着他们对不同高校发展战略的选择。

超越管理者过去经验对高校发展战略的限制，必须建立现代大学质素，在制度中建立合理的激励机制，促使管理者作出符合高校发展的决策。完善高校治理结构，保持正常的人员流动的体制，使高校在需要进行发展战略调整时，能够及时撤换阻碍发展战略调整的管理者。

高校文化的组织记忆特征在一定程度上呈现出一元化的特征，常常排斥与主流文化不同的异质文化。高校的组织文化越强有力，价值观与行为准则的统一性越被强调，异质的价值观越被排斥，就越会制约组织成员的思维方式，限制组织成员的行为选择，从而影响高校的发展与调整。超越高校文化的组织记忆特征，必须构建学习型的组织文化，为异质文化的存在提供一定的空间。通过学习型组织文化的构建，使高校组织文化所体现的不仅是高校过去的成功经验，而且是与高校发展战略调整相适应的价值理念与思维方式，使高校的文化不再仅仅是组织记忆的产物，而是不断学习的产物。基于此，需要高校对传统管理模式的层级组织进行改造，增加组织成员之间的沟通与学习，同时容忍甚至鼓励多元异质价值观的存在与发展，这是高校文化繁荣昌盛的基础，也是高校发展的前提。

三、核心竞争力培育的其他几个问题

高校核心竞争力的培育是个系统工程，是高校整体统一努力的结果。在核心竞争力的培育方面，高校尤其是新型大学要注意以下几个问题：

（一）资源获取

办学资源是高校战略定位的基础，也是高校培育核心竞争力的前提性基础。从本质上说，高校核心竞争力是基于自身资源的高效运作而形成的超越对手的竞争力。无论高校做出什么样的战略决策，其落实都需要一定的资源做支撑。

高校的办学资源包括财物资源、人力资源、政策、社会声誉等。这些资源是高校办学方向的确立、办学目标的制定、办学能力培育的基础。高校核心竞争力形成的其他战略要素都取决于办学资源的数量、质量及其结构。

高校获得资源的方式很多。首先，是基于自身努力和历史积累实现资源积累，对应的发展方式是滚动式发展。其中财物资源的获得途径有：通过多招生、争取竞争性科研项目、争取其他专项工程等，获得政府拨款；通过承担社会责任与义务、赋予捐助者冠名权、授权使用标志等方式获得社会捐赠；通过与企业、事业、社会组织等合作获得合作单位的投入；通过技术开发、技术创新、成果转化等获得收入；通过社会服务获得收入；等等。人才资源的获得途径有：聘用博士、硕士等优秀毕业生；以待遇、岗位、潜在发展机会等引进外部人才；通过培训、挂职锻炼等方式开发内部人力资源；加强内部流动，提升现有人力资源的使用效率；等等。社会声誉主要是依靠办学质量和办学水平，包括人才培养质量、技术开发能力、社会服务水平等，辅以有效的宣传手段。

其次，通过战略联盟的形式获取办学资源。对某些稀缺资源采取"不求所有，但求所用"的方针，采取互利互惠、相互支持的合作方式来获取资源。如合作建设实践教学基地、柔性引进人才、校校合作开放、校企合作开发等等。战略联盟或其他形式的合作是在双方各有所取的情况下进行的，能否借此方式获得资源既取决于双方的实力和合作意愿，也取决于双方促成合作的努力，高校应善于突出的实力并善于促成合作。

其他，如积极引进新技术、购买网络课程、合作开发网络课程、合作开发新技术等。在现实社会，获取资源的方式很多，只要合适就可以采取。

（二）运营能力

运营能力是指高校在自身的组织结构与文化中，通过良好的业务流程对办学资源的运行，形成某个或某些方面独特的能力。这些能力直接支撑着高校核心竞争力的生成与提升。如人才培养能力、科学研究能力、社会服务能力、交流合作能力、筹款能力等。

对新型大学来说，最重要的是人才培养能力，体现为教育教学能力。教学能力的提升基于教师、学生、给学生施加教育影响的技术手段三个方面。其中，教师能力是一个多层次的构成，可分为一般能力和专业能力，一般能力是指教师从事高校教育教学工作所必须的语言表达、人际沟通、思维等基本能力，是教师能够顺利履行高校工作职责的基本保障。专业能力是指作为一名高校教师从事高校教育教学科研等工作所需的特定职责能力，包括教学及其研究能力、科研创新能力、职业自我发展能力、团队合作能力等。其中教学能力又包括教学设计能力、教学研究能力、教学实施能力、教学效果的监测能力、实践教学能力、教育技术能力等。教学设计能力包括对教学内容的建构与解构、学期课程的计划与准备、教学资源的开发与利用、教学方法的选择、教案的设计撰写、教材的选用或编撰等能力；教学实施能力包括课堂组织、教学内容的再现、师生互动的控制、教学方式方法的运用、教育技术的应用、课堂管理等能力，教学效果的监测（教学反馈）能力包括教学进度的控制、教学效果的监控、教学效果的改进、作业的处理等能力；教学研究能力包括教学过程的反思、教学方式方法的探索与创新、教学内容的整合与更新、教学资源的整、教学结果的预测等能力。实践教学能力包括基础性实验认识和操作能力、基础性实验的教学设计能力、基础性实验教学能力、实践教学基地的开发能力、创新性实验的教学设计能力、创新性实验的指导能力等。教师的教学能力要紧跟时代的步伐，不断提高。学生的学习能力一般指学生通过教师的指导而掌握的学习方法，即"会学"。学校的学习能力有一般学习能力和专业学习能力之别。这里所说的学习能力既包括一般学习能力，也包括专业学习能力。学生的学习能力也是不断进步和提高的。至于后者技术手段，即知识操作的技术手段，既要注意掌握和使用成熟的教育基础和手段，也要使用先进的技术和手段，以确保教师和学生能运用前沿的方法和手段，提高教育教学质量。

对于新型大学来说，社会服务能力和交流合作能力也是主要的。应用型人才是在校企合作、产教融合的环境中实现的，校企合作、产教融合的实现离不开交流合作能力。社会服务主要是利用自己创新、生产、整合的知识为社会提供培训、咨询、技术研发等服务。交流合作能力与社会服务能力是相互配合的。新型大学要不断提升社会服务能力和交流合作能力，提高自己与社会交换资源、共享资源的能力。

第七章　新型大学"转型"发展

近年来，随着高等教育的发展特别是新型大学的发展，院校"转型"和"转型发展"的言论兴起，甚至波及老牌本科院校，成为教育舆论的热点问题之一。

第一节　高校"转型"发展的实质

新型大学的转型包含两个意思：一是从专科（高职）教育向本科教育的转型；二是从普通本科教育向应用型本科教育的转型。无论是前者，还是后者，都属于组织变革的范畴，其目的都是让学校尽快过渡到新的目标，形成新的定位并培育核心竞争力。转型发展是新型大学的阶段性任务，是在特定阶段适应社会发展需要和高等教育体制改革的一种调整性行为。

一、高等教育类型之分

无论是专科教育向本科教育转型，还是普通本科向应用型本科转型，实质都是从一种教育类型转移到另一种教育类型，或者说是从一种人才培养类型转移到另一种人才培养类型，即转型前后高校培养的人才，无论在培养目标上还是规格标准上都有明显的差异。

（一）《国际教育标准分类法》对高等教育类型和层级的约定

"国际教育标准分类法"（International Standard Classification of Education，ISCED）是联合国教科文组织根据 1958 年第 10 届大会通过的关于国际教育统计标准的建议而制定的。迄今有 1976 年版、1997 年版、2011 年版共计 3 个版本。

"国际教育标准分类法"制定的目的是"提供一个框架，对由课程及资格

289

证书所界定的教育活动，按照国际公认的类别进行分类"，其中 2011 年版本"引入一个以公认的教育资格证书为基础划分受教育程度的相关分类方法"[①]。"国际教育标准分类法""是一个以教育等级和学科来组织安排教育课程和相关资格证书的参考分类"，"是国际协商，并经联合国教科文组织成员国大会正式通过的结果"，而非用于规范各国的教育。"国际教育标准分类"中的基本分类单位是国家和国家以下的教育课程和相关的公认教育资格证书。"教育课程系指为在一段持续的时期内达到预定的学习目标或完成一组具体的教育任务而设计和组织的一套连贯或序列的教育活动或交流。目标包括提高个人、民事、社会和/或就业方面的知识、技艺和能力水平。学习目标，一般与为学习深造和/或从事某个职业、行业或某种职业或行业做准备相关联，但也可能与个人的发展或闲暇娱乐相关。教育课程的共同特征是，在达到学习目标或完成教育任务时，成功完成是经过证明的。"[②]

《国际教育标准分类》1997 年版本将教育纵向划分为 7 个层次，其中第 5 层为"第三级教育第一阶段"，包括大学专科和大学本科以及"所有博士学位以外的研究课程，例如各种硕士学位"在内的高等教育，它"不直接通向高级研究资格证书"。《国际教育标准分类》没有在第 5 级内进一步区分专科、本科、硕士研究生教育的不同层次差别，而是按照课程计划类型进行了横向划分。将其分为 5A 和 5B 两种类型，其中 5A 是指强调理论基础，为从事研究（历史、哲学、数学等）和高技术要求的专业工作（如医学、牙科、建筑学等）做准备的高等教育；5B 是指实用型、技术型、职业专门化的高等教育。

《国际教育标准分类法》2011 年版本将教育纵向划分为 9 个等级。其中第 5 级标示为短线高等教育，第 6 级标示为学士或等同水平，第 7 级标示为硕士或等同水平，第 8 级标示为博士或等同水平。同时，《国际教育标准分类法》2011 年版本将第 5 级与第 2 级（初级中等教育）、第 3 级（高级中等教育）、第 4 级（中学后非高等教育）一起，按照课程定向分为普通教育（general education）和职业教育（vocational educaation）两类；第 6、7、8 级按照课程定向分为学术教育（academic education）和专业教育（professional education）两类。

---

① 联合国教科文组织统计研究所. 国际教育标准分类法（ISCED2011）[EB/OL]. 加拿大魁北克，2013：6

② 同上书，第 7 页。

第 2、3、4、5 级共 4 个等级的分类是相同的，即普通教育（general education）和职业教育（vocational education）两类。《国际教育标准分类法》在"附件"中对普通教育和职业教育做了解释。还解释了"基于工作的教育""双轨制教育"等概念。其中，普通教育（general education），系指为发展学习者的普通知识、技艺和能力以及读写和计算技能而设计的教育课程，通常为参加者进入同级或更高级课程做准备，并为终身学习奠定基础。普通教育课程通常是以学校或学院为基础的。普通教育包括那些为学生进入职业教育做准备的教育课程，但是不为从事某一特定的职业或行业或某类职业或行业做准备，也不直接授予与劳务市场相关的资格证书。[1]　职业教育（vocational education），使学习者获取某种职业或行业或数种职业或行业特定的知识、技艺和能力的教育课程。职业教育有基于工作的成分（例如学习、双轨制教育课程）。成功完成这样的课程将得到由有关国家当局和或劳务市场成人的与劳务市场相关的职业资格证书。[2]　基于工作的教育（work＝based education），发生在工作环境中的教育活动，通常是职业教育课程。其目的是在有经验的工作人员或培训者的指导下，通过实践授课和参加工作活动，以期达到特定学习目标。[3]　双轨制教育（dual system educational programmes）则指将学校或学院教育与基于工作的教育结合在一起的课程。两者并重（即不止一次单个实习或偶尔上课），尽管基于工作的部分经常占到课程时间的 50% 或更多。[4]

第 6、7、8 级共 3 个等级的分类是相同的，即学术教育和专业教育两类。但《国际教育标准分类法》对学术教育和专业教育的定义没有形成共识。即学士或同等水平、硕士或同等水平、博士或同等水平这 3 级教育可以根据课程定向做进一步细分，但各类型教育课程的内涵没有形成一致，也就是说没有对 1997 年版本确定的"5B 指实用型、技术型、职业专门化的高等教育"约定在学士、硕士层次没有形成共识，即"学术和专业课程的定义研究出来后，将用于《国际教育标准分类法》5 级的定向类别，取代普通和职业类别"[5]。

至于第 5 级（"学士或等同水平"）教育与第 6 级（"短线高等或等同水

---

[1]　联合国教科文组织统计研究所.国际教育标准分类法（ISCED2011）[EB/OL].加拿大魁北克，2013：81.

[2]　同上书，第 83 页。

[3]　同上书，第 80 页。

[4]　同上书，第 81 页。

[5]　同上书，第 49 页。

平"教育）的区别，《国际教育标准分类法》的界定是比较明确的。定义第5级教育和第6级教育的标准有主要标准和次要标准之分，无论是主要标准，还是次要标准，界定第5级教育的指标体系和界定第6级教育的指标体系都不完全一致。定义第5级教育的主要标准有3项：课程的内容，入学要求，课程的最短持续时间；次要标准有2项：机构转变点，课程的典型持续时间。① 定义第6级教育的主要标准有4项：课程的内容，入学要求，最少累计持续时间，在国家学位和资格证书结构中的定位；次要标准2项：教学人员资格，不直接通向8级课程。② 区别主要是第6级教育主要标准的"在国家学位和资格证书结构中的地位"和次要标准的"教学人员资格"和"不直接通向8级课程"。即使指标相同，每个指标的具体规定也有明显区别。

第5级与第6级教育在课程内容上的区别为：（1）第5级课程的内容比中等（3级）或中等后非高等教育（4级）复杂，但不如6级（学士或同等）课程，通常是为了给参加者提供专业知识、技艺和能力；第6级课程通常是为了给参加者提供中间层面的学术/或专业知识、技艺和能力，获得第一学位或等同资格证书。（2）第5级的课程通常是基于实用和特定职业，培训学生进入劳务市场；第6级课程一般以理论为基础，但可包括实践成分，接触最新的研究和/或最好的专业实践。（3）第5级课程也能提供一条通向其他高等教育课程即第6级教育课程的途径；第6级课程传统上由大学和等同的高等教育机构提供。（4）第5级与第6级相比时间短且通常更少注重理论。③

第5级和第6级教育在入学要求方面的差异不大，均要求成功完成3级或4级课程且通向高等教育，区别在于进入第6级教育可能取决于课目选择和或4级达到的成绩，还有可能要求参加并成功通过入学考试。④ "成功完成第5级教育后有时候也可能进入或转入第6级。"⑤ 即进入第6级就读要求的条件与第5级教育就读需要的条件有所差异，进入第6级教育就读需要的条件要比第5级高。

① 联合国教科文组织统计研究所.国际教育标准分类法（ISCED2011）[EB/OL].加拿大魁北克，2013：48.
② 同上书，第51页。
③ 同上。
④ 同上。
⑤ 同上。

第 5 级和第 6 级教育在课程的最短持续时间上差异明显。第 5 级持续时间要求最短为 2 年；第 6 级要求一般有 3 至 4 年全日制学习的持续时间。[①]

其他方面，第 5 级教育在机构转变点上有明确要求，即第 5 级教育能帮助鉴定高级中等教育、中等非高等教育与高等教育的界限；第 6 级教育在教学人员资格上有明确要求，"本级的课程通常要求由已经达到《国际教育标准分类法》7 级或 8 级的人员或在多工作领域的资源专业人员以讲课的形式来进行"。第 6 级课程要求不必包含完成一个研究课题或论文，但如果需要，该研究课题或论文比 7 级或 8 级水平低或更少自主或受更多指导。可以包含完成 1 个研究课题或论文。[②]

第 5 级根据课程定向可分为普通第 5 级和职业第 5 级教育。第 6 级根据课程定向可分为学术和专业两个类别。第 7 级硕士或等同水平、第 8 级博士或等同水平均根据课程定向分为学术和专业两个类别。

《国际教育标准分类法》对教育和高等教育等概念作了界定。教育是"社会有意地将积累起来的信息、知识、理解、态度、价值、技艺、能力和行为从上一代传给下一代的过程，它牵涉到引起学习的交流。"[③] 高等教育"建立在中等教育之上，在专业化的教育学科提供学习活动。它是高度复杂和高度专业化的学习。高等教育包括通常所理解的学术教育，还包括高级职业或专业教育。"[④]

从上面的分析可以看出，第 5 级教育和第 6 级教育有明显的区别，无论是就读年限、课程内容、进入条件等都存在差异。两级教育都可以根据课程定向分为两类，分别是学术和专业，其中第 5 级教育的分类目前暂且借用普通教育和职业教育的名称。这说明，普通教育和学术教育、专业教育和职业教育，在一定意义上是相同的。与分类密切相关的是课程定向，"教育课程（education programme），一套连贯或序列的教育活动，为在一段持续的时期内达到预定的学习目标或完成一组具体的教育任务而设计和组织的。在一个教育课程中，教育活动还可以分组为次部分，即各国所说的'课（courses）''单元（modules）''单位（units）'和/或'课目（subjects）'。一个教育课程可以包含通常不定

---

① 联合国教科文组织统计研究所. 国际教育标准分类法（ISCED2011）［EB/OL］. 加拿大魁北克，2013：51.

② 同上。

③ 同上书，第 80 页。

④ 同上书，第 79 页。

格为课、单位或单元的主要内容，诸如游戏教学活动、工作经历期、研究课程和准备论著。"①　其实际指的是我国的人才培养方案，课程定向就是我们所说的专业方向或专业定向，即人才培养方案的定向，具体的体现应是教育活动次部分如"课"（"课目"）的不同组合。

（二）我国对高等教育层次和教育类别的认知

《高等教育法》明确规定高等教育"是指在完成高级中等教育基础上实施的教育"（第2条）；"高等教育必须贯彻国家的教育方针，为社会主义现代化建设服务，与生产劳动相结合，使受教育者成为德智体等方面全面发展的社会事业的建设者和接班人"（第4条）；"高等教育的任务是培养具有创新精神和实践能力的高级专门人才"（第5条）。

关于高等教育的层次，《高等教育法》在第16条明确规定：高等学历教育分为专科教育、本科教育和研究生教育。"专科教育应当使学生掌握本专业必备的基础理论、专门知识，具有从事本专业实际工作的基本技能和初步能力"；"本科教育应当使学生比较系统地掌握本学科、专业必需的基础理论、基本知识，掌握本专业必要的基本技能、方法和相关知识，具有从事本专业实际工作和研究工作的初步能力"；"硕士研究生教育应当使学生掌握本学科坚实的基础理论、系统的专业知识，掌握相应的技能、方法和相关知识，具有从事本专业实际工作和科学研究工作的能力"；"博士研究生教育应当使学生掌握本学科坚实宽广的基础理论、系统深入的专业知识、相应的技能和方法，具有独立从事本学科创造性科学研究工作和实际工作的能力。"同时规定"专科教育的基本修业年限为二至三年，本科教育的基本修业年限为四至五年，硕士研究生教育的基本修业年限为二至三年，博士研究生的基本修业年限为三至四年。"

从上述的规定看，我国对高等教育的层次及各个层次应该达到的知识、素质和能力的要求是明晰的。这些规定与《国际教育标准分类法》确认的高等教育层次基本一致，其中专科对应的是《国际教育标准分类法》的第5级即"短期高等教育"，本科对应《国际教育标准分类法》的第6级，硕士对应第7级，博士对应第8级。

与《国际教育标准分类法》根据课程定向将高等教育分为学术和专业两种类型不同，《高等教育法》只是规定，"高等教育的任务是培养具有创新精

---

① 联合国教科文组织统计研究所. 国际教育标准分类法（ISCED2011）[EB/OL]. 加拿大魁北克，2013：80.

神和实践能力的高级专门人才",没有对高等教育进行分类。我国针对职业教育制定有专门的《中华人民共和国职业教育法》,对职业教育的相关事宜进行规范。其中规定"职业学校教育分为初等、中等、高等职业学校教育。初等、中等职业学校教育分别由初等、中等职业学校实施;高等职业学校教育根据需要和条件由高等职业学校实施,或者由普通高等学校实施。"无论是《中华人民共和国职业教育法》,还是《高等教育法》,乃至《中华人民共和国教育法》和其他相关法律,都没有对高等职业学校与高等教育的关系作出明确规定。在现实生活中,人们往往将高等职业教育与专科教育并列,称为高职高专教育;相关高校则称高职高专院校或专科(高职)类院校、高职(专科)类高校,如教育行政部门的教育统计资料将普通高等学校分为三种类型:本科院校、专科院校、其他机构,专科院校包括"其中:高职院校"。高职高专的称谓在教育行政部门颁布的部分行政规章中也得到确认。高等职业教育的定位也因此得以明晰。

在政府文件中,高职(专科)教育被明确是职业教育,其专业设置以产业和行业为依据。国家教育部在2000年公布的《高等职业学校设置标准(暂行)》规定:"课程设置必须突出高等职业学校的特色。实践教学课时一般应占教学计划总课时40%左右(不同科类专业可做适当调整);教学计划中规定的实验、实训课的开出率在90%以上;每个专业必须拥有相应的基础技能训练、模拟操作的条件和稳定的实习、实践活动基地。""必须配备与专业设置相适应的必要的实习实训场所。"① 《普通高等学校高等职业教育(专科)专业目录(2015年)》指出,专业目录修订"坚持以服务发展为宗旨,以促进就业为导向","以产业、行业分类为主要依据,兼顾学科分类进行专业划分和调整,原则上专业大类对应产业,专业类对应行业,专业对应职业岗位群或技术领域。"专业调整"旨在通过推动专业设置与产业需求对接,课程内容与职业标准对接,教学过程与生产过程对接,毕业证书与职业资格证书对接,职业教育与终身学习对接,促进高等职业教育更好地服务经济社会发展和人的全面发展。"② 即高职(专科)教育是职业教育,高职(专科)专业是面向产业和行业设立的。

本科教育与高职(专科)教育不同,其专业设置与硕士、博士相同,以

---

① 教育部.高等职业学校设置标准(暂行)[EB/OL].教育部网站(http://www.moe.edu.cn/srcsite/A02/s5911/moe_621/200003/t20000315_81858.html).

② 教育部.普通高等学校高等职业教育(专科)专业目录(2015)[EB/OL].教育部网站(http://www.moe.edu.cn/srcsite/A07/s5911/moe_953/201511/t20151105_217877.html).

学科门类为依据。但这种以学科门类为依据的专业设置方法是改革开放的结果，经历了一个变迁的过程。计划经济时期，本科专业的设置权掌握在分管部委手中，专业设置以适应产业和行业需求为依据，和今天高职（专科）专业的设置原则相同，是面向产业和行业的，而非今天的面向学科。改革开放以来，教育行政部门对本科专业目录进行了四次大的修订。第一次修订目录于1987年颁布实施，修订后的专业种数由此前的1300多种调减到671种，专业名称和专业内涵得到整理和规范。但该版目录仍然存在着划分过细、专业范围过窄、专业名称不尽科学、统一，门类之间专业重复设置，本科专业门类与学位授予门类不相一致等问题，因此教育行政部门很快就开始着手修订该版目录。第二次修订目录于1993年颁布实施，专业种数调减为504种。这次修订重点解决的是专业归并和总体优化的问题，使本科专业目录的学科门类与培养研究生的学科门类基本一致，形成了体系完整、统一规范、比较科学合理的本科专业目录。第三次修订目录于1998年颁布实施，学科门类达到11类，专业类71个，专业种数由504种调减到249种，改变了过去过分强调"专业对口"的教育观念和模式；第四次修订目录于2012年颁布实施，学科门类由11个增加为12个，专业类增至92个，专业数由635种调减为506种，其中基本专业352种，特设专业154种。经过四次修订，本科专业的设置由原来的产业和行业导向转为了学科导向，虽然《普通高等学校本科专业设置管理规定》规定，"高校设置和调整专业，应主动适应国家和区域经济社会发展需要，适应知识创新、科技进步以及学科发展需要，更好地满足人民群众接受高质量高等教育需求"，但在专业设置的基本条件要求中将"有相关学科专业为依托"放在"有稳定的社会人才需求"之前。政府准予备案的专业"一般是指学科基础比较成熟、社会需求相对稳定、布点数量相对较多、继承性较好的专业"①。本科专业目录修订的趋势是专业种数不断减少，专业类适当增加，人才培养的学科性突出，定向于特定产业和行业的过细的专业逐渐减少。这种趋势反映了教育行政部门对本科教育"宽口径、厚基础"的认知和人才培养思路。无论怎样修订，本科教育的目标和定位是面向所有本科生的，没有根据课程定向的差异将本科教育分类。

缺乏分类是我国本科教育的突出缺陷之一。需要注意的是，我国通过法律、行政规章和政策一直强调包括本科、研究生在内的高等教育要面向经济社会发展培养专门人才，即我国高等教育的主流一直是面向产业或行业培养专门

---

① 教育部．普通高等学校本科专业设置管理规定［EB/OL］．教育部网站（http：//www. moe. edu. cn/s78/A08/gjs_ left/moe_ 1034/s3881/201305/t20130523_ 152287. html）．

人才的，即偏向于所谓的"应用人才"，起码在法律规定上是这样的。教育事业统计中对本科教育和专科教育的指标解释说明了这点。专科教育应当使学生掌握本专业必备的基础理论、专门应用技术知识、具有从事本专业实际工作的基本技能和技术应用能力。全日制专科教育的基本修业年限为二至三年。① 本科教育应当使学生比较系统地掌握本学科、专业必需的基础理论、基本知识，掌握本专业必要的基本技能、方法和相关知识，具有从事本专业实际工作和研究工作的初步能力。② 学科和专业并列，孰重孰轻、两者的关系如何缺乏明晰。《国民经济和社会发展第十三个五年规划纲要（2016—2020）》提出："实行学术人才和应用人才分类、通识教育和专业教育相结合的培养制度"，标志着我国在学术人才和应用人才分类培养上迈出了坚实的步伐。该提法与近年推行的向应用型本科转型一起，构成了我国本科教育分类培养的探索。但学术人才和应用人才的分类培养在本科教育阶段如何落实，按学校分类还是按专业分类，按类别培养还是由学生自行选择，应用型本科院校的毕业生能否考取学术型研究生等仍未有明确的定论，本科教育的分类培养在理论和体制机制方面仍有大量的工作要做。

我国在研究生教育层次明确将人才培养分为学术学位和专业学位两类，即按照课程定向将研究生教育分为学术性研究生教育和专业性研究生教育两类。专业学位教育是我国学位与研究生教育的重要组成部分，是培养应用型高层次专门人才的重要途径。"专业学位，或称职业学位，是相对于学术性学位而言的学位类型，培养适应社会特定职业或岗位的实际工作需要的应用型高层次专门人才。专业学位与相应的学术性学位处于同一层次，培养规格各有侧重。"③ 教育事业统计文件通过指标解释对专业学位和学术学位进行了界定。学术学位是指以学术研究为导向，偏重理论和研究，主要培养大学教师和科研人员。专业学位是指以培养具有扎实理论基础，并适应特定行业或职业实际工作需要的应用型高层次专门人才。④

无论是国际社会，还是我国法律法规的规定，高职（专科）教育与本科教育都有明显的差异，两者是层次不同的两种教育，从高职（专科）教育转到本科教育，必须经历"转型"。在本科教育这一层次内部，国际社会有根据课程分类的共识，我国现有法律法规缺乏明确规定，但相关规定中并列式地提

---

① 教育部. 高等教育学校（机构）统计报表. 教育部发展规划司，2017 - 06。

② 同上。

③ 国务院学位办. 关于加强和改进专业学位教育工作的若干意见 [EB/OL]. 教育部网站（http：//www. moe. gov. cn/s78/A22/xwb_ left/moe_ 826/tnull_ 3077. html）。

④ 教育部. 高等教育学校（机构）统计报表. 教育部发展规划司，2017 - 06。

到了"学科、专业",我们知道,严格来说,基于学科的人才培养和基于专业的人才培养,它们的人才培养目标取向是不一样的,具体的培养过程也是不一样的。

二、现实变革与"转型"之论

虽然《高等教育法》和相关法规没有对本科教育分类,但现实社会中对本科教育的认识发生了变化。这种认识的变化是改革开放深化的结果,也是适应社会发展需要的产物。

(一)高等教育理念的变革

20 世纪 50 年代的院系改革和随后形成的与计划经济体制相适应的高等教育管理体制,实质是"以俄为师"的结果,在高等教育领域,指导我国高等教育建设的是苏联专业化的高等教育哲学,实际是一种政治论的哲学。[①] 这种哲学在《高等教育法》中仍有明显的痕迹。

我国改革开放的精髓是"解放思想、实事求是",是调动各种积极因素,解放和发展生产力。在哲学上体现为在坚持和发展马克思主义哲学的基础上,重建以马克思主义哲学为核心的多元、开放和兼容的哲学体系。高等教育哲学的目标是在坚持政治论哲学的基础上回归高等教育的本质,兼顾高等教育的工具理性和学术理性。[②] 即要建立一种兼容并包、开放、尊重教育规律、以人为本、不断创新的高等教育哲学。

我国高等教育哲学重建是在改革开放、中西方交流的过程中实现的。杜威、洪堡、纽曼、艾略特、赫钦斯、克尔、雅斯贝尔斯、怀特海、罗素、哈贝马斯等西方学者的教育哲学思想和理性主义、改造主义、建构主义、实用主义、结构主义、存在主义等高等教育哲学进入我国,对我国高等教育哲学重建产生了不同程度的影响。根据布鲁贝克的观点,所有的高等教育哲学可归结为政治论的高等教育哲学和认识论的高等教育哲学两种,前者是以满足国家和社会的发展需要为目的的哲学,后者是以追求"闲逸的好奇"即真理为唯一的目的的哲学。[③] 我国在学习苏联基础上建立的高等教育体制遵循的是政治论的高等教育哲学,根据这一哲学思维,高等教育是无产阶级专政和社会主义建设

---

① 王英杰,刘宝存. 中国教育改革 30 年:高等教育卷 [M]. 北京:北京师范大学出版社,2009:33 - 34.

② 同上.

③ [美]约翰·布鲁贝克. 王承绪等译. 高等教育哲学 [M]. 杭州:浙江教育出版社,2001:13 - 30.

的工具，高等学校的主要任务是培养专门人才，服务于社会主义各行各业的建设需要。① 研究、文化传承、对外交流等职能因此较少受到重视。改革开放特别是建设中国社会主义市场经济体制以来，国家决策过程越来越趋向于理性化和民主化，自信和开放的国民心态形成，西方先进的高等教育理念涌入我国，并和我国旧有的政治论高等教育哲学相互冲突、比较和融合，开始形成并确立了多元化的高等教育理论，认识论高等教育哲学和政治论高等教育哲学一起成为我国高等教育的指导哲学，其中最突出的表现就是对科研的重视和高等教育其他职能如科学研究、社会服务、文化传承、对外交流等的兴起，高校不仅是社会发展的"服务器"，而且成为社会的"思想城"和"智力源"。

（二）高校综合化现象与重点工程建设

随着改革开放的深入，认识论高等教育哲学和政治论高等教育哲学的并行，我国高等教育自 20 世纪 90 年代开始发生变化，其主要表现是高等学校的综合化，具体表现为三点：高校的合并和调整、专科性质大学的综合化和新型大学的兴起。

1. 高校综合化

高校的合并和调整。据教育部统计，1990 年至 2006 年 5 月 15 日，经过合并产生了 431 所新高校，其中本科院校 295 所，专科（高职）院校 66 所，成人高校 50 所。据不完全统计，并入上述院校的院校机构约 1050 所（不含重复者）。② 高校合并带来的最大变化是新高校学科的增多和综合化，如吉林大学通过 2000 年的院校合并增加了医学（白求恩医科大学）、邮电（长春邮电学院）、工科（吉林工业大学）、地矿（长春科技大学）等学科；郑州大学通过三次合并增加了（黄河大学）、体育（河南体专）、医科（河南医科大学）、工科（河南工业大学）等学科；浙江大学通过合并增加了农学、医学、理学、师范、文科等学科，从工科为主体变成了综合性大学；山东大学通过合并增加了医学、工学等学科；其次是校舍、教师和学生规模的膨胀，我国由此出现了数万人的大学。山东大学、吉林大学、浙江大学、郑州大学是这方面的典型代表，它们是教育行政部门追求实力更加强大的综合性大学的政策的产物。与此同时，省级政府和地方政府也开始了高校合并行为，省属本科院校和市属高校乃至专科层次的高校的合并是其体现。相对于本科院校，专科院校的合并现象

---

① 王英杰，刘宝存. 中国教育改革 30 年：高等教育卷 [M]. 北京：北京师范大学出版社，2009：38 - 39.

② 教育部发展规划司.1990 以来的院校合并情况 [EB/OL]. 教育部网站（http://www.moe.gov.cn/srcsite/A03/moe_ 634/200605/t20060515_ 88440.html）.

偏少，1990~2006年合并产生的新专科院校仅为新产生院校的15%，且多数在后来成为新型大学的办学主体，因此受到社会的关注较少。但专科性质的高校走向综合化导致了新型大学的综合化迷思，在某种意义上是目前新型大学"转型"问题的起源。

专科性质的大学走向综合化。如清华大学在1993年重建了人文社会科学学院，恢复了大部分人文社会学科。许多大学增设了法学院、工学院等专门学院，向着综合化的方向前进。目前，绝大多数部属高校的二级学院设置多在10个左右，有的有十几个甚至二十多个，涉及学科门类均在10个左右甚至达到12个，综合性极为明显。在省内，老牌本科高校基本都变成了综合性高校。如山东省的老牌本科高校的学科数，基本都在8个以上，这些院校都是原来专科性质的大学如山东师范大学、曲阜师范大学、山东科技大学、山东农业大学、山东建筑大学、齐鲁理工大学、青岛科技大学等，都在向着综合化的方向迈进。部分新建本科院校如临沂大学、德州学院、潍坊学院、枣庄学院、泰山学院等都建成了综合化的高校，办学领域在10个学科门类左右。真正的专科性质的高校已经很少，即使这少数的高校也不是没有综合化的冲动。涉及学科较少的本科院校似乎以民办高校为主，原因不是它们不想综合化，事实上它们在申报本科院校时基本都定位为综合类高校，而是它们把注意力更多地放在了更有利于招生的应用性学科如管理学、工学、经济学等学科上，学前教育的普遍设置体现了这点。

表7-1　山东省省属本科院校涉及的学科门类与专业数

序号	高校名称	类型	开办学科门类	学科	专业
1	山东师范大学	师范	哲、经济、法、教育、文、史、理、工、管理、艺术	10	101
2	曲阜师范大学	师范	哲、经济、法、教育、文、史、理、工、农、管理、艺	11	82
3	聊城大学	综合	哲、经济、法、教育、文、史、理、工、农、医、管理、艺	12	86
4	鲁东大学	综合	法、教育、文、史、理、工、农、管理、艺术	9	86
5	临沂大学	综合	经济、法、教育、文、理、史、工、农、管理、艺	10	102
6	德州学院	综合	经济、法、教育、文、理、史、工、农、医、管理、艺	11	97

续表

序号	高校名称	类型	开办学科门类	学科	专业
7	潍坊学院	综合	理、工、文、经济、管理、农、法、教育、史、艺	10	97
8	枣庄学院	综合	经济、法、教育、文、史、理、工、管理、艺	9	80
9	滨州学院	综合	工、经、法、教育、文、历史、理、管理、艺、农	10	83
10	泰山学院	综合	文、理、工、法、史、教育、管理、经济、艺	9	87
11	济宁学院	综合	经济、教育、文、理、史、工、管理、艺	8	51
12	菏泽学院	综合	经济、法、教育、文、理、史、工、农、管理、艺	10	60
13	齐鲁师范学院	综合	经济、法、教育、文、史、理、工、农、管理、艺	10	31
14	山东科技大学	理工	工、理、管理、文、法、经济、艺	7	90
15	山东理工大学	理工	理、工、文、教育、经济、法、管理、艺	8	77
16	青岛科技大学	理工	理、工、文、经济、管理、医、法、艺	8	102
17	青岛理工大学	理工	理、工、经济、管理、文、法、艺	7	65
18	齐鲁工业大学	理工	工、理、文、经济、管理、法、医、艺	8	73
19	山东建筑大学	理工	工、理、管理、文、法、农、艺	7	59
20	山东交通学院	理工	工、理、经济、管理、文、艺、法	7	78
21	青岛工学院	理工	工、管理、经济、文	4	33
22	烟台大学	理工	文、理、工、法、农、医、经济、管理、教育、艺	10	81
23	青岛黄海学院	综合	工、经济、管理、艺、医、教育	6	24
24	山东华宇工学院	理工	工、管理、艺	3	17
25	青岛恒星科技学院	综合	工、管理、文、艺	4	17

序号	高校名称	类型	开办学科门类	学科	专业
26	齐鲁理工学院	理工	经济、法、教育、文、理、工、医、管理、艺	9	33
27	山东艺术学院	艺术	艺、管理	2	30
28	山东工艺美术学院	艺术	艺、工、管理	3	
29	潍坊科技学院	综合	工、理、农、管理、法、文、艺、教育	8	31
30	济南大学	综合	经济、法、教育、史、文、理、工、医、管理、艺	10	112
31	山东农业大学	农业	农、经济、管理、理、工、文、法、艺、医	9	97
32	青岛农业大学	农业	农、管理、经济、工、理、文、艺、法、医	9	103
33	山东农业工程学院	农业	工、农、管理、经济、文、艺	5	20
34	山东财经大学	财经	经济、管理、法、文、理、教育（体育）、工、艺	8	69
35	山东工商学院	财经	管理、经济、法、文、工、理、艺	7	59
36	山东政法学院	政法	法、管理、经济、文、工	5	17
37	山东警察学院	政法	法、工	2	
38	山东中医药大学	医药	医、理、文、工、法、管理、教育	7	29
39	潍坊医学院	医药	医、管理、法、理、文	5	24
40	泰山医学院	医药	医、理、工、管理、文、法	6	43
41	滨州医学院	医药	医、管理、工、法、文、教育（心理）、经济	7	31
42	济宁医学院	医药	医、理、工、管理、文	5	45
43	齐鲁医药学院	医药	医、工、经济、管理	4	22
44	山东体育学院	体育	教育（体育）、文、理、工、管理、艺	6	22

续表

序号	高校名称	类型	开办学科门类	学科	专业
45	烟台南山学院	综合	工、文、管理、艺	4	38
46	山东女子学院	综合	教育、法、管理、经济、工、艺、文	7	42
47	青岛大学	综合	哲、经济、法、教育、文、史、理、工、医、管理、艺	11	127
48	青岛滨海学院	综合	经济、教育、文、工、医、管理、艺	7	40
49	山东英才学院	综合	教育、工、医、农、管理、文、艺	7	31
50	山东青年政治学院	综合	经济、法、文、工、管理、艺	6	29
51	山东协和学院	综合	医、工、管理、艺、教育	5	24
52	山东管理学院	财经	经济、文、工、管理、艺术	5	17
53	山东现代学院	综合	医、工、管理、艺术	4	14
54	烟台大学文经学院		经济、法、文、工、管理、艺术	6	41
55	聊城大学东昌学院		经济、法、教育、文、理、工、管理、艺	8	35
56	青岛理工大学琴岛学院		经济、文、工、管理、艺	5	45
57	山东师范大学历山学院		经济、教育、文、理、工、管理、艺术	7	33
58	山东财经大学燕山学院		经济、管理、工	3	12
59	中国石油大学胜利学院		法、教育、文、理、工、医、管理、艺术	8	30
60	山东科技大学泰山科技学院		经济、法、文、工、管理	5	17
61	青岛农业大学海都学院		经济、工、农、管理、艺	5	25
62	山东财经大学东方学院		经济、文、管理、艺	4	19
63	济南大学泉城学院		经济、文、理、工、管理、艺	6	36

数据来源：根据学校官网和百度的学校词条统计，并根据山东省教育厅公布的《山东省本科高校本科专业人才培养方案》（http：//sdtj.sdei.edu.cn：8200/pyfa）修订。其中的专业数包括了单独招生的专业方向和专升本专业。查阅日期为 2017 年 12 月 15 日。

专科院校的升格，即新型大学的出现。专科院校的升格现象一直存在，如 1992 年山东工艺美术学院的设立，1994 年湖南商学院、四川三峡学院的设立，

1995 年湖北三峡学院的设立，1996 年绍兴文理学院、盐城工学院的设立，1997 年淮阴师范学院的设立，1998 年襄樊学院、淄博学院的设立等。与 1999 年以后出现的新型大学相比，1998 年以前专科院校的升格现象偏少，每年只有几所，多以个例处理，没有像 1999 年后那样大规模地组织专科院校升格为本科院校。1999 年后新型大学出现，专科院校升格现象大规模出现。不包括独立学院，1999～2017 年先后有 420 余所新型大学获准设立，基本等同于将 1998 年的高等专科学校和职业技术学院全部变成了本科院校①。如果加上独立学院，新建本科院校接近 700 所。具体情况参见附录 1《中国新型大学基本情况一览表（2017）》。

2. 重点工程建设

与高等学校的综合化相联系的政策表现是重点工程建设，具体表现是"211 工程""985 工程"和"双一流工程"建设。我国政府在高等教育发展过程中，一直坚持"没有重点就没有政策"的方针，新中国成立不久就开始试办重点大学。"211""985""双一流建设"等工程可以看作历史上重点大学政策的延续，是传统的计划经济的手段和方法。

"211"工程是政府主导的一项高等教育领域的重点建设工程，内涵是面向 21 世纪重点建设 100 所左右的高等学校和一批重点学科，实际建设的是一批高水平的研究型大学，其目标是"经过 10 年或者更长一点时间的努力，使相当一批高等学校和重点学科点能够成为培养高层次专门人才和解决国家经济建设、科技和社会发展重大科技问题的基地，在教育质量、科学研究和管理等方面处于国内先进水平，并有一定的国际影响，其中若干所高等学校和部分重点学科点达到或接近世界先进水平"。② 指导思想是面向 21 世纪和经济建设主战场，集中有限资金重点建设一批基础条件较好的学校和重点学科，提高资金使用效益，并带动其他学校的发展。"211 工程"于 1995 年正式启动，建设的主要内容包括学校整体条件、重点学科和高等教育公共服务体系建设，建设项目实行项目法人责任制、招投标制和工程监理制。截至 2009 年 1 月 5 日，国家级"211 工程"名单共有各类高校 112 所，其中普通高校 109 所、军事院校 3 所。

"985 工程"的建设目标是建设若干所具有世界先进水平的一流大学和一

---

① 1998 年我国有普通高等学校 1022 所，其中高等专科学校和职业技术学院 432 所。见教育部. 1998 年全国教育事业发展统计公报 [EB/OL]. 中国教育和科研计算机网（http://www.edu.cn/gong_ bao_ 803/20060323）.

② 何东昌. 中华人民共和国重要教育文献（三卷本，1949—1997）[M]. 海口：海南出版社，1998：3467 - 3473.

批一流学科，因该工程系江泽民同志于 1998 年 5 月 4 日提出故名。"985 工程"最初设定是北京大学和清华大学，1999 年确定的首批高校是 9 所院校，即所谓的"2 + 7"，后来"一期院校"扩展到 34 所院校，"二期院校"5 所，合计 39 所院校。教育部后来又推出了"985 工程优势学科创新平台"项目，主要任务是以国家和行业发展急需的重点领域和重大需求为导向，围绕国家科技发展战略和学科前沿，在行业特色型大学的全国顶尖的优势学科中重点建设一批优势学科创新平台，从而大力提高建设学科的科技创新能力和解决经济社会发展的重大问题的能力，打造一批世界一流学科。先后有 33 所院校的 35 个学科列入"985 工程优势学科创新平台"建设。"985 工程"的建设任务有四项：机制创新、队伍建设、平台建设、条件支撑。同时还进行了"特色重点学科建设"等重点建设项目。

"双一流工程"建设是适应十八大以来我国全面深入改革、中央提出"四个全面"的战略布局以及创新驱动发展等重大战略、对高水平大学建设提出更高更迫切的要求而进行的重点建设。2015 年 11 月，国务院印发《统筹推进世界一流大学和一流学科建设总体方案》，将"985 工程""211 工程""优势学科创新平台""特色重点学科建设"等重点建设项目，统一纳入世界一流大学和一流学科建设，要求贯彻全面深化改革要求，创新重点建设机制，以中国特色、世界一流为核心，以一流为目标、以学科为基础、以绩效为杠杆、以改革为动力，推动一批高水平大学和学科进入世界一流行列或前列。2016 年教育部宣布失效一批规范性文件，其中包括"985 工程""211 工程""重点特色学科项目""优秀学科创新平台"等重点项目建设文件，标志着高等教育领域的重点工程建设正式转入新的"双一流工程"建设。2017 年 7 月，教育部、财政部、国家发展与改革委员会印发《关于公布世界一流大学和一流学科建设高校及建设学科名单的通知》，公布世界一流大学和一流学科建设高校和建设学科名单。其中，一流大学 42 所，包括 39 所"985 高校"和新增的新疆大学、云南大学、郑州大学，它们被确定的一流学科合计 325 个，学校自定学科 9 个；拥有一流学科的高校 137 所，除 42 所一流大学外，共有 60 所院校的 100 个学科被确定为一流学科，另有 35 个学科由学校自定为一流学科（每校自定 1 个学科）。"双一流工程"涉及的院校超过了"211 工程"范围，将部分省属院校纳入进来，遍及了各个省、直辖市、自治区，扩大了受益面，均衡性和公平性有所提高。但总体来看，北京、上海、南京、武汉、成都、西安等城市仍是"双一流工程"建设单位的集中地，北京有 34 所（其中 3 所属于分校）"双一流工程"建设单位，上海、南京、西安、武汉、成都分别是 14、12、8、7、7 所。

需要注意的是，重点工程项目建设和高校综合化的复合程度较高，无论是早期的"211工程""985工程"，还是现在的"双一流建设工程"，入选者基本都是高校综合化中取得较大成绩者，这样的现实无疑会给其他院校一个指示或暗示，即只有实现综合化才能进入重点工程行列，进一步推动了高校的综合化。另一个需要注意的是，我国的重点工程建设，除了2011～2016年的协同创新中心计划建设分为面向科学前沿、面向文化传承创新、面向行业产业和面向区域发展四种类型外，"211""985""双一流建设"工程对准的目标都是世界一流或世界先进水平，其所蕴含的含义不言而喻。虽然有论者指出，社会服务是已经进行的重点建设工程遴选和考核的主要标准，特别是"211工程"院校的选择"要考虑到行业的需要和地区的布局，也要考虑对这些学校水平的期望"，说明我国的研究型大学理念和服务型大学的理念是紧密结合在一起的，大学的服务能力和服务水平，与大学的教学质量、研究质量、学科水平有着密切的联系。[1] 即我国的研究型大学在实际办学中是将研究与应用结合在一起的，没有截然分开。但我们注意到：世界一流大学应该是研究型大学，研究在大学中占有重要地位；目前的世界一流大学主要指美国顶尖的研究型大学，是居于公认的世界大学排行榜前列的大学；世界一流大学必须在国家科技经济发展中作出重大的突出贡献。[2] 国务院《统筹推进世界一流大学建设总体方案》明确：世界一流大学建设的基本原则是以一流为目标，以学科为基础，以绩效为杠杆，以改革为动力；建设任务包括建设一流师资队伍、培养拔尖创新人才、提升科学研究水平、传承创新优秀文化、着力推进成果转化。无论是建设的原则，还是建设的任务，强调的重点都是研究，都是学科。即事实上的"双一流工程"建设更重视学科和研究。

3. 高校综合化和重点工程建设的影响

"211工程""985工程""双一流工程"等重点工程的实施，有力地推动了我国高等教育发展和高等教育质量的提高，提高了我国高等教育的国际竞争力。但不容忽视的是，这种重点建设的方式是通过政府的力量将有限的教育资源集中到少数院校来获得整体水平的快速提升，是一种牺牲"公平"追求效益的政策选项。单就"211工程"而言，在其实施的过程中，"211工程"院校以不到普通高等学校6%的机构比例，承担了全国4/5的博士生、2/3的硕士生和1/2的留学生的培养任务，拥有85%的国家重点学科和96%的国家重

---

① 王英杰，刘宝存. 中国教育改革30年：高等教育卷 [M]. 北京：北京师范大学出版社，2009：51.

② 韩立文等. 什么是世界一流大学 [J]. 北京大学教育评论，2006 (4)：101－129，19.

点实验室，占有 70% 的科研经费。① 这种现象不可避免地造成教育资源分布的不均衡，导致对非"211 工程"院校的歧视和不公平，扭曲了高校之间的竞争态势，也导致高校对政府的高度依赖。事实上，这种歧视、不公和依赖带来的社会影响更大。

我国在改革开放前是计划经济体制，行政权力渗透了经济社会生活的各个环节，是经济社会发展的核心力量。改革开放后引入了市场竞争，但政府仍然在各个领域起着主导作用，西方学者因此称我国的市场经济是政府主导型经济。受改革滞后的影响，政府在教育、科技和服务领域的决定性作用更大，政府的政策往往成为相关领域发展的指挥棒。政府在教育领域的重点工程建设不仅影响着入选院校的发展，也在很大程度上影响着其他院校，成为其他院校发展的潜在或公开的目标，导致了部分高校的盲目发展和快速综合化。部分高校和地方政府领导人着眼于政绩和声誉，迷失了自我，不顾及自身实际，盲目追求综合化和高水平建设，导致"高等学校的规模越来越庞大，学科设置无所不包，但却逐渐失去了特色和优势，教育质量和效益不断下降；在'综合化'的幌子下，巨型大学不断出现，但许多传统优势却丢失了，一些院校变得面目全非"。② 在这样的大环境下，不仅老牌本科高校将培养研究型人才的综合性大学作为自己的未来目标，甚至部分新型大学也将自己的发展目标定位为世界一流大学。如民办高校西安翻译学院一直宣称要建成东方哈佛，2004 年 10 月对外宣称被美国 50 州高等教育联盟授予中国最受尊敬大学第 10 名，校长丁祖诒被授予中国最受尊敬的校长第 2 名。虽然这一消息后来演变成了舆情事件，但从某个方面反映了中国高校特别是部分新型大学对综合性大学的定位追求。

对综合性大学和研究型大学的盲目追求无疑会影响到我国高等教育的健康发展。一个健全的社会，不仅需要高水平大学，需要在创新研究和知识生产方面作出卓越贡献的高水平研究型大学，引领国家和社会的科学技术发展，提升综合竞争力，更需要大量的教学型大学，它们的定位是整合知识、传播知识，为社会培养大量的适用于区域经济建设和社会发展一线需要的应用型人才。从社会持续发展的视角看，社会对后一类人才的需要量更大、需求更迫切。如果说国家对高水平研究型大学和高水平创新型人才的需求是着眼于未来和战略层面，那么对教学型大学和应用型人才的需求则是着眼于现实和战术层面，是为

---

① 杨玉良. 211 工程建设成就［EB/OL］. 中国网（http://www.china.com.cn/news/txt/2008－03/26/content_ 13565976. htm），2008－03－26.

② 王英杰，刘宝存. 中国教育改革 30 年：高等教育卷［M］. 北京：北京师范大学出版社，2009：48.

了解决目前面临的人力资本问题与社会的和谐稳定问题，其需求更为现实和重要。但政府把主要注意力放在了未来和战略层面，对现实和战术层面投入不足，不可避免地将影响到整个社会和高等教育体系的健康发展。正如阿特巴赫所言："过于强调获得世界一流大学的地位，可能会损害某一特定的大学或院校系统。这样做有可能使得精力和资源偏离更重要并且可能更现实的目标。它或许会使人们以牺牲大学的入学率与为国家服务为代价，将精力过多地投在了建设研究型大学也就是精英大学上。它也可能导致提出一些不现实的期望，以致有损教师的信心和工作表现。"①

从"211""985""双一流"等重点工程政策的出台过程看，这些政策均属于理想导向型政策制定，价值判断在先，政策方案在后；决策在先，具体方案设计在后；理想目标宣示在先，部门或具体政策在后。② 理想导向型政策的出发点是价值判断或理想，确定的政策目标长远而宏大，能够起到宣传引导、鼓舞人心、推动社会前进的作用，但由于政策目标较为模糊、实现政策目标的代价难以计算、内部管理体制和运行机制改革能否取得预期效果存在很大的不确定性，在执行中常常也会产生意想不到的问题。③

（三）"应用型本科"的兴起与"转型"之论

我国高等教育界对应用型本科的探讨稍后于高等教育综合化。在某种程度上可以说是高等教育综合化的产物。据我们掌握的资料，应用型本科的名称最早出现于1998年，随后引起注意。应用型本科的提出并非政府政策特别是中央政府政策提倡的结果，而是少数以工程技术教育为主的新型大学基于竞争需要自行选择错位竞争战略的产物。其时，社会对应用型人才的探索较多，但多集中在高等职业教育和专科教育领域，以德国的应用技术人才教育为蓝本，具体的阐述是坚持面向区域经济社会发展，坚持面向基层，面向生产、建设、服务、管理等一线培养技术应用型人才。如《面向21世纪教育振兴计划》（2000年9月14日）明确提出，"高等职业教育必须面向地区经济建设和社会发展，适应就业市场的实际需要，培养生产、建设、管理、服务第一线需要的实用人才，真正办出特色"。《教育部关于启动第一批示范性职业技术学院建设的通知》（2000年9月14日）要求"把培养具有必要理论知识和较强实践能力，生产、建设、管理、服务第一线，急需的专门人才作为发展高职的根本

---

① ［美］菲利普·阿特巴赫. 世界一流大学的成本与收益［J］. 北京大学教育评论，2004（1）：28-31.

② 陈学飞. 理想导向型的政策制定［J］. 北京大学教育评论，2006（1）：145-157.

③ 同上。

宗旨，坚持为地方和区域经济建设服务"。百度百科对"应用型人才"的定义是"把成熟的技术和理论应用到实际的生产、生活中的技能型人才"。

"应用型本科"的概念实际是把"应用型"作为修饰语用在了本科教育上，将其作为了本科人才培养的一种类型。"应用型本科"意味着它们培养的是面向生产、建设、管理、服务第一线的实用型人才，是相对于当时仍属精英型人才的普通本科教育而言的。严格来说，"应用型本科"一词在出现之初并非严格的用词，甚至今天也非完全严格的学术用语，它的内涵和外延更多的是一种约定俗成。"应用型本科"的出现是高校综合化的产物，是新型大学面对高校综合化和人才培养趋同化的社会现实，寻求自我定位和自我发展的结果，目的是将自己与综合类院校相区别，在劳动力市场上准确定位，以获得稳定的生源。其时，在本科教育领域占据主导地位的话语是"创新型人才"（创造型人才）。使人有本科院校谈"创新型人才"、高职高专院校谈"应用型人才"的感觉。

"应用型本科"出现之初虽未进入政策视野，但受到了教育行政部门的关注。2001年5月，教育部组织部分院校在长春开会研讨"应用型本科人才培养模式"。同年，教育部在学科专业建设文件中提出要大力发展与地方经济建设紧密结合的应用型专业。2002年，教育部在南京召开"应用型本科人才培养模式研讨会"，首次提出新型大学应定位为应用型院校。2005年后，应用型本科受到社会和政府的较多关注，寻求应用型定位的高校从工程技术类院校扩展到各种类型的新型大学和部分传统高校，一些院校开始以应用型院校为办学目标并开展实践活动。2007年，全国高等学校教学研究会成立"应用型本科院校专门委员会"。2008年，安徽省14所本科院校成立应用型本科高校联盟，自发探索转型。随后，应用型本科建设受到地方教育行政部门的重视。黑龙江、安徽两省教育厅于2008年分别选择2所、5所院校试点建设。2012年，山东省遴选确定应用型名校建设单位并展开建设。2013年，全国性的应用技术大学（学院）联盟成立。在此前后，上海、河南、湖北等地也展开了向应用技术类高校转型的试点。

"应用型本科"进入中央教育行政部门的政策视野是在2013年后，但其用语不是"应用型本科"，而是"应用技术类高校"和"应用型、技术技能型人才"。在2013年5月给各省、自治区、直辖市政府的关于批准成立本科院校的函中，出现了要求学校"围绕服务加快转变经济发展方式这条主线，重点培养服务区域经济社会发展所需要的应用型、技术技能型人才"的用语。2014年4月签发的关于批准成立本科院校的文件中出现了"鼓励学校定位于应用技术类高等学校，服务区域经济社会发展需要和经济发展方式转变，加强学校发展战略规划研究，加强内涵建设，创新人才培养模式，培养社会需要的应用型、技术技能型人才"的用语；同时批准成立民办本科院校的文件中出现了"二、学校办学定位于应用技术类型高等学校，主要培养区域经济社会发展所需要的应用型、技术技能型人才"的明确规定。

关于应用型本科教育的探索同时展开。2006年，第一部系统研究应用型大学的专著《建设应用型大学之路》出版。2007年，教育部批准两项以"应用型人才培养模式"为研究对象的课题立项，在中国知网以"应用型本科"为题名查阅到的词条超过120条。2008年，潘懋元主持的"高等教育应用型创新人才培养研究"被批准为国家级重点课题。2009年，"全国高等学校教学研究会应用型本科院校专门委员会"开会讨论筹建"中国高等教育学会地方应用型本科院校分会"，在中国知网以"应用型本科"为题名查阅到的词条超过300条。2010年，在中国知网以"应用型本科"为题名查阅到的词条超过500条。2011年，教育部本科教学工作合格评估文件要求学校能主动服务区域（行业）经济社会发展；1项关于高职教育与应用型本科衔接的课题获教育部立项。2012年和2013年，分别有3项和4项与应用型本科有关的课题经教育部立项。2012年，中国知网以"应用型本科"为题名的词条超过800条，应用技术大学（学院）联盟、地方高校转型发展研究中心成立。

地方本科院校向"应用型本科"转型的探讨最早出现在2014年。发出政策信号的首先是教育部副部长鲁昕。在2014年3月22日的中国发展高峰论坛上，鲁昕表示，600多所地方本科高校将实行转型，向应用技术型转，向职业教育类型转。同年5月2日，国务院出台《关于加快发展现代职业教育的决定》，提出引导一批普通本科高校向应用技术类型高校转型，重点举办本科职业教育。2015年3月5日，李克强总理在政府工作报告中提出"引导部分地方本科高校向应用型转变"。2016年3月5日，政府工作报告明确提出"推动具备条件的普通本科高校向应用型转变"。

国家教育行政部门对"应用型本科"和地方本科院校向应用型本科转型的意见集中体现在其与国家发改委、财政部在2015年10月颁布的《关于引导部分地方普通本科高等学校向应用型转变的指导意见》中。该文件明确其出台的背景是"随着经济发展进入新常态，人才供给与需求关系深刻变化，面对经济结构深刻调整、产业升级加快步伐、社会文化建设不断推进特别是创新驱动发展战略的实施，高等教育结构性矛盾更加突出，同质化倾向严重，毕业生就业难和就业低的问题仍未有效解决，生产一线紧缺的应用型、复合型、创新型人才培养机制尚未完全建立，人才培养结构和质量尚不适应经济结构调整和产业升级的要求"。转型发展的目的是"把办学思路真正转到服务地方经济社会发展上来，转到产教融合校企合作上来，转到培养应用型技术技能人才上来，转到增强学生就业创业能力上来，全面提高学校服务区域经济社会发展和创新驱动发展的能力"。① 文件提出了"转型发展"的 14 项任务：明确类型定位和转型路径；加快融入区域经济社会发展；抓住新产业、新业态和新技术发展机遇；建立行业企业合作发展平台；建立紧密对接产业链、创新链的专业体系；创新应用型技术技能型人才培养模式；深化人才培养方案和课程体系改革；加强实验实训实习基地建设；促进与中职、专科层次高职有机衔接；广泛开展面向一线技术技能人才的继续教育；深化考试招生制度改革；加强"双师双能型"教师队伍建设；提升以应用为驱动的创新能力；完善校内评价制度和信息公开制度。该文件将统筹院校转型发展的权力交给了省级政府，提出要建立高校分类体系实施分类管理，制定应用型高校的设置标准和评估标准。该文件确立的高校分类管理政策与山东省 2011 年开始实行的特色名校政策在思路上是一致的。

2016 年开始，地方本科院校向应用型本科转型或者说向应用技术类高校转型全面展开。与此同时，随着高等教育体制全面深化改革的深入，中央政府各部门权力清单和责任清单的公布与实行，中央政府集中全力搞"双一流"工程建设，地方本科院校向应用型本科转型成为省级政府和高校的主要职责，各省纷纷出台省属院校向应用型本科转型的政策。

从"转型"之论的起源看，应用型本科实际是本科层次的职业教育。换句话说，"转型"在政策制定者的认识中是从普通本科教育向职业本科教育转变。

三、新型大学"转型"的实质

从"应用型本科"提出和"向应用型本科转型"政策出台的轨迹来看，实际存在着两种"转型"认知：一种是人才培养类型的认知，即向应用型人才转型；另一种是学校类型的转型，即向应用技术类高校转型。前者更多是高校自身的认知，也是学术界的主流认知；后者是教育行政部门的认知。

如果说"向应用型本科转型"是人才培养类型的转型，就意味着高等教育特别是本科教育存在着两种或多种人才类型，一种是应用型，另一种是非应用型。这种认知和国际社会对高等教育的共识是相同的，区别在于国际社会的

---

① 教育部等. 关于引导部分地方普通本科高等学校向应用型转变的指导意见 [EB/OL]. 教育部网站（http：//www. moe. edu. cn/srcsite/A03/moe_ 1892/moe_ 630/201511/t20151113_ 218942. html）.

共识将其命名为学术人才和专业人才，我们将与专业人才对应的人才类型命名为应用型人才，另一种人才没有准确命名，有的说是研究型人才，有的说是复合型人才，还有其他的认知。如前所述，百度百科对研究型人才的界定是指具有硕士学位以上教育水平的人，本科毕业生不可能是研究型人才，只能是研究型人才的后备军，即另一种类型的本科人才应该是研究型人才的后备军，即准备考取研究生进入研究型人才队伍的本科生，而且这部分本科生考取的是学术硕士，而非专业硕士。人才培养类型的转型意味着转型以学科专业为基础，对高校特别是有较多学科专业的高校来说，向应用型本科转型如果是人才培养类型的转型的话，既可以是全部学科专业的转型，也可能是部分学科专业的转型，即存在着部分学科专业培养应用型人才同时有部分学科专业为研究型人才培养后备军的可能。而学校向应用技术类高校转型意味着学校的定型和整体转型，意味着某所学校的定位是培养应用技术类人才，不存在根据学科专业差异培养其他类型人才的可能或这种可能性很小。即学校面向所有学生进行应用型培养，即使有毕业生考取研究生，也应该是专业硕士。

从劳动力市场的视角看，人才培养类型的转型和多样化意味着每所高校可以在多个细分市场上竞争，这种细分市场既可以是平行的，也可以是纵向的，可以有更多的竞争机会。但学校转型带来的整体转型面向的细分市场较窄，虽然不同的学科专业面向不同的细分目标市场，但这种细分目标市场只能是平行的细分市场，没有更多的空间可以展开竞争。

对于学生来说，人才培养类型的转型意味着入校后有较多的选择，既可以选择接受应用型教育在毕业后直接踏入职场，也可以选择考取专业硕士或学术硕士；学校转型则意味着入校后的选择较少，只能在直接就业或考取专业硕士之间选择，考区学术硕士的可能偏小。如果与目前的高校招生制度结合，学校转型对学生的选择限制更大，更不利于学生的发展。

对于教育行政部门来说，人才培养类型的转型及存在的可能会增加监管的复杂性和监管成本，因为一个学校内存在两种以上的培养类型，需要对每一种类型都要进行监管并需要对各个类型进行认定，难度远比监管一个同一培养类型的学校大。在现有高等教育管理制度下，这无疑将大幅增加教育行政部门的工作量。对于学校来说，人才培养类型转型意味着要对学科、专业和二级院系进行类型不同的管理，需要在制度上形成适应两种甚至多种人才培养类型的制度体系，内部治理的难度无疑会增大。

教育行政部门将院校定位为某一类型是对传统的延续，是计划经济时代形成的高等教育管理思维的延续。20世纪50年代院系调整后，我国确立了与计划经济相适应、政府包揽一切、条块分割管理的高等教育体制。在这种体制下，高校被分为文理（也称综合）、工科、农科、林科、医药、师范、语文、财经、政法、艺术、体育、民族等 12 种类型，除少数综合大学保留若干学科外，绝大多数学院只有一个学科，属于专门学院或专科学院。同时将科学研究与教学分开，高校以教学为主，科学研究由专门的科研院所如中国科学院、中国社会科学院等从事。改革开放以来，高校逐渐向综合性发展，并发展科学研究、社会服务、文化传承等职能，绝大多数高校已经成为多科性大学，但 1952 年确定的以学科为主线条的高校分类标准一直延续至今，且一直为教育行政部门所使用。如教育事业统计数据中，"普通本、专科分性质类别学生数"中的"普通高等学校"有两种类型划分，其中一种将高校划分为本科院校、高职（专科）院校、其他机构（点）3 种类型，另一种是传统的，将普通高校划分为综合大学、理工院校、农业院校、林业院校、医药院校、师范院校、语文院校、财经院校、政法院校、体育院校、艺术院校和民族院校 13 种类型。部分教育行政管理人员在提及高校的分类管理时仍以该分类为依据。与 1952 年相比，区别只是文理学院改称了综合大学，工科院校改称了理工院校，农科院校和林科院校改称了农业院校和林业院校。实际这种改称早在 20 世纪 50 年代就出现了。尽管还使用这些称呼和分类，但绝大多数院校事实上已经跨越了学校赖以成立的学科，变成了多学科高校和综合类院校。这种由单科院校到多科性院校的转变不仅发生在老牌本科院校、新型大学，而且发生高职（专科）院校和其他高等机构，真正的专门学院在我国已经很少了。下表是山东省教育行政部门对省域内高校的类型划分，这种分类已经根据现状进行了较大调整，但我们从前面的表知道，山东省基本已经没有专科性质的本科高校了，涉及学科最少的学校也在 3 个或 3 个以上，绝大多数本科高校拥有 7 个左右的学科，部分院校超过了 10 个学科，几乎是全科高校。

表 7-2 教育行政部门对山东省省属院校的基本分类情况一览

学校性质	合计学校数	中央部属学校	省属学校
综合大学	67	2	65
理工院校	36	1	35
农业院校	4	0	4
林业院校	0	0	0
医药院校	14	0	14
师范院校	5	0	5
语文院校	1	0	1

续表

学校性质	合计学校数	中央部属学校	省属学校
财经院校	9	0	9
政法院校	3	0	3
体育院校	1	0	1
艺术院校	4	0	4
民族院校	0	0	0
合计	145	3	142

数据来源：根据山东省教育事业统计资料和各校官网资料编制。查阅日期 2017 年 10 月 13 日。

无论从教育行政部门来说，还是从高校来说，依靠学校的类型划分对高校进行标准统一的监管是不现实的。政府对高等学校的指导和监管应从高等教育发展的现实出发，立足具体的办学行为而不是高校的类型定位，应该尊重高校的自我选择，以激发高校的办学积极性和办学活力。同时还应尊重学生的选择。依托学校的类型划分进行标准化监管的方式适合社会相对统一的工业化时代或工业化初期，明显不适合需求多样化和价值多元化的当今时代，特别是突出特色和个性订制的知识社会，如果强制推行将不利于高校的发展，更不利于教师和学生的发展。

不管是人才培养类型转型，还是学校转型，其实质都是人才培养类型的转型，即从一种人才类型转到另一种人才类型的培养，区别只是转型范围的差异。人才培养是高校的职能之一，也是高校区别于其他社会组织的根本所在。高校的一切资源都是围绕着人才培养配置的。现代大学的职能已经超越了人才培养，兼有科学研究、社会服务、文化传承、国际交流的职能，但人才培养仍是高校的基本职能。人才培养类型的转变意味着人才培养的具体任务的调整，也意味着高校资源配置方式的调整，需要根据新的人才培养类型重新调整高校的资源。

社会技术系统理论认为，组织存在是为了实现某种东西：达到一个目标或一组目标。通过维持某些任务就可以做到。为了实现预定的任务，人们建立了组织并赋予组织结构。结构在组织内部确立了一种权力模式和伙伴关系，使组织具备了秩序、系统以及其他许多与众不同的特征。组织的运行必须拥有技术资源和人。组织的四个内在因素——任务、结构、技术和人属于变量，它们会因时间和组织的不同而发生变化。在特定组织中，这四个因素之间会有极强的相互影响，每个因素常常决定或影响其他因素。而这些可变因素之间的相互依赖,意味着其中一个因素发生了重大变化,就势必影响到其他所有因素的变化。高校人才培养类型的变化意味着组织的预期目标的改变,学校要较为圆满地实现这一目标,就有必要进行一些内部调整。许多变化具有互补的特征。[①]实际上,上述的每一个因素的变化都会受到外部环境的变化。

需要注意的是,人的系统中个人的价值观、信仰和知识与个人参与、组织形成的对待人的方式同样重要,因为人的子系统具有非理性的特征,因此在对待人的子系统时,仅仅给参与者的角色命名或加以标识还不够,还需要考虑每个具体的人的情况。[②] 相对于企业等组织,学校尤其是高校具有松散结合的特征,教师在课堂上只受校长的一般性控制和领导,[③] 校长很难对课堂上的教师做到标准化的严格要求。教师与学生的关系也是如此。因此,对于高校来说,不仅要考虑学校中组成人的子系统的教职工的具体情况,也要考虑作为组织中任务子系统的受众学生的具体情况。同时,技术子系统、结构子系统也要做相应的互补性调整。从这个意义上说,高校人才培养类型的转型不是单纯的人才培养模式的转型,而是整个组织的转型,或者是组织围绕着人才培养类型的转型而做相应的整体转型,即使不是全部转型,也是在内部形成一个围绕着某一类型的人才培养形成一个相对封闭的由任务、结构、人和技术构成的系统。

总之,无论是立足专业或专业群的转型,还是立足学校的转型,向应用型本科转型都是一个系统工程,在人才培养目标转型的同时需要对结构、技术和人做相应的互补性调整。当然,前提是存在着人才培养类型的差异。从国际社会的共识和我国本科教育发展的现状来看,这种人才培养类型的差异是存在的。即向应用型本科转型是现实的。这种转型的实质是一种基于任务调整的系统的变革。对我国的高校特别是新型大学来说,向应用型本科转型就是脱离盲目追求研究型人才的综合性大学迷思,回到现实的发展道路上。即高等教育市场是个立体网络化的市场,这个市场需要各种类型的市场主体,需要为劳动力市场提供各种各样的人才,新建本科院校没有必要挤在研究型人才的独木桥上与老牌研究型大学竞争,而应根据自己的条件选择合适的细分市场。转型就是让已经走上综合性大学迷途的地方院校回到适合自己的道路上来,紧密对接产

---

① [美]罗伯特・G. 欧文斯. 窦卫霖等译. 教育组织行为学（第7版）[M]. 上海：华东师范大学出版社,2001：128 – 129.

② 同上书,第130 – 131 页。

③ 同上书,第157 页。

业链和劳动力市场。当然，这种"转型"是基于高校自身发展的考虑，是否能得到学生及其家长的配合还有许多工作要做。

第二节　高校—社会关系偏移与高校转型

我国高等教育自 20 世纪 50 年代初一直将培养专门人才列为基础国策，且一直维持至今，按理说在人才培养目标特别是偏向应用或实用的人才培养目标选择上不应该出现"迷思"。事实是我国的人才培养定位确实出现了问题，特别是在本科层次远离了符合产业或行业需要的专门人才这一定位。之所以如此，除政策偏向引起的问题外，与我国改革开放的特点和高校发展的现实密切相关。

我国的改革开放是从计划经济体制向市场经济体制转型，改革的本质是资源配置方式的改变。但在具体的改革过程中，各个领域的改革是不同步的。这种改革的不同步导致了不同领域资源配置方式的差异，引致不同的领域按不同的路径和方式方法运行，彼此间脱节。改革不同步带来的差异和关系脱节在高等教育领域的表现就是高等教育与社会的脱节和人才培养目标的偏移。

一、与校—社关系相关的高等教育体制改革

改革开放以来，我国高等教育宏观管理体制的改革主要涉及四个方面的内容：一是解决中央和地方的关系问题；二是解决部门办学体制的问题；三是解决政府和学校的关系问题；四是解决社会和学校的关系问题。这四个方面除第一个方面外，涉及的都是高校与外部环境即社会的关系问题。其中一、二、三涉及的都是高校与政府的关系，它们又与"社会和学校的关系"密切联系在一起，构成了高校与外部环境的关系。我国高等教育宏观体制改革是逐步推进的，上述四个方面是混合在一起进行的，不是单项分别进行的。

包括中央与地方、部门办学等内涵在内的政府与高校的关系是高等教育体制改革的核心问题。它涉及的不仅是政府与高校的关系，还涉及政府内部中央与地方、中央政府和地方政府内部教育行政部门与其他部门之间的关系，以及由此带给高校的影响。相关改革不仅是高等教育体制自身的改革，还涉及行政管理体制改革和其他领域的改革。

我国高等教育体制的基础确立于 20 世纪 50 年代初的院系调整和此后适应计划经济体制的系列调整。中央政府与地方政府、政府内部教育行政部门与其他部门之间的关系也是这时确立的。1950 年，中央人民政府政务院发布《关于高等学校领导关系的决定》，提出全国高等学校"以由中央人民政府教育部

统一领导为原则",强调中央人民政府教育部对全国高等学校（军事学校除外）均负有领导的责任，各大行政区人民政府或军政委员会或文教部均有根据中央统一的方针政策领导本区高等学校的责任。文件规定："凡中央教育部所颁布的关于全国高等教育方针、政策和制度，高等学校法规，关于教育原则方面的指示，以及对于高等学校的设置变更或停办，大学校长、专门学院院长及专科学校校长的任免，教师学生的待遇，经费开支的标准等决定，全国高等学校均应执行。"该文件的颁行为全国集中统一的高等教育管理体制的形成奠定了基础，是今后数年全国范围内院系调整得以顺利进行的保证。1953 年 5 月 29 日，政务院颁布《关于修订高等学校领导关系的决定》，规定："凡中央高教部颁布的有关全国高等教育建设计划，包括高等学校的设立、停办、院校专业设置、招生任务、基本建设任务、财务计划、财务制度（包括预决算制度、经费开支标准、教师学生待遇）、人事制度（包括人员任免、师资调配等）、教学计划、教学大纲、生产实习规程，以及其他重要法规、指示或命令，全国高等学校均应执行。"同时规定："为利于高等学校的发展、建设及教学密切综合实际，关于高等学校的直接管理工作，得按下列原则由中央高等教育部与中央有关业务部门分工负责：（1）综合性大学由中央高等教育部直接管理。（2）与几个业务部门有关的多科性高等工业学校由中央高等教育部直接管理。但如中央高等教育部认为必要，得与某中央有关业务部门协商，委托其管理。（3）为某一业务部门或主要为某一业务部门培养干部的单科性高等学校，可以委托中央有关业务部门负责管理。但如有关业务部门因实际困难不能接受委托时，应由中央高等教育部管理。（4）对某些高等学校，中央高等教育部及中央有关业务部门认为直接管理暂时有困难时，得委托学校所在的大区行政委员会或省、市人民政府或民族自治区人民政府负责管理。""管理高等学校的中央各业务部门和地方政府，应按照政务院及中央高等教育部有关高等教育的各项规定，管理所属高等学校的各项工作并向中央高等教育部提出建议和报告。""管理高等学校的中央各业务部门应设专管机构，与中央高等教育部经常密切联系，并在其指导下，切实负责执行管理高等学校的工作。""关于高等学校的专业课教材、设备、生产实习、科学研究及其他有关与生产企业机关合作事项，中央高等教育部应与中央及地方各有关业务部门协商处理。各有关业务部门应积极予以协助。"① 根据这一文件精神，高教部随后确

---

① 政务院关于修订高等学校领导关系的决定 [EB/OL]. 汇法网 (http：//www. lawxp. com/statute/s1045400. html). 参见何东昌. 中华人民共和国重要教育文献 (1949—1975) [M]. 海口：海南出版社，1998：212 – 213.

定了148所高校的隶属关系，其中高教部直接管理8所，中央业务部门管理30所，大行政区管理72所，委托省、直辖市、自治区管理38所。教育行政部门与有关业务部门分工负责的高等教育领导体制由此确立。

其后，适应形势发展的需要，我国政府对高等教育领导体制进行过多次调整，如1958年开始的权力下放和分级管理，除少数综合大学、某些专业学院仍由教育部或中央有关业务部门直接领导外，其他高等学校均下放给省、直辖市、自治区领导，导致229所高校中的187所先后下放给地方管理，此举有助于改变条条为主、集中过多的弊端，有助于发挥地方办学的主动性和积极性。1963年出台的《中共中央、国务院关于加强高等学校统一领导、分级管理的决定（试行草案）》规定对高等学校实行中央统一领导、中央和省、直辖市、自治区两级管理的制度；在中共中央和国务院的统一领导下，教育部、国务院其他各部委和省、直辖市、自治区人民委员会，对高等学校的管理工作进行适当的分工合作，共同办好高等学校。根据该文件，教育部是在中共中央和国务院的直接领导下管理全国高等学校的行政机关，中央各业务部门协同教育部分工管理一部分高等学校，省、直辖市、自治区政府和高教（教育）厅局在地方党委的领导下，根据中央的方针政策、计划和规章制度，进行中央授权的行政管理工作，直接管理一部分高等学校，并在工作中同时对教育部负责；省级有关业务厅局协同高教（教育）厅局分工管理与本部门业务有关的高等学校，并在工作中接受中央有关业务部门的指导。[①] 经过调整，到1965年，全国434所高校中，由高教部直接管理的34所，中央业务部门管理的149所，由各省、直辖市、自治区管理的251所。[②] 在中央统一领导下、中央部委和省、直辖市、自治区两级管理的体制形成。

改革开放初期，高等教育领域主要是拨乱反正，重新确立中央统一领导、分级管理的宏观管理体制。到1981年，全国共有高校704所，其中教育部直接管理的38所，国务院其他部委管理的226所，直辖市、自治区领导管理的440所。[③] 由省、直辖市、自治区管理的高校，绝大多数也由业务厅局管理，而非教育厅（局）直接管理。1985年《中共中央关于教育体制改革的决定》扩大了地方政府和高等学校的办学自主权，但基本精神仍是对高校实行统一领

① 中共中央、国务院对高等学校领导、管理问题两个文件的批示 [G]. 何东昌. 中华人民共和国重要教育文献（1949—1975）[M]. 海口：海南出版社，1998：1183 - 1184.

② 王英杰，刘宝存. 中国教育改革30年：高等教育卷 [M]. 北京：北京师范大学出版社，2009：63.

③ 同上书，第66页。

导、分级管理。1986 年国务院发布的《高等教育管理职责暂行规定》对国家教育行政部门、国务院有关部门、省、直辖市、自治区人民政府对高等教育管理的职责和高等学校的权限做了明确规定。该《暂行规定》规定中央教育行政部门在国务院的领导下主管全国高等教育工作。主要职责包括：贯彻执行党和国家有关高等教育的方针政策、法律和行政法规，制定高等教育工作的具体政策和规章，指导、检查各省、自治区、直辖市，国务院各有关部门和高等学校对党和国家有关高等教育的方针政策、法律和行政法规的贯彻执行；组织进行全国专业人才需求预测，编制全国高等教育事业发展规划和年度招生计划，调整高等教育的结构和布局；审批高等学校（含高等专科学校）、研究生院的设置、撤销和调整；制定招生和毕业生分配工作的规定，编制国家统一调配的毕业生年度分配方案；制定高等学校、研究生院的设置标准，制定高等学校的基本专业目录与专业设置标准，组织审批专业设置；会同国务院有关部门制定高等教育的基建投资、事业经费、人员编制、劳动和统配物资设备的管理制度和定额标准的原则；制定高等学校人事管理的规章制度，规划、组织高等学校师资队伍和干部队伍建设；指导高等学校的思想政治工作、教学工作、科学研究工作、研究生工作、体育工作、卫生工作和总务工作；指导和管理到国外高等学校留学人员、来华留学人员以及对外智力援助的工作，促进高等学校的国际学术交流与合作；组织为高等学校提供教育情报、人才需求信息和考试等方面的服务工作；指导各种形式的成人高等教育，编制成人高等教育发展规划、制订和下达年度招生计划；直接管理少数高等学校。中央有关业务部委在中央教育行政部门的指导下，管理直属高等学校，主要职责包括：贯彻执行党和国家有关高等教育的方针、政策、法律和行政法规；组织进行本系统、本行业专门人才的需求预测，编制直接管理的高等学校的发展规划，年度招生计划和自行分配部分的毕业生分配计划；对直接管理的高等学校的设置、撤销和调整及所属专业的设置和重点学科建设进行审查，向中央教育行政部门提出申请或建议；接受中央教育行政部门的委托，按照有关规定，审批直接管理的高等专科学校所属专业的增设和撤销；负责直接管理的高等学校的基建投资、统配物资设备、事业经费预算的分配和决算的审核；指导直接管理的高等学校的思想政治工作、教学工作、科学研究工作和总务工作；按照中央教育行政部门统一部署，会同有关省、自治区、直辖市对高等学校对口专业的教育质量组织评估，组织和规划对口专业的教材编审；指导和协调高等学校学生在本系统的生产实习和社会实践，鼓励高等学校有关专业、研究机构参加本系统的科学技术开发，促进企业与学校的联系；鼓励直接管理的高等学校面向社会办学，实行本部门与国务院有关部门、本部门与地方联合办学；管理本部门成人高等教育、专业培训、继续教育和有关教材编审的工作。上述规定是针对中央部门的，在省、自治区和直辖市层面，教育行政部门和其他行政厅局的关系格局基本是相同的。即统一领导、分级管理的高等教育管理体制的实质是条块分割。同时展开的改革是扩大高校的办学自主权和允许社会力量办学。

对高等教育体制的革命性改革实际开始于 1992 年，是在中共中央确定建立社会主义市场经济体制之后。高等教育体制改革的总目标是改善政府与高校、中央与地方、国家教委与中央各业务部门之间的关系，逐步建立政府宏观管理、学校面向社会自主办学的新体制，即建立与市场经济相适应的高等教育管理体制，具体目标有一个发展的过程，起初以突破计划性的高等教育管理体制为主，持续时间大约为 1992 年到 2010 年，随后进入重点建设适应市场经济的高等教育管理体制阶段。

突破计划性高等教育管理体制的主要动作是 1993 年 2 月，中共中央、国务院印发的《中国教育改革和发展纲要》，该纲要要求深化高等教育体制改革，主要是解决政府与高等学校、中央与地方、国家教委与中央各业务部门之间的关系，逐步建立政府宏观管理、学校面向社会自主办学的新体制。具体措施包括：（1）改变政府包揽办学的格局，逐步建立以政府办学为主体、社会各界共同办学的体制。（2）按照政事分开的原则，通过立法，明确高等学校的权利和义务，使高等学校真正成为面向社会自主办学的法人实体；政府转变职能，由对学校的直接行政管理转变为运用立法、拨款、规划、信息服务、政策指导和必要的行政手段进行宏观管理。（3）进一步确立中央与省、自治区、直辖市分级管理、分级负责的教育管理体制。中央直接管理一部分关系国家经济、社会发展全局并在高等教育中起示范的骨干学校和少数行业性强、地方不便管理的学校；在中央大政方针和宏观规划指导下，对地方举办的高等教育的领导和管理，责任和权力都交给省、自治区和直辖市。（4）进一步理顺国家教委和中央业务部门的关系，国家教委负责统筹规划、政策指导、组织协调、监督检查、提供服务，中央业务部门负责对本行业的人才预测和规划，协助国家教委指导本行业的人才培养工作，负责管理其所属学校。（5）改革高校的招生和毕业生就业制度。改变全部按国家统一计划招生的体制，实行国家任务计划和调节性计划相结合；改革学生上大学由国家包下来的做法，逐步实行收费制度；改革高校毕业生"统包统分"和"包当干部"的就业制度，实行少数毕业生由国家安排就业，多数由学生"自主择业"的就业制度。（6）改革高校财政拨款机制，充分发挥拨款手段的宏观调控作用。

1995 年 7 月，国务院办公厅转发《国家教委关于深化高等教育体制改革的若干意见》，提出积极促进那些专业通用性强、地方建设又需要的中央部门所属院校转由省、自治区、直辖市人民政府领导和管理；积极推进中央部门与地方政府共同建设、共同管理高等学校的改革试验，淡化学校单一的隶属关系观念，拓宽学校的服务面向，加强条块结合；积极开展多种形式的合作办学试验，距离相近的不同类型、不同科类的学校，开展学校之间的合作办学，在自愿互利的基础上，实行资源共享、优势互补、学科交叉、协同发展，共同提高办学水平和效益。

1997年1月，国家教委出台《关于转变职能加强宏观管理扩大直属高校办学自主权的若干意见》，提出高等教育体制改革的目标是加强地方政府对所在地区学校的统筹权，逐步淡化以"条条"为主的管理办法，促进"条块"的有机结合。1998年1月中旬，国家教委在扬州召开全国高教管理体制改革经验交流会，李岚清同志在会上指出：我国现行的高等教育的办学和管理体制是高度集中的计划经济体制上形成并发展起来的，它的主要特征是"条块分割"，主要弊端是在低水平上重复设置高等学校和专业，教育资源不能优化配置和充分利用，造成很大浪费，从而影响了整体教育质量和办学效益。高等教育的发展必须从过去条块分割体制下主要靠外延扩张式的发展转变为主要靠重视质量的内涵式发展。李岚清提出，高等教育体制改革要实行"共建、调整、合作、合并"的八字方针，成为今后数年高等教育体制改革的指导思想。

对计划性高等教育体制改革冲击最大的是行政体制改革。1998年3月，全国九届人大一次会议通过了国务院机构改革方案，国家教育委员会改建为教育部，原机械工业部、煤炭工业部、冶金工业部、化学工业部、国内贸易部、中国轻工总会、中国纺织总会、国家建筑材料工业局、中国有色金属工业总公司等九个部门改组或组建为国家经贸委管理的局。1998年7月，国务院颁布《关于调整撤并部门所属学校管理体制的决定》，决定对这九个部门所属共211所学校（其中普通高等学校93所、成人高等专业学校72所、中等专业学校和技工学校46所）的管理体制，通过共建、合并、合作、调整等方式进行调整。其中，普通高校原则上实行中央与地方共建以地方管理为主，成人高等专业学校除几所由中央财政负担的管理干部学校外，原则上就地并入普通高校或改制为培训教育机构外均划转地方管理，中等专业学校和技工学校转归地方管理。1999年3月，国务院办公厅发文，对原中国船舶工业总公司、中国兵器工业总公司、中国航空工业总公司、中国航天工业总公司、中国核工业总公司五个军工总公司所属的25所普通高校实行中央与地方共建，其他34所成人高校、98所中等专业学校、232所技工学学校改制为非学历教育培训机构或划转地方举办和管理。1999年12月，国务院颁布《关于进一步调整国务院部门（单位）所属学校管理体制和布局结构的决定》，规定除教育部以及外交部、国防科工委、国家民委、公安部、安全部、海关总署、民航总局、体育总局、侨办、中科院、地震局等部门和单位继续管理其所属学校外，国务院部门和单位不再直接管理学校；按照共建、调整、合作、合并的方针，在对有关部门和单位所属普通高校管理体制调整的同时，调整学校布局结构、优化教育资源配置。2000年1月，教育部开始对161所普通高校和617所成人高校、中等专业学校和技工学校的管理体制进行调整。截至2002年，我国共对517所高校进行了管理体制调整，实行了以地方为主、中央和地方共建的体制；对29所重点高校实行了以中央为主、中央和地方共建的体制；在317所高校开展了校际合作办学，形成了227个合作办学实体；先后将637所高校合并组建70所综合性的高校。经过改革，"基本扭转了长期形成的部门和地方条块分割、重复办学、教育资源浪费严重的局面，对大多数高校确立了中央和省级人民政府两级管理、以省级政府管理为主的新体制，并扩大了高校的办学自主权，初步实现了教育资源的优化配置。"①

在对原有体制进行改革的同时，第九届全国人大常委会第四次会议通过《高等教育法》，该法第13条规定：国务院统一领导和管理全国高等教育事业，省、自治区、直辖市人民政府统筹协调本行政区域内的高等教育事业，管理主要为地方培养人才和国务院授权管理的高等学校。第14条规定：国务院教育行政部门主管全国高等教育工作，管理由国务院确定的主要为全国培养人才的高等学校。国务院其他有关部门在国务院规定的职责范围内，负责有关的高等教育工作。第25规定：设立高等学校的具体标准由国务院制定；设立其他高等教育机构的具体标准，由国务院授权的有关部门或者省、自治区、直辖市人民政府根据国务院规定的原则制定。第29条规定：设立高等学校由国务院教育行政部门审批，其中设立实施专科教育的高等学校，经国务院授权，也可以由省、自治区、直辖市人民政府审批。第60条规定：国家建立以财政拨款为主、其他多种渠道筹措高等教育经费为辅的体制。1999年6月，中共中央、国务院发布《中共中央、国务院关于深化教育改革全面推进素质教育的决定》，提出"今后三年，继续按照'共建、调整、合作、合并'的方式，基本完成高等教育管理体制和布局结构的调整，形成中央和省级人民政府两级管理、以省级人民政府为主的新体制，合理配置教育资源，提高教育质量和办学效益。经国务院授权，把发展高等职业教育和大部分高等专科教育的权力以及责任交给省级人民政府，省级人民政府依法管理职业技术学院（或职业学院）

---

① 王英杰，刘宝存. 中国教育改革30年：高等教育卷［M］. 北京：北京师范大学出版社，2009：77.

和高等专科学校。"自此,我国进入依法管理高等教育的新时代,进入了高等教育"两级管理、以省级政府为主的新体制",新成立的本科院校因此被称为新型大学。

在两级管理体制下,中央政府以教育行政部门为主,保留了对部分高校的直接管理权。这部分高校称为"中华人民共和国中央部门(国务院部门机构)直属高等学校",简称"中央部属高校"。中央部属高校目前有 111 所。保留中央部属院校的目的是在改革探索上先走一步,在提高教学、科研和服务社会等方面发挥示范作用。实际上这些"中央部属院校"基本是历史上中央政府确定的重点高校,综合办学实力强或学科特色鲜明。与之相关,在现实中衍生出"副部级高校""厅局级高校"等特例。

二、高等教育体制改革对高校外部关系的冲击

高等教育宏观体制改革对高校外部关系的冲击涉及三个方面:部门办学体制、政府与高校的关系以及高校与社会的关系问题。三者的影响是联结在一起的。

(一)部门办学体制改革的冲击

在部门办学体制下,高等学校不仅分为中央直接管理学校和委托省级政府管理的学校,而且在中央直管学校和省管学校的内部又分为教育行政部门直接管理的高等学校和委托其他有关业务部门管理的高等学校。部门办学现象在 1996 年达到最高峰,62 个中央部门举办了 366 所普通高校,[1] 占到普通高等学校机构总数的三分之一强。如果算上省属高等学校中教育行政部门委托其他有关业务部门管理的高等学校,部门办学占到普通高等学校机构数总数的三分之二强,真正由教育行政部门直接管理的高校不多。中央部门管理的学校都是某一个行业的龙头学校或占据省内行业龙头,为特定行业的发展作出了重要贡献。

在部门办学体制下,高校与政府的关系直接体现为高校和业务管理部门的关系。根据 1986 年《高等教育管理职责暂行规则》的规定,业务主管部门对高校的职责不仅限于高校内部事务,而且涉及高校与社会的关系。其中属于高校内部事务的职责有编制学校发展规划、年度招生计划和毕业生分配计划,审查学校的设置、撤销、调整和专业设置、重点学科建设并向教育行政部门建议,审查专科专业的增设和撤销,负责学校的基建投资、统配物资设备、事业

---

① 纪宝成. 中国高等教育管理体制的历史性变革 [J]. 中国高等教育,2000 (11): 3-8.

经费预算的分配和决算审核，指导学校的思想政治工作、教学工作、科学研究工作和总务工作等；涉及高校与社会关系的职责包括预测人才需求，组织对对口专业的教育质量评估，组织和规划对口专业教材编审，指导和协调学生在本系统的生产实习和社会实践，鼓励学校的专业、研究机构参加本系统的科学技术开发并促进企业与学校的联系，鼓励学校面向社会办学等。

需要注意的是，这些业务部门管理的业务不仅限于教育领域，而且深入了经济和社会领域，管理着大量的行业或产业组织以及为之服务的社会组织。在部门管理体制下，这些经济组织（企业）、社会组织和教育组织围绕着部门形成一个相对封闭的子系统。它们跨越了地方行政组织，以中央部门、地方部门为中心形成一个个相对封闭的子系统，作为一个整体与外界发生关系。在计划经济体制下，组成我国社会的是这些以部门为核心的子系统和以地方政府为首的子系统。同时，地方部门的子系统与中央部门为核心的子系统之间存在着紧密的协作与指导关系。这些以部门为核心的子系统与以地方政府为核心的子系统是并列的关系，在其内部具有很强的独立性。凝聚每个子系统的是作为管理者的部门，是管理者拥有的行政权力。在子系统内部，作为管理者的部门，通过行政权力和资源的掌控权对子系统内的各类组织进行协调。对高等学校来说，作为子系统核心的中央部委或省级行政部门负责基建筹资、统配物资设备、分配事业经费，并决定招生计划、在系统内分配毕业生、负责安排学生实习；企业组织通过部门将其对人才的数量需求和质量需求反映给高校，并为高校学生安排实习、接收毕业生、双方合作进行技术开发和人才培养。高等学校、系统内的用人单位和相关单位围绕着中央部委或省级行政部门形成相对均衡的关系，维持这个封闭的子系统运转的是行政权力。

高等教育管理体制改革特别是 2000 年前后的部门办学体制改革以后，原有的相对封闭的子系统和运转体系被打破。高校全部划归教育行政部门或地方政府管理，中央教育行政部门或地方政府（通过教育行政部门）接手了原本由其他部门掌握的属于高校内部事务的职责，如编制学校发展规划、年度招生计划，审查学校的设置、撤销、调整和专业设置、重点学科建设，负责学校的事业经费预算和决算审核，指导学校的思想政治工作、教学工作、科学研究工作和总务工作，以及组织对学校的教育质量评估等。而将大部分的基建筹资、社会用人需求预测、学生的实习和社会实践、毕业生分配、学校与企业合作研发等职责交给了学校，由学校直接面向社会办学。高等学校由原来的主要面向系统内办学转向了面向整个社会办学。

高校的变革之路并不顺利。一是高校的变革与用人单位的变革并不同步。绝大多数用人单位主要是企业在此之前已经经过改革成为市场主体，面向市场根据自己的需要选择毕业生、购买新知识新技术。决定用人单位是否接受高校毕业生和使用高校生产的新知识的是高校培养的毕业生和生产的新知识的价值与适用性，决定交换成功的是用人单位的有效需求。这些用人单位不仅面向省属高校培养的毕业生和生产的新知识，面向部属院校培养的毕业生和生产的新知识，而且可以面向国外高校培养的毕业生和生产的新知识新技术。反过来讲，高校培养的毕业生要想获得用人单位的聘用，生产的新知识要想被企业购买使用，必须拥有比较优势，即比别的高校培养的毕业生更符合用人单位的需求，更能为用人单位带来效益或降低成本。高校生产的新知识新技术获得使用的路径亦然。即高校在人才培养和知识生产上被纳入了市场。二是高校的变革缓慢而不彻底。关于高校变革缓慢而不彻底的论述见第三章。高校仍然是准市场主体，特别是国办高校，办学资金主要来自财政拨款，学校在用人、内部机构设置、学科专业设置、招生计划等诸多方面受到政府的强力干预。高校办学者主要对政府负责，而不是对市场特别是劳动力市场、技术市场负责。即在旧的体制解体之后，新的体制并没有完全及时地建立起来，导致了高等学校与用人单位、新技术、新知识使用单位按照不同的轨迹运行。

一个最基本的现象是：新型大学按照教育行政部门的认知自1998年以来持续增长。大学生"就业难"问题及其探讨一直伴随其中。即使教育行政部门认识到了高校毕业生就业的严重问题，也只是放缓了增长的步伐，没有停止增长。

我国高等教育的现状是：高校主要从政府获得办学资源如财政拨款、招生计划、专业设置、用人编制，在员工待遇、管理人员任免、教学质量监管等方面接受政府领导，国办高校及其主要管理人员对政府主要是教育行政部门负责；高校的主要产品——毕业生和新知识面向市场即各类企业和社会组织展开竞争。影响高校对产品市场回应的应该主要是高校自身。但高校特别是国办高校受到政府特别是教育行政部门的强烈干预，缺乏办学自主权，导致高等学校无法自主回应市场的需求及变化。目前影响高校对市场回应性的主要是政府的政策性要求，政府要求高校面向市场即区域经济社会发展办学，但这种要求多是原则性要求，缺乏现实的制约性手段。即面向劳动力市场和新技术市场的是行政化的高校，双方按照不同的规则运行，即所谓的"计划招生，市场就业"。特别是涉及高校与社会关系领域的高校职责方面，如预测人才需求，协调学生的生产实习和社会实践，促进高校与企业的合作研发等方面，一方面是教育行政部门无能为力、缺乏相应的政策支撑和约束手段，另一方面是学校因缺乏办学自主权而难以自行拓展，导致高校对社会的人才需求无知或知而无力，没有建立起双方都能接受的稳定的互动合作关系，高校对劳动力市场的需求变革视而不见、无法准确预知或难以作出反应，对学生的生产实习和社会实践、校企合作研发等难以落实。而这些是应用型人才培养的必要条件。

总体来看，对部门制办学体制改革打破了基于行政权力建立的高校与用人单位、知识使用单位的紧密联系，并没有建立起新的基于市场的高校与用人、知识使用单位的稳定的联系体系，导致高校与劳动力市场、技术市场、服务市场的关系疏离。在这样的现状下，老牌本科院校还有历史上的关系特别是集中化的校友关系可以利用，能够较为顺利地建立合作关系；新型大学与用人、知识使用单位的合作关系需要从新建立，其间需要一个认知过程。

（二）政府与高校关系变革的影响

政府与高校的关系是高等教育体制改革的主要内容，核心是改革政府对高校的管理方式，变政府对高校的直接管理为宏观管理、扩大高校的办学自主权。政府与高校关系的改革既是高等教育体制改革的内容，也是国家行政体制改革和事业单位改革的重要部分，与整个社会的转型有机地糅合在一起，相互影响，难度很大。

在很长一段时间里，政府是把学校当作行政机构的附庸来处理政府与学校的关系，高等学校只是执行机构，在办学的重大问题上没有决策权。这种状况发生变化始自1993年中共中央发布《中国教育改革和发展纲要》。《中国教育改革和发展纲要》要求逐步建立政府宏观管理、学校面向社会自主办学的新体制，通过立法明确高等学校的权利和义务，使高等学校真正成为面向社会自主办学的法人实体。《高等教育法》以法律的形式规定："高等学校应当面向社会，依法自主办学，实行民主管理。"《国家中长期教育改革和发展规划纲要（2010—2020）》明确提出，"适应中国国情和时代要求，建设依法办学、自主管理、民主监督、社会参与的现代学校制度，构建政府、学校、社会之间新型关系。适应国家行政管理体制改革要求，明确政府管理权限和职责，明确各级各类学校办学权利和责任。探索适应不同类型教育和人才成长的学校管理体制与办学模式，避免千校一面。""随着国家事业单位分类改革推进，探索建立符合学校特点的管理制度和配套政策，克服行政化倾向，取消实际存在的行政级别和行政化管理模式"。同时扩大高校的办学自主权，完善中国特色现代大学制度，目的是让高校面向社会自主办学。《中共中央关于全面深化改革若干重大问题的决定》确定和随后开展的管办评分离改革以及同时开展的高校章程制定与审核等工作都是落实高校办学自主权的具体措施。

但在现实世界里，落实高校办学自主权的改革进行得很慢，特别是在省属院校的改革。《高等教育法》规定高等学校依法拥有自主调节系科招生比例，自主设置和调整学科专业，自主制定教学计划、选编教材、组织实施教学活动，自主开展科学研究、技术开发和社会服务，自主开展与境外高等学校之间的科学技术交流与合作，自主确定教学、科学研究、行政职能部门等内部组织机构的设置和人员配备，自主管理和使用学校资产等办学权力。但自 1998 年《高等教育法》颁布实施，到 2015 年近 20 年时间过去，许多省级政府还在上述权力上踟蹰不前。截至 2015 年 6 月，只有广东省出台了落实高等学校办学自主权的文件。2015 年笔者参加民进山东省委组织的调研组，对省属高校综合改革和落实办学自主权事宜进行调研，接受调研的高校校长和相关人员均认为政府对高校管得过严过死，高校缺乏办学自主权和灵活性；但谈到落实办学自主权，又都害怕落入"一放就乱、一统就死"的怪圈。几乎所有的受访者都指出，省属高校改革和落实办学自主权不单纯是教育行政部门的事，涉及党委、政府的多个部门，需要统筹进行。正是基于对高等教育综合改革涉及面广、头绪多的认识，在向中共山东省委提交高等教育综合改革调研报告和主要建议的同时，笔者代表民进山东省委撰写了"高校落实办学自主权立法要先行"的短文。山东省政府《关于高等教育综合改革的有关意见》出台后，山东省教育厅设立了综合改革处，重点推进教育领域深化改革，但采用的仍然是传统的行政手段。这还是政府与高校的关系层面，高校内部的改革涉及的问题更多。如果高校内部的改革跟不上，政府与高校关系的改革便是无根之水、无本之木，不能长久。需要注意的是，改革不是一夕之功，需要长期的稳定执行。我们的改革措施多出自中央政府，并非高等教育领域内广大教师、学生和家长主动追求的产物。这样的改革需要强有力的干预和政策的稳定，否则受惯性思维的影响，而容易在短期内反复。

吊诡的是，高校的办学自主权没有落实，教育行政部门推动的"转型"进步也不大。山东省政府自 2011 年推出特色名校工程。该工程突出"分类指导、内涵发展、强化特色、提高质量"的主题，以高素质应用型人才培养为目标，以专业建设为着力点，坚持"整体设计、分类管理、重点建设、示范带动、全面推进"的原则，按照应用基础型人才、应用型人才和技能型人才培养定位，遴选部分高校进行重点建设，打造人才培养特色名校，目的是增强高等教育服务山东省经济社会发展的能力。特色名校工程的建设内容包括办学特色、学科专业、师资队伍、教学改革、体制机制、社会服务六个方面，涉及了高校办学的主要方面。特色名校立项建设单位先后遴选了三批。第一批于 2012 年 11 月公布，立项应用基础型名校建设单位 5 所、应用型特色名校建设单位 10 所，主要面向高职院校的技能型特色名校建设单位 13 所。第二批于 2013 年 12 月公布，立项应用型人才培养特色名校 5 所，技能型人才培养特色名校建设单位 7 所。第三批于 2014 年 2 月公布，主要针对民办本科院校。批准立项的高校，每校给予上千万元的专项经费用于建设。第二、三批均包含了多批自筹资金建设的高校。我们注意到，该工程的主要目标之一是分类，即通过立项建设推动高校分类。无论是目标定位、评价标准，还是政策出台的过程，山东省特色名校工程是典型的理想导向型政策，其中不确定性的东西较多。事实也是如此，特色名校工程实施不到四年便寿终正寝。至于取得的效果，目前公开的材料很少。如果说有成果的话，可能是相关学校的定位更加清晰。

就高校发展的实质而言，高校的定位是高校根据自己的办学历史和办学资源，主动对接社会需求的结果。高校的定位是一个动态的变化过程，在不同的历史时期定位应该有所不同，高校的定位也是一个长期摸索的过程，不是简单的决策和短期的建设。政府的重点工程建设只能起一定的推动作用，不可能完成如此重大的任务。即使是国办高校，政府的短期行为也不可能带来明显的改善，更不用说民办高校了。

对高校来说，政府的强力干预特别是对高校办学权力的干预，使得高校缺乏自主权和灵活性，只能围绕着政府的指挥棒转。政府对高校决策层的直接任命和中层干部的使用干预、监督强化了政府对高校的干预，迫使高校只能围绕着政府的政策和要求打转，难以完全转向劳动力市场、技术市场和服务市场，根据社会需求培养人才。在政府政策缺乏长期性的情况下，高校只能择其精神主旨执行。

对新型大学来说，中央教育行政部门的触手除宏观政策外，最直接的是本科教学工作合格评估。本科教学工作合格评估的指标体系要求学校发展目标清晰，能主动服务区域（行业）经济社会发展需要；坚持育人为本，德育为先，能力为重，全面发展，突出应用型人才培养，思路清晰，效益明显。如果说教育行政部门对新型大学向应用型本科发展有要求的话，这是最具有约束力的要求。但作为面向全国的文件，该指标体系的要求不可能太细。高校真正面向社会培养适用的应用型人才，关键还是扩大高校的办学自主权，并形成自主顺应社会发展的约束机制。

（三）高校和社会的关系变革的影响

高校和社会的关系是多方面的，可概括为输入和输出两个方面。输入方面，高校需要办学资金、办学设施、教师和管理人员、学生，从而与金融市场、教学所需的产品市场、劳动力市场、生源市场发生关系。输出方面，高校向社会供给合格毕业生、整合或生产的新知识、社会服务等。在内部生产过程中，高校还要与学生生产实习、社会实践的相关单位打交道。如前所述，在计划经济时代，这些关系被纳入以部门行政权力为核心的相对封闭的子系统中，改革打破了旧有的关系体系，初步建立了基于市场的新的关系框架。

　　高校和社会关系最大的变革是高等教育投融资机制的改革，变政府投资为政府和社会共同投资，变财政资金投资为多渠道融资。高等教育投融资机制改革的最大后果是民办高校的兴起和高校占地、建筑物和教学设施的大扩张。民办高校的兴起前面已经论及。利用银行资金推进高等教育发展在 21 世纪之初曾成为兴盛一时的做法，多数高校特别是老牌和新建本科院校都采用了这一方式。同时社会捐赠、利用知识和技术优势举办企业、校友捐赠等方式也扩展了高校的资金来源。部分高校通过技术入股、投资、所办企业上市与并购等方式进入了资本市场。在学生普遍缴费上学后，大学生助学贷款、教育储蓄等方式成为帮助学生筹集学费的方式。目前，高校已经被纳入了资金市场，成为资金市场的主体和常客，部分高校通过所办企业成为资本市场的参与者。即高校成为包括资本在内的资金市场的参与者。

　　投融资机制改革在给高校带来资金实现资金来源渠道多元化的同时也带来了问题。一是高校的融资主体问题，高校目前仍是事业单位，其拥有的资产是国有资产，不能作为银行贷款的抵押主体，高校只能利用自己的信誉获得质押贷款，限制了高校的信贷融资能力。二是高校的资产处置权力。高校的资产目前是国有资产，高校受托管理，其对资产的处置权受到约束，不能自主处置学校资产，这使得高校在与相关单位合作时受到影响。另外，购置相关物品需要走政府采购手续，手续烦琐，购置的物品质次价高。三是民办本科院校容易受到投资者的影响，将经济利益放在经营首位，伤害教育的公共性和社会效益，尤其是在应用型人才培养上，如果投资者出于经济利益考虑，很容易在校内教学设施建设、专业实习和社会实践等方面减少投入，影响到人才培养的质量。

　　高校和社会的关系的第二大变革是与劳动力市场的融合问题。高等教育的主要资源是人，输出的主要产品是作为毕业生的人。改革开放以来的劳动力市场建设因此与高等教育改革息息相关。相对于其他用人单位，高校需要的人学历较高（一般要求具有博士学位或是学术水平较高的硕士）、知识积累较多、学科或专业能力较强，但在劳动力市场上并非独占，而是要与其他高校、其他用人单位如行政机构、事业单位、大型企业展开竞争。与老牌本科高校相比，新型大学在劳动力市场的竞争力相对较弱，主要体现是可以自主使用的资金偏少，可为教师提供的未来发展平台和机会偏少，因此，大多数新型大学的竞争力也不如行政机构、事业单位和大型企业。在市场竞争机制下，新型大学只能采取合适的策略来吸引高水平的毕业生，以充实教师队伍，优化教师队伍结构。

　　对于毕业生来说，随着劳动力市场的建设健全，毕业生必须适合劳动力市场的需求和变化，否则面临着重新接受教育和失业的可能。要保证毕业生适合劳动力市场的需求和变化，高校必须了解劳动力市场对人才的需求量和对人才知识、素质和能力的要求，并采取针对性的知识整合、知识传播和培养过程。这个针对性的知识整合、知识传播和人才培养的过程既可以由高校独立承担，也可以由高校与其他单位共同承担，学生自身的因素也必不可少。在科学技术快速发展的今天，劳动力市场的需求变化很快，高校必须紧跟劳动力市场的需求变化，不断调整自己的知识结构，以提高毕业生的适应性。即高校应该具备让自己的人才培养随着劳动力市场需求的变化而进行持续调整的能力，是为高校人才培养的敏捷性。[①]

地方本科院校"转型"问题的根本原因是高校没有紧密回应劳动力市场的需求和变化，仅仅立足自身来培养人才，导致培养的人才不适合劳动力市场的需求或者集中在所谓的研究型人才这一高端市场，造成研究型人才供给过剩而应用型人才供给不足，毕业生就业难和用人单位招人难并存，需要根据劳动力市场的需求和高校的定位"转型"培养劳动力市场需要的"应用型人才"，定位并满足应用型人才细分市场需求。实质是高校和劳动力市场的密切关系没有建立或高校人才培养与劳动力市场脱节。这一现状的形成既有高校的因素，也有劳动力市场的因素，还有新机制形成过程中的新旧衔接问题。

高校和社会的关系的第三大变革是学生专业实习和社会实践的安排。专业实习和社会实践是一种"基于工作的教育"，是应用型人才培养的关键环节，是毕业生应用动手能力养成的必经之路，也是学生走入职场前的必要准备，校企合作是最好的解决途径。部门办学时期，政府部门通过行政手段在子系统内部实现高校与用人单位的沟通，由用人单位承担高校学生的专业实习和社会实践，无论是对高校，还是对用人单位，这种安排属于子系统内部的自然分工，双方都没有意见。但部门办学体制取消后，高校与用人单位之间这种基于系统内分工的合作关系被打破，变为市场基础上两个独立主体之间的交换关系。一所高校与哪一个用人单位合作实施这种合作决定于双方的自愿。但"我国企业对校企合作带来的益处认识尚浅，参与积极性不高，校企双方很难在人才培养方面开展深层次合作"。多数企业认为学生的专业实习和社会实践本身不能给实习实践单位带来多高的效益，还需要付出指导学生的人工成本、学生占用生产工具的损耗成本、学生实习操作消耗的低值易耗品和原材料成本等，即学生的专业实习和社会实践给实习实践单位带来的是一种消耗性付出，而非收益。因此，许多用人单位不愿意免费为高校提供专业实习和社会实践的机会。

---

① 叶飞帆. 学科为体专业为用构建敏捷高等教育 [A]. 张宗荫、范笑仙主编. 质量提升与建设高等教育强国 [M]. 重庆：西南师范大学出版社，2012：60-65.

越是对技术技能要求高的用人单位，越不愿意免费提供这样的机会。当然也存在一些用人单位把实习生当作廉价劳动力使用的现象，所以这种安排不能保证学生获得真正的实习实践机会。在用人单位独立决策的同时，高校特别是国办高校并没有适应这种变化，还停留在用人单位免费提供专业实习和社会实践机会的旧思维中，没有采取针对性的措施。无论是高校还是学生均缺乏这方面的准备。高职教育关于职业教育集团组建、顶岗实习和定向培养等职业教育发展思路是为解决这些问题提出的，建立高校与用人单位的战略合作联盟也是一个不错的思路。但本科高校特别是地方本科高校很少有这方面的探索。如果说原来的行业院校还有历史关系可以借鉴的话，那些行业特色不明显的新型大学在学生专业实习和社会实践方面可采取的措施更少。如何与未来的用人单位实现稳定的合作并确保学生的专业实习和社会实践进而提高应用型人才培养的质量仍是需要探索和落实的领域。

高校和社会的关系的改革还体现在其他多个方面，这些方面的改革都对高校与社会的关系形成了冲击，需要高校和其他社会组织在新的社会基础上重建。

总之，社会转型破坏了高校原有的外部环境，新的外部环境正在形成过程中。在这个过程中，联结高校与外部环境的纽带从原来的行政权力和系统内部的分工变为了市场和独立主体之间的交换合作关系，由于社会转型在各个领域的不同步，高等教育体制改革的滞后和高校办学自主权的落实迟延，部分高校无法或没有对新形势作出准确的判断和采取有效的应对措施，导致实践教学环节特别是专业实习和社会实践流于形式，失去了专业实习和社会实践在人才培养中应有的地位，结果是培养的毕业生不能满足用人单位的需求或与用人单位的需求有明显的差距。加上政府单一性政策导致的高等教育同质化，直接产生了本科教育的异化现象和"转型"问题的出现。

三、高校"转型"发展的政策问题

政策是我国政府管理社会事务的主要手段，主要做法是通过集中投入加快发展。中央政府在高等教育领域的政策取向是重点解决经济社会发展和国家竞争急需的人才培养和科技创新问题，目的是提升国家的综合竞争力，"211""985""双一流建设"等重点工程的出发点均是如此。其中，"211"工程在"九五""十五"规划期间完成投资368.23亿元，其中中央专项资金78.42亿元，部门配套资金60.49亿元，地方政府配套资金85亿元，学校自筹资金

144.35 亿元，① 每所学校平均获得各项政府资金 2 亿多元。实际"211"工程建设一直持续到 2015 年，2008 年教育部宣布"211 工程"第三期投入 100 亿元。"985 工程"进一步加大了投资力度。据网友不完全统计，985 三期工程政府投入资金约 900 亿元，其中北京大学和清华大学分别获得 76 亿元，浙江大学、南京大学、复旦大学、上海交通大学均超过 50 亿元。仅 2008 年到 2013 年，"985 工程""211 工程"以及其他学科平台建设就投入 1200 多亿元，国家重点实验室建设累计投入近 140 亿元。② "双一流工程"将延续"211 工程""985 工程"的投资模式。据武汉大学发展规划与学科建设办公室公布的数据，"双一流"工程第一批高校 8 月初审核通过的经费分别是北京大学、清华大学各 50 亿元，浙江大学、复旦大学、上海交通大学各 40 亿元，南京大学、武汉大学各 35 亿元，中国科学技术大学、哈尔滨工业大学、西安交通大学各 30 亿元，投入可谓巨大。

在职业教育领域，中央政府使用了同样的政策驱动手段。职业教育领域的重点工程建设有面向中等职业教育的"中等职业教育改革发展示范学校建设计划"和面向高等职业教育的"国家示范性高等职业院校建设计划"和"国家骨干高职院校"计划，目的是培养社会急需的高级技能人才。其中，"国家示范性高等职业院校建设计划"是为贯彻落实《国务院关于大力发展职业教育的决定》（国发〔2005〕35 号）精神在 2006 年 11 月启动的，被誉为中国高水平高等职业院校建设的"211 工程"，2006 年、2007 年、2008 年合计遴选 100 所院校进行重点建设，中央财政安排资金 20 亿元重点扶持。自 2010 年开始，教育部再次遴选 100 所院校列为"国家骨干高职院校"进行重点建设。"中等职业教育改革发展示范学校建设计划"是根据《国家中长期教育改革和发展规划纲要（2010—2020）》关于加强职业教育基础能力建设的要求启动的，以提高人才培养质量为目标，以深化办学模式、培养模式、教学模式和评价模式改革为重点，以推进工学结合、校企合作、顶岗实习为核心，适应经济发展方式转变、产业调整升级、企业岗位用人和技术进步的需求。2010 年、2011 年、2012 年先后遴选 3 批 1015 所中等职业学校进行重点建设③。2004～2013 年，中央财政还拨款 78.6 亿元支持中职学校和高职院校建设实习实训基地，其中高职院校获得 35.82%，中职学校获得

① 教育部."211 工程"投资建设完成情况［EB/OL］.中国教育新闻网（http://www.jyb.cn），2009-09-23.
② 教育部.创新驱动绘蓝图［N］.中国教育报，2013-07-13.
③ 2010 年第一批入选 285 所，2011 年第二批选 377 所，第三批分两次遴选 353 所.见教育部官网职成教司频道的相关文件.

64.18%；获得资助立项的实习实训基地 4556 个，平均每个基地获得中央财政资金资助 170 多万元。[①]

除面向重点学校的工程建设外，教育部联合财政部、国家发改委等部门还开展了一些专项重点工程建设，如包括精品课程、教学团队、特色专业、实验教学示范中心、视频公开课、资源共享课、校外实践教育基地等的本科教学工程建设，重点学科、优势特色学科、工程技术中心等学科建设工程，近年开展的大学生创新创业训练项目等等。这些专项重点工程名义上面向全国高校，实际上多数立项被揽入了重点建设高校怀中。

无论是"211 工程""985 工程"，还是"双一流建设"工程，入选者多是部属院校和省属院校中的佼佼者。"国家示范性高职院校"和"国家骨干高职院校"的入选者也是办学条件较好的高职院校。对于占普通高等学校绝大多数的地方本科院校和高职院校尤其是新型大学和新建高职院校来说，除了少数本科教学质量工程外，很少能获得中央政府的专项财政资金。无疑，政府的重点工程政策有助于集中财力发展国家最需要的东西，能在整体上提升我国高等教育的水平，提升我国高等教育和高校的国际竞争力，但对于其他高校特别是新型大学来说，加大了其与入选者之间的差距。一方面是较好的办学基础加上政府的重点投入，另一方面是办学基础和条件一般者难以获得政府的重点工程投入，导致的必然是强者恒强、弱者恒弱，等同于用政府的"有形之手"在高校之间制造不公平。即中央政府的现行政策对新型大学是不公平的。实际上，地方政府主要是省级政府采取的也是扶"强"政策，只不过省级政府面对的高校相对固定，且财力投入有限，对高校的强弱剖分的影响不像中央政府那样强烈。在现行政策体制下，新型大学"转型"面临着极大的困难，除非中央政府改革现有的政策基点和思维方式。

第三节　新型大学"转型"：基于劳动力市场视角

新型大学向应用型本科"转型"是特定历史阶段的产物，是新型大学面对激烈的竞争不得不为的选择，"转型"的核心是紧密对接劳动力市场，及时回应劳动力市场的需求信号，面向劳动力市场培养应用型人才。

高等学校的主要职能是人才培养，这是学校区别于其他社会组织的根本特

---

① 教育部职成教司. 中央财政支持的实训基地建设情况（2004~2013 年）[EB/OL]. 教育部网站（http://www.moe.gov.cn/s78/A07/zcs_ left/zcywlm_ zhgg/201412/t20141222_ 18216）.

征，高等学校因此成为劳动力市场的参与者。高等学校主要是通过人才培养而增益劳动者的人力资本而参与市场的，其参与劳动力市场的路径是人才培养。

一、高等教育发展与劳动力市场

高等教育和劳动力市场是两个相对独立的系统，有各自的发展演变规律，但两者又是相互适应和引领的。

（一）劳动力市场对高等教育的影响

劳动力市场对高等教育的影响体现在三个方面：激励、配置与评价。

劳动力市场对高等教育的激励作用。教育是一种引领性需求。人们之所以愿意花时间和金钱去学校读书，是人们认为上学读书能带来更好的工作和更高的收入。这种教育的经济性回报是通过劳动力市场实现的。实际上，决定人们投资教育的动力是劳动力市场的状况，劳动力市场的状况因此决定着教育的发展状况。当劳动力市场的需求结构发生变化，即市场对受过高等教育的劳动力需求增加时，高等教育的工资溢价上升，就会吸引更多的人去接受高等教育，进而拉动高等教育的发展。反之则会减缓高等教育的发展。

劳动力市场对高等教育的配置作用。人才的经济价值只有在劳动力市场上通过交换才能充分体现。在科学技术和生产力快速发展的情况下，受过高等教育的劳动力在市场上保持着较高的雇用率、较好的工作和较高的工资收入，教育收益率不断提高，从而引致人们对高等教育不断高涨的投资热情。改革开放以来我国高等教育的快速发展是劳动力市场对高等教育资源配置作用的明证。反之，如果教育收益率呈现下降趋势，也会影响人们对高等教育的投资热情。

劳动力市场对高等教育的评价作用。高等教育是为社会培养人才的，人才的价值通过劳动力市场得以体现。教育的规模和结构是否合理、教育的质量是否令人满意，最终要通过劳动力市场来评价，并由劳动力市场反馈给学校，学校由此作出调整，从而达到两者之间的良好衔接和互动。

（二）高等教育发展对劳动力市场的影响

高等教育发展对劳动力市场的影响体现在三个方面：供求关系、收入分配和制度变革。

高等教育发展对劳动力市场供求关系的影响。静态来看，高等教育的发展将部分青年留在校园里，减少了青年人的劳动参与率，增加了高素质劳动力的供给，从而改变劳动力的供给结构。动态而言，在短期内，由于劳动力市场来不及调整，大学毕业生的增加，会在满足市场需求的同时增加不同层次劳动力的就业难度，既有可能导致大学生就业难，也有可能挤压低层次劳动者的就业，使低层次劳动者的处境更加不利；在长期内，由于劳动力市场的调整，大学毕业生的增加，大学生的价格工资和雇佣成本相对下降，企业会倾向于雇用更多的大学毕业生，推动高等教育的更快发展。此外，高校毕业生的自我创业会倍乘地带动就业，吸纳更多的不同层次的劳动力。

高等教育发展对收入分配的影响。教育是影响收入分配的重要力量，这已为国内外经济学家的估算和人们的直观经验所证明。如雅克布·明瑟（1974）对美国收入与教育关系的分析。高等教育发展对收入分配的影响是动态的。赖德胜等人的研究发现，在教育扩展过程中，收入分配不平等会经历先扩大后缩小的倒 U 形曲线变化，即教育发展之初，劳动力队伍中的大学生比例很低，大学生在工作岗位和工资收入上都处于比较有利的地位，高等教育的工资溢价比较高，高等教育发展因此成为扩大收入差距的力量。随着高等教育的不断扩大，大学毕业生的比例越来越高，其在劳动力市场上的优势地位会相对降低，高等教育的工资溢价会下降。高等教育发展因此成为缩小差距的力量。① 现实世界中，高等教育发展对收入分配的影响更加复杂，会受到更多因素的影响。

高等教育发展对制度变革的影响。高等教育作为重要的人力资本投资，其扩展会极大地提升人们的经济价值，导致与原来人力资本状况相适应的劳动力市场及其制度发生适应性变革，以包容新增的人力资本，这种适应性变革体现在政治、经济、法律等各个方面。

（三）高等教育发展与劳动力市场关系对新型大学"转型"发展的解释

从高等教育发展与劳动力市场的辩证关系看，劳动力市场对高等教育的影响是基础性的，这是我们认识高等教育与劳动力市场的出发点。新型大学"转型"发展之所以成为高校管理者、教育行政部门和社会关注的热点，在很大程度上，就是高等教育偏离劳动力市场，劳动力市场对高等教育产生了信号作用的结果。即当高等教育发展偏离劳动力市场的需求时，高等教育的毕业生在劳动力市场的收益率下降或上升速度停滞，人们对接受高等教育特别是新型大学的普通本科教育热情下降。

从高等教育发展的现实来看，新型大学的办学者最初提出培养应用型人才的定位，可能考虑最多的是与定位不清的普通本科或高职做区隔，以进一步清晰自己的办学定位，与劳动力市场更紧密地结合。中央政府的"转型"发展政策的出现，则是高等教育同质化的恶果在劳动力市场上已有展示，普通本科

---

① 赖德胜. 教育扩展与收入不平等 [J]. 经济研究，1997（10）：46-53；高等教育扩展背景下的劳动力市场改革 [J]. 中国高等教育，2013（1）：19-23.

毕业生在劳动力市场上定位尴尬，教育收益率下降，劳动力市场通过劳动行政部门向社会和教育行政部门提出了警示和要求的情况下，为了使高等学校与劳动力市场紧密结合而提出的。中央教育行政部门将提高学生就业率作为政策起因之一就说明了这点。

二、人力资本理论与教育过度论

（一）人力资本理论

当代各国发展教育和教育政策的理论基础主要是人力资本理论。

人力资本的概念是这样一种思想，即人们通过各种不同的途径花在自己身上的开支，不是为了眼前的享受，而是为了将来在金钱和非金钱方面的收益。他们可以花钱购买卫生保健，可以自愿要求受到更多教育，可以花时间来寻求可能获得最优报酬的职位，可以购买有关就业机会的信息，可以进行迁徙以便获得更好的就业机会，最后，他们宁可选择工资较低但有可能学到高级专门知识的工作，而不是选择工资较高但没有出路的工作。即接受更多的教育是人力资本投资的一种方式。这里的教育既指正规的学校教育，也指在职培训、干中学或边干边学。

教育通过提高劳动者的技能而提高他们的生产效率。对个人来说，教育既有知识效应，也有非知识效应。前者指人通过受教育获得知识，提高技能，从而增加对新的工作机会的适应性和在工作中发挥专门才能的可能性；后者指人通过受教育改变不正确的价值观，提高纪律性，加强对工作和社会的责任感，从而促进受教育者参加经济活动并做好工作的积极性。

人力资本投资具有强烈的外部性特征。哈夫曼和沃尔夫将人力资本投资主要是教育的"外溢作用"归纳为六个方面：促进技术进步与传播；提高社会和谐程度；提高消费者的选择效率，提高劳动力市场双向选择的效率；婚姻选择更有效率，降低生育率，改善教育者本人及配偶和家庭成员的健康状况，提高子女的认识能力、受教育程度、未来收入等品质；提高家庭内部劳务生产的生产率；提高储蓄率等。新增长理论的基础是人力资本的"外溢效应"，认为经济的持续增长源于人力资本的外部效应。其代表罗默强调经济增长来源于知识的溢出效应，指出：知识和人力资本是经济增长的决定性因素，知识生产的基础是人力资本的投入和原有知识的累积，知识累积量与用于生产知识的人力资本的边际生产率成正比。罗默将知识分为一般知识和专业知识，一般知识可以产生规模经济，专业知识可以产生自身的收益递增并导致其他生产要素的递增效益。卢卡斯直将经济增长归功于人力资本的溢出效应，他提出了人力资本的内在效应和外部效应。其中内部效应指人力资本能给其所有者带来收益;外部效应指人力资本能促进社会经济发展,但其所有者并不能以此而获益。

(二)教育过度及其解释

在人力资本理论推动下,发展教育成为许多国家的国策。我国高等教育大众化政策和新型大学的出现也是人力资本理论起作用的结果。但在现实中,作为两个独立的系统,高等教育的发展并不总是和劳动力市场完全契合,随着教育投入的增加和入学人数的增长,教育过度现象不可避免,由此引起了人们的反思。在反思人力资本理论的过程中,产生了"筛选理论""劳动力市场分割理论"、位置消费理论等理论。

"教育过度"最先是美国人弗里曼(Freeman. R)在1976年提出的。1985年,教育经济学家莱文(Levin. H)给出了判断教育是否过度的三项指标:一是相对于历史上较高水平者而言,受过教育后的经济地位下降;二是指受过教育者未能实现其对事业成就之期望;三是指劳动者拥有比他的工作要求较高的教育技能,这些技能没有得到充分发挥。[①]

邓肯(Duncan)和霍夫曼(Hoffman)区分了个体实际接受的教育水平和工作所需要的教育水平之间的差别,确定了研究教育过度的三个核心概念:过度教育(overeducation)、工作所需教育(education required in the job)和教育不足(undereducation)。工作所需教育是指某工作岗位对就职者个体教育内容和水平的实际要求;当个体接受的教育水平高于工作所需的教育水平时称为教育过度;当个体接受的教育水平小于工作所需的教育水平时称为教育不足。因此,无论是教育过度,还是教育不足,都是教育与工作不匹配的表现。[②] 教育与工作不匹配是我国新型大学在人才培养上面临的现实问题,也是新型大学向应用型本科转型的直接原因。

哈托克(Hartog)[③] 和格鲁特(Groot)等人[④]总结了3种测量教育过度的方法。第一种是根据劳动者的自我评估。可以由工人直接明确地说出其所处工作岗位所需的教育水平,也可以由劳动者对他们自身实际教育水平与工作所需

① Tsang. M. C and Levin, H. M. "The Economics of Overeducation", *Economics of Education Review*, 1985 (4). pp. 93 – 104.

② Duncan G. and Hoffman S. D. "The Incidence and wage effects of overeducation". *Economics of Education Review*, 1981 (1), pp. 75 – 86.

③ Hartog J. "Overeducation and earnings: where we are and where we should go", *Economics of Education Review*, 2000 (2), pp. 131 – 147.

④ Win Groot and Henriette Maassen van Brink. "Overeducation in the labor market: a meta - analysis". *Economics of Education Review*, 2000 (2), pp. 149 – 158.

的教育水平做比较尽兴判断。第二种方法是根据职业分类中所确定的不同工作所需要的教育水平与劳动者实际的教育程度的比较确定其是否是教育过度、教育不足或与工作所需教育相匹配。第三种方法的思路是某类工作岗位所需的教育水平通常与劳动者所接受的教育水平的平均数和分布有关。因此可对某一特定职业中劳动者实际的教育水平和平均的教育水平相比较。当劳动者的实际教育水平超过或低于平均水平之上或之下一个标准差时,称为教育过度或教育不足,而落入平均教育水平的正/负一个标准差之内的劳动者的教育程度与工作所需的教育水平相匹配。

"筛选理论"是美国经济学家斯潘斯(Spence M.)在20世纪70年代的系列研究中提出来的。该理论把教育视为帮助雇主识别能力不同的求职者以便把他们安排到不同职业岗位上的信号。筛选理论包括4个相互关联的基本假设和2个结论。假设1:劳动生产率是个人的内在能力,劳动生产率因人而异,并不因接受教育的多少而提高或下降。假设2:雇佣是一种不确定性行为。劳动力市场的信息是不完全的,当雇主进入劳动力市场招聘劳动者时不能直接了解求职者的生产能力,但可以了解求职者的一些看得见摸得着的个人属性和特点。假设3:教育是一种有效信号。雇主可以看得到的个人属性和特点可分为先天不变的"标识"和后天可变的"信号"两种。教育是一种最有效的信号。信号可以表明一个人的生产能力。假设4:个人内在的劳动生产率与改变自身受教育状况所需付出的信号成本是负相关的关系。能力较低的人通常只能获得较低的教育,能力高的人可获得高等教育文凭,因此教育水平是反映个人能力大小的有效信号,是雇主鉴定求职者能力筛选求职者的可靠手段。结论1:教育的经济价值不是提高个人能力从而提高劳动生产率,而是对求职者的天生能力进行鉴别和筛选。结论2:教育水平与工资收入成正相关。"筛选理论"认为,普通教育不能提高人的能力,只能反映人的能力;劳动者的专业培养可以提高其专业技术能力从而提高劳动生产率,但集团化的培训针对性差,不能充分发挥提高劳动生产率的作用。从这个意义上说,紧密对接劳动力市场、对学生进行基于专业或行业的专门培养,有助于提高学生的专业技术能力,从而提升行业或产业的劳动生产率。需要注意的是,这种专业培养不能依靠大规模的集团化形式进行,应该实施小班化教学,进行有针对性的培养。如果对学生进行集团化培训,将达不到提升专业技术能力的作用。

位置消费理论源自凡勃伦的"凡勃伦效应"。凡勃伦把商品分为炫耀性商品和非炫耀性商品,认为富裕的人常常消费一些炫耀性商品来显示其拥有较多的财富或较高的社会地位,"为了持续得到别人的尊敬,个人必须显示其财富。因为只有在明显显示财富时,个人才能受到别人的尊敬,相对价格具有较好的显示功能，且相对价格越高就越能显示购买者拥有较高财富，因而对具有较高相对价格商品的消费能够得到较高虚荣效用"。① 弗兰克在1985年提出了位置消费理论，他把消费品分为地位商品（positional goods）和非地位商品（non - positional goods）两类。其中地位商品是指其价值依赖于与他人比较的相对效果的商品，而不是像一般商品或非地位商品那样只依赖于其绝对水平。② 对地位商品的消费，容易导致社会资源的浪费和过度竞争。相对低位的提升有两种办法，一是通过损害他人财产或名誉等手段降低他人对位置商品的消费从而提高自己的相对地位；二是通过加班加点的工作以使自己的收入和财富增加，从而超越他人，提高自己的相对地位。后者在现代社会愈演愈烈，使得人们为保持地位优势而进行激烈的竞争。由于人们有宁当鸡头不做凤尾的偏好，部分人因此不断地开创新的行业以求得相对低位的提高，社会分工因此得以发展。同时，对相对地位的追求不断地创造出新的消费偏好和新的消费形式，从而影响生产和社会分工。

高等教育大扩招和新型大学的涌现，在短期内极大地增加了高等教育的供给。但新型大学在借鉴老牌本科高校基础上形成的人才培养方案，使得新型大学提供给学生的教育服务是一种"集团培训"，主要是单纯的知识传授，缺乏针对行业或专业的动手应用能力的培训和养成，体现的是一种"文凭病"而不是真正的高等教育。这样的毕业生到用人单位后无法提升劳动生产率。新型大学"转型"的目的是改变人才培养模式，针对行业或专业提高学生的专业技术能力，从而使毕业生拥有自己的技能，满足用人单位的需求，提升用人单位的生产率。

三、劳动力市场分割与教育匹配

教育与工作的匹配是指学校进行的恰恰是工作所需的教育，即学校所提供的教育的内容、结构与工作所需要的劳动力的能力与结构相符。这要求教育工作者清晰地了解工作需要的劳动力的能力与结构是什么样的，并将其反映在教育中。工作需要的劳动力的能力与结构是社会生产的需要，是劳动力的供给者和劳动力的需求者在劳动力市场交换中的过程中体现出的。

（一）劳动力市场分割理论

经济学家认为劳动力是一种重要的生产要素，劳动力市场是现代市场经济

---

① Leibenstein H. Bandwagon. "Snob and Veblen Effects in the theory of Consumers' Demand". *Quarterly Journal of Economics*, 1950, 64 (2), pp. 183 - 207.

② 王建国. 争名的经济学——位置消费理论 [A]. 汤敏、茅于轼主编. 现代经济学前沿专题（第三卷）[M]. 北京：商务印书馆，2003：83 - 103.

中最重要的要素市场。劳动力市场的基本内涵是指劳动力的供给者（劳动者）和劳动力的需求方（企业等用人单位）通过市场竞争，自主达成劳动契约关系。劳动力的供给、劳动力的需求和劳动力的价格是劳动力市场的三个基本要素。古典经济学家倡导完全竞争的市场，但在现实社会中，完全竞争的市场是不存在的，劳动力市场亦然。在现实世界中，劳动力市场呈现分割状态。

劳动力市场分割理论是研究劳动力市场分割的现状并试图解释劳动力市场何以分割的理论，是在与新古典劳动力市场理论的争论中产生和发展起来的。劳动力市场分割理论有不同的学术分支，如在信息不完全和不确定性基础上发展起来的职业竞争理论，运用历史和制度分析提出的激进理论等。被引用最多的劳动力市场分割理论是多林格（Doeringer）和皮奥利（M. Piore）提出的二元劳动力市场理论。多林格和皮奥利主张将劳动力市场分为主要市场和次要市场；主要劳动力市场收入高、工作稳定、工作条件好、培训机会多、具有良好的晋升机会；次要劳动力市场收入低、工作不稳定、工作条件差、培训机会少、缺乏晋升机制；额外教育在主要劳动力市场上能够得到相应的回报，在次要市场上几乎不起作用；主要市场劳动者素质普遍较高，次要市场劳动力素质较低；主、次两个市场之间的流动性很差；大部分的失业现象集中在次要劳动力市场，这里不缺乏工作机会，但可获得的工作往往是短期性质的。[①] 劳动力市场分割理论认为教育的收益依赖于劳动力市场的区分，这种区分是由经济、政治等力量历史的决定的，雇主有意识地分化工人阶层并弱化阶层意识是分割产生的原因。在不同的劳动力市场中，教育与工资的关系是不同的，在主要市场成正相关关系，在次要市场并不一定形成正相关。在这个意义上，教育制度的作用是再生产现有社会关系。在次要市场上，训练的多少与就业机会和工资没有关系，过度的教育反而使雇员之间的就业竞争更趋严重。教育作为筛选手段促进了劳动力市场的分割。

我们注意到，劳动力市场的分割既有纵向的分割，也有横向的分割。纵向的分割是劳动力职业等级的客观界限，源于劳动者个人的素质及受教育培训程度的差距；横向的分割指劳动力的单位分割、产业分割、城乡分割、地区分割等。赖德胜从欧盟劳动力市场的现实出发，将劳动力市场分为功能性分割、制度性分割和区域性分割。其中，劳动力市场的功能性分割是指因生产的市场结构和组织形式等所导致的劳动力市场分割。这种分割自现代生产诞生以来一直存在，只是在不同时期有不同的表现形式。传统的劳动力市场分割理论建立在

---

① P. B. Doeringe, Piore M. *Internal labor markets and manpower Analysis*, Heath , Lexington, Massachusetts, 1971.

呈现生产规模大、劳动分工高度专业化、市场同质等特点的"福特主义"生产上。20 世纪 90 年代以来，生产的市场结构和组织形式发生了根本变化，呈现出竞争全球化、生产知识化、分工弹性化等特点，从而使得劳动力市场更具有弹性了，这种弹性增进了劳动力的流动，但没有消弭市场的分割，之所以如此，是用人单位在雇佣劳动力的过程中会产生交易成本。劳动力市场的制度性分割是指因制度因素引起的劳动力市场分割。制度是一系列游戏规则的总称，它决定人们的行为方式和社会变迁。不同制度背景下的人对同一事件的看法不同，所采取的应对措施也不同。[①] 我国的劳动力市场分割具有明显的制度性特征，制度性分割的主要影响因素是中国特殊的转型社会的现实国情，具体体现为体制内劳动力市场与体制外劳动力市场的并存，解决的方法是统一的劳动力市场和统一的社会保障制度的建设。[②] 劳动力市场的区域性分割是指因区域差异所引起的劳动力市场分割。工作搜寻成本论者认为，劳动力市场的信息条件是不完善的，而且是有成本的。无论是劳动力的供给者在作出就业决定还是劳动力的需求者在作出雇佣决定时都必须考虑成本因素，即考虑工作搜寻成本。影响搜寻成本的因素很多，其中一点是搜寻半径的大小。搜寻半径越大，搜寻成本就越高，还意味着可能降低工资水平。因此，劳动力的供需双方都必须在搜寻半径和搜寻实践之间作出选择，选择的结果是劳动力市场呈现明显的空间分布特征。[③] 企业功能论者认为，企业内部是分层的，它至少可以分为生产层和管理层，生产层由与产品和服务直接相关的活动组成，它对员工的技术要求较低；管理层由信息处理和传输活动组成，包括管理、广告、营销、会计控制和计划等活动，它对员工的技术性要求较高。生产层和管理层都对企业的生产过程发生作用，但不同的企业，员工在生产层和管理层之间分割的比例是不一样的。一般说来，那些对市场具有垄断地位或创新速率高或提供高专业化服务的企业，其管理层占有较大的比例，而那些生产标准化产品、对市场没有影响力的企业或创新速率低的企业，其生产层占有较重要的比例。企业内部生产层和管理层的比例不同决定了它们对地理位置的要求不同。传统上，生产层占较大比例的企业要考虑原材料供应、产品市场、土地和劳动力的可得性与价格等因素。管理层主要与人打交道，且是非程式化的，管理性劳动力占较大比例的企业因此会选择在功能相近的企业和商业服务比较集中的地方设点。即技术程

---

①　赖德胜. 欧盟一体化进程中的劳动力市场分割 [J]. 世界经济, 2001 (4): 49-57.

②　赖德胜. 论劳动力市场的制度性分割 [J]. 经济科学, 1996 (6): 4-9.

③　Tronti, L and R. Turatto. "A Structural Approach to the European Labor Market", *Labor*, 1990, 4 (2): 129-146.

度高的劳动力将集中在中心劳动力市场，技术程度较低的劳动力将集中在外围劳动力市场，劳动力市场因此呈现出明显的区域性分割。在三种类型的分割中，生产和市场性因素导致的功能性分割是企业为适应日益变化的市场竞争而有意或无意划分的结果，是经济和科技发展的内在趋势，与劳动力市场的弹性化并行不悖；制度性分割是劳动力市场建设过程中各地政策和制度不一致引起的，主要原因是制度差异培养了不同的利益集团及其流动偏好。区域性分割与各地的自然条件和社会经济结构相联系。这三种分割是相互联系甚至相互加强的。

（二）高等教育与劳动力市场匹配

劳动力市场的分割特别是功能性分割，显示劳动力市场对劳动力的供给者的需求是多样化的。劳动力市场的需求对应的是国民经济各个部门的生产、交换、分配等环节的需要。国民经济是指一个现代国家范围内各社会生产部门、流通部门和其他经济部门所构成的互相联系的总体，工业、农业、建筑业、运输业、邮电业、商业、对外贸易、服务业、城市公用事业等，都是国民经济的组成部分。国民经济包括人民进行物质产品和非物质产品生产经营活动的总过程，其中，农业、工业、建筑业、运输业、邮电业和作为生产过程在流通领域内继续的商业等生产部门构成物质生产领域，财政、金融、文化、教育、卫生保健、生活服务、行政管理等部门构成非物质生产领域。

统计部门根据经济活动的性质将生产活动分为不同的行业，联合国统计司制定的《所有经济活动的国际标准行业分类》（ISIC）2006 年版按照生产要素的投入、生产工艺、生产技术、产出特点及产出用途等因素，将经济活动划分为 21 个门类、88 个大类、238 个中类和 419 个小类。北美产业分类体系（NAICS）2017 年版将产业分为 20 个门类、99 个大类、312 个中类、713 个小类，美国进一步确定 1069 个细类。《中华人民共和国国家标准：国民经济行业分类》（GB/T 4754—2017）将国民经济行业分为 20 个门类、97 个大类、473 个中类、1380 个小类。[①] 真实的经济活动远比行业分类多样化。每个行业都有自己的相对独立的知识体系和操作规则。同时，在每项经济活动的社会组织内部，还分布着众多不同的岗位。即用人单位（社会组织）内部存在着分层和岗位分类，每个层次和岗位需要的知识和技能也不完全相同。

高等教育是培养专门人才的教育，其与劳动力市场的匹配是按照劳动力市场的需求培养对应的人才。高等学校与劳动力市场的关系包括两部分，一是在

---

① 国家统计局. 国家统计局副局长鲜祖德就修订《国民经济行业分类》答记者问［EB/OL］. 国家统计局网站（http://www.stats.gov.cn/tjsj/sjjd/201709/t20170929_1539276.html）.

生产过程中从外界输入教职工,二是向社会输出毕业生。高等教育与劳动力市场匹配指的是后者,即作为劳动力市场的供给者,高等学校通过人才培养为特定劳动力增益人力资本特别是专用型人才资本而成为劳动力市场的间接供给者。劳动力市场的需求是多样的,要求与之匹配的高等教育也是多样的。高等学校的专业设置实际是面向行业设置或者与行业或行业组织的某一类岗位相对应的。在很大程度上,高等学校选择和设置专业的过程就是与劳动力市场对接匹配的过程。

在理论上,高等教育的专业(课程)与劳动力市场的行业应该是一一对应的关系,这是计划经济时期高等教育专业设置的思路。但高等教育是一个独立的系统,高校运营有自己的特点,不仅要服务行业,还要照顾知识体系即学科的特点,也讲究投入与产出。因此,在实际的专业(或课程)设计中,专业(或课程)与行业并不是完全的一一对应的关系,有的专业是根据行业或多个行业设计的,如社会工作、管理类专业、工科类专业等专业,有的专业是根据组织内部的岗位或岗位群设计的,如会计类岗位、人力资源管理类岗位等。每个行业或岗位都需要专业的知识、技能和能力,因此,无论是对应行业的专业(或课程),还是对应岗位或岗位群的专业(或课程),每个专业(或课程)的人才培养方案都是由若干体现知识或技能的课程单元组成的。课程的结构有不同的定向,有的突出学科的严谨性和知识体系的完整性,重在培养进一步学习和研究的能力,其培养的人才一般称为学术型人才;有的突出知识的实用性,重在培养学生分析问题、解决问题的能力,其培养的人才一般称之为应用型人才。相对而言,学术型人才与劳动力市场的对应性不如应用型人才与劳动力市场的对应性强,应用型人才更需要与劳动力市场紧密结合,可视为基于工作的教育。在这个意义上,专业特别是培养应用型人才的专业的课程单元需要与行业或岗位(岗位群)需要的知识、能力、素质相匹配,即每个课程单元与行业或岗位所需的某一方面的知识、能力、素质相对应,通过这些课程单元的结合,形成行业或岗位(岗位群)需要的知识、素质和能力和知识、素质、能力组合。

高等教育与劳动力市场的匹配实际包含两层含义:专业(课程)与行业或岗位(岗位群)的对应与匹配;课程单元与行业或岗位(岗位群)所需某一方面知识或能力或素质或知识、能力与素质结合的对应与匹配。这种对应和匹配反映在人才培养方案的两个方面:一个是专业核心课的设置,对应的是行业或岗位(群)的核心能力或通用能力;另一个是专业选修课的设置,对应的是行业或岗位(群)某一方面需要的特定能力。

四、新型大学"转型"解读：劳动力市场的视角

高等教育培养人才的职能要求与其与劳动力市场对接。但高等教育与劳动力市场是相互独立的两个系统，各有各的运行规则。在我国，受计划经济条块分割体制的影响，"条"如教育、人力资源与社会保障等把所在领域看作一个独立的领域与其他领域发生关系，"条"与"条"之间不仅是合作关系，更有政治上的竞争关系和部门利益之争。改革开放后虽然弱化了"部门"的概念，条块之间开始有机融合，但计划经济时期形成的"条"与"部门"观念仍未完全消失。在教育领域，改革不是消除原来的"条"，而是通过收归其他"条"的教育管理职能进而突破"条"的限制的，即教育领域并没有消除原来"条"的组织基础，如果有改变的话，只是在通过"掺沙子"式的扩容而增加体量的同时在"条"内进行了改革，"条"的基本框架完全保留，有人因此称教育是计划经济的最后堡垒。在现实世界中，高等教育发展并不必然与劳动力市场对应，我国目前就有"计划招生、市场就业"的判断。因此，高等教育发展是否与劳动力市场对应是高等教育从业者顺应形势、自主回应劳动力市场信号并自主选择的结果，在实然状态上并非一一对应的关系。

新型大学出现的原因是劳动力市场的信号作用，是劳动力市场需求对高等教育提出的需求。即高等教育的发展不能满足经济社会快速发展的要求。为了适应经济社会发展的要求，国家打破了原有的高等教育生产和供给体系，开始设立新型大学。

在新型大学发展的过程中，部门办学体制被打破，却没有打破原有的高等教育管理体制。部门办学体制的改革使得高等教育和劳动力市场的直接联系消失，新的基于市场的互动关系正在建设中；高校作为与劳动力市场联结和劳动力市场信号的主要反映者没有独立的办学权，新型大学因此并不是根据劳动力市场的需求有序推进的，而是基于教育行政部门和高校自身的认知在发展。在这样的决策过程中，高校、地方政府和教育行政部门将学校发展和传统的政绩观结合在一起，盲目地以"升本"为追求。在新型大学设立的过程中，虽然有地方政府统筹和提交区域高等教育发展规划的要求，但这种规划是高校和教育行政部门研制的，建立在高校和教育行政部门对劳动力市场需求的认知上，并非真正来源于劳动力市场和真正的需求者——各类用人单位。因此，扭曲的政绩观取代了社会需求，成为新型大学举办的主要推手。

新型大学的基础，有的是原来的师专、高专、成人高校，有的是职业技术学院。除成人高校外，原本均以面向地方培养专门性人才为主，虽然层次不同，突出应用的定位与应用型人才的定位是相同或相通的。但在创办新型

大学的过程中，受到了正在进行的高等教育综合化趋势的影响，没有按照区域经济社会发展的需求增设专业，而是出于学科发展和已有师资力量考虑增设了大量的基础性专业，即多数新型大学尤其是国办高校不是基于区域经济社会发展的需要增设专业，而是基于学校发展的认知增设专业，他们考虑的是自己能办什么专业，别人有什么专业，而不是社会需要什么专业。结果是专业的趋同性越来越高，超越了劳动力市场的需求，在某些领域出现了教育过度现象。

在过去的十几年中，几乎所有的地方本科院校，包括老牌院校和新建院校，都充分利用了政策提供的便利，以每年 3~5 个的速度快速增设专业。结果是高校的专业越来越多，高校在专业设置上的趋同性越来越强。以 2011 年《全国普通高校分专业招生录取分数线》为据，605 所新型大学开办了 7543 个专业类，囊括《普通高等学校本科专业目录》（1998 年版）目录内 71 个专业类和 1 个目录外专业，共 72 种专业类。其中开设最广泛的前 10 个专业类是工商管理类（开设院校 543 所）、电气信息类（533 所）、外国语言文学类（531 所）、经济学类（437 所）、管理科学与工程类（338 所）、中国语言文学类（330 所）、机械类（311 所）、新闻传播学类（273 所）、土建类（264 所）、法学类（258 所）；招生最多的前 10 名专业类分别是：工商管理类（招生数 259165 人）、电气信息类（174991 人）、经济学类（103123 人）、外国语言文学类（99742 人）、机械类（75187 人）、土建类（71544 人）、中国语言文学类（51465 人）、管理科学与工程类（44621 人）、数学类（30686 人）、法学类（29803 人）。这还是新型大学的数据，如果加上老牌本科院校，专业的趋同性更强。

在增设本科专业的过程中，国办高校和民办高校呈现出不同的喜好。国办院校更偏好开设数学类、化学类、经济学类、物理学类等基于基础学科的专业，民办院校更多地开设培养技术技能人才的应用型专业。在分析的 230 所国办院校中，开设最广泛的前 10 个专业类分别是外国语言文学类（开设院校 221 所）、电气信息类（221 所）、工商管理类（207 所）、数学类（197 所）、中国语言文学类（186 所）、化学类（170 所）、经济学类（159 所）、物理学类（143 所）、管理科学与工程类（137 所）、教育学类（130 所），专业设置的广泛度分别为 96%、96%、90%、86%、81%、74%、69%、62%、60%、57%；375 所民办的新型大学中，招生数最多的前 10 名专业类分别是工商管理类（336 所）、电气信息类（312 所）、外国语言文学类（310 所）、经济学类（278 所）、管理科学与工程类（201 所）、机械类（190 所）、土建类（160 所）、新闻传播学类（152 所）、中国语言文学类（144 所）、法学类（139 所），广泛度分别为90%、83%、83%、74%、54%、51%43%、41%、38%、37%。从上述数据可以看出，国办院校专业设置的"趋同性"更高；而从前10位专业类偏向"基础学科"或"应用性学科"的程度来看，国办院校更偏好开设数学类、化学类、经济学类、物理学类等基础学科，民办院校更多地开设管理科学与工程、机械类、土建类等应用性专业。① 这说明民办高校更关注劳动力市场的信号和反映，与劳动力市场的关系相对密切。国办高校更多地强调学科发展，基于自身条件办学。工商管理类、电气信息类、外国语言文学类专业之所以设置最为广泛，是因为这三种专业类开设成本低、学生就业范围广。

建校途径对高校的专业设置有明显的影响。合并建校的国办高校的专业类的分布广泛度最高，分别是电气信息类100%、工商管理类100%、外国语言文学类98%、数学类89%，经济学类86%、中国语言文学类80%、化学类78%、管理科学与工程类78%、物理学类68%、新闻传播学类67%；升格的国办院校的广泛度次之，分别是外国语言文学类95%、电气信息类92%、中国语言文学类82%、数学类82%、工商管理类79%、化学类70%、教育学类61%、物理学类55%、生物学类54%、政治学类53%；独立学院及转设高校的广泛度为工商管理类89%、外国语言文学类84%、电气信息类83%、经济学类76%、管理科学与工程类55%、机械类50%、法学类41%、新闻传播学类41%、土建类41%、中国语言文学类39%；独立升本的民办高校专业设置的广泛度为：工商管理类94%、电气信息类85%、外国语言文学类74%、经济学类60%、机械类57%、土建类53%、管理科学与工程类43%、新闻传播学类38%、中国语言文学类32%、轻工纺织食品类30%。这说明"不同类型的院校的发展定位和发展思路的差异"，国办高校合并、升格后更多地向传统的本科院校靠近；而民办的独立学院及转设学校、民办升本的院校则更多地开展应用型人才的培养，更接近地区经济发展的需要。"从专业设置的集中程度来看，国办院校相比于民办院校，平均覆盖的学科个数要远高于民办院校，专业设置相对分散。尤其是合并形成的院校，不难知道，这类院校通过若干所院校合并，其院校规模大，专业结构'全而杂'，历史包袱重，由于师资的缘故，其专业结构的调整比较困难。这说明，新建地方本科院校的建校基础和发展路径会严重影响其后续的发展模式。"②

---

① 刘云波. 新建地方本科院校的专业设置结构分析 [J]. 中国教育财政，2015 第 7 – 1 期.
② 同上。

表7-3　山东省高校主要本科专业设置情况

学科门类	专业类	专业名称	小计	类型
01 哲学	哲学类	哲学	4	基础
02 经济学	经济学类	经济学	19	基础
		经济统计学	9	应用
		资源与环境经济学	2	基础
	财政学类	财政学	6	应用
		税收学	3	应用
	金融学类	金融学	12	应用
		金融工程	17	应用
		保险学	5	应用
		投资学（含精算学）	8	应用
		金融数学	2	应用
		信用管理	1	应用
		经济与金融	4	基础
	经济与贸易类	国际经济与贸易	33	应用
		贸易经济	4	应用
03 法学	法学类	法学	25	基础
		知识产权	5	应用
	政治学类	政治学与行政学	10	应用
		国际政治	3	基础
		政治学、经济学与哲学	1	基础
	社会学类	社会工作	22	应用
		家政学	1	应用
	马克思主义理论类	思想政治教育	14	基础
04 教育学	教育学类	教育学	4	基础
		科学教育	2	基础
		人文教育	1	基础
		教育技术学	10	师范
		艺术教育	2	师范
		学前教育	30	师范
		小学教育	15	师范
		特殊教育	6	师范

续表

学科门类	专业类	专业名称	小计	类型
04 教育学	体育学类	体育教育	17	师范
		运动训练	4	应用
		社会体育指导与管理	13	应用
		武术与民族传统体育	4	应用
		运动人体科学	3	基础
		运动康复	4	应用
		休闲体育	4	应用
05 文学	中国语言文学类	汉语言文学	41	基础
		汉语言	4	基础
		汉语国际教育	19	应用
		秘书学	9	应用
	外国语言文学类	英语	72	基础
		俄语	11	基础
		德语	7	基础
		法语	10	基础
		西班牙语	4	基础
		阿拉伯语	2	基础
		日语	30	基础
		朝鲜语	23	基础
		商务英语	15	应用
	新闻传播学类	新闻学	15	应用
		广播电视学	10	应用
		广告学	19	应用
		传播学	3	应用
		编辑出版学	5	应用
		网络与新媒体	4	应用
		数字出版	1	应用
06 历史学	历史学类	历史学	16	基础
		文献与博物馆学	3	基础

续表

学科门类	专业类	专业名称	小计	类型
07 理学	数学类	数学与应用数学	34	基础
		信息与计算科学	30	应用
	物理学类	物理学	16	基础
		应用物理学	11	应用
	化学类	化学	24	基础
		应用化学	24	应用
	地理科学类	地理科学	13	基础
		自然地理与资源环境	9	基础
		人文地理与城乡规划	10	应用
		地理信息科学	10	基础
	海洋科学类	海洋科学	2	基础
		海洋资源与环境	1	基础
	地球物理学类	地球物理学	1	基础
	生物科学类	生物科学	19	基础
		生物技术	25	应用
		生态学	2	基础
	心理学类	心理学	7	基础
		应用心理学	16	应用
	统计学类	统计学	13	基础
		应用统计学	13	应用
08 工学	力学类	理论与应用力学	1	基础
		工程力学	1	应用
	机械类	机械工程	7	应用
		机械设计制造及其自动化	32	应用
		材料成型及控制工程	16	应用
		机械电子工程	16	应用
		工业设计	14	应用
		过程装备与控制工程	4	应用
		车辆工程	20	应用
		汽车服务工程	12	应用

学科门类	专业类	专业名称	小计	类型
08 工学	仪器类	测控技术与仪器	12	应用
	材料类	材料科学与工程	9	应用
		材料物理	4	基础
		材料化学	12	基础
		冶金工程	1	应用
		金属材料工程	7	应用
		无机非金属材料工程	6	应用
		高分子材料与工程	12	应用
		复合材料与工程	5	应用
		宝石及材料工艺学	1	应用
		焊接技术与工程	1	应用
		功能材料	1	应用
		新能源材料与器件	2	应用
12 管理学	管理科学与工程类	信息管理与信息系统	33	应用
		工程管理	27	应用
		房地产开发与管理	4	应用
		工程造价	15	应用
	工商管理类	工商管理	25	应用
		市场营销	50	应用
		会计学	35	应用
		财务管理	40	应用
		国际商务	13	应用
		人力资源管理	18	应用
		审计学	16	应用
		资产评估	4	应用
		物业管理	2	应用
		文化产业管理	12	应用
		劳动关系	2	应用
		体育经济与管理	2	应用

续表

学科门类	专业类	专业名称	小计	类型
12 管理学	农业经济管理类	农林经济管理	5	应用
	公共管理类	公共事业管理	23	应用
		行政管理	20	应用
		劳动与社会保障	9	应用
		土地资源管理	6	应用
		城市管理	5	应用
		交通管理	1	应用
		海事管理	1	应用
		公共关系学	1	应用
	物流管理与工程类	物流管理	27	应用
		物流工程	7	应用
	工业工程类	工业工程	10	应用
		标准化工程	1	应用
		质量管理工程	2	应用
	电子商务类	电子商务	17	应用
	旅游管理类	旅游管理	19	应用
		酒店管理	9	应用
		会展经济与管理	4	应用
13 艺术学	艺术学理论类	艺术史论	1	基础
	音乐与舞蹈学类	音乐表演	17	应用
		音乐学	21	基础
		作曲与作曲技术理论	3	基础
		舞蹈表演	9	应用
		舞蹈学	15	基础
		舞蹈编导	5	应用

续表

学科门类	专业类	专业名称	小计	类型
13 艺术学	戏剧与影视学类	表演	3	应用
		戏剧学	1	基础
		戏剧影视文学	4	基础
		广播电视编导	13	应用
		戏剧影视导演	2	应用
		戏剧影视美术设计	2	应用
		录音艺术	2	应用
		播音与主持艺术	8	应用
		动画	18	应用
		影视摄影与制作	7	应用
	美术学类	美术学	23	基础
		绘画	7	应用
		雕塑	1	应用
		摄影	6	应用
		书法学	7	基础
		中国画	1	应用
	设计学类	艺术设计学	2	基础
		视觉传达设计	43	应用
		环境设计	39	应用
		产品设计	22	应用
		服装与服饰设计	18	应用
		公共艺术	1	应用
		工艺美术	1	应用
		数字媒体艺术	18	应用

数据来源：根据教育部 2012 年公布的各高校本科专业备案情况表和每年公布的新增本科专业统计，截至 2017 年 5 月。考虑到山东青年政治学院的定位，没有收入农学、医学等学科的专业设置情况，工学学科只收录了部分。

各专业（课程）的人才培养方案更能体现人才培养的趋同性，反映高等教育与劳动力市场的关系的疏离。新型大学的人才培养方案几乎全部是老牌本科院校的翻版或是压缩版。同一专业的人才培养方案，不仅公共基础课完全相同、学科基础课和专业核心课基本相同，专业选修课也基本相同，这种相同不仅存在于老牌本科院校之间，存在于老牌本科院校与新建本科院校之间，也存在于新建本科院校之间。如果不考虑学生自身素质的差异，按照这样的人才培养方案培养出来的人才或赋予的人力资本基本是一样的，这意味着我国的人才培养是典型的集团化培养，同一专业毕业生的差异只是个人素质的差异和教师素质的差异的体现。如果说新型大学与老牌本科院校有差异的话，主要体现是专业选修课的减少，而专业选修课是培养学生专业能力特别是适应行业岗位特定需要的课程，它的减少进一步降低了学生在劳动力市场上的竞争性。

新型大学特别是国办新型大学基于模仿和综合化的办学模式，使其与劳动力市场的关系更为疏散，导致的是所培养人才的趋同化和对劳动力市场的不适应，体现为教育过度或教育不足。直接表现是学生就业率和就业质量的双下降。但现有的高等教育体制限制了高校对劳动力市场及其信号的反映，未能作出调整。

从劳动力市场的视角看，新型大学"转型"问题的实质是高等教育与劳动力市场的关系疏离，不能及时地对劳动力市场的信号作出反映并对人才培养的类型、规格和内涵进行调整，出现了教育过度和教育不足。"转型"的目的是密切高等教育与劳动力市场的关系，使高等学校的人才培养符合劳动力市场及其变化的需求。

第四节　新型大学"转型"的路径与路径选择

高等教育与劳动力市场的匹配意味着整个高等教育与整个劳动力市场的匹配，在高等教育领域内，哪一所或哪几所高校与劳动力市场的某一亚市场或子市场匹配，应该是高等教育内部自行调节或特定高校自我选择定位的结果。新型大学作为高等教育领域的新生力量，选择向应用型本科转型，既是高校自行选择的结果，也是社会和政府选择的结果。在主动与被动之间"转型"的高校，在转型过程中面临着很多现实问题，选择什么样的路径和策略，将在一定程度上决定着"转型"的成效。

一、"转型"与政府角色定位

在我国，市场已经成为高等教育领域资源配置的主要力量，但政府仍然是资源配置的主导力量，特别是国办高校，政府的资源配置能力仍然起着决定性作用。因此，如何处理政府与高校的关系，关系到"转型"的主体性问题，是高校自主"转型"还是政府主导"转型"的问题，它决定着新型大学"转型"的路径和策略选择，决定着"转型"能否成功。

（一）政府与高校关系的认知与定位

政府与高校关系的认知和定位涉及两个问题，一是高校的功能定位；二是高校的组织定位。

高校的功能定位指高校是以人才培养即专业建设为基础职能，还是以知识创新和知识生产即学科建设（科学研究）为基础职能。人才培养、科学研究和社会服务被认为是高校的三项基本职能，但高校应该着重哪一种或哪几种职能，在高校、社会和政府有不同的认知，在政府政策和高校行动中也有不同的体现。如刚刚结束的"211""985"工程建设和刚开始的"双一流工程"建设，实质提升了科学研究在高校的地位，将其作为最主要的功能来突出。

从高校的组织属性出发，应以人才培养为基础功能，以知识创新和知识生产为特征的科学研究是为人才培养服务的，社会服务是人才培养和科学研究的延伸功能，人才培养是高校区别于其他社会组织的基本特征。对于新型大学来说，受组织生命周期和资源限制的影响，开展科学研究进行知识创新和知识生产的能力偏弱。偏弱的科研能力限制了社会服务的范围和能力，使得新型大学主要通过知识整合、知识传播和知识应用的方式为社会提供服务。从学校经营的角度来看，在资源一定的前提下，需要明确资源的主要使用方向，以免分散用力削弱资源的使用效力。从这个视角来说，新型大学在办学初期要立足高校的基础性功能，即人才培养展开工作，基于知识整合、传播和应用的社会服务次之，科学研究视情开展，主要是围绕着人才培养开展科学研究和教学研究，为未来办学水平和办学能力的提升奠定基础。对于已经有多年办学历史和经验的老牌本科院校，在办学资源充足的情况下，可考虑提升科学研究的地位，扩大科学研究的地位，在某种情况下可达到人才培养、科学研究和社会服务并重，但其基础功能仍是人才培养，不应因科学研究和社会服务而影响人才培养。

作为国办高校的投资者和举办者，政府对高校的功能定位有着决定性作用。高校是资源依赖型组织，政府投资对高校定位影响巨大，如果政府能够投入巨资吸引人才和设备等资源，新型大学在短期内形成人才培养、科学研究和社会服务并重的一流高校不是没有可能,香港科技大学就是明显的例子。关键是政府的可支配资金有限,能投到高校的资金更有限,因而会影响高校的功能定位。对于新型大学来说,如果政府有足够的资金投入且将一流高校一流学科作为高校定位,高校可以教学、科研和人才培养并进。如果政府投入不足,只能先顾基础性功能,即以人才培养为主或人才培养和社会服务为主。政府对高校功能的定位既表现为口头或书面的论述,也表现为资金和相关资源的投入。高校特别是国办高校的功能定位并非高校的自主定位。

当然,这里的政府不是笼统的政府,而是作为直接投资者和举办者的政府,新型大学的投资者主要是省级政府和市级政府。作为投资者和举办者的政府对高校功能定位的认知有主导性影响。作为管理者的政府即教育行政部门对高校定位的认知与作为投资者、举办者的政府对高校定位的认知并不一定一致,作为管理者的政府对高校定位的认知更多地是出于管理的考虑,而非投入和高校发展的考虑。在现实中,作为管理者的政府和作为投资者、举办者的政府有时是重合的,有时是分离的。当两者重合时,政府对高校的功能定位是一致的;当两者分离时,作为管理者的政府对高校的定位就需要获得作为投资者的政府的赞同和支持。

高校的组织定位在较大程度上指的是政府与高校的关系,即高校是政府部门的组成部分,还是独立的法人单位。如果高校是政府部门的组成部分,高校的投入、人员管理和日常运营将由政府负责,即政府对高校的运营和发展承担宏观和微观的双重责任,既是投资者、举办者、运营者,也是高校的管理者和监督者,政府对高校的责任在某种意义上说是无限的。如果高校是独立的法人单位,高校拥有独立法人的权利,自主运营、自负盈亏。政府只是高校的投资者和管理者,其对高校的管理将局限在宏观领域,一般不应插手高校的微观管理。在独立法人状态下,政府对高校的投入只是高校所获投入的一部分或主要部分,高校还可以拥有其他来源的投入;高校的人员不是政府公务员,只是高校的雇员;高校拥有相应的办学自主权。这种组织定位突出的是作为投资者和举办者的政府与高校的关系,尤其是作为管理者的政府和作为投资者、举办者的政府两者不一致时,这点表现得更为突出。

在现实中,存在着投资者和举办者的政府、管理者的政府和高校三者之间的关系。对新型大学来说,这三者之间的关系是需要明确的。我们注意到,新型大学的法人地位较为明晰,这和新型大学的办学基础有关。在现存728所新型大学中,独立设置的民办本科院校和独立学院420多所,接近60%,其他300余所国办高校中,超过一半是市级政府举办的高校,另一小半多是在成人高校或转隶的中央部属专科高校、中专学校的基础上设立的,真正由省级政府利用财政资金举办的新型大学很少。即新型大学与省级政府的关系主要是管理者与被管理者的关系，起码对绝大多数新型大学来说是这样的关系。即使省级政府对市级高校实现了统筹，其与省级政府的关系也更多地是管理者与被管理者的关系，省级政府作为投资者和举办者的身份不太清晰。因此，省级政府对新型大学的管理更多地是宏观管理，微观管理较少。至于独立设置的民办普通本科高校和独立学院，拥有独立的法人地位，其投资者和举办者另有其人，它们和政府的关系是管理与被管理的关系。即与老牌本科高校相比，新型大学与政府特别是省级政府之间主要是管理与被管理的关系；部分国办高校与省级政府存在财政投入关系，但没有形成主要的投资关系，这是我们在分析新型大学"转型"时要注意的。

（二）政府与高校"转型"的关系

这一问题存在一个基本假设，即高校是独立法人，拥有自主运营和决策权，政府与高校之间是单纯的管理与被管理的关系。我们要解决的是，在这样的关系类型中，政府如何处理高校"转型"问题。如果高校是政府的组成部分，高校"转型"是政府工作的一部分，政府通过行政管理手段就可以解决，不需要考虑更多的环节。

作为独立法人，新型大学根据劳动力市场的需求培养人才，自主决定人才培养的类型、规格、质量和数量。面对独立法人，政府的主要职责应该是维护高校与高校、高校与学生、高校与教师，以及高校与学生家长等相关利益者之间的正常的秩序，确保整个高等教育市场有序运转。政府应该作为宏观管理者存在，运用法律、规划、信息、监督等手段对高校的办学行为进行规范。现实是我国政府与高校的关系正在转型过程中。经过改革，我国通过法律和制定权力清单等措施明晰了政府与高校的关系，但由于历史惯性，政府对高校的微观管理很难通过一纸规定和法律改变，还需要漫长的过渡时期。如中央政府推行的双一流工程建设，省级政府推动的高水平应用型大学建设和高水平应用型专业建设、重点学科建设、黄大年式教学团队建设、在线开放课程建设等，均属高校建设中微观层面的东西，政府仍然在用以管理高校。我国政府与高校的关系正处于宏观调控建设、微观管理半退出状态。在目前现状下，政府不仅通过宏观的法律、规划、信息、监管等手段对高校进行宏观管理，还通过学科、专业、课程、师资队伍等微观建设引导高校的发展和建设。

作为统筹高等教育管理的省级政府，目前对高等教育主要承担着如下职责：

一是制定高等教育发展规划。政府通过制定规划为包括新型大学在内的高校指明未来发展的目标和方向，面向社会培养应用型人才便是政府为新型大学确定的定位。山东省政府在 2011 年推出特色名校工程，统一将省属院校的办学定位明确为培养应用型人才。二是根据中央政府的法律法规和省域高等教育发展的实际制定和完善相关行政法规、行政规章，为高等教育市场有序运行提供制度保障。三是汇总全省高等教育发展情况，即所谓的教育事业统计，为省级政府、高校决策提供信息支持。四是对高校办学水平和办学质量进行监督管理。五是作为投资者和举办者为国办高校提供充足的经费投入。六是以重点工程模式推进学科、专业、课程和师资队伍等建设。七是为高校选派党委书记和校长层。八是控制高校的用人总额和教师队伍结构。九是设立高校科研基金项目、教学改革项目和教研成果、科研成果奖等，推动高校进行改革和发展。十是指导高校的创新创业教育和社会服务。从山东省的实践来看，省级政府通过教育行政部门和相关行政部门对高校履行了上述职责。

作为行政部门，无论是教育行政部门，还是其他行政部门，承担的应该是行政管理的职能。把如此多的微观层面的任务交给行政部门，无疑会增加他们的工作难度和工作量，使他们难以承担或者以降低相关工作的质量为代表。我们看到，教育行政部门制定的发展规划缺乏深入细致的分析，提出的发展目标是原则性的，缺乏市场需求的数据分析，所提建议措施主要基于教育领域的要求，缺乏与其他领域的沟通与交流，即所做的教育规划仍是传统计划的产物，缺乏柔性和适应性。出台的规章制度多是对中央政府已有规章制度和政策的细化，缺乏创造性。对高校用人的总量控制也是基于一个标准，缺乏灵活性。即政府承担了过多的不应该承担的职能，导致了工作质量的下降。解决的方法只能是消除其法定任务之外的职能，让其轻装上阵。

（三）面向"转型"的政府定位和主要工作

从我国的社会现实来看，政府对高校"转型"不仅承担管理者的责任，对部分国办高校还承担有投资者和举办者的责任。换个视角，作为投资者和举办者，政府对部分国办高校的"转型"拥有决策和后续投入的责任。但这两者之间即作为管理者的政府和作为投资者、举办者的政府之间存在着边界，两者在高校发展中所起的作用是不一样的，需要根据不同的定位发挥作用。

1. 作为管理者的主要工作

作为管理者，政府在地方本科院校的"转型"中应做好如下工作。

一是组织、协调劳动力市场需求调研并反馈给高校。应用型人才是面向劳动力市场培养专用性人力资本的，需要及时跟踪劳动力市场的需求变化，对劳动力市场的发展做出准确的预测，以保证毕业生在特定市场的就业，提高毕业生的对口就业率和就业质量。在劳动力市场需求及其变化的调研和预测中，政府部门可起到积极的组织、协调、沟通作用，定期整合人才市场（劳动力市场）、行业发展研究机构、劳动力市场研究机构的力量，分析和出台劳动力市场需求报告，以引导和指导高校办学。

二是编制指导性发展规划。作为独立法人，高校发展及其取向决定于高校的举办者和管理层，不可能完全取决于政府决策。但政府的发展规划可对高校制定发展规划起指导和引导作用。政府可利用自己的信息优势编制指导性发展规划，对高等教育整体及各种类型的高校的具体发展方向提出建设性意见，供各高校参考采纳。

三是加强应用型本科政策研究和制定。从区域实际出发，深入研究应用型人才培养中面临的现实问题，制订相应的政策，推进应用型人才培养工作。目前需要做的政策性文件包括：应用型人才培养的普惠性政策，即面向所有接受应用型教育的学生和培养应用型人才的高校的优惠政策；有利于应用型人才培养的师资队伍建设政策，包括职称政策和教师发展政策等；面向产教融合的合作企业的优惠政策，包括税收优惠、财政补贴、合作教师政策等；面向毕业生的救济政策；等等。需要注意的是，相关政策是面向所有高校，不单纯指向国办高校，也不单纯指向民办高校，需要均衡各类高校之间的关系。

四是从管理的视角探索针对应用型本科的评估指标体系，包括面向学校的评估指标、面向专业的评估指标等，用评估推进应用型本科建设。可通过委托第三方评估机构的方式实现该项内容。

五是大力发展创新创业教育。创新创业教育重在培养学生的企业家精神，以创业推进就业。政府可通过开展各种活动和制定促进高校创新创业教育的政策文件，鼓励高校开展创新创业教育，激发学生的企业家精神和创业思维。

六是充分发挥现有重点工程的作用，引导高校发展优势特色专业，逐步优化专业结构，形成以应用型人才培养为主的专业结构。

七是鼓励和引导教师从事应用型研究。鼓励教师立足区域经济社会发展的需要，和企业结合从事应用型研究，解决行业企业发展中面临的现实问题。

八是强化信息整理和信息反馈，为高校决策提供更多更真实的信息。

九是改革工作方式，尽量减少动员式管理管理方法，确立稳定的依法管理方式，区别高校的情况进行有针对性的分类指导和分类管理，避免"一刀切"对高校办学定位的冲击。

2. 作为投资者和举办者的主要工作

作为投资者和举办者，政府应该做好如下工作。

一是根据应用型人才培养的需要，履行出资者的职责，投入资金改善学校的办学条件，特别是实践教学条件，以满足学校发展的需要。

二是结合区域经济社会发展需要明晰学校定位和发展方向，并通过人员任免和相关途径将其贯彻在学校的办学实践中。坚持面向社会办学，面向社会需求办学，而不是出于政绩和单纯的学校发展思维来办学。

三是明晰与高校的关系。政府只是投资者，不是具体的办学者。作为投资者，政府履行的是作为投资者的职权，不是办学者的职权。政府应该谨记自己的定位，依法依规履行职责。

四是为高校产教融合提供积极的支持。当然，这种职责主要是牵线搭桥，是引导，不能使用掌握的行政权力强行"拉郎配"。

总之，作为投资者和举办者，政府要承担起高校健康发展的决策者、支持者职责，为学校的健康发展奠定基础。当然，这种职责是有限的，不是无限的。政府职责的发挥需要通过合法的途径和合适的方法。

3. 基于现状的改革思路

要落实上述职责和任务，还需要进一步推进高等教育体制改革，明晰和落实高校与政府的关系。

首先，要进一步落实管办评改革，落实高校的法人主体地位，真正形成管理者、办学者和评估者各自独立的地位和权力。

其次，要落实高校的办学自主权，将《中华人民共和国高等教育法》确定的办学自主权落实到位，夯实高校的法人主体地位。

再次，逐步规范政府的行政行为，依法依规行政，避免政府的临时性政策和不法行为侵害高校的办学自主权，造成高校的临时性动荡。

复次，规范、明晰高校的法人治理结构，使高校真正成为自主运营、自主管理、自负盈亏的法人组织，能独立行使决策权。

又次，加强第三方评价机构的建设，确保其独立地位，为高校发展提供智力支持。

最后，构建政府、高校、第三方评估机构的有序制衡关系，明晰彼此间的权力和权力制衡，基于不同的地位发挥各自的作用，以确保高校面向劳动力市场自主办学。

二、高校转型的方式与内容

高校"转型"指从已有的人才培养转为应用型人才培养，对新型大学来说，既指从原有的专科（高职）教育转到应用型本科教育，也指从普通本科教育转到应用型本科教育。就其本质而言，"转型"是人才培养目标即高校任务的调整，是以人才培养目标或组织任务为主导的转型，不是单纯的人才培养目标转型，而是包括人、技术、结构等因素的系统转型，包括了学校建设的各个方面。

（一）转型方式

新型大学"转型"的可能路径有两条：学校整体转型；专业或专业群转型。

1. 学校整体转型

学校整体转型是教育行政部门设计的转型方式。即学校直接定位为应用技术类高校，开设面向社会培养应用型人才的专业，学校的其他建设如校舍、教学仪器设备、师资队伍、内部机构设置、学校制度等建设都围绕着应用型人才培养的需要设计，学校的其他职能如科学研究、社会服务、文化传承、国际交流等都围绕着应用型人才培养展开。

学校整体转型是一种简单的线性思维，有利于行政部门监管，适合于新建院校从头开始建设。即在学校创办一开始就明确办学定位，严格按照办学定位开展相关建设，如专业、课程、师资队伍、校舍、内部机构设置、管理制度等建设，都围绕着应用型人才培养的需求展开。2014 年以来教育部在审批时直接将部分新型大学主要是民办本科高校定位为应用技术类高校就是这个考虑。

对各类新型大学来说，学校整体转型更适合民办本科高校。民办本科高校的举办资金来自社会，面向社会特别是劳动力市场独立办学，自负盈亏，独立承担民事责任，投入者和办学者对学校经营的效率和效益更为看重，因为一旦出现失误就可能导致学校的倒闭甚至破产。因此，民办本科高校对招生更为关注，将招生视为学校发展的生命线，因而对劳动力市场的需求和变化更为关注，其专业设置和课程提供在可能的情况下更侧重对市场需求的满足，以换取更多、更好、更稳定的生源，以确保学校的长期存续和发展。相应地，作为独立运营的单位，民办高校拥有完整的办学自主权尤其是决策权，能够根据劳动力市场的发展和变化及时变更招生政策和人才培养目标。民办高校在高职（专科）阶段设置的专业以应用型较强的专业为主，从应用型较强的技能型人才培养到应用型人才培养，两者之间的转换相对容易。整体转型对由高职院校转变而来的国办高校也相对容易，原因同前。比较困难的是由原来的市级国办高校和省级成人高校为基础设置的新型大学，它们在长期的发展过程中设立了部分基础性较强的专业，并围绕着这些基础性专业形成了师资队伍、管理制度和相应的办学思路、运行模式，转型意味着对已有建设的变革，因此这部分专业转型比较困难。

对老牌本科院校来说，学校整体转型相对困难，主要是这些高校在历史上开设了部分基础性专业，有的甚至以基础性专业为主，围绕这些基础性专业形成了一定规模的师资队伍，毕业了一批学生，形成了相应的管理制度、办学思路和运行模式。有的基础性专业在国内形成了一定的影响，甚至成为学校的核心专业。因此，要求老牌本科院校整体转型是不合适的，处理不当甚至会带来不可估量的损失。

2. 专业或专业群转型

与院校整体转型相比，专业或专业群转型更适合已有较长办学历史的高校，特别是有较长办学历史的国办高校。因为在长期的办学过程中，无论是专科教育还是本科教育，都形成了一定的师资队伍和相应的管理制度、办学思路和运行模式。如果整体转型，学校面临的问题和难度将比较大。但可以选择部分容易转型或应用性比较强的专业先行转型，通过先行转型者的示范作用引导基础性专业转型。对于部分国办的新型大学即在市级国办高校或成人高校基础上形成的新型大学来说，基于专业或专业群的转型方式也比较适合。

专业或专业群的转型与学校整体转型在本质上没有区别，两者的目的都是转型，将转型的基础都放在专业或专业群建设上。两者的区别更多是策略层面的，是一种战术性选择。基于专业或专业群的转型主要是策略性考虑，目的是结合现实，最大限度地减少反对力量，尽快实行转型。

基于专业或专业群的部分转型也存在着问题，主要问题是随着部分专业或专业群的转型，会在一个学校内形成两种人才培养模式，以及围绕着人才培养模式的两套管理制度、办学思路和运行模式。这种现象会加大学校的管理成本，还容易形成内部的分裂与争夺。

3. 转型方式选择

从上面的分析可以看出，院校整体转型和基于专业或专业群的部分转型各有优点和缺点，适合于不同类型的高校。我们认为：

政府在高校的转型思路上不可强求，不必要求所有的高校按同一个模式进行，否则会造成新的同质化。即使是对政府文件明文批复为应用技术类高校的新型大学，政府也不应强求其必须设立应用型专业。在应用型专业与基础性专业的边界尚不明晰的今天，应该鼓励高校面向劳动力市场办学，运用毕业生就业率、对口就业率、就业质量等指标来评价某专业或专业群应否招生、招生规模和持续发展。即政府将转型和定位的权力交给高校，由高校自己决定是否进行转型、是整体转型还是以专业或专业群为基础进行部分转型。只要市场有需要，可以允许高校举办部分基础性专业。前提是市场真有需求，不是虚假的需求。

对于高校来说，应该从自己的实际出发，从自己的历史和办学资源出发，立足劳动力市场的需求确定应设专业，明晰重点发展的专业和专业群，并围绕着办学定位和办学方向配置资源。选择合适的战略战术推进基础性专业转型，确保积极、稳妥的转型，防止因急促转型产生动荡，将转型可能带来的内耗和风险控制在适当或最小范围内。

从组织运营的视角来看，选择学校整体转型还是专业或专业群转型，其实质是一种运营战略的选择，类似于企业的经营战略选择。选择学校整体转型实际是单一经营的思维，即整个学校选择并培养一种规格或类型的人才，面向的是劳动力市场的同一类型或规格的亚市场（子市场）。当然这种单一指的是人才规格或人才类型，而非专业人才。选择专业或专业群转型的实质是多元经营，即一所学校选择并培养两种或两种以上规格或类型的人才，面向劳动力市场的若干个亚市场或子市场。在现实中，高校从事的都是多种经营。老牌本科院校同时拥有本科生、硕士生乃至博士生的培养，既有典型的基础性专业，也有特色鲜明的应用型专业。新型大学同时拥有本科生、专科生乃至硕士生的培养，即使开设的是应用型专业，在培养应用型人才的同时也为自己或其他高校输送硕士、博士生源，且输送的生源不仅有专业硕士，也有学术硕士。无论是老牌本科院校，还是新型大学，在专业设置上都是多元经营，面向多个行业或领域。严格地说，无论是企业还是高校或其他社会组织，在现实中遵循的都是多元经营原则，真正的单一思维是很少的。

（二）转型的内容

对于高校转型的内容，合肥学院总结为 8 个方面：办学定位向"应用型"转型，专业结构向"需求导向"转变，协同育人向"开放性系统"转变，培养方案向"产出导向"转变，课程体系向"知识输出"转变，考核方向向"过程考核"转变，师资队伍向"双能型"转变，质量评价向"两个满意"转变。[①] 实际包含了从办学定位、专业设置到人才培养、质量考核、师资队伍建设等学校办学的八个主要方面。我们认为，合肥学院的总结主要基于经验，涉及了转型的主要内容，但不全面。根据社会技术系统论的观点，转型是以组织任务为主导的系统整体转型，包括任务、人、技术、结构四个组织因素，具体体现为学校的办学定位、人才培养、科学研究、社会服务、师资队伍建设、管理制度建设等学校办学的各个方面。

1. 办学定位转型

办学定位是学校的顶层设计，是决定学校办学走向的根本。当我们讨论转型时，就意味着明确了学校的办学定位，是面向社会培养应用型人才，所有的探索都是围绕这一既定定位展开的。多数正处于转型中的高校定位为"地方性、应用型"或其办学理念定为"地方性、应用型"，是一种学校基于办学历史、办学资源的合适选择。如果是学校整体转型，办学定位转型就是学校整体

---

① 张永兵. 合肥学院八个转变提升应用型人才培养质量 [EB/OL]. 人民网教育频道（http://edu. people. com. cn/n/2015/1127/c1053 – 27865572. html）.

办学定位的转型和选择；如果是专业或专业群转型，办学定位转型就是学校整体定位的部分选择和转型，是部分专业或专业群内的转型，即在一所高校内，可以有若干个办学定位。

2. 专业定位转型

专业定位是确定学校的主打领域，即面向哪些行业或产业领域。合肥学院提出了"需求导向"，将"社会需求"作为专业设置和调整的基本原则，无疑有其合理性。但真正落到实处，还需要做大量的工作。因为社会需求随时发生变化，特别是在科学技术飞速发展、一日千里的今天，社会需求的变化更快，而学校的办学资源具有相对的稳定性，专业设置也应保持一定的稳定性。针对临时需求不足或需求发生变化的专业，可根据社会需求转化的趋势，通过课程单元的调整，增加专业的适应性，而不是断然停招；对处于弱势的专业，也可通过课程单元的调整，创新产品即课程组合，提升专业或课程组合对劳动力市场的引领。

3. 人才培养转型

人才培养是个复杂的过程，人才培养转型就是按照应用型人才培养的规律进行培养，它涉及人才培养目标的定位，人才培养规格和知识、素质、能力及其结构的确定，人才培养方案的确定，人才培养方案的实施，人才培养质量的保证，等等。人才培养转型是个系统的工程。

（1）人才培养的第一步，明确人才培养目标的定位。面向特定行业或专业领域培养应用型人才是具体的定位。其基础是劳动力市场的需求，人才培养目标定位是对特定行业或专业所指向的劳动力市场中某一或某几个亚市场的选择与定位。

（2）人才培养的第二步，明晰人才培养的具体规格即毕业生应具备的知识、素质、能力及其结构。在确定劳动力市场的某个或某几个亚市场后，对行业或产业生产过程或生产过程的某个、某几个岗位的工作内容分析，剖析这些岗位或岗位群需要的知识、素质和能力，分析这些知识、素质和能力对工作的重要性，赋予权重。即通过特定的工作分析析出岗位或岗位群对雇员知识、素质、能力及其结构的需求，进而将其作为岗位或岗位群的典型需求反馈给教育者。

（3）人才培养的第三步，人才培养方案的制订。人才培养方案的制订包括组织课程内容和理顺课程单元顺序。组织课程内容由教育者根据岗位或岗位群的需求组织相关的学科知识和教育活动，每个课程单元（或每门课）都应紧扣目标定位，围绕着目标定位所需知识、素质和能力的某个方面或某几个方面展开，有时一个课程单元（或一门课）单独对应知识、素质或能力的某个方面，有时多个课程单元（或多门课）结合起来对应知识、素质或能力的某个方面，有时一个课程单元（或一门课）要面对知识、素质或能力的某几个方面，有时多个课程单元（或多门课）结合起来共同对应知识、素质或能力的某几个方面。这里的课程单元（或课）不单指传统的理论课，也包括实验课、毕业实习、毕业论文等实践环节，不仅包括第一课堂，也包括第二课堂，即学生管理部门组织和学生自行组织的各类课外活动。

理顺课程单元顺序也称构建课程体系，系指教育工作者按照教育规律和学生学习的规律将选定的知识和活动进行有序的组织、搭配。人才培养方案的制订不是简单的课程内容的堆砌，而是课程内容的有机组合，既要厘清各个学科知识即课程单元之间的逻辑关系，也要分清不同课程单元及学科知识在人才的知识、素质和能力形成过程中的权重，分清哪些是学科基础课，哪些是专业核心课，哪些是专业选修课，哪些是公共必修课，哪些是公共选修课，需要设置哪些实验、哪些实训环节、哪些见习实习环节，需要组织哪些学科竞赛、哪些专业调研、哪些专业实习和毕业设计，还要分清课程单元之间的前后逻辑关系，安排好先修和续修的关系，等等，只有涉及的课程单元彼此之间的逻辑关系搞清楚了，并按照一定的权重和要求安排到位，才能形成真正的课程体系。

人才培养方案的制订是一个由具体到抽象、再由抽象到具体的过程，在这中间需要做大量认真、仔细的分析和研究工作，以确保人才培养方案确定的课程单元内容确实有助于素质和能力的养成，确实能保证学生形成人力资本并能应用于实践。

在应用型本科的专业人才培养方案制订中，要避免两个问题：一是照抄照搬别人的人才培养方案。应用型人才是面向特定的行业或产业领域，面向具体的细分市场的。每个高校的定位不同，其面对的细分市场不一样，即使在同一行业或产业领域，其面对的细分市场也不相同，单纯的模仿和借鉴必然导致偏离自己的细分市场，并有可能与别的高校的细分市场发生冲突。二是突出知识本位。应用型人才培养是一种基于工作的教育，是以形成特定行业或产业的工作能力和职业素养为主线，所有的知识传授都围绕着能力养成和职业素养形成展开，都是为能力养成和职业素养形成做铺垫的。在人才培养方案制订和修订的过程中，都要围绕着这条主线考虑问题，不能独立思考知识的传授，否则很容易形成知识本位主义，将单纯的知识传授作为人才培养的主线。今天高等教育的局面就是忽略高等教育培养专门人才养成专用性人力资本的定位，片面强调知识传授形成的，导致的结果是学生知识学了很多，但职业能力不足或缺乏。在现实中，新型大学因为没有办本科的经验，都是从模仿其他大学开始的，这是一种事实。模仿并不是单纯的照抄照搬，而是结合自己的实际引入别人的东西，是形成自己东西过程中的必然阶段。

应用型人才培养重在突出学生的能力培养和素质养成，是一种基于工作或面向工作的教育，因此，在制订人才培养方案的过程中，要遵循如下原则：一是适当压缩学科知识的传授。在组织课程单元体系时，减少对学科知识的体系性和完整性的考虑，更多地考虑学科知识对人才素质和能力的支撑性。二是适当增加实践教学环节，在权衡理论传授和实践教学的关系时，要立足能力本位，从知识和实践环节对能力支撑的视角来衡量，以利于能力养成为优选。三是综合考虑各类实践教学。能力培养是一个综合的过程，最终的体现也是综合能力。但在能力培养的过程中，为便于操作，可将综合能力分解成若干专门性能力进行培养。如何分解和组合是一个严肃的问题，影响到能力培养的效果，需要予以充分重视。四是实时能力和长期发展能力的均衡。在人才培养过程中，教师和学校面临的一个纠结是如何处理学生的实时工作能力和未来发展能力的关系。应用型人才培养的特点是将成熟的技术传授给学生，培养学生的实时工作能力。但科学技术的快速发展加快了技术的更新换代，也增加了学生所形成的人力资本的风险程度。应该将终身学习的理念纳入人才培养方案中，既要向学生传授成熟的技术、知识及其操作方法，也要向学生传授或指明行业或专业领域未来的发展可能，为学生的未来发展做好铺垫。

（4）人才培养的第四步，课程建设。课程单元是人才培养的基础，是知识传授、素质培养和能力养成的基本支撑。我们日常所说的课程建设实际是课程单元建设，是根据人才培养的需要选择合适的课程内容和传播方法。前者也称课程模式建设，一般包括课程开发的理论与原则、按循序渐进的原则序化课程、建立课程标准三部分，其中前两部分已经在人才培养方案中提及。课程标准通常反映的是对学生学习结果的期望，是对学生在经过一段时间学习后应该知道什么和能做什么做出的界定和表述。后者也称教学模式建设，指在一定的教育目标和教学理论指导下，依据学生的身心发展特点，对教学目标、教学内容、教学结构、教学手段方法、教学评价等因素进行的选择和简约概括，是一套相对稳定的教学行为系统。类型不同的课程，课程建设的内容和方法不完全一致。

应用型人才培养突出的是能力培养和素质养成，在确定每门课的课程标准时，要遵循突出能力和素质的原则，变"知识传授"为"能力培养"，变"哪些内容需要教师讲授"为"哪些能力是学生通过学习能够获得的"，以引导学生形成素质和能力。教学目标根据课程在整个人才培养系统中的地位和作用确定。教学内容指的是每门课或课程单元的教学内容，应用型人才要根据课程定位，从整体考虑遴选课程内容。教学结构、教学手段方法和教学评价，也要立足应用型人才培养的需求，以利于素质和能力养成为导向。当然，具体到不同的类型，其在人才培养中所处的地位和所起的作用不同，强调的重点也各有侧重。如公共必修课和公共选修课，以培养学生的一般素质和一般能力、开拓视野为主。学科或专业基础课以培养学生的学科或专业的基础素质和基础能力为主。专业核心课重在养成学生的专用性人力资本，专业选修课重在拓展学生的专业能力。课程单元的设计要充分照顾各类课程或课程单元的类型与目标。

（5）人才培养的第五步，实施课程教学。即面向学生进行知识传播、素质养成和能力培养。这是人才培养最核心的部分，也是教师和学生双向发挥作用的部分。通常包括三种形式：课堂教学、实践教学、教育活动。课程教学基本是有组织、有主导的进行。传统的理论课教学属于课堂教学，其方式基本是教师讲授、学生听讲和做笔记，教师是课堂教学的主导，学生是课堂教学的主体，主要目的是传播和接受知识，提升学生的学术水平。随着信息传播技术的发展，近年来实施基于翻转课堂的混合教学改革，教学方式改为学生利用视频线下自主学习，课堂教学以学生交流和教师解答问题为主，重在发挥学生学习的主动性和积极性，将学习的主导权从教师转给学生。

实践教学包括科学实验、实训和毕业实习、毕业设计等环节。科学实验主要是在教师指导下，在特别设定的环境下，通过干预和控制科研对象而观察和探索科研对象的有关规律和机制，面向本科学生的科学实验主要是通过训练让学生掌握科学实验的方法和规程，形成科学实验和科学研究的能力。实训是职业技能实际训练的简称，指在特定控制状态或工作场合下，按照人才培养规律和目标对学生进行职业技术应用能力训练的教学过程，实训的主要目的是形成学生的职业素质和工作技能。毕业实习通常安排在课程进行完毕、毕业之前，是学生到实习现场参与一定实际工作，通过综合运用所学专业知识及有关基础知识解决专业技术问题、获取独立工作能力、在思想和业务两个方面得到全面锻炼并进一步掌握专业技术的实践教学形式，目的是培养学生的综合职业能力。毕业设计（论文）是人才培养过程的最后阶段进行的一种总结性的实践教学环节，是高等教育特别是本科及以上教育必须的教学环节，有无毕业设计（论文）阶段是国际社会分辨高等教育和中等教育的标志性指标。毕业设计（论文）的目的是培养学生综合运用所学知识，结合实际独立完成课题的工作能力，并对学生掌握知识的深度和广度、运用理论结合实际处理现实问题的能力、实验能力、外语水平、计算机运用水平、书面及口头表达能力等进行考核。毕业论文与毕业设计并不完全一致。一般，应用型人才侧重于毕业设计，学术型人才侧重于毕业论文写作。实践教学可以在学校设定的环境下进行，也可以在合作企业或产业组织的环境下进行，这种环境可以是实时的，也可以是模拟的。

　　课程教学中的教育活动特指教学活动以外的课外活动和实践活动，以教师指导、学生自行组织的活动为主，包括德育、体育、美育、劳动技术教育、发挥个性特长等各种活动。即传统的第二课堂，目的是通过各种类型的活动来影响人的身心发展，培养人的素质和能力。教育活动的特点是真实的活动场景，学生素质和能力的自然表现。

　　课程教学贯穿学生从入学到离校之间的整个过程。课堂教学、实践教学的实验和实训、教育活动在学生学习的大部分时间里同时展开，实践教学的毕业实习和毕业设计（论文）通常安排在课程教学的最后。最理想的课程教学方式是课堂教学、实验实训和教育活动相结合，理论教学与实践教学结合，教学活动与教育活动结合，以相互促进，共同推进和提高。但在现实中，这些结合难以完全实现，因为它对教师的素质、能力要求太高，很少有教师能达到这样高的水准。它与现代学校分工合作的组织原则也不完全相符。因此，现实的做法是在分工的基础上进行合作，即在分科教学的基础上尽量追求理论与实践的结合、教学与教育的结合。

　　与企业产品生产的单向线性过程不同，人才培养是个双向的非线性过程，是教师教与学生学习相结合的过程。教的主体是教师，学的主体是学生。人才培养方案确定的知识、素质和能力，只有在学生学习的过程中内化为学生的素质、能力和可以应用的知识，才能成为学生的人力资本。教师教的目的是形成学生的人力资本，其工作的成效以学生的人力资本形成及其程度为衡量标准，不是以教师上了多少节课、完成了多少教学工作量为标准。从这个意义上说，学生是教育教学过程的主体，教师是主导性力量，教育教学过程是针对学生个性特征、以学生接受为导向的因材施教。传统的学徒制是人力资本养成机制的体现。现代教育是标准的工厂化生产方式，学生按照一定的标准组建班级，在班级内按照一定的人才培养方案组织学习；教师们根据特长分科教学，按照一定的人才培养方案及其确定的授课顺序展开教学；同时按照行政班级组织教育活动。这样的生产方式带来的往往是标准化生产和标准化产品。如前所述，这种标准化生产更多地以传授显性知识为主，重在激发和发现学生的能力，适合于普及性的国民教育，很难形成学生的"技能"即专用性人力资本。

　　应用型人才培养的是学生的专用性人力资本，隐性知识的传授和显性知识的传授同等重要，以形成学生的行业"技能"即行业能力为主要追求，普通的现代教育模式是无法完成这些任务的，必须根据行业特点对现代教育方式进行改革和调整，形成适合行业人才培养的教育方式。目前提倡的现代学徒制，实质是将传统的学徒制与现代教育方式结合的一种教育方式，在传授显性知识的同时传授隐性知识，以形成学生的行业"技能"。学业导师制的推行也有这方面的考虑。需要注意的是，无论是现代学徒制，还是学业导师制，每个教师带的人数应该有明确限制，注重"技能"的传授和传承，否则会影响隐性知识传授的效果。

（6）人才培养的第六步，学习成效考核。考核是对学生学习效果的衡量。传统考核体现出"考死记硬背的多、考理论知识多，考能力、素质的少；终结性考试多，过程性考试少；闭卷考试考的多，开卷考试考得少；笔试考的多，其他考核方式少"的特点。[①] 对理论学习来说，这种传统的考试有其合理性。但应用型人才培养强调的是应用能力培养，是职业素质和职业能力养成，是实际应用和操作层面的，背得滚瓜烂熟不等于会操作或熟练操作，传统的卷面考试因此显得无能为力。要针对应用型人才的特点选择适用的考核方法。

应用型人才培养质量的考核，要突出过程性考核。过程性考核的具体方式是将考核分成多次，采取多种形式，结合学习进程展开。其特点是将考核分布于整个学习过程，避免了传统考核毕其功于一役的弊端，也有利于采取多种考核方式。过程性考核尤其适用于实践教学环节，它通过对学生完整操作过程的评价来判断学生能力和素质的养成情况，来判断学生对知识的掌握和应用。过程性考核可以通过适时场景设计考核学生的应对能力和动手应用能力。

（7）人才培养的第七步，质量监控。应用型人才培养是面向劳动力市场、以能力为本位的教育，衡量人才培养质量的标准也应以毕业生在劳动力市场的表现为指向，以毕业生是否适应劳动力市场及其变化、在劳动力市场的发展表现为衡量标准。但作为人才培养质量的监控，不能将衡量标准完全寄托于学生毕业之后，而应该将用人单位和劳动力市场的评价与学校的过程性评价结合起来。同时，要注意学生在人才培养中的主体作用和积极性的发挥，将学生的满意度列入。即应用型人才培养的质量监控应以学生的满意度、社会对毕业生的满意度两个满意度为基础，将学校内部评价、自我评价、过程评价与结果评价、社会评价、学生评价、用人单位评价结合，并逐步向结果评价、社会评价、学生评价和用人单位评价转移。[②]

需要注意的是，人才培养的各个步骤之间并不是严格的时序关系，有些步骤贯穿于其他步骤中，有的贯穿于人才培养的全过程。所有的评价都建立在对

---

① 张永兵. 合肥学院八个转变提升应用型人才培养质量 [EB/OL]. 人民网教育频道（http：//edu. people. com. cn/n/2015/1127/c1053 - 27865572. html）.

② 同上。

现状的真实描述上,以真实数据和真实表现为依据,避免为监控而监控,为评价而评价,更要避免在评价过程中伪造数据或临时做数据。

4. 科学研究和社会服务转型

科学研究是高校的主要职能之一,但不是根本职能。高校的科学研究是服务于人才培养这一根本职能的。因此,随着人才培养的转型,新型大学的科学研究也应进行适应性的转型,以应用研究为主。在现实社会中,新型大学以应用研究为主要方向,是迫不得已的选择,也是现实的选择。首先,新型大学基本是省属本科院校,受地方行政部门管理,地方政府的发展意图必然融入高校的科研工作中,从而引导高校的科技发展面向地方。其次,包括新型大学在内的地方本科院校资源薄弱,获取国家级科研资源的能力相对弱,支撑其发展的科研资源主要来自当地政府和地方企业事业单位。再次,地方高校学生的来源和毕业后的就业主要集中在本地区,为了配合和促进人才培养,科研方向因此主要指向本地区的科技需求领域。最后,为满足应用型人才培养的需要,学校集中了一批掌握应用技术并承担应用技术教学的教师,并和行业组织形成密切的合作关系,他们的科学研究无疑会以自己最擅长的应用技术开发为主要方向。① 至于地方本科院校和教师的社会服务,最大也是最现实的可能是面向区域进行应用技术开发或提供智力支持,为当地政府、企业事业单位的发展提供支撑。

5. 师资队伍转型

高等学校是资源依赖型组织,教师及其掌握的知识是最主要的资源。在构成高校这一社会技术系统的各个因素中,教师是人这一因素的主要组成部分,它对人才培养目标的实现有着积极的作用,师资队伍的建设成效不仅影响着人才培养的成效,而且会影响到技术、结构等因素。因此,在从普通型人才到应用型人才的转型过程中,教师队伍的转型是必需的。

作为能力本位的应用型人才培养,师资队伍不仅要有丰富的理论知识,还要有娴熟的应用操作能力,"双师双能型"师资队伍建设是保证应用型人才培养的核心要素。"双师双能型"师资队伍的建设路径有三:一是直接引进具备应用能力、能承担实践教学和理论教学任务的"双师双能型"教师;二是通过挂职锻炼、实践培养等方式提升已有教师的实践动手能力和应用能力,将现有教师改造成"双师双能型"教师;三是与行业或产业组织合作,直接使用行业或产业组织的技术人员,与学校的已有教师组成"双师双能型"师资队伍。

① 艾术林. 地方应用型本科高校科研评价研究 [M]. 北京:经济科学出版社,2017:10.

从组织运营的视角看，三种"双师双能型"教师队伍建设路径各有利弊，其中与行业或产业组织合作组建"双师双能型"师资队伍的效益最优。与行业或产业组织合作组建"双师双能型"师资队伍，具有如下好处：一是行业或产业组织的技术人员长期从事专业工作，技术娴熟，对行业技术发展有深入的了解，这方面远非短期挂职的教师可比。二是费用较低。对行业或产业组织的在职人员，给予部分指导费用即可，不用承担其全额工资和福利待遇；同时也能节省部分员工培训或挂职的费用。三是可借此建立与行业或产业组织的合作关系，并可将这种合作关系推广到学生就业、合作研发等多个方面。其弊端表现在两个方面：一是这些行业或产业组织的技术人员缺乏教学技巧和能力，不能完全保证指导效果；二是实践和理论教学的结合容易出现问题。直接引进具备相应能力的教师，好处是直接融入整个教师队伍，可有效提高其教学能力，与其他教师形成良好的合作关系，弊端是费用高，需要承担其全部工资和福利待遇。培训教师应用能力的路径，最大的好处是在短期内不会增加较大的费用，弊端是蜻蜓点水式的培训带来的可能是"二把刀"式的师傅，影响人才培养质量。最好的办法是从学校的实际出发，三种途径并用。

6. 结构转型

这里所说的结构是基于社会技术系统而言，指的是学校内部的权力模式和伙伴关系，是特定的学校治理模式。根据社会技术系统理论的观点，在组织任务转型时，组织的结构也应该进行相应的转型。

伯顿·R. 克拉克在《建立创业型大学：组织上转型的途径》中指出成功的创业型大学体现出如下特征：加强的驾驭核心，提高的发展外围，自行处理的资金基地，激活的心脏地带和创业的信念。[①] 马金森则在论及澳大利亚的企业型大学时指出了大学管理的新趋势：有管理意愿且有更大行动自由的行政力量出现；结构创新；人员、资源、权力等配置的灵活性增加；学科的力量削弱，跨学科的学院和研究中心作用加大；院系领导人的行政权力扩张。[②] 无论是前者，还是后者，论述的重点都是高校转型出现的结构变化，实质是结构转型。这种结构转型可能是主动的，也可以是适应性的。

对包括新型大学在内的地方本科高校来说，向应用型本科转型需要学校在结构方面做出调整。

---

① [美] 伯顿·克拉克. 王承绪译. 创业型大学：组织上转型的途径 [M]. 北京：人民教育出版社，2003：167 – 175.

② [澳] 西蒙·马金森. 周心红译. 澳大利亚企业型大学的权力结构、管理模式与再创造方式 [M]. 杭州：浙江大学出版社，2007：8 – 9.

　　首先是领导的转型，即学校领导赞成和重视应用型人才培养，并为之做出坚定不移的努力。对领导在学校转型中的作用，克拉克和马金森都放在第一位。克拉克在论述个人和集体负责的驾驭核心的表现后指出："最为重要的是，行政骨干把新的经营价值观和传统的学术价值融合起来，包括创业精神的概念在内的管理观点，被从校部中心带到学术心脏地带，而教授的价值观渗透到管理的空间。""这个管理核心赋予大学更大的集体能力，使之在很多知识领域中能作出艰难的抉择去支持一些领域从而不利于其他领域，这样做能形成准入的可能性和职业市场的联系。"① 马金森的新的行政力量指那些"有进行管理的意愿"且"有比以前更大的行动自由"的学校领导②。这种现象是就作为独立法人的高校而言的，如果是政府举办的国办高校，不仅学校的领导层，包括作为举办者的地方政府，也应如此。从我国的实际出发，不仅校长们要赞成、重视和坚持面向社会培养应用型人才，党委书记们也要赞成、重视和坚持面向社会培养应用型人才，形成坚强的培养应用型人才的领导核心。在这里，关键的是作为决策者的校领导和地方政府的坚持，是长时期的坚持，而不是一时的头脑发热或一届决策者的坚持。

　　其次是院系的调整。传统的院系设置基于学科，有利于教师在相同学科基础上形成学术共同体，也容易使教师们远离社会现实、热衷理论探讨和进行所谓的理论创新。应用型人才培养是面向行业或产业领域的，它向学生传授的不是系统化的知识体系，而是现实的行业或产业领域所需要的知识和技术，是对学科知识的整合，需要跨越学科的界限对知识和知识体系进行整合。应用型人才培养的知识体系是跨学科整合形成的知识体系，主导这一知识体系的是行业或产业领域的需要，是问题导向，不是知识内在的学理逻辑。研究型大学院系的设置实质是学科或学科群的组织化，应用型大学院系设置的实质是专业或专业群的组织化。适应应用型人才培养的需要，院系要从学科基础转向专业基础，以共同面对的行业或产业为基础组建院系。院系调整不是单纯的组织调整，而是人才培养、科学研究、社会服务等高校核心资源和力量的调整，是知识的重新组织和新的知识组织结构图的形成，即克拉克所说的"激活的心脏地带"。

　　院系调整是基于应用型人才培养的需要，是基于人才培养需要对知识的重

　　① ［美］伯顿·克拉克．王承绪译．创业型大学：组织上转型的途径［M］．北京：人民教育出版社，2003：168－169.
　　② ［澳］西蒙·马金森．周心红译．澳大利亚企业型大学的权力结构、管理模式与再创造方式［M］．杭州：浙江大学出版社，2007：8.

新组织和知识组织结构图的重构，是将院系作为人才培养的基础。这并不意味着完全放弃基于学科的基层学术组织，而是将基于学科的基层学术组织置于院系的管理之下，在院系之下的基层学术组织按学科组成，面对两个方向从事知识创新、知识生产和知识整合，一个方向是基于学科的知识创新和知识生产；一个方向是面向行业应用的知识生产和知识整合。前者以科学研究的方式出现，后者以课程内容遴选的形式出现。这样的关系要求教师不能仅凭个人兴趣进行学理形式的研究，而是将学理研究和应用研究结合，或以应用研究为主。从竞争的视角看，具体一个专业在劳动力市场上的竞争优势，取决于该专业知识体系的独特性和非复制性即进入的高壁垒，这取决于该知识体系及其内容的创新性，即该专业的知识体系是对已有知识的整合，还是自行创新和生产的新知识，或者是两者兼而有之。一般，自行创新和生产的新知识越多，专业知识体系的独特性越强、复制性越弱，意味着该知识体系在劳动力市场的竞争优势越强，反之亦然。因此，应用型人才培养并不意味着不要学术研究，而是对学术研究提出了更高的要求，意味着扭转了学术研究的方向，从原来单纯的兴趣驱动转向了问题驱动，不仅是知识创新和知识生产，还包括基于需要的知识整合，即我们所说的科学研究和教学研究。从这个意义上说，院系转型是对知识组织结构图的重构。

再次是院系权力的增加。即克拉克所说的"自行处理的资金基地"和马金森所说的"人员、资源、权力等处理的灵活性增加"的管理趋势，实质是向学院分权，以扩大学院的灵活性。应用型人才的培养意味着每个专业或专业群面向不同的行业或产业领域，或者面向不同的岗位或岗位群，对应着劳动力市场上的特定亚市场。不同行业或产业领域的发展是不一样的，劳动力市场的需求也是不同的，需求变化的速度也不一样，专业是最接近市场的，也能以最快的速度捕捉并做出反应应对市场的变化。及时捕捉市场的变化并做出反应，是应用型人才培养的要求，否则容易形成人才培养与劳动力市场的疏离，导致教育过度或教育不足。从运营管理的视角看，增加专业或专业群的灵活处置权是必要的，是应用型人才培养的需要，也是转型发展的必要。增加专业或专业群的灵活处置权也就是扩大院系的权力，使院系能够有效应对市场变化。我国目前落实的校、院两级管理体制，实质是扩大学院的权力，只是这种分级管理体制对不同的高校意味着不同的导向。对于以人才培养特别是应用型人才培养为主的地方本科院校来说，是建立专业学院并向学院分权；对于研究型大学来说，是建立学科学院并向学院分权。

实施校、院两级管理体制和向院系分权，是确保学校的决策能够快速落实并能及时应对劳动力市场、技术市场和社会服务市场的变化，目的是增强办学活力,更有效地进行应用型人才培养、应用技术研发和社会服务,提高人才培养质量和办学效益。其实质是将企业内部市场理论引入高校,变学校的直接管理为间接管理,在高校内部形成"目标管理,过程监督、分级负责、权力下放,反馈调控、激励驱动"的管理新体制。在新的体制中,学校向二级学院下放的是行政权力、适度财权和学术权力,是教学、科研、专业建设、师资配置、学生管理的行政权力,学院以下系(教研室)、教学部、专业带头人等行政干部的自主聘任权,适度的财权和内部分配权,以及教授、学术骨干在学术事务中的决策和协调权力。学校的其他权力尤其是决策权力、宏观调控权、主要的财务权力等仍然掌握在学校手中,学校通过完善和实施各种规章制度和规程、意见、办法等,对学校与学院之间的权限、管理要求与管理目标等做出明确界定,并在各个方面进行调整,保证学校对二级学院的办学方向、办学质量起到宏观调控和监督的职能。学校要通过系统的调查研究,进行科学决策,制定制度规章,下达任务,同时制定目标评估指标体系,利用激励手段对二级学院的办学行为进行全面驱动、宏观调控。[①] 即校、院两级管理体制改变的是学校的管理方式,不是单纯的下放权力。在校、院两级管理体制下,学校方的责任更重了,权力和职责进一步明晰了。

在实施校、院两级管理体制时,要注意做好两个方面:一个是责权利匹配。校、院两级管理体制改变的是学校的管理模式和学院的权力,表象是管理模式的调整,实质是管理体制的革命,是学校与学院的分权与权力关系的重构。在这个过程中,一定要注意到责任、权力、利益的匹配。责、权、利匹配是现代分权管理的基本要求,理论基础是分权与权力制衡。如果不能做到责、权、利匹配,就不能起到激发学校内部活力的作用,就无法保证学校对学院的有效管理和规范。二是顺势而为、逐步到位。权力是个好东西,用好则事半功倍,起到有效的激励作用,用不好则事倍功半,甚至有失控的危险,不仅起不到激发活力、推进发展的作用,反之会危及学校的稳定和发展。因为学校是以人为主的组织,生产者、消费者、安排者都是具体的人,而人具有非理性的特质,只有相关的人认识到事物的重要性并愿意为之付出,才会有效推动事物的发展,否则就会阻碍事物的发展。

复次,与外部关系的重构。应用型人才是一种基于工作或面向工作的教育,其培养过程需要充分的工作场域做支撑,培养效果需要在劳动力市场上得到验证;人才培养的类型和规格定位也需要紧跟市场的需求及其变化。无论从

---

① 马云阁. 实行校院两级教学管理体制的思考 [J]. 佳木斯大学社会科学学报, 2007 (5): 113–114.

哪个角度考虑，从事应用型人才培养的高校都得加强与外部的关系，与行业或产业领域建立密切的合作关系。从竞争的视角看，高校竞争主要是基于专业或专业群的竞争，是对劳动力市场中亚市场或子市场的争夺。在竞争的过程中，一所学校的专业或专业群也会与其他学校的同一专业或专业群加强合作与联系。应用型人才培养需要的高校与外部关系的重构，是基于专业或专业群的关系重构，是以二级学院为主体的关系重构，是面向劳动力市场的与利益相关者的关系重构。在这种关系重构中，学校的作用主要是指导和引导专业或专业群的发展，不是关系重构的主体，学院是关系重构的主体。

又次，管理制度的转型与重构。管理制度的重构主要是教学管理制度和其他与之相联系的管理制度的重构，即与人才培养密切相关的制度。在具体的制度中，需要重构的主要有教学常规管理制度、实践教学管理制度、质量管理制度等；与之相关的制度有教师聘任制度、教师职称评聘制度、教师培训提高制度等。

最后，学校文化的重构。大学文化是大学的灵魂与核心，也是大学核心竞争力的重要组成部分。基于应用型人才培养的高校的大学文化应是"一种区别于传统的学术型高校的校园文化，也不同于重点关注职业技能的高职院校的校园文化"，"是一种特有的精神状态和精神气质，即应用型本科高校这个以应用型为核心的共同体中，人们所认同的观念，所采取的行为模式，适合于应用型本科高校所承载的社会责任、历史使命，以及有利于促进自身发展的各项制度的建设等。"[①] 对于老牌本科院校来说，向应用型本科转型意味着原有的大学文化要能容纳应用型人才培养，要形成适应应用型人才培养的精神文化内涵。对新型大学来说，要形成与应用型人才培养相适应的大学文化，这种文化有应用型本科的特点，与学术型高校的校园文化和高职院校的校园文化有明显的区别。其中最主要的是要崇尚应用、崇尚应用技术及其在社会中的重要作用。学校文化的重构与学校文化建设一样，是个非常复杂的过程，校领导的作用非常关键，学校教职工和其他利益相关者的认可、赞成和内化于心也非常重要。

7. 筹资渠道多元化

对于独立法人民办高校来说，筹资渠道多元化是实然状态。对国办高校来说，筹资渠道多元化是学校向应用型本科转型的应有之义，既是转型追求的目标，也是转型达到的结果。

---

① 储国定. 强化大学生文化育人功能构筑大学育人生态环境 [J]. 宿州学院学报，2010 (2)：1-3.

国办高校是政府部门利用财政资金举办并运用财政资金维持运营的学校，财政资金的投入在很大程度上决定着国办高校的存续和发展的可能性。但在日常运营中，国办高校可以通过各种方式获得其他渠道的资金，实现筹资渠道多元化。具体渠道包括：有偿服务收费，技术或知识产权转让获益，竞争性项目专项投入，获得社会捐赠，银行贷款和其他形式的借款，等等。筹资渠道的多元化意味着国办高校减弱对政府财政投入的依赖，可在一定程度上充实法人地位和提升办学自主权。如果没有实现筹资渠道的多元化，单纯依靠政府的财政投入办学，落实高校的法人地位只能是一句空话，高校不可能拥有完整的自主办学权，也难以与其他高校展开真正的竞争或者竞争仅仅停留在政治层面。

对应用型本科高校来说，筹资渠道多元化意味着高校和行业或产业组织实现了产教融合。可能包括如下内容：高校可为行业或产业组织提供直接的技术或咨询服务，通过技术或咨询服务获得部分收入；高校的技术开发研究获得了进展，创造的新知识、新技术可以为行业或产业组织直接应用；这两者是相互结合的，涉及的是应用性知识、应用技术的创新、生产、整合与传播、应用。通过应用性知识、应用技术的创新、生产、整合与面向社会的传播、应用获得用户的回报，这标志着高校已经基本或部分达到了转型的目标。竞争性项目投入多指政府面向高校的专项性的财政资金投入，即平常所说的专项资金。专项资金的获得以高校满足政府的条件和要求为依据，这种条件和要求往往高于普通的专业建设、课程建设等。面向应用型本科专业的专项资金如能获得，往往是这些专业的建设水平较高，走在了同类专业的前列。

包括新型大学在内的地方本科院校向应用型本科的转型，涉及的内容很多，覆盖高校办学的各个方面。上面列举的只是比较重要的几个方面。在现实中，学校的选择可能是整体转型，也可能是专业或专业群转型，无论是哪一种转型方式，都是一种系统工程，区别是参与转型的是学校的部分还是全部。

三、高校转型的路径与选择：产教融合

地方本科高校向应用型本科转型的中心是人才培养转型，是从目前的人才培养定位不清晰转向应用型人才培养，由以通用性人力资本为对象的人才培养转到以专用性人力资本为对象的人才培养，两种人才培养的区别是对人才的知识、素质、能力及其组合的不同认知和实施。应用型人才培养突出的是学生的职业能力培养和职业素质养成，产教融合是应用型人才培养的必由之路。实践教学场域的选择因此成为应用型人才培养的核心问题。

（一）产教融合实现的路径

产教融合实现的路径以实践场域的建设和实践教学队伍建设为体现。

我国的本科教育长期被定位于培养专门人才，是面向行业或产业领域的，其培养模式应该与形成专用性人力资本的应用型人才培养一致，或者包括了应用型人才和行业研究型人才的培养模式，具有基于工作的教育的特点，以职业素养和职业能力养成为主，是一种能力本位的教育。

计划经济时期，我国通过行政手段在高校与对应的行业企业、协会之间建立了紧密的合作关系，以校企合作的形式实现了产教融合。在这种模式下，学校主要承担理论教学和少量的实践教学，合作企业承担了大部分的实践教学环节。在计划经济时期校企合作实现的过程中，联结学校与企业的纽带是双方的互补关系和悬在两者之上的行政部门和行政部门掌握的资源调配权。改革开放尤其是 2000 年前后的部门办学体制改革，打破了以行政手段为纽带的校企合作关系，开始探索和建立基于市场的校企合作关系。

在基于市场的校企合作关系的形成过程中，学校的合作意愿和企业的合作意愿同等重要，双方是一种基于理性的利益交换关系，只有在双方互有需求且能自由交换的情况下，双方的合作关系才能达成。基于市场的校企合作关系构建被认为是历史发展的必然，是市场经济发展的自然选择。但在现实中，校企之间这种基于理性的利益交换式的合作关系的实现远非理论论述的那么简单，一般是建立在双方需求激烈且争相出击寻求合作的情况下。

由于改革的不同步，在企业成为市场主体且市场主体性日益突出的过程中，高校仍然作为公共事业单位留存在计划经济的躯壳中。一方面，高校的毕业生和校企合作需要面向市场，与市场主体打交道；另一方面，高校的招生计划和办学经费来自政府，作为高校主要资源的教师是稳定的事业单位雇员，基本不受市场的影响。在这种情况下，高校和高校人员主动出击寻求合作的动力不足。加上其他因素的影响，我国形成了既非通识教育也非应用型人才培养的一种特殊的人才培养模式。这种人才培养模式打着培养高级人才的旗号，以面向行业或产业领域的专业为基础，课程单元局限在传统的专业人才培养的知识范畴内，但以传统的理论教学为主，辅以少量的实践教学或实践教学流于形式，导致培养的人才以理论知识掌握为主，素质和能力缺乏或不敷足用。经过四年的学习，毕业生获得的主要是理论知识，既缺乏创新创业精神，也缺乏从事实际工作的基本能力和素质，导致明显的基于理论的教育过度和基于素质、能力的教育不足，在劳动力市场上缺乏竞争力。应用型人才培养被作为破解这种人才培养模式弊端的药方呈现给了政府和高校。

实践场域建设是产教融合培养应用型人才的核心问题，解决问题的路径有三种：一是学校直接在校内建设实验实训场所、实习工厂；二是由特定的行业组织在校外提供实习实训场所；三是学校与社会力量联合举办实验实习场所。

这三种情况都可以是真实的工作场所，可以是现实场景模拟，也可以是虚拟仿真的场景。与之相联系，实践教学队伍的解决也有三条路径：一是学校自行引进和培养；二是特定的行业组织提供；三是学校与社会力量联合培养。场所的供给和指导教师的供给可以结合起来，形成三种相互独立的路径：学校自行建设和供给；行业组织供给；学校与社会力量共同供给。

产教融合实施的不同路径，实际代表着三种不同的资源配置方式和运营方式。

就学校自建实验实训场所和实习工厂的路径而言，需要学校对行业或产业的生产与运营技术有深入的了解，既要考虑到当前的生产与运营技术，也要考虑到生产与运营技术的未来发展；学校要有足够的资金，能够满足投入和不断改进、引进新的生产与运营技术的投入的需要；学校要有足够的维持这些实验实训场所和实习工厂运营的管理人员和实际操作人员，要有足够的能够指导学生的专门教师；要能不断追踪新的生产和运营技术，并进行改造的能力，以保证学生获得的知识和能力是最新的生产和运营技术。该路径的特点是将学生的学习完全放在学校里，即学生在学校内完成从知识学习、素质养成、技术技能核能力培养的所有任务。学校对实践教学的场所和指导教师拥有完全的支配权，自主运营。但学生会因此失去或缩小与社会交流的机会。

就与特定行业合作的路径而言，需要高校与行业组织相互需要才能达成合作关系。在合作过程中，行业组织要为学生提供实习场所、实习设备，要为实习学生提供指导。这种路径的优点是，学生可以充分接触实际的生产过程，能够最大程度地帮助学生形成职业能力和职业素质，形成专用性人力资本。但需要注意的是，学生不是熟练劳动力，他们的实习和相关教学过程会影响行业组织的正常运营，影响指导者的正常工作，只有在行业组织开工不足的情况下具有可行性，在行业组织开足马力生产的情况下是不可能的。学生的实习还会导致低值易耗品和生产资料的浪费。如果由学校教师指导学生，虽然能够节省行业组织人员的时间和精力，但会导致生产车间和生产设备的更多占用，影响更多的生产。因此，除使用非熟练劳动者的行业组织外，一般的行业组织很少愿意接受学生的长期实习。这是目前阶段高校人才培养缺乏专用性人力资本或专业技能不达标的原因之一。但在特定的环境下，学校和企业又不是不能形成合作关系。如果学校和企业能形成合作关系，学生在特定行业组织内接受实践教学的主要部分，学校与行业组织是合作关系；但学校对实践教学的场所、指导教师没有支配权或支配权很少，仅有的支配权建立在双方合作的基础之上，实践教学场所在合作的行业组织的支配下根据双方的合作协议运转。在合作过程中，学校、学生和合作的行业组织需要付出努力维持这种合作关系。

学校与社会力量联合举办实践教学场所，需要明确合办的场所是否面向社会进行生产，如果面向社会进行生产，则面临着和第二种路径相同的问题，即会影响该场所的正常生产并造成浪费；如果不面向社会进行生产或者开工不足，则面临着场所运营费用的问题，谁来提供这部分运营费用以维持场所的运转和人员的工资；同时还存在另一个问题，即这样的场所如何跟随生产技术的发展和更新。这种联合举办的实践教学场所实际是独立的法人或独立的单位，学校与其仍然是合作关系，只不过相对于第二种路径，学校可以通过举办者的身份强化对其的影响。实践教学场所是在学校影响下的独立运营，双方是合作关系。

（二）产教融合的具体路径选择

产教融合三种路径的差异，实质是实践教学场域的建设与运营如何维持的问题，是学校自行承担，还是交由社会或者合作方来承担的问题。单纯由合作方无偿承担是不可能的，也是不现实的。单纯由学校来承担意味着学校的办学成本上升，如果由学生自己来承担则会增加学生的求学成本。最好的办法是学校、学生和合作企业共同解决。

校企合作实现产教融合是学校建设部分实践场所，承担通用能力和职业基础能力的培养，合作方承担提高性能力即行业专有性能力的养成。双方在多大程度上能够实现协同合作，取决于学校配置资源的能力和已有的技术开发能力以及在此基础上形成的双方合作意愿。

校企合作的方式有如下几种：学校引进企业；工学交替；校企互动；订单式培养等。

学校引进企业是将企业的部分生产线建在校园内，它可以解决企业场地不足的问题，也可以解决学校实习实训设备不足的问题，真正做到学校与企业资源共享。但这种方式面临着实践教学与企业生产如何分配时间的问题。

工学交替是将学习和工作结合，将学生的时间合理分配给学习和工作。有两种选择：工读轮换制和全日劳动工余上课制。工读轮换制是把同专业同年级的学生分为两半，一半上课，一半到企业接受实际培训，按学习或学季轮换。全日劳动工余上课制是学生在企业被全日雇佣，顶岗劳动，利用工余学习。德国的职业技术学院采用工学交替方式。这种方式的前提是学生具备相应的生产能力，只能安排在人才培养过程的后期。如果学生不具备相应的生产能力，或企业没有足够的动力为企业学生提供这种机会，就无法实现工学交替。

校企互动指企业提供实习基地、设备、原料，企业参与学校的教学计划制订，并指派专业技术人员参与学校的专业教学。同时学校教师给企业员工培训，提高员工的素质。通过校企双方互聘，学生可获得技能训练，并在提高专业技能的过程中为企业生产产品，为企业创造价值，同时解决了实训材料费紧缺的矛盾。校企互动是一种双赢的模式，可以实现学校与企业"优势互补、资源共享、互惠互利、共同发展"。其前提也是学生具备相应的能力，学生和合作企业在学生能力培养的哪个阶段分割责任如何分割责任仍是难题。战略联盟是实现校企互动的具体方式。

订单式培养是高职院校和中职院校常用的一种校企合作方式，特点是招生与招工同步、教学与生产同步、实习与就业连体。学生既是学校选拔的受教育者，也是企业招收的员工，教育由企业与学校共同完成，培训和考试的内容来源于企业的需要。订单式培养解决的主要问题是学生的就业问题，通过就业前提将学校与行业组织融合在一起，但容易将学校变成企业培训站。

上述四种培养方式，将学校和行业组织结合在了一起，解决了双方有无合作可能的问题。在具体的合作即双方在实践教学的职责划分上仍然存在着变化。如将企业引进学校，企业可为学校解决见习、实习等便利，它解决的仍是学生获得初步能力后的上岗实习问题，但通用行业能力和基础专业能力的培养能否由企业承担，双方仍需协商。工学交替亦然，如果学生不具备通用行业能力和基础专用能力，不具备基本的上岗技能，学生不可能直接上岗操作。至于订单式培养，解决的是企业的提前介入问题，双方的责任划分仍是问题。校企互动在理论上是成立的，也很直观，但真正实现也需要很多的工作要做。真正解决不仅有双方的合作意愿，还有双方的资源配置能力，即校企双方是否"门当户对"。

通常在学校设立的初期，学校配置资源的能力低，学校是双方合作关系的需求方，能够获得行业组织协同合作的可能较低，就需要学校承担较多的实践场所和实践指导教师，以帮助学生形成较好的职业基础能力和基本能力，能够让合作单位承担部分基础性工作并实现提高性能力的培养。随着学校办学历史的延长，办学经验的增加，配置资源的能力提高，学校逐步处在双方合作关系的主导位置，可以让合作单位承担较多的职业能力和职业素质培养的责任，甚至承担部分基本职业能力的培养。当然，影响双方合作的还有技术水平的高低和进入壁垒。如果技术水平和进入壁垒都高，学校培养的学生基础能力越高，双方合作的可能性越大；技术水平和进入壁垒都低，双方合作不需要较高的基础性职业能力，特别是在一些服务型行业，学生掌握相应的基础性职业能力即可。如果技术壁垒较高，意味着双方合作的可能性较低。能否达成合作的关键，还是学校的技术能力以及学生先期养成的职业能力。

基于上述的分析，就校企双方来讲，学校选择产教融合的路径即实现向应用型本科转型的路径，取决于自身的办学实力以及与企业合作的能力，取决于企业对学校合作能力的认可度，在一定程度上也取决于学校主动出击的力度。学校可根据自己的办学实力选择自我建设自我运营、合作建设参与运营或合作教学。如果政府能够发挥作用，可在一定程度上促进校企双方的接近和合作的实现。政府可通过系列政策如税收减免、财政资金投入、土地和设施设备投入等方式推进校企接近乃至合作。从这个意义上说，政府对高校转型的重要意义是推动高校和企业的接近从而实现产教融合。

（三）学生的选择与应对

前面的分析，有一个基本的前提，即学生对学校的办学定位和人才培养定位是认可的，学生的认知和态度及其影响没有考虑在内。在现实世界中，学生是理性的，又是非理性的，他们对未来的认知在很大程度上影响着他们的选择，他们的选择具有一定的可变性。

我国高校招生实行一考定终身制度，即学生通过高考参加政府组织的统一高考招录。高考之前，大多数学生待在教室里以获取高成绩为追求，与社会近乎隔绝。在成绩出来后的数天或十数天内选择学校，影响学生录取的主要是高考成绩，其次才是学生的选择。在如此短的时间里就对个人的未来做出选择，难免有轻率之嫌。这种高考录取制度导致的结果是，部分考生进入的专业或学校并非是自己心仪的对象，只是面对高考成绩的无奈选择。当他们进入高校后，仍在进行着选择。即使那些完全自主选择的学生，随着学习进程的展开也有重新选择的可能。他们的选择不仅有对专业的选择，还有对未来人生的选择。学校必须重视学生的选择，为这些学生的再选择提供机会和条件，而不是以巩固学生的专业思想为唯一追求。

针对学生再选择的安排，可做三种安排：一是在专业内安排较多的专业选修课，为学生的专业内选择提供机会。二是实行学分制，为学生在更大范围内选择提供机会。三是为学生提供辅修专业或获得第二学位的选择。无论是前者、中者，还是后者，都需要学校做出更多的可能安排，为学生提供机会，以激发学生学习的积极性，为学生成才提供多种可能和机会。

选择之外，学生的自我教育更重要。"思想的成熟是成长的环境、条件与自我努力的结果，无论再好的文化熏陶、再好的学校培养、再好的教师讲授，离开了自己的学习吸收，也不能化为自我的思想给养，人的成长终归要有自我教育来完成。""影响自我教育的因素无外乎两个方面：一是外部环境,二是自我汲取。"① 自我教育是学生自觉的行动,是发现自我的过程。从这个意义上说,高等教育是双向遴选的过程,一方面是社会通过教育遴选学生,另一方面是学生通过教育遴选自己的未来目标和在劳动力市场的定位。"自我教育体系就是将外部的要求,转化为自我的成长规划指向,变为内在的追求。"② 学生在高等教育阶段的自我教育是和选择密切结合的,选择本身就是自我教育的结果,无论是高考的志愿选择,还是入校后的再选择,都是自我教育的结果。

自我教育贯穿于人的一生,高等教育阶段的自我教育与学习、生活密切相关,与未来的人生规划密切相关。首先,在选择之后认真学习各类课程单元的内容,包括理论学习和实践操作,为养成职业能力、职业素养准备条件。在当前的高等教育生产体系中,高校基于学科或行业需求设计了人才培养方案,包括专业人才培养方案和辅修专业人才培养方案。这些方案确定的内容是教师或教师群体根据自己的认知认为毕业生应该掌握的,是获得毕业证的必要条件。作为自我教育的内容之一,同学们应认真学习这些课程单元,以获得作为地位商品的毕业证书、学位证书和自我完善商品的各类知识、能力和素质,同时结合自己的未来规划学习选择的课程单元和辅修专业的课程单元。完成课程单元学习是自我教育的最低目标和要求。其次,选择并完成教育活动。高校的资源很多,可供选择的机会很多,教育活动多是自选工作,需要学生根据自己的兴趣和特点自行选择和参加,以促进自身成长。教育活动需要一定的技巧,培养的主要是通用性的社会活动能力,如政治动员能力、协调管理能力、学科竞赛能力、创新创业能力等。教育活动主要集中于课外,是否参加和如何参加主要依靠自己的自觉和自我教育。作为应用型人才,在掌握专业技术技能的同时掌握一些社会通用能力有助于未来的发展,学生应立足自己的兴趣、能力和特长选择部分合适的教育活动,从多个方面训练和培养自己的能力,为未来的发展奠定良好的基础。最后,尝试新知识、新技术和新活动。如果说课程学习是规定动作,教育活动是自选动作,两者都建立在教师供给和指导的基础上,这里提到的就是完全的自发活动,是建立在已有知识和技术基础上的自我探索、自我创新活动。自我创新需要从自我出发,从兴趣出发,多些"狂想""瞎想"和"意外之思",敢于和善于打破现有的知识体系、思维模式和技术标准。

自我教育的核心是行动,是认清、选择之后的做。学校的职责是通过各种

---

① 鹿林.应用型人才培养的逻辑[M].北京:北京大学出版社,2017:76.
② 同上书,第80页。

途径对学生进行训练，帮助学生形成和不断提升自我教育能力。在这方面，学校的教育教学和学生的自我选择有机地结合在一起，为人才培养、专用性人力资本、通用性人力资本的形成奠定基础。

对培养应用型人才的地方本科院校来说，不仅要坚持按应用型人才培养的规律办学，还要为再选择的学生提供可能。从这个视角来看，地方本科院校的转型不是单纯唯一的学校整体转型，而是在坚持转型大原则的前提下，为学生的选择保留机会和可能。

四、新型大学的"转型"战略选择

包括新型大学在内的地方本科院校向应用型本科转型是个涉及面广、影响大、复杂的系统工程。转型的意义和为什么转的问题已经论述得很多、很透彻，怎么转仍是一个棘手的问题，也是高校向应用型本科转变过程中面临的最大难点。

（一）"转型"思维

要真正落实"转型"，实现"转型"，必须用改革的思维、综合改革的模式全面推进。紧紧围绕培养应用型人才的根本目的，以开放合作为前提，以思想观念改革为先导，以评价机制改革为突破口，以体制改革为关键，以教学改革为内核，以创新创业教育改革为中心，着力构建现代大学制度，用现代化的治理体系保障学校顺利转型。在转变的过程中，要更加注重顶层设计，更加注重持续推进，更加注重分类指导，更加注重示范引领，更加注重转变与提升相结合，更加注重理论研究与实践的有机结合，逐步走出一条全方位、成体系、标准化、有特色的应用型高等教育发展之路。

人是组织中最活跃的因素，是理性与非理性的结合体，在转型的过程中，人的因素是最关键的，要注意处理好转型与教师、转型与学生的关系。

从人才培养的供需关系看，地方本科高校向应用型转变的实质可以理解为对人才培养的供给侧进行资源配置结构的改革，可从教师和学生两个方面着手解决。在教师方面，改革教师资源在各个专业中的配置模式，改革教师的知识和能力结构；在学生方面，改革课程资源在学生学习中的配置模式。实施教师与专业的资源配置结构改革可按照"学科为体、专业为用"的思路重建高校的基层学术组织。[①]

地方本科高校专业调整难的根本原因是专业的实体化，一个教师群体把自

---

① 叶飞帆．学科为体专业为用构建敏捷高等教育 [A]．张宗荫、范笑仙主编．质量提升与建设高等教育强国 [M]．重庆：西南师范大学出版社，2012：60 - 65．

己的利益与一个专业的兴衰捆绑在一起。为此，把以专业为单位建立的基层学术组织改为以学科为单位建立，所有教师按照学术领域的归属关系进入一个实体性的基层学术组织，某个专业的所有课程都按照其学科归属关系划归相应的基层学术组织。任何一个专业所需要的课程都由相关的基层学术组织提供，任何一个基层学术组织都为所有相关的专业提供自己的课程，由此形成多个学科支撑多个专业的网状关系，破除教师与专业的密切关系，建立教师与专业的动态协调关系。

实施学生与课程的资源配置结构改革就是用模块化原理重构课程体系。专业的实体化不仅导致专业僵化，还会造成课程体系的封闭，学生跨专业选课难以实现。构建模块化的课程体系可以有效解决人才培养品种规格的多样性与办学成本之间的矛盾。在一个专业平台模块上搭接多个专业分流模块，形成多样化的专业或专业方向。此外，模块化课程体系把零碎的选修课组合成为模块，学生按照模块选课，避免了选课的无序，提高了学习效率。同时，灵活多样的选修模块既可以为学生提供在规定学分内完成主辅修的机会，又可以用更加灵活的方式实现在本学科内的纵向拓展和跨学科的横向拓展，还可以为学校与企业合作共同开发产教融合模块提供平台。

模块化课程体系还有助于解决基础性专业的转型问题，可以通过课程模块的调增或调减调整基础性专业的课程体系，对基础性专业进行改造，形成"专业＋"的新的应用性专业。

课程体系的改革会成为一条"鲶鱼"，搅动着高校这个系统的转型和变化。欧文斯以中学为例指出：一所注重基础理论知识学习的中学如果改为满足所有青年人需要的综合性中学，"就有必要进行一些内部调整，许多变化具有互补的特征。例如，为了适应那些对商业感兴趣的学生的要求，就有开设商业类课程（任务）。要做到这一点，就需要配备商业教育设备（技术），就需要聘请商业教育教师（人），就需要设立商业教育系（结构）。但是，按照董事会的指令所产生的一些变化是报复性的，而非补偿性的。例如，如果学校的有些人想要抵制这些变化，他们以前富有成效的合作行为就会被疏远和冲突所取代。这又相应地打破了学校的正常交流模式，从而导致结构变化。"①

（二）新型大学转型的内涵

新型大学由于设立时间短，除个别院校外，大部分院校正处于"转型"过程中。这个"转型"包括两个方面：一是由高职教育向本科教育的转型。

---

① ［美］罗伯特·G. 欧文斯. 窦卫霖等译. 教育组织行为学（第7版）［M］. 上海：华东师范大学出版社，2001：129.

二是由普通的人才培养向应用型人才培养的转型。因此，对新型大学来说，自它被批准设立那天起，就面临着"转型"。

就前者而言，"转型"是学校办学层次的改变即任务目标的改变引起的。新型大学的基础无论是普通高等职业学校，还是成人高等学校，在成为本科院校之前主要从事高等职业教育，培养的是面向社会一线需要的应用技能型人才，其毕业生面对的是经济社会生活中某个特定的岗位，学制基本是三年。而本科教育培养的是应用型人才，面对的是某个专业或某个岗位群，既需要解决专业内部的某一个或某几个岗位的问题，也需要对专业或岗位群的整体进行设计和问题解决。本科教育和高职教育不仅是办学层次的区别，更多的是培养规格和培养内涵的差异。新型大学自设立开始就意味着任务目标的巨大改变，相应地对学校内部的技术、结构和人也提出了新的要求，要求根据本科教育的要求配备设备和技术，配置教师，并对结构进行调整。

后者是近年以来政府部门倡导的"转型"，即从普通教育向应用型人才培养转型。国家教育部于2015年出台文件，鼓励新型大学向应用型本科转型。虽然文件的立意基础是新型大学，但从总体来看，新型大学在这种"转型"中需要做的动作不大，更主要地还是从高职教育向本科的转型。这是因为，新型大学的基础是从事高职教育的高职院校或成人高校，在成为本科之前一直在从事应用技能型人才培养。高职层次的技能型人才和应用型本科人才都强调应用能力的培养，强调分析问题和解决问题的实际能力的培养。而且新型大学举办本科的时间不长，虽然受到老牌本科院校的影响有培养通识型人才的追求，但其对通识型人才的认识还处在初期摸索阶段，还没有完全摆脱原来的应用技能型人才的思维。亦即新型大学在本科教育阶段还没有形成自己的"型"就开展了"转型"，因此这类转型改革的任务不重。

无论是前者还是后者，新型大学的"转型"应是逐步进行的，因为任务的调整是逐步进行的，先是少数专业，继而逐步增加，不可能所有的专业同时转型。新型大学的"转型"既是学校层面的，也是院系层面的，既有旧有技术、结构和人的转型，也有新增专业带来的转型。特别是结构的转型，涉及的方面是非常广的。

（三）新型大学的转型竞争战略

根据建校的基础，新型大学可以分为五类：基于地市级师专和相关资源的院校；基于省（部）属专科院校和成人高校的院校；基于新建高职院校（多为中专学校合并）的院校；本科高校和社会力量联合举办的独立学院；基于民办高职院校的院校。其中后两者属于民办本科院校，共性较大。前三者均属于国办高校，有较大的共性，但彼此间的差异也不小。与老牌本科院校相比，新型大学呈现出明显的地方性或人才培养的行业性。

1. 新型大学竞争的资源基础

就国办高校而言，第一类院校办学基础的主体多形成于20世纪70年代初，是以各地（市）名义举办的专科院校，以培养中小学教师为主，后来办学趋向多元化。在举办本科院校时吸收了地（市）辖区内的众多中专和高职教育资源。第二类院校的办学基础分两种情况，一种是省属或部属的专科学校；一种是省属成人高校。第三类院校的办学基础在改革开放初期属于中等专业学校，在改革开放过程中多所中专联合成高职院校，进而升格为本科院校。

上述三类国办本科院校的资源条件差异较大。第一类院校在行政区域内有较多的关系资源，得到地（市）级政府较多的支持；资产经费在很大程度上受限于地方政府的筹资能力；人力资本（师资）受地方因素的影响，差异也大。第二类院校的关系资源以原举办方为主，在原举办方（国家部委、省厅局）的业务范围内得到较多的支持；资产在很大程度上受限于原举办方的筹资能力，经费差别不大。人力资本（师资）的行业属性较强，彼此间差异较大。第三类院校的情况与第二类院校差不多。

至于民办本科院校，资源条件受举办者的影响极大，以举办者的投入能力为限，校际差别极大。独立学院的资源既受举办者的影响，也受到合作方国办高校的影响。

无论是国办高校，还是民办高校，在办学资源、资产经费、人力资本（师资）等方面都无法与老牌本科高校相比，两者基本不在一个层次上。至于生源，受计划招生体制的影响，国办高校和民办高校的计划内生源差别不大，但多数民办高校出于生存需要招收了大量的计划外生源，使两者的办学规模出现较大的差异。在学科、专业和院系设置上，除非特殊情况如艺术类院校、公检法类院校，新型大学的规模也低于老牌本科院校。

以教师资源为例。截至2014年年底，山东青年政治学院有教职工约600人，专职教师仅300人，师生比接近30：1。专业带头人特别是新专业带头人数量不足，教授多兼有行政职务，专职教师中教授不到10人。教师的学历学位结构不合理，研究生学历（含硕士和博士）不到教师总数的50%，博士不到专职教师的10%；部分教师专业不对口或不相关现象明显。更为突出的是教师的执业能力有待提高。现有教师中发表高质量论文（CSSCI）不足3篇者占大多数；绝大多数教师没有校企合作研究的经验，仅部分教师有校外挂职的经验；绝大多数教师缺乏本科教学经验。[①] 其他新型大学的师资队伍建设水平

---

① 山东青年政治学院2014年12月底统计数据。

略高于山东青年政治学院，但与老牌本科院校相比差距明显。

生源方面，在现有体制下，招生分提前批、一批和二批，好生源毫无疑问地被提前批高校和一批招生的高校录取，根本到不了二批院校手中。新型大学所在的二批院校只能在提前批和一批院校后面，在大约 30 分的空间中录取学生，生源质量差别不大。这是国办高校的情况，民办本科院校的生源质量更差。

至于资产方面，受各种因素的影响，新型大学主要依靠政府拨款和学生缴纳的学费生存，很少能获得社会捐赠或通过出售服务获得回报。因此，办学经费紧张。民办本科院校因此把招生作为学校的头等工作来抓，拼命招收计划外学生，目的是经费。

2. 新型大学竞争的能力基础

根据伯顿·R·克拉克的认识，教学、科研、社会服务是高校的基本技术手段。高校是资源依赖型组织，在资源不足的情况下，新型大学的技术能力也远远不如老牌本科院校。

在教学方面，新型大学受惠于历史传统，在中等专业技术教育、高职（专科）教育等方面有较多的积累，在技能型人才培养方面有独到的经验，但在应用型人才培养和学生的学术能力培养方面明显不如老牌国办高校或经验缺乏。以山东青年政治学院为例，姑且不论教学质量或应用型人才培养的质量，仅就代表性数据而言，在 2014 年以前 5 年的建设中，没有获得国家级本科教学质量工程项目，仅有省级本科教学工程 20 项，分别是精品课程 18 门、省级实验教学示范中心和省级人才培养模式创新实验区各 1 项，总量偏少。省级本科教学质量工程项目的学科（按一级学科）或专业分布不均衡，具体为：工商管理 10 门精品课程，经济与贸易类 3 门精品课程，设计学类 3 门精品课程，音乐与舞蹈学类 1 项人才培养模式创新实验区，新闻传播学类 1 项实验教学示范中心，戏剧与影视学类 1 门精品课程，公共政治理论课 1 门精品课程。[①]

学术研究方面，受人力资源的影响，新型大学学术水平偏低，能力低下，与老牌国办高校的差距大。新老本科院校学术研究能力的差异远远大于双方在教学方面的差异。当然，个别新型大学在应用技术和应用知识开发方面拥有一定的优势也是事实。在解决社会问题方面，新型大学关注和解决的多是区域性问题或行业性问题，在把握全局性问题上明显不如老牌国办高校。以山东青年政治学院为例，截至 2014 年年底，除青少年工作、社会学、政治学、应用经

---

① 山东青年政治学院 2014 年 12 月底统计数据。

济学等少数学科外，学术优势不彰。表现在四个方面：一是学术成果数量偏少且有影响者不多。1998～2012年正式发表论文2800余篇，其中高质量论文（CSSCI收录）100篇，H指数为14，引用超过30次（含自引）者仅3篇；出版著作多为参编或教材。二是立项项目偏少且级别不高。已立项项目多为厅级；省部级项目合计约30项，国家级项目阙如。三是依托项目的成果偏少。可供查询的论文类成果中，表明为项目成果者约80篇，其中约一半挂在外校项目名下。四是已有成果的学科分布与专业建设匹配度不高。CSSCI收录论文的分布为：社会学23篇，政治学15篇，教育学14篇，经济学12篇，哲学6篇，法学4篇，管理学、新闻与传播学、文化学各3篇，其他学科2篇或不足2篇。[①]即使到今天，高级别立项项目、高水平论文和标志性成果也不多。这种现状限制了学科建设。

社会服务方面，新型大学在面向地区或行业方面有一定的能力，但在跨区域服务或全国性问题上明显能力偏弱。

总体而言，无论是教学、学术研究，还是社会服务或其他高校技术，与老牌本科高校相比，新型大学都处于明显的劣势，双方基本不处于同等竞争水平上。新型大学内部也存在着明显的差异。

3. 新型大学的转型竞争策略选择

在当今的知识社会里，新型大学和老牌本科院校一样，既面临着政治竞争，也面临着市场竞争，必须很好地处理政治竞争和市场竞争的关系，两者不可偏废，忽视任何一个方面都会不可避免地影响到学校的竞争优势。新型大学必须重视这点，正确地处理政治竞争与市场竞争的关系。

新型大学竞争的本质是知识竞争，是复杂知识逻辑下的竞争。在大学模式多元化、竞争载体多样化的大背景下，立足自己的资源和能力（现有和潜在的）基础，明晰办学定位、办学方向，选择竞争载体，构建基于自身的知识结构和治理结构，选择合适的发展战略，形成自己知识生产和操作的不可模仿性和可持续性，形成核心竞争力，获得竞争优势。即新型大学要充分利用自己的资源和能力优势，同时面向政治和市场，以自己最擅长、可以形成独特优势的知识为载体，通过知识创新、知识生产、知识整合、知识传播和知识应用，形成自己的独特的知识网络体系，确立主打专业和专业群，构建学校的核心竞争力。

新型大学正处于组织发展的初创和幼年期，这个幼年期是基于本科教育来说的。如果考虑到组织本身的存续，考虑到多数新型大学从事过多年的专科

---

① 根据2014年5月中国知网搜索结果统计。

（高职）教育甚至是中等专业技术教育，则问题相对复杂化。新型大学面临的首要问题将是转型。但这个"转型"不单是我们目前所说的向应用型本科的转型，还包括从高职专科向本科的转型，不单是人才培养的"转型"，而是基于组织产品目标调整而产生的"组织转型"。

在高等教育市场特别是本科教育这个细分市场上，作为市场的新进入者，新型大学无疑是弱者、后来者，站住脚跟生存是首要的考虑，其次才是发展和更高层次的竞争。因此，要立足新进入者的实际选择竞争战略。在竞争对手的选择上，先以新型大学为对手，随着发展逐步调整对手。在竞争的手段上，先以模仿为主，然后向创新发展。在竞争工具和技术上，先以容易进入的技术为准，如以知识整合、知识传播和知识应用为主的教学和社会服务，然后逐步向知识创新和知识生产迈进。在竞争的过程中，可通过与名校结盟的方式提高自己的竞争能力，但在这个过程中要注意以我为主，不要丢失自我。简而言之，新型大学的竞争战略是立足现实、明晰对手；由易而难，逐步深入，逐层突破；模仿与创新并重，先期以模仿为主，继而以创新为主；先以知识的整合、知识的传播和知识的应用为主，再向知识创新和知识生产迈进。

新型大学的转型竞争，要注意做好以下几个方面：

一是坚持两个融合，分别是产教融合、校社融合，借此与社会、产业紧密结合，保持良好的合作关系，及时获得市场信号和前沿知识、前沿技术，以确保学校的人才培养能跟上时代，并为未来的发展奠定基础。

二是做好三个立足，分别是立足历史传统，立足资源优势，立足行业优势，即从学校的已有优势出发，明确定位和服务行业，将已经拥有的优势和特长转变为学校的竞争力。

三是实现三个一体化：教学科研一体化、教学服务一体化、教育教学一体化。教学与科研一体化指科学研究围绕着人才培养展开，以服务人才培养为导向，重点从事行业或专业领域需要的知识创新、知识生产和知识整合，从事应用技术开发，将研究成果应用于人才培养，推动人才培养质量的提高。教学服务一体化指学校在开展社会服务时立足学校已有资源，实现资源共享，相互促进，用社会服务推进人才培养，用人才培养形成的资源为社会服务提供支持。教育教学一体化的核心是第一课堂和第二课堂的结合，是立足专业和人才培养搞教育、搞活动、开展学科竞赛，使人才培养和教育活动相互促进，提高人才培养的质量。教学科研一体化、教学服务一体化、教育教学一体化的核心是基于专业的资源整合，以发挥已有资源的作用。

四是力争两个领先。第一个领先是知识领先，即在人才培养过程中整合、传播的知识应在同行业中领先，既要重视成熟的知识，也要兼顾知识创新，将前沿知识、前沿技术特别是教师创新的知识纳入教学。这要求教师在学术上要领先同行，即教师不仅要从事学术研究，要结合人才培养需求做研究，还要争取在同行业中领先。当然，学术研究是循序渐进的。第二个是大学技术领先，主要是人才培养的技术领先。要充分利用现代科技发展带来的机遇，将最新的传播技术如互联网、智能手机、智能仿真技术、3D 乃至 4D、5D、6D 模拟技术等应用于人才培养中，提高人才培养的有效性和人才培养质量。这给校企合作产教融合提出了新的要求。

五是充分发挥创新创业教育的作用。作为社会前进的动力，创新在当代社会受到了高度重视。创新创业教育以培养具有创业基本素质和开创性个性的人才为目标，重在培育学生的创业意识、创新精神、创新创业能力，具有创新性、创造性、实践性的基本特征，与应用型人才培养高度复合。新型大学要立足学校实际、立足专业开展创新创业教育；要发挥教师的积极性，开发创新创业教育课程，引导学生创新创业，将创新创业教育融于人才培养的全过程；要借助校企合作的力量，积极融入社会创新创业教育体系，在更大范围内发挥创新创业教育的作用。

六是充分发挥自我评价和质量监控的作用。自我评价是认知自身、认知自身核心竞争力的有效工具。新型大学要定期进行自我评价，识别自身发展取得的成绩和存在的问题，采取措施改正问题，以推进学校持续发展。同时要建立适应大学技术发展的内部质量监控体系，对应用型人才培养及其过程进行监控，及时发现问题及时纠正。在实际执行中要注意处理质量监控与发展的关系，发展是目的，质量监控是手段。

以上六条中，对新型大学发展关键且核心的是第三、四、五条，是制度创新、技术创新及其在人才培养中的应用。政府的政策是面向所有高校的，学校的资源现状是固定的，面临的社会环境、产业环境和技术环境也是面向所有高校的，新型大学要想形成核心竞争力并掌握竞争的主动权，唯有从自身下手，从自身的制度和技术下手，打破原有制度框架的限制，实施制度创新和技术创新，实现弯道超车！虚拟仿真实验、混合教学、创新创业教育是改造旧有教学技术和教学制度的利器，也是开拓未来教学的路径，要鼓励教师对新的大学技术的尝试！要注意从学生的实际入手，因材施教，显性知识传授和隐性知识传授并重，学校教育和学生自我教育结合，形成合力！

第八章　新型大学转型与核心竞争力培育实证研究

在当前的高校转型中，表现最为积极的是部分新型大学和省级政府，部分省级政府如安徽、山东等，在近年相继出台多个政策文件，鼓励地方高校转型。山东省政府在 2010 年出台应用型特色名校工程，以老牌本科院校为主，推进省属高校转型；2016 年又推出高水平应用型专业和高水平应用型大学建设计划。本章重点对地方政府和新型大学的转型过程进行分析和论述。

第一节　省域转型政策分析

根据现有行政体制设计和权力划分，包括新型大学在内的绝大多数高校由省级政府统筹管理，对这些高校来说，省级政府的政策更有现实意义。

一、省级政府的教育运行

《中华人民共和国宪法》规定：中华人民共和国国家机构实行民主集中制的原则。中央和地方的国家机构职权的划分，遵循在中央的统一领导下，充分发挥地方的主动性、积极性的原则。在教育领域的实然状态，省级政府主要对除部属院校以外的高校实施统筹管理，省级财政承担所属高校的基建投入和日常运营费用，省教育行政部门负责业务指导，省级编制部门负责高校的用人总量控制；省委组织部门负责高校领导层和省属干部的管理；省委宣传部门负责高校的思想政治教育；等等。即省委、省政府的部分部门分工管理高等教育事宜，教育行政部门为主导。

省级教育行政部门对高等教育的管理，包括日常管理和发展管理两部门。在发展管理领域，主要使用专项工程（重点工程）等政策工具。专项工程是我国政府长期使用的政策工具，具体表现方式是通过立项进行重点投入，通过立项单位的重点建设形成示范作用，引导某个领域的快速发展。教育领域的重点大学、重点高中、重点学校等工程建设都属于此类。高等教育领域的重点工程建设，近年最有名的是"211""985""双一流"三大建设工程，其他的有本科教学质量工程，包括精品课程、精品开放课程、特色专业、教学团队、教学名师、重点学科、重点实验室、工程技术中心等。其中，"211""985"工程将高校作为整体进行遴选，主要针对的对象是部属院校。"双一流"工程建设包括一流高校和一流学科两种遴选，一流高校主要面向部属高校，一流学科面向原来的"211"高校和部属省属院校的高水平学科。其中"985"工程后来也设立了学科平台建设。至于本科教学质量工程，面向所有高校，并不局限于部属高校。

　　在国家级的高等教育专项工程建设中，山东省高校斩获并不多。在"211"工程遴选中，山东省只有山东工业大学一所本科院校入选。其他入选的山东大学、中国海洋大学、中国石油大学、山东医科大学在入选时均为部属高校，只是驻在山东省，不是山东省的省属院校。"985"高校和"双一流"工程建设，山东大学和中国海洋大学入选"985"高校和一流高校建设工程（A类），中国石油大学拥有"985优势学科平台"并被列入一流学科建设单位。合计驻鲁高校有数学、化学、海洋科学、水产、石油与天然气工程、地质资源与地质工程等6个学科入选一流学科建设。在本次"双一流"工程遴选中，山东省属于收获较少者。在同时进行的以学校为主体的专项工程建设中，如"国家示范性高职院校"和"国家骨干高职院校"，因教育部和中央部委基本没有直属高职院校，遴选对象主要面向各省，山东省入选的院校较多，先后有6所、7所共计13所高职院校入选。

　　在发展管理中，省级政府也使用专项工程建设的政策工具。省级政府的政策工具基本是借用中央政府的成形工具，如本科教学质量工程、重点学科、重点研究基地、重点实验室、工程技术中心等专项建设，基本是对中央政府政策工具的照搬，创新很少。部分省级政府出台的专项建设工程如山东省政府2010年推出的"特色名校工程"、山东省人力资源与社会保障厅2017年推出的"技工教育特色名校"工程，基本思路被认为是照抄中央政府的"211"或"985"工程。由于财力有限，省级政府的专项工程投入的资金有限，山东省"特色名校工程"每校仅投入2000万元，山东省"技工教育特色名校"每校仅投入800万元。

　　无论是面向学校的专项工程，还是其他专项工程，面向的都是有较好发展基础的高校或学科专业，中央政府和省级政府通过对立项单位重点投入的方式进一步加强了这些院校和学科专业的发展，为下一步的专项工程和项目遴选准备了条件。对于办学基础一般甚至较差的学校，则采取扶贫式的专项工程。中央政府推出的扶助性政策多面向中西部地区，具体指向是中西部地区办学基础较好的高校。这种以专项工程为主的政策解决了政府资金不足的矛盾，能在短时间内集中投入。但容易人为地造成学校之间的投入差异和发展差异。

由于历史的原因，新型大学办学条件普遍低于老牌本科院校，有的甚至不如高水平的高职院校。以山东省为例，2016 年大学类本科高校有专任教师 39 353 人，其中正高级 6306 人，拥有博士学位者 16684 人；不考虑研究生，普通本专科生的生师比约为 16∶1；每百名普通本专科生拥有正高级教师 1 人、拥有博士学位教师 2.6 人；学院类本科院校有专任教师 27928 人，其中正高级 2578 人，拥有博士学位者 3190 人；不考虑研究生，普通本专科生的生师比为 19.3∶1；每百名普通本专科生拥有正高级教师 0.59 人、拥有博士学位教师 0.6 人。即使按比例加上研究生（硕士生按权重 1.5、博士生按权重 2 分别计入），大学类本科高校普通在校生的生师比仅为 19∶1，每百名普通在校生拥有正高级教师 0.8 人、拥有博士学位教师 2.2 人；学院类本科高校普通在校生的生师比为 19.5∶1，每百名普通在校生拥有正高级教师 0.47 人、拥有博士学位教师 0.58 人。[1] 双方差距明显。学院类本科院校的主体是包括民办本科院校在内的新型大学，大学类本科院校的主体是老牌本科院校，两者的对比基本是老牌本科院校和新型大学的对比。新型大学在校舍、教学仪器设备、图书资料等方面均远远不如老牌本科院校。在现有专项工程工具的引导下，结果必将是强者恒强，弱者恒弱，有可能导致对学生的不公。

不仅是专项工程建设，近年来的省部共建，获得资格的也主要是所谓的高水平高校或历史上的部属院校，入选的新型大学不到 30 所，主要是行业特色鲜明的高校。即在现有的政策模式和思维定式下，新型大学不仅难以赶上老牌本科高校，而且会离老牌本科高校越来越远。现有思维定式和政策模式的结果不是减少差距，而是扩大差距。基于新型大学发展的视角，应该改变政府的现有思维定式和政策模式，以社会公平和均衡发展为主导。

二、山东特色名校工程

山东特色名校工程全称是山东省高等教育名校建设工程，是山东省在"十二五"期间重点推进的专项工程。该项工程的进程和发展可作为省级专项工程的典型代表。

---

① 山东省教育厅. 山东省教育统计资料（2016 年度）（内部资料），山东省教育厅，2017 - 05：282 - 284.

（一）政策初衷与政策认知

山东省"特色名校工程"被称为"鲁版 211 工程"，在述及这项工程时，教育行政部门负责人指出：长期以来，我国实行等级分类的大学管理模式，分为重点高校、普通高校等等级，导致高校按照"同一把尺子"——重点大学的标准定位，盲目追求"大而全"和所谓"一流大学"的目标，办学特色模糊，重科研轻人才培养，这样的定位已不能满足社会对于人才的需要。"特色名校工程"根据人力资源市场（劳动力市场）的多元化需求，把地方高校分为应用基础型、应用型、技能型三类，分别以高素质应用型、技能型人才培养为目标，实行分类管理，引导高校合理定位，克服同质化倾向，形成各自的办学理念和风格，建设不同类型的人才培养特色学校。①

但从一开始，这项工程就与该负责人述及的定位发生了分歧。该工程以"名校工程"命名，提出以高素质应用型人才培养为目标，以专业建设为着力点，坚持"整体设计、分类管理、重点建设、示范带动、全面推进"的原则，但其确定的工作思路仍是重点建设，在已有高校中遴选部分高校进行重点建设，确定的目标是通过重点建设打造特色名校，在整体上增强高等教育服务山东省经济社会发展的能力。整体思维和重点建设手段是计划经济的惯用手段，它带来的必然是高校之间的分类，不过这种分类是建立在政府的差别对待政策上，是通过政府面向所谓的重点高校或重点学科专业的专项投入实现的，带来的必然是高校之间办学资源和办学水平的差异的扩大。

山东特色名校工程的具体实施证明了这点。该工程规定除国家部委属高校和已列为国家示范、骨干院校建设项目的高职院校以外，全省其他普通高校均可自愿申报。从这点上看，该工程有补充其他高校并带动其他高校发展的想法。但文件确定的申报条件以已有办学资源为基础，且对基础的要求较高，决定了入选者只能是那些有较强办学基础的老牌本科院校。

应用基础型人才培养特色名校的申报条件是：学校办学思路清晰，办学定位准确，办学理念先进，发展规划符合区域或行业发展需要，核心竞争力强，有鲜明的办学特色；重点学科和优势专业建设成效显著，有国家重点实验室和博士学位授予权，有与重点学科相匹配的多个国家级特色专业和省级品牌专业、特色专业组成的学科专业群；教学改革成效显著，具有多项国家级教学质量与教学改革工程实施项目，获得过省级高等教育教学成果一等奖或国家级教学成果奖，有国家级教学名师和教学团队；社会服务能力强，积极参与经济社

会重大课题研究和主导产业、战略性新兴产业、重点区域优势特色产业建设，成果转化率高，社会效益和经济效益显著；人才培养质量高，学生的专业理论知识扎实，职业素养好，实践动手能力和创新能力强，近三年毕业生总体就业率达到70%以上；教育部本科教学工作水平评估结论为优秀。

应用型人才培养特色名校申报条件：学校办学思路清晰，办学理念先进，办学定位准确，发展规划符合区域或行业发展需要，有鲜明的办学特色，有较强的竞争力；具有省部级以上重点学科，或省部级以上重点实验室、工程研究中心，有多个省级品牌、特色专业组成的优势专业群；教学改革成就突出，具有国家级教学质量与教学改革工程实施项目，获得国家级教学成果奖或多项省级教学成果奖，有省级教学名师和多个省级教学团队；积极参与区域经济社会重大课题研究和主导产业、战略性新兴产业、重点区域优势特色产业建设，产学研合作教育成果显著，横向课题、行业科技项目经费占当年到账科研经费总数的60%以上；人才培养质量较高，学生的专业理论知识扎实，实践动手能力强，职业素养好，近三年毕业生总体就业率达到80%以上；通过教育部本科教学工作水平评估。

对比以上两类高校的申报条件，差别主要体现在办学成果的积累和办学水平的高低上，其他的差别微乎其微，即应用基础型人才培养特色名校和应用型人才培养特色名校并没有根本性的差别。评选结果也说明了这点。第一批入选的5所应用基础型特色名校和10所应用型特色名校全部是省内老牌本科高校。第二批应用型人才培养特色名校仍以老牌本科院校为主，加上自筹资金建设高校，省属老牌本科高校只有济宁医学院和山东体育学院没有进入名校工程。等同于将所有的省属老牌本科院校都纳入了名校之列。新型大学方面，如果不算照顾性质的民办本科院校，只有临沂大学、山东交通学院、潍坊学院3所，仅占26所本科名校的11%，2011年35所新型大学的8.5%，即使加上列入特色名校工程的民办本科院校，列入特色名校的新型大学也仅占全部本科名校23.3%。山东省特色名校工程实际上只针对老牌本科高校进行了类型划分并授予了名校称号，其思维仍然是传统的专项工程模式，因此新华社记者称这一工程的目的是"培养重点院校和专业"①。

（二）政策性质

从整体上来看，引导高校向应用型转型、对高校进行分类属于问题导向，但就山东特色名校工程的政策制定过程看，山东特色名校工程属于典型的理想导向型政策，是基于问题的理想导向型政策。

---

① 陈灏. 山东将实施高等教育名校建设工程培养重点院校和专业［EB/OL］. 中国日报网国际频道，2011－12－10.

从政策出台的细节看，山东特色名校工程政策是逐步完善的。先是 2010 年年底发布的《山东省中长期教育改革和发展规划纲要（2011—2020）》提出目标，即按照应用基础人才、应用人才、技能人才 3 个培养方向，重点建设 3 ~ 5 所应用基础型人才培养的特色名校，10 ~ 15 所应用型人才培养特色名校，20 所技能型人才培养的特色高职高专院校。随后出台的《山东省高等教育内涵提升计划（2011—2015）》对特色名校建设做出具体规划。

2011 年 12 月 7 日省教育厅、省财政厅出台《关于山东省高等教育名校建设工程实施意见》，随即组织第一批申报。又过了接近一年的时间，2012 年 11 月初，第一批特色名校立项建设单位公布，公布的立项建设单位远超最初的计划。如应用基础型高校，原计划第一批立项 3 所，实际公布的是 5 所，应用型名校原计划第一批立项 5 所，实际公布的是 10 所，技能型名校原计划立项 10 所，实际公布的是 13 所，分别超过原计划 67%、100% 和 30%。等同于把原计划 2012 年遴选的第二批一并遴选和公布了。

第二批特色名校 2013 年 1 月底开始申报。在《关于开展山东省高等学校名校建设工程第二批立项建设单位申报工作的通知》中，教育厅以附件的形式明确了应用型特色名校建设的基础和建设方案的基本内容。随后于 2013 年 2 月 5 日印发了《关于切实做好特色名校总体建设方案和重点建设专业方案修改论证工作的通知》，该文件指出了首批入选高校的论证方案中存在诸多问题，要求"突出人才培养主线，突出学生的中心地位"，在方案制订过程中"要注意将学校的学科优势、科研优势转化为教学优势；加强实践教学，突出学生能力的培养，在校内实验室建设、校企合作、产学研合作、社会服务等方面加强建设，突出特色，使学生知识、能力、素质全面提高；强化改革意识，在教师队伍建设、教学改革、体制机制、教学管理等方面有较大突破。"并对方案的编制提出了具体要求。该文件实际从微观层次回答了名校建设的基本内容及相关问题。也就是说，在山东特色名校工程政策出台之初，政策制定部门即山东省教育厅对政策的具体细节并不完全清晰，只是提出了大致的政策框架。

具体时间安排有较大的调整。不仅拟议中的第二批遴选评审被实际取消，第一批立项建设单位的建设方案实际是在 2013 年上半年确定的，有的学校于 3 月进行论证，有的迟至 5 月进行论证，等所有院校论证完毕，离原定的完成建设并验收时间已经不到一年半，能够建设的时间比原计划少了一半。虽然可以边论证边建设，建设时间短的问题仍是存在的。至于第二批立项建设单位和民办本科院校，从立项到验收，也不过 2 年的时间。

　　建设内容前后也有较大的调整。在《关于山东省高等教育名校建设工程实施意见》中，明确的建设内容有6项，分别是办学特色、学科专业、师资队伍、教学改革、体制机制、社会服务。其中"办学特色"建设要求"办学理念先进，办学定位准确，办学目标明确，改革思路清晰，形成各自的办学理念和风格"。"学科专业"建设要求"建立适应山东经济社会发展的专业设置与调整机制，优化学科专业结构，培育和发展与山东经济社会结构战略性调整和现代产业体系建设相匹配的优势专业和特色专业。遴选300个基础、优势、特色专业进行重点建设"，"师资队伍"建设要求"加强优秀人才、中青年学科专业带头人及优秀青年骨干教师的引进、选拔与培养，造就一批具有现代教育理念、教学态度端正、教学手段先进、教学效果好、教学改革成效显著的国家或省级教学名师和教学团队；积极开展多种形式的教师培训工作，提高教师的教学水平、科研创新和社会服务能力，建设一支师德高尚、业务精湛、结构合理、充满活力、富有创新精神的高素质专业化教师队伍"。"教学改革"建设要求"牢固树立教学工作在高校工作中的中心地位，准确定位人才培养目标和规格，科学制订与优化人才培养方案，改革、完善和创新人才培养模式，加强课程体系和教材建设，改革教学方法和教学手段，完善质量保障体系，提高实验室、校内外实习实训基地建设水平，加强国际交流与合作，改善人才培养结构，培养学生创新创业和实践能力，全面提高人才培养质量"。"体制机制"建设要求"加强学校之间、校企之间、学校与科研机构之间的交流与合作，形成资源共享、人才共育、过程共管、成果共享的人才培养新机制。遵循教育规律和人才成长规律，改革教育质量评价和人才评价制度，探索促进学生发展的多种途径。不断深化高校内部管理体制改革，完善竞争激励机制，以科学的管理确保高校的可持续发展，切实提高为经济社会服务的能力和水平"。"社会服务"建设要求"引导高校利用人才资源优势，面向主导产业、战略性新兴产业和重点区域优势特色产业，提供科技研发、技术改造、产品升级、职工培训和农村劳动力转移等服务；充分发挥智囊团的作用，积极参与社会重大课题研究；积极推进文化传播，弘扬优秀传统文化，发展先进文化；培养大批的应用型、复合型、技能型专门人才，增强为经济建设与社会发展服务的能力"。这些建设要求都是宏观的原则性的，没有具体的细微要求，也没有针对应用基础型、应用型、技能型三类高校进行区分。正是因为政策文件对建设内容的要求过于宏观和原则，缺乏可操作性，才导致第一批立项建设单位的建设方案存在诸多问题，如建设背景和问题分析研究不深不透、人才培养目标不清晰、顶层和系统设计与个项目建设不匹配、年度建设任务不具体、专家论证不充分等。

《关于切实做好特色名校总体建设方案和重点建设专业方案修改论证工作的通知》的许多要求仍然是原则性的，如它要求建设方案要"突出人才培养主线，突出学生的中心地位"等。值得认可的是，该文件明确了学校总体建设方案和重点建设专业方案撰写的内容和要求，其中建设基础包括办学特色、师资队伍、学科与专业、人才培养与教学改革、体制机制、社会服务和其他7个方面，每个方面包括1~7项分项内容。建设方案包括8个部分，分别是：建设背景和基础（包括背景与现状、特色与优势、问题与不足），指导思想和建设目标，学校整体建设内容（包括体制机制、师资队伍、学科专业、教学改革、产学研合作、社会服务、招生就业、其他等），省财政支持的重点专业建设方案，非省财政支持的专业建设方案，建设预算及进度，项目建设的预期效益分析和项目建设的保障措施。其中专业建设的内容包括人才培养模式与课程体系改革、师资队伍建设、产学研合作体制机制建设、实验实训条件建设、社会服务能力建设、辐射带动专业群建设和其他。

（三）政策评析

无论是政策内容，还是政策实施，山东特色名校工程都不能被认为是一项完美的政策。山东特色名校工程集中体现了理想导向型政策模式的不足和问题。加上其他方面的因素影响，导致政策目标不清晰，政策手段与政策目标不匹配，政策实施充满了不确定性，这样的政策不可能促使省属院校完成转型，但政策的积极意义还是非常明显的，可以说是山东省省属本科院校向应用型本科转型的关键一步，它确立了省属本科院校向应用型本科转型的方向并迈出了坚实的第一步。

山东特色名校工程的积极意义，主要是它在很大程度上触动了省属老牌本科院校，促使学校的领导、教职工认真思考学校的办学定位，进一步明晰学校的办学定位并为此采取措施，特别是对列为财政支持的专业和非财政支持的专业而言，经过一轮耗时一年甚至更长时间的论证，专业教师对应用型人才培养的重要性、应用型人才培养的途径和专业的未来发展方向有了更为明确的认知，为专业人才培养的真正转型准备了条件，奠定了基础。从各校选作重点建设的专业来看，都是学校长期持续发展且行业特色明显的专业。如山东工艺美术学院确定的重点建设专业包括绘画、视觉传达设计、服装与服饰设计、产品设计、环境设计、摄影、动画、戏剧影视美术设计、数字媒体艺术、文化产业经营、艺术设计学、广告学、工艺美术设计、公共艺术等，都是学校长期持续重点发展的专业，具有鲜明的行业性。山东建筑大学将交通工程、信息与计算科学、材料科学与工程、电气工程及其自动化、机械工程、给排水科学与工程、工程管理、环境工程等优势特色专业列为名校项目重点建设专业。

入选的新型大学进一步明确了办学定位和专业发展方向。如山东交通学院以人才培养特色名校建设为契机，构建了陆、海、空、轨综合交通学科专业结构和交通建设类、综合运输类、载运工具设计制造类 3 大专业群，全面开展"调研—规划—实施—反馈"（IPDF）精致化人才培养方式改革。① 临沂大学确定数学与应用数学、电子信息与科学技术、国际经济与贸易专业、物流管理、软件工程、广播电视编导等专业列为名校工程的重点建设专业。

总体来看，山东特色名校工程奠定了省属高校转型的基础。山东特色名校工程之前，省属本科高校的定位并不清晰，虽然部分院校开始选择以培养应用型人才为目标，但存在着对应用型本科认识不清晰、观念和行为方式转变不彻底，学科专业设置脱节，人才培养重理论轻实践，师资队伍重理论轻能力，产学研合作不深入等。部分省属本科院校尤其是老牌本科院校的领导和教师耻于谈应用型本科，认为应用型人才培养是高职院校和新型大学的定位。② 特色名校工程后，省属本科高校都明确地将自己的办学定位论述为培养应用型人才，将"应用型人才培养特色名校"或"应用基础型人才培养特色名校"的称谓挂在网络和各种宣传品中，潜移默化地影响了学校教职工和社会，使应用型人才培养的概念深入人心，这可能是山东特色名校工程的主要贡献。"双一流"工程遴选和建设开始后，"一流高校一流本科"成为教育行政部门和高校的目标，但对山东省的省属高校来说，"一流高校一流本科"的基础是应用型人才培养，不再是虚无缥缈的或相对空虚的名词了。

由于山东特色名校的数额有限，绝大多数新型大学没有入选，但这不影响它们的转型。一是省属老牌本科高校的带动和特色名校工程的引导，二是新型大学自身的基础。这些因素促使它们在应用型人才培养定位上比老牌本科高校更积极。

人才培养的转型是个长期的过程，需要包括人、结构、技术等的学校的整体转型，不可能通过一项专项工程就可以完成，还需要大量的后续的工程。从这个意义上说，山东特色工程的意义和影响更为清晰。转型之路曲折漫长，特色名校工程是其中关键的一步。

山东特色名校工程的消极意义也是明显的，它通过重点投入进一步加大了新型大学与老牌本科院校的距离，对学生造成了不公。政府是社会公共利益的代表，是代表最广大人民的利益的。专项（重点）工程建设这种政策工具是

① 刘明明、张开文. 山东交通学院获批省应用型特色名校 [EB/OL]. 大众网山东新闻频道（http://sd.dzwww.com/sdnews/201312/t20131213_9341592.htm）.

② 贾东荣. 省属本科院校转型的现状、问题与对策 [J]. 山东高等教育，2014 (04)：17-24.

计划经济体制或者说"举国体制"的特有手段，适用于落后国家的追赶战略，用于集中力量做大事，以提升整体的竞争力，但它是以牺牲部分人的权益为代价的，是将多数公民应该享有的利益集中到少数公民身上来发挥作用的。当一个国家或一个地区的经济社会发展到一定水平时，政府的财政投入应该以满足广大人民的基本需要为主，不应该以提高整体水平为名来转移多数人的权益用以扶持少数人。政府应该立足问题导向，从区域经济社会发展的需求出发扶持那些急需发展的紧缺专业或战略性专业，这些专业多属发展落后或办学基础一般的专业，政府对它们的扶持会收到远比专项工程为多的效益。即政府应该立足服务型政府思维，放弃理想导向型的政策模式，立足问题导向，重点发展那些社会需求较大的紧缺型专业或战略性专业，面向广大的贫困生或普通家庭的学生提供普惠性服务。

总的来看，山东特色名校工程的收益还是比较大的，在引导省属本科院校特别是老牌本科院校向应用型本科转型、为省域经济社会发展提供劳动力和技术支持方面做出了贡献，也为新型大学的发展指明了道路。但这种主要面向老牌省属院校的政策无形中拉大了老牌本科院校与新型大学的距离，在一定程度上导致了不公。

三、高等教育综合改革和其他转型措施

顺应全面深化改革的大形势，中共山东省委办公厅和省政府办公厅于2016年4月印发《关于推进高等教育综合改革的意见》，主要内容包括推进现代大学制度建设、扩大高校办学自主权、提高办学质量和水平、深化教育教学改革、加强师资队伍建设、拓展丰富教育资源、完善改革保障机制等。其中在"提高办学质量和水平"中作为"双一流建设计划"的组成部分，提到重点建设10所左右应用型高校进入国内先进行列，继续实施优势特色专业发展支持计划，强化应用型人才培养。"深化教育教学改革"中提到"深化贯通培养模式改革，完善高职与本科、中职与本科贯通分段培养模式，制定专业目录，优化专业布局，实施动态管理"；"围绕创新创业人才培养要求，完善人才培养方案，开发创新创业类课程，使课程体系、课程标准、课程内容与学科发展前沿、行业标准对接，促进专业教育与创新创业教育有机融合"；"提高实践课比重"；"加强实践教学平台建设"；"强化大学生创新创业实践训练"；"鼓励企业接纳学生开展顶岗实习，政府按政策规定对符合条件的企业给予财政补贴，落实税收减免政策"；"深入实施系列卓越人才教育与培养计划"；"加强（教师）实践教学能力建设，完善教师到企业和基层一线实践锻炼制度，并将其作为职称评聘的重要依据；扩大高等学校与行业、企事业单位人员互聘工程

实施范围"；"拓展丰富教育资源"专列"鼓励校企合作办学"条，提到"支持高校深化支持高校深化产教融合，促进人才培养、科研创新、学科专业建设与产业发展相融合，全面增强教育服务经济社会发展能力。鼓励高校与行业企业共同建设专业，共同制订人才培养方案，共同开发课程，共建实习实训基地。支持高校与行业企业组建教育集团、专业联盟，建立校企合作协调推进机制。支持企业在高校建立研发中心，合作开展重大课题攻关和重大项目研创。畅通高校教师与行业企业人才双向交流渠道，提升校企合作创新和人才培养水平"。从上述内容看，虽然该文件没有明确提到向应用型本科转型，但通过不同方面的论述明晰了应用型人才培养的重要性和应该采取的措施，对省属本科院校向应用型本科转型有实质性的推动意义。

在推动省属本科院校培养应用型人才和转型方面，最为集中的政策是高水平应用型专业立项建设工程。2016 年 9 月，山东省教育厅印发《山东省推进高水平应用型大学建设实施方案》，提出"以立德树人为根本，以培养高素质应用型人才为目标，以专业建设为着力点，突出强化学校特色，促进人才培养与产业优化升级、经济转型发展紧密对接，推动一批特色专业和若干所大学向高水平应用大学发展"。目标是：到 2020 年，建成 60 个左右高水平应用型重点专业，进入全国同类专业前 10%，推动 10 所左右高校综合实力排名进入全国应用型本科高校前 10%；培育建设 40 个左右专业，逐步达到高水平应用型重点专业建设标准；适应现代农业、先进制造业、战略性新兴产业、现代服务业等经济社会发展需求，形成一批特色鲜明、优势突出的专业群，为我省经济社会发展提供更加有力的人才和技术支撑。具体目标包括四个方面：培养大批高素质应用型人才；产出一批高水平应用技术成果；建成一批高水平应用型人才培养平台；建设具有高水平实践教学能力的师资队伍。

2016 年 11 月，省教育厅公布了高水平应用型重点专业立项建设名单和高水平应用型培育专业立项建设名单，在公布的 60 个重点专业立项建设名单中，省属老牌本科高校拿走了 54 个，山东交通学院、滨州学院、临沂大学、枣庄学院 4 所新型大学拿到了 6 个，分别是 3、2、1、1 个；在 40 个培育专业立项建设名单中，省属老牌本科院校拿到了 16 个，新型大学拿到了 24 个。省财政给予每个立项建设重点专业（群）400 万元、每个立项建设培育专业（群）200 万元的资助，实际上绝大多数专业是以专业群的形式申报的，最少的群有专业 3 个，多的在 5 个甚至更多。2017 年 2 月，山东省教育厅又公布了 104 个自筹经费立项建设专业（群）。至此，先后有 204 个专业（群）被列为高水平应用型立项建设专业。

总的来看，高水平应用型专业（群）的立项相对均衡，以重点专业和培育专业为例，41 所公办本科院校分享了 100 个立项指标，最多的有 4 项入账，少的拿到 1 项。重点专业立项名单中有新型大学，培育专业立项名单中有老牌本科高校。高水平应用型专业立项建设的思维仍是传统的专项工程思维，但对遴选方式方法进行了适度改造，增强了公平性。

相对于山东特色名校工程，省教育厅对高水平应用型立项建设专业的要求更明晰，政策目标和建设任务更清晰、更细致，要求每个专业（群）拟定出详细的年度建设任务和附加性任务，明确措施；监督措施更完备，每年进行一次总结，期中进行评估。在推进省属高校向应用型本科转型的道路上迈出的步伐更坚实。

第二节　新型大学转型与培育核心竞争力实证分析

山东青年政治学院是新型大学，2010 年以山东省青年管理干部学院的办学资源为基础设立，是山东省新型大学中设立较晚、办学特色较为鲜明并且行业服务不明晰的新型大学之一。自 2012 年开始，作者依托山东青年政治学院进行了研究和实验。

一、对学校核心竞争力现状的评价与分析

自 2012 年下半年开始，作者开始对山东青年政治学院的核心竞争力进行评价和研究，并在校领导的指导下，对系列问题进行了探讨。在评价学校核心竞争力时，先是使用山东省应用型特色名校评价指标体系，后来使用了毛亚庆、吴合文的评价指标体系和作者自己构建的新型大学核心竞争力评价指标体系。

（一）基于山东省应用型特色名校评价指标进行的评价

1. 办学定位

山东青年政治学院在"十二五"规划中规定学校面向山东省经济社会发展培养生产、建设、管理、服务一线需要的应用型高素质专门人才；重点发展本科教育；立足青年院校的基础突出"青年"和"政治"两个特色；发展方式是走跨越式发展道路；并对学科专业等发展做了规划，提出要发展政治类、管理类、艺术类、文化传媒类、外国语言文学类和经贸类等在专科阶段已有一定基础的学科和专业。在人才培养方面坚持走产学研合作育人的道路，强调育人为本，德育为先，坚持以学生的素质特别是政治素质和能力养成为核心，以服务山东经济社会发展为主导，与行业企业或相关社会组织合作进行人才培养

模式创新，强调毕业生的政治素质、思想意识、理论基础和综合能力。应该说，山东青年政治学院的价值定位明确，即办学理念和办学思路明确，发展规划及相关的办学定位符合学校的实际和山东经济社会发展的需要。

山东青年政治学院的前身长期举办成人教育和高职教育，专业设置和课程建设与劳动力市场结合密切，学科与专业结构有明显的青年院校特色。学校领导和教职工对应用型人才培养的理念清晰，在技能型和应用型人才培养特别是校企合作育人方面进行了较多的探索，思想政治教育、广播电视学（播音与主持艺术）、舞蹈编导、社会工作等专业已开始形成自己的特色，在同类专业或行业领域有一定影响。

2. 学科与专业建设

学科建设和专业建设是学校内涵建设的核心内容。山东青年政治学院的学科建设和专业建设已经开始起步。

学科建设方面，已立项建设省级重点学科 3 个：思想政治教育（省教育厅批准）、舞蹈学和广播电视艺术学（省文化厅批准）；有省高校重点实验室 1 个：信息安全与智能控制实验室；还有 1 个省级高校人文社科研究基地：山东青少年研究所。

专业建设方面，已立项建设省级特色专业 1 个：社会工作，还有 6 个高职阶段的省级特色专业。从专业建设的实质看，已开设的本科专业以经济社会发展需要的行业领域为主，绝大多数基于高职专业，经历了从技能型人才培养向应用型人才培养的转变，如播音与主持、舞蹈学、社会工作、国际经济与贸易等专业均有多年办学经验，在校企合作育人和人才培养模式创新上进行了较多探索。这些积累使学校避免了传统本科院校重理论轻实践的弊端。

3. 教学改革

教学改革是创新人才培养模式、提高人才培养质量的工具和手段。学校重视教学改革和教学质量，积极进行人才培养模式创新和课程优化，取得了一定的成绩。先后获批省级精品课程 18 门，省级人才培养模式创新实验区和省级实验教学示范中心各 1 个；拥有省级教学名师 2 人。加上高职教育阶段获得的本科教学工程项目，合计拥有国家级本科教学工程项目 1 项（精品课程）、省级本科教学工程项目 34 项（精品课程 24 门、特色专业 6 个、教学团队 2 个、实验教学示范中心 1 个、人才培养模式创新实验区 1 个）。在 2009 年、2012 年的省级教学改革研究项目立项评审中，获得重点项目 1 个、一般项目 9 个。在 2009 年省级教学成果奖评审中，获得一等奖和三等奖各 1 项。

4. 社会服务

社会服务能力是学校建设的核心内容之一。作为在成人院校基础上设立的普通本科高校，山东青年政治学院继承了原有的社会服务传统，在团干部培训和青年人才培养方面作出了较好的成绩，2006年被团中央批准为全国团干部教育培训基地，设有山东省高层次经济管理人才培训中心、山东省青少年心理咨询服务中心、山东省省直普通话培训测试中心、山东省劳动职业技能鉴定所等培训机构，面向社会进行技术技能培训。青少年理论研究在全国处于领先水平，许多对策建议被各级团组织或政府采纳。学校教师开始参与区域经济社会重大课题的研究，横向课题和经费开始出现。

5. 体制机制

高校的体制机制建设，重点是探索和形成新的人才培养机制、新的质量评价和人才评价制度。山东青年政治学院在内部对人才培养方案、教学质量监控、课程考核、资金投入、人才引进、绩效工资、科研激励政策、职称评审等进行了新的探索和改革；在外部与全国的青年院校建立合作关系，与部分重点高校、周边高校建立协作关系，在市场营销、国际经济与贸易等专业进行校校、校企合作育人探索，在财务管理、人力资源、社会工作等专业基于职业胜任能力进行人才培养模式创新。

6. 人才培养质量

人才培养质量是高校办学水平和质量的主要评价指标。学校以形成学生综合能力为核心，围绕着确保人才培养质量这一目标，积极进行教学改革，优化课程体系，强调实践教学，做了大量工作。高职教育阶段，学校的教育质量较好，得到了社会的承认，这从毕业生的就业率和就业质量可以明显看出。本科教育还没有毕业生，无法具体衡量人才培养的质量。

7. 办学条件

办学条件观测点有三个。第一个是通过本科教学工作合格评估。学校已将迎接合格评估列入工作日程，有专人负责。从已经梳理的情况看，按原定10000人的在校生计划，已有主讲教师、专任教师中具有高级职称教师在全部教师中所占的比例、教授副教授给本科生上课情况、专职心理辅导教师数量、生均占地面积、生均教学科研仪器设备值、新增教学科研仪器设备所占比例、百名学生配教学用计算机台数、百名学生配多媒体教室和语音室座位数、生均图书、生均年教学日常运行支出、分专业实践教学占总学时的比例、足够数量的选修课、教材建设、课程教学应用多媒体授课、社会实践等硬性指标基本达标，教师队伍结构、学生管理队伍、生均教学行政用房面积、生均年进书量、教学经费投入等指标接近教育部规定的标准。今后需要继续加大投入力度，改善办学条件。第二个观测点是办学条件达标和资产负债率控制，其中资产负债率正在下降。第三个观测点是无严重违规办学行为。迄今为止，学校在这方面做得很好。

8. 存在的不足

对照"名校建设实施意见"的具体规定和已经获批、已申报待批两批院校的基本条件,学校在许多方面还存在着明显的不足和差距,优势和特色并不明显,特别是本科举办时间短,无论是专业办学理念和办学思路,人才培养模式、课程体系、教学方法,还是学科专业及其结构,其特色的明晰度都不够高。

(1)没有通过本科教学工作合格评估。已经获得批准的应用型名校均已通过本科教学工作合格评估或此前的本科教学工作水平评估。已知正在申报的高校中,绝大多数也已通过合格评估或此前的水平评估。学校将在 2016 年或稍后迎来本科教学工作合格评估。

(2)学科专业建设时间短,基础相对薄弱。学校举办本科教育只有 3 年,无论是教学基本运行,还是教学改革,都处于摸索阶段,基础相对薄弱,距离形成特色还有很长的路要走。

首先,省级及以上重点学科偏少。包括重点学科、重点实验室、工程技术中心、人文社科基地等的学科建设是高校学科建设水平的重要标志。已批应用型名校校均拥有省级及以上重点学科约 28.7 个,新型大学校均拥有省级重点学科约 8 个。学校现有重点学科只是已批应用型名校校均水平的六分之一,是新型大学校均水平的二分之一,[①] 且层次明显偏低,只有思想政治教育是省教育厅批准的省高校重点学科,不是真正的省级重点学科,其他两个属于文化部门自设的项目。

其次,学术研究水平偏低。学术研究是学科专业建设和人才培养的基础,学术水平在很大程度上影响着高校的办学水平。山东青年政治学院的学术研究以青少年工作、社会学、政治学、应用经济学等学科为主,水平偏低。表现在如下几个方面:一是学术成果数量偏少且有影响者不多。1998~2012 年正式发表论文 2800 余篇,其中高质量论文 107 篇(CSSCI 来源 100 篇,EI 来源 7 篇),H 指数 14,引用超过 30 次(含自引)者仅 3 篇;出版著作多为编写或教材,原创性不足。二是立项项目偏少且级别不高。已立项项目多为厅级,省部级项目合计约 30 项,国家级项目 1 项。三是依托项目的成果偏少。可供查询的论文类成果中,标明为项目成果者约 80 篇,其中约一半挂在外校主持的项目名下。四是已有成果的学科分布与专业建设匹配度不高。CSSCI 论文的分布为:社会学 23 篇,政治学 15 篇,教育学 14 篇,经济学 12 篇,哲学 6 篇,

---

① 根据各高校官网数据统计。

法学 4 篇，管理学、新闻与传播学、文化学各 3 篇，其他学科 2 篇或不足 2 篇。这种现状不仅与已批应用型名校差距较大，与新型大学相比也有明显差距。如学校被核心期刊收录的论文仅为新型大学平均数的 1/4，可查 SCI、EI 来源论文仅是新型大学平均数的 1/6，H 指数在 16 所国办新型大学中仅高于山东管理学院。而在有据可查的国家级基金、省级基金资助论文中，山东省新型大学的平均数据分别是学校的 14 倍、13 倍。①

最后，学科专业特色不彰。已批应用型名校均有明显的学科专业优势或优势专业群，如山东建筑大学的土木建筑专业，齐鲁工业大学的轻工业专业，山东工艺美术学院的工艺美术专业，青岛农业大学的农业工程专业，山东理工大学的机械工程专业，曲阜师范大学、聊城大学、鲁东大学的教师教育专业等。学校目前尚未形成代表性的学科专业或优势专业群，对青年政治院校的代表性专业的内涵有待进一步明晰。在特色专业建设方面，已批应用型名校校均拥有国家级特色专业 4 个、省级特色专业 10 个；新型大学②校均拥有省级特色专业 6.5 个，其中临沂大学、德州学院、潍坊学院和山东交通学院拥有国家级特色专业。学校拥有的省级特色专业是已批应用型名校的十分之一、新型大学的六分之一。③ 另外，学校的专业结构不完全合理。

（3）教学改革探索有待深入和提高。首先，本科教学工程项目总数偏少。学校本科教育获得的省级本科教学工程项目仅 23 项（含教学名师，不含特色专业），约是已批应用型名校校均水平（36 项）的 64%；是新型大学校均水平（据不完全统计为 30 项）的 77%。其次，本科教学工程项目层次偏低。国家级精品课程只有 1 门，是高职教育阶段获得的，本科教育没有国家级项目。已批应用型名校全部和临沂大学、德州学院、山东女子学院 3 所新型大学拥有国家级本科教学工程项目。再次，有影响的教学成果不多。在近两届教学成果评审中，学校仅获得省级教学成果奖 2 项。已批应用型名校校均在 10 项以上，多者超过 20 项，且至少有 6 校获得过国家级教学成果奖。多数新型大学的省级教学成果奖获奖数量超过学校，临沂大学、泰山学院有国家级教学成果奖。④ 最后，本科教学工程项目难以为特色专业培育提供基础。学校现有省级精品课程中，16 门以课程群的形式获得，集中在财务管理、市场营销、国际经济与贸易、艺术设计四个专业，这些专业都是省内和国内开设早、开设多、

---

① 根据中国知网查阅的数据计算。
② 不含山东警察学院、山东管理学院和山东农业工程学院的数据。
③ 根据省内各高校官网数据统计。
④ 同上。

分布广的专业，其人才培养模式的探索比较深入，其中市场营销专业仅 2010～2012 年山东省就批准省级本、专科精品课程约 60 门，财务管理及会计专业同期批准省级精品课程约 120 门。这种状况增加了学校依托这些项目培育特色专业的难度。

（4）师资队伍急需强化。师资队伍是高校的核心资源，是本科教学工作合格评估重点考核的硬性指标。学校已形成一支以省级、校级教学名师为带头人、中青年教师为主体的教师队伍，这支队伍的知识、能力及结构能基本满足本科教学的需要，但问题和不足也很明显。首先，师资结构性短缺。现有专职教师 400 余人，师生比超过 20：1，与本科教学工作合格评估的要求差距较大。其次，专业带头人特别是新专业带头人数量不足。教授、副教授多兼行政职务，专职教师中教授不到 10 人。再次，学历学位结构不合理。研究生学历（含硕士和博士）不到教师总数的 50%，博士不到专职教师的 10%；部分教师专业不对口或不相关现象明显。复次，学缘结构不合理。大多数教师毕业于省内高校，缺少多校学习和研究的经历。最后，教师的执业能力有待提高。现有省级和校级教学名师中发表高质量论文（CSSCI 或 SCI、EI）不足 3 篇者占多数，部分教授、副教授没有核心期刊发文经历；绝大多数教师没有校企合作研究经验，仅部分教师有校外挂职经验；部分教师缺乏本科教学经验，教学研究经验不足。高等学校是典型的资源依赖型组织，师资水平在很大程度上决定着高校的办学水平和发展趋势，必须重视师资队伍的建设。

（5）社会服务能力需要拓展。学校的社会服务能力主要体现在人才培养上，包括全日制人才培养和业余培训，在直接或与企业、其他组织合作参与主导产业、战略性新兴产业、重点区域优势特色产业建设方面努力不够，教师参与区域经济社会重大课题研究，特别是横向课题和行业科技项目的机会很少，横向科研经费少。这与学校教师学术研究领域狭窄有关，也与研究成果的创新性、可转化性差有关。首先，研究层次偏于社会科学研究和基础研究，社会科学与自然科学技术发文比约为 79：19，基础研究与应用研究发文比约为 67：31；新型大学的相同指标分别为 57：40、66：31。获批应用型名校的高校，其自然科学技术研究、应用研究在整个学术研究中的比例明显比学校合理。其次，研究领域较窄，且应用性一般。据不完全统计，学校发文超过 50 篇的专业领域仅 19 类，分别是高等教育、外国语言文学、教育理论与教育管理、企业经济、计算机软件及计算机应用、图书情报与数字图书馆、政党及群众组织、宏观经济管理与可持续发展、旅游、新闻与传媒、职业教育、社会学及统计学、中国共产党、投资、美术书法雕塑与摄影、音乐舞蹈、贸易经济、会计和金融。[①]这些领域，除旅游、音乐舞蹈、投资、会计、金融外，其成果的应用性一般，与社会合作研发的可能性不大。最后，缺乏可转化的标志性成果。这表现在两个方面：一是理论研究缺乏标志性成果，除1项省社科优秀成果二等奖和多项三等奖外，没有有影响的标志性成果。二是缺乏作为应用性标志成果的专利。经国家知识产权局公共查询网站查询，1998～2013年，已批省应用型名校校均获得专利560余项，新型大学校均获得专利117.6项（其中发明21.7项、实用新型92.6项、外观3.3项），学校的检索结果为零，与山东管理学院、齐鲁师范学院、山东政法学院相同。[②]标志性成果缺乏使得学校在校企合作研究方面缺乏竞争力，难以凭借学术实力获得潜在合作单位的信赖。

（6）办学条件需进一步改善。前面对已有办学条件的分析，是基于原有规划的在校生10000人进行的，如果在校生规模增到15000人左右，据不完全测算，本科教学工作合格评估中有明确要求的硬性指标均存在差距，均需增加投入，进行后续建设。

（二）基于毛亚庆、吴合文评价指标的评价

在运用毛亚庆、吴合文评价指标进行评价时，因前后时间相差不到半年，这里使用的仍是前述的数据指标，没有进行新的数据收集和整理。

1. 办学定位

在纸面文件中，山东青年政治学院明确了主打领域。但通过逐条分析，我们得出如下认知：（1）除艺术学科的舞蹈学相关专业、播音与主持艺术和政治学的思想政治教育外，其他预定主打领域如管理类、文化传媒类、外国语言文学类、经贸类等专科阶段发展较好的学科专业在本科阶段的综合实力明显不足，缺乏与其他高校同类专业竞争的能力。（2）除舞蹈、思想政治教育等领域外，其他学科专业吸引资源的能力一般。办学资金主要是财政投入和学生缴纳的学费，各级团组织通过内部培训提供部分资金。（3）已设本科专业在山东省内均有布点，其中舞蹈编导、舞蹈表演、社会工作、播音与主持艺术、政治学与行政学等专业布点较少，其他专业多为布点较多、设置普遍的专业，特别是工商管理类、经贸类、管理科学与工程类、设计艺术类等专业基本每所普通本科高校都有布点。（4）除舞蹈类专业和思想政治教育有较高的社会声誉，小语种有一定的声誉外，其他专业在本领域内几乎没有稳固的市场地位和声誉。在评价过程中，我们注意到，"青年"和"政治"特色在人才培养方面没

---

① 根据中国知网查询所得计算。

② 根据国家知识产权局公共查询网站数据统计。

有明确的体现，即没有落到实处。基本结论是：学校确定了主打领域，但这些主打领域的综合竞争力不足，难以支撑学校的长远发展。

2. 核心知识层面

（1）学校围绕主打领域初步建立了核心知识体系，但由于学校自身学术水平偏低，对相关知识基本没有产权，已建立的知识体系无论是具体的知识还是构建体系的框架多是向其他学校学习和模仿的结果，导致已经建立的核心知识体系缺乏独特性。除舞蹈、青少年社会工作等少数领域外，绝大多数专业的核心知识体系是模仿的结果，有的模仿还属走马观花，没有接触到行业知识的真谛。（2）对核心知识体系的未来发展缺乏明确认知，没有确立未来发展战略。（3）除舞蹈、社会工作专业外，各专业人力资源总量不足，结构不合理，学术水平偏低。（4）除思想政治教育、社会学等少数学科外，学科建设水平偏低，难以支撑专业发展需要。（5）学校实行学院制，已设学院多数是高职教育阶段的系"翻牌"而来，多数学院没有主打专业，专业之间的联系不足，专业群建设滞后。基层学术组织建设滞后，专业教研室和课程教研室并存。（6）已形成的核心知识体系框架模仿自其他高校，课堂教学使用其他高校教师主编的教材，多数教师上课照本宣科，与其他高校同类专业的核心知识体系差别不大，没有自主知识产权。（7）得益于专科阶段的积累，思想政治教育、舞蹈、社会工作、播音与主持艺术等专业的市场占有稍好，其他专业市场占有情况一般，有的占有率偏低，有的处于边缘状态。（8）思想政治教育、舞蹈、社会工作、播音与主持艺术有提供团干部培训、社会培训、社会服务的能力，其中思想政治教育拥有团干部培训基地，可以依托团省委开展培训和社会服务；社会工作可以依托团省委，面向社会提供青少年社会工作服务，舞蹈可以利用原有的声誉拓展社会服务。其他本科专业由于缺乏学术积淀、知识产权和社会声誉，短期内开拓多种业务的机会不多。总体来看，思想政治教育、舞蹈、社会工作、广播电视学（播音与主持艺术）拥有一定的核心知识，并围绕核心知识形成了自己的核心知识体系，具备成为主打专业的潜能。

3. 知识操作

对有可能成为学校主打产业的专业或学科来说，它们在知识操作层面的表现不一。

思想政治教育是学校的特色品牌，唯一的省高校重点学科，有面向全校的思想政治理论课，设有思想政治教育教学部，但没有独立的专业设置。该学科集中了包括博士在内的专职教师十人，以及散布在全校多个部门的研究者。与之相关的青少年研究在全国有较大的影响，且其知识体系具有其他高校没有的优势，承揽了学校对社会培训和团干部培训的主要任务，但多数研究集中在现实问题上，缺乏对思想政治教育本身的深入研究，核心领域无标志性成果。虽然从业者众，但主要是原来团校的老人，新进教师缺乏或对相关领域的创新不足。

舞蹈类专业是学校的特色专业，在应用型舞蹈人才培养方面成效显著，是山东省应用型舞蹈人才培养创新实验区的主持者，高职阶段曾获得省级教学成果一等奖。师生多次参加包括中央电视台等单位组织的大型晚会，获得舞蹈表演方面的国家和省级奖励较多，在省内外有较高的声誉。在人才培养之外，编演舞蹈作品的能力突出，能持续推出新编舞蹈作品，这方面远超省内外的其他高校。但理论研究的能力较低，影响了学科专业的发展。

社会工作起步较早，和其他高校的起点基本一致。借助思想政治教育重点学科、青少年研究和团省委的支持，在青少年社会工作方面走在了同类专业的前头。专业教师数量相对充足。市场占有率较高。但社会对该专业的认知率偏低，如何走向社会并占据市场优势仍是问题。

4. 知识的价值和规范

作为有四十多年办学历史的老团校，学校确立了自己作为青年政治类院校的价值追求。但由于长期从事团干部培训和成人教育，对普通本科教育认知不多，一切需要学习，需要规范。

5. 基本认知

山东青年政治学院从事本科教育的时间较短，经验缺乏。但其有六十多年的办学经验，在成人教育和团干部培训方面有着丰富的积累，在舞蹈、社会工作、广播电视学等领域形成了自己的特色，在同类专业中有较好的社会地位。这些专业可以成为学校的主打专业，问题是需要整合、培基、扶持和拓展，需要在校企合作育人方面作出进一步探索。

二、转型和培育核心竞争力的实践

自"升本"开始，山东青年政治学院一直在探索应用型人才培养。自2012年开始，学校对应用型人才培养的探索与"基于实践的新建本科院校核心竞争力培育研究""地方本科院校向应用型本科转型研究"两个项目的研究结合在一起，两个项目的研究采用了行动研究的方法，针对学校应用型人才培养中发现的问题进行了深入研究，用以指导学校的办学实践。学校用办学实践丰富了研究。

（一）对学校办学定位的研究与实践

基于价值的办学定位是学校发展的基础，也是核心竞争力培育的起步。项目组成员根据校领导的指示，先后研究起草了《关于启动特色名校筹建工作的研究报告》《山东青年政治学院特色名校建设实施方案》《学院制与学院设置》《山东青年政治学院学分制改革调研报告》《山东青年政治学院转型发展试点方案》等报告和文件，对学校的办学现状，特别是优势不足和存在的问题等进行了深入细致的分析，厘清了学校与其他高校特别是同类院校的比较优势和劣势，在此基础上提出了学校发展的思路，明晰了核心竞争力培育的方向，并将其反映在学校章程和"十三五"规划中。

山东青年政治学院领导一直在思考学校的发展大计，为学校的未来发展深谋远虑。早在"升本"之初就确定了突出"青年""政治"特色，重点发展青年政治类、经贸类等三大专业群，面向山东省培养高素质应用型人才的办学定位。但在最初的本科专业设置中，这一定位并没有得到充分体现。2010年、2011年学校增设的本科专业共15个，分别是社会工作、广播电视学、信息管理与信息系统、人力资源管理、舞蹈编导、国际经济与贸易、西班牙语、市场营销、财务管理、播音与主持艺术、经济学、政治学与行政学、英语、舞蹈学、艺术设计，其中除社会工作、政治学与行政学专业能体现"青年""政治"特色，舞蹈编导、播音与主持艺术专业能体现青年特色外，余者主要是热门的经贸类专业和外语类专业。

《关于启动特色名校筹建工作的研究报告》和《学院制与学院设置》等报告，通过理论梳理和大量的数据进一步厘清了学校的特色和未来发展需要注意的问题，明晰了"青年""政治"特色的内涵，在原有的基础上提出了组建"政治与公共管理""经济管理""人文艺术类"优势专业群的思路，提出要重点发展政治与公共管理专业群，以突出学校的办学特色。在已有研究的基础上，向校领导提出了组建政治与公共管理学院、经济管理学院的建议，以整合学术力量，加快形成特色，得到校领导认可并予以实施。2015年8月，学校正式发文调整内部机构，组建新的政治与公共管理学院、经济管理学院和会计学院，与原有的舞蹈学院、文化传播学院、设计艺术学院、信息工程学院、外国语学院，在学院层次上强化了学科专业之间的关系。2017年对旅游管理、酒店管理、物业管理等服务类专业之间的关系进行了研究，论证组建现代服务管理学院的可行性。

在人才培养方面，虽然学校一开始就确定了培养应用型人才的定位，但对什么是应用型人才、应用型本科与高职的区别、如何培养应用型本科人才等缺乏准确的认知。作者结合教研项目，对相关问题进行了探索。借助"实践导向型教师能力提升平台建设研究"，对应用型本科与高职教育的内涵外延进行了研究，深入分析了应用型本科的内涵和外延，明确指出：虽然有较多的高校在办学过程中声称或宣传自己是研究型大学或研究教学型大学，但从国际社会的经验来看，绝大多数高等学校是教学型院校，真正的研究型大学并不多，研究型大学与教学型大学的合理比例是1：99。即使在研究型大学中，也存在着许多以培养应用型人才为主的教学型院系，我国高等学校的发展莫不如此。应用型本科院校的定位以人才培养为主，知识创新和社会服务为次，或者是人才培养和社会服务为主，知识创新为次。与高职院校相比，本科院校的课堂教学更强调理论的学科性、深入性、系统性，强调的是学生对学科知识的全面系统了解，为学生的能力养成奠定深厚的基础。本科院校的实践教学面向整个行业技术运行与开发，具有系统性和完整性，与面向单纯某个岗位的技能型实训明显不同。本科院校的实践教学更多地是实验教学，既包括基础性的实验，也包括创新性、探索性的实验。当然这些实验是在熟练掌握已有技术的基础上开展的。[①] 应用型本科院校的教师，教师能力以教学能力为主，兼顾其他能力。其中教学能力既包括课堂教学能力，也包括实践教学能力，两者并重。与高职院校不同。本科院校更强调教师的科研能力。这里的科研能力以探究性学术、应用学术为主，兼及教学学术和整合学术的能力，强调学术创新。在不同层次的高校中，对教师能力的要求区别不大，主要的区别是对不同能力的强调程度，即对于教师不同能力的权重的认识不同。针对这些不同，在同一学校内部也可将教师分为教学为主型教师、科研为主型教师、教学科研型教师。对于不同类型的教师，在工作职责承担和考核时给予不同能力的侧重是不同的。

根据应用型人才培养的定位和需要，提出和组织人才培养方案修订、从人才培养、实验室建设和管理、大学生创新创业引导和管理等方面入手，起草了部分文件，夯实了应用型人才培养的基础。

（二）对知识战略要素整合的探索与实践

知识战略要素整合是一个庞大的工程，涉及高校办学的各个方面。山东青年政治学院在知识战略要素整合方面做了大量工作。

（1）人力资源的整合。人力资源的整合包括3个方面：专业教师的整合、管理人员的整合和学生的整合。

专业教师的整合，重点有二：一是引进高水平的博士、硕士和具有副高级以上职称的专业技术人员。从2011年开始，学校制定政策，大规模引进高水平的博士和具有副高级以上职称的专业技术人员，以充实教师队伍，扩大教师队伍规模。2016年开始，适应学校"迎评促建"工作的需要，进一步加大了高水平博士、硕士和"双师双能型"教师的引进力度。二是加强对已有教师的培训，提高他们的教育教学能力。依据《实践导向型教师能力培养平台建

---

① 刘先义等. 基于实践的教师能力提升平台建设研究报告（未出版），2013。

设研究》课题组的成果，学校出台了系列教师培训提高文件，如青年教师导师制、教师挂职锻炼制、教师外出访学、教师攻读学历学位、非学历进修、参加学术会议等等制度，完善了教师培训工作程序。通过外引内培，教师队伍的数量快速增加，2017 年专任教师达到 609 人，其中博士 71 人、硕士 407 人，正高级 48 人、副高级 149 人、中级 219 人、初级 168 人，[①] 教师队伍的学历结构、学位结构、职称结构、学缘结构等均有明显好转。

管理人员的整合，体现在学校管理的各个层面。校长层，先后从老牌本科院校和其他新型大学调来副校长 2 人、校长 1 人、书记和纪委书记各 1 人，从团省委和县委书记任上调来副校长 2 人。到 2017 年，校长层已经没有原来山东青年管理干部学院的人了。在学院层面上，按照"学而优则仕"的原则选择学历经历完整、有较高的学术水平和教学水平的教授副教授担任二级学院的院长和副院长；同时提拔部分博士担任教研室主任和学院的管理工作。到 2017 年，11 个教学单位 22 位院长（主任）、副院长中，教授 12 人、副教授 10 人，博士 7 人、硕士 7 人，2 人有博士后工作经历；在职能部门负责人中，有博士 7 人、硕士 11 人，教授 10 人、副教授 11 人。担任专业负责人或教研室主任的，基本具有博士、硕士学位或副教授以上职称。[②] 这支以专业人员为主的管理队伍，其管理能力比 2010 年前有了明显改进。

人力资源整合的另一方向是学生，主要目的是吸引优质生源并予以培养，使其成为社会的栋梁人才。在这方面，学校主要采取了建设优质生源基地、扩大针对性的宣传、鼓励学生回母校宣传、以良好的人才培养质量等吸引学生。生源质量不断提升，第一志愿报考率和报到率明显提升。

（2）知识表现形式的整合。知识表现形式涉及学科、专业（课程）、课程单元、教科研项目等，它们的整合涉及的面宽，遇到的问题多。其中学科和专业属于第一层次，课程单元和教科研项目等属于第二层次。

在第一层次，学校在 2012 年制定了重点学科和重点专业建设的文件，推进学科和专业建设，实际先开展的是专业建设，包括专业增设和专业建设。专业增设的步伐不快，2012 年下半年根据教育部的文件将艺术设计调整为视觉传达设、环境设计、产品设计、服装与服饰设计，舞蹈学调整为舞蹈学和舞蹈表演，新申报增设汉语言文学、计算机科学与技术、审计学、酒店管理 4 个专业；2013 年申报增设公共事业管理和电子信息工程 2 个专业；2017 年申报旅游管理、物业管理和德语专业；其间在 2014、2015、2016 年因学校发展考虑

① 根据山东青年政治学院 2016～2017 年基层单位报表统计。
② 根据山东青年政治学院 2016～2017 学年基层单位统计数据整理。

没有申报新专业。专业建设全面展开，依托专项建设和专业规范建设两条线展开。专项建设开展的具体工作有：重点专业立项建设，2014、2015、2017 年先后立项 3 批 13 个专业：国际经济与贸易、财务管理、播音与主持艺术、酒店管理、舞蹈编导，信息管理与信息系统、人力资源管理、广播电视学、政治学与行政学、环境设计，经济学、审计学、市场营销。申报高水平应用型专业，2015 年将专业分为 A、B、C 三类，2016 年组织社会工作（包括政治学与行政学、公共事业管理）、舞蹈编导（包括舞蹈学、舞蹈表演）、广播电视学（包括汉语言文学、播音与主持艺术）3 个群 9 个专业申报省高水平应用型培育专业，获得立项批准。人才培养模式创新实验区建设，2014 年批准立项卓越新闻传播人才、酒店管理专业应用型人才、面向社会需求的应用型设计艺术人才三个创新实验区，开展应用型人才培养模式创新探索和实验。专业规范建设主要是通过人才培养方案修订和课程建设进行。人才培养方案修订于 2013、2016 年进行了两次，重点是面向劳动力市场和社会需求，强化实践教学环节和学生的能力培养。经过修订，人文社科类专业的实践教学环节占总学分的比例超过 20%、高水平应用型立项建设专业超过 25%；理工类专业实践教学环节占总学分的比例超过 30%。通过上述工作，专业发展思路进一步清晰，学校的主打专业进一步明晰，学校基本确定了专业和专业群发展思路。

学科建设因故一直踟蹰不前，直至 2017 年硕士授权单位和授权点申报。学校"十二五规划""十三五规划"和《山东青年政治学院章程》，都把学科建设和硕士点申报作为重点工作列入，教务处在 2012 年制定了"重点学科建设管理办法"。2017 年硕士点申报开始，学校决定以高水平应用型立项建设专业为基础，申报专业硕士点，对学科建设的现状进行了梳理，制定了学位建设规划、学科建设与发展规划，明确发展社会工作、艺术（舞蹈、广播电视）、国际商务等 3 个专业硕士学科。

课程单元一直是学校的重点建设领域，主要是借助重点工程进行，开展的主要工程有：精品课程建设，先后有 32 门课程立项为省级精品课程，45 门课程立项为校级精品课程。网络开放课程；公共选修课建设，重点是开发大学精神类课程，2016 年、2017 年立项建设 10 门课程，其中大学精神类课程 6 门。2017 年"面向鉴证服务业的财会类专业人才培养模式改进研究与探索""云计算技术与应用导论"两个项目获得教育部产学合作协同育人项目立项。

教学研究和科学研究是提升人才培养质量的重要途径。学校高度重视教学研究和科学研究。教学研究方面，除通常的立项项目外，学校推出了教研室能力提升工程、优秀教学案例、优秀教研论文等新的项目。2012～2017 年先后

15 个项目被立项为省级教学改革研究项目，其中 4 项为省级重点项目，先后 117 个项目被批准为校级教改项目，其中重点项目 32 项，立项教研室能力提升项目 92 项。2012～2017 年组织 2 批校级教学成果评选，47 个成果获得表彰，其中 9 项成果获得省级教学成果奖，包括一等奖 4 项、二等奖 3 项、三等奖 2 项。2015 年开始优秀教学案例和优秀教学论文评选，先后有 26 篇教学案例和 23 篇教学论文获得表彰。上述项目和表彰有力地推动了教师从事教学研究和教学改革，通过改革提升人才培养质量的积极性，推动人才质量不断提升。

科学研究是高校的基本职能之一，学术水平是学校办学水平的主要体现。学校从实际出发，将科学研究政策的重点放在培育上，将通行的奖励政策前移为培育政策，即在项目培育阶段给予科研项目和科研成果大力支持，激发了教师的科研积极性。同时，结合学校的定位和教师的兴趣设立了 20 多个校内研究机构，鼓励教师形成团队，集体攻关。2012～2017 年，先后立项国家社科、自然科学基金、艺术基金项目 15 项，省级社科基金、自然科学基金项目 234 项。发表论文 2000 余篇，其中 SCI、CSSCI、EI 等收录 160 篇。学校的科学研究能力和学术水平有明显提高。

创新创业教育是培养学生综合运用所学知识形成多方面能力的一种教育方式，学校立足实际，提出了"立足专业、教师先行、学生为主体、市场化运营"的理念，构建了招生就业、教务、团委等合力共管的领导体制。重点开展如下活动：设立创新学分，鼓励学生参加学科竞赛和创新创业活动；开发创新创业课程，鼓励教师结合课程教学进行创新创业教育；鼓励学生申报学生创新创业训练项目；与团省委合作设立山东青年创业学院，建立青年众创基地和创客空间，鼓励学生进行创业实践。有力地激发了教师从事创新创业教育和青年学生创新创业的热情。教师开发创业教育课程 3 门。2013～2017 年有 222 个大学生创新创业项目立项，其中 97 项获国家级立项，惠及学生 1100 余人；90 个创业实体入驻青年众创基地，2000 余名学生受惠。643 名学生申请了创新学分，学生的创新创业能力有明显提升。

对知识表现形式组织化的整合，既有较好的研究，也有较好的实践。一是对院系的调整，将原来的政法学院、管理学院、工商管理学院、商学院等调整为政治与公共管理学院，经济管理学院和会计学院，既突出了学科（群）的取向，又突出了管理幅度等原则。二是对实验室资源的整合，通过实验中心的设置和调整，有力地整合了实验室资源，有利于学科（专业）群的建设和学校办学优势的突出。另外，新建和整合了部分研究机构。

（3）知识转化的管理系统的整合。知识转化的管理系统的整合，包括院系调整、管理机构调整、管理制度和管理体系的整合等，围绕着学校定位和应用型人才培养的需求展开。

院系调整主要进行了两轮，以有利于专业群建设为出发点。第一轮在2011～2012年陆续展开，重点是按学院制原则调整院系设置，将山东青年管理干部学院时期的系逐步改成学院，形成了政法学院、工商管理学院、公共管理学院、国际商学院、经济学院、设计艺术学院、文化传播学院、外国语学院、信息工程学院、旅游学院、舞蹈学院、体育部的院系架构。2015年对院系进行调整，对政法学院、工商管理学院、公共管理学院（管理学院）、国际商学院、经济学院进行调整，形成政治与公共管理学院、经济管理学院、会计学院3个新的院系，思想政治教学部从政法学院独立出来单独设立，形成9院2部的格局。2017年开始探讨现代服务管理学院的组建。

管理机构的调整，主要是各类领导小组的组建和规范，行政机构职能的进一步明晰。行政机构的调整不多，主要有2013年教务处分拆为教务处和实验设备处的调整。

管理制度的建设是学校的重点工作。自2012年开始，学校根据办学定位和应用型人才培养的需要，对管理制度进行了大规模的制修订。截至2017年年底，先后制修订各类规章制度130多份。其中属于完全新增的有学士学位授予制度、本科生毕业论文毕业设计制度、本科专业人才方案制修订制度、创新创业教育制度，等等。这些管理制度的制修订，规范了人才培养、学术研究、社会服务等各个领域，推动了学校的发展。

上述活动，都在一定程度上明晰、突出了学校的办学定位，为学校办学定位和办学目标的落实做出了贡献。在知识表现形式及其组织的整合中，都顺应知识社会发展的趋势，采取了突出问题导向、跨学科的做法。

（三）对竞争力内化的探索与实践

学校认识到，组织文化的建设对学校核心竞争力的形成具有十分重要的影响，其中主导文化是核心，将高校知识生产和操作的规程、模式、范式内化的组织知识规范和价值观是组织的主导文化到核心竞争力的转化机制。因此，学校不仅逐步明晰学校的办学定位和办学特色，规范管理制度和管理程序，还通过各种方式推进学校文化建设。创办《山东青年政治学院报》，引导学校的文化建设。开展学校文化建设活动；招标设计学校的校徽、校歌、校风、校训等；给校园建筑和道路等重新命名，等等，推进校园文化建设。

（四）对路径突破的探索与实践

山东青年政治学院举办本科教育的时间不长，但其举办成人教育和高职教育的时间较长。其中成人教育自1949年开始，迄今已有60余年；高职教育自1999年开始，迄今也有20多年的时间。直至今天，本科教育的规模刚刚超过高职教育。也就是说，在学校内部，本科教育刚刚超过其他教育层次，开始成为学校的主导产业。

在长达 20 年的高职教育和 60 余年的成人教育中，学校形成了与成人教育、高职教育相适应的知识体系、技术设备、管理规范和组织结构，并形成了与之相应的学校文化。这种文化具有很强的刚性，也有明显的组织记忆，并且因管理者过去经验的影响而深深地烙印在今天的学校运营和管理中。这点与民办本科院校有着巨大的差距。因为民办本科院校办学时间短，还未形成强有力的独特学校文化。

对于已有学校文化形成的路径依赖，学校认识到：旧有的组织文化既有阻碍新的组织文化形成的一面，也有形成新的组织文化的合理内核。如果处理好了，可能有助于新的组织文化的产生和发展。因此，学校提出了尊重历史和传统，充分借助已有办学特色和优势，特别是青年研究的特色和应用技能型人才的经验转移到本科教育的思路，以办学水平较高的高职专业为基础增设本科专业，通过提升素质和能力合理转移师资，以原有院系和机构为基础调整机构。

在优化、调整、改造原有办学基础的同时，学校加大增量建设，以新增学科（专业）、创新创业教育、应用研究为抓手，推进新的核心竞争力培育与建设。

三、核心竞争力培育的效果

经过五年发展，山东青年政治学院的核心竞争力是怎样的呢？我们利用第六章构建的评价指标体系进行再评价。

（一）办学定位分析

学校已经有明确的主打专业，主要是列入高水平应用型立项建设专业（群）的专业和学校重点建设的专业，已经明确的主打专业有：社会工作、政治学与行政学、舞蹈编导、广播电视学、播音与主持艺术，以上为省高水平应用型立项建设专业和校级重点建设专业，为第一层次的专业，也是最主要的主打专业；其次为公共事业管理、舞蹈学、舞蹈表演、汉语言文学，是省级高水平应用型立项建设专业，为第二层次的专业，也是重点建设的主打专业；再次为国际经济与贸易、财务管理、酒店管理、信息管理与信息系统、人力资源管理、环境设计、审计学、经济学、市场营销，为第三层次的专业；最后，其他 7 个专业为第四层次专业。

第一层次专业都有很好的建设基础，无论是专业建设还是相关的学科建设，都走在学校各专业的前面，专业影响力在省内同类专业中位居前列，且具有明显的比较优势，批准为高水平应用型专业就是一个很好的证明。排在第二层次的专业列入了省高水平应用型立项建设专业行列，但多是作为专业群的有机组成部分进入的，专业自身在校内的地位并不明显，建设水平一般，在省内同类专业中的影响不一致，其中舞蹈表演与舞蹈编导结合，在省内外有较大的影响。公共事业管理、舞蹈学明显建设滞后，需要在专业群的带动下加快建设。汉语言文学属于大众化专业，专业建设一般，在省内同类专业的影响更是一般，必须借助专业群的建设明细细分市场，突出特色。第三层次除经济学和环境设计外，均为管理类专业，属于热门专业。这些专业在省内和全国布点较多，建设水平一般，无论是绝对地位还是相对地位都一般。但这些专业对学生有很强的影响力，容易招生。第四层次的专业在省内同类专业的地位同第三层次，建设水平一般。

在融集资源方面，第一层次的 5 个主打专业表现不一。社会工作专业设立了济南山青社会工作服务中心、山东省社区发展和社会工作研究中心，承接了较多的政府购买项目；舞蹈编导近年编排了多个在省内和全国有较大影响的舞蹈项目，如"风筝""闯关东"等，获得了国家艺术基金，多次参加国家级和省级大型晚会演出。广播电视学专业承接了较多的校地合作项目。政治学与行政学是彰显学校名称的专业，学校在青少年研究、思想政治工作、团干部培训等方面拥有丰富的资源和经验，校内资源的整合和建设还有待扩大。播音与主持艺术在行业内也有较大的影响力，但其行业特性限制了其对资源的吸引力。

在专业群建设方面，社会工作、政治学与行政学与公共事业管理构成了以基层社区治理为核心的专业群，但专业群之间的联系还需要进一步理顺，基层社区治理为核心的问题导向也不便于发挥学校在青年、政治方面的特色和整合思想政治教育、团干部培训等力量。舞蹈编导、舞蹈表演、舞蹈学是从原来的舞蹈专科发展来的，拥有相同的基础，专业之间的关系容易理顺，问题是外延如何扩大，一旦扩大也会带来专业之间的融合和支撑问题。广播电视学、播音主持与艺术和汉语言文学组成的专业群，也存在着专业之间的整合问题。在高水平应用型立项建设专业项目的支持下，这 3 个专业群可以获得较快的发展，它们集中了第一、第二层次的所有专业。第三层次的专业属于学校重点发展的专业，除环境设计外，其他专业都属于经济管理类专业，彼此之间有很强的支撑性，目前的难题是分散在经济管理、会计、旅游、信息工程 4 个学院里，专业之间的协调、整合和支撑受到影响。如能按照专业之间的逻辑关系或面向行业的逻辑关系，先分散为两个小群然后整合为 1 个大群，可能更好操作。

（二）主打专业的发展性

舞蹈编导、社会工作、广播电视学 3 个专业群目前的定位基本明晰，分别面向舞蹈编导和表演、基层社区治理和区域文化研究。群内专业在借鉴和行业调研的基础上修订了人才培养方案，基于专业形成了相对完整的知识体系。除舞蹈编导专业群外，社会工作和广播电视学专业群对群内专业之间的关系进行了协调，形成了共享课程单元，专业之间的关系有明显的改善。但群内专业之间课程单元的协调和整合刚刚开始，专业之间的相互支撑还没有到位，专业人才培养方案的独立性极为明显，没有形成具有群特色的专业课程群，即没有完全形成针对性强的知识体系。

在人才培养方案的修订中，舞蹈、社会工作、广播电视学等专业群都进行了行业和行业劳动力市场研究，但已做的劳动力市场研究多以院校调研为主，行业调查缺乏典型性和未来发展性，影响了行业和行业劳动力市场调研的适用性和有效性。基本形成了适时调整知识体系的机制。

主打专业尤其是社会工作、广播电视学两个专业群的人力资源基础有较大改善，其中社会工作专业群专业教师已达到 50 余人，博士学位拥有者占三分之一强；广播电视学专业群的情况与社会工作专业群差不多；舞蹈专业群的人力资源基础偏弱，高水平的理论论述和编导人才不足。

专业发展的学科基础有明显发展，其中以社会工作专业群较为突出，近年先后获批国家社会科学基金、国家自然科学基金项目 3 个，发表了多篇有影响的论文，参与民政部、山东省多部标准的起草。广播电视学专业群立足区域文化研究形成了部分成果。舞蹈专业群在舞蹈编创方面成效斐然。

主打专业的专业群均统一在一个学院里，有利于专业的协调发展。社会工作专业群成立济南山青社会工作服务中心、山东省社区发展和社会工作研究中心，面向社会提供服务，获得政府购买服务资金已经超过千万元。舞蹈专业群编创多个高水平舞蹈作品，面向社会演出，获得了国家艺术基金和演出费用；广播电视学专业群也获得了地方政府的部分资金。总体来看，这 3 个群 9 个专业均已具备了一定的筹资能力，但各专业的筹资能力不一。上述专业中，专业壁垒最小的是社会工作专业群，对教师和学生的专用性人力资本积累要求一般，多数院校都可以进入。舞蹈编导专业群的进入壁垒较高，必须配备足够的专业教师才能开设，且其他学科的教师难以替代。广播电视学专业群的情况同社会工作专业群。

在专业知识体系的差异性上，社会工作、广播电视学 2 群 6 个专业与其他高校同类专业的差别不大，知识体系建立在模仿的基础上，缺乏建立市场壁垒的可能性；这两个专业群的毕业生在劳动力市场上的表现一般，市场占有的绝对值和相对值均一般，形成相关或相邻专业知识体系的能力有，因为相关专业的进入壁垒相对弱。舞蹈专业在应用舞蹈人才培养上有自己的特色，专业知识体系与其他高校的同类专业有差异，但差异不大；毕业生的市场占有情况较好，但集中在培训市场上，专业市场占有情况一般，形成相关或相邻专业知识体系的能力差。

（三）主打专业发展的基础

在专业教学方面，社会工作形成了以自设机构为主、社会机构为辅的校企合作育人模式，理论与实践结合，校内实训与机构实操结合的人才培养模式，具有自己的特点。但多数课程的探究性不足。政治学与行政学以学科竞赛、创新创业训练为主导，形成了突出行政能力养成和政治素养为主的人才培养方案和人才培养模式；舞蹈形成"演编教评组"一专多能的基层应用型舞蹈人才培养模式，将训练和技能养成作为教学的核心，但课程教学的探究性一般。广播电视学、播音与主持艺术专业也形成了自己的人才培养模式。对教学内容的修订，学校制定有政策，鼓励教师与时俱进。

在科学研究、社会服务服务及其一体化方面，社会工作对青少年社会工作和社区治理问题进行了较多的探索和研究，并将相关知识运用于社会服务，取得了良好的成果；教学、科研、社会服务一体化建设进展明显；舞蹈编导进行了较多的舞蹈作品编创，水平明显提高，且得到了行业和社会的承认；在知识生产、知识整合、知识传播和知识应用方面有良好的进展。广播电视学以区域文化为中心，在知识生产、知识整合、知识传播和知识应用方面进行了积极的探索。政治学与行政学在教学、科研与社会服务一体化方面进行了有力的探索。舞蹈表演进展较好。但整体来看，教师的学术水平偏低，缺乏独立承担高水平科研课题和横向课题的能力，知识创新和知识生产的产品偏少。由于学术水平低，教师在相关领域知识创新和知识生产的能力较弱，已经形成的知识体系以借鉴和模仿为主，没有自己的独创性和知识产权，导致专业知识体系的独创性不足和学术壁垒偏低，难以对其他高校的同类专业形成真正的比较优势，所谓的比较优势只是枝节和技巧方面的。

人才培养的独特性方面，社会工作在服务项目开发、学生公益创业方面进行了积极探索，政治学与行政学在学科竞赛、创新创业训练、社会调查等方面进行了有力探索；舞蹈编导和舞蹈表演在作品编创和演出方面进行了探索。广播电视学在创意写作和卓越新闻人才培养方面进行了探索。社会工作、舞蹈编导、广播电视学等专业均有自己的代表性作品，这种代表性作品既有人才培养方面的，如省级教学成果一等奖的获得，也有学术研究方面的，还有学生自主创业方面的。但总体来看，学生的对口就业率普遍不高。社会工作以专业硕士的考取为主，已经超过40%；舞蹈主要集中在舞蹈培训和舞蹈教育方面，真正从事舞蹈演出的不多；广播电视学、播音与主持艺术多从事企业宣传和公共关系工作。其他专业的对口就业率也不高。

（四）主打专业发展的保障性

学校在人才培养方案的修订、人才培养方案实施、人才培养流程制度化等方面已经形成相对稳定的机制；教职工对人才培养流程的认同度比较高。在围绕专业的价值观方面，社会工作专业最为突出，教职工的认同度也高，这与社会工作专业的专业特点密切相关。舞蹈编导、舞蹈表演也形成了专业的价值观；广播电视学、播音与主持艺术、政治学与行政学也开始形成专业价值观；教职工对专业价值观的认知度较高。社会工作和政治学与行政学的专业价值观可向相关专业拓展，引导相关专业的社会认同度。学校已经形成了有效的激励机制，特别是在教育教学方面和社会服务方面，激励效果明显，但科研和日常管理中的激励作用需要加强。

（五）主打专业发展的动态协调性

在学校内部和相关专业或专业群，专业知识体系的更新、人才培养程序的更新、专业价值观的更新，乃至激励机制的更新及其协调机制已经基本形成，尤其是专业知识体系的更新和人才培养程序的更新已经相对规范，且形成了良好的协调机制。需要强调的是，激励机制的与时更新机制还需要完善。

（六）结论与建议

通过上面的分析，我们可以得出如下结论：（1）学校明确了主打专业，且主打专业与其他专业的关系明晰，已设专业根据发展情况自然形成了分类；主打专业发展势头良好，显示了良好的资源融集能力；主打专业在省内处于优势地位，市场占有情况明显上升；围绕着主打专业形成了专业群，集中了学校三分之一的专业，并可辐射到学校一半以上的专业。（2）主打专业形成了相对完整的人才培养方案，并辐射到群内专业；主打专业的人力资源、学科基础有明显改善，且进行了组织调整，为专业群的发展准备了条件；舞蹈、社会工作的知识体系具有独特性，进入壁垒较高，毕业生的市场表现良好。（3）主打专业的人才培养方式方法、培养手段适应应用型人才培养的需要，初步形成了有特色的人才培养模式；初步形成了教学、科研和社会服务的一体化，人才培养有特点；学生对口就业率有明显提升。（4）学校在人才培养方案制订、人才培养方案实施、人才培养过程流程化方面形成了完整的制度体系；教职工对人才培养方案和过程认同度高，初步形成了专业价值观；专业价值观具有拓展性，激励机制基本完善。（5）初步形成了专业、专业知识体系、人才培养程序、专业价值观和激励机制的动态协调更新机制。

总的来看，经过数年的努力，山东青年政治学院转型和培养核心竞争力的实践取得了较好的效果。主要表现在：学校已明晰了办学定位，主打专业明晰，主打专业长期发展势头明显、办学基础较好，形成了围绕主打专业配置资源和优化资源的机制，专业发展的相关协调机制完整，能适时进行协调性更新。学校的办学实力明显提升，核心竞争力培育纳入了正规。但主打专业数量偏少，主打专业的市场占有一般，没有自己独特的知识体系，已有知识体系的壁垒偏低，资源配置需要改进，专业发展的协调机制需要进一步优化，面向市场的知识创新和知识生产需要大力发展。

结论与展望

　　人类进入了知识社会，知识成为社会发展的核心因素，以知识为基础的教育特别是高等教育也发生了急剧的变化，"在这个不断变化和日益互联的世界，教育面临着新的挑战，学习者的需求越来越复杂和多样化"，社会"对教育创新的需求从未如此迫切""我们需要更宏观地思考，需要表现更大的决心将创新引入教育领域，我们也需要确保教育的最佳实践得以共享"。① 在教育创新中，教育生产和供给的多样化是其中之一，人类社会形成的一切知识和技术成为高等教育传播的内容，以满足各种各样的学习者的多样化需求，高等教育因传播知识和技术的差异而分类，高等学校因此分类分层，高等教育网形成。

　　过去的四十年，中国社会的主题是改革开放，是重新引进和建构市场，建设中国特色社会主义市场经济，以激发各种要素的活力，推动经济社会发展，以满足人民日益增长的物质文化需要，具体到教育领域就是办人民满意的教育。随着经济体制改革的进行和深入，整个社会发生转型。高等教育是整个社会系统的有机组成部分，它从社会输入资源，经过生产，面向社会输出知识和人力资本。在社会主义市场经济体制下，高校需要的部分资源来自市场，生产的产品面向市场，不可避免地受到市场影响，成为市场的有机组成部分，高等教育市场因此形成。高等教育市场不是完全的市场，而是政府干预下的准市场。这是由高等教育的产品属性和我国转型社会的现实决定的。我国高等教育市场的形成是高等教育体制和相关体制如事业单位体制、科学研究体制不断改革的结果。

　　作为市场的主体，高校生产的是学生产品和知识产品，其中学生产品包括

---

　　① 斯塔夫罗斯·伊恩努卡.《重新想象学习》序. ［英］格雷厄姆·布朗－马丁等. 重新想象学习［M］. 北京：中国人民大学出版社，2016.

自我完善的商品和培训性商品，自我完善的商品可分为地位商品和自我完善的其他商品，地位商品是由高校在整个高等教育体系和劳动力市场中的地位所决定的，与学校密切相关，以学位证书为表证，自我完善的其他商品是学生通过学习获得的，与个人的追求和学校的生产有关。知识产品的商品性是由法律制度界定的，以知识产权保护为核心的法律制度使知识成为了商品。但高校的市场主体性并不完整，特别是国办高校，其市场主体性受到政府的限制。我国高校的市场主体性正在建构中，落实办学自主权和完全的法人地位是高校市场主体性建构的主要途径。

作为市场主体，高校之间为资源、生源、新知识展开竞争。高校竞争的主体是不同类型不同层次的高校，竞争的主要对象是生源和新知识，表现为劳动力力市场、技术市场和社会服务市场的竞争，其中劳动力市场竞争是根本竞争，因为人才培养是高校区别于其他社会组织的基本特征，高校通过人才培养即增益毕业生的人力资本特别是专用性人才资本，形成毕业生的"技能"参与劳动力市场的竞争，以毕业生在劳动力市场的表现为路径。对劳动力细分市场的定位表现为高校对特定行业或产业、或不同行业或产业的同一类岗位或岗位群的选择，表征为高校的专业设置和院系设置。同时，高校面向生产人力资本和新知识的资源主要是人力资源展开竞争。高校竞争存在着三种逻辑：政治竞争、市场竞争、知识竞争。目前处于复杂知识竞争阶段，以知识竞争为基础，政治竞争和市场竞争并存。

新型大学是1998年《中华人民共和国高等教育法》颁行以来按新机制设立的本科高校，总数已经超过700所，占到本科高等教育机构的一半。与老牌本科高校相比，新型大学是本科教育的新生力量，其本科教育处于幼年期，但组织存续时间较长，呈现出产品生命周期与组织生命周期不匹配的特点。新型大学在办学资源、办学能力、办学水平，乃至产品的品种等方面都与老牌本科高校存在着明显的差距，要想在高等教育市场展开竞争并获得竞争优势，只能立足自身选择合适的竞争对手、竞争方式和竞争路径，实施特色竞争、错位竞争。多数新型大学选择以应用型人才培养及相关的应用性知识操作为定位，培育核心竞争力，以形成相对竞争优势。

核心竞争力属于组织能力的范畴，自普拉哈拉德和哈默提出核心竞争力的概念后，它被广泛应用于各个领域，被赋以竞争者能够长期获得竞争优势的能力。培育高校的核心竞争力，就是培育高校能够在高等教育市场上长期获得竞争优势的能力。社会对高校核心竞争力的认知，与高等教育质量观密切相关。人类进入知识社会后，高等教育产品多样化，高等教育质量观多元化，为高校的错位竞争和特色竞争提供了可能，也为高校的核心竞争力培育提供了多种选择。高校核心竞争力的培育和竞争的展开是在特定的资源基础上进行的，是对已有竞争能力的继承和发展。因此，应先对高校的核心竞争力进行评价，了解核心竞争力的现状。新型大学多为地方性院校，以人才培养为主要业务，法律和相关政策明确规定高校应面向社会需求培养专门人才，新型大学核心竞争力的评价和培育因此应以专业或专业群为主，可从办学定位（有没有主打专业）、主打专业的发展性、主打专业发展的基础、主打专业发展的保障性和主打专业发展的动态协调性五个方面入手。这五个方面评价的是高校主打专业的核心竞争力，其前提假设是高校有自己的明确的服务领域即行业选择。

高校核心竞争力的培育是操作层面的事情，是在对高校核心竞争力的现状有明确认知基础上的自觉行动。高校核心竞争力的培育是一个复杂的过程，一般要经历一个由价值定位到要素整合，再到能力内化（规范），最后摆脱路径依赖（能力更新）的过程。首要的是价值定位，它是后续一切行动的基础，决定着高校核心竞争力培育的可能和成效。但在实然状态，新型大学的价值定位并不明晰，具体表现是新型大学的人才培养定位多来自对老牌本科院校的模仿和学习，并非来自真正的劳动力市场需求及其变化的认知和自我选择，加上其他因素的影响，新型大学的人才培养实际偏离了劳动力市场的真正需求，形成一种以理论知识传授为主的专门人才培养模式，这种模式表现为如下特点：按产业领域设置专业和招收学生；以理论知识传授为主，包括技术技能课；辅以部分集中性实践教学，集中性实践教学流于形式；学生学习成效考核以期末闭卷考试为主；学生掌握了不少理论知识，应用能力开发不足。结果是培养出的人才不符合劳动力市场的要求，理论知识教育过度和能力培养教育不足并存，无法令人民满意。这种模式的形成除新型大学以模仿和学习为主外，还受到高等教育运行机制、市场经济下校企合作实现困难等因素的影响。

对新型大学来说，培育核心竞争力的首要问题是准确定位，面向劳动力市场培养市场需要的应用型人才，这一定位不仅是口头和书面上的表述，而是实实在在的落实。近年来，新型大学面向劳动力市场培养应用型人才的定位已经明确，也获得了政府和社会的认可。随之而来的是从已有的人才培养类型定位和思维向应用型人才定位和思维的转型。新型大学在人才培养上面临着两种转型：由专科教育向本科教育的转型，由模仿式的本科教育向基于市场定位的应用型人才培养的转型，两者的归宿是一样的，即面向劳动力市场培养应用型人才，前一个转型的实质是人才类型的转型，即由技能型人才向应用型人才转型，后一个转型的实质是人才培养目标的清晰定位。无论是前者还是后者，都不是单纯的人才培养目标转型，而是围绕着人才培养目标的整个教育教学系统的转型，转型的内容包括学校办学定位、专业定位、人才培养、科学研究和社会服务、师资队伍、结构等，以及筹资渠道多元化，其中人才培养转型涉及人才培养目标、人才培养类型和规格、人才培养方案、课程单元、教学过程、考核方式、质量监控等。结构转型涉及学校领导、院系、院系权力、外部关系、管理制度、学校文化等。转型的方式有学校整体转型、专业或专业群转型两种，转型的路径是产教融合。应用型人才培养是能力本位的教育，面向劳动力市场的职业能力和职业素养培养是应用型人才培养的核心。这些职业能力和职业素养需要在特定的场域通过特定的方式培养，产教融合是实现这种能力培养的必经之路。因此，在转型过程中，如何实现产教融合是关键的。产教融合实现的关键是实践教学场域的配置和实践教学队伍的配置，可由学校自行配置，可由用人单位或相关单位配置，也可由学校与企业合作配置。在市场经济条件下，校企合作实现的可能是校企双方的需求、校企双方合作的愿望以及校企双方的互补性。政府可通过优惠政策鼓励校企双方接近并形成合作关系。

新型大学的转型和发展是连在一起的，两者可以并行推进。新型大学的转型、竞争和发展应注意做好以下六条：立足历史传统、立足资源优势、立足行业优势；坚持产教融合和校社融合；实现教学科研一体化、教学服务一体化、教学教育（活动）一体化；力争知识领先和大学技术领先，将前沿知识、前沿技术用最新的大学技术展示和传授给学生；将创新创业贯穿人才培养的全过程，充分发挥创新创业教育的作用；注意发挥自我评价和质量监控的作用。其中面向未来的制度创新（三个一体化）、技术创新及其在人才培养中的应用是关键。新型大学要善于认清自身，打破原有制度框架的限制，实施制度创新、技术创新，因材施教。

定位于培养应用型人才并为此进行转型，是针对大多数资源筹集能力一般的新型大学而言的，并不包括所有的新型大学。如果新型大学能够获得足够的资源注入，能获致一流的人力资源，在短期内形成自己的基于知识创新和知识生产的发展模式也是可行的。如香港科技大学、中国科学院大学、中国社会科学院大学，它们不仅可以面向社会需求培养应用型人才，而且可以面向社会培养研究型人才，前提是它们有足够的资源特别是人力资本。无论是前者，还是后者，通过学术研究创新知识和生产知识是形成核心竞争力、扩大壁垒的主要手段，无论是老牌本科高校，还是新型大学，鼓励学术研究是必要的。我们论述的基础是在资源有限的情况下，面对人才培养、科学研究、社会服务等职能发生冲突的情况，不得不选择人才培养这个高等教育的基本职能作为学校运营的中心，科学研究和社会服务围绕着人才培养进行。这样的选择是基于现有条件的明智选择，并不是反对学术研究。一旦有可能，新型大学就要进行学术研究，以形成自己的独有知识体系，这才是核心竞争力的核心。因此，从长远的可持续的视角看，知识创新、制度创新、大学技术创新以及三者的协调统合是高校核心竞争力的源泉。

"中国特色社会主义进入新时代，我国社会主要矛盾已经转化为人民日益增长的美好生活需要和不平衡不充分的发展之间的矛盾。"① 接受好的教育特别是高质量的高等教育是人民的美好生活需要之一，也是满足其他美好生活需要的基础和路径。随着社会的进步和多元化，高等教育的普及，人民对高等教育的需要日益多元和个性化，教育的主要目标将是最大限度地提高全民对快速变化发展的现代社会和职业流动的适应能力，高等教育的价值重心将转移到个体价值，功能重点将转移到个人本位。② 同时，生源趋于多样化和多元化，理论和实践的联系将日益密切，高等教育和经济将更加不可分割。③ 面对这样的趋势，政府要抓紧进行高等教育体制改革，切实落实高等学校的法人地位，赋予高等学校更多的办学自主权。高等学校要加强劳动力市场研究，加强学生需求研究，根据劳动力市场和学生需求研制个性化的人才培养方案，为学生提供适时适度适销对路的人力资本养成服务，满足社会和学生的双重需求，这将是包括新型大学在内的全体高等学校努力的方向，也是我们今后努力的方向。适时跟踪新型大学转型和核心竞争力培育的情况并进行实证分析，以推进新型大学的转型、适应高等教育普及化阶段的需求，也是我们今后努力的方向。

---

① 习近平. 决胜全面建成小康社会夺取新时代中国特色社会主义伟大胜利［EB/OL］. 新华社十九大融媒体专题（http：//news. xinhuanet. com/politics/19cpcnc/2017 - 10/27/c_ 1121867529. html）.

② 董立平. 多样化：高等教育普及化阶段的基本特征［J］. 中国高等教育，2016（17）：10 - 11.

③ 马万华主编. 多样性与领导力：马丁特罗论美国高等教育和研究型大学［M］. 北京：教育科学出版社，2011：317.

参考文献

一、专业著作类

马克思，政治经济学批判大纲（第一分册），刘潇然译，北京：人民出版社，1975。

邓小平，邓小平文选（第二卷），北京：人民出版社，1992。

邓小平，邓小平文选（第三卷），北京：人民出版社，2001。

张闻天，张闻天文集（4），北京：中共党史出版社，1993。

江泽民，江泽民文选（第1、2、3卷），北京：人民出版社，2006。

胡锦涛，胡锦涛文选（第1、2、3卷），北京：人民出版社，2016。

习近平，习近平谈治国理政，北京：外文出版社，2014。

文学国主编，马克思恩格斯列宁斯大林论教育，北京：中国社会科学出版社，2016。

何毅亭主编，以习近平同志为核心的党中央治国理政新理念新思想新战略，北京：人民出版社，2017。

中共中央文献研究室，邓小平论教育（第3版），北京：人民教育出版社，2004。

［澳］西蒙·马金森、［澳］康西丹，澳大利亚企业型大学的权力结构、管理模式与再创造模式，周心红译，杭州：浙江大学出版社，2007。

［澳］西蒙·马金森，教育市场论，杨婷匀译，杭州：浙江大学出版社，2008。

别敦荣，中美大学学术管理，武汉：华中科技大学出版社，2000。

陈列，市场经济与高等教育：一个世界性的课题，北京：人民教育出版社，1999。

戴晓霞等，高等教育市场化，北京：北京大学出版社，2004。

［德］卡尔·雅斯贝尔斯，什么是教育，邹进译，上海：生活·读书·新知三联书店，1991。

427

樊丽明，中国公共品市场与自愿供给分析，上海：上海人民出版社额，2005。

房剑森，高等教育发展的理论与中国的实践，上海：复旦大学出版社，1999。

冯俏彬，私人产权与公共财政，北京：中国财政经济出版社，2005。

傅林，当代美国教育改革的社会机制研究，北京：教育科学出版社，2006。

高晓杰，美国营利性私立高等教育与资本市场，广州：广东高等教育出版社，2008。

龚友德，中国大学面临的选择，昆明：云南教育出版社，2013。

郭维藩，转变中的大学：传统、议题与前景，北京：北京大学出版社，2006。

韩梦洁，美国高等教育结构变迁：市场机制、公共选择与学术逻辑，北京：科学出版社，2016。

郝克明，中国教育体制改革20年，郑州：中州古籍出版社，1998。

何东昌，中华人民共和国重要教育文献（1949—1997），海口：海南出版社，1998。

［荷兰］弗兰斯·F. 范富格特，国际高等教育政策比较研究，王承绪译，杭州：浙江教育出版社，2001。

胡赤弟，教育产权与现代大学制度构建，广州：广东高等教育出版社，2008。

康宁，中国经济转型中高等教育资源配置的制度创新，北京：教育科学出版社，2005。

孔繁敏等，建设应用型大学之路，北京：北京大学出版社，2006。

季诚钧，大学属性与结构的组织学分析，北京：人民教育出版社，2006。

季诚钧，大学课程概论，上海：上海教育出版社，2007。

贾少华，民办大学的战略，杭州：浙江大学出版社，2005。

［加拿大］尼科·斯特尔，知识社会，上海：上海译文出版社，1998。

教育部中外大学校长论坛领导小组，中外大学校长论坛（第二辑），北京：中国人民大学出版社，2004。

靳希斌，教育资本规范与运作，成都：四川教育出版社，2003。

金耀基，大学之理念，北京：生活·读书·新知三联书店，2001。

经济合作与发展组织主编，重新定义第三级教育，谢维和等编译，北京：高等教育出版社，2002。

经济合作与发展组织主编，以知识为基础的经济，北京：机械工业出版社，1997。

赖德胜，教育与收入分配，北京：北京师范大学出版社，1998。

赖德胜，教育与劳动力市场，北京：经济科学出版社，2016。

赖德胜等，实施扩大就业的发展战略研究，北京：人民出版社，2013。

赖德胜等，中国大学生毕业生失业问题研究，北京：中国劳动保障出版社，2008。

赖德胜等，中国劳动力市场发展报告（系列报告），北京：北京师范大学出版社，2011、2012、2013、2014、2015、2016。

李宝元，人力资本与经济发展，北京：北京师范大学出版社，2000。

李桂荣，大学组织变革之经济理性：理论阐释与典型分析，北京：中国社会科学出版社，2007。

刘华，财政政策与人力资本研究，武汉：华中科技大学出版社，2007。

刘文，高等教育投资与毕业生供求研究，北京：中国经济出版社，2006。

栾开政，山东高等教育发展史（1840—2000），济南：山东教育出版社，2003。

马健生，公平与效率的抉择：美国教育市场化改革研究，北京：教育科学出版社，2008。

毛亚庆、吴合文，基于知识观的大学核心竞争力研究，北京：教育科学出版社，2010。

［美］阿尔伯特·爱因斯坦，爱因斯坦晚年文集，方在庆等译，海口：海南出版社，2014。

［美］埃里克·古尔德，公司文化中的大学：大学如何应对市场化压力，吕博等译，北京：北京大学出版社，2015。

［美］保罗·A. 萨缪尔森、威廉·D. 诺德豪斯，经济学（第十四版），胡代光等译，北京：北京经济学院出版社，1996。

［美］保罗·希尔等，让学校改革卓有成效：实质性变革的新型伙伴关系，范围译，北京：北京大学出版社，2013。

［美］彼得·德鲁克，个人的管理，沈国华译，上海：上海财经大学出版社，2003。

［美］彼得·德鲁克，后资本主义社会，傅振崑译，北京：东方出版社，2009。

［美］伯顿·R. 克拉克，高等教育系统——学术组织的跨国研究，王承绪等译，杭州：杭州大学出版社，1994。

［美］伯顿·R. 克拉克，建立创业型大学：组织上转型的途径，王承绪译，北京：人民教育出版社，2007。

［美］伯顿·R. 克拉克，大学的持续变革：创业型大学新案例和新概念，王承绪译，北京：人民教育出版社，2008。

［美］布里安·辛普森，市场没有失败，齐安儒译，北京：中央编译出版社，2012。

［美］戴维·查普曼、安·奥斯汀主编，发展中国家的高等教育：环境变迁与大学的回应，范怡红译，北京：北京大学出版社，2009。

［美］E. S. 萨瓦斯，民营化与公共部门的伙伴关系，周志忍等译，北京：中国人民大学出版社，2002。

［美］大卫·科伯，高等教育市场化的底线，晓征译，北京：北京大学出版社，2008。

［美］德里克·博克，走出象牙塔——现代大学的社会责任，徐小洲等译，杭州：浙江教育出版社，2001。

［美］德里克·博克，回归大学之道——对美国大学本科教育的反思与展望，侯定凯译，上海：华东师范大学出版社，2012。

［美］东朗·克鲁斯等，建构强大的学校文化：一种引领学校变革的指南，朱炜等译，北京：北京大学出版社，2013。

［美］菲利普·G. 阿特巴赫，比较高等教育：知识、大学与发展，北京：人民教育出版社，2001。

［美］弗兰克·纽曼等，高等教育的未来：浮言、现实与市场风险，李沁译，北京：北京大学出版社，2012。

［美］弗里兹·马克卢普，美国的知识生产与分配，孙耀君译，北京：中国人民大学出版社，2007。

［美］亨利·埃兹科维茨，麻省理工学院与创业科学的兴起，王孙禺译，北京：清华大学出版社，2007。

［美］亨利·埃兹科维茨等，大学与全球知识经济，夏道源等译，南京：江西教育出版社，1999。

［美］亨利·罗索夫斯基，美国校园文化——学生、教授、管理，谢宗仙等译，济南：山东人民出版社，1996。

［美］乔治·凯勒，大学战略与规划：美国高等教育管理革命，别敦荣等译，青岛：中国海洋大学出版社，2005。

［美］卡罗琳·M. 霍克斯比，学校选择的经济学分析，刘泽云译，北京：北京师范大学出版社，2008。

〔美〕克拉克·克尔，大学的功用，陈学飞等译，南昌：江西教育出版社，1993。

〔美〕理查德·斯格特，组织理论，黄洋等译，北京：华夏出版社，2002。

〔美〕理查德·鲁克，高等教育公司：营利性大学的崛起，于培文译，北京：北京大学出版社，2015。

〔美〕罗伯特·G·欧文斯，教育组织行为学，窦卫霖等译，上海：华东师范大学出版社，2001。

〔美〕罗伯特·W.麦克米金，教育发展的激励理论，武向荣译，北京：北京师范大学出版社，2008。

〔美〕罗伯特·M.赫钦斯，美国高等教育，杭州：浙江教育出版社，2001。

〔美〕马克·波拉特，信息经济论，长沙：湖南人民出版社，1987。

〔美〕马克·汉森，教育管理与组织行为，冯大鸣译，上海：上海教育出版社，1993。

〔美〕迈克尔·霍恩、希瑟·斯特克，混合式学习，北京：机械工业出版社，2015。

〔美〕斯劳特、莱斯利，学术资本主义：政治、政策和创业型大学，黎丽译，北京：北京大学出版社，2008。

〔美〕斯蒂芬·P·罗宾斯，组织行为学（第7版），孙建敏等译，北京：中国人民大学出版社，1997。

〔美〕约翰·杜威，民主主义与教育，王承绪译，北京：人民教育出版社，2001。

〔美〕约翰·杜威，民主·经验·教育，彭正梅等译，上海：上海人民出版社，2005。

〔美〕约翰·布鲁贝克，高等教育哲学，王承绪等译，杭州：浙江教育出版社，2001。

〔美〕约翰·达利、〔加〕马克·扎纳等，规则与潜规则：学术界的生存智慧（第2版），卢素珍译，北京：北京大学出版社，2013。

〔美〕约翰·E.丘伯等，政治、市场和学校，北京：教育科学出版社，2003。

〔美〕约瑟夫·E.斯蒂格利茨，公共部门经济学（第3版），北京：中国人民大学出版社，2005。

〔美〕詹姆斯·杜德斯达，21世纪的大学，北京：北京大学出版社，2005。

闵维方，高等教育运行机制研究，北京：高等教育出版社，2002。

欧高敦，亦真亦幻的核心竞争力，北京：生活·读书·新知三联书店，2001。

潘懋元，应用型本科院校人才培养的理论与实践，厦门：厦门大学出版社，2011。

［葡］佩德罗·泰克西拉等，理想还是现实——高等教育中的市场，北京：北京师范大学出版社，2008。

钱国英等，高等教育转型与应用型本科人才培养，杭州：浙江大学出版社，2007。

钱颖一，大学的改革（第1、2卷），北京：中信出版社，2016。

曲绍卫，大学核心竞争力研究——基于新制度经济学分析框架，北京：教育科学出版社，2008。

荣光宗，大学自我维持研究，长沙：湖南师范大学出版社，2006。

山东教育结构研究课题组，社会转型与教育结构选择——山东教育结构研究，北京：科学出版社，2002。

史秋衡，国家高校分类体系及其设置标准实证研究，北京：科学出版社，2017。

石中英，知识转型与教育改革，北京：教育科学出版社，2001。

宋大涵、李建、王岩，事业单位改革与发展，北京：中国法制出版社，2003。

眭依凡，理性捍卫大学，北京：北京大学出版社，2011。

汤敏、茅于轼主编，现代经济学前沿专题（第三卷），商务印书馆，2003。

王善迈，市场经济中的政府与市场，北京：北京师范大学出版社，2002。

王英杰、刘宝存等，中国教育改革30年：高等教育卷，北京：北京师范大学出版社，2009。

王玉丰，中国新建本科院校转型发展研究：基于自组织理论的分析范式，北京：高等教育出版社，2011。

熊丙奇，体制迷墙：大学问题高端访问，成都：天地出版社，2005。

严玲等，应用型本科专业认证制度研究，北京：清华大学出版社，2013。

杨东平，大学之道，上海：文汇出版社，2003。

杨明，政府与市场：高等教育财政政策研究，杭州：浙江教育出版社，2007。

姚启和，办大学的若干理论与实践问题，武汉：华中科技大学出版社，2003。

阎光才，识读大学——组织文化的视角，北京：教育科学出版社，2002。

[以色列] 阿耶·L. 希尔曼，公共财政与公共政策：政府的责任与局限，王国华译，北京：中国社会科学出版社，2006。

[印度] 阿马蒂亚·森，伦理学与经济学，王宇等译，北京：商务印书馆，2000。

[英] 安东尼·史密斯等，后现代大学来临？侯定凯等译，北京：北京大学出版社，2014。

[英] 波特兰·罗素，权威与个人，储智勇等译，北京：商务印书馆，2010。

[英] 格雷厄姆·布朗·马丁，重新想象学习，北京：中国人民大学出版社，2016。

[英] 杰勒德·德兰迪，知识社会中的大学，黄建如译，北京：北京大学出版社，2010。

[英] 杰克·惠迪等，教育中的放权与择校：学校、政府与市场，马忠虎译，北京：教育科学出版社，2003。

[英] 罗莎琳德·李瓦西，校本管理：分析与研究，北京：北京师范大学出版社，2008。

[英] 迈克尔·吉本斯，知识生产的新模式：当代社会科学与研究的动力学，陈洪捷等译，北京：北京大学出版社，2011。

[英] 玛丽·亨克尔等，国家、高等教育与市场，谷贤林等译，北京：教育科学出版社，2003。

袁振国，教育政策学，南京：江苏教育出版社，2000。

袁义才，公共经济学新论，北京：经济科学出版社，2007。

张楚廷，课程与教学哲学，北京：人民教育出版社，2004。

张建新，高等教育体制变迁研究，北京：教育科学出版社，2006。

张维迎，大学的逻辑，北京：北京大学出版社，2004。

张宗荫、范笑仙主编，质量提升与建设高等教育强国，重庆：西南师范大学出版社，2012。

赵宏斌，人力资本投资风险，上海：上海交通大学出版社，2007。

周华虎、蒋辅义、李体文，中华人民共和国大事纪事本末，成都：四川辞书出版社，1993。

周雪光，组织社会学十讲，北京：社会科学文献出版社，2003。

朱国云，组织理论历史与流派，南京：南京大学出版社，1997。

朱新梅，政府干预与大学公共性的实现：中国大学的公共性研究，北京：教育科学出版社，2007。

Alvin H. Hansen. Fiscal Policy and Business Cycles. New York: Routledge, 2003.

Baumol W J. Economic Theory and Operations Analysis (2nd ed.) . Englewood Cliffs, New Jersey: Prentice Hall, 1977.

Bohme, G. , Stehr, N. The Knowledge Society: The Growing Impact of Scientific Knowledge on Social Relations. Boston: D. Reidel Publishing Company, 1986.

Burton R. Clark. Creating Entrepreneurial Universities, Organizational Pathways of Transformation. International Association of Universities and Elservier Science Ltd, 1998.

Derek Bok. Our Underachieving College. Princeton University Press, 2006.

Derek Bok. Universities in the Marketplace: The Commercialization of Higher Education. Princeton: Princeton University Press, 2003.

Drucker, P. The Age of Discontinuity: Guidelines to our Changing Society . New York: Harper & Row, 1968.

Eric Gould. The University in a Corporate Culture. Yale University, 2003.

Ferguson C. E. Microeconomic Theory. Homewood, Illinois: Richard D. Irwin, Inc, 1966.

Fred R. David. Strategic Management Concepts, 10th edition. Pearson Education, Inc, 2005.

Gerard Delanty. Challenging Knowledge: The University In The Knowledge Society. McGraw – Hill, 2001.

Hamel, Gray and A. Heene. Competence – based Competition. New York: John Wiley & Sons Ltd, 1994.

J. Meyerson (ed.). New Thinking on Higher Education: Creating a Context for Change. Bolton. MA: Anker, 1997.

Leydes dorff, L. A Sociological Theory of Communication: The Self Organization of the Knowledge Based Society. Parkland, FL: Universal Publishers, 2003.

Max Weber. The Theory of Social and Economic Organization. The Free Press, 1949.

Maureen Devlin and Joci Meyerson, eds. . Forum futures: Exploring the Future of Higher Education. 2000 papers , San Francisco: Jossy – Bass, 2001.

Michael Gibbons, Camille Limoges, Helga Nowotny, Simon Schwartzman, Peter

Scott, Martin Trow. The New Production of Knowledge: The Dynamics of Science and Research in Contemporary Societies. London: SAGE publications, 1994.

Peter M. Senge. The Fifth Discipline: the Art and Practice of the Learning Organization. Currency Doubleday (a division of bantam Doubleday Dell Publishing Group, Inc.), 1990.

Peter Drucker. Management: Tasks, Responsibilities, and Practices. New York: Harper & Row, 1974.

P. B. Doeringe, Piore M. Internal Labor Markets and Manpower Analysis. Heath, Lexington, Massachusetts, 1971.

Richard S. Ruch. Higher Ed. Inc.: The Rise of the For – Profit University. The John Hopkins University Press, 2003.

Stehr, N. Knowledge and Economic Conduct: The Social Coundations of the Modern Economy. Toronto: University of Toronto Press, 2002.

Sheila Slaughter, Larry L. Leslie. Academic Capitalism: Politics, Policies, and The Entrepreneurial University. The John Hopkins University Press, 1997.

Simon Marginson. Markets in Education. Allen & Unwin, Sydney, 1997.

Simon Marginson and M. Considine. The Enterprise University: Power, Governance and Reinvention in Australia. Cambridge University Press, Cambridge & Melbourne, 2000.

Simon Marginson. The Remaking of the University. Allen & Unwin, Sydney, 2000.

Wayne Hoy and Cecil Miskel. Education Administration: Theory, Research and Practice. Random House, 1987.

W. Richard Scott. Organizations: Rational, Natural, and Open System, 3rd ed.. Prentice – Hall, Inc., 1992.

二、专业文章类

安体富、郭庆旺, 内生增长理论与财政政策, 财贸经济, 1998 – 11。

别敦荣、田恩舜, 论大学核心竞争力及其提升路径, 复旦教育论坛, 2004 – 01。

陈传鸿、陈甬军, 切实加强学科建设构筑高校核心竞争力, 学位与研究生教育, 2003 – 03。

陈飞、谢安邦, 应用型本科人才应用能力培养之探索——基于课程体系构建的思考, 现代大学教育, 2011 – 07。

陈小虎，应用型本科教育：内涵解析及其人才培养体系建构，江苏高教，2008 – 01。

程忠国等，高职本科：一个亟待探索与创新的教育层次，教育与职业，2007 – 09。

邓岚、吴琼秀，英国综合性大学的学院制模式分析，湖北大学学报（哲学社会科学版），1996 – 05。

董婷、李永明，新建本科院校核心竞争力打造，中国成人教育，2012 – 11。

顾海良，增强高校的核心竞争力，人民日报海外版，2005 – 03 – 14。

顾建新，学院考辨及翻译，比较教育研究，2004 – 11。

顾准，试论社会主义制度下商品生产和价值规律，爱思想网（Http：//m. aisixiang. com），2016 – 03 – 04.

郭传杰，大学：先进文化建设的一支生力军，学校党建与思想教育，2003 – 12。

郭桂英，学科群与学院制，高等教育研究，1996 – 11。

郭连成，西方市场机制缺陷论及混合经济理论，国外社会科学，1999 – 09。

韩立文等，什么是世界一流大学，北京大学教育评论，2006 – 10。

胡成功，高等学校基层学术组织现状与问题，高等教育研究，2003 – 11。

胡天佑，建设"应用型大学"的逻辑与问题，中国高教研究，2013 – 05。

黄红武，应用型本科高校人才培养的特色化研究——以厦门理工学院"亲产业"大学办学实践为例，大学，2012 – 04。

黄祥林，高等学校的"学院制"与学院制改革问题，汉中师范学院学报（社会科学版），2004 – 05。

纪宝成，中国高等教育管理体制的历史性变革，中国高等教育，2000 – 11。

贾莉莉，学科视角下的中美研究型大学学院设置比较研究，中国高教研究，2009 – 07。

教育部，创新驱动绘蓝图，中国教育报，2013 – 07 – 13。

赖德胜、武向荣，论大学的核心竞争力，教育研究，2002 – 07。

赖德胜，教育应倾听劳动力市场发出的声音，中国教育报，2017 – 06 – 01。

赖德胜，教育扩展与收入不平等，经济研究，1997 – 10。

赖德胜，高等教育扩展背景下的劳动力市场改革，中国高等教育，2013 – 01。

赖德胜，论劳动力市场的制度性分割，经济科学，1996 – 12。

赖德胜，欧盟一体化进程中的劳动力市场分割，世界经济，2001 – 05。

赖德胜，教育、劳动力市场与创新型人才培养，教育研究，2011 – 09。

赖德胜，高等教育投资的风险与防范，北京师范大学学报，2009 – 04。

李福华，利益相关者视野中大学的责任，高等教育研究，2007 - 01。

李刚，大学的终结——1950 年代初期的"院系调整"，中国改革，2003 - 08。

李景勃，从核心竞争力的视角看我国西部地区高校如何发挥地域特色，贵州师范大学学报（社会科学报），2002 - 08。

李平，高等教育的多维质量观：利益相关者的视角，国家教育行政学院学报，2008 - 06。

李文俊、马廷威，新建本科院校核心竞争力培育研究，理论观察，2017 - 03。

李晓娟等，我国研究型大学核心竞争力的评价指标体系探究，管理评论，2010 - 03。

李晓明，产业转型升级与高职本科教育发展——以地方应用型本科转型高职本科为选择，教育发展研究，2012 - 02。

李正中、韩志勇，企业核心竞争力：理论的起源及内涵，经济理论与经济管理，2001 - 07。

李志锋等，知识生产模式的现代转型与大学科学研究的模式创新，教育研究，2014 - 03。

林健，大学校院两级管理模式中的学院设置，国家教育行政学院学报，2010 - 10。

林莉、刘元芳，知识管理与大学核心竞争力，科技导报，2003 - 05 - 20。

林明，信息经济三题，图书与情报，1998 - 09。

刘宝存，国外大学学科组织的改革与发展趋势，教育科学，2006 - 04。

刘国艳、曹如军，应用型本科教师发展：现实困境与求解之道，国家教育行政学院学报，2009 - 10。

刘军仪，创业型大学：美国研究型大学发展的新动向，全球教育展望，2008 - 12。

刘献君，建设教学服务型大学——兼论高等学校分类，教育研究，2007 - 07。

刘献君，经济社会发展转型与教学服务型大学，高等教育研究，2013 - 08。

刘一平，努力把地方大学办成地方文化中心，中国党政干部论坛，2001 - 06。

刘云波，新建地方本科院校的专业设置结构分析，中国教育财政，2015 - 07。

陆园园，杰恩巴尼：现代企业资源观之父，学习时报，2013 - 08 - 12。

罗红，高等教育的质量困境及其应对策略，湖南社会科学，2005 - 07。

毛亚庆、夏仕武，何谓大学核心竞争力，北京大学教育评论，2005 - 02。

马蔡琛，公共预算管理中资源配置的竞争性博弈分析，云南社会科学，2008 - 05。

马士斌，"战国时代"：高校核心竞争力的提升，学海，2000 - 10。

孟丽菊，大学核心竞争力的含义及概念塑型，教育科学，2002 - 06。

［美］菲利普·阿特巴赫，世界一流大学的成本与收益，北京大学教育评论，2004 - 01。

莫娇娇，西安民办高校核心竞争力要素构建研究——以西安培华学院为例，学园，2014 - 04。

潘懋元，什么是应用性本科，高教探索，2010 - 01。

庞跃辉，从哲学角度透视知识社会形态，上海师范大学学报（哲学社会科学版），2002 - 05。

庞跃辉，知识社会的本质特征、生成环境与创建途径，河北学刊，2002 - 09。

彭湃，大学、政府与市场：高等教育三角关系模式探析，高等教育研究，2006 - 09。

戚业国，论大学学院制度的形成、发展与改革，高等教育研究，1996 - 09。

曲铁华、梁清，我国 50 年代院系调整及其反思，邢台职业技术学院学报，2002 - 09。

阮家港，民办高校核心竞争力评价指标体系构建研究，成人教育，2013 - 10。

施鲁莎，地方高校核心竞争力的提升，教育理论与实践，2010 - 04。

施鲁莎，地方高校核心竞争力评价指标体系的建构，中国成人教育，2010 - 05。

史秋衡、王爱萍，高等教育质量观：从认识论向价值论转变，厦门大学学报（哲学社会科学版），2010 - 03。

史秋衡，大学学院制的设置标准，有色金属高教研究，1995 - 03。

宋东霞、赵彦云，中国高等学校竞争力发展分析，教育发展研究，2003 - 12。

宋刚、张楠，创新 2.0：知识社会环境下的创新民主化，中国软科学，2009 - 10。

孙霄兵，我国高等学校办学自主权的发展及其运行，中国高教研究，2014 - 09。

唐京、冯明，知识类型与知识管理，外国经济和管理，2000 - 02。

田建国，实施大学跨越式发展战略，中国高等教育，2003－05。

汪付官、汪颖，地方高校专业核心竞争力评价指标体系的建构，成功（教育），2013－11。

王爱萍，知识生产模式转型与大学生就业能力培养，高教探索，2011－08。

王明伦等，高职本科发展定位研究，高教探索，2015－11。

王明伦等，发展高职本科须解决好三个关键问题，职业技术教育，2013－12。

王颖丽，地方本科院校学科考核指标体系研究，中国集体经济，2016－12。

王原，山东首批28所省属高校将实行"分类办学"，大众日报，2012－11－06。

王战军、瞿斌，美国英国大学排名及特点，科研管理，2001－09。

邬大光，我国民办教育的特殊性与基本特征，教育研究，2007－01。

吴俊培、卢洪友，公共产品的"公""私"供给效率制度安排，经济评论，2004－08。

吴水澎等，论以个体欲望为动力的市场经济之有效性与有限性，现代财经，2011－04。

吴玮婷，中国第三波官员下海潮：一个处级干部的辞官记，经济观察报，2014－07－19。

吴中江、黄成亮，应用型人才内涵及应用型本科人才培养，高等工程教育研究，2014－03。

武向荣，大学核心竞争力的识别和培育，大学（研究与评价），2008－10。

夏建国，技术本科教育：高等教育与职业技术教育的"跨界"生成，高等工程教育研究，2013－10。

向玉琼、王显成，公共物品的产权分析与攻击模式选择，甘肃行政学院学报，2003－03。

谢洪明等，动态竞争理论的研究述评，科研管理，2003－06。

徐全军，企业竞争力理论基础述评，经济体制改革，2004－05。

徐理勤、顾建民，应用型本科人才培养模式及其运行条件探讨，高教探索，2007－03。

杨玉良，关于学科和学科建设的思考，科学时报，2009－09－08。

俞建伟，学院制改革与高校内部权力结构调整，现代大学教育，2001－12。

曾晟，公共产品供给的市场机制问题研究，财政研究，2005－02。

翟玉胜，民办高职院校增强职业教育吸引力实施路径的思考，教育与职业，2011－01。

张嘉国，中国社会多元化走势，企业文明，2009－12。

张庆久，德国应用科技大学与我国应用型本科的比较研究，黑龙江高教研究，2004 - 08。

张文泉、吴春卿，论组织理论，华北电力大学学报（社会科学版），1998 - 05。

张晓鹏，学院建制与管理分权——从国外名牌大学经验得到的启示，全球教育展望，2001 - 02。

张新婷、侯长林，应用转型背景下新建地方本科院校走向研究，职教论坛，2015 - 08。

张卓，研究型大学的基本特征和评价体系，南京航空航天大学学报（社会科学版），2002 - 06。

章百家、朱丹，中国经济体制两次转型的历史比较，中共党史研究，2009 - 07。

章新胜，加入世贸组织与我国高等教育，中国高等教育，2002 - 01。

章跃进，依托先进管理打造名牌民校——江西大宇职业技术学院的办学实践与探索，中国国籍职业教育论坛文集，2005 - 11。

赵宏斌、赖德胜，个体教育投资风险与教育资产组合选择，教育研究，2006 - 08。

《中国科技产业》编辑部，三十年来科技体制改革的主要阶段与成效，中国科技产业，2008（12）。

周川，新一轮院系调整的特征与问题，高等教育研究，1998 - 03。

周云玲、刘恩允，美国州立大学学院设置研究及启示，世界教育信息，2013 - 08。

朱政，江苏省新建本科院校核心竞争力现状的 SWOT 分析与对策研究，亚太教育，2015 - 04。

邹晓东、吕旭峰，研究型大学学部制改革的动因、运行机制及发展走向，浙江大学学报（人文社会科学版），2011 - 05。

邹长城，社会公信力——中国民办高校的核心竞争力，船山学刊，2005 - 06。

Bell, D. The Measurement of Knowledge and Technology, in Eleanor B. Sheldon and Wilbert E. Moore eds., Indicators of Social Change: Concepts and Measurements. Hartford: Russell Sage Foundation, 1968.

Cary Hamel and C. K. Prahalad. The Core Competence of the Corporation, Harvard Business Review, 1990, 68 (3).

Chung. Y. P. and Lu. G. S. Change in Higher Education in Response to Economic Development in Mainland China. Paper presented at the Annual Conference of the Comparative and International Society in Buffalo, New York, 1998 - 03.

Duncan G. and Hoffman S. D. The Incidence and Wage Effects of Overeducation. Economics of Education Review, 1981 (01).

Hartog J. Overeducation and Earnings: Where We are and Where We should Go, Economics of Education Review, 2000 (02).

Lane, R. The Decline of Politics and Ideology in a Knowledgeable Society, American Sociological Review, 1966, 31 (5).

Leibenstein H. Bandwagon, Snob and Veblen Effects in the Theory of Consumers' Demand, Quarterly Journal of Economics, 1950, May 64.

Michael Gibbons, Camille Limoges, Helga Nowotny, Simon Schwartzman, Peter Scott, Martin Trow. The New Production of Knowledge: The Dynamics of Science and Research in Contemporary Societies. London: SAGE publications, 1994.

Robert E Lucas. On the Mechanics of Economics Development, Journal of Monetary Economics, 1988, Vol. 22.

Pearlstein, S. On California Stage, a Cautionary Tale. Washington Post, Aug. 21, 2001.

Stalk, G. Evans, P. and Schulman, L. E. Competing on Capabilities: The New Rules of Corporate Strategy, Harvard Business Review , 1992, March – April.

Theodord W Shultz, Investment in Human Capital, American Economic Review, 1961 (March).

Tsang. M. C and Levin, H. M. The Economics of Overeducation, Economics of Education Review, 1985 (04).

Tronti, L. and R. Turatto. A Structural Approach to the European Labor Market, Labor, 1990, Vol. 4, NO. 2.

Winston, G. Why Can't a College be More Like A Film? In J. Meyerson (ed.), New Thinking on Higher Education: Creating a Context for Change. Bolton, MA: Anker, 1997.

Win Groot and Henriette Maassen van Brink. Overeducation in the Labor Market: a Meta – Analysis, Economics of Education Review, 2000 (2).

三、内部资料和网络资源类

山东省教育厅, 山东省教育事业统计资料（连续性资料）, 每个学年度 1 本。

山东省统计局, 山东省统计资料（连续性资料）, 山东统计信息网 (http: //www. stats – sd. gov. cn)。

杨玉良，211 工程建设成就，中国网，2008 - 03 - 26。

胡家勇，社会主义市场经济理论的新贡献，新华理论"中国发展观察"频道，2013 - 12 - 03。

教育部，"211 工程"投资建设完成情况，中国教育新闻网（http：//www. jyb. cn），2009 - 09 - 23。

科技部，2014 年中国科学技术发展报告，科技部网站（http：//www. most. gov. cn/kjfz/kjxz/2014/201612/）。

联合国教科文组织，从信息社会迈向知识社会：建设知识共享的二十一世纪，联合国教科文组织网"世界报告系列"（http：//www. un. org/chinese/esa/education/knowledgesociety），2005。

联合国教科文组织统计研究所，国际教育标准分类法（ISCED2011），加拿大魁北克，2013。

国际标准化组织（ISO），ISO9000：2015 国际标准，国际标准化组织网站（http：//www. iso. org/home. html）。

中国标准化研究院，中华人民共和国国家标准 GB/T13745 - 2009，中文百科在线（http：//www. zwbk. org/MyLemmaShow. aspx？lid = 117222）。

成长春，高校核心竞争力分析模型研究，河海大学博士学位论文，2005。

戴开富，高等学校核心竞争力研究，武汉理工大学博士学位论文，2007。

段勇，引入动态股权制的中国民办高校核心竞争力研究，东华大学博士论文，2015。

范佳佳，外语类院校核心竞争力研究——以高校 T 为例，天津师范大学硕士学位论文，2009。

罗亚林，研究型大学核心竞争力及其培育研究，西南交通大学硕士学位论文，2007。

任喜峰，我国研究型大学核心竞争力评价与培育研究，哈尔滨工程大学博士论文，2007。

孙宏利，基于学科建设模式的航海类高校核心竞争力研究，大连海事大学博士学位论文，2013。

孙美丽，大学核心竞争力评价研究，苏州大学硕士学位论文，2008。

王丽君，大学核心竞争力及其评价研究，青岛大学硕士学位论文，2008。

夏桂华，基于层次定位的我国高校核心竞争力研究，哈尔滨工程大学博士学位论文，2006。

喻冬，艺术类高校核心竞争力现状与对策研究，吉林大学硕士学位论文，2013。

张卫良，大学核心竞争力理论与实践研究，中南大学博士学位论文，2005。

赵冬梅，研究型大学国际竞争力评价标准体系研究，上海交通大学硕士学位论文，2012。

钟永泉，我国研究型大学核心竞争力的研究，华中农业大学硕士论文，2008。

朱俐虹，广西新建本科院校核心竞争力提升研究，广西大学硕士论文，2013。

附录 1 中国新型大学基本情况一览表（2017）

序号	学校名称	建校基础	升本时间	类别	驻地	备注
		北京市（12 所）				
1	中华女子学院	中华女子学院（成人）	2002-02-10	综合	朝阳区	国办
2	北京城市学院	海淀走读大学	2003-04-16	综合	海淀区	民办
3	中国劳动关系学院	中国工运学院（成人）	2003-05-19	政法	海淀区	国办
4	北京警察学院	北京人民警察学院	2006-03-02	政法	昌平区	国办
5	北京吉利学院	北京吉利大学（专科）	2014-05-04	综合	昌平区	民办
6	中国科学院大学	中国科学院研究生院更名	2012-06-27	理工	石景山区	国办
7	中国社会科学院大学	中国社会科学院研究生院、中国青年政治学院	2017-07	综合	房山区	国办

续表

序号	学校名称	建校基础	升本时间	类别	驻地	备注
8	首都师范大学科德学院	首都师范大学、北京工商大学、北京国融远景投资有限公司	2004 – 05 – 09	艺术	大兴区	民办
9	北京工商大学嘉华学院	北京工商大学、北京佳成远景投资有限公司	2004 – 05 – 09	财经	通州区	民办
10	北京邮电大学世纪学院	北京邮电大学、北京学涵教育科技有限公司	2005 – 04 – 18	财经	延庆县	民办
11	北京工业大学耿丹学院	北京工业大学、北京耿丹教育发展中心	2005 – 07	综合	顺义区	民办
12	北京第二外国语学院中瑞酒店管理学院	北京第二外国语学院、瑞士洛桑酒店管理学院	2008 – 05	财经	大兴区	民办
	天津市（12 所）					
13	天津天狮学院	民办天狮职业技术学院	2008 – 04 – 09	综合	武清区	民办
14	天津中德应用技术大学	天津中德职业技术学院、天津海河教育园区（资源）	2015 – 11	理工	海河教育园区	国办
15	天津外国语大学滨海外事学院	天津外国语大学、天津外国语大学教育投资有限公司合作举办，确认独立学院	2004 – 03	语言	滨海新区	民办
16	天津体育学院运动与文化艺术学院	天津体育学院、北京现代艺术传媒教育集团（北京现代音乐研修学院），确认独立学院	2004	艺术	河西区	民办
17	天津商业大学宝德学院	天津商业大学、天津摩根教育咨询有限公司	2004	财经	西青区	民办
18	天津医科大学临床医学院	天津医科大学，确认独立学院	2004 – 03 – 23	医药	大港区	民办
19	南开大学滨海学院	南开大学、天津市港容城市环境开发有限公司，确认独立学院	2004	综合	滨海新区	民办

序号	学校名称	建校基础	升本时间	类别	驻地	备注
20	天津师范大学津沽学院	天津师范大学，福建省海滨教育投资有限公司	2005	综合	西青区	民办
21	天津理工大学中环信息学院	天津理工大学，天津中环电子信息集团有限公司，确认独立学院成立	2005-04-18 成立	综合	西青区	民办
22	北京科技大学天津学院	北京科技大学，广东省珠江投资有限公司，确认独立学院	2005	综合	宝坻区	民办
23	天津大学仁爱学院	天津大学，天津仁爱集团，确认独立学院	2006-09-16	理工	宝坻区	民办
24	天津财经大学珠江学院	天津财经大学，广东珠江投资有限公司，合作举办	2006	财经	宝坻区	民办
		河北省（43所）				
25	唐山师范学院	唐山师范专科学校	2000-03-21	师范	唐山	国办
26	廊坊师范学院	廊坊师范专科学校，廊坊教育学院，廊坊师范学校	2000-03-21	师范	廊坊	国办
27	邢台学院	邢台师范高等专科学校	2002-03-04	综合	邢台	国办
28	唐山学院	唐山高等专科学校，西南交通大学唐山分校，唐山市职工大学	2002-03-04	理工	唐山	国办
29	华北科技学院	华北矿业高等专科学校	2002-03-14	理工	廊坊	国办
30	中央司法警官学院	中央司法警官教育学院	2002-04-24	政法	保定	国办
31	衡水学院	衡水师范专科学校	2004-05-17	综合	衡水	国办
32	石家庄学院	石家庄师范专科学校	2004-05-17	综合	石家庄	国办
33	邯郸学院	邯郸师范专科学校，邯郸市第一教育学院、第二教育学院，邯郸市幼师	2004-05-17	综合	邯郸	国办

续表

序号	学校名称	建校基础	升本时间	类别	驻地	备注
34	北华航天工业学院	华北航天工业学院	2004-07-13	理工	廊坊	国办
35	防灾科技学院	防灾技术高等专科学校	2006-02-14	理工	廊坊	国办
36	保定学院	保定师范专科学校	2007-03-16	综合	保定	国办
37	河北金融学院	保定金融高等专科学校	2007-03-16	财经	保定	国办
38	河北传媒学院	石家庄影视艺术职业学院	2007-03-16	艺术	石家庄	民办
39	沧州师范学院	沧州师范专科学校	2010-03-18	师范	沧州	国办
40	河北民族师范学院	承德民族师范高等专科学校	2010-03-18	师范	承德	国办
41	河北工程技术学院	石家庄城市职业学院	2014-05-16	理工	石家庄	民办
42	河北美术学院	石家庄东方美术职业学院	2011-04-07	艺术	石家庄	民办
43	河北科技学院	保定科技职业学院	2011-04-07	理工	保定	民办
44	河北东方学院	廊坊东方职业技术学院	2016-01-12	综合	廊坊	民办
45	燕京理工学院	北京化工大学北方学院转设	2013-04-18	理工	廊坊	民办
46	河北中医学院	河北医科大学中医学院，河北中医药研究院	2013-04-18	医药	石家庄	国办
47	张家口学院	张家口教育学院	2013-04-18	综合	张家口	国办
48	河北水利电力学院	河北工程技术高等专科学校	2016-03-22	理工	沧州	国办
49	河北环境工程学院	中国环境管理干部学院	2016-03-22	理工	秦皇岛	国办
50	河北外国语学院	石家庄外语翻译职业学院	2012-03-29	语言	石家庄	民办
51	河北大学工商学院	河北大学，确认独立立学院	2001年初建	综合	保定	民办

续表

序号	学校名称	建校基础	升本时间	类别	驻地	备注
52	华北理工大学轻工学院	2000年建河北理工学院轻工分院，2001年更名河北理工学院启明学院，确认独立学院	2003	理工	唐山	民办
53	河北科技大学理工学院	河北科技大学长安学院，石家庄长安医学专修学院，河北纺织工业学校，确认独立学院	2001年初建	理工	石家庄	民办
54	河北师范大学汇华学院	河北师范大学，2001年6月初建，确认独立学院	2004-03	师范	石家庄	民办
55	河北经贸大学经济管理学院	河北经贸大学财通学院，2001年7月初建，确认独立学院	2004	财经	石家庄	民办
56	河北医科大学临床学院	河北医科大学，2001年7月初建，确认独立学院	2004-03	医药	石家庄	民办
57	华北电力大学科技学院	华北电力大学，河北省电力公司，2002年6月设立，确认独立学院	2004-03	理工	保定	民办
58	河北工程大学科信学院	河北工程大学举办，确认独立学院	2003-12	理工	邯郸	民办
59	河北工业大学城市学院	河北工业大学2001年举办，确认独立学院	2004-03	理工	廊坊	民办
60	燕山大学里仁学院	燕山大学2001年举办，确认独立学院	2004-07	理工	秦皇岛	民办
61	石家庄铁道大学四方学院	石家庄铁道大学，确认独立学院	2001年初建	理工	石家庄	民办
62	河北地质大学华信学院	石家庄经济学院华信学院，确认独立学院	2001年初建	财经	石家庄	民办
63	河北农业大学现代科技学院	河北农业大学举办，确认独立学院	2003-12	农业	保定	民办
64	华北理工大学冀唐学院	华北煤炭医学院，唐山冀唐高等医学专修学校，初名华北联合大学冀唐学院，确认独立学院	2004-03	医药	唐山	民办

续表

序号	学校名称	建校基础	升本时间	类别	驻地	备注
65	中国地质大学长城学院	中国地质大学、保定贺阳教育投资有限公司，确认独立学院	2005－04	综合	保定	民办
66	北京中医药大学东方学院	北京中医药大学，确认独立学院	2005－04	综合	廊坊	民办
67	北京交通大学海滨学院	北京交通大学与融河（黄骅）科教有限公司，2008年5月成立，确认独立学院		综合	沧州	民办
		山西省（22所）				
68	太原师范学院	山西大学师范学院、太原师范专科学校、陕西省教育学院	1999－03－25	师范	太原	国办
69	忻州师范学院	忻州师范高等专科学校、忻州师范学校	2000－03－21	师范	忻州	国办
70	运城学院	运城高等专科学校	2002－02－22	综合	运城	国办
71	晋中学院	晋中师范高等专科学校	2004－05－13	综合	晋中	国办
72	长治学院	晋东南师范专科学校	2004－05－13	综合	长治	国办
73	吕梁学院	吕梁高等专科学校	2010－03－22	综合	吕梁	国办
74	太原学院	太原大学	2013－04－18	综合	太原	国办
75	太原工业学院	华北工学院分院	2007－03－19	理工	太原	国办
76	山西传媒学院	广播电影电视管理干部学院	2013－04－18	艺术	太原	国办
77	山西工商学院	山西工商职业学院	2011－04－07	财经	太原	民办
78	山西应用科技学院	山西兴华职业学院	2014－05－16	综合	太原	民办

续表

序号	学校名称	建校基础	升本时间	类别	驻地	备注
79	山西工程技术学院	太原理工大学阳泉学院	2014-05-27	理工	阳泉	国办
80	山西警察学院	山西警官高等专科学校	2016-03-22	政法	太原	国办
81	山西能源学院	山西煤炭管理干部学院	2016-03-22	理工	晋中	国办
82	山西大学商务学院	山西大学、山西省供销社、山西省供销学校，确认独立学院	2003-12	综合	太原	民办
83	太原理工大学现代科技学院	太原理工大学，确认独立学院	2003-12	综合	孝义	民办
84	山西农业大学信息学院	山西农业大学、山西新兴教育投资公司、山西泰古投资有限公司，确认独立学院	2002	综合	晋中	民办
85	山西师范大学现代文理学院	山西师范大学，确认独立学院	2004-03	师范	临汾	民办
86	中北大学信息商务学院	中北大学，先是山西顺达储运公司，后是山西大任国际教育交流有限公司，初名华北工学院信息商务学院，确认独立学院	2004-03	理工	太原	民办
87	太原科技大学华科学院	太原科技大学、山西省导通科技公司，确认独立学院	2004-03	理工	太原	民办
88	山西医科大学晋祠学院	山西医科大学、四川希望教育产业集团、北京顺鑫农业发展集团有限公司，确认独立学院	2004-03	医药	太原	民办
89	山西财经大学华商学院	山西财经大学、北京顺鑫农业发展集团有限公司，山西财经大学通才学院，确认独立学院	2004-03	财经	太原	民办

内蒙古自治区（9所）

续表

序号	学校名称	建校基础	升本时间	类别	驻地	备注
90	赤峰学院	赤峰民族师范高等专科学校、内蒙古广播电视大学赤峰分校、赤峰教育学院	2003 – 04 – 16	综合	赤峰	国办
91	呼伦贝尔学院	呼伦贝尔学院、内蒙古工程技术学校	2003 – 04 – 16	综合	呼伦贝尔	国办
92	集宁师范学院	集宁师范高等专科学校	2009 – 03 – 26	师范	乌兰察布	国办
93	河套学院	河套大学	2012 – 03 – 29	综合	河套	国办
94	呼和浩特民族学院	内蒙古民族高等专科学校	2009 – 03 – 26	民族	呼和浩特	国办
95	鄂尔多斯应用技术学院	内蒙古大学鄂尔多斯学院、内蒙古工业大学矿业学院、内蒙古医科大学鄂尔多斯学院	2015 – 04 – 28	综合	鄂尔多斯	国办
96	内蒙古艺术学院	内蒙古大学艺术学院	2015 – 04 – 28	艺术	呼和浩特	国办
97	内蒙古大学创业学院	内蒙古大学、东达蒙古王集团	2008 – 05 – 07	综合	呼和浩特	民办
98	内蒙古师范大学鸿德学院	内蒙古师范大学，确认独立学院	2008 – 05 – 07	综合	内蒙古	民办
		辽宁省（28 所）				
99	沈阳工程学院	沈阳电力高等专科学校、辽宁商务职业学院	2003 – 04 – 16	理工	沈阳	国办
100	辽东学院	辽宁财政高等专科学校、丹东职业技术学院	2003 – 04 – 16	综合	丹东	国办
101	辽宁科技学院	本溪冶金高等专科学校	2004 – 05 – 12	理工	本溪	国办
102	辽宁对外经贸学院	辽宁对外经贸职业学院	2005 – 03 – 09	财经	大连	民办
103	大连东软信息学院	东北大学东软信息学院转设	2008 – 09 – 28	理工	大连	民办
104	辽宁财贸学院	沈阳师范大学渤海学院转设	2008 – 09 – 28	财经	兴城	民办

续表

序号	学校名称	建校基础	升本时间	类别	驻地	备注
105	大连艺术学院	东北大学大连艺术学院转设	2009-04-15	艺术	大连	民办
106	大连科技学院	大连交通大学信息工程学院转设	2011-04-07	理工	大连	民办
107	辽宁警官学院	辽宁警官高等专科学校	2014-05-16	政法	大连	国办
108	沈阳工学院	沈阳理工大学应用技术学院与沈阳农业大学科学技术学院联合转设	2013-04-18	理工	沈抚新城	民办
109	沈阳城市建设学院	沈阳建筑大学城市建设学院	2013-04-18	理工	沈阳	民办
110	大连财经学院	东北财经大学津桥商学院转设	2013-05-14	财经	大连	民办
111	沈阳城市学院	大连大学科技工程学院转设	2014-04-18	综合	沈阳	民办
112	辽宁何氏医学院	沈阳医学院何氏视觉科学学院	2011-05-04	医药	沈阳	民办
113	辽宁理工学院	渤海大学文理学院转设	2014-05-16	理工	锦州	民办
114	辽宁传媒学院	辽宁美术职业学院	2014-05-16	艺术	沈阳	民办
115	沈阳科技学院	沈阳化工大学科亚学院转设	2016-05-03	理工	沈阳	民办
116	营口理工学院	东北财经大学、辽宁科技大学、辽宁石油化工大学合作举办	2013-04-18	理工	营口	国办
117	大连理工大学城市学院	大连理工大学、大连松源企业集团，批准成立	2003-03	理工	大连	民办
118	沈阳工业大学工程学院①	沈阳工业大学，确认独立学院	2004-01	理工	辽阳	民办

① 百度百科"沈阳工业大学工程学院"条说沈阳工业大学2014年12月取消了工程学院，2011年停止招生。

续表

序号	学校名称	建校基础	升本时间	类别	驻地	备注
119	沈阳航空航天大学北方科技学院①	沈阳航空航天大学，先锋集团，2002 年 6 月成立。确认独立学院	2003－12	综合	沈阳	民办
120	大连工业大学艺术与信息工程学院②	大连工业大学，锦州金禾投资管理有限公司，确认独立学院	2003－12	综合	大连	民办
121	中国医科大学临床医药学院	中国医科大学，2003 年 1 月设立，确认独立学院	2003－12	医药	本溪	民办
122	大连医科大学中山学院	大连医科大学，大连金真源房地产开发有限公司，确认独立学院	2004－03	医药	大连	民办
123	锦州医科大学医疗学院	锦州医学院分院，确认独立学院	2004－03	医药	锦州	民办
124	辽宁师范大学海华学院	辽宁师范大学分校，确认独立学院	2003－12	师范	沈阳	民办
125	辽宁石油化工大学顺华能源学院③	辽宁石油化工大学，煤炭科学研究总院抚顺分院，确认独立学院	2003－12	综合	辽宁	民办
126	辽宁中医药大学杏林学院	辽宁中医学院杏林学院，确认独立学院	2004－03	医药	沈阳	民办
		吉林省（18 所）				
127	长春工程学院	长春建筑高等专科学校，长春工业高等专科学校，长春水利电力高等专科学校	2000－03－22	理工	长春	国办

① 百度百科"沈阳航空航天大学北方科技学院"条说该学院 2013 年已停止招生。
② 百度百科"大连工业大学艺术与信息工程学院"条说该学院 2012 年已停止招生
③ 2013 年 12 月顺华能源学院由辽宁石油化工大学完全托管，2013 年及以后不再招生。

续表

序号	学校名称	建校基础	升本时间	类别	驻地	备注
128	白城师范学院	白城师范高等专科学校	2002-03-21	师范	白城	国办
129	吉林华桥外国语学院	吉林华桥外国语职业学院	2003-04-16	语言	长春	民办
130	吉林农业科技学院	吉林特产高等专科学校、北华大学农业技术学院	2004-05-18	农林	吉林	国办
131	吉林医药学院	第四军医大学吉林医药学院，2004年8月移交地方并更名	2004-08	医药	吉林	国办
132	吉林工商学院	吉林财税高等专科学校、吉林商业高等专科学校、吉林粮食高等专科学校	2007-03-19	财经	长春	国办
133	吉林动画学院	吉林艺术学院动画学院转设	2008-09-27	艺术	长春	民办
134	吉林警察学院	吉林公安高等专科学校	2010-03-18	政法	长春	国办
135	长春建筑学院	吉林建筑工程学院建筑装饰学院转设	2011-04	理工	长春	民办
136	长春光华学院	长春大学光华学院转设	2013-04-18	综合	长春	民办
137	长春科技学院	吉林农业大学发展学院转设	2013-04-18	综合	长春	民办
138	长春财经学院	吉林财经大学信息经济学院转设	2014-04	财经	长春	民办
139	长春工业大学人文信息学院	长春工业大学、吉林省关心下一代工作委员会，确认独立学院	2004-03	综合	长春	民办
140	长春理工大学光电信息学院	长春光学精密机械学院光电信息学院，确认独立学院	2004-03	理工	长春	民办
141	吉林建筑大学城建学院	吉林建筑工程学院、吉林省国土资源开发集团有限公司，确认独立学院	2004-03	理工	长春	民办

续表

序号	学校名称	建校基础	升本时间	类别	驻地	备注
142	吉林师范大学博达学院	吉林师范大学，确认独立学院	2004－03	师范	四平	民办
143	长春大学旅游学院	长春大学，太阳神装饰工程有限公司，确认独立学院	2004－03	综合	长春	民办
144	东北师范大学人文学院	东北师范大学，吉林省对外语言文化交流中心，确认独立学院	2004－03	综合	长春	民办
		黑龙江省（20 所）				
145	哈尔滨学院	哈尔滨师范专科学校、哈尔滨大学、哈尔滨市教育学院，哈尔滨市成人教育学院	2000－03－22	综合	哈尔滨	国办
146	黑龙江工程学院	黑龙江交通高等专科学校、哈尔滨工程高等专科学校	2000－03－22	理工	哈尔滨	国办
147	黑龙江东方学院	黑龙江大学东方学院本科分部	2003－04－16	综合	哈尔滨	民办
148	大庆师范学院	大庆高等专科学校	2004－05－13	师范	大庆	国办
149	绥化学院	绥化师范专科学校	2004－05－13	综合	绥化	国办
150	黑河学院	齐齐哈尔大学黑河分校	2004－05－13	综合	黑河	国办
151	黑龙江财经学院	哈尔滨商业大学德强商务学院，转设	2008－09－27	财经	哈尔滨	民办
152	哈尔滨金融学院	哈尔滨金融高等专科学校	2010－04－17	财经	哈尔滨	国办
153	黑龙江工业学院	鸡西大学	2013－04－18	综合	鸡西	国办
154	齐齐哈尔工程学院	齐齐哈尔职业学院	2011－04－07	理工	齐齐哈尔	民办
155	黑龙江外国语学院	哈尔滨师范大学恒星学院转设	2011－04－07	语言	哈尔滨	民办
156	哈尔滨剑桥学院	黑龙江大学剑桥学院转设	2011－04－07	综合	哈尔滨	民办

续表

序号	学校名称	建校基础	升本时间	类别	驻地	备注
157	哈尔滨华德学院	哈尔滨工业大学华德应用技术学院转设	2011 – 04 – 07	理工	哈尔滨	民办
158	哈尔滨信息工程学院	哈尔滨华夏计算机职业技术学院	2014 – 05 – 16	理工	哈尔滨	民办
159	哈尔滨石油学院	东北石油大学华瑞学院转设	2012 – 03 – 29	理工	哈尔滨	民办
160	黑龙江工商学院	东北农业大学成栋学院转设	2015 – 04 – 28	综合	哈尔滨	民办
161	哈尔滨远东理工学院	哈尔滨理工大学远东学院转设	2012 – 03 – 29	理工	哈尔滨	民办
162	哈尔滨广厦学院	哈尔滨商业大学广厦学院转设	2012 – 03 – 29	综合	哈尔滨	民办
163	哈尔滨音乐学院	依托哈尔滨师范大学进行过渡性招生	2016 – 03 – 01	艺术	哈尔滨	国办
164	黑龙江工程学院昆仑旅游学院	黑龙江工程学院，哈尔滨旅游学院，确认独立学院	2003 – 12	综合	哈尔滨	民办
上海市（17 所）						
165	上海应用技术大学	上海轻工业高等专科学校，上海冶金高等专科学校，上海化工高等专科学校，上海香料研究所	2000 – 04 – 20	理工	奉贤区	国办
166	上海公安学院	上海公安高等专科学校	2017 – 06 – 14	政法	浦东新区	国办
167	上海立信会计金融学院	上海立信会计学院，上海金融学院合并	2016 – 04 – 22	财经	上海	国办
168	上海杉达学院	杉达学院	2002 – 03 – 06	综合	浦东新区	民办
169	上海第二工业大学	原上海第二工业大学，上海东沪职业技术学院	2003 – 09 – 22	理工	浦东新区	国办
170	上海电机学院	上海电机技术高等专科学校，上海机电工业大学，上海市机电工业职工大学校	2004 – 09 – 22	理工	闵行区	国办
171	上海政法学院	上海大学法学院，上海市政法管理干部学院	2004 – 09 – 23	政法	青浦区	国办

续表

序号	学校名称	建校基础	升本时间	类别	驻地	备注
172	上海商学院	上海商业职业技术学院	2005－09	财经	徐汇区	国办
173	上海建桥学院	上海建桥职业技术学院	2006－02－22	综合	浦东新区	民办
174	上海海关学院	上海海关高等专科学校	2007－03－19	财经	浦东新区	国办
175	上海纽约大学	华东师范大学、纽约大学合作设立	2012－10－05	综合	浦东新区	民办
176	上海视觉艺术学院	复旦大学上海视觉艺术学院转设	2013－04－18	艺术	上海	民办
177	上海科技大学	上海市政府、中国科学院共同举办	2013－09－30	理工	浦东新区	国办
178	上海兴伟学院	上海兴伟信息技术职业技术学院	2014	综合	浦东新区	民办
179	上海健康医学院	上海医疗器械高等专科学校、上海医药高等专科学校、上海健康职业技术学院	2015－04－23	医药	浦东新区	国办
180	上海外国语大学贤达经济人文学院	上海外国语大学、上海贤达投资有限公司，确认独立学院	2004 建校	语言	虹口区	民办
181	上海师范大学天华学院	上海师范大学、上海天华教育文化投资有限公司，确认独立学院	2005－4 建校	综合	嘉定区	民办
		江苏省（44 所）				
182	盐城师范学院	盐城师范专科学校、盐城教育学院、盐城商业学校	1999－03－25	师范	盐城	国办
183	淮阴工学院	淮阴工业专科学校、江苏农垦职工大学、淮阴市机械工业职工大学	2000－03－22	理工	淮安	国办
184	常州工学院	常州工业技术学院、常州市机械冶金职工大学	2000－03－22	理工	常州	国办

续表

序号	学校名称	建校基础	升本时间	类别	驻地	备注
185	南京晓庄学院	南京师范专科学校、南京教育学院、南京市晓庄师范学校	2000-03-22	师范	南京	国办
186	南京工程学院	南京机械高等专科学校、南京电力高等专科学校	2000-06-12	理工	南京	国办
187	三江学院	三江大学	2002-02-22	综合	南京	民办
188	江苏警官学院	江苏公安专科学校、原江苏省人民警察学校、原江苏省司法学校	2002-03-09	政法	南京	国办
189	常熟理工学院	常熟高等专科学校	2004-05-12	理工	常熟	国办
190	徐州工程学院	彭城职业大学、徐州经济管理干部学院	2005-03-09	理工	徐州	国办
191	金陵科技学院	金陵职业大学、南京农业专科学校	2005-03-09	综合	南京	国办
192	南京森林警察学院	南京森林公安高等专科学校	2010-03-18	政法	南京	国办
193	无锡太湖学院	江南大学太湖学院转设	2011-04-07	综合	无锡	民办
194	南通理工学院	紫琅职业技术学院、江苏江海科教开发有限公司、江苏省教育发展投资中心共同举办	2014-05-16	理工	南通	民办
195	宿迁学院	宿迁市教育投资管理有限公司、江苏省教育发展有限公司举办	2014-05-16	综合	宿迁	民办
196	南京特殊教育师范学院	南京特殊教育职业技术学院	2015-04-28	师范	南京	国办
197	泰州学院	泰州师范高等专科学校	2013-04-18	综合	泰州	国办
198	江苏第二师范学院	江苏教育学院	2013-04-18	师范	南京	国办
199	西交利物浦大学	西安交通大学、利物浦大学合作举办	2006-05	综合	苏州	民办

续表

序号	学校名称	建校基础	升本时间	类别	驻地	备注
200	昆山杜克大学	昆山市政府、杜克大学、武汉大学合作举办	2013-09-12	综合	昆山	民办
201	东南大学成贤学院	东南大学中大学院、转设	2003-06	综合	南京	民办
202	中国矿业大学徐海学院	中国矿业大学大学、确认独立学院	2003	综合	徐州	民办
203	南京大学金陵学院	南京大学、确认独立学院	1998年成立	综合	南京	民办
204	南京理工大学紫金学院	南京理工大学、中国大森鞋业有限公司、江苏紫金科教投资有限公司联合举办、确认独立学院	2004	理工	南京	民办
205	南京航空航天大学金城学院	南京航空航天大学、确认独立学院	2004	综合	南京	民办
206	中国传媒大学南广学院	中国传媒大学、华夏视听环球传媒有限公司、南晶美亚教育投资有限公司、确认独立学院	2012-06	艺术	江宁	民办
207	南京理工大学泰州科技学院	南京理工大学、泰州政府、确认独立学院	2004-06-14	理工	江苏	民办
208	南京师范大学泰州学院	南京师范大学、泰州高教投资发展有限公司、确认独立学院	2004-06	师范	泰州	民办
209	南京工业大学浦江学院	南京工业大学二级学院、转设	2005-05	综合	南京	民办
210	南京师范大学中北学院	南京师范大学、南师大教育发展基金会、确认独立学院	1999年创办	综合	南京	民办
211	南京医科大学康达学院	南京医科大学、江苏康达实业平发总公司、确认独立学院	2005	医药	连云港	民办
212	南京中医药大学翰林学院	南京中医药大学二级学院、确认独立学院	2005-05	综合	泰州	民办
213	南京信息工程大学滨江学院	南京气象学院、确认独立学院	2002年成立	理工	南京	民办

续表

序号	学校名称	建校基础	升本时间	类别	驻地	备注
214	苏州大学文正学院	苏州大学，确认独立学院	2005	综合	苏州	民办
215	苏州大学应用技术学院	苏州大学职业技术学院，确认独立学院	2005–05	综合	苏州	民办
216	苏州科技大学天平学院	苏州科技大学，确认独立学院	2005	综合	苏州	民办
217	江苏大学京江学院	江苏大学，江苏大学教育发展基金会，确认独立学院	2005	综合	镇江	民办
218	扬州大学广陵学院	扬州大学，确认独立学院	2005	综合	扬州	民办
219	江苏师范大学科文学院	江苏师范大学，确认独立学院	2000–05	综合	徐州	民办
220	南京邮电大学通达学院	南京邮电大学，确认独立学院	1999 年创办	综合	扬州	民办
221	南京财经大学红山学院	南京财经大学，确认独立学院	2005	综合	南京	民办
222	江苏科技大学苏州理工学院	江苏科技大学南徐学院，确认独立学院	2005–05–15	理工	张家港	民办
223	常州大学怀德学院	常州大学，靖江市，转设	2005–05	理工	靖江	民办
224	南通大学杏林学院	南通大学，确认独立学院	2009	综合	南通	民办
225	南京审计大学金审学院	南京审计大学，确认独立学院	2005	财经	南京	民办
		浙江省（42 所）				
226	湖州师范学院	湖州师范专科学校，湖州教师进修学院，湖州师范学校	1999–03–25	师范	湖州	国办
227	嘉兴学院	浙江经济高等专科学校，嘉兴高等专科学校	2000–03–22	综合	嘉兴	国办
228	浙江科技学院	杭州应用工程技术学院，初名杭州应用工程技术学院	2000–03–22	理工	杭州	国办
229	台州学院	台州师范高等专科学校	2002–03–21	综合	台州	国办

续表

序号	学校名称	建校基础	升本时间	类别	驻地	备注
230	浙江万里学院	浙江万里职业技术学院	2002-03-21	理工	宁波	国办
231	浙江树人学院	浙江树人大学	2003-04-16	综合	杭州	民办
232	丽水学院	丽水师范专科学校、丽水职业技术学院	2004-05-19	综合	丽水	国办
233	浙江水利水电学院	浙江水利水电专科学校	2013-04-18	理工	杭州	国办
234	宁波工程学院	宁波高等专科学校	2004-05-19	理工	宁波	国办
235	浙江传媒学院	浙江广播电视高等专科学校	2004-05-19	语言	杭州	国办
236	宁波诺丁汉大学	浙江万里学院、诺丁汉大学	2005-05-20	综合	宁波	民办
237	浙江警察学院	浙江公安高等专科学校	2007-03-21	政法	杭州	国办
238	绍兴越秀外国语学院	绍兴越秀外国语职业学院	2008-04-08	语言	绍兴	民办
239	宁波大红鹰学院	宁波大红鹰职业技术学院	2008-04-08	理工	宁波	民办
240	衢州学院	浙江工业大学浙西分校	2010-03-18	理工	衢州	国办
241	公安海警学院	公安海警高等专科学校	2010-03-18	政法	宁波	国办
242	浙江外国语学院	浙江教育学院	2010-04-12	语言	杭州	国办
243	温州肯恩大学	温州大学、肯恩大学	2014-03-31	综合	温州	民办
244	浙江音乐学院	杭州师范大学音乐学院	2016-03-01	艺术	杭州	国办
245	杭州医学院	浙江医学高等专科学校	2016-03-22	医药	杭州	国办
246	温州商学院	温州大学城市学院转设	2016-05-03	财经	温州	民办

续表

序号	学校名称	建校基础	升本时间	类别	驻地	备注
247	浙江大学城市学院	浙江大学、杭州市政府、浙江省电信实业集团，确认独立学院	1999-07 创办	综合	杭州	民办
248	浙江大学宁波理工学院	浙江大学、宁波市人民政府，确认独立学院	2004-02-11	理工	宁波	民办
249	浙江工业大学之江学院	浙江工业大学、绍兴县教育投资有限公司，确认独立学院	2004	理工	杭州	民办
250	浙江师范大学行知学院	浙江师范大学，确认独立学院	2004-11	综合	金华	民办
251	宁波大学科学技术学院	宁波大学，确认独立学院	2004-11	综合	宁波	民办
252	杭州电子科技大学信息工程学院	杭州电子科技大学、浙江青山湖科研创新基地投资有限公司、杭州文一教育发展有限公司，确认独立学院	2004	理工	杭州	民办
253	浙江理工大学科技与艺术学院	浙江理工大学、绍兴市上虞区政府，确认独立学院	2000 创办	理工	宁波	民办
254	浙江海洋大学东海科学技术学院	浙江海洋学院东海科学技术学院，确认独立学院	2000-01	农业	杭州	民办
255	浙江农林大学暨阳学院	浙江农林大学天目学院，确认独立学院	2000	综合	绍兴	民办
256	温州医科大学仁济学院	温州医科大学，确认独立学院	1999-08 创办	医药	温州	民办
257	浙江中医药大学滨江学院	浙江中医药大学，确认独立学院	2001-01 创办	医药	杭州	民办
258	杭州师范大学钱江学院	浙江师范大学，确认独立学院	1999-07 创办	师范	杭州	民办
259	湖州师范学院求真学院	湖州师范学院、湖州市城市建设投资集团公司，确认独立学院	1999-08 创办	师范	湖州	民办

续表

序号	学校名称	建校基础	升本时间	类别	驻地	备注
260	绍兴文理学院元培学院	绍兴文理学院、中国绍兴黄酒集团有限公司，确认独立学院	2000 – 01 创办	综合	绍兴	民办
261	温州大学瓯江学院	温州师范学院瓯江学院，确认独立学院	2004	综合	温州	民办
262	浙江工商大学杭州商学院	杭州工商大学国际经贸学院，确认独立学院	1999 – 08 创办	财经	桐庐	民办
263	嘉兴学院南湖学院	嘉兴学院，确认独立学院	2003	财经	嘉兴	民办
264	中国计量大学现代科技学院	中国计量大学、桐庐县，确认独立学院	1999 – 07	理工	杭州	民办
265	浙江财经大学东方学院	浙江财经大学，确认独立学院	2004	财经	海宁	民办
266	同济大学浙江学院	同济大学、嘉兴市教育发展投资有限责任公司、宏达控股集团，确认独立学院	2008 – 05	综合	嘉兴	民办
267	上海财经大学浙江学院	上海财经大学、金华市浙中教育集团，确认独立学院	2008 – 05	财经	金华	民办
安徽省（27 所）						
268	皖西学院	六安师范专科学校、皖西联合大学、六安师范学校	2000 – 03 – 21	综合	六安	国办
269	淮南师范学院	淮南师范专科学校、淮南教育学院、淮南师范学校	2000 – 03 – 23	师范	淮南	国办
270	黄山学院	黄山高等专科学校	2002 – 02 – 22	综合	黄山	国办
271	铜陵学院	铜陵财经专科学校、安徽省冶金工业学校、铜陵师范学校	2002 – 03 – 06	财经	铜陵	国办
272	合肥学院	合肥联合大学、合肥教育学院、合肥师范学校	2002 – 03 – 14	综合	合肥	国办
273	巢湖学院	巢湖师范专科学校	2002 – 04 – 04	综合	巢湖	国办

续表

序号	学校名称	建校基础	升本时间	类别	驻地	备注
274	滁州学院	滁州师范专科学校	2004-05-17	综合	滁州	国办
275	宿州学院	宿州师范专科学校	2004-05-17	综合	宿州	国办
276	安徽新华学院	民办安徽新华职业学院	2005-05	综合	合肥	民办
277	蚌埠学院	蚌埠高等专科学校，蚌埠教育学院，蚌埠职工大学	2007-03-19	理工	蚌埠	国办
278	合肥师范学院	安徽教育学院	2007-03-19	综合	合肥	国办
279	池州学院	池州师范专科学校	2007-01	综合	池州	国办
280	安徽三联学院	安徽三联职业技术学院	2008-04-09	理工	合肥	民办
281	安徽文达信息工程学院	安徽文达信息技术职业学院	2011-04-07	理工	合肥	民办
282	安徽外国语学院	安徽外国语职业技术学院	2011-04-07	理工	合肥	民办
283	亳州学院	亳州师范高等专科学校	2016-03-22	综合	亳州	国办
284	安徽信息工程学院	安徽工程大学机电学院，转设	2016-05-03	理工	芜湖	民办
285	安徽财经大学商学院	安徽财经大学，祥兴箱包集团，确认独立学院	2003-12	财经	蚌埠	民办
286	安徽大学江淮学院	安徽大学，确认独立学院	2003-12	综合	合肥	民办
287	安徽工业大学工商学院	安徽工业大学，深圳市赛为智能股份有限公司，确认独立学院	2004-01	理工	合肥	民办
288	安徽建筑大学城市建设学院	安徽建筑大学城市建设学院，确认独立学院	2003	理工	芜湖	民办
289	安徽农业大学经济技术学院	安徽农业大学，合肥卢阳科教发展公司，确认独立学院	2004-01	综合	合肥	民办

续表

序号	学校名称	建校基础	升本时间	类别	驻地	备注
290	安徽师范大学皖江学院	安徽师范大学，确认独立学院	2003	师范	芜湖	民办
291	安徽医科大学临床医学院	安徽医科大学，确认独立学院	2003	医药	合肥	民办
292	阜阳师范学院信息工程学院	阜阳师范学院，确认独立学院	2004	综合	阜阳	民办
293	淮北师范大学信息学院	淮北师范大学，确认独立学院	2004－04	师范	淮北	民办
294	河海大学文天学院	河海大学与江苏大业投资有限公司，无锡市大业房屋建设开发有限公司确认独立学院	2008	综合	马鞍山	民办
		福建省（27 所）				
295	泉州师范学院	泉州师范高等专科学校	2000－03－21	师范	泉州	国办
296	福建工程学院	福建建筑高等专科学校，福建职业技术学院	2002－03－21	理工	福州	国办
297	闽江学院	福州师范高等专科学校，闽江职业大学	2002－03－21	综合	福州	国办
298	莆田学院	莆田高等专科学校，福建医科大学莆田分校，莆田华侨体育师范学校，仙游师范学校，兴化职业大学	2002－03－21	综合	莆田	国办
299	厦门理工学院	鹭江职业大学	2004－05－17	理工	厦门	国办
300	三明学院	三明高等专科学校	2004－05－18	综合	三明	国办
301	龙岩学院	龙岩师范高等专科学校	2004－05－19	师范	龙岩	国办
302	武夷学院	南平师范高等专科学校	2007－03－19	综合	南平	国办
303	福建警察学院	福建公安高等专科学校	2007－05－15	政法	福州	国办
304	闽南理工学院	泉州光电信息技术职业学院	2008－04－09	理工	石狮	民办

续表

序号	学校名称	建校基础	升本时间	类别	驻地	备注
305	宁德师范学院	宁德师范高等专科学校	2010-03-18	师范	宁德	国办
306	福建江夏学院	福建金融职业技术学院、福建经济管理干部学院、福建财会管理干部学院、福建政法管理干部学院	2010-03-18	财经	福州	国办
307	福州外语外贸学院	福州外语外贸职业技术学院	2011	财经	福州	民办
308	福州理工学院	福州海峡职业技术学院	2015-04-28	理工	福州	民办
309	厦门华厦学院	厦门华厦职业学院	2015-04-28	综合	厦门	民办
310	厦门工学院	华侨大学厦门工学院转设	2015-04-28	理工	厦门	民办
311	阳光学院	福州大学阳光学院	2015-04-28	理工	福州	民办
312	泉州信息工程学院	泉州信息职业技术学院	2015-05-16	理工	泉州	民办
313	福建商学院	福建商业高等专科学校	2016-03-22	财经	福州	国办
314	厦门医学院	厦门医学高等专科学校	2016-03-22	医学	厦门	国办
315	福建师范大学闽南科技学院	福建师范大学和菲律宾爱国华侨共同举办，确认独立学院	2003-12	理工	南安	民办
316	福建农林大学东方学院	福建农林大学，确认独立学院	2003-12	综合	福州	民办
317	厦门大学嘉庚学院	厦门大学，确认独立学院	2003-12	综合	漳州	民办
318	福州大学至诚学院	福建大学，确认独立学院	2003-12	综合	福州	民办
319	集美大学诚毅学院	集美大学、福建集美大学教育发展基金会，确认独立学院	2003-12	综合	厦门	民办

续表

序号	学校名称	建校基础	升本时间	类别	驻地	备注
320	福建师范大学协和学院	福建师范大学，确认独立学院	2003－12	综合	福建	民办
321	福建农林大学金山学院	福建农林大学，确认独立学院	2006	综合	福州	民办
		江西省（30 所）				
322	宜春学院	宜春师范专科学校、宜春农业专科学校、宜春医学专科学校、宜春市职工业余大学	2000－01－25	综合	宜春	国办
323	井冈山大学	吉安师范专科学校、吉安教育学院；初名井冈山学院，2007 年8 月23 日改为现名	2000－03－21	综合	吉安	国办
324	上饶师范学院	上饶师范专科学校、上饶教育学院	2000－03－21	师范	上饶	国办
325	景德镇学院	景德镇高等专科学校	2013－04－18	综合	景德镇	国办
326	萍乡学院	萍乡高等专科学校	2013－03	师范	萍乡	国办
327	九江学院	九江财经高等专科学校、九江师范专科学校、九江医学专科学校、九江教育学院	2002－03－04	综合	九江	国办
328	南昌工程学院	南昌水利水电高等专科学校	2004－05－17	理工	南昌	国办
329	江西科技学院	蓝天职业技术学院	2005－03－09	综合	南昌	民办
330	南昌理工学院	江西航天科技职业学院	2005－05	理工	南昌	民办
331	江西警察学院	江西公安专科学校	2010－03－18	政法	南昌	国办
332	新余学院	新余高等专科学校	2010－03－18	综合	新余	国办
333	江西服装学院	江西服装职业技术学院	2011－04－07	艺术	南昌	民办

续表

序号	学校名称	建校基础	升本时间	类别	驻地	备注
334	南昌工学院	江西赣江职业技术学院	2011-04-07	理工	南昌	民办
335	南昌师范学院	江西教育学院	2013-04-18	师范	南昌	国办
336	江西工程学院	江西渝州科技职业学院	2014-05-16	理工	新余	民办
337	江西应用科技学院	江西城市职业学院	2014-05-16	综合	南昌	民办
338	豫章师范学院	南昌师范高等专科学校	2017-05-10	师范	南昌	国办
339	南昌大学科学技术学院	南昌大学、江西昌大企业集团，确认独立学院	2003-12	综合	南昌	民办
340	南昌大学共青学院	江西大学、共青城开发区，确认独立学院	2003-12	综合	九江	民办
341	华东交通大学理工学院	华东交通大学，确认独立学院	2003-12	理工	南昌	民办
342	东华理工大学长江学院	东华理工大学，确认独立学院	2002年成立	理工	南昌	民办
343	南昌航空大学科技学院	南昌航空大学、江西福田房地产开发公司，确认独立学院	2003-12-23	理工	南昌	民办
344	江西理工大学应用科学学院	南方冶金学院西点学院、南方冶金学院应用科学学院，确认独立学院	2003-12	理工	赣州	民办
345	景德镇陶瓷大学科技艺术学院	景德镇陶瓷大学，确认独立学院	2003-12	艺术	南昌	民办
346	江西农业大学南昌商学院	江西农业大学、江西亨通房地产开发有限公司，确认独立学院	2003-12	财经	南昌	民办
347	江西中医药大学科技学院	江西中医药大学、江中制药集团，确认独立学院	2003-12-23	医药	南昌	民办
348	江西师范大学科学技术学院	江西师范大学、香港多伦多企业集团投资公司，确认独立学院	2003-12-30	师范	南昌	民办

续表

序号	学校名称	建校基础	升本时间	类别	驻地	备注
349	赣南师范大学科技学院	赣南师范大学，确认独立学院	2003 - 12 - 30	师范	赣州	民办
350	江西科技师范大学理工学院	江西科技师范学院华清学院，确认独立学院	2003 - 12	综合	南昌	民办
351	江西财经大学现代经济管理学院	江西财经大学、共青城中航文化投资有限公司，确认独立学院	2003 - 12	财经	南昌	民办
		山东省（39 所）				
352	临沂大学	临沂师范专科学校、临沂教育学院，初名临沂师范学院	1999 - 03 - 25	综合	临沂	国办
353	德州学院	德州高等专科学校	2000 - 03 - 22	综合	德州	国办
354	潍坊学院	潍坊高等专科学校、昌潍师范专科学校	2000 - 03 - 23	综合	潍坊	国办
355	泰山学院	泰安师范专科学校、泰安教育学院、泰山乡镇企业职工大学、泰安市广播电视大学、泰安师范学校	2002 - 03 - 21	综合	泰安	国办
356	山东交通学院	山东交通高等专科学校、中国重型汽车集团公司职工大学	2002 - 03 - 21	理工	济南	国办
357	滨州学院	滨州师范专科学校	2004 - 05 - 17	综合	滨州	国办
358	枣庄学院	枣庄师范专科学校	2004 - 05 - 17	综合	枣庄	国办
359	菏泽学院	菏泽师范专科学校	2004 - 05 - 17	综合	菏泽	国办
360	山东警察学院	山东公安专科学校	2004 - 05 - 17	公安	济南	国办
361	青岛滨海学院	民办青岛滨海职业学院	2005 - 03 - 09	综合	青岛	民办

续表

序号	学校名称	建校基础	升本时间	类别	驻地	备注
362	烟台南山学院	山东南山职业技术学院	2005-03-09	综合	烟台	民办
363	济宁学院	济宁师范专科学校	2007-03-16	综合	济宁	国办
364	山东政法学院	山东省政法管理干部学院	2007-04-26	政法	济南	国办
365	齐鲁医药学院	山东万杰医学高等专科学校	2008-04-09	医药	淄博	民办
366	山东英才学院	山东英才职业技术学院	2008-04-09	综合	济南	民办
367	潍坊科技学院	潍坊科技职业学院	2008-04-09	综合	潍坊	民办
368	齐鲁师范学院	山东省教育学院	2010-03-18	师范	济南	国办
369	山东青年政治学院	山东省青年管理干部学院	2010-03-18	综合	济南	国办
370	山东女子学院	中华女子学院山东分院	2010-03-18	综合	济南	国办
371	青岛黄海学院	青岛黄海职业学院	2011-04-07	综合	青岛	民办
372	山东协和学院	山东协和职业技术学院	2011-04-07	综合	济南	民办
373	青岛工学院	中国海洋大学青岛学院转设	2011-04-07	理工	青岛	民办
374	山东管理学院	山东省工会管理干部学院	2013-04-18	综合	济南	国办
375	山东农业工程学院	山东省农业管理干部学院	2013-04-18	综合	济南	国办
376	青岛恒星科技学院	青岛恒星职业技术学院	2014-05-16	综合	青岛	民办
377	山东华宇工学院	山东华宇职业技术学院	2014-05-16	理工	德州	民办
378	齐鲁理工学院	曲阜师范大学杏坛学院转设	2014-05-16	理工	济南	民办
379	山东现代学院	山东现代职业学院	2015-04-28	综合	济南	民办

续表

序号	学校名称	建校基础	升本时间	类别	驻地	备注
380	烟台大学文经学院	烟台大学，确认独立学院	2003	综合	烟台	民办
381	聊城大学东昌学院	聊城大学，确认独立学院	2002－04	综合	聊城	民办
382	青岛理工大学琴岛学院	青岛理工大学，确认独立学院	2003	理工	青岛	民办
383	山东师范大学历山学院	山东师范大学，浪潮集团，确认独立学院	2005－06	综合	青州	民办
384	山东财经大学燕山学院	山东经济学院，山东黄金集团，确认独立学院	2005	财经	济南	民办
385	中国石油大学胜利学院	中国石油大学，胜利石油管理局，胜利油田师范专科学校，确认独立学院	2003－03	理工	东营	民办
386	山东科技大学泰山科技学院	山东科技大学，确认独立学院	2004－03	综合	泰安	民办
387	青岛农业大学海都学院	莱阳农学院，确认独立学院	2005	综合	莱阳	民办
388	山东财经大学东方学院	山东财经大学，山东黄金集团有限公司，确认独立学院	2005	财经	泰安	民办
389	济南大学泉城学院	济南大学，确认独立学院	2005	综合	烟台	民办
390	北京电影学院现代创意媒体学院	北京电影学院，确认独立学院	2010	艺术	青岛	民办
河南省（39所）						
391	南阳师范学院	南阳师范高等专科学校，南阳教育学院	2000－03－21	师范	南阳	国办
392	洛阳师范学院	洛阳师范高等专科学校，洛阳教育学院	2000－03－21	师范	洛阳	国办
393	商丘师范学院	商丘师范高等专科学校，商丘教育学院	2000－03－21	师范	商丘	国办

续表

序号	学校名称	建校基础	升本时间	类别	驻地	备注
394	黄河科技学院	民办黄河科技学院	2000-03-21	理工	郑州	民办
395	安阳师范学院	安阳师范高等专科学校，安阳教育学院	2000-04-05	师范	安阳	国办
396	周口师范学院	周口师范高等专科学校，周口教育学院	2002-03-21	师范	周口	国办
397	许昌学院	许昌师范高等专科学校	2002-03-21	师范	许昌	国办
398	河南城建学院	河南城建高等专科学校，平顶山工业学校	2002-03-21	理工	平顶山	国办
399	平顶山学院	平顶山高等专科学校	2004-05-13	综合	平顶山	国办
400	安阳工学院	安阳大学	2004-05-13	理工	安阳	国办
401	南阳理工学院	南阳理工学院	2004-05-13	理工	南阳	国办
402	黄淮学院	驻马店师范高等专科学校，民办中原职业技术学院	2004-05-21	综合	驻马店	国办
403	河南工程学院	郑州经济管理干部学院，河南纺织高等专科学校	2007-03-19	综合	郑州	国办
404	新乡学院	新乡师范高等专科学校，新乡市教育学院，平原大学	2007-03-19	综合	新乡	国办
405	洛阳理工学院	洛阳工业高等专科学校，洛阳教育学院	2007-03-23	理工	洛阳	国办
406	郑州科技学院	郑州科技职业学院	2008-04-09	理工	郑州	民办
407	郑州工业应用技术学院	郑州华信职业技术学院（初名郑州华信学院）	2008-04-09	综合	新郑	民办
408	郑州师范学院	郑州师范高等专科学校	2010-03-18	师范	郑州	国办
409	河南警察学院	河南公安高等专科学校	2010-03-18	政法	郑州	国办
410	商丘工学院	商丘科技职业学院	2011-04-07	理工	商丘	民办
411	商丘学院	河南农业大学华豫学院	2011-04-07	综合	郑州	民办

续表

序号	学校名称	建校基础	升本时间	类别	驻地	备注
412	郑州升达经贸管理学院	郑州大学升达经贸管理学院	2011－04－07	财经	郑州	民办
413	郑州成功财经学院	河南财经政法大学成功学院	2012－03－29	财经	郑州	民办
414	信阳农林学院	信阳农业高等专科学校	2013－04－18	农业	信阳	国办
415	河南牧业经济学院	郑州牧业工程高等专科学校、河南商业高等专科学校	2013－04－18	农业	郑州	国办
416	铁道警察学院	铁道警官高等专科学校	2013－04－18	政法	郑州	公安部
417	郑州财经学院	郑州经贸职业学院	2014－05－16	财经	郑州	民办
418	黄河交通学院	郑州交通职业学院	2014－05－16	理工	郑州	民办
419	郑州工程技术学院	中州大学	2016－03－22	理工	郑州	国办
420	河南工学院	河南机电高等专科学校	2016－03－22	理工	新乡	国办
421	河南财政金融学院	河南财政税务高等专科学校、河南教育学院	2016－03－22	财经	郑州	国办
422	安阳学院	安阳师范学院人文管理学院转身	2016－04－29	综合	安阳	民办
423	信阳学院	信阳师范学院华锐学院转设	2016－05－03	综合	信阳	民办
424	郑州工商学院	河南理工大学万方科技学院转设	2016－05－03	理工	郑州	民办
425	河南大学民生学院	河南大学、河南日报报业集团，确认独立学院	2003	财经	开封	民办
426	新乡医学院三全学院	新乡医学院，确认独立学院	2003	医药	新乡	民办
427	河南科技学院新科学院	河南职业技术师范学院新科学院，确认独立学院	2003	理工	新乡	民办
428	河南师范大学新联学院	河南师范大学，确认独立学院	2003	师范	郑州	民办
429	中原工学院信息商务学院	中原工学院、嘉宏学院控股集团，确认独立学院	2003－04	财经	郑洲	民办

序号	学校名称	建校基础	升本时间	类别	驻地	备注
		湖北省（43 所）				
430	黄冈师范学院	黄冈师范高等专科学校	1999-03-25	师范	黄冈	国办
431	孝感工程学院	孝感师范高等专科学校	2000-03-22	综合	孝感	国办
432	江汉大学	江汉大学、武汉教育学院、武汉市职工医学院、华东理工大学汉口分校	2001-10-17	综合	武汉	国办
433	湖北警官学院	湖北公安高等专科学校	2002-03-04	政法	武汉	国办
434	湖北经济学院	湖北商业高等专科学校、武汉金融高等专科学校、湖北省计划管理干部学院	2002-03-04	财经	武汉	国办
435	湖北科技学院	咸宁师范高等专科学校、咸宁医学院	2002-03-04	综合	咸宁	国办
436	湖北理工学院	黄石高等专科学校、黄石教育学院	2004-06-02	理工	黄石	国办
437	武汉生物工程学院	武汉生物工程职业技术学院	2005-03-09	理工	武汉	民办
438	荆楚理工学院	荆门职业技术学院、沙洋师范高等专科学校	2007-03-19	理工	荆门	国办
439	湖北第二师范学院	湖北教育学院	2007-03-23	师范	武汉	国办
440	武汉东湖学院	武汉大学东湖分校转设	2011-04-08	理工	武汉	民办
441	武汉工商学院	武汉长江工商学院	2011-04-08	财经	武汉	民办
442	汉口学院	华中师范大学汉口分校转设	2011-05	综合	武汉	民办
443	武昌理工学院	武汉科技大学中南分校转设	2011-05-04	理工	武汉	民办
444	武昌工学院	武汉工业学院工商学院转设	2012-03-29	理工	武汉	民办

续表

序号	学校名称	建校基础	升本时间	类别	驻地	备注
445	武汉商学院	武汉商业服务学院	2013－04－18	财经	武汉	民办
446	文华学院	华中科技大学文华学院转设	2014－05－16	理工	武汉	民办
447	武汉工程科技学院	中国地质大学江城学院转设	2014－05－16	理工	武汉	民办
448	武汉设计工程学院	华中农业大学楚天学院转设	2015－03－19	综合	武汉	民办
449	武昌首义学院	华中科技大学武昌分校转设	2015－04－28	理工	武汉	民办
450	湖北商贸学院	湖北工业大学商贸学院转设	2015－04－28	财经	武汉	民办
451	武汉学院	中南财经政法大学武汉学院转设	2015－04－28	综合	武汉	民办
452	汉江师范学院	郧阳师范高等专科学校	2016－03－22	师范	郧阳	国办
453	武汉传媒学院	华中师范大学武汉传媒学院转设	2016－04－21	语文	武汉	民办
454	武汉华夏理工学院	武汉理工大学华夏学院转设	2016－04－29	理工	武汉	民办
455	武汉晴川学院	武汉大学珞珈学院转设	2016－04－29	综合	武汉	民办
456	长江大学工程技术学院	长江大学、河南春来教育集团，确认独立学院	2004－03	理工	荆州	民办
457	长江大学文理学院	荆州师范学院，确认独立学院	2004－04	综合	荆州	民办
458	湖北大学知行学院	湖北大学武昌分校，确认独立学院	2000	理工	武汉	民办
459	武汉科技大学城市学院	武汉科技大学，确认独立学院	2002	理工	武汉	民办
460	三峡大学科技学院	三峡大学宜昌分校，确认独立学院	2010	综合	宜昌	民办
461	江汉大学文理学院	江汉大学融智工商学院，确认独立学院	2003－11	综合	武汉	民办
462	湖北工业大学工程技术学院	湖北工业大学，确认独立学院	2004－02	理工	武汉	民办

续表

序号	学校名称	建校基础	升本时间	类别	驻地	备注
463	武汉工程大学邮电与信息工程学院	武汉工程大学、武汉化院科技有限公司，确认独立学院	2010 – 03	理工	武汉	民办
464	武汉纺织大学外经贸学院	武汉纺织大学、湖北对外贸易学校，确认独立学院	2002 – 08 – 23	综合	武汉	民办
465	湖北汽车工业学院科技学院	湖北汽车工业学院，确认独立学院	2003 – 03	理工	十堰	民办
466	湖北医药学院药护学院	湖北医药学院，确认独立学院	2004	医药	十堰	民办
467	湖北民族学院科技学院	湖北民族学院，确认独立学院	2003	理工	恩施	民办
468	湖北经济学院法商学院	湖北经济学院，确认独立学院	2004	财经	武汉	民办
469	武汉体育学院体育科技学院	武汉体育学院，确认独立学院	2003	体育	武汉	民办
470	湖北师范大学文理学院	湖北师范大学，确认独立学院	2003	师范	黄石	民办
471	湖北文理学院理工学院	襄樊学院，确认独立学院	2003 – 06	理工	襄阳	民办
472	湖北工程学院新技术学院	湖北工程学院，确认独立学院	2004 – 02	理工	孝感	民办
湖南省（38 所）						
473	湖南理工学院	岳阳师范高等专科学校、岳阳大学，初名岳阳师范学院，2003 年 2 月 9 日改为现名	1999 – 03 – 25	理工	岳阳	国办
474	衡阳师范学院	衡阳师范高等专科学校、衡阳教育学院	1999 – 03 – 25	师范	衡阳	国办
475	湖南文理学院	常德师范高等专科学校、常德高等专科学校，初名常德师范学院，2003 年 2 月 9 日改为现名	1999 – 03 – 25	综合	常德	国办
476	湖南工程学院	湘潭机电高等专科学校、湖南纺织高等专科学校	2000 – 06 – 12	理工	湘潭	国办

续表

序号	学校名称	建校基础	升本时间	类别	驻地	备注
477	邵阳学院	邵阳师范高等专科学校、邵阳高等专科学校；2016年3月22日邵阳医学高等专科学校并入	2002－03－06	综合	邵阳	国办
478	湖南科技学院	零陵师范高等专科学校，初名零陵学院，2004年7月16日改为现名	2002－03－06	综合	永州	国办
479	湖南城市学院	湖南城建高等专科学校、益阳师范高等专科学校	2002－03－21	综合	益阳	国办
480	怀化学院	怀化师范高等专科学校	2002－03－21	综合	怀化	国办
481	湘南学院	郴州师范高等专科学校、郴州医学高等专科学校、郴州教育学院	2003－04－16	综合	郴州	国办
482	湖南人文科技学院	娄底师范高等专科学校	2004－05－17	综合	娄底	国办
483	长沙学院	长沙大学（专科）	2004－05－19	综合	长沙	国办
484	长沙医学院	湖南医学高等专科学校	2005－03－09	医药	长沙	民办
485	湖南涉外经济学院	湖南涉外经济职业学院	2005－03－09	综合	长沙	民办
486	湖南工学院	湖南建材高等专科学校、湖南大学衡阳分校	2007－03－16	理工	衡阳	国办
487	湖南省第一师范学院	湖南省第一师范学校	2008－04－08	师范	长沙	国办
488	湖南财政经济学院	湖南财经高等专科学校	2010－03－18	财经	长沙	国办
489	湖南警察学院	湖南公安高等专科学校	2010－03－18	政法	长沙	国办
490	湖南女子学院	湖南女子职业大学	2010－03－18	综合	长沙	国办
491	长沙师范学院	长沙师范学校（专科）	2013－04－12	师范	长沙	国办

续表

序号	学校名称	建校基础	升本时间	类别	驻地	备注
492	湖南医药学院	怀化医学高等专科学校	2014-05-16	医学	怀化	国办
493	湖南应用技术学院	湖南同德职业技术学院	2014-05-16	综合	常德	民办
494	湖南信息学院	湖南信息科技职业学院	2014-05-16	综合	长沙	民办
495	湖南交通工程学院	湖南科技经贸职业学院	2014-05-16	理工	衡阳	民办
496	湘潭大学兴湘学院	湘潭大学,确认独立学院	2004-02	综合	湘潭	民办
497	湖南工业大学科技学院	株洲师范高等专科学校并入,确认独立学院	2006-02-14	综合	株洲	民办
498	湖南科技大学潇湘学院	湖南科技大学,确认独立学院	2004-02	综合	湘潭	民办
499	南华大学船山学院	南华大学,确认独立学院	2004-02	理工	衡阳	民办
500	湖南商学院北津学院	湖南商学院,确认独立学院	2004-02	财经	长沙	民办
501	湖南师范大学树达学院	湖南师范大学,确认独立学院	2004-02	师范	长沙	民办
502	湖南农业大学东方科技学院	湖南农业大学、湖南丰泽家园房地产开发有限公司,确认独立学院	2004-02	农业	长沙	民办
503	中南林业科技大学涉外学院	中南林业科技大学、湖南旺湘科技产业投资有限公司,确认独立学院	2002-06	综合	长沙	民办
504	湖南文理学院芙蓉学院	湖南文理学院,确认独立学院	2002	综合	常德	民办
505	湖南理工学院南湖学院	湖南理工学院,确认独立学院	2003-06	理工	岳阳	民办
506	衡阳师范学院南岳学院	衡阳师范学院,确认独立学院	2002-02	师范	衡阳	民办
507	湖南工程学院应用技术学院	湖南工程学院,确认独立学院	2002	理工	湘潭	民办

续表

序号	学校名称	建校基础	升本时间	类别	驻地	备注
508	湖南中医药大学湘杏学院	湖南中医药大学，确认独立学院	2002 – 06 – 18	医学	长沙	民办
509	吉首大学张家界学院	吉首大学，确认独立学院	2002	综合	张家界	民办
510	长沙理工大学城南学院	长沙交通学院公路学院、长沙电力学院科技学院合并组建，确认独立学院	2003	理工	长沙	民办
		广东省（38 所）				
511	韶关学院	韶关大学、韶关教育学院	2000 – 03 – 22	综合	韶光	国办
512	惠州学院	惠阳师范专科学校、惠州教育学院	2000 – 03 – 22	综合	惠州	国办
513	肇庆学院	西江大学、肇庆教育学院	2000 – 03 – 22	综合	肇庆	国办
514	嘉应学院	嘉应大学、嘉应教育学院	2000 – 03 – 22	综合	梅州	国办
515	广东石油化工学院	中国石油化工集团公司、中国石油天然气集团公司、中国海洋石油总公司、茂名学院	2000 – 03 – 22	综合	肇庆	国办
516	东莞理工学院	东莞理工学院	2002 – 03 – 14	理工	东莞	国办
517	广东警官学院	广东公安高等专科学校	2004 – 05 – 10	政法	广州	国办
518	广东金融学院	广东金融高等专科学校	2004 – 05 – 13	财经	广州	国办
519	广东白云学院	广东白云职业技术学院	2005 – 03 – 09	理工	广州	民办
520	广东培正学院	民办培正商学院	2005 – 03 – 09	财经	广州	民办
521	广东第二师范学院	广东教育学院	2010 – 03 – 18	师范	广州	国办
522	广东科技学院	东莞南博职业技术学院	2011 – 04 – 07	综合	东莞	民办

序号	学校名称	建校基础	升本时间	类别	驻地	备注
523	南方科技大学	深圳市政府举办	2012-04-16	理工	深圳	国办
524	广州航海学院	广州航海高等专科学校	2013-04-18	理工	广州	国办
525	广东理工学院	肇庆科技职业技术学院	2014-05-16	理工	肇庆	民办
526	广州工商学院	广州工商职业技术学院	2014-05-16	综合	广州	民办
527	广州商学院	华南师范大学增城康大学院转设	2014-05-16	财经	增城	民办
528	广东东软学院	南海东软信息技术职业学院	2014-05-27	理工	佛山	民办
529	香港中文大学(深圳)	深圳市政府、香港中文大学、深圳大学	2014-04-28	综合	深圳	合作
530	广东以色列理工学院	汕头市政府、以色列理工学院、汕头大学	2016-12-05	理工	汕头	公办
531	深圳北理莫斯科大学	深圳市政府、北京理工大学、莫斯科大学	2017-04-08	理工	深圳	合作
532	电子科技大学中山学院	电子科技大学、中山学院,确认独立学院	2002-10	综合	中山	民办
533	华南理工大学广州学院	华南理工大学、广州云峰文化教育有限公司,确认独立学院	2006	理工	广州	民办
534	广州大学华软软件学院	广州大学、广州盈和投资管理有限公司,确认独立学院	2006	理工	广州	民办
535	中山大学南方学院	中山大学、广东珠江投资集团,确认独立学院	2006	综合	广州	民办
536	广东外语外贸大学南国商学院	广东外语外贸大学,确认独立学院	2006	综合	广州	民办
537	广东财经大学华商学院	广东商学院华商学院,确认独立学院	2006-04	财经	广州	民办
538	广东海洋大学寸金学院	广东海洋大学、湛江寸金教育集团,确认独立学院	2013	综合	湛江	民办

续表

序号	学校名称	建校基础	升本时间	类别	驻地	备注
539	华南农业大学珠江学院	华南农业大学，确认独立学院	2006-03	综合	广州	民办
540	广东技术师范学院天河学院	广东技术师范学院，确认独立学院	2001	理工	广州	民办
541	北京师范大学珠海分校	北京师范大学珠海教育园区，确认独立学院	2001-10-16	综合	珠海	民办
542	广东工业大学华立学院	广东工业大学，确认独立学院	2004-04	理工	广州	民办
543	广州大学松田学院	解放军体育学院增城教学点，确认独立学院	2004	综合	广州	民办
544	北京理工大学珠海学院	北京理工大学，珠海市，确认独立学院	2016-10-25	综合	珠海	民办
545	吉林大学珠海学院	吉林大学珠海校区，确认独立学院	2012-01	综合	珠海	民办
546	东莞理工学院城市学院	东莞理工学院，广东鸿发投资集团有限公司，确认独立学院	2004-06	综合	东莞	民办
547	中山大学新华学院	中山大学，确认独立学院	2012-01	综合	广州	民办
548	北京师范大学—香港浸会大学联合国际学院	北京师范大学，香港浸会大学	2007-06	综合	珠海	国办合作
	广西壮族自治区（24所）					
549	玉林师范学院	玉林师范高等专科学校，玉林市教育学院，玉林高等职业技术学院（筹）	2000-03-21	师范	玉林	国办
550	河池学院	河池高等专科学校	2003-04-16	综合	宜州	国办
551	广西财经学院	广西财政高等专科学校，广西商业高等专科学校	2004-05-19	财经	南宁	国办
552	百色学院	右江民族师范高等专科学校	2006-02-14	综合	百色	国办

481

续表

序号	学校名称	建校基础	升本时间	类别	驻地	备注
553	贺州学院	梧州师范高等专科学校	2006－02－14	综合	贺州	国办
554	梧州学院	广西大学梧州分校	2003－05－13	综合	梧州	国办
555	钦州学院	钦州师范高等专科学校	2008－05	综合	钦州	国办
556	广西民族师范学院	南宁师范高等专科学校	2009－03－26	师范	崇左	国办
557	广西外国语学院	广西东方外语职业学院	2011－04－07	语文	南宁	民办
558	桂林航天工业学院	桂林航天工业高等专科学校	2012－03－29	理工	桂林	国办
559	南宁学院	邕江大学	2012－11－23	理工	南宁	民办
560	北海艺术设计学院	北海艺术设计职业学院	2014－05－27	艺术	北海	民办
561	桂林旅游学院	桂林旅游高等专科学校	2015－04－28	财经	桂林	国办
562	广西警察学院	广西警官高等专科学校	2015－04－28	政法	南宁	国办
563	广西科技师范学院	柳州师范高等专科学校	2015－04－28	师范	来宾	国办
564	广西大学行健文理学院	广西大学、广西希达教育开发有限公司，确认独立学院	2003	综合	南宁	民办
565	广西科技大学鹿山学院	柳州市、广西科技大学，确认独立学院	2002 年创立	理工	柳州	民办
566	广西民族大学相思湖学院	广西民族学院相思湖学院，确认独立学院	2004－02	综合	南宁	民办
567	广西师范大学漓江学院	广西师范大学、广西益勤商贸有限公司，确认独立学院	2001－07－31	财经	桂林	民办
568	广西师范学院师园学院	广西师范学院，确认独立学院	2004－02	综合	南宁	民办

续表

序号	学校名称	建校基础	升本时间	类别	驻地	备注
569	广西中医药大学赛恩斯新医药学院	广西中医药大学，赛恩斯，确认独立学院	2002	医药	南宁	民办
570	桂林电子科技大学信息科技学院	桂林电子科技大学，确认独立学院	2004	理工	桂林	民办
571	桂林理工大学博文管理学院	桂林理工大学，确认独立学院	2004－03	理工	桂林	民办
572	北京航空航天大学北海学院	北京航空航天大学，北海市政府，投资方，确认独立学院	2013－08	综合	北海	民办
		海南省（4 所）				
573	海南热带海洋学院	琼州大学（专科）	2006－02－14	综合	三亚	国办
574	海口经济学院	海口经济职业技术学院	2008－03－27	财经	海口	民办
575	三亚学院	海南大学三亚学院转设	2012－03－29	综合	三亚	民办
576	琼台师范学院	琼台师范高等专科学校	2016－03－22	师范	海口	国办
		重庆市（13 所）				
577	重庆文理学院	渝西学院	2001－05－11	综合	永川	国办
578	长江师范学院	涪陵师范高等专科学校，涪陵教育学院，初名涪陵师范学院	2001－05－11	师范	涪陵	国办
579	重庆科技学院	重庆工业高等专科学校，重庆石油高等专科学校	2004－05－18	理工	沙坪坝	国办
580	重庆警官职业学院	重庆警官职业学院	2012－03－29	政法	重庆	国办
581	重庆第二师范学院	重庆教育学院	2012－03－29	师范	重庆	国办

续表

序号	学校名称	建校基础	升本时间	类别	驻地	备注
582	重庆人文科技学院	西南大学育才学院转设	2013-04-27	综合	重庆	民办
583	重庆工程学院	重庆正大软件职业技术学院	2014-05-27	理工	重庆	民办
584	重庆大学城市科技学院	重庆大学，确认独立学院	2006-04-12	综合	重庆	民办
585	四川外国语大学重庆南方翻译学院	四川外国语大学、重庆南方集团有限公司，确认独立学院	2003-12-23	语言	重庆	民办
586	重庆师范大学涉外商贸学院	重庆师范大学海棠学院，确认独立学院	2003-12-23	财经	重庆	民办
587	重庆工商大学融智学院	重庆工商大学、重庆新鸥鹏教育集团，确认独立学院	2003-12-23	财经	重庆	民办
588	重庆工商大学派斯学院	重庆工商大学、欧洲派斯集团，确认独立学院	2003-12-23	财经	重庆	民办
589	重庆邮电大学移通学院	重庆邮电大学、重庆建鸿创佳房地产有限公司，确认独立学院	2004-03-18	综合	重庆	民办
四川省（31所）						
590	成都医学院	解放军成都医学高等专科学校、第三军医大学成都军医学院	1999-05	医药	成都	国办
591	内江师范学院	内江师范高等专科学校、内江教育学院	2000-03-21	师范	内江	国办
592	乐山师范学院	乐山师范高等专科学校、乐山教育学院	2000-03-21	师范	乐山	国办
593	宜宾学院	宜宾师范高等专科学校、宜宾教育学院	2001-05-11	综合	宜宾	国办
594	攀枝花学院	攀枝花大学	2001-05-11	综合	攀枝花	国办
595	绵阳师范学院	绵阳师范高等专科学校	2002-03-21	师范	绵阳	国办

续表

序号	学校名称	建校基础	升本时间	类别	驻地	备注
596	西昌学院	西昌农业高等专科学校、西昌师范高等专科学校、凉山大学、凉山教育学院（专科）	2003 – 05 – 08	综合	西昌	国办
597	成都学院	成都大学（专科）	2003 – 05 – 16	综合	成都	国办
598	四川文理学院	达县师范高等专科学校	2006 – 02 – 14	综合	达州	国办
599	四川警察学院	四川警官高等专科学校	2006 – 02 – 14	政法	泸州	国办
600	四川民族学院	康定民族师范高等专科学校	2009 – 03 – 26	民族	康定	国办
601	成都东软学院	成都东软信息技术职业学院	2011 – 04 – 07	理工	成都	民办
602	成都工业学院	成都电子机械高等专科学校	2012 – 03 – 29	理工	成都	国办
603	成都师范学院	四川教育学院	2012 – 03 – 29	师范	成都	国办
604	四川旅游学院	四川烹饪高等专科学校、四川省农业管理干部学院	2013 – 04 – 18	财经	成都	国办
605	四川传媒学院	成都理工大学广播影视学院转设	2013 – 04 – 18	艺术	成都	民办
606	四川文化艺术学院	四川音乐学院绵阳艺术学院转设	2014 – 05 – 16	艺术	绵阳	民办
607	成都文理学院	四川师范大学文理学院转设	2014 – 05 – 16	综合	成都	民办
608	四川电影电视学院	四川电影电视职业学院	2014 – 05 – 27	艺术	成都	民办
609	四川工业科技学院	四川工业管理职业学院	2014 – 05 – 27	理工	德阳	民办
610	阿坝师范学院	阿坝师范高等专科学校	2015 – 04 – 28	师范	阿坝	国办
611	四川工商学院	四川师范大学成都学院转设	2015 – 04 – 28	综合	成都	民办

续表

序号	学校名称	建校基础	升本时间	类别	驻地	备注
612	电子科技大学成都学院	电子科技大学、成都国腾实业集团有限公司，确认独立学院	2004-02	理工	成都	民办
613	成都理工大学工程技术学院	成都理工大学、中国核工业西南物理研究院，确认独立学院	2004-02	理工	乐山	民办
614	成都信息工程大学银杏酒店管理学院	成都工程学院银杏酒店管理学院，确认独立学院	2004-02	管理	成都	民办
615	四川外国语大学成都学院	四川外国语大学、四川德瑞企业发展总公司，确认独立学院	2004-03	语言	成都	民办
616	四川大学锦城学院	四川大学，确认独立学院	2005-05-09	综合	成都	民办
617	西南财经大学天府学院	西南财经大学、四川维奥教育投资有限公司，确认独立学院	2006-04-12	财经	绵阳	民办
618	四川大学锦江学院	四川大学、四川旭峰实业有限公司，确认独立学院	2006-04-12	综合	眉山	民办
619	西南科技大学城市学院	西南科技大学、合肥万博集团有限公司，确认独立学院	2006-04-12	理工	绵阳	民办
620	西南交通大学希望学院	西南交通大学、华西希望集团，确认独立学院	2009-06-17	综合	成都	民办
		贵州省（22所）				
621	黔南民族师范学院	黔南民族师范高等专科学校、黔南州教育学院、都匀民族师范学校	2000-03-28	师范	都匀	国办
622	遵义师范学院	遵义师范高等专科学校	2001-05-11	师范	遵义	国办

续表

序号	学校名称	建校基础	升本时间	类别	驻地	备注
623	贵阳学院	贵阳师范高等专科学校、贵阳金筑大学	2004 – 05 – 17	综合	贵阳	国办
624	贵州工程应用技术学院	毕节师范高等专科学校、毕节教育学院、毕节学院	2005 – 03 – 09	综合	毕节	国办
625	凯里学院	黔东南民族师范高等专科学校	2006 – 02 – 14	综合	凯里	国办
626	铜仁学院	铜仁师范高等专科学校	2006 – 02 – 14	综合	铜仁	国办
627	安顺学院	安顺师范高等专科学校	2006 – 02 – 14	综合	安顺	国办
628	兴义民族师范学院	黔西南民族师范高等专科学校	2009 – 03 – 26	综合	兴义	国办
629	六盘水师范学院	六盘水师范高等专科学校	2009 – 03 – 26	师范	六盘水	国办
630	贵州师范学院	贵州教育学院	2009 – 03 – 26	师范	贵阳	国办
631	贵州理工学院	贵州大学蔡家关校区	2013 – 04 – 16	理工	贵阳	国办
632	贵州商学院	贵州商业高等专科学校	2015 – 04 – 28	财经	贵阳	国办
633	贵州警察学院	贵州警官职业学院	2017 – 05 – 10	政法	贵阳	国办
634	茅台学院	茅台集团创建	2017 – 05 – 27	综合	仁怀	民办
635	贵阳中医学院时珍学院	贵阳中医学院，确认独立学院	2004	医药	贵阳	民办
636	贵州财经大学商务学院	贵州财经大学，确认独立学院	2004	财经	惠水	民办
637	贵州大学科技学院	贵州大学、贵阳金阳建设投资有限公司，确认独立学院	2004 – 05	综合	贵阳	民办
638	贵州大学明德学院	贵州大学、泰豪集团，确认独立学院	2004 – 06	综合	贵阳	民办

续表

序号	学校名称	建校基础	升本时间	类别	驻地	备注
639	贵州民族大学人文科技学院	贵州民族大学、贵州鹏程房地产开发有限公司，确认独立学院	2004-05	民族	贵阳	民办
640	贵州师范大学求是学院	贵州师范大学，确认独立学院	2004-06	师范	贵阳	民办
641	遵义医学院医学与科技学院	遵义医学院，确认独立学院	2001-05 创建	医药	遵义	民办
642	贵阳医科大学神奇民族医药学院	贵阳医学院、贵州神奇集团，确认独立学院	2004 年创建	医药	贵阳	民办
		云南省（21 所）				
643	曲靖师范学院	曲靖师范高等专科学校、曲靖教育学院、曲靖师范学校	2000-03-21	师范	曲靖	国办
644	玉溪师范学院	玉溪师范高等专科学校、玉溪师范学校、玉溪成人教育培训中心	2000-03-22	师范	玉溪	国办
645	楚雄师范学院	楚雄师范高等专科学校	2001-05-11	师范	楚雄	国办
646	云南警官学院	云南公安高等专科学校	2003-04-16	政法	昆明	国办
647	红河学院	蒙自师范高等专科学校、云南广播电视大学红河分校	2003-04-16	综合	蒙自	国办
648	昆明学院	昆明师范高等专科学校、昆明大学	2007-03-23	综合	昆明	国办
649	文山学院	文山师范高等专科学校	2009-04-01	综合	文山	国办
650	保山学院	保山师范高等专科学校	2009-04-01	师范	保山	国办
651	云南工商学院	云南爱因森软件职业学院	2011-04-07	综合	昆明	民办

续表

序号	学校名称	建校基础	升本时间	类别	驻地	备注
652	普洱学院	思茅师范高等专科学校	2012－03－29	综合	思茅	国办
653	昭通学院	昭通师范专科学校	2013－06－28	综合	昭通	国办
654	云南经济管理学院	云南经济管理职业学院	2014－05－27	财经	安宁	民办
655	滇西科技师范学院	临沧师范高等专科学校	2015－04－28	师范	临沧	国办
656	滇西应用技术大学	按新模式组建	2017－05－10	综合	大理	国办
657	云南大学滇池学院	云南大学，国办民助，确认独立学院	2004－03	综合	昆明	民办
658	云南大学旅游文化学院	云南大学，确认独立学院	2004－03	综合	丽江	民办
659	昆明理工大学津桥学院	昆明理工大学，云南省城市建设投资有限公司，确认独立学院	2004－03	理工	昆明	民办
660	云南师范大学商学院	云南师范大学，确认独立学院	2004－03	综合	昆明	民办
661	云南师范大学文理学院	云南师范大学世博学院，2004年7月更名，确认独立学院	2005	综合	昆明	民办
662	昆明医科大学海源学院	昆明医科大学，昆明富达发展实业集团，确认独立学院	2004－03	医药	昆明	民办
663	云南艺术学院文华学院	云南艺术学院，确认独立学院	2004－03	艺术	昆明	民办
西藏自治区（1所）						
664	西藏农牧学院	西藏大学农牧学院	2017－06－03	农业	拉萨	国办
陕西省（30所）　国办						
665	渭南师范学院	渭南师范专科学校、渭南教育学院	2000－03－21	师范	渭南	国办

续表

序号	学校名称	建校基础	升本时间	类别	驻地	备注
666	咸阳师范学院	咸阳师范专科学校、咸阳教育学院	2001-05-11	师范	咸阳	国办
667	西安培华学院	民办西安培华大学	2003-04-16	综合	西安	民办
668	西安文理学院	西安联合大学、西安教育学院	2003-04-16	综合	西安	国办
669	榆林学院	榆林高等专科学校	2003-04-16	综合	榆林	国办
670	西安欧亚学院	西安欧亚职业学院	2005-03-09	财经	西安	民办
671	西京学院	西京职业学院	2005-03-09	综合	西安	民办
672	西安外事学院	西安外事职业学院	2005-03-21	综合	西安	民办
673	西安翻译学院	西安翻译职业学院	2005-05-13	综合	西安	民办
674	商洛学院	商洛师范专科学校	2006-02-14	综合	商洛	国办
675	安康学院	安康师范专科学校	2006-02-14	综合	安康	国办
676	西安医学院	陕西医学高等专科学校	2006-02-22	医药	西安	国办
677	西安思源学院	西安思源职业学院	2008-04-08	理工	西安	民办
678	陕西国际商贸学院	陕西国际商贸职业学院	2008-04-08	综合	西安	民办
679	陕西服装工程学院	陕西服装艺术职业学院	2011-04-07	综合	咸阳	民办
680	西安航空学院	西安航空技术高等专科学校	2012-03-29	理工	西安	国办
681	陕西学前师范学院	陕西教育学院	2012-03-29	师范	西安	国办
682	西安交通工程学院	西安科技商贸职业学院	2014-05-27	理工	西安	民办
683	西安交通大学城市学院	西安交通大学、交大博通公司，确认独立学院	2004-05	综合	西安	民办

续表

序号	学校名称	建校基础	升本时间	类别	驻地	备注
684	西北大学现代学院	西北大学，确认独立学院	2004-02	综合	西安	民办
685	西安建筑科技大学华清学院	西安建筑科技大学，确认独立学院	2004-02	理工	西安	民办
686	西安财经学院行知学院	西安财经学院，西安民生集团股份有限公司，陕西文信教育投资股份有限责任公司	2004-02	财经	西安	民办
687	陕西科技大学镐京学院	陕西科技大学，陕西斯卡雷博德制衣有限公司，确认独立学院	2004-02	理工	西安	民办
688	西安工业大学北方信息工程学院	西安工业大学，西安北方有限公司，确认独立学院	2004-02	理工	西安	民办
689	延安大学西安创新学院	延安大学，确认独立学院	2004-02	综合	西安	民办
690	西安电子科技大学长安学院	西安电子科技大学，确认独立学院	2004-02	理工	西安	民办
691	西北工业大学明德学院	西北工业大学，陕西金叶科教信息集团公司；确认独立学院	2005	综合	西安	民办
692	长安大学兴华学院	长安大学，陕西大德教育产业投资集团公司，确认独立学院	2006-04-12	理工	西安	民办
693	西安理工大学高科学院	西安理工大学，确认独立学院	2006-04-12	理工	西安	民办
694	西安科技大学高新学院	西安科技大学，陕西西燕芯科技有限公司，骊山微电子公司，确认独立学院	2006-04-13	理工	西安	民办
甘肃省（13所）						
695	天水师范学院	天水师范高等专科学校	2000-03-21	师范	天水	国办
696	河西学院	张掖师范高等专科学校	2002-05-11	综合	张掖	国办

续表

序号	学校名称	建校基础	升本时间	类别	驻地	备注
697	陇东学院	庆阳师范高等专科学校	2003-04-16	师范	庆阳	国办
698	兰州城市学院	兰州师范高等专科学校	2006-02-14	综合	兰州	国办
699	甘肃民族师范学院	合作民族师范高等专科学校	2009-03-26	师范	甘南州	国办
700	兰州工业学院	兰州工业高等专科学校	2012-03-29	理工	兰州	国办
701	兰州文理学院	甘肃联合大学	2013-04-18	综合	兰州	国办
702	甘肃医学院	平凉医学高等专科学校	2015-04-28	医药	平凉	国办
703	西北师范大学知行学院	西北师范大学,确认独立学院	2004-02	综合	兰州	民办
704	兰州财经大学陇桥学院	兰州商学院,确认独立学院	2004-02	财经	兰州	民办
705	兰州财经大学长青学院	兰州商学院,确认独立学院	2004-02	财经	兰州	民办
706	兰州交通大学博文学院	兰州交通大学,甘肃建坤房地产开发有限公司,确认独立学院	2004-02	理工	兰州	民办
707	兰州理工大学技术工程学院	兰州理工大学,深圳华育昌国际科教开发有限公司,确认独立学院	2004-02	理工	兰州	民办
宁夏回族自治区(5所)						
708	宁夏理工学院	石嘴山职业技术学院	2005-03-12	理工	石嘴山	民办
709	宁夏师范学院	固原师范高等专科学校	2006-02-14	师范	固原	国办
710	银川能源学院	银川科技职业学院	2012-03-29	综合	银川	民办

续表

序号	学校名称	建校基础	升本时间	类别	驻地	备注
711	宁夏大学新华学院	宁夏大学、银川市新华百货商店股份有限公司、宁夏海星酒店有限责任公司，确认独立学院	2004－01	综合	银川	民办
712	中国矿业大学银川学院	银川市、中国矿业大学、银川东方旭邦科教信息技术有限公司，确认独立学院	2008－05	理工	银川	民办
青海省（1所）						
713	青海大学昆仑学院	青海大学、西部矿业有限责任公司，确认独立学院	2004－02	综合	西宁	民办
新疆维吾尔自治区（8所）						
714	昌吉学院	昌吉师范专科学校、昌吉回族自治州教育学院	2001－05－11	师范	昌吉	国办
715	新疆工程学院	新疆工业高等专科学校	2012－03－29	理工	乌鲁木齐	国办
716	新疆警察学院	新疆警官高等专科学校	2012－03－29	政法	乌鲁木齐	国办
717	新疆大学科学技术学院	新疆大学，确认独立学院	2004－03	理工	乌鲁木齐	民办
718	新疆农业大学科学技术学院	新疆农业大学，确认独立学院	2004－03	农业	乌鲁木齐	民办
719	新疆医科大学厚博学院	新疆医科大学，确认独立学院	2004－02－05	医药	乌鲁木齐	民办
720	新疆财经大学商务学院	新疆财经大学，确认独立学院		财经	乌鲁木齐	民办
721	石河子大学科技学院	石河子大学；确认独立学院	2004－02－05	综合	石河子	民办
建制撤销的新型大学（5所）						
1	荆州师范学院	荆州师范高等专科学校	1999－03－25	2003年4月16日合并组建长江大学		国办

续表

序号	学校名称	建校基础	升本时间	类别	驻地	备注
2	包头师范学院	包头师范高等专科学校，包头教育学院，包头师范学校	2000－03－21	2003 年 4 月 16 日合并组建内蒙古科技大学		国办
3	南通师范学院	南通师范专科学校，南通教育学院	1999－03－23	2004 年 5 月 13 日合并组建南通大学		国办
4	上海立信会计学院	立信会计高等专科学校，	2003－09－22	2016 年 4 月 22 日合并组建上海立信会计金融学院		国办
5	上海金融学院		2003－09－22			国办

附录 2　中央部委 1996 年所属本科高校及其演变

　　中央其他部委直接管理高校始自 20 世纪 50 年代初的高校院系改革。中央政府的组织结构经过多次调整，1996 年时国务院下属机构除办公厅外，有外交部、国防部、国家计划委员会、国家经济贸易委员会、国家经济体制改革委员会、国家科学技术委员会、国家民族事务委员会、国家教育委员会、公安部、国家安全部、监察部、民政部、司法部、财政部、人事部、劳动部、地质矿产部、建设部、电力工业部、煤炭工业部、机械工业部、电子工业部、冶金工业部、化学工业部、铁道路、交通部、邮电部、水利部、农业部、林业部、国内贸易部、对外经济贸易部、文化部、广播电影电视部、卫生部、国家体育运动委员会、国家计划生育委员会、中国人民银行、审计署共计 39 个部委，有国家统计局、国家税务总局、国家工商行政管理局、国家环境保护局、国家土地管理局、新闻出版署（国家版权局）、海关总署、国家旅游局、中国民用航空总局、国务院法制局、国务院宗教事务局、国务院参事室、国务院机关事务管理局 13 个直属机构；有外事办公室、侨务办公室、港澳事务办公室、特区办公室、研究室、台湾事务办公室、新闻办公室 7 个办事机构；轻工总会、纺织总会、新华社、中国科学院、中国社会科学院、国务院发展研究中心、气象局、专利局、中国工程院、中国证券监督管理委员会、国家行政学院 11 个事业单位。另，国家经济贸易委员会下属有国家技术监督局、国家建筑材料工业局、国家医药管理局、国家烟草专卖局；国家科学技术委员会下设有国家海洋局和国家地震局；财政部下设国家国有资产管理局；人事部下设有外国专家局；建设部下设有国家测绘局；国内贸易局下设有国家粮食储备局；对外贸易经济合作部下设有国家进出口商品检验局；文化部下设文物局；卫生部下设有国家中医药管理局。后面附列之高校以 1996 年存在且归中央部委管理者为准，间或包括部分部委属专科院校且目前为本科者。

一、改变主管部门但主体未调整的高校

1. 哈尔滨工业大学（国防科工委），哈尔滨。国防七校之一，现由工业和信息化部主管。理工类研究型大学，系"211""985""双一流"工程院。(1999 – 11 – 14 国防科工局、教育部和黑龙江省共建)，省部共建院校。

2. 北京航空航天大学（航天工业部、国防科工委），北京。国防七校之一，现由工业和信息化部主管。航空航天特色工科为主的多科性研究型大学，系"211""985""双一流"工程院校。省部共建院校。

3. 西北工业大学（航天工业部、国防科工委），西安。国防七校之一，现由工业和信息化部主管。航空航天航海特色工科为主的研究型大学，系"211""985""双一流"工程院校。省部共建院校。

4. 南京航空航天大学（航天工业部、国防科工委），南京。国防七校之一，现由工业和信息化部主管。航空航天民航特色工科为主的多科性大学，系"211"工程院校。省部共建院校。

5. 南昌航空工业学院（航天工业部、国防科工委），南昌，现由江西省主管（1999 – 02 – 10 以共建名义划归地方）。2007 – 03 更名南昌航空大学。航空、国防特色工科为主的多科性大学。省部共建（江西省与工业和信息化部所属国防科工局共建）。

6. 沈阳航空工业学院（重工业部航空工业局、第二机械工业部、第一机械工业部、第三机械工业部、航空航天工业部、国防科工委），沈阳，现由辽宁省主管（1999 – 04 划归）。2010 – 03 改名沈阳航空航天大学，航空宇航特色工科为主的多科性大学。省部共建（教育部、国防科工局、中航工业集团公司与辽宁共建）。

7. 郑州航空工业管理学院（中国航空工业总公司），郑州，现由河南省主管（1999 年以共建名义划归）。航空特色的工科院校。

8. 北京理工大学（第五机械部、机械电子工业部、中国兵器工业总公司、国防科学技术工业委员会），北京。国防七校之一，现由工业与信息化部主管，兵器工业特色的理工类研究型大学，系"211""985""双一流"工程院校。省部共建院校。

9. 南京理工大学（中国人民解放军军委炮兵、国防科学技术工业委员会，兵器工业部），南京。国防七校之一，现由工业和信息化部主管。兵器工业特色工科为主的多科类大学，系"211"工程院校。

10. 长春光学精密机械学院（中国科学院、国防科委、第五机械工业部、国家机械工业委员会、机械电子工业部、中国兵器工业总公司），长春，现由

吉林省主管（1999 年以共建名义划归），2002 年改名为长春理工大学。光学仪器特色工科为主的多科性大学。

11. 华北工学院（重工业部兵工总局、第二机械工业部、第一机械工业部、国防科工委、兵器工业部、中国兵器工业总公司、机械工业部、中国兵器工业总公司），太原，现由山西省主管（1999 年以共建名义划归），2004 - 06 改名中北大学，省部共建（山西省与国防科工局）。兵器工业特色工科为主的多科性大学。

12. 西安工业学院（第二机械工业部，第五机械工业部，兵器工业部、国防科学技术工业委员会），西安，现由陕西省主管（1999 - 12 - 13 划归），2006 - 02 - 14 更名西安工业大学，省部共建（中国兵器工业集团公司、国防科工局与陕西省）。兵器特色工科为主的多科性大学。

13. 沈阳工业学院（兵器工业部，中国兵器工业总公司），沈阳，现由辽宁省主管（1999 年划归），2004 年更名沈阳理工大学，省部共建（中国兵器装备集团公司、中国兵器工业集团公司、国防科技工业局与辽宁省）。兵器特色工科为主的多科性大学。

14. 重庆工业管理学院（1965 - 04 建立重庆工业学院，1986 年更为现名。兵器工业部、国家机械委员会、机械电子工业部、中国兵器工业总公司），重庆，现由重庆市主管（1999 - 05 划归并更名重庆工学院），2009 - 03 更名重庆理工大学。兵器特色工科为主的多科性高校。

15. 电子科技大学（1956 - 09 - 29 创建，第二机械工业部、第一机械工业部、第三机械工业部、第四机械工业部、电子工业部、机械电子工业部、电子工业总公司、信息产业部），成都。现由教育部主管（2000 年由信息产业部划归），信息科技特色工科为主的多科性研究型大学，系"211""985""双一流"工程院校。省部共建（2006 年教育部与工业和信息化部共建）。

16. 西安电子科技大学（1952 年建立解放军通信工程学院，1966 年更名西北电讯工程学院，1988 年更名西安电子科技大学。中央军委，电子工业部、机械电子工业部、电子工业总公司、信息产业部），西安。现由教育部主管，电子信息特色理工类研究型大学，系"211"工程院校。省部共建（教育部、工业与信息化部、陕西省）院校。

17. 杭州电子工业学院（第二机械工业部、第一机械工业部、浙江省、第四机械工业部、电子工业部、机械电子工业部、信息产业部），杭州，现由浙江省主管（2000 - 05 以共建名义划归），省部共建（国防科学技术工业局与浙江省），2004 - 05 更名为杭州电子科技大学。电子信息和经济管理特色的多科性大学。

18. 桂林电子工业学院（1960 年创建，第四机械工业部、电子工业部、机械电子工业部、中国电子工业总公司、信息产业部），桂林，现由广西壮族自治区主管（2000 年以共建名义划归），2006 年更名桂林电子科技大学。省部共建（2008 - 03 工业与信息化部与广西壮族自治区）。电子信息特色工科为主的多科性高校。

19. 中国地质大学（1952 年设北京地质学院，1975 年更名武汉地质学院，1987 年更为现名。地质部、地质矿产部、国土资源部），武汉。现由教育部主管（2000 - 02 由国土资源部划归），地球科学和资源环境特色的多科性大学，系"211"工程院校。2006 - 10 教育部与国土资源部共建。

20. 成都理工学院（1956 - 03 - 15 创建，1958 - 1993 年名成都地质学院。地质部，地质矿产部、国土资源部），成都，现由四川省主管（2001 年以共建名义划归并改名成都理工大学）。2010 年国土资源部与四川省共建。工科为主的多科性院校。

21. 石家庄经济学院（1953 年始建，1971 年更名河北地质学院，1996 年更名石家庄经济学院。地质部、河北省、地质总局、地质矿产部、国土资源部），石家庄，现由河北省主管（2000 年以共建名义划归），2012 - 05 - 23 国土资源部与河北省共建。工科为主的多科性高校。

22. 中国纺织大学（1951 - 06 始建华东纺织工学院，1985 年更名中国纺织大学。纺织工业部、上海市、纺织工业部、中国纺织总会），上海，现由教育部主管（1998 - 09 - 01 划归），1999 - 08 更名东华大学。现代纺织特色工科为主的多科性大学，系"211"工程院校。省部共建院校。

23. 西北纺织工学院（1978 年成立。纺织工业部，中国纺织总会），西安，现由陕西省主管。2001 年更名西安工程科技学院，2006 年更名西安工程大学。现代纺织特色的工科高校。

24. 浙江丝绸工学院（1958 年始设浙江仿制专科学校，1962 年更名浙江丝绸专科学校，1964 年定名。纺织工业部、浙江省、中国丝绸总公司、纺织工业部、中国纺织总会），杭州，现由浙江省主管（1998 - 09 以共建名义划归），1999 - 05 - 08 更名浙江工程学院，2004 - 05 - 21 更名浙江理工大学。现代纺织特色的工科高校。

25. 北京服装学院（1959 年创建北京纺织工学院，1964 年更名北京化学纤维工学院，1971 年并入北京化工学院，1984 年复校，1988 年更为现名。纺织工业部、中国纺织总会），北京，现由北京市主管（1998 年划归），服装特色工科为主的多科性高校。

26. 郑州纺织工学院（1955 年始建榆次纺织机械工业学校，1958 年更名河南纺织机械学院，1980 年更名郑州纺织机电专科学校，1987 年为郑州纺织工学院。纺织工业部、河南省、郑州市、纺织工业部、中国纺织工会)，郑州，现由河南省主管（1998 – 09 划归），2000 – 07 更名中原工学院。工科为主的多科性大学。

27. 武汉纺织工学院（1958 年始建。纺织工业部、湖北省、纺织工业部、中国纺织总会、国家经济贸易委员会所属纺织工业局），武汉，现由湖北省主管（1998 年以共建名义划归），1999 年更名武汉科技学院，2010 年更名武汉纺织大学。工科为主的多科性大学。

28. 北京邮电大学（1955 年始建北京邮电学院，1993 年更名北京邮电大学。邮电部），北京，现由教育部主管（2000 年划归）。信息科技特色工科为主的多科性大学，系"211"工程高校。2005 年信息产业部与教育部共建。

29. 南京邮电学院（1958 年定名。邮电部），南京，现由江苏省主管（2000 – 02 划归）。2005 – 04 更名南京邮电大学。信息科技特色工科为主的多科性大学。

30. 重庆邮电学院（1953 – 03 始建重庆邮电学校，1959 – 03 定名重庆邮电学院，1979 – 05 复建。邮电部、信息产业部），重庆，现由重庆市主管（2000 年划归）。2006 年更名重庆邮电大学。2006 – 03 工业和信息化部与重庆市共建。信息科技特色工科为主的多科性大学。

31. 西安邮电学院（1959 – 03 – 16 定名，邮电部，信息产业部），西安，现由陕西省主管（2000 年划归）。2012 – 03 – 29 更名西安邮电大学。工业和信息化部与陕西省共建。信息科技特色工科为主的多科性大学。

32. 河海大学（1952 年建立华东水利学院，1985 年更名河海大学。水利部），南京，现由教育部主管（2000 年划归），水利特色工科为主的多科性大学。教育部与水利部、江苏省共建。

33. 东北电力学院（1958 – 08 始建吉林电力学院，1978 – 09 更名东北电力学院。电力工业部、水利电力部、能源部、电力工业部、国家电力公司），吉林，现由吉林省主管（2000 – 01 划归）。2005 – 12 更名东北电力大学。电力特色工科为主的多学科高校。

34. 华北水利水电学院（前身是创立于 1951 – 09 – 15 的水利部北京水利学校，1958 – 10 – 06 成立北京水利水电学院，1970 – 12 – 23 更名河北水利水电学院，1978 – 09 – 28 更名华北水利水电学院，1990 年迁至郑州市。水利部、水利电力部、电力工业部），郑州，现由河南省主管（2000 – 02 – 28 以共建名义划归），2013 – 04 – 18 更名为华北水利水电大学。2009 – 08 – 12 水利部和河南省共建。水利水电特色工科为主的多科性大学。

35. 上海电力学院（1952 - 06 始建上海电力工业学校，1959 - 08 更名水利电力部上海电力学校，1985 - 01 成立上海电力学院。水利电力部、电力工业部、华东电力集团），上海，现由上海市主管（2000 年划归）。电力特色工科院校。

36. 石油大学（1953 - 10 - 01 始建北京石油学院，1969 年迁至东营，1970 - 03 - 19 更名华东石油学院，1988 年更名石油大学。石油部、山东省、石油部、中国石油天然气集团公司），东营、北京，现由教育部主管（2000 - 02 - 12 划归），2005 - 01 更名中国石油大学。石油石化特色工科为主的多科性大学，系"211"工程院校。省部共建院校。

37. 西南石油学院（1958 - 09 - 29 成立四川石油学院，1970 - 07 更名西南石油学院。原址南充，2001 年后迁至成都。石油部，中石油），成都，现由四川省主管（2000 - 03 划归），2005 - 12 更名西南石油大学。2008 年中石油、中石化、中海油与四川省共建。石油科学特色工科院校。

38. 大庆石油学院（1960 - 05 始建东北石油学院，1975 - 07 更名大庆石油学院。原址安达，2000 - 06 迁至大庆。石油部，中石油），大庆，现由黑龙江省主管（2000 - 02 划归）。2010 - 04 - 01 更名为东北石油大学。2010 - 09 中石油、中石化、中海油与黑龙江省共建。石油特色工科院校。

39. 西安石油学院（1951 年始建西北是由工业专科学校，1958 年成立西安石油学院，1980 年复建。石油部，中石油），西安，现由陕西省主管（2000 年划归）。2003 更名西安石油大学。2009 年陕西省与中石油、中石化、中海油共建。石油特色工科院校。

40. 抚顺石油学院（1950 年始建大连石油工业学校，1953 年迁至抚顺并更名抚顺石油工业学校，1958 年定名抚顺石油学院，1970 年更名抚顺化工学院，1980 年成立抚顺石油学院。燃料工业部、石油部、中国石油天然气集团公司），抚顺，现由辽宁省主管。2002 - 02 更名辽宁石油化工大学。石油特色工科院校。

41. 北京化工大学（1958 - 07 - 14 始建北京化工学院，1994 - 02 更为现名。化工部），北京，现由教育部主管（1998 - 09 划归）。化工特色工科为主的多科性大学，系"211"工程院校。省部共建高校。

42. 江苏石油化工学院（1978 - 04 - 28 创建南京化工学院常州分院，1981 年更名江苏化工学院，1992 年更名江苏石油化工学院。江苏省、中国石油化工总公司），常州，现由江苏省主管（2000 年划归），2002 年更名江苏工业学院，2010 年更名常州大学。2011 年江苏省与中石油、中石化、中海油共建。石油特色工科院校。

43. 北京石油化工学院（1978 年始建北京石油化工专科学校，1992 – 11 –
29 建校。中国石油化工总公司），北京大兴，现由北京市主管（2000 年划
归）。石油石化特色工科院校。

44. 青岛化工学院（1958 – 09 – 02 始建山东化工学院，1984 – 09 更名。
化学工业部，山东省，化学工业部），青岛，现由山东省主管（1998 年划归），
2002 – 03 更名青岛科技大学。化工特色工科为主的多科性大学。

45. 沈阳化工学院（1958 – 08 – 10 始建，1970 年更名抚顺化工学院。
1978 – 07 复名。辽宁省、中国科学院、化学工业部），沈阳，现由辽宁省主管
（1998 – 08 划归），2010 – 01 – 21 更名沈阳化工大学。化工特色工科为主的多
科性大学。

46. 武汉化工学院（1972 – 06 始建湖北化工石油学院，1980 – 03 更名武
汉化工学院。湖北省，化工部），武汉，现由湖北省主管（1998 – 07 划归），
2006 – 02 更名武汉工程大学。化工特色工科为主的多科性大学。

47. 中国矿业大学（1951 – 04 在天津始建中国矿业学院，1953 – 09 迁至
北京更名北京矿业学院，1970 – 05 迁至四川合川更名四川矿业学院，1978 –
02 在徐州重建中国矿业学院，1988 – 04 更名。煤炭工业部），徐州、北京海
淀，现由教育部主管（2000 – 02 划归）。矿业特色综合类大学，系"211"工
程院校。省部共建院校。

48. 辽宁工程技术大学（1958 – 07 – 15 始建阜新煤矿学院，1978 年更名
阜新矿业学院，1996 年更为今名。），阜新，现由辽宁省主管（1998 年划归）。
矿业特色工科为主的多科性高校。省部共建院校。

49. 西安矿业学院（1958 – 07 设立。煤炭工业部）。西安，现由陕西省主
管（1998 – 08 划归），1999 – 06 – 09 更名西安科技学院，2003 – 04 – 16 更名
西安科技大学。矿业特色工科为主的多科性高校。省部共建院校。

50. 焦作矿业学院（1958 – 09 改组焦作工学院并定名焦作矿业学院，1995 –
04 更名焦作工学院。河南省、煤炭工业部），焦作，现由河南省主管，2004 –
05 更名河南理工大学。2011 – 06 – 16 河南省与国家安全生产监督管理总局共
建。矿业特色工科为主的多科性高校。

51. 淮南工业学院（1949 年淮南煤矿工业专科学校，1955 年更名合肥矿
业学院，1958 年更名合肥工业大学，1971 年淮南煤炭学院，1981 年更名淮南
矿业学院，1994 更名淮南工业学院。安徽省、煤炭工业部），淮南，现由安徽
省主管（1998 年划归），2002 年更名安徽理工大学。矿业特色工科为主的多
科性高校。

52. 中国煤炭经济学院（1985 – 12 – 03 批准建立。煤炭工业部），烟台，

现由山东省主管（1998 - 09 划归），2003 - 06 - 28 更名山东工商学院。财经为主的多科性高校。

53. 黑龙江矿业学院（1958 年设立鸡西矿业学院，1981 年更名黑龙江矿业学院。煤炭工业部），鸡西迁至哈尔滨。现由黑龙江省主管（1998 年划归）。2000 年更名黑龙江科技学院，2013 - 04 - 18 更名黑龙江科技大学。矿业特色工科为主的多科性大学。

54. 淮北煤炭师范学院（1974 年建安徽师范大学淮北分校，1978 - 12 定名。煤炭工业部）。淮北，现由安徽省主管（1998 - 09 划归），2010 - 03 更名淮北师范大学。师范类多科性大学。

55. 北京科技大学（1952 - 04 - 22 筹建，1960 - 02 - 04 更名北京钢铁学院，1988 - 04 - 22 更名北京科技大学。冶金工业部），北京，现由教育部主管。冶金特色工科为主的多科性高校。

56. 东北大学（1950 - 08 组建东北工学院，1993 - 03 - 08 复名东北大学。冶金工业部），沈阳，现由教育部主管（1998 年划归）。冶金特色工科为主的多科性高校。2002 - 01 - 23 教育部、辽宁与沈阳市共建。

57. 西安冶金建筑学院（1956 年成立，1959 年更名西安冶金学院，1963 年更名西安冶金建筑学院，1994 - 03 - 08 更名西安建筑科技大学。冶金工业部），西安，现由陕西省主管（1998 年划归）。住房和城乡建设部与陕西省共建。建筑特色工科为主的多科性高校。

58. 武汉冶金科技大学（1958 年组建武汉钢铁学院，1995 年与武汉建筑高等专科学校、武汉冶金医学高等专科学校合并组建武汉冶金科技大学。冶金工业部），武汉，现由湖北省主管。1999 - 04 - 28 更名武汉科技大学。教育部、宝钢集团、鞍钢集团、武钢集团、首钢集团、冶金科工集团、中钢集团与湖北省共建。冶金特色工科为主的多科性高校。

59. 鞍山钢铁学院（1958 年组建鞍山钢铁学院，冶金工业部），鞍山，现由辽宁省主管，2002 年更名鞍山科技大学，2006 年更名辽宁科技大学。冶金特色工科为主的多科性高校。

60. 南方矿冶学院（1958 年创建江西冶金学院，1988 年更名南方矿冶学院。冶金工业部、中国有色金属工业总公司），赣州，现由江西省主管（1998 年划归），2004 年更名江西理工大学。2014 - 07 江西省、工业和信息化部、教育部共建。冶金特色工科为主的多科性高校。

61. 青岛建筑工程学院（1960 - 06 组建山东冶金学院，1978 年更名山东冶金工业学院，1985 - 09 更名青岛建筑工程学院，冶金工业部），青岛，现由山东省主管（1998 - 11 划归），2004 - 05 更名青岛理工大学。工科类多科性高校。

62. 北方工业大学（1978 年成立北京冶金机电学院，1985 年更名北京工业大学。冶金工业部，中国有色金属工业总公司），北京，现由北京市主管（1998 年划归）。工科类高校。

63. 桂林工学院（1960 – 02 成立广西矿业学院，1970 – 10 更名广西冶金地质学校，1978 – 12 – 28 更名桂林冶金地质学院，1993 – 12 更名桂林工学院。冶金工业部，中国有色金属工业总公司），桂林，现由广西壮族自治区主管（1998 – 12 划归），2009 – 03 – 26 更名桂林理工大学。工科为主的多科性高校。

64. 长春师范学院（1981 – 07 成立长春师范学院，冶金工业部、中国有色金属工业总公司），长春，现由吉林省主管（1998 划归），2013 – 04 更名长春师范大学。师范类院校。

65. 湖南大学（1952 – 10 在湖南大学基础上成立中南土木建筑学院，1958 年更名湖南工学院，1959 年复名湖南大学。机械工业部），长沙，现由教育部主管（1998 年划归）。综合类研究型大学，系"211""985""双一流"工程院校。教育部、工业和信息化部、国防科技工业局、湖南省共建。

66. 东北重型机械学院（1958 年组建哈尔滨工业大学重型机械学院，1960 年更名东北重型机械学院，1985 – 1997 年整体南迁秦皇岛。机械工业部），秦皇岛，1997 年更名燕山大学。现由河北省主管（1998 年划归），河北省、工业和信息化部、国防科技工业局、教育部共建。机械工程特色综合性大学。

67. 西安理工大学（1972 年组建陕西机械学院，1994 – 01 更名西安理工大学。机械工业部），西安，现由陕西省主管（1998 年划归）。工科为主的多科性高校。

68. 沈阳工业大学（1958 – 08 建立沈阳机电学院，1985 – 06 – 10 更名沈阳工业大学。机械工业部），沈阳，现由辽宁省主管。工科为主的多科性高校。

69. 甘肃工业大学（1958 – 04 建立兰州工学院，1958 – 10 更名甘肃工业大学。电机制造工业部，第一机械工业部，机械工业部），兰州，现由甘肃省主管（1999 – 08 划归），2003 – 04 更名兰州理工大学。教育部、国防科工局与甘肃省共建。国防教育特色工科为主的多科性高校。

70. 太原重型机械学院（1960 年始建。机械工业部），太原，现由山西省主管（1998 年划归）。2004 年更名太原科技大学。装备制造特色工科为主的多科性高校。

71. 湖北汽车工业学院（1972 年始建第二汽车制造厂工人业余大学，1983 – 06 更名湖北汽车工业学院。中国汽车工业总公司、机械工业部），十堰，现由湖北省主管（1998 年划归，2006 – 12 – 30 正式移交湖北省）。汽车特色工科为主的多科性高校。

72. 上海海运学院（1959 - 09 - 05 建立，交通部），上海，现由上海市主管，2004 更名上海海事大学。航运、物流、海洋特色工科为主的多科性院校。

73. 重庆交通学院（1960 - 08 组建重庆交通学院，交通部），重庆，现由重庆市主管（2000 - 01 划归），2006 - 02 更名为重庆交通大学。交通特色工科为主的多科性高校。

74. 天津轻工业学院（1958 - 09 建立河北轻工业学院，1968 - 04 - 30 更名天津轻工业学院。轻工业部，中国轻工业总会），天津，现由天津市主管（1998 年划归），2002 年更名天津科技大学。轻工（盐化工）特色工科为主的多科性高校。

75. 西北轻工业学院（1958 年建北京轻工业学院，1970 年迁至咸阳更名为西北轻工业学院，轻工业部，中国轻工业总会），西安、咸阳，现由陕西省主管（1998 年划归），2002 年更名陕西科技大学，2006 年学校东迁西安。轻工特色理工类院校。

76. 景德镇陶瓷学院（1958 - 06 - 28 建立景德镇陶瓷学院，1975 - 08 - 16 复建景德镇陶瓷学院。轻工业部，中国轻工业总会），景德镇，现由江西省主管（1998 年划归），2016 - 03 - 01 更名景德镇陶瓷大学。陶瓷特色多科性艺术院校。

77. 郑州轻工业学院（1977 - 06 - 11 始建，轻工业部、中国轻工业总会），郑州，现由河南省主管。轻工、食品、烟草、电气、艺术、工业设计特色的理工类院校。省部共建高校。

78. 大连轻工业学院（1958 - 10 - 24 成立沈阳轻工业学院，1970 - 12 迁至宽甸并更名大连轻工业学院。轻工业部、中国轻工业总会），大连，现由辽宁省主管（1998 年划归）。2007 - 03 - 16 更名大连工业大学。轻工、纺织、食品、艺术特色的理工类院校。

79. 西南交通大学（1971 年唐山铁道学院迁至峨眉山，1972 年更名西南交通大学。1989 年迁至成都。铁道部），成都，现由教育部主管（2000 - 02 - 12 划归）。综合理工类研究型高校，系"211"工程院校。

80. 北方交通大学（1950 年中国交通大学更名北方交通大学，1952 年改名北京铁道学院，1970 年恢复北方交通大学。铁道部），北京，现由教育部主管。2003 年复名北京交通大学。教育部、铁道部与北京市共建。轨道交通特色工科为主多科性高校。

81. 大连铁道学院（1958 - 07 设立，铁道部），大连，现由辽宁省主管（2000 - 02 划归），2004 - 05 更名大连交通大学。轨道交通特色工科为主多科性高校。

82. 兰州铁道学院（铁道部），兰州，现由甘肃省主管（2000年以共建名义划归），2003-04更名兰州交通大学。轨道交通特色工科为主多科性高校。

83. 华东交通大学（1971-09-22上海铁道学院迁至南昌更名华东交通大学。铁道部），南昌，现由江西省主管（2000年以共建名义划归），铁路总公司与江西省共建。轨道交通特色工科为主多科性高校。

84. 石家庄铁道学院（1950年中国人民解放军铁道兵工程学院设立。1984年更名石家庄铁道学院。铁道部），石家庄，现由河北省主管（2000年划归），2010-03更名石家庄铁道大学，河北省与国防科技工业局、教育部、铁路局共建。轨道交通特色多科性高校。

85. 沈阳建筑工程学院（1977-07组建辽宁建工学院，1984-07更名沈阳建筑工程学院。建设部），沈阳，现由辽宁省主管（2000年以共建名义划归），2004-05更名沈阳建筑大学，省部共建。建筑特色工科为主的多科性高校。

86. 中国农业大学（1949-09-29组建，1950-04定名北京农业大学；1952年设立北京机械化农业学院，1953-07更名北京农业机械化学院，1985-10更名北京农业工程大学。1995-09北京农业大学和北京农业工程大学合并组建中国农业大学。农业部），北京，现由教育部主管（2000年划归）。生命科学、农业和农业工程特色的综合类研究型高校，系"211""985""双一流"工程高校。水利部、农业部和北京市共建。

87. 南京农业大学（农业部），南京，现由教育部主管（2000年划归）。农林类多科性高校。省部共建院校。

88. 华中农业大学（农业部），武汉，现由教育部主管（2000年划归）。农林类多科性高校。省部共建院校。

89. 沈阳农业大学（农业部），沈阳，现由辽宁省主管（2000年以共建名义划归），农林类多科性高校。农业部与辽宁省共建。

90. 华南农业大学（农业部），广州，现由广东省主管，农林类多科性高校。农业部与广东省共建。

91. 东北农业大学（农业部），哈尔滨，现由黑龙江省主管，农林类多科性高校。农业部与黑龙江省共建。

92. 上海水产大学（农业部），上海，现由上海主管（2000年以共建名义划归），2008年更名上海海洋大学，水产特色多科性应用型研究型高校。国家海洋局、国家农业部与上海市共建。

93. 石河子大学（1959-11-01新疆军区生产建设兵团农学院设立，1996-09-11石河子农学院与石河子医学院、兵团经济专科学校、兵团师范专科学校合并组建石河子大学。农业部、新疆生产建设兵团），石河子，现由新疆生产建设兵团主管（1996 – 09 – 11 组建划归），综合类高校，系"211"工程院校。教育部与新疆建设兵团共建。

94. 大连水产学院（农业部），大连，现由辽宁省主管（2000 年划归），2010 – 03 更名为大连海洋大学，水产特色多科性高校。国家海洋局和辽宁省共建。

95. 塔里木农垦大学（农牧渔业部，农业部），阿拉尔，现由新疆生产建设兵团主管，2004 – 05 更名为塔里木大学，农林类多科性高校。教育部与新疆建设兵团共建。

96. 北京林业大学（林业部），北京，现由教育部主管（2001 年以共建名义划归），林业特色多科性高校。教育部与林业局共建。

97. 东北林业大学（林业部），哈尔滨，现由教育部主管（2001 年以共建名义划归），林业特色多科性高校。教育部、林业局和黑龙江省共建。

98. 南京林业大学（林业部），南京，现由江苏省主管（2000 年以共建名义划归），林业特色多科性高校。林业局和江苏省共建。

99. 中南林学院（林业部），长沙，现由湖南省主管（2000 年以共建名义划归），2005 – 12 更名中南林业科技大学，林业特色多科性高校。林业局与湖南省共建。

100. 西南林学院（林业部），昆明，现由云南省主管（2000 – 09 以共建名义划归），2010 更名为西南林业大学，林业特色多科性高校。省部共建院校。

101. 中国医科大学（卫生部），沈阳，现由辽宁省主管（2000 年划归），医学特色多科性高校。省部共建（卫生和计划生育委员会、教育部与辽宁省）。

102. 中国药科大学（国家医药管理局、国家药品监督管理局），南京，现由教育部主管（2000 年划归）。药学特色医药类高校，系"211"工程院校。

103. 沈阳药科大学（国家医药管理局），沈阳，现由辽宁省主管（2000 – 02 划归）。药学特色医药类高校。

104. 对外经济贸易大学（对外经济贸易部），北京，现由教育部主管（2000 年划归），外语、财经类研究型院校。财经、外语类多科性院校，系"211"工程院校。教育部与商务部共建。

105. 上海对外贸易学院（对外经济贸易部），上海，现由上海市主管（1994 – 09 划归），2013 – 04 – 18 更名上海对外经贸大学。外语、财经类多科性院校。

106. 上海财经大学（财政部），上海，现由教育部主管（2000 – 02 划归）。财经类多科性研究型高校。系"211"工程院校。省部共建院校。

107. 西南财经大学（中国人民银行），成都，现由教育部主管（2000 – 02 划归）。财经类多科性院校。

108. 东北财经大学（财政部），大连，现由辽宁省主管（2000 年划归），省部共建。财经类多科性院校。

109. 中央财经大学（财政部），北京，现由教育部主管（2000 年划归）。财经特色多科性院校。系"211"工程院校。省部共建院校。

110. 江西财经大学（1958 年设立江西财经学院，1978 年复校，1996 年更名。财政部），南昌，现由江西省主管（2000 年划归），教育部、财政部与江西省共建。经济、管理为主的多科性高校。

111. 中央音乐学院（文化部），北京，现由教育部主管（2000 年划归）。音乐特色艺术类高校。系"211"工程院校。

112. 中央美术学院（文化部），北京，现由教育部主管。美术特色的艺术院校。

113. 中国美术学院（文化部），杭州，现由浙江省主管，省部共建。综合型艺术类院校。

114. 中央戏剧学院（文化部），北京，现由教育部主管（2000 年划归）。戏剧特色艺术类高校。

115. 北京广播学院（广播电影电视总局），北京，现由教育部主管，现名中国传媒大学。信息传播特色的综合类研究型大学，系"211"工程高校。

116. 上海音乐学院（文化部），上海，现由上海市主管，省部共建。音乐特色艺术类院校。

117. 上海戏剧学院（文化部），上海，现由上海市主管（2000 – 04 划归），省部共建。戏剧特色艺术类院校。

118. 北京电影学院（文化部），北京，现由北京市主管（2000 年划归）。电影特色的多科性高校。

119. 中国音乐学院（文化部），北京，现由北京市主管（2000 年划归）。音乐特色艺术类院校。

120. 中国戏曲学院（文化部），北京，现由北京市主管（2000 年规归），省部共建。传统戏曲特色艺术类高校。

121. 北京舞蹈学院（文化部主管），北京，现由北京市主管（2000 年划归）。舞蹈特色艺术类院校。

122. 杭州商学院（1980 年设立，先后隶属中华全国供销合作总社、商业部、国内贸易部），杭州，现由浙江省主管（1998 年划归），2004 年更名浙江工商大学，省部共建。经济学、管理学为主体的多科性财经类高校。

123. 安徽财贸学院（1959 - 05 始建，时在合肥，1961 年迁至蚌埠。先后隶属中华全国供销合作总社、商业部、国内贸易部），蚌埠，现由安徽省主管（2000 - 02 划归），2004 - 05 更名安徽财经大学。财经特色的多科性高校。

124. 山西财经大学（1958 - 09 成立山西财经学院，1984 - 12 成立山西经济管理学院，1997 - 10 两校合并组建山西财经大学。先后隶属中华全国供销合作总社、商业部、国内贸易部），太原，现由山西省主管（2000 年划归），省部共建。财经特色的多科性高校。

125. 天津商学院（1980 年创建。商业部、国内贸易部），天津，现由天津市主管（1998 年划归），2007 年更名天津商业大学。商业特色的多科性高校。

126. 武汉食品工业学院（1980 年设立武汉粮食工业学院，1993 年更名武汉食品工业学院，1999 年更名武汉工业学院。商业部，国内贸易部），武汉，现由湖北省主管（1998 - 08 划归），2013 - 05 - 18 更名武汉轻工大学（曾用名武汉工业学院）。轻工特色的多科性高校。

127. 北京物资学院（1980 年建校，物资总局，物资部，商业部，国内贸易部），北京，现由北京市主管（1998 - 10 划归），物流和流通特色多科性高校。

128. 南京经济学院（1981 年设立南京粮食经济学院，1993 年更名。商业部，国内贸易部），南京，2003 - 04 更名南京财经大学，现由江苏省主管。财经特色的多科性高校。国家粮食局与江苏省共建。

129. 兰州商学院（1958 年成立甘肃财经学院，1981 年成立兰州商学院。商业部，国内贸易部），兰州，2015 年更名兰州财经大学，现由甘肃省主管（1998 年划归）。财经特色的多科性高校。

130. 上海体育学院（国家体育运动委员会），上海，现由上海市主管，省部共建。体育院校。

131. 成都体育学院（国家体育运动委员会），成都，现由四川省主管，省部共建。体育院校。

132. 武汉体育学院（国家体育运动委员会），武汉，现由湖北省主管，省部共建。体育院校。

133. 广州体育学院（国家体育运动委员会），广州，现由广东省主管。体育院校。

134. 沈阳体育学院（国家体育运动委员会），沈阳，现由辽宁省主管，省部共建。体育院校。

135. 西安体育学院（国家体育运动委员会），西安，现由陕西省主管，省部共建。体育院校。

136. 西南政法大学（1953 年成立西南政法学院，1995 年更名。司法部），重庆，现由重庆市主管，省部共建。政法特色的多科性高校。教育部与重庆市共建。

137. 中国政法大学（1952-11-24 北京政法学院成立，1983-05-07 成立中国政法大学。高教部、司法部、最高人民法院、司法部），北京昌平，现由教育部主管（2000-01 划归）。政法特色的多科性高校。系"211"工程院校。

138. 华东政法学院（1952-06 设立，1979-03 复校。司法部），上海，2007-03 更名华东政法大学，现由上海市主管，省部共建。法学为主的多科性高校。省部共建高校。

139. 西北政法学院（1958 年设立西安政法学院，1963 年更名。司法部），西安，2006 年更名西北政法大学，现由陕西省主管（2000 年划归），省部共建。法学特色的多科性高校。

140. 北京中医药大学（1956 年建立北京中医药学院，1993 年更名北京中医药大学。卫生部），北京，现由教育部主管（2000 年划归）。中医药特色的多科性高校。省部共建院校。

141. 广州中医药大学（1956 年创办，1995-02 更名，卫生部，中医药管理总局），广州，现由广东省主管（2000 年划归）。中医药特色医学类院校。

142. 华北电力大学（1958 年创建北京电力学院，1969 年迁至河北邯郸，1970-10-17 迁至保定更名为河北电力学院，1978-09 更名华北电力学院，1995 年与北京动力经济学院合并组建为华北电力大学。中央燃料部、水电部、电力工业部、水利电力部、能源部、电力部、国家电力公司），北京、保定，现由教育部主管（2003-03 划归）。水利水电特色工科为主的多科性高校。

二、并入其他高校或与其他高校合并组建新校的部委属高校

143. 北京信息工程学院（1985 年北京大学第二分校改名北京信息工程学院，1997 年与电子工业管理干部学院、北京成人电子工业学院合并。第四机械工业部、电子工业部、机械电子工业部、中国电子工业总公司、信息产业部），北京，现由北京市主管（2000 年以共建名义划归）。2008-03-21 与北京机械工业学院合并组建北京信息科技大学。

144. 北京机械工业学院（1958 年设立北京机械学院，1972 年迁至陕西更

名陕西机械学院，1986 年重组北京机械工业管理学院，1990 – 11 更名北京机械工业学院。机械工业部），北京，现由北京市主管（1998 年划归）。2008 – 03 – 26 与北京信息工程学院合并组建北京信息科技大学。

　　［北京信息科技大学，2008 – 03 组建，工管为主体的多科性高校，北京市主管。］

　　145. 中央工艺美术学院（1956 – 05 – 21 成立，轻工业部、文化部、中国轻工总会），北京，1998 – 09 划归北京市主管。1999 – 11 – 20 并入清华大学。

　　146. 协和医科大学（卫生部），北京，现名北京协和医学院，2006 – 09 起与清华大学合作办学，也可称清华大学医学部，现由卫生和计划生育委员会主管。

　　［清华大学，参见"257. 清华大学"。］

　　147. 北京轻工业学院（1958 年始建，1979 年复建。轻工业部、中国轻工业总会），北京，现由北京市主管。1999 – 06 与北京商学院、北京机械管理干部学院合并组建北京工商大学。

　　148. 北京商学院（商业部，国内贸易部），北京，现由北京市主管，1999 年与北京轻工业学院合并组建北京工商大学，机械工业管理干部学院并入。

　　［北京工商大学，1999 – 06 组建，北京市主管，综合类高校。］

　　149. 北京医科大学（卫生部），北京，2000 – 04 – 03 合并于北京大学，现由教育部主管。

　　［北京大学，参见"255. 北京大学"。］

　　150. 中国金融学院（中国人民银行等举办，董事会管理），北京，2000 – 06 并入对外经济贸易大学。

　　［对外经济贸易大学，参见"104. 对外经济贸易大学"。］

　　151. 天津对外贸易学院（对外经济贸易部），天津，1994 – 10 – 18 并入南开大学。

　　［南开大学，参见"261. 南开大学"。］

　　152. 天津纺织工学院（1958 年始建河北纺织工学院，1967 年改名天津纺织工学院，纺织工业部、中国纺织总会），天津，现由天津市主管，2000 年与天津经济管理干部学院合并组建天津工业大学。

　　［天津工业大学，天津，现由天津市主管，现代纺织特色工科为主的多科性大学。］

　　153. 华北煤炭医学院（1963 年成立唐山煤矿医学院，1984 年更名。煤炭工业部），唐山，现由河北省主管（1998 年划归）。2010 年与河北理工大学合作组建河北联合大学，2015 – 03 – 26 更名华北理工大学。

［河北理工大学为河北省省属高校，1958 - 06 组建唐山矿冶学院，1970 年秋更名河北矿业学院，1985 - 01 - 16 更名唐山工程技术学院，1995 - 04 - 05 更名河北理工学院，2004 - 10 - 16 更名河北理工大学。唐山，河北省主管。工科、医科为主的综合性高校。河北省、国家安全生产监督管理总局、工业和信息化部国防科技工业局共建。］

154. 河北建筑科技学院（1952 年创建开滦煤矿工业学校，1978 年定为河北煤矿学院，1981 年更名河北矿业学院，1983 年更名河北煤炭建筑工程学院，1995 年更名河北建筑科技学院。煤炭工业部），邯郸，现由河北省主管（1998 年划归），2003 年与邯郸农业高等专科学校、邯郸医学高等专科学校、华北水利水电学院（邯郸）等合并组建河北工程学院，2006 年更名河北工程大学。

［河北工程大学初名河北工程学院，2003 年组建，2006 年更为今名，河北省主管，工科特色的综合类高校。］

［华北水利水电学院（邯郸）的前身是 1958 年设立的北京水利水电学院，1971 年更名河北水利水电学院，1978 年更名华北水利水电学院，1990 年华北水利水电学院南迁河南郑州，留在邯郸的部分称华北水利水电学院（邯郸），2003 年并入河北工程大学。］

155. 包头钢铁学院（1958 年组建包头工学院，1959 年更名包头钢铁工业学院，1960 年更名包头钢铁学院，冶金工业部），包头，现由内蒙古自治区主管（1998 年划归），2003 年与包头医学院、包头师范学院合并组建内蒙古科技大学。

［内蒙古科技大学，2003 年组建，是工科为主体的多科性高校，包头，内蒙古区主管。2004 - 12 内蒙古自治区人民政府批准内蒙古科技大学氛围内蒙古科技大学包头医学院、内蒙古科技大学、内蒙古科技大学包头师范学院 3 个具有独立法人资格的办学实体。］

［包头医学院，1958 年建立，区属医学类院校。现名内蒙古科技大学包头医学院。］

［包头师范学院，2000 - 03 由包头师范专科学校、包头教育学院、包头师范学校合并组建，区属师范类院校，现名内蒙古科技大学包头师范学院。］

156. 山西矿业学院（1958 年始建，煤炭工业部），太原，1997 年与太原工业大学合并组建太原理工大学；2014 山西矿业学院（阳泉煤炭专科班）改为山西工程技术学院。现由山西省主管。

［太原理工大学，1997 年组建，太原，为矿业特色工科为主的多科性高校，系"211"工程院校。］

[太原工业大学，1953-08 设立太原工学院，1984 年更名太原工业大学。省属院校，1997 年并入太原理工大学。]

[山西工程技术学院，1984 年设山西矿业学院阳泉煤炭专科班，2001 年更名太原理工大学阳泉学院，2014 年转设为山西工程技术学院，省属院校。]

157. 哈尔滨理工大学（1958 年始建哈尔滨电工学院和黑龙江工学院，1978-03 黑龙江工学院更名哈尔滨科技大学。1995 年哈尔滨科技大学与哈尔滨电工学院等合并组建哈尔滨理工大学。机械工业部），哈尔滨，现由黑龙江省主管（1998 年划归）。哈尔滨理工大学是工科为主的多科性高校。国防科工局与黑龙江省共建。

158. 黑龙江商学院（商业部，国内贸易部），哈尔滨，现由黑龙江省主管（1998 年划归），2000 年与黑龙江省财政高等专科学校合并组建哈尔滨商业大学。哈尔滨商业大学是多科性财经类院校。

159. 哈尔滨建筑大学（1959 年建立，1994 年更名哈尔滨建筑大学。建设部），哈尔滨，2000 年合并于哈尔滨工业大学。

[哈尔滨工业大学，参见"1. 哈尔滨工业大学"。]

160. 沈阳黄金学院（1952 年始建。冶金工业部），沈阳，1997 年并入东北大学。

[东北大学，参见"56. 东北大学"，工科特色综合类研究型大学，系"211""985""双一流"工程院校。]

161. 吉林工业大学（1954-09-26 设立长春汽车拖拉机学院，1958 年更名吉林工业大学。机械工业部、第一机械工业部，机械工业部），长春，2000-06-12 并入吉林大学。

162. 长春邮电学院（1953 年定名长春邮电学校，1960 年更名长春邮电学院。1978-12 复建。邮电部、信息产业部），长春，2000-06-12 并入吉林大学。

163. 长春地质学院（地质部、地质矿产部、国土资源部），长春。1997 年更名为长春科技大学，2000-06-12 合并于吉林大学。

164. 白求恩医科大学（卫生部），长春，2000-06-12 合并于吉林大学。

[吉林大学，参见"263. 吉林大学"，现由教育部主管，综合类研究型大学，系"211""985""双一流"工程院。]

165. 上海医科大学（卫生部），上海，2000-04-27 合并于复旦大学。复旦大学现由教育部主管。

[复旦大学，参见"265. 复旦大学"，现由教育部主管，综合类研究型大学，系"211""985""双一流"工程院校。]

166. 上海建筑材料工业学院（建筑材料工业总局），上海，1996－07与上海城建学院一起合并于同济大学。

167. 上海铁道大学（1958年设立上海铁道学院、上海铁道医学院，1995－05上海铁道学院与上海铁道医学院合并成立上海铁道大学，铁道部），上海沪西，2000－04合并入同济大学。

［同济大学，参见"266.同济大学"，现由教育部主管，综合类研究型大学，系"211""985""双一流"工程院校。］

168. 上海理工大学（1960年始建上海机械学院，1994年更名华东工业大学。1996－05与上海机械高等专科学校组建上海理工大学。机械工业部），上海，现由上海市主管。工科为主的多科性应用研究型高校。

169. 南京铁道医学院（1958年建立，铁道部），南京，2000－04合并入东南大学。

［东南大学，参见"289.东南大学"。］

170. 南京化工大学（1958年设立南京化工学院，1995－04更名。化学工业部），南京，1998－07划归江苏省主管。2001年与南京建筑工程学院合并组建南京工业大学。

171. 南京建筑工程学院（1980年由南京建筑工程学校升格而来。城乡建设部），南京，2001－05与南京化工大学（化工部直属，1998－07划归江苏省）合并组建南京工业大学。

［南京工业大学，南京，现由江苏省主管，是工科为主的多科性大学。国防科技工业局、住房和城乡建设部与江苏省共建。］

172. 苏州丝绸工学院（1960年成立苏州丝绸工学院。纺织工业部、江苏省、纺织工业部、中国纺织工会），苏州，1996年划归江苏省主管，1997年合并于苏州大学。

［苏州大学，1952年组建苏南师范学院，同年更名江苏师范学院，1982年复名苏州大学。苏州桑蚕专科学校、苏州丝绸工学院、苏州医学院等相继并入。现由江苏省主管，是综合类大学，系"211"工程院校。］

173. 苏州城市建设环境保护学院（建设部），苏州，2001－09与苏州铁道师范学院（铁道部直属）合并组建苏州科技学院。

174. 苏州铁道师范学院（1980年成立，铁道部），苏州，2001－09与苏州城建环保学院合并组建苏州科技学院，2016－03更名苏州科技大学，现由江苏省主管。

［苏州科技大学，2016－03更名，现由江苏省主管，住房和城乡建设部与江苏省共建。省属综合类高校。］

175. 南通纺织工学院（1913 年始建南通私立纺织专门学校，1927 年更名南通纺织大学 1930 年为南通学院纺织科，1952 年并入华东纺织工学院，1977 年复建南京工学院南通分院，1977 年更名南通纺织专科学校，1985 – 01 定名南通纺织工学院，1995 – 09 更名），南通，现由江苏省主管。2004 – 05 与南通医学院、南通师范学院合并组建南通大学。

176. 南通医学院（1952 – 11 – 07 设立苏北医学院，1956 年更名南通医学院。交通部），南通，现由江苏省主管（2000 – 02 划归），2004 – 05 – 18 与南通工学院、南通师范学院合并组建南通大学。

［南通大学是省属综合类高校。南通，现由江苏省主管，江苏省和交通运输部共建。］

［南通师范学院，1958 年创建南通师范专科学校，1962 年停办。1979 – 02 恢复南通师范专科学校，1999 – 03 南通师范专科学校于南通教育学院合并组建南通师范学院。］

177. 无锡轻工业大学（1958 – 11 – 17 始建无锡轻工业学院，1995 年更名。轻工业部、中国轻工总会），无锡，现由教育部主管（1998 年划归），轻工特色工科为主院校，系"211"工程院校。2001 – 01 与江南学院、无锡教育学院合并组建江南大学。

［江南大学，参见"290. 江南大学"。］

［江南学院，前身为 1947 年荣氏集团创建私立江南大学，1952 年私立江南大学取消。1980 – 10 筹建专科无锡大学，1985 – 07 – 01 更名江南大学，仍为专科层次。1996 – 04 升格为普通本科院校并更名为江南学院。省属院校。］

178. 江苏理工大学（1960 年组建南京农业机械学院，1961 年迁至镇江并更名镇江农业机械学院，1982 年更名江苏工学院，1994 – 01 更名江苏理工大学。机械工业部），镇江，1998 – 09 划归江苏省主管，2001 – 08 与镇江医学院、镇江师范专科学校合并组建江苏大学。

［江苏大学，2001 – 08 组建，镇江，江苏省主管，工科特色综合类院校。］

［镇江医学院，1951 年创办，1984 年升格为本科院校。镇江，省属医学院校，医学检验专业特色，后与江苏理工大学等合并组建江苏大学。］

179. 华东冶金学院（1977 年组建马鞍山钢铁学院，1985 年更名华东冶金学院。冶金工业部），马鞍山，现由安徽省主管。2000 年与安徽商业高等专科学校合并组建安徽工业大学。

［安徽工业大学，马鞍山，冶金特色工科为主的多科性高校。2008 年安徽工业大学职业技术学院独立为马鞍山职业技术学院。］

180. 安徽工学院（1958 年组建安徽工业专科学校，1960 年更名安徽机械学院，1978年安徽农机学院复校，1978年更名安徽工学院。机械工业部），合肥，1997年并入合肥工业大学。

［合肥工业大学，参见"291. 合肥工业大学"。］

181. 山东财政学院（1986年设立，财政部），济南，现由山东省主管。2011年7月与山东经济学院合并组建山东财经大学。

［山东财经大学，济南，山东省主管，财经类院校。山东省和教育部共建。］

［山东经济学院，1952-10-14组建山东财经学院，1958年重新组建，1978年更名山东经济学院。济南，2000年划归山东省主管。］

182. 山东医科大学（卫生部），济南，现由山东省主管。系"211"工程院校，2000-06合并于山东大学。

［山东大学，参见"272. 山东大学"。济南、青岛、威海。］

［山东工业大学，1949-11-01成立山东省立工业专科学校，1950-11-14更名山东工学院，1983-09-19更名山东工业大学，济南，山东省主管。系"211"工程院校，2000-06并入山东大学。］

183. 山东矿业学院（1956年始建济南煤矿学校，1960年更名山东煤矿学院，1971年更名山东矿业学院并迁至泰安。煤炭工业部），泰安（2007-04改为青岛经济技术开发区），现由山东省主管（1998年划归），1999年与山东煤炭教育学院合并组建山东科技大学。

［山东科技大学，青岛，现由山东省主管，矿业特色工科为主的多科性高校。］

184. 山东建筑材料工业学院（国家建材工业部，建筑材料工业总局），济南，现由山东省主管（1998-07划归），2000-10与济南联合大学合并组建济南大学，省部共建。

［济南大学，2000-10合并成立，济南。现由山东省主管，工科为主的多科性高校，教育部与山东省共建。］

185. 郑州粮食学院（粮食部，机械部，商业部，国内贸易部），郑州，现由河南省主管（1998-08划归），2004年与郑州工业高等专科学校合并组建河南工业大学。

［河南工业大学，郑州，现由河南省主管，粮油特色工科为主的多科性高校，国家粮食局和河南省共建。］

186. 郑州工业大学（1963年始建郑州工学院，1996-04更名。化学工业部），郑州，现由河南省主管，2000-07-10合并入郑州大学。

187. 河南医科大学（1952-10设立河南医学院，1982年更为名，卫生部），郑州，现由河南省主管，2000-07-10并入郑州大学。

[郑州大学，郑州，河南省主管。综合类高校，系"211"工程院校。教育部和河南省共建。]

188. 洛阳工学院（1958 - 08 - 30 成立洛阳工学院，1960 - 06 - 28 更名洛阳农业机械学院，1982 - 08 - 25 复名洛阳工学院。农业机械部、机械工业部），洛阳，现由河南省主管（1998 年划归），2002 - 03 与洛阳医学高等专科学校、洛阳农业高等专科学校合并组建河南科技大学。

[河南科技大学，洛阳，现由河南省主管，农机特色工科为主的综合类高校，国防科技工业局与河南省共建。]

189. 武汉汽车工业大学（1958 年建立武汉工学院，1972 年更名湖北农业机械学院，1979 年更名武汉工学院，1995 年更名武汉汽车工业大学。机械工业部，中国汽车工业总公司），武汉，2000 - 05 - 27 与武汉工业大学、武汉交通科技大学合并组建武汉理工大学。

190. 武汉交通科技大学（1949 年成立中南交通学院，1954 年更名武汉河运学院，1957 年更名武汉水运工程学院，1993 - 11 更名武汉交通科技大学。交通部），武汉，现由教育部主管，2000 - 05 - 27 与武汉工业大学、武汉汽车工业大学合并组建武汉理工大学。

191. 武汉工业大学（国家建筑材料工业局），武汉，现由教育部主管（1998 年划归），2000 年与武汉交通科技大学（交通部主管）、武汉汽车工业大学（中国汽车工业总公司）合并组建武汉理工大学，教育部、交通运输部、国家海洋局、国防科技工业局共建。

[武汉理工大学，参见"288. 武汉理工大学"。]

192. 武汉水利电力大学（1954 - 12 建立武汉水利学院，1959 - 09 更名武汉水利电力学院，1993 年更名武汉水利电力大学。水利部、水利电力部、水利部、水利电力部、电力工业部），武汉，2000 - 08 - 02 合并于武汉大学。

[武汉大学，参见"274. 武汉大学"，武汉，综合类研究型大学，系"211""985""双一流"工程院校。]

193. 武汉城市建设学院（建设部），武汉，1997 年与武汉市共建，2000 - 05 与华中理工大学等合并组建华中科技大学，现由教育部直属。

194. 同济医科大学（卫生部），武汉，2000 - 05 - 26 与华中理工大学、武汉城市建设学院合并组建华中科技大学，现由教育部主管。

[华中科技大学，武汉，参见"275. 华中科技大学"。]

[华中理工大学，1953 - 10 - 15 正式成立华中工学院，1988 - 01 更名华中理工大学。武汉，教育部主管。"211"工程院校。2000 年作为主体合并组建华中科技大学。]

195. 中南财经大学（财政部），武汉，现由教育部主管，2000 年与中南政法学院合并组建中南财经政法大学，省部共建。

196. 中南政法学院（司法部），武汉，2000 年与财政部所属中南财经学院合并组建中南财经政法大学。

［中南财经政法大学，参见"287. 中南财经政法大学"。］

197. 江汉石油学院（1950 年始建北京石油工业专科学校，1954 年更名北京石油地质学校，1972 年迁至荆州改名江汉石油地质学校，1978 年定名江汉石油学院。燃料化学工业部、石油部，中国石油天然气集团公司），荆州，2003 – 04 – 16 与湖北农学院、荆州师范学院、湖北省卫生职工医学院合并组建长江大学。

［长江大学，荆州，湖北省主管，综合类大学。湖北省与中石油、中石化、中海油、农业部共建。］

198. 葛洲坝水利电力学院（1978 – 04 – 01 始建，水利电力部、电力工业部），宜昌，1996 – 05 合并入武汉水利电力大学，为该校宜昌校区。2000 – 06 – 29 武汉水利电力大学（宜昌校区）与湖北三峡学院合并组建三峡大学。现由湖北省主管。

［三峡大学，宜昌，湖北省主管，工科为主的多科性高校。水利部和湖北省共建。］

［湖北三峡学院，宜昌，1996 年由宜昌师范高等专科学校、宜昌医学高等专科学校和宜昌职业大学合并组建。2000 年为主体合并入三峡大学。］

199. 湖南医科大学（卫生部），长沙，2000 – 04 与中南工业大学、长沙铁道学院合并组建中南大学，现由教育部主管。

200. 长沙铁道学院（1960 年设立。铁道部），长沙，2000 – 04 – 29 合并入中南大学，现由教育部主管。

201. 中南工业大学（1952 年创建中南矿冶学院，1985 年更名中南工业大学。教育部、高等教育部、冶金工业部、中国有色金属总公司），长沙，现由教育部主管（1998 – 09 划归）。2000 – 04 – 29 与湖南医科大学、长沙铁道学院合并组建中南大学。

［中南大学，参见"286. 中南大学"。］

202. 湖南财经学院（中国人民银行），长沙，现由教育部主管，2000 年与教育部直属的湖南大学组建新的湖南大学。

［湖南大学，参见"65. 湖南大学"。］

203. 长沙电力学院（1956 年始建长沙水力发电学校，1983 年建立长沙水利电力师范学院，1994 年更名长沙电力学院。电力工业部、电力部、水利电

力部、电力部、能源部、华中电力集团），长沙，现由湖南省主管，2003 – 04
与长沙交通学院合并组建长沙理工大学。

204. 长沙交通学院（1978 年始建，交通部），长沙，现由湖南省主管
（2000 年划归），2003 年与长沙电力学院合并组建长沙理工大学。

［长沙理工大学，长沙，湖南省主管，工科为主的多科性大学。交通运输
部和湖南省共建。］

205. 湘潭工学院（1978 年创建湘潭煤炭学院，1981 年更名湘潭矿业学
院，1997 年更名湘潭工学院。煤炭工业部），湘潭，现由湖南省主管（1998 –
09 划归），2003 年与湘潭师范学院合并组建湖南科技大学。

［湖南科技大学，湘潭，湖南省主管。工科为主的综合类高校，国防科技
工业局、国家安全生产监督管理总局与湖南省共建。］

［湘潭师范学院，1958 – 08 设立湘潭师范专科学校，1985 – 10 更名湘潭师
范学院，湘潭，湖南省主管。2003 年并入湖南科技大学。］

206. 中山医科大学（卫生部），广州，2001 – 10 合并于中山大学，现由
教育部主管。

［中山大学，参见"279. 中山大学"。］

207. 广州对外贸易学院（对外经济贸易部），广州，1994 – 09 – 01 划归广
东省主管。1995 年与广州外国语学院合并组建广东外语外贸大学。

208. 广州外国语学院（1964 – 11 设立，教育部），广州。1995 – 01 划归
广东省主管。1995 – 05 与广州对外贸易学院合并组建广东外语外贸大学。

［广东外语外贸大学，广州，广东省主管，财经、外语类高校。］

209. 华南热带农业大学（农业部），海口，现由海南省主管，2007 – 08 –
14 合并入海南大学。

［海南大学，1983 – 05 海南师范专科学校、海南医学专科学校和海南农学
院合并成立海南大学，1986 年和 1989 年海南师范学院、海南医学院独立。
2007 – 08 – 14 组建新的海南大学，海口，由海南省主管，综合性高校，系
"211"工程院校。］

210. 重庆建筑大学（1952 年成立重庆土木建筑学院，1954 年更名重庆建
筑工程学院，1994 – 01 更名重庆建筑大学。建设部），重庆，划归重庆市主
管。2000 合并于重庆大学。

［重庆大学，参见"285. 重庆大学"。］

211. 西南农业大学（农业部），重庆，2005 – 07 与西南师范大学合并组
建西南大学。

212. 西南师范大学（1950 - 10 组建西南师范学院，1985 年更名为西南师范大学，教育部），重庆，教育部主管，系教育部直属 6 所师范院校之一。

[西南大学，参见"284. 西南大学"。]

213. 重庆商学院（商业部，国内贸易部），重庆，现由重庆市主管（1998 - 07 划归），2000 年与渝州大学合并组建重庆工商大学，省部共建。

[重庆工商大学，重庆，重庆市主管，财经特色多科性高校。]

214. 华西医科大学（卫生部），成都，2000 - 09 合并于四川大学。

[四川大学，参见"280. 四川大学"。]

215. 西南工学院（国家建筑材料工业局），绵阳，现由四川省主管（1998 年划归），2000 - 08 - 23 与绵阳经济技术高等专科学校合并组建西南科技大学，教育部、国防科技工业局和四川省共建。

216. 昆明理工大学（1954 - 09 始建昆明工学院，1995 - 02 更名昆明理工大学。冶金工业部），昆明，现由云南省主管。1999 - 10 月云南工业大学并入。2014 - 02 - 11 科技部和云南省共建。工科为主体的多科性高校。

[云南工业大学，1974 - 12 - 11 始建云南工学院，1994 - 09 - 06 云南工学院、重庆建筑工程学院昆明分院、电子科技大学昆明分部、云南化工专科学校合并组建云南工业大学，昆明，云南省主管。1999 - 10 并入昆明理工大学。]

217. 西北建筑工程学院（建设部），西安，2000 - 04 - 18 与西安公路交通大学、西安工程学院合并组建长安大学并划归教育部主管。

218. 西安工程学院（1953 年始建，1978 年更名西安地质学院，1996 年更名西安工程学院。地质部、地质矿产部、国土资源部），西安，2000 - 04 - 18 与西安公路交通大学、西北建筑工程学院合并组建长安大学，

219. 西安公路交通大学（1958 年组建西安公路学院，交通部），西安，现由教育部主管。2000 - 04 - 18 与西安工程学院、西北建筑工程学院合并组建长安大学。

[长安大学，参见"283. 长安大学"。]

220. 西北农业大学（农业部），西安杨凌，1999 - 09 - 11 与西北林学院、中国科学院水利部水土保持研究所、水利部西北水利科学研究所、山西省农业科学院、陕西省林业科学院、陕西省中国科学院西北植物研究所合并组建西北农林科技大学。

221. 西北林学院（1978 年设立，林业部），西安，1999 - 09 - 11 并入西北农林科技大学。

[西北农林科技大学，参见"282. 西北农林科技大学"。]

222. 西安医科大学（卫生部），西安，现由教育部主管，2000 - 06 合并于西安交通大学。

223. 陕西财经学院（中国人民银行），西安，现由教育部主管。2000 - 04 - 17属教育部的西安交通大学、卫生部的西安医科大学、属中国人民银行的陕西财经学院合并组建新的西安交通大学。

[西安交通大学，参见"281. 西安交通大学"。]

三、未变更隶属关系的其他部委（不含教育部）属高校

224. 北京体育大学（1952年设立中央体育学院，1956年更名北京体育学院，1993年更名，国家体育运动委员会），北京，国家体育总局主管。体育类高校。

225. 中国民用航空学院（民航总局），天津，现名中国民航大学，交通运输部民航总局主管。培养民航飞行人员和相关技术人才。

226. 中国民用航空飞行学院（民航总局），四川德阳，交通运输部民航总局主管。培养民航飞行人才。省部共建高校。

227. 北京电子科技学院（中共中央办公厅），北京，中共中央办公厅主管。信息安全和办公自动化工科院校。

228. 外交学院，北京，外交部主管。

229. 中国人民公安大学，北京，公安部主管。

230. 中央民族大学，北京，国家民族事务委员会主管。省部共建院校。

231. 中华女子学院（新型大学），北京，中华妇女联合会主管。

232. 中国劳动关系学院（新型大学），北京，中华全国总工会主管。省部共建高校。

233. 中国社会科学院大学（新型大学），北京，中国社会科学院主管。

234. 中国科学院大学（新型大学），北京，中国科学院主管。

235. 华北科技学院（新型大学），河北廊坊，国家安全生产监督管理局主管。

236. 防灾科技学院（新型大学），河北廊坊，中国地震局主管。

237. 中央司法警官学院（新型大学），河北保定，司法部主管。

238. 中国刑事警察学院，辽宁沈阳，公安部主管。

239. 大连民族学院，大连，国家民族事务委员会主管。省部共建高校。

240. 哈尔滨工程大学（1953年始建哈尔滨军事工程学院，1966年改名哈尔滨工程学院，1970年哈尔滨船舶工程学院，1994 - 04更为现名。中国人民解放军、第六机械工业部、中国船舶工业总公司），哈尔滨。工业和信息化部主管，国防科工局、教育部、海军、黑龙江省共建。"三海一核"（船舶工业、海军装备、海洋开发、核能应用）特色工科为主的多科性大学。系"211"工程高校。

241. 上海海关学院（新型大学），上海，海关总署主管。

242. 上海科技大学（新型大学），上海，上海市、中国科学院主管。

243. 南京森林警察学院（新型大学），南京，国家林业局主管。

244. 公安海警学院（新型大学），宁波，公安部主管。省部共建院校。

245. 中国科学技术大学，合肥，中国科学院主管。以前沿科学和高新技术为主、兼有特色管理和人文学科的理工类研究型大学，系"211""985""双一流"工程院校。省部共建院校。

246. 华侨大学，泉州，国务院侨务办公室主管。面向华侨和港澳台的综合类大学。

247. 铁道警察学院，郑州，公安部主管。

248. 中南民族大学，武汉，国家民族事务委员会主管。省部共建院校。

249. 暨南大学，广州，国务院侨务办公室主管。面向华侨的综合类大学，系"211"工程院校。省部共建院校。

250. 西南民族大学，成都，国家民族事务委员会主管。省部共建院校。

251. 西北民族大学，兰州，国家民族事务委员会主管。省部共建院校。

252. 北方民族大学，银川，国家民族事务委员会主管。省部共建院校。

253. 大连海事大学（1953 年成立大连海事学院，1994 年更名大连海事大学，交通部、交通运输部），大连，现由交通运输部主管。省部共建院校。

四、现由教育部主管的其他高校

254. 北京大学，1952 年确定为综合大学，北京，综合类研究型大学。系国家"211""985""双一流"工程院校。省部共建院校。

255. 中国人民大学，1954 年确定为社会科学为主的综合大学，1960 年确定为综合性全国重点大学，北京，社会科学特色鲜明的综合类研究型大学。系国家"211""985""双一流"工程入选学校。省部共建院校。

256. 清华大学，1952 年确定为多科性工科大学，北京，综合类研究型大学。系国家"211""985""双一流"工程入选学校。省部共建院校。

257. 北京师范大学，北京，教育部 6 所直属师范院校之一，师范类研究型大学。系国家"211""985""双一流"工程入选学校。省部共建院校。

258. 北京外国语大学，1980 年直属教育部，北京，多科类外国语大学。系国家"211""985""世界一流学科"工程学校。

259. 北京语言大学，对外汉语教学为特色的重点大学，北京。

260. 国际关系学院，以外语和国际问题为主的重点大学，北京。

261. 南开大学，1952 年确定为综合大学，天津，综合类研究型大学。系国家"211""985""双一流"工程院校。省部共建院校。

262. 天津大学，1952 年确定为多科性工科大学，天津，综合研究型大学。系国家"211""985""双一流"工程院校。省部共建院校。

263. 吉林大学，1952 年确定为综合大学，时名东北人民大学，1958 - 08 更名吉林大学。长春，综合类研究型大学。系国家"211""985""双一流"工程院校。省部共建院校。

264. 东北师范大学，长春，教育部 6 所直属师范院校之一。师范类研究型大学。系国家"211"工程院校。

265. 复旦大学，1952 年确定为文理综合大学，上海，综合类研究型大学。系国家"211""985""双一流"工程院校。省部共建院校。

266. 同济大学，1952 年确定为以建筑土木工程为主的工科大学，上海，综合类研究型大学。系国家"211""985""双一流"工程院校。省部共建院校。

267. 上海外国语大学，上海，多科性外语类大学。系国家"211"工程院校。

268. 华东师范大学，上海，6 所教育部直属师范院校之一。师范类研究型大学。系国家"211"工程院校。省部共建院校。

269. 南京大学，1952 年确定为综合大学，南京，综合类研究型大学。系国家"211""985""双一流"工程院校。省部共建院校。

270. 浙江大学，1952 年确定为多科性工业大学，杭州，综合类研究型大学。系国家"211""985""双一流"工程院校。省部共建院校。

271. 厦门大学，1952 年确定为综合大学，厦门，综合类研究型大学。系国家"211""985""双一流"工程院校。省部共建院校。

272. 山东大学，1952 年确定为综合大学，济南，综合类研究型大学。系国家"211""985""双一流"工程院校。省部共建院校。

273. 中国海洋大学，青岛，海洋和水产特色鲜明的综合类研究型大学。系国家"211""985""双一流"工程院校。省部共建院校。

274. 武汉大学，1952 年确定为综合大学，武汉，综合类研究型大学。系国家"211""985""双一流"工程院校。省部共建院校。

275. 华中科技大学，武汉，综合类研究型大学。系国家"211""985""双一流"工程院校。省部共建院校。

276. 华中师范大学，武汉，教育部 6 所直属师范院校之一。师范类研究型大学。系国家"211"工程院校。

277. 陕西师范大学，西安，1978 年划归教育部直属，是教育部 6 所直属师范院校之一，师范类研究型大学。系国家"211"工程院校。

278. 兰州大学，1952 年确定为综合大学，兰州，综合类研究型大学。系国家"211""985""双一流"工程院校。省部共建院校。

279. 中山大学，1952 年确定为综合大学，广州，综合类研究型大学。系国家"211""985""双一流"工程院校。省部共建院校。

280. 四川大学，1952 年确定为综合大学，成都，综合类研究型大学。系国家"211""985""双一流"工程院校。省部共建院校。

281. 西安交通大学（1956 年交通大学迁至西安，1959 – 03 定名西安交通大学），西安，综合类研究型大学。系国家"211""985""双一流"工程院校。省部共建院校。

282. 西北农林科技大学，西安杨凌，农林综合类研究型高校。系"211""985""双一流"工程院校。教育部与中国科学院、农业部、水利部、国家林业局等 16 个部委和陕西省共建。

283. 长安大学，西安，工科为主的多科性高校。系"211"工程院校。教育部与交通运输部、国土资源部、住房和城乡建设部、陕西省共建高校。

284. 西南大学，2005 年组建，重庆。系"211"工程院校。教育部、农业部与重庆市共建。

285. 重庆大学，1949 – 11 原国立重庆大学改名为重庆大学，2000 年重庆建筑大学、重庆建筑高等专科学校并入。重庆，综合类研究型大学，系"211""985""双一流"工程院校。省部共建院校。

286. 中南大学，长沙，工学和医学特长的综合类研究型大学。系"211""985""双一流"工程院校。教育部、工业和信息化部与湖南省共建。

287. 中南财经政法大学，武汉，财经类政法类高校。系"211"工程院校。省部共建院校。

288. 武汉理工大学，武汉，理工类高校。系"211"工程院校。省部共建院校。

289. 东南大学，1952 年设立多科性工业大学——南京工学院，1988 – 06 更为今名。2000 – 04 南京铁道医学院等并入。南京，综合类研究型大学。系"211""985""双一流"工程院校。国防科工局与教育部共建。

290. 江南大学，2001 – 01 组建，无锡，轻工特色工科为主的多科性院校。2003 – 08 – 01 东华大学吴西校区整体并入。系"211"工程院校。

291. 合肥工业大学，1955 年淮南煤矿工业专科学校升格为合肥矿业学院并迁址合肥。1958 年更名合肥工业大学。安徽建筑工程学院和安徽水利电力学院相继并入。合肥，工科为主的多科性高校。系"211"工程院校。安徽省与教育部、工业与信息化部共建。

292. 上海交通大学，1896 年设立的南洋公学，1929 年更名国立交通大学，1949 年更名交通大学。1959 年上海交通大学，1999 年，上海农学院并入，2005 年上海第二医科大学并入。先后归国防科工委、第六机械部、中国船舶工业总公司主管，1982 - 09 - 17 划归教育部主管。上海，综合类研究型高校，系"211""985""双一流"高校。省部共建院校。

［上海第二医科大学，1952 - 10 - 24 设立上海第二医学院，1985 年更名。上海市主管。系"211"工程院校，2005 年并入上海交通大学。］

［上海农学院，1958 - 08 设立，1978 - 10 重建，1999 - 09 并入上海交通大学。］

293. 大连理工大学（1949 年建大连大学，1950 年大连大学工学院独立为大连工学院，1988 - 03 更为今名，教育部），大连。系"211""985""双一流工程"院校。省部共建院校。

294. 华南理工大学（1952 年设华南工学院，1988 年更为今名。教育部），广州，理工类研究型高校。系"211""985""双一流工程"建设院校。省部共建院校。

295. 国防科学技术大学（1952 - 03 - 26 建中国人民解放军军事工程学院，1970 年学院主体迁长沙并改名长沙工学院，中国人民解放军军事委员会、国防科工委、中国人民解放军军事委员会），长沙，中国人民军事委员会主管。系"211""985""双一流工程"建设院校。省部共建院校。

五、改为非学历教育机构的部属高校

296. 新疆石油学院（1955 年始建乌鲁木齐石油学校，1958 - 08 建立新疆石油学院，1983 - 01 - 17 复建。石油部，中国石油天然气集团公司），乌鲁木齐，1999 年改为中国石油新疆培训中心，为非学历教育机构。

297. 中国青年政治学院（1985 - 12 月在中央团校基础上成立共青团中央），2017 - 05 本专科教育和部分研究生教育划转中国社会科学院大学。中国青年政治学院仅余部分研究生教育和团干部培训。

后 记

2012年，我跨出北京师范大学的校门，进入山东青年政治学院这所新建本科院校。

对于新建本科院校，我不陌生。京师入站前的十年，我服务于一所民办高校，经历了它从高教自考助学单位到高职院校、普通本科院校的演变，也随着它的发展了解了我国高等教育的运行机制。特别是负责该校"升本"办公室工作期间，对新建本科院校以及围绕新建本科院校办学定位的争论有所了解。在京师，我加入了赖德胜先生的团队，研习劳动经济学和教育经济学，对高等教育与社会、劳动力市场的关系有所知晓，开始尝试用经济学的工具解释民办教育和新建本科院校发展。

入校之初，适逢山东省教育厅组织省级教改项目申报，想到赖先生将核心竞争力概念引入大学研究，新建本科院校初起，面临问题多多，构建核心竞争力的任务繁重，便以之为选题，没有顾及题目所涉问题的宏观性和教改课题的实践性。课题立项后，我按照教育科研的路子做，将重点放在理论创新和对策建议研制上。有幸的是，我遇到了李章泉、刘先义、张书明、陈雨海四位领导和长者。刘先生让我加入他的教研团队，了解教改项目的进行过程，并给予指导。张书明校长、陈雨海副校长和李章泉副校长结合工作实际，不断提出问题让我去寻找答案。正是在他们的指导下，我从单纯的理论研究转入了行动研究，不断在实践过程中发现问题，并在实践中寻找问题的答案。2014年我又申请了中国高等教育学会的课题"地方本科院校向应用型本科研究：以山东省为例"，考虑到两个课题之间的联系，便将它们结合在一起进行。

在项目进行过程中，山东青年政治学院教务处、科研处、政治与公共管理学院、办公室（发展规划处）和山东英才学院民办高等教研究院给予了支持和帮助。团队成员牟元军、张恩韶、臧文杰、陈建坡、夏继周、王智勇、杨伟伟、周青梅等人做了大量的工作，本书的部分章节和他们进行了深入讨论，感谢他们的辛勤劳动！济南大学组织部张培国提供了第3、4章的初稿，这本书是我们两人的合作之果。山东智汇人才服务有限公司综合部经理韩华和我的学生李泓成、周尔祥、王新宇等人整理了附录，刘蕾协助我对附录进行了审核修订。我的导师、北京师范大学赖德胜教授和山东大学孔令栋教授对写作给予了指导。向为本书做出贡献的所有人和部门致以深深的谢意！感谢你们在过去的岁月里给予的支持和帮助！

由于书中的章节是分别撰写的，个别内容可能存在冲突，我已根据相关原则尽量进行了处理，但不见得能全部处理。书中引用了大量前辈学者的著述，已在文中进行了标注，但难免有所缺漏。如有错误缺漏，均由个人负责。

贾东荣

2017 年 12 月 18 日